新媒体浪潮

Xin Mei Ti Lang Chao

黄健 著

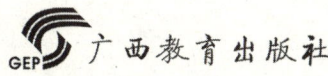

广西教育出版社

图书在版编目（CIP）数据

新媒体浪潮 / 黄健著. ——南宁：广西教育出版社，2011.7（2013.1重印）

ISBN 978-7-5435-6281-3

Ⅰ.①新… Ⅱ.①黄… Ⅲ.①数字技术—应用—媒体—研究—中国 Ⅳ.①G206.2-39

中国版本图书馆CIP数据核字（2011）第131563号

总　策　划：张华斌　石立民
策划编辑：石立民　青兆娟
责任编辑：青兆娟　高　春
封面设计：刘相文
责任印制：蒋　媛

出　版　人：张华斌
出版发行：广西教育出版社
地　　　址：广西南宁市鲤湾路8号
邮政编码：530022
网　　　址：http://www.GxepH.com
电子邮箱：book@gxeph.com
印　　　刷：广西地质印刷厂
开　　　本：700毫米×1000毫米　1/16
印　　　张：34.25
字　　　数：575千字
版　　　次：2011年7月第1版
印　　　次：2013年1月第3次印刷
书　　　号：ISBN 978-7-5435-6281-3
定　　　价：72.00元

如有印装质量问题，可直接向发行单位调换。
如发现画面模糊、字迹不清、断笔缺画、严重重影等疑似盗版图书，请拨打有奖举报电话（0771）5853704。

目 录

自序 //1
绪论——新媒体改变世界 //1
  一、事件回放 //1
  二、e时代到来 //4
  三、科幻预言 //4
  四、新媒体的崛起 //6
  五、新媒体的类别 //7
  六、"全球化3.0"时期 //9
  七、"互联网总统" //10
  八、3G手机发展迅猛 //11
  九、电子书势如破竹 //13
  十、平板电脑iPad的横空出世 //14
  十一、速度为王的时代 //16

第一章　新媒体的内涵 //19
第一节　新媒体的概念 //20
  一、新媒体概念的提出 //21
  二、以数字通信技术为载体的传播 //24
第二节　新媒体的诞生历程 //24
  一、口语传播时代 //25
  二、书写传播时代 //28
  三、印刷传播时代 //32
  四、电子传播时代 //34

五、网络传播时代 // 38

第三节　新媒体的特征 // 43
一、超媒体性 // 43
二、高共享和高交互性 // 44
三、信息的深度、广度与发散度 // 44
四、个性化信息服务 // 45
五、数字化 // 46
六、即时化 // 46
七、互动性 // 47
八、跨时空 // 48
九、纵深性 // 48
十、渗透性 // 49

第四节　新媒体的传播 // 50
一、新媒体传播的时代背景 // 51
二、新媒体传播的基本现状和产业分析 // 64

第二章　第四媒体——互联网 // 92
第一节　互联网的发展历程 // 93
一、社会化应用前的实验阶段（1969～1994年）// 93
二、社会化应用的初始阶段（1994～2001年）// 95
三、社会化应用的发展阶段（2001年至今）// 95

第二节　互联网的地位 // 103
一、互联网成为政府传递价值信息的便捷载体 // 103
二、互联网成为群众监督政府活动的有效平台 // 104
三、互联网成为人们关注重大事件的主流力量 // 108
四、互联网成为目前争夺世人眼球的战略高地 // 110
五、互联网成为国家安全战略重要组成部分 // 114

第三节　互联网出版 // 116
第四节　互联网侵权 // 122
第五节　互联网管理 // 136
一、政府主导式的互联网管理 // 138

二、政府指导下行业自律式的互联网管理 // 141
三、行业主导式的互联网管理 // 144

第六节　互联网的发展趋势 // 147
一、我国互联网将进入经济体验状态 // 149
二、日本互联网产业高度发达 // 150
三、韩国互联网的版权保护出现新动向 // 151
四、越南互联网技术发展迅猛 // 152
五、泰国进入日益繁荣的互联网时代 // 152
六、菲律宾互联网鼓励和奖励国民的创造力 // 153
七、英国互联网发展势头不减 // 153
八、美国互联网成长最快 // 153

第三章　第五媒体——手机 // 154

第一节　手机媒体的形态 // 157
一、手机短信 // 157
二、彩信 // 165
三、手机上网 // 167
四、手机报 // 174
五、手机电视 // 188
六、手机网游 // 205
七、手机搜索 // 208

第二节　手机媒体的特性 // 210
一、个性化的媒介特性 // 211
二、互动性的媒介特征 // 211
三、移动性的媒介特征 // 212
四、人性化的媒介特性 // 212
五、屏幕制约性的媒体特征 // 213

第三节　手机媒体的发展 // 213
一、全球 3G 迅猛发展 // 214
二、全球三网融合之路越发宽广 // 219

第四节　手机媒体的管理//222
一、我国手机出版管理的现状及问题//222
二、发达国家对手机出版管理的政策和法律//227

第四章　传统出版的转型与数字出版的蓄发//235
第一节　数字出版//235
一、数字出版的概念//235
二、数字出版的溯源//236
三、数字出版的内容//238
四、数字出版的未来//240

第二节　报网互动//242
一、报网互动的基础//242
二、报网互动//243

第三节　传统出版社与数字出版//257
一、传统出版社遭遇挑战//257
二、传统出版社应对数字出版//259
三、出版的未来趋势//265

第四节　IT产业进军数字化出版领域//269
一、电子图书出版商//269
二、数字期刊出版商//275
三、技术提供商//282
四、数字出版基地//284

第五节　数字时代的新秀//286
一、数字广告//286
二、数字广播//288
三、数字影视//290
四、数字游戏//304
五、数字网络社区//305
六、博客和播客//307

第五章 全媒体时代的阅读终端——电子阅读器//316

第一节 手机——移动阅读终端//318
一、手机阅读//318
二、手机上网//323

第二节 电脑——在线阅读终端//325
一、网络新闻//326
二、网络杂志//328
三、网络文学//330

第三节 电子书//333
一、电子书的概念界定//333
二、电子阅读器概况//334
三、电子阅读器的现实与未来//337
四、国内外知名的电子阅读器//343

第四节 电子书包（电子教材）//355

第五节 MP4、MP5的阅读功能//360
一、作为播放器的MP4、MP5//360
二、作为电子阅读器的MP4、MP5//362

第六章 全媒体时代的阅读方式//365

第一节 全媒体时代的概念//365
一、全媒体的概念//365
二、全媒体时代的报业//367
三、全媒体时代的图书杂志//372
四、全媒体时代的视频//375

第二节 全媒体时代的特征//377
一、跨媒体//377
二、跨地域//379
三、数字化//381

第三节 全媒体时代的享受//382
一、全媒体带来的视觉盛宴//383

二、全媒体带来的经济收益//384
三、全媒体报道推进政治民主进程//385
四、全媒体的未来//387

第七章　新媒体催生的社会环境//392
第一节　新媒体与社会服务发展//392
一、移动平台//392
二、互联网平台//394

第二节　新媒体与政治环境构建//397
一、推进民主进程//398
二、拓宽舆论监督途径//404
三、构建和谐社会//407
四、舆论引导//409

第三节　新媒体与经济增长潜力//413
一、互联网市场//414
二、移动增值市场//425
三、电子商务//429

第四节　新媒体与文化消费趋势//433
一、网络文学消费//434
二、数字音乐消费//437
三、网络视频消费//439
四、动漫产业消费//441
五、网络游戏消费//442

第五节　新媒体与生活方式变化//443
一、沟通方式的变化//443
二、阅读方式的变化//444
三、生活方式的变化//446
四、社会关系的变化//447

第八章　新媒体带来的社会问题//453
第一节　版权纠纷//453

一、新媒体时代版权纠纷的新内容//453
二、新媒体条件下的版权保护//462

第二节 新的犯罪形式//466
一、传播虚假信息//466
二、传播非法和违禁信息//468
三、传播病毒//474

第三节 道德伦理与法律界限模糊//476
一、侵犯隐私权//476
二、网络暴力//478
三、网络道德缺失//481

第四节 新媒体与青少年犯罪问题//485
一、新媒体与青少年的日常生活//486
二、新媒体对于青少年犯罪的影响//488

第九章 新媒体创造的未来世界//492

第一节 新媒体的发展条件//496
一、新媒体发展的战略已经基本确立//497
二、新媒体发展的技术日趋成熟//497
三、新媒体发展的内容不断丰富//498
四、新媒体发展的速度将会越来越快//498

第二节 新媒体的社会影响//499
一、新媒体的市场总量将持续增长//499
二、新媒体的传播移动化趋势明晰//500

参考文献//501
后记//512

自 序

2010年9月以来，笔者先后在北京大学新闻传播学院专家论坛、南京大学信息管理学院、华中科技大学新闻传播学院、华南理工大学新闻传播学院和广西大学新闻传播学院的博士生、硕士生以及本科生课堂上讲授《数字媒体时代的传播新趋势》《数字媒体时代的传播新概念》《新媒体时代背景下的版权保护》《数字出版时代的数字出版新概念》等课程，2011年3月29日，还应邀到中共中央党校第56期地厅级进修班讲授《网络时代的文化传播》。在从事互联网传播行政管理的同时，笔者从教学和科研的角度出发，坚持广泛阅读，不断收集新媒体方面重要的资料，分析国内外新媒体的发展趋势和互联网传播的最新进展，关注其发展现状和未来趋势。

在写这本书的自序时，笔者刚刚阅读了美国出版的新书《网络战争：对国家安全的下一个威胁及应对措施》，还阅读了东鸟的两部新作《网络战争：互联网改变了世界简史》和《中国输不起的网络战争》，其中有关于网络的言论"在制海权、制空权、制天权之后，一个新的概念越来越受世人瞩目——制网权"。2009年3月，美国战备和国际问题研究中心发布的《确保美国新总统任内网络空间安全报告》中指出："网络空间既像城市广场，可以辩论政治、发表演说；又像商业大街，可以逛街购物、消遣娱乐；也像阴暗小巷，滋生罪恶，潜伏危机；还像秘密地道，间谍钻地遁形，窃取情报；更像隐形战场，充满攻防对垒、生死搏杀。"

人类新媒体的发展历史，是从20世纪中叶开始的。特别是20世纪末和21世纪初世界科学技术的巨大进步，引起现代传播方式和

2 // 新媒体*浪潮*

设备手段更新的本质变化。从 1946 年 2 月 14 日，美国宾夕法尼亚大学发明世界上第一台电子计算机，到 2007 年 iPhone 手持移动网络终端的发明，再到 2010 年平板电脑 iPad 的横空出世，这些传播形式的变化和手持终端阅读器的出现，极大地改变了人类传统的传播方式与传播理念，改变了人类的交流方式，实现了人类社会中"所有人对所有人的传播"，出现了"文化新殖民地"或"广义的殖民主义"。

"新媒介"用语也在美国社会上上下下迅速流行，并传至其他西方国家。数字传播时代，出现了一种新型的商业传播模式，是人与人、人与媒体、人与社会的传播关系，它是一种新的社会关系，新的媒体形态是互联网的一个部分，传统媒体人士应该重新认识互联网时代数字化的社会和商业关系。

互联网是 20 世纪的重大科技发明，是当代先进生产力的重要标志。互联网的发展和普及，引发了前所未有的信息革命和传媒革命，成为了经济发展的重要引擎、社会运行的重要基础设施和国际竞争的重要领域，深刻影响着世界经济、政治、文化的发展。互联网传播的全球化既是一个难得的机遇，也是巨大的挑战。应对互联网的全球传播已经是各国政府需要优先考虑的问题之一。在互联网传播战争中，中国政府也意识到这个重大问题的迫切性和严重程度，在中国的高等院校中给本科生、硕士生和博士生讲授互联网的重要性和必要性，是为未来中国打赢网络传播战争进行人才储备，也是占领制高点的需要。

谈到大众传媒，人们大多联想到报纸、广播、电视。报纸、广播、电视在新闻学上总称新闻事业，在传播学上称为大众传播媒介，或传统新闻媒介。新闻事业的迅速发展，使得传统新闻媒介对社会产生了巨大的影响，成为人类文明的一个标志。

20 世纪中期至 21 世纪前 10 年，世界传媒界发生了里程碑式的五大事件，它对社会政治、经济、文化产生了巨大的影响。

①1946 年世界上第一台电子计算机在美国发明；
②1969 年互联网第一台主机在美国诞生；
③1998 年 Google 创建；
④2005 年 YouTube 分享视频推出；
⑤2010 年 iPad 横空出世。

图书的历史

图书出版业在人类文明发展的长河中一直扮演着非常重要的角色。在中国,文字载体和正规书籍的演进经历了数千年漫长的历史过程,先后出现过陶器、甲骨、青铜器、雕石、简策、缣帛、纸张等文字载体;记录知识的方法也经过了写刻、手抄、拓印、雕版印刷和活字印刷等若干阶段;流通方式经历过物物交换、书肆、店铺、交易会、版权贸易等阶段。到20世纪末,世界图书业又进入到桌面出版、电子出版、网络出版的数字化出版时代。

回顾历史,我们不难发现,出版业由三个基本要素构成:一个是出版介质,另一个是出版工艺,还有一个是流通方式。出版史正是出版介质、出版工艺和流通方式不断演变的历史。

报纸的历史

报纸是以刊登新闻为主的定期连续向大众发行的印刷品。

最早的新闻媒介是报纸,这是由当时生产力所能提供的物质手段决定的。报纸比起广播、电视来,物质要求较低。

16—18世纪,报纸的产生大致经历了三个阶段。

第一阶段:手抄新闻的出现和盛行时期。

手抄新闻集编、写、发行于一人,这些人是名副其实的个体劳动者,但他们是世界上第一批真正靠新闻为生的职业新闻工作者。

第二阶段:新闻书的出现。

新闻书沿用了古代印刷书籍的办法,用铅字印刷,可以大量地发行。据现有资料显示,最早的新闻书在德国的法兰克福发行。法兰克福地处欧洲中心,也是商品经济发展较早的地区。

第三阶段:周刊(周报)、日报的兴起。

1609年,德国奥格斯堡发行的《德国观察周刊》,可能是世界上现存的最早的印刷周刊,每星期一张,仅刊登一项新闻。不久,《法兰克福邮报》(1616年)、《马德堡新闻》(1626年)等周刊先后问世。1702年,伦敦出版了《英国每日新闻》,按日出版,四开纸,两面印刷,成为现代日报的始祖。周刊、日报的产生,使得采访、编辑、排版、印刷、发行,需要有一批人分工协作。报纸逐渐成为社会的一个新兴行业——新闻事业。

广播的历史

广播是以无线电波（或导线）所传送的声音为媒介的大众传播工具。广播的诞生凝聚了几代科学家坚韧不拔的努力。

1820年，丹麦科学家奥斯特博士发现了电与磁的关系。

1831年，英国科学家法拉第发现电磁感应现象，从而确定了电磁感应的基本定律。

1864年，英国科学家麦克斯韦建立了电磁场的基本方程，并从这一理论得出电磁过程在空间是以相当于光波的速度传播的，即每秒30万千米。

1887年，德国科学家赫兹发表了电磁波的发生和接收的实验论文，为无线电通信创造了条件，同时也从实验角度证明麦克斯韦关于光是一种电磁波的理论。

1895年，意大利科学家马可尼和俄国科学家波波夫同时发明无线电报。

1923年初，美国记者奥斯顿利用华商资本在上海外滩开设"中国无线电公司"，呼号为ECO，1月24日正式播音，播送音乐和新闻，被认为是中国第一家广播电台。

1928年8月1日，国民党政府在南京开办的"中央广播电台"开始播音。

1940年12月30日，延安的新华广播电台开始播音，呼号为XNCR，发射功率约300瓦，这是中国共产党创办的第一个广播电台，因此，1940年12月30日作为中国人民广播事业创建纪念日。

电视的历史

电视是以无线电波（或导线）所传送的声音和图像为媒介的大众传播工具。

电视是20世纪人类最伟大的发明之一。1873年，英国工程师约瑟夫·梅发表了硒的光电效应报告。他当时无法预计这个发现有什么意义，但电视就是在硒和硒的光电效应的科学基础上发明的。1884年，德国科学家罗·尼普柯运用硒的光电效应发明了电视扫描盘，即电视机荧光屏的雏形。1930年，英国广播公司和贝尔德合作，试验成功了有声的电视图像及其传送。

二战结束后，电视业迅速发展，尤其是20世纪50～60年代，彩色电视的崛起震动了世界。

中国在1958年5月1日成立北京电视台，不久，改名为中央电视台，正式开始播出电视节目。1973年开办彩色电视节目。

互联网的诞生

20世纪90年代,出现了电子计算机多媒体网络传播技术,全球信息一体化,互联网也被称为"第四媒体"。1998年5月,联合国新闻委员会正式提出:互联网已为继报纸、广播、电视之后的"第四媒体",如同报纸、广播、电视改变了人类的文化形态一样,互联网从诞生之日起,就开始了一种全新的表达,互联网以人类先进的科技成果为载体,铸就了一种崭新的传播文化。

第五媒体的出现

第五媒体是以手机为视听终端、手机上网为平台的个性化即时信息传播载体。它是以分众为传播目标,以定向为传播目的,以即时为传播效果,以互动为传播应用的大众传播媒介,又称为"手机媒体"或"移动网络媒体"。《经济日报》前总编辑、第五媒体研究中心名誉主任艾丰曾在第一届第五媒体论坛上发表过讲话:"报纸是第一媒体,广播是第二媒体,电视是第三媒体,互联网是第四媒体,手机则被人们称为第五媒体。"

电子计算机的出现至今只有60多年的时间,但它的诞生却是人类数百年努力的积累。早在17世纪,欧洲数学家便开始研制计算机。

1642年,年仅19岁的法国数学家帕斯卡为了协助担任税务局长的父亲,成功地制造了第一台钟表齿轮式机械计算机,能做加减法运算。

1678年,德国数学家莱布尼兹发明了可做乘除运算的计算机。但这些机械计算机的性能过于落后,远远满足不了人们的需要。

1822年,英国数学家巴贝奇设计出了一种更为先进的计算机。遗憾的是,由于当时工业水平所限,巴贝奇的设计根本无法实现。此后100年间,人类在电磁学、电工学、电子学领域不断取得重大进展,为电子计算机的出现奠定了坚实的基础。二战爆发后,美国陆军军械部为研制和开发新型大炮,在马里兰州的阿伯丁设立了"弹道研究实验室"。尽管实验室雇用了200多名计算快手,但还是捉襟见肘。他们迫切需要一种新的计算机器,以提高工作效率。就在人们一筹莫展之时,宾夕法尼亚大学莫尔电机学院的莫克利博士提出了试制第一台电子计算机的设想。他的设想吸引了陆军军械部,他们立即要求莫尔学院拟定一份研制计划。

从电子计算机发明那时起到今天,它的发展可谓一日千里,它不但广泛地应用于人们的社会生活,而且直接引导着当今信息社会的发展。

下面的描述是让你熟悉在1969—2009年互联网的里程碑和给互联网带来变革和进步的事件。

Internet是全世界最大的计算机网络，它起源于美国国防部高级研究计划局（ARPA）于1968年主持研制的用于支持军事研究的计算机实验网ARPA-NET。

1969年10月29日，斯坦福大学和加州大学洛杉矶分校的计算机首次连接了起来。实际上，它们是未来互联网的第一台主机。在网络上发送的第一条消息应该是"Login"，但据报道，在发送字母"g"的时候，连接断了。

1969年：Unix

上世纪60年代的另一个重要的里程碑是开始使用Unix——一个在设计上对Linux和FreeBSD（当今在网络服务器和网络主机提供商中最有名的操作系统）产生重大影响的操作系统。

1970年：阿帕网络（Arpanet network）

1970年，在哈佛大学、麻省理工学院和BBN公司（该公司发明了可用于连接上网络的"接口信息处理器"）之间建立了网络，即阿帕网络。

1971年：电子邮件

电子邮件于1971年首次被Ray Tomlinson开发出来，他也是那个决定使用"@"符号将用户名和电脑名字（后来变成了域名）分开的人。

1971年：古登堡计划和电子图书

1971年，最引人注目的开发是古登堡计划的开始。古登堡计划是一个全球性的努力，它的目的是将那些公共领域的书籍做成各种格式的电子书供上网的人免费使用。事情起因于当Michael

Hart获得了大量的计算时间的时候，他同时意识到未来的计算机不仅仅是计算本身，还应包括存储、检索和查找信息，就像那个时候图书馆具有的功能。他手动键入（无光学字符识别仪器）了《独立宣言》，并推出了古登堡计划，以便使得书籍中的信息也可以以电子的形式广泛传播。事实上，这就是电子书的诞生之日。

1972年：CYCLADES（法国的网络）

法国于1972年开始建立类似于阿帕网的项目，叫做CYCLADES。虽然CYCLADES最终关闭了，但是它的一个想法很关键：主机只负责数据的传输而不是网络本身。

1973年：第一个跨越大西洋的连接和电子邮件的普及

1973年，阿帕网第一次跨过了大西洋，和英国伦敦的一所大学连了起来。同一年，电子邮件占所有网络活动的75%。

1974年：TCP/IP协议的诞生

1974年是有突破性的一年。通过了一项将类阿帕网连接到一个所谓的"网际网路"的提议，这将没有中央控制，并会在传输控制协议（最终变成了TCP/IP协议）的规定下工作。

1975年：电子邮件客户端

随着电子邮件的流行，1975年，南加州大学的程序员John Vittal开发了第一个现代电子邮件程序。这个程序（叫MSG）在技术上的最大进步是增加了"回复"和"转发"功能。

1977年：电脑上的调制解调器

1977年是互联网发展重要的一年。这一年，Dennis Hayes和Dale Heatherington开发了调制解调器，并介绍和出售给了计算机爱好者。

1978年：电子公告栏系统（BBS）

在1978年的一次暴风雪期间，第一个公告栏系统（BBS）诞生了。

1978年：垃圾邮件的诞生

1978年，不请自来的商业电子邮件（后来称为垃圾邮件）第一次诞生，Gary Thuerk给加利福尼亚的600个用户发了垃圾邮件。

1979年：MUD——最早的多角色游戏

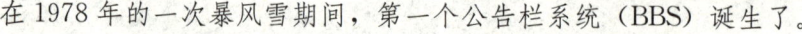

魔兽世界和第二人生是从1979年开始开发的，当时被称作MUD（多用户地牢的简称）。MUD是完全基于文本的虚拟世界，将角色扮演游戏、互动、剧情和网上聊天结合在一起。

1979年：新闻组（Usenet）

新闻组（Usenet）也于1979年由两名研究生创建。新闻组是一个基于互联网的讨论系统，来自世界各地的人们可以在相关的新闻组中发布、公开信息，并就某一主题进行讨论。

1980年：查询软件

欧洲核研究组织（也就是更广为人知的 CERN）开发了 ENQUIRE（由 Tim Berners-Lee 编写），这是一个用超文本写的程序，世界各地物理实验室的科学家可以利用超文本（超链接）跟踪人、软件和项目。

1982 年：第一个表情

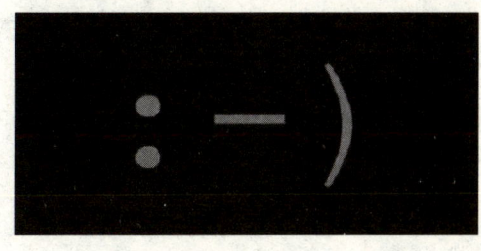

虽然很多人认为表情是 Kevin MacKenzie 于 1979 年发明的。但是它是在 1982 年 Scott Fahlman 在一个笑话之后用了一个☺，而不是 MacKenzie 用的☻。现代的表情从此诞生了。

1983 年：阿帕网上的计算机通过 TCP/IP 交换数据

1983 年 1 月 1 日阿帕网开始通过 Vinton Cerf 开发的 TCP/IP 协议交换数据。数以百计的电脑都连到了交换机上，服务器这一名字也是 1983 年开始叫的。

1984 年：域名系统（DNS）

域名系统于 1984 年和第一个域名服务器（DNS）一起创建。域名系统是很重要的，因为与以前的数字相比，它使得互联网上的地址更加人性化。DNS 服务器使互联网用户可以输入一个容易记住的域名，然后它会自动将它转换成 IP 地址。

1985 年：虚拟社区（Virtual communities）

1985 年，WELL（全球电子链接的简称）出现了，那个时候最古老的一个虚拟社区现在还在运行中。它由 Stewart Brand 和 Larry Brilliant 于 1985 年 2 月开发，初衷是为了让全球的读者和作者进行交流，并且是一个开放的但却是"有文化底蕴的、高智商的"人的聚会点。《连线》杂志曾一度将 WELL 评为"最有影响的国际在线社区"。

1986 年：协议战争（Protocol wars）

所谓的协议战争开始于 1986 年。当时欧洲推行开放互联系统（OSI），而美国正在利用因特网/阿帕网协议（最终取得了胜利）。

1987 年：互联网在发展

到了 1987 年，互联网上有近 3 万台主机。以前的阿帕网协议只能限于有 1000 台主机，但是采用了 TCP/IP 标准后，使得拥有更多的主机变成了现实。

1988年：IRC——互联网中继聊天

1988年，互联网中继聊天（IRC）首次被部署，从而为今天使用的实时聊天和即时消息程序开了先河。

1988年：第一次重大的、恶意的基于互联网的攻击

第一个主要的互联网蠕虫是1988年发布的。它被称为"莫里斯蠕虫"，作者是Robert Tappan Morris，导致了大部分地区的互联网中断。

1989年：美国在线（AOL）诞生了

当苹果在1989年推出AppleLink程序后，该项目被重新命名，美国在线（AOL）就诞生了。美国在线今天仍然存在，后来使得互联网在普通用户之间受到了欢迎。

1989年：万维网（WWW）的推出

1989年，Tim Berners-Lee写的万维网协议诞生了。它最初发表在MacWorld的3月刊上，并在1990年5月重新发表。它是为了告诉欧洲粒子物理研究所（CERN），一个全球性的超文本系统是CERN的最佳选择。它最初被称为"Mesh"，当Berners-Lee在1990年编写代码的时候，"万维网"这个词诞生了。

1990年：第一个商业性的拨号上网ISP

第一个商业性质的互联网拨号服务供应商于1990年诞生——The World。同年，阿帕网停止使用了。

1990年：万维网协议完成了

万维网协议的代码由Tim Berners-Lee编写，基于他一年前提出的建议和HTML、HTTP、URL标准。

1991年：第一个网页诞生了

1991年在互联网世界有很多重大创新。第一个网页被创建，并且很像第一份电子邮件解释什么是电子邮件，他的目的是解释什么是万维网。

1991年：第一个基于内容的搜索协议

1991年，第一个查找文件内容

而不仅仅是查找文件名称的搜索协议诞生了,叫做 Gopher。

1991 年:MP3 成为标准

1991 年,MP3 文件格式正式被接纳为标准。被高度压缩后的 MP3 文件,后来成为通过互联网分享歌曲和整个专辑的流行格式。

1991 年:第一个摄像头

这个时代的有趣的发明之一就是第一个摄像头。它部署在剑桥大学的计算机实验室,其唯一目的是监视一个咖啡壶,使实验室用户可避免将时间浪费在一个空的咖啡壶上。

1993 年:Mosaic——第一个供大众使用的图形化浏览器

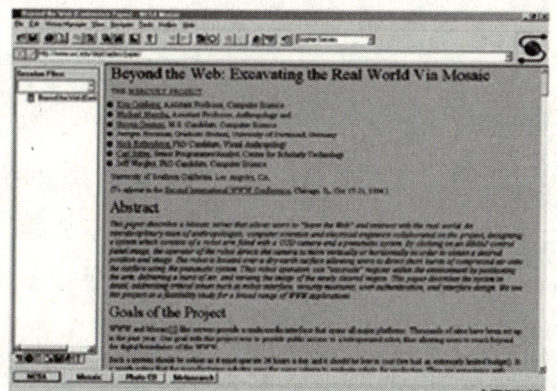

第一个被广泛下载的互联网浏览器是 1993 年开发的 Mosaic。虽然 Mosaic 不是第一个 Web 浏览器,但它被认为是第一个可以使非技术人员上网的浏览器。

1993 年:政府加入的乐趣

1993 年,白宫和联合国网站均上线了,标志着".gov"和".org"域名开始使用。

1994 年:网景浏览器(Netscape Navigator)

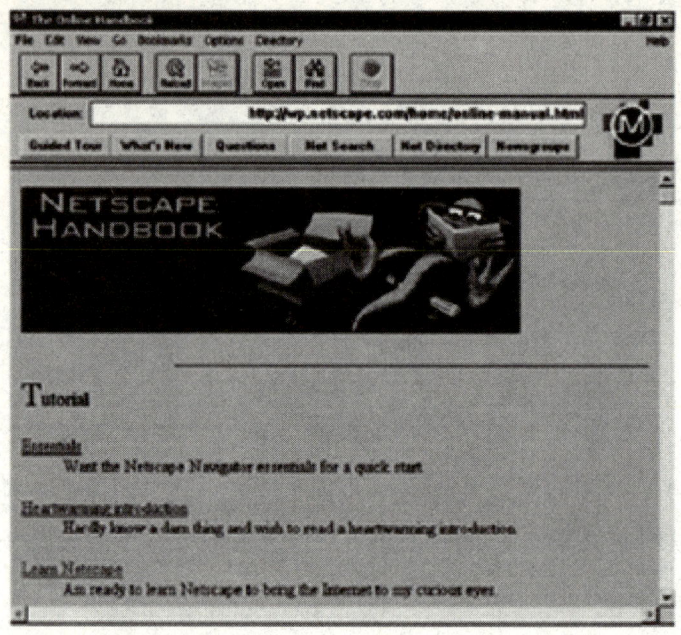

Mosaic 的第一个大的竞争对手——Netscape Navigator——在一年之后（1994 年）发布了。

1995 年：互联网的商业化

1995 年通常被认为是网络商业化的第一年。虽然在 1995 年之前，有一些已经上线的商业企业，但是在那一年有一些关键的事态进展。首先，SSL（Secure Sockets Layer）由网景公司开发出来了，使在线进行金融交易（如信用卡付款）更加安全。此外，两个主要的网上企业在同一年开始运营。在"Echo Bay"上的第一次交易在这一年进行，Echo Bay 后来变成了 eBay。Amazon.com 在 1995 年也开始运营了，虽然它在 6 年内没有盈利，直到 2001 年才开始盈利。

1995 年：Geocities 和 Vatican 的上线，还有 JavaScript

1995 年的其他重大进展还有新推出的 Geocities（于 2009 年 10 月 26 日终止），Vatican 也第一次上线。Java 和 JavaScript（刚开始被其创始人 Brendan Eich 称为 LiveScript，并将其作为 Netscape Navigator 浏览器的一部分进行了部署）在 1995 年首次被介绍给了大众。第二年，微软发布了 ActiveX。

1996 年：第一个基于网络的服务（webmail）

1996 年，HoTMaiL 的（大写字母合在一起是 HTML）第一个邮件服务启动了。

1997 年：术语"博客"出现

虽然第一个博客有这样或那样的形式，但是"博客"这个词在 1997 年被第一次使用。

1998 年：第一个不是靠传统媒体报道的新闻

1998 年，第一个打破传统方式的重大新闻报道是克林顿与莱温斯基的性丑闻（也有像"Monicagate"之类的绰号），在新闻周刊宣布这一事件结束之后，The Drudge Report 网站发布了这条新闻。

1998 年：Google 上线

Google 在 1998 年上线，给人们在网上搜索信息的方式带来了革命性的变革。

1998 年：基于互联网的文件共享开始生根发芽

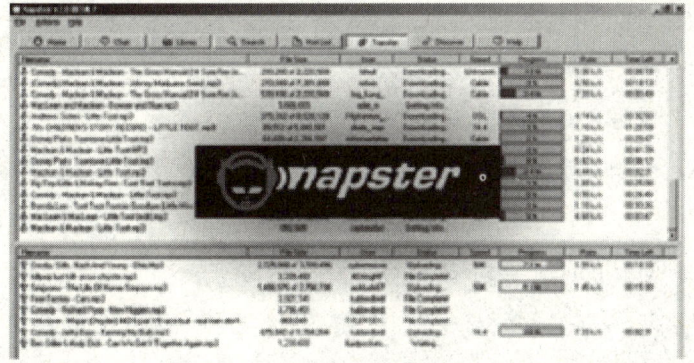

同样是在 1998 年，Napster 公司在互联网上为音频文件的共享打开了大门。

1999 年：SETI@home 项目

1999 年是另外一个更加有趣的项目上线的时候：SETI@home 项目。该项目是一个通过利用世界范围内的 300 多万台计算机进行计算的分布式计算项目，一旦计算机处于屏幕保护状态，那么意味着计算机就处于空闲状态了，这样就可以利用这些计算机的处理能力了。该项目目的是通过分析天文数据来探索外星球智能的迹象。

2000 年：网络泡沫破裂

2000 年是网络泡沫破裂的一年,给大批投资者造成了巨大损失。数百家公司被迫关闭,有一些还没有为他们的投资者盈利。纳斯达克列出了受泡沫影响的许多高科技公司,最高时达到了 5000 点,然后在一天之内失去了 10% 的价值,并最终在 2002 年 10 月降到了谷底。

2001 年:维基百科发布

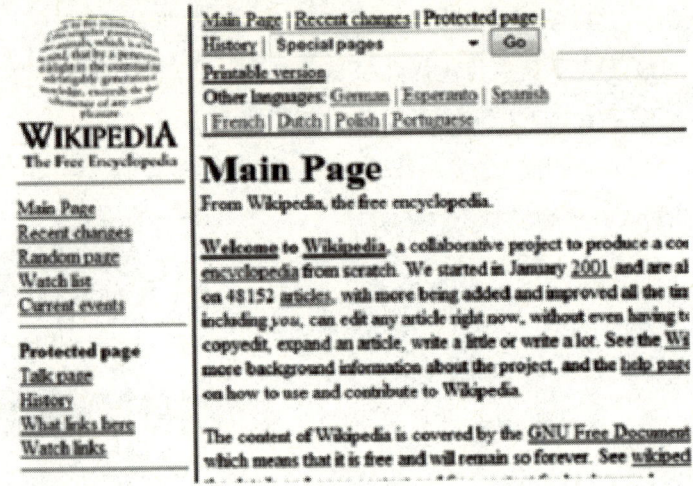

在网络泡沫依然强劲的时候,维基百科于 2001 年启动,为聚合式的网站内容/社会化媒体铺平了道路。

2003 年:网络电话(VoIP)成为主流

2003 年,Skype 面向大众发布,给用户提供了一个界面友好的 IP 语音电话。

2003 年:MySpace 变成了最流行的社交网络

同样是在 2003 年,MySpace 发布。它后来发展成为一个时期内(现在已经被 Facebook 取代)最流行的社交网络。

2003 年:CAN—SPAM Act 将垃圾邮件拒之门外

2003 年的另一个重大进展是在控制未经请求的色情和营销信息方面的成果,即众所周知的 CAN—SPAM Act。

2004 年:Web 2.0

虽然在 1999 年 Darcy DiNucc 就创造了 "Web2.0" 这个词,它指的是高度互动并由用户驱动的网站和富互联网应用(RIA),直到 2004 年才得到广泛使用。在第一次 Web2.0 会议上,John Batelle 和 Tim O'Reilly 提出了 "网络平台"这个概念：应用软件构建在互联网上，逐渐远离桌面（桌面软件有依赖操作系统、缺乏互操作性的缺点）。

2004年：社会化媒体和Digg

术语"社会化媒体"被认为首先由Chris Sharpley提出，并在同一年，"Web2.0"成为了主流概念。社会化媒体网站和网络应用允许用户创建和分享内容，并且在这个平台上可以相互交流。

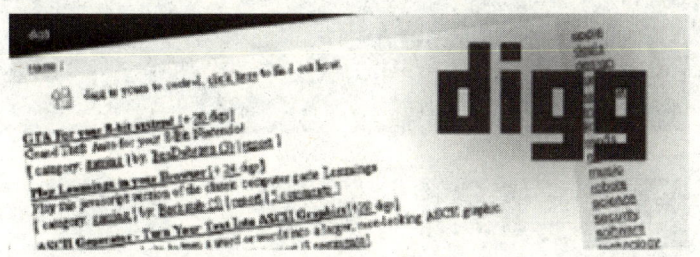

Digg，一个全新的社会新闻网站，于2004年11月推出，为诸如Reddit，Mixx，和Yahoo! Buzz之类的网站开了先河。Digg对传统的发现和产生网络内容的方式产生了革命性的影响，新闻和网站链接全都是由社区投票民主决定。

2004年：Facebook向大学学生开放

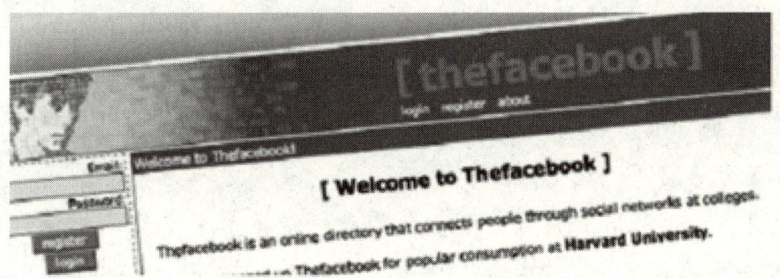

Facebook于2004年推出，当时只是对大学生开放并叫做"The Facebook"，后来，"The"被从名字中去掉了，虽然http://www.thefacebook.com仍然存在。

2005年：YouTube——大众可以分享的流视频

YouTube于2005年推出，提供免费网络在线视频存储，并给大众分享。

2006年：Twitter开始推出

Twitter于2006年推出，它最初的名字是twittr（受Flickr的启发）；Twitter的第一条信息是："just setting up my twtt"。

2007年：网络电视

Hulu 在 2007 年首次推出,与美国广播公司、全国广播公司和 Fox 合资,目的是使流行的电视节目可以在网上观看。

2007 年:iPhone 和移动网络

2007 年最大的创新肯定非 iPhone 莫属,在移动网络的应用和设计上,它几乎负责了全部。

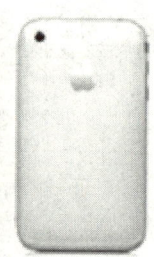

2008 年:"网络选举"

"网络选举"第一次发生在 2008 年的美国总统选举期间。这是第一次总统候选人利用了互联网上所有可以利用的资源。希拉里·克林顿的视频在 YouTube 早早地就出现了。几乎每一个候选人都有 Facebook 页面或 Twitter 账户,或者两者都有。

Ron Paul 通过网络筹款,单日筹到了 430 万美元,创下了历史纪录,并且几个星期之后,以一天筹到 440 万美元打破了自己创下的纪录。2008 年的选举将政治和竞争移到了网上,这一趋势在将来没有任何改变的迹象。

毫无疑问,电子计算机是人类历史上最伟大的发明之一。如今,它已成为现代社会不可或缺的一部分,并将在未来继续扮演重要的角色。

在日益广泛的全球文化传播中，互联网轻易超越了地域和民族的藩篱，作为文化的载体，将传统意义上的时间、空间压缩，使得信息流通的成本空前降低，也使得地球上任何个人与机构参与全球信息传播活动的初始成本空前降低。互联网已经成为全球信息交换、文化与新闻传播的新平台。互联网文化是一种跨越国家、地区界限，建立在互联网基础上的信息文化，具有集声音、图像、文字于一体的优势和高效新奇的特点。相对于传统的农业文化、工业文化，互联网文化在思想性、实践性和时代性方面有着鲜明的特点。报纸、广播、电视是点对面的线性传播，20世纪末之后的信息传播是点对点传播，互联网文化是跨越了时空界限的文化，是人对人的传播。这是互联网文化的唯一特征。

自1994年我国正式接入国际互联网，17年来，我国的互联网已成为现代社会生产的新工具、科学技术创新的新手段、经贸商务使用的新载体、社会公共服务的新平台、大众文化传播的新途径、人们生活娱乐的新空间，成为推动经济发展和社会进步的巨大力量。目前我国互联网普及率达到30.2%，超过世界平均水平。

笔者个人认为，目前新媒体研究在整个新闻传播研究中已占有重要地位和比例，但必须看到，新媒体理论研究建立的时间毕竟很短，学术积累的厚度和学术创新的能力仍然有限。中国新媒体研究不论在广度上还是深度上都有新的拓展，但影响重大的研究成果依旧稀缺。国内学者的综述研究表明，当前中国新媒体研究视野尚不开阔，研究主题狭窄陈旧，话题雷同、低层次重复研究的现象较为严重，主要集中在对新媒体技术及其特性的介绍、概括和对策讨论。新媒体技术不仅成为传播学研究的重要对象，也为研究方法和手段的创新带来了无限可能。从某种程度上说，新媒体对方法的革命要胜于对理论的冲击。人们所期待的由新媒体所引发的传播理论范式转移，也许要更多地依靠新技术带来的方法创新。

新媒体浪潮的到来，绝不是如有些人所谓"有到来之可能"那样完全没有行动意义的、可望而不可即的一种空的东西。新媒体是站在海岸遥望海中已经看得见桅杆尖头了的一艘航船，它是立于高山之巅远看东方已见光芒四射喷薄欲出的一轮朝日，新媒体是躁动于母腹中的快要成熟了的一个婴儿。

2011年2月12日于北京大学

绪 论

——新媒体改变世界

进入21世纪后,新媒体最大的特性在于其传播方式的多样性。一是多媒体传播。网络信息可以综合运用文字、图片、声音、图像、动画等多种手段,集各传统媒体之长,使信息内容得到淋漓尽致的体现,是地地道道的多媒体。二是个性化传播。传统媒体是一般意义上的大众传播,报纸不可能为某个人单独出版,电台和电视台也不可能播送只供个人收听、收看的节目。网络、手机媒体却把主动权交还给用户,你想看什么就可以"点播"或订阅什么,所有的信息都是根据你的需求而传播的,从这个意义上说,网络媒体的大众传播又是个性化的大众传播。三是渗透式传播。随着列车电视、楼宇电视、手机电视等移动媒体纷纷浮出水面,固定地点、固定时间"收看"已经逐渐形成。新兴媒体渗透式的信息传播,使我们的私人空间和公共空间,从来没有像今天这样无时无刻不被信息包围着。

一、事件回放

至今笔者还十分清楚地记得,2008年5月12日那天,14点28分,笔者正在13层楼的办公室里,突然有强烈震感,高楼在晃动,玻璃窗户和书橱玻璃门震响,5分钟后整个大街和广场上全是拥挤的人群,人们不知道在哪里发生了地震。焦虑的人们正在十分迷惑的时候,15点03分,笔者的手机从央视网收到最新的权威手机信息:根据国家地震网台测定,今天四川汶川县发生7.6级地震,重庆、贵州、陕西、云南、北京、上海和江苏等地震感强烈。地震发生后，新华手机报迅速作出反应，当日即以专题形式报道了地震的相关消息和抗震自救知识。第二天，新华手机报《今天，我们都是汶川人》特刊播发。5月15日，新华网联合中国移动开始推出免费的《抗震救灾手机报》，每天向全国人民尤其是灾区人民播发。第一时间报道灾情，第一时间号召组织救援，第一时间发起赈灾捐助，第一时间进行哀悼祈福……《抗震救灾手机报》的文字和图片被广泛引用，甚至被许多读者在论坛或博客中收藏。

  2008年第29届奥运会是互联网时代的奥运会，经国际奥委会同意并授权，本届奥运比赛第一次通过互联网现场直播和转播，观众达45亿人次。2000年奥运会期间，中国奥委会授权新浪网成为第27届奥运会中国体育代表团、中国体育代表团官方网站唯一互联网合作伙伴。新浪网这样描述自己的新闻刷新速度与数量：一项比赛结束后5秒钟出结果、30秒出图片、1分钟出报道、5分钟出详细报道、新闻刷新高峰期每分钟在10条以上。新浪网还在前方设立工作间，第一时间独家邀请27位中国奥运冠军与广大网友聊天。

  2008年9月全面引爆了震动人心的三鹿奶粉事件。而早在2008年3月，三鹿就接到消费者的投诉，同时，网上社区、手机短信开始讨论三鹿奶粉的质量。3月份，南京出现全国首例肾结石婴儿病例，此后全国各地陆续出现肾结石婴儿病例。9月，几家新闻媒体陆续报出肾结石婴儿均长期食用"某品牌"奶粉，欲说还休，引起消费者不满，而此时，手机上早就传出民间声音："外国人喝牛奶结实了，中国人喝牛奶结石了""喝三鹿牌奶粉，当残奥会冠军"……与此同时，天涯、西祠等各大论坛，关于奶粉致幼儿肾结石新闻跟帖迅速以几何级数的速度增长，众网友强烈要求有关方面公布奶粉品牌。9月11日，事件升级。《东方早报》记者简光洲率先将矛头指向三鹿奶粉。当晚，事件发展到高潮，新华社进行了系列滚动报道，及时报道了事件最新进展情况。19点04分，质检总局开始调查。19点12分，三鹿集团负责人表态配合有关部门调查。20点56分，卫生部指出高度怀疑三鹿牌婴幼儿配方奶粉受到三聚氰胺污染。21点，三鹿声明召回问题奶粉。而官方的手机短信也在积极跟进报道。

  2008年3月开始，因为一个所谓"吃香蕉易患癌"的传言，导致香蕉价格大幅下滑，海南省蕉农遭受重大损失。经国家和地方相关部门紧急辟谣，恐慌逐渐平息，香蕉价格也趋于正常。然而时隔不久，一条流传在手机中、声称香蕉含有"SARS"的短信，再次让海南省香蕉业受到严重冲击。为此，农业部再次向社会通报，揭露谣言，认为"香蕉致癌"的谣言主要来自公众对媒体报道的误读。部分企业则谴责该事件有国际背景，是有目的地针对国产香蕉的阴谋。而《海南日报》分析报道出"蕉癌"谣言与"SARS"短信应该是一些缺乏科学知识民众的集体无意识举动。

1998年1月17日深夜，美国博客网站"德拉吉报道"率先揭开莱温斯基丑闻，发布了一条震惊世界的大新闻《一个白宫实习生与美国总统有染》。很快，有人将这则报道转帖到很多个网站，数天后，《华盛顿邮报》和《洛杉矶时报》才低调报道，CNN及美联社等才开始全力追踪。"德拉吉报道"一炮而红，成为全球最有名气的博客，开了美国网络对政治发挥重要影响力的先河，并在整整半年时间内引领美国政治舆论导向，在新闻史上创下了一个个人网站长时间设定社会焦点话题的先例。"德拉吉报道"预示了未来互联网的变革。1997年8月31日，戴安娜王妃魂断巴黎的消息就是由"德拉吉报道"率先发布的，比美国有线新闻网（CNN）的报道早了整整7分钟。

2000年3月，美国恐怖小说家斯蒂芬·金与西蒙舒斯特公司合作，在网上出版了一本16000字的短篇小说《骑在子弹头上》，开创了网络出版史新的一页。前24个小时，小说免费供读者浏览，以后进行收费下载浏览，66页的电子图书，下载费用为2.5美元。在发行的头两天，共有50万人次下载了该小说，创造了网络出版的新奇迹。后来，作者自己在网上出版《植物》，这是第一本世界上集作者、出版商和发行人于一体的网络出版小说。

2008年11月20日，欧洲数字图书馆在比利时首都布鲁塞尔正式开馆。网站开通后的几小时内，访问量就超过了每小时1000万人次。由于建设者对人们的热情估计得远远不足，网站的设计容量仅为每小时500万人次，开馆不到24小时，网站就因访问量过大而多次瘫痪。欧洲数字图书馆是欧盟大力推广的重要文化项目之一，是2008年5月被命名为"Europeana"的大型网站，拥有大约300万件数字藏品，包括书籍、音乐、电影、报纸、相片、博物馆藏品等。网站目前可以提供英语、德语、法语等20多种语言的服务，可以查阅来自欧盟27国的书籍、手稿、音乐、绘画、地图、照片和电影等丰富多彩的信息和资料。网站内容没有版权，所有个人或者机构可以直接在Europeana网站上免费使用这些文化财富。比如，如果人们想要欣赏达·芬奇的名画《蒙娜丽莎》，只需要在网站上输入"达·芬奇"，就可以仔细欣赏他的包括《蒙娜丽莎》在内的多幅画作。

数字图书馆打破了时间和空间的限制，只要能上网，就可以方便地查找相关信息，帮助人们在更大范围内共建共享信息资源，实现无限的资源和服务。数字图书馆建设成为各国21世纪文化科技竞争的重点。欧盟计划加大投入，在2010年前将1000万件文化资源放入Europeana里面；届时，Europeana还将提供所有欧盟成员国语言的版本。欧盟还准备在今后两年内投资1.19亿欧元，用于数字图书馆新科技的科研与开发。

二、e时代到来

记得在2007年9月初，笔者收到中国国际航空公司寄来的一封挂号信，信的主要内容是为迎接2008年北京奥运会，把民航服务业与中国银行的金融业资源整合。即办一张国际航空公司的知音卡会员可以成为中国银行长城卡的持有者，变信用卡和知音卡两卡为一卡即国航知音卡中银VISA奥运卡，银卡会员可以透支人民币50000元无信用额度。这是一个信息时代下新技术、新营销、新物流相融合的产物，充分发挥了e航空时代、e金融时代、e商贸时代和e旅游等优势，整合了信息技术、物流、金融和服务业，使人们在购票、乘机、支付方面更加便捷、更加人性化和简约化。数字新媒体除完成传统媒体的功能延伸外，还开启了媒体数据库管理、信息分类整理和加工、超媒体传播平台的应用等。

2007年10月，笔者还收到中国国际航空公司的通知，该公司正式宣布，在北京、上海、广州等国内大城市，可以在自己办公室或家里的电脑上，凭电脑使用信用卡可以直接付款订购电子机票，还可以直接下载登机牌，不需要到机场换取登机牌。整个社会已经进入了e时代：e教育、e商贸、e购物、e银行、e旅游等，可谓商机无限、潜力巨大。由此可见，数字新媒体的吸引力越来越强，受众群体迅速扩张，其影响力正在超越传统媒体。

三、科幻预言

电子商务和数字技术的信息时代的发展有如此惊人的速度，使笔者想起少年时代读过的一本书——《科学家谈21世纪》。

《科学家谈21世纪》是20世纪60年代出版的科普作品，这本科幻著作描述的社会生活情形，正是今天数字时代、信息技术时代、新媒体时代和互联网时代的社会情景。

当笔者登入波音 B777-200 飞机，开始又一次从北京飞广州的空中旅行的时候，2002 年一年从北京到广州，再从广州回北京进行澳门科技大学 MBA 硕士学习的情景就浮现在笔者的脑海里。当年在中央党校学习，又参加了华南理工大学工商行政管理的学习和澳门科技大学的工商行政管理硕士（MBA）学习，每学期集中在美丽的华南理工大学强化学习几天，来自江苏、湖北、广东、福建和广西等地的学生，带上 MBA 课程的讲义和手提电脑，在现代化的多功能教室之中，听着来自北京、上海、南京、广州和香港、澳门等教授的讲授。如今的课堂，已不像我们当年在大学阶段和读中学时那样，老师拿一支粉笔，一块黑板，学生全凭笔记和全神贯注，现在老师的多媒体教学不仅有计算机课件演示——发下来的课件形式的讲授提纲，还在动态的多媒体演示各种现代化管理的企业和商业经济指标以及分布在全世界的分销点。

在 MBA 理论学习和社会实践中，笔者更深切地感到世界是一个地球村，信息网络化、全球一体化、经济全球化不是神话和科幻，而是现实的生活。人们通过口袋电脑（PocketPC），可以在任何有网络信号的地方无线上网，给朋友发 E-mail 和照片。利用蓝牙，可与 3G 手机对接互发照片和大量的文稿。通过终端的 USB 接口，可以将 PocketPC 连接到电子计算机上。还可以在 PocketPC 上进行文件的编辑以及文档的分类。

《科学家谈 21 世纪》的出现，从某种意义上可以说它们就是以科学技术为利器劈开时间迷雾、窥视未来社会的童话故事。科学家的预言是通过数字时代和信息技术实现了社会的发展、经济的繁荣、生活的便利和节奏的加快，以至信息爆炸，知识总量成几十倍的速度增长，离开互联网的世界是一片黑暗和无知，不掌握或不会操作和浏览使用互联网技术、Office 等现代办公软件的人是现代意义的文盲。数字时代的出现，改变了人们的观念和生活方式，数字集成电路——计算机、数码技术使声、视觉合成一体，为更清楚、更便捷、更多方法、更多空间地存贮世界的一切，回放世界、记忆世界和走向太空宇宙。

从家庭的数字电视机、数字录音机、电冰箱、手机、手提笔记本电脑，到办公室的打印机、高清晰扫描仪，再到汽车的红外导航，全球卫星定位导航，温度控制，航天航空，一切都在数字的控制之中，生活在数字范围内。

利用 iPad 平板电脑，可以随时阅读当日或往月的《泰晤士报》《华盛顿邮报》。利用 iPhone 3G 手机，可以随时发送邮件、欣赏电影和电视节目、查询航班和天气预报。

数字化时代的到来，是那样强烈地影响社会文明的进程。人们的生活和工作是那样的便捷，人类走向一种更高的文明，有更广阔的开放心态。数字时代带来的文明，已经大大超过了以往人类五千年的文明进程。

四、新媒体的崛起

新媒体是指 20 世纪后期在世界科学技术发生巨大进步的背景下，在社会信息传播领域出现的建立在数字技术基础上的能使传播信息大大扩展、传播速度大大加快、传播方式大大丰富、与传统媒体迥然相异的新型媒体。就其外延而言，新媒体主要包括光纤电缆通信网、都市型双向传播有线电视网、图文电视、电子计算机通信网、大型电脑数据库通信系统、通信卫星和卫星直播电视系统、高清晰度电视、互联网、手机短信和多媒体信息的互动平台、多媒体技术以及利用数字技术播放的广播网等。

新媒体的飞速发展和推广带给人们一场信息的革命，新媒体的崛起带动了传媒市场和产业结构的调整，已经成为人们日常生活中获知信息、了解社会、娱乐休闲的重要载体。数字新媒体具有无限的潜力，它以数字技术和网络技术为核心，信息利用更加便捷，信息产品的开发也更加深化，信息资源的管理更加有效，信息服务平台更加人性化，而极强的互动性可以满足受众个性化的需求，从而形成了信息服务向着多元化和多样性的方向发展。

新媒体这个概念出现的时间是 20 世纪 60 年代末。1967 年，美国 CBS（哥伦比亚广播电视网）技术研究所所长 P. 戈尔德马克（P. Goldmark）发表了一份关于开发 EVR（电子录像，electronic video recording）商品的计划，其中首次提出了"新媒介"（new media）一词；1969 年，美国传播政策总统特别委员会主席 E. 罗斯托（E. Rostow）在向尼克松总统提交的报告书（简称"罗斯托报告"）中，也多处使用 new media 一词及有关概念，自此激发起"新媒介"用语在美国社会上上下下迅速流行，并传至西方其他国家。20 世纪 70 年代末至 80 年代，"新媒介"成为西方发达国家新闻界、学术界和科技界最热门的话题之一。清华大学新媒体研究中心主任熊澄宇教授认为："所谓新媒体是一个相对的概念，'新'相对'旧'而言。从媒体发生和发展的过程当中，我们可以看到新媒体是伴随着媒体发生和发展在不断变化。广播相对报纸是新媒体，电视相对广播是新媒体，网络相对电视是新媒体。今天我们所说的新媒体通常是指在计算机信息处理技术基础之上出现和影响的媒体形态。"上海东方宽频传播有限公司总经理张大钟对新媒体的定义是，新媒体是一个宽泛的概念，是利用数字技术、网络技术，通过互联网、宽带局域网、无线通信网、卫星等渠道，以及电脑、手机、数字电视机等终端，向用户提供信息和娱乐服务的传播形态。

2001年9月28日，美国网络新闻学创始人、"博客（Blog）"报道形式首创者丹·吉尔默在自己的博客上提出了"新闻媒体3.0"（Journalism3.0）的概念：1.0是指报纸、杂志、电视、广播等传统媒体或说旧媒体（old media）；2.0就是人们通常所说的以网络为基础的新媒体（new media）或者叫跨媒体，但新闻传播方式并没有实质改变，仍是集中控制式的传播模式；媒体3.0是以博客为趋势的 we media（"自媒体"或"我们的媒体"）。

美国《连线》杂志对新媒体的定义是："所有人对所有人的传播。"

新媒体就像一个筐，数字电视、直播卫星电视、移动电视、IV、网络电视（WebTV）、电视上网、楼宇电视、车载电视、户外大屏幕（LED、LCD、DLP等）、移动多媒体（手机短信、手机彩信、手机游戏、手机电视、手机电台、手机报纸等）、网上即时通信工具（IM，如 QQ、MSN、POP 等）、对话链（Chatwords）、虚拟社区、搜索引擎、RSS（一种快速实现在线共享新信息的简易方式，Really Simple Syndication 的缩写）、电子信箱、门户网站、公共讨论版（BBS）、个人博客日志（Blog）、播客、维基百科（WIKI）、社会性网络服务（SNS）、对等传播分享网站（P2P）等等，皆被归为新媒体。

五、新媒体的类别

新媒体是指相对于电影、广播、电视等传统媒体的基于数字技术的所有新媒体，包括七大类别：

1. 网络媒体。网络媒体被视为继报刊、广播、电视之后的"第四媒体"，是最早出现的新媒体形态，也是当今最重要的媒体形态之一。网络媒体的主要形态是网站。另外，以电子邮件方式发送的电子报刊及电子公告板（BBS），因其具有"点到多点"的传播形态，起到了媒体传播的效果，也成为网络媒体的重要形态。

2. 手机媒体。如果只能传输语音，手机还仅仅是个通信工具；如果我们还能在手机上进行阅读，那手机就成了一种媒体。如今的手机已不单单是通信工具，它还担当起"第五媒体"的重任。短信、彩信、彩铃等基于手机媒介的增值服务业务，都是可以承载信息的载体。利用GPRS、EDGE或CDMA 1X网络数据服务，在支持流媒体格式播放的手机上还能观看直播电视频道，下载视频、音频节目。从技术和政策来看，手机媒体很可能成为新的广告媒介。3G网络的传输速度更快，能提供更高质量的音频、视频节目服务。手机日益成为个人多媒体信息的消费终端，其作为媒体的特性和功能将更加突出。

3. IPTV。IPTV即交互网络电视，通常指通过宽带互联网络，以家用电视机（加机顶盒）或计算机作为主要终端设备，向用户传播包括数字电视节目在内的多种数字媒体服务的崭新技术。由于它是基于宽带的电视，因而能够提供真正意义上的互动。

4. 数字电视。数字电视是继黑白电视、模拟彩色电视之后的第三代电视。从传播方式上看，数字电视包括卫星数字电视、有线数字电视和地面无线数字电视。数字电视区别于模拟电视之处，是节目采集、制作、传输、接收等环节均采用了数字技术，而不是传统的模拟技术。数字电视提供给用户的不只是更清晰的画面、更优质的声音，还有更多样的服务内容及更方便的互动参与体验，因而吸引着人们的眼球。

5. 移动电视。移动电视又称数字电视地面广播，是数字电视的一种。它不仅图像质量更加清晰，而且支持移动接收，理论上移动速度在每小时900千米内都可以正常清晰接收，因此可以安置在公交车、轮船、火车，甚至飞机等交通工具上。

6. 博客。博客（blogger）是指撰写并发布网络日志的人。博客们使用特定的软件，在网络上出版、发表和张贴文章，以表达自己的思想和看法。表现形式上，一个Blog就是一个网页，所有张贴的文章都按照时间顺序排列，且经常更新。由于博客同时具有内向传播、人际传播和大众传播的效果，沟通方式比电子邮件、讨论群组更简单和容易，现已成为家庭、公司、部门和团队之间越来越盛行的沟通工具。

7. 播客。"播客"通常指那些自我录制广播节目并通过网络发布的人。播客与博客不同，如果说博客是新一代的报纸，那么播客就是新一代的广播。播客实现了从文字传播向音频、视频传播的转化，增加了娱乐成分。播客还满足了人们自我表达、张扬个性的需求，同时还加强了媒介汇流与互动。今后的播客将会从业余走向专业，从免费走向收费，达到免费与收费播客共存局面。

六、"全球化3.0"时期

新媒体把世界变成一个村，正如《世界是平的》的作者、美国新闻最高奖——普列策奖三次获得者托马斯·弗里德曼说的非常经典的一句话：我们正处于"全球化3.0"时期，将我们带入这个新时期的动力既有地缘政治的因素如柏林墙的倒塌，也有技术方面的进步，如个人电脑和网络的流行以及在此基础上生产过程和创新模式的革命。以知识经济为代表的IT业、信息产业和数字技术产业已经超过了传统的制造业，而数字技术业又推动了服务产业管理服务水平的提高。

20世纪80年代后半期，东西方"冷战"结构崩溃，1991年爆发了海湾战争——在这个时间区段，地球分明被由卫星、光电缆线组成的媒介网络完全包裹起来。同时，以媒介网络为介质的信息资本主义也抓住这个机会，开始寻求由自己主导的一元的对世界的覆盖。1993年，克林顿当选美国总统，以副总统阿尔·戈尔为中心提出了"信息高速公路"计划。这个构想宏大而壮观，希望凭借布满全美国的数字网络，在从教育、福利到产业发展的所有社会领域中推进信息化改造，变革社会结构，以期美国经济围绕信息产业为核心得以重振。

在这样的国际社会变化背景下，微软、迪士尼、美国在线—时代华纳、新闻集团、TCI、基尔希、贝塔斯曼等欧美大型媒介资本均开始了积极的全球化扩张，在这个过程中确立了大众媒介与信息产业的复合性结合关系。特别在1995年，美国三大电视网接连不断地发生了几件大事：ABC与CBS分别被迪士尼和Westinghouse收购，时代华纳与拥有CNN的广播公司TBS合并。

几乎是在同时，原本只作为一部分专家的使用工具——因特网开始面向世界、面向一般民众开放。日本的大众媒介将1995年称为"互联网元年"，这在

20世纪90年代中期以后实实在在地引发了一股互联网热潮。国际互联网经过18年快速发展,已经深深融入人们的日常生活和生产中。每年互联网世界会产生大量的信息。仅2006年,全世界就产生了161×10^{18}字节的信息——这些信息能填满1610亿个苹果(iPod)音乐播放器,它们以电子邮件、网站网页、数码照片、视频音频等形式存在于虚拟空间。据预测,2010年,世界大约3/4的数字化信息将来自普通网民。世界由此浓缩在一个小小的地球村里,大到风云变幻、天翻地覆,如科索沃战争、巴以加沙冲突;小到茶余饭后、谈资笑料,如克林顿绯闻事件、阿里女儿拳赛又胜一场,都成为地球村里的故事。在中国,从第一封电子邮件、第一个论坛、第一个资讯网站、第一个电子商务网站,经过15年发展,互联网已经开始告别一个时代,走向一个新的时代。

在短短的18年里,互联网彻底地改变了我们的生活,从购物到订购飞机票,从写博客到听音乐,已渗透日常生活的方方面面。这里,我梳理了18年来8个网站改变世界的故事。在这些网站中,有的能让我们在线买书、订机票,有的帮我们找到失散多年的朋友,有的送我们免费音乐,有的是我们离不开的万事通:网上拍卖的激光指针——eBay.com(电子港湾),小镇里出来的"百科全书"——wikipedia.com(维基百科),为发牢骚而建的博客——blogger.com(博客网),全球最大的网上书店——amazon.com(亚马逊书店),最庞大的搜索引擎——google.com(谷歌),杰出的网络指南——yahoo.com(雅虎),世界最全的电子地图——MapQuest.com(问图网),全球第一即时通信——MSN Messenger(微软在线服务)。

七、"互联网总统"

互联网不仅改变着这个世界,而且也在不断被世界接受和认可。互联网的发明,是一次生产力的革命性巨大飞跃,它的意义甚至不亚于发明蒸汽机所带来的革命性影响。互联网的发展普及,使全球"共享一个信息平台",人们开始习惯以网民身份参与并且干预公共事务。美国《时代》杂志继1982年把"计算机"评选为年度人物之后,2006年又把年度人物评选为"YOU",也就是网民。《时代》解释说,社会正从机构向个人过渡,个人正在成为"新数字时代民主社会"的公民。这是一个事实:当更多人突破了传统媒体参与形式,自主地投身于公共表达的传播之时,它就成为一种独立媒体形式。

在网络世界里，每个人都是媒体，每个人都是话题中心，数十亿网民共同缔造了自媒体时代。所谓自媒体（we media，我们即媒体），是以博客、播客、维客、新闻聚合、论坛、即时通信等新媒体为载体的个人媒体的统称。美国《连线》杂志给以博客为代表的新媒体下的定义很简单：由所有人面向所有人进行的传播。

20 世纪 30 年代，广播"炉边谈话"使美国总统罗斯福声名鹊起。20 世纪 60 年代，电视辩论成就美国政界超级明星肯尼迪总统。21 世纪网络时代，Google 公司 CEO 埃里克曾预言："能够发挥互联网全部潜力的候选人，将会在下一次总统大选中脱颖而出。"如今，这个预言应验了。贝拉克·奥巴马，一位 47 岁的黑人偶像，凭借着平民出身、经历复杂的优势，打出"革新""梦想"的旗号，成为美国最会利用互联网工具的总统。在网络力量的强力推动下，奥巴马创造了历史，成为美国第一位黑人总统，也是第一个拒绝使用公共竞选资金的总统，树立了史上第一位"网络总统"的形象。

可以说，电台成就了"电台总统"罗斯福，电视成就了"电视总统"肯尼迪，而互联网成就了"网络总统"奥巴马。如果说罗斯福是第一个广播电台总统；肯尼迪是第一个电视总统的话，奥巴马则成为第一个互联网总统。

八、3G 手机发展迅猛

当你通过穿梭往来、拥挤不堪的人群，站在通信卖场的中央，柜台中的一部部高档手机仿佛在向你招手。它们往往都凝聚了当今最新的功能、最酷的应用，当然，它们往往价格不菲。

10 年前，我们还很难想象一部 3G 手机可以承载如此多的功能。美国媒介理论家保罗·莱文森（Paul Levinson）认为手机就是一个流动的家园，它满足人类边移动边交流的双重需求，使人对它的依赖性越来越大。作为一种全新的信息通道，特别在重大、突发事件发生的时候，其传播的效率极快，手机短信的传播效率比传统的四大媒体更胜一筹。

一是宽带上网。宽带上网是 3G 手机的一项很重要的功能，通过手机可以收发语音邮件、写博客、聊天、搜索、下载图铃等。现在不少人以为这些在手机上的功能应用要等到 3G 时代，其实目前的无线互联网门户已经可以提供。尽管目前的 GPRS 网络速度还不能让人非常满意，但 3G 时代来了，手机变成小电脑也就不是梦想了。

二是视频通话。3G时代，传统的语音通话已经是个很弱的功能了，视频通话和语音信箱等新业务才是主流，传统的语音通话资费会降低，而视觉冲击力强、快速直接的视频通话会更加普及和飞速发展。3G时代被谈论得最多的是手机的视频通话功能，这也是在国外最为流行的3G服务之一。相信不少人都用过QQ、MSN或Skype的视频聊天功能，与远方的亲人、朋友"面对面"地聊天。今后，依靠3G网络的高速数据传输，3G手机用户也可以"面谈"了。当你用3G手机拨打视频电话时，不再是把手机放在耳边，而是面对手机，再戴上有线耳麦或蓝牙耳麦，你会在手机屏幕上看到对方影像，你自己的影像也会被录制下来并传送给对方。

三是手机电视。2008年的奥运会让人们对手机电视热情高涨，用户在移动的状态下通过手机观看奥运赛事变成一种需要。从运营商层面来说，3G牌照的发放解决了一个很大的技术障碍，TD和CMMB等标准的建设也推动了整个行业的发展。手机流媒体软件会成为3G时代使用最多的手机电视软件，在视频影像的流畅和画面质量上将不断提升，突破技术瓶颈，真正大规模被应用。

四是无线搜索。对用户来说，这是比较实用的移动网络服务，能让人快速接受。用手机随时随地进行搜索将会变成更多手机用户一种平常的生活习惯。

五是手机音乐。在无线互联网发展成熟的日本，手机音乐是最为亮丽的一道风景线，通过手机上网下载音乐是电脑的50倍。3G时代，只要在手机上安装一款手机音乐软件，就能通过手机网络，随时随地让手机变身音乐魔盒，轻松收纳无数首歌曲，下载速度更快，耗费流量几乎可以忽略不计。

六是手机购物。很多人都有在淘宝网上购物的经历，但手机商城对不少人来说还是个新鲜事。事实上，移动电子商务是3G时代手机上网用户的最爱。目前，日本、韩国90%的手机用户都已经习惯在手机上消费，甚至是购买大米、洗衣粉这样的日常生活用品。专家预计，中国未来手机购物会有一个高速增长期，用户只要开通手机上网服务，就可以通过手机查询商品信息，并以在线支付的方式购买产品。

七是手机网游。与电脑的网游相比，手机网游的体验并不好，但方便携带，随时可以玩，这种利用了零碎时间的网游是目前年轻人的新宠，也是3G

时代的一个重要资本增长点。3G时代到来之后，游戏平台会更加稳定和快速，兼容性更高，即"更好玩了"，像是升级的版本一样，让用户在游戏的视觉和效果方面感觉更有体验。

通话、上网、下载、听音乐、看电视、摄影、拍照、导航、咨询、购物……苹果智能手机iPhone正式登陆。使用iPhone读书有先天优势，iPhone手机阅读功能强劲，除自身大屏幕的"硬实力"外，其拥有庞大用户的"软实力"同样不容小觑。一款由知名电子书搜索引擎"爱搜书"公布的iPhone电子书软件"eRead iPhone"受到很多用户的好评，用户甚至可以通过eRead iPhone的PC端从网上下载各种电子书漫画并直接传送到iPhone上。iPhone游戏占尽先机。2009年8月，国内首款支持iPhone的网游《手机大航海》面世，有报道称，iPhone手机支持多点触摸及加速度拖放技术，支持手写输入，触摸功能非比寻常，独特的屏幕搭配及重力感应能力，也让iPhone游戏有了更多新鲜的玩法。手机游戏在美国已经成为一个价值高达10亿美元的产业。预计到2013年，全球手机游戏市场规模将超过68亿美元。而2008年中国手机游戏市场的规模达到13.65亿人民币。iPhone手机的视频后劲十足。新一代iPhone3GS可以通过网络直接浏览YouTube的视频，且在3G环境中播放非常流畅，没有丝毫延时或者中断的情况。iPhone不只是手机，如果说今天手机上网体验还处于"婴儿"阶段，iPhone则可将其提升到"大男孩"的水准。

有人预言，手机这一个性化、即时化、互动性，带着体温的媒体决定了它或许会逐一取代很多传统行业，如报纸、图书，又或许会成为人们步入新时代的一大机遇，毕竟凶猛的iPhone也为数字化内容产业提供了新的渠道和模式。

九、电子书势如破竹

电子书正悄然地改变着人们的阅读方式。电子书采用电子墨水技术，其大小跟袋装书非常接近，它具有类纸般的阅读体验，流畅的书写感受，预装数千本正版书籍，还可以随意下载最新书籍。这些优点，使得电子书正以破竹之势，颠覆着我国这个发明并沿承造纸术传统的国度。电子书通常具有全屏手写批注、记事以及文档检索、音频录放等功能，支持手写、键盘两种触控操作方式，可实现批注功能。除预装图书外，通过内置的Wi-Fi模块，购买电子书的用户还可以实现在线阅读和下载图书、报纸。广阔的图书资源，既为爱书人节约购书成本，又符合低碳环保的发展趋势。电子书的悄然兴起，使以纸张为媒介的阅览转移到电子纸上，这一历史性的介质转变正丰富并改变着人们的阅读方式。

十、平板电脑 iPad 的横空出世

奥斯卡颁奖典礼上，苹果公司 CEO 史蒂夫·乔布斯携 iPad 亮相，不失时机地再出一次风头。

平板电脑并不是什么新鲜玩意儿，但 iPad 不一样。这是一款被认为"将对上网本、电子书阅读器市场都造成巨大冲击"的新产品。

不过，iPad 在形态上更接近于电子书而非上网本。《今日美国》预言："大多数人用 iPad，只是为了来消费、观看内容，而不是创建内容。"

当然，iPad 不仅仅是一个电子书，它还能提供彩屏和游戏。苹果公司 CEO 乔布斯在近日的声明中也声称："在人手这款产品后不久，平均每个用户下载了超过 3 个应用程序和近 1 部电子书。"

无论是 iPad，还是亚马逊此前发布的电子书阅读器 Kindle，都让人们对电子书刮目相看。

它们正在改变美国的传统传媒出版行业，还有无数读者的阅读方式。这正是美国各大媒体关注的着眼点所在。

2010 年 5 月 26 日，美国苹果公司取代微软公司，成为全球股票市值最大的技术企业，实现了里程碑式的跨越。

自 2001 年推出音乐播放器 iPod 以来，苹果公司推出的一系列电子产品大多引起消费热购，平板电脑 iPad 2010 年 4 月 3 日在美国上市，首日即售出超过 30 万台。

奥本海默公司分析师亚伊尔·赖纳告诉《洛杉矶时报》记者："微软一直是个人电脑革命的领头马，但这匹马看起来已黔驴技穷。"

就在 10 年前，苹果公司还在挣扎生存。公司创始人史蒂夫·乔布斯 1985 年离开公司后，苹果公司开始六神无主并迷失方向。

乔布斯 1997 年返回苹果公司，开始推出 iPod 等热卖的电子产品。公司自此售出成百上千万部 iPod 播放器、iPhone 手机和笔记本电脑，迫使对手们随着它的技术更新亦步亦趋。

近年来，苹果公司进军软件和娱乐市场，借助 iTunes 平台销售音乐、电影和小型应用软件。相比之下，微软一直难以插足一些最热门的技术领域。它基于 Windows 操作系统的手机始终难以唤起消费者的热情；开发平板电脑的设想也只是纸上谈兵。

不过，微软发布了一系列备受争议的产品，包括 Vista 操作系统和 Zune 音乐播放器，这使它穷于追赶苹果公司等竞争对手。

事实上，微软因对日新月异的技术环境反应迟缓备受批评。洛杉矶一家儿童诊所的副总裁塞萨尔·波蒂略说，他 2005 年弃用微软个人电脑，改用苹果电脑，之后再没回头。他说，微软产品给人一种"抱残守缺"的感觉，这伤害到微软的声誉。

预计到 2012 年，中国平板电脑销量将达 720 万台。3G 平板电脑的规模涌现将逐步覆盖电子书、MID（手持互联网终端设备）、上网本等小众化的终端产品，进而形成一个规模化的独立市场。有鉴于此，目前国内一些硬件厂商已经开始行动，长城电脑、汉王科技等都已经在近期发布了其平板电脑产品，MP4 厂商出现的蓝魔、智器等更是已经在市场上推出了数款使用 Android 系统的平板电脑产品。硬件厂商的积极参与，使得三大运营商将拥有更多的定制合作伙伴可供选择。可以预见的是，在未来几年中，国内三大运营商将在手机、上网本和电子书之外，再度掀起一股 3G 定制平板电脑的小高潮。

业界传闻已久的苹果平板电脑（iPad）率先在美国面世了，同类产品很快将风起云涌。面对平板电脑这一集合多种产品特性、拥有绚丽工艺设计、时尚的新产品，业界在兴奋之余开始感慨，这将是革命性的，将颠覆 IT 产品市场，尤其将对电子阅读器市场形成强有力的冲击。

顾名思义，平板电脑本质上还是一台电脑，而电子阅读器本质上是一本"书"。电脑可以用来休闲娱乐、商用办公，但却不可能捧着电脑通宵达旦地看书。电子阅读器的确不能实现和电脑一样丰富的娱乐和办公功能，但读者拿着一本书的同时或许也不会想着用它来玩游戏、随时办公。因此，电脑就是电脑，书就是书。从 iPod 到 iPhone，再到现在的 iPad，苹果公司的产品从简单的音乐娱乐产品，发展到集手机通信、娱乐为一体，再发展到集通信、网络、娱乐、阅读为一体的平板电脑。每一个新产品的出现，都继承和发扬了之前产品的功能，至少在功能上体现为对之前产品的覆盖和可替代性。

十一、速度为王的时代

1995年,比尔·盖茨撰写了《未来之路》一书,在书中,他认为信息技术将带动社会的进步,交互式网络是人类通信历史上一个主要里程碑。该书的作者还包括微软公司首席技术官 Nathan Myhrvold 以及 Peter Rinearson,该书在《纽约时报》的最畅销书排名中连续7周位列第一,并在榜上停留了18周之久。《未来之路》在20多个国家出版,仅在中国就售出40多万册。

记得微软有一项产品支持生命周期政策。根据这项政策,微软将针对业务和开发产品提供最少10年的技术支持,其中包括5年主流技术支持和5年扩展技术支持。

在英特尔公司看来,软件产品应当每两年将所支持的平台工作能力翻番。微软和其他软件制造商的努力,似乎仍难以让英特尔感到满意。事实上,软件技术的发展,的确已落后于芯片性能的不断飙升。

这是一个速度为王的时代。每个人从出生、结婚、生活、死亡,一切显得如此混乱而急切,仿佛随时都可能发疯。整个地球村都罹患了狂飙的时间病,都盲目地崇拜速度,都变成匆促之徒。

PC手机、手持阅读器、手机等电子媒介的阅读环境,互联网用户数量的飙升,使用网络浏览信息人数的增加,使得网民的阅读载体由传统出版物向数字出版物转移。

互联网作为继报纸、电台、电视之后的"第四媒体",其新闻网站正深刻影响着人们的生活方式和阅读方式,对传统媒体形成了巨大的冲击,"第四媒体"正在领跑信息时代。

在新闻网站,当你阅读完一篇新闻,你可以看到延伸阅读,同时也会请你发表评论,如果是一个社会问题,你还可以进入专题发表你的高见。

随着第三代移动通信技术的成熟和应用,手机已具备多媒体信息处理、传播和存储功能,能为用户提供更为丰富、多样的信息服务。作为媒体业务个体化发展趋势的一个重要构成部分,手机电视正在逐渐成为一种独特的新媒体形态。利用具有操作系统和视频功能的智能手机观看电视的业务,包括通过移动流媒体技术、地面数字广播网和卫星广播实现的手机电视业务。

据国际著名科技跟踪网站(TechSpot)报道,2010年1月22日,全球网络监控服务公司平道姆（Pingdom）发布了一份2009年全球互联网活动情况报告。报告指出，截至2009年9月，全球共有17.3亿互联网用户，比2008年增长了18%。其中，亚洲用户最多，超过了北美、欧洲和中东地区用户的总和。2009年，有90万亿封电子邮件被发送至14亿网民的电子邮箱，但垃圾邮件占到82%，比2008年增长了24%；关闭网站2.34亿个，新创建网站4700万个。在注册域名中，有8180万个".com"域名、7630万个以国家代码命名的顶级域名（例如".UK"等）和1230万个".net"域名。在服务器应用方面，万维网服务器Nginx的使用量增长了384.4%，其他服务器如Lighttpd、IIS的使用量则分别下降了72.4%和22.1%。

2009年1月15日，中国互联网络信息中心（CNNIC）在北京发布《第25次中国互联网络发展状况统计报告》。数据显示，截至2009年12月，我国网民规模已达3.84亿，较2008年年底增长8600万人，互联网普及率进一步提升，达到28.9%。

由于3G牌照的发放，手机上网用户在2009年取得了飞速发展。其中，只使用手机上网的网民有3070万人，占整体网民数量的8%。对此，CNNIC分析师表示，随着3G业务的持续开展，手机上网将成为刺激我国互联网用户新的增长点。

2009年网络游戏用户规模持续增长，达到2.65亿人，较2008年增长41.5%。值得关注的是，网络游戏是所有互联网娱乐领域中唯一使用率上升的服务，网民使用率从2008年的62.8%提升至68.9%。

网络文学用户规模达到1.62亿人，使用率为42.3%。2009年年底，网络视频用户规模达到2.4亿人，较2008年年底增长3844万人，使用率为62.6%。

今天，我们在享受数字时代给人类生活带来的幸福和恩泽。未来的家庭数字媒体中心可以比喻为一艘可搭载大量战斗机的航空母舰：不用争论电视、电脑和手机等数字终端谁是舰体，谁是舰载战斗机。理想的"中心"是因人而定的，我们使用着哪个产品，哪个产品就获得航空母舰的地位，其他的媒体资源都成为我们正在使用的新媒体的舰载机。走进家门，电视机获得优势使用地位；走进书房，电脑成为集中优势资源的媒体终端；人在路上的时候，所有的使用优势向手机媒体集结……

新媒体使传统的大众传播状态发生了并且还在发生着深刻的变化。如今，一个人通过发送手机短信、撰写博客日志、发起网络群聊，就可以在"任何时间、任何地点、对任何人"进行大众传播，既经济又便捷，突破了传统主流媒体的话语权壁垒。这些随时进行的信息，甚至成为传统媒体的重要信息或信息来源，人际传播的性质得到凸显和强化。所以美国《连线》杂志对新媒体定义为"所有人对所有人的传播"。几乎各种文化类型、思想意识、价值观念、生活准则、道德规范都可在数字新媒体上占据一席之地。数字新媒体为人们提供了"人人都可以放大自己的声音"的可能性，由此形成的社会影响力也日益增大。

新媒体时代改变了人们的思维方式、生活观念、生活节奏和工作方法，世界变小了，时间变长了，空间变窄了，地球是一个村，人们共同生活在这个村庄里。

第一章 新媒体的内涵

伴随着人类社会的进步与发展,人类传播的足迹由最初的线性推进,到现在各类媒体在数字技术平台上的相互交叉与结合,逐步形成空间系统,媒体的功能越来越强大,在社会生活中的地位也越来越高。

正如安德里亚斯·克鲁斯所言,大众传媒的时代正在逝去,个性化的、参与式的媒体正在来临,这将深刻改变整个传媒以及我们生存的社会。伴随着数字技术应用、互联网发展以及通信行业的3G风暴进入人们的生活,各种形态的新媒体——数字出版、数字影视、移动媒体、自媒体等——穿越书本、报纸、电视、广播等传统媒体覆盖的缝隙,渗透到我们生活的方方面面。以数字技术、互联网以及3G革命为基础的新兴媒体的快速崛起,使全球传播进入了以创意为核心、以数字技术整合视觉资源的新阶段。

从全球范围来看,新闻集团收购My Space和IGN,维亚康姆收购Midway,迪斯尼与iPod的牵手,NBC环球和Direct TV的合作,微软收购雅虎,Google与雅虎牵手,iPhone 3G手机和平板电脑iPad的横空出世,给现代传播带来革命性的变化和质的飞跃,各大跨国传媒面对新媒体的主动转型无不向我们明白无误地昭示着新媒体时代的到来。

新媒体的出现,为人类实现"所有人对所有人的传播"提供了现实的基础。历史上,传播技术的革命往往成为人类文明发展的一个重要推动力。当代传播技术的进步和商业模式的不断发展共同促进了传媒业的变革,实现了传播学家麦克卢汉关于"地球村"的预言，推动了全球经济的一体化进程，促进了世界各国人民的跨文化交流。新媒体的迅速崛起与发展正在改变着人们的工作与生活的方式，与信息多元化和经济全球化的社会发展趋势的关系越来越紧密，成为新的媒体服务形式、新的整合传播特点、新的媒体经济热点、新的媒体文化趋势，为社会发展构建了更有效、更快捷、多样性、人性化的信息传播与交流的服务平台，进一步推动社会效益和经济效益的同步增长，推进科学技术与文化艺术的相互促进与共同发展。新媒体的迅速发展，为我们带来了巨大的发展机遇，同时也给传统的传媒业带来了巨大的挑战，不仅正在深刻地改变着传播业的产业样态、经营方式和管理方式，而且正深刻地改变着人际交往方式和社会管理方式。其中出现的许多重要问题是前所未有的，需要我们认真研究和解决。

第一节 新媒体的概念

现代信息传播技术的飞速发展，使传播媒介的存在和发展形态发生了巨大的变革，诞生了新的传播媒介，即所谓的"新媒体"，并广泛地影响着人类的社会生活方式。

"新媒体"这样的称谓已进入社会理论和实践之中，有越来越多讨论新媒体的文章，生活中也有越来越多有关新媒体的话题。但究竟什么是新媒体，新媒体的概念是怎样的？目前，世界上对于新媒体的定义远未统一，专家和学者们也是仁者见仁，智者见智。先前联合国教科文组织关于新媒体的定义，即新媒体就是网络媒体，也随着时间的推移得到了进一步的拓展与延伸。新媒体一词极富弹性，是一个相对的概念。随着数字技术的飞速发展，几乎每隔几天就会出现一种新的媒体产品，这些产品未经定位就都被归为新媒体一类中。

据不完全统计，目前被当做新媒体内容和被用作新媒体概念的新东西不下二三十种：门户网站、电子邮箱、数字电视、直播卫星电视、移动电视、IPTV、网络电视（Web TV）、列车电视、飞机电视、公交车载移动电视、出租车载卫星电视、移动多媒体（手机短信、手机彩信、手机游戏、手机电视、手机电台、手机报纸）、虚拟社区、博客（blog）、播客、搜索引擎、简易聚合

（RSS）、网上即时通信群组、对话链（Chatwords）……其中既有传统媒体的升级形式，也有新媒体形式；既有新开发的媒介品种，也有新开发的媒介渠道，或者新媒介硬件、新媒介软件，或者新的媒体经营模式……

1967年，"新媒体"这一概念由美国哥伦比亚广播电视网（CBS）技术研究所所长，同时也是NTSC电视制式的发明者戈尔德马克（Goldmark）提出。

1969年，美国传播政策总统特别委员主席E.罗斯托（E. Rostow）把"新媒体"一词"发扬光大"。

而"新媒体"一词真正被广泛使用则是近些年。随着数字信息技术的发展运用不断涌现新的媒介形态的情况下，人们需要用一个概念统称这些新兴的媒体。同时，由于新媒介带来新的传播生态环境的革命性的变化，传播学也需要用一个具有分水岭意义的概念，以演进传播学说的发展。所以"新媒体"成为这个概念的代名词。

一、新媒体概念的提出

"新媒体"这个概念出现的时间是20世纪60年代末。最初提出"新媒体"这一概念的是戈尔德马克，他在1967年发表了一份关于开发EVR（electronic video recording，电子录像）商品的计划，计划书中第一次提出了"新媒体"（new media）一词。

1969年，美国传播政策总统特别委员会主席E.罗斯托在向尼克松总统提交的报告书（简称"罗斯托报告"）中，也多处使用new media一词及有关概念。自此激发起"新媒介"用语在美国社会上上下下迅速流行，并传至其他西方国家。20世纪70年代末至80年代，"新媒介"成为西方发达国家新闻界、学术界和科技界最热门的话题之一。联合国教科文组织："新媒体就是网络媒体。"华纳兄弟总裁施瓦茨威格："新媒体就是非线性播出的媒体。"

美国的俄裔新媒体艺术家列维·曼诺维奇（Lev Manovich）认为，新媒体将不再是任何一种特殊意义的媒体，而不过是一种与传统媒体形式不相关的一组数字信息，但这些信息可以根据需要以相应的媒体形式展示出来。

新媒体在1998年5月联合国新闻委员会召开的年会上曾被提出，当时是指被称为"第四媒体"的互联网，其意为继报刊、广播、电视三大传统媒体之后的第四种主要大众传播媒体。此后，"新媒体"成为传媒、传播学、艺术设计等领域近年来广为流行的一个术语。

清华大学新媒体研究中心主任熊澄宇教授指出,首先,新媒体是一个相对的概念,"新"相对于"旧"而言。从媒体发生和发展的过程当中,我们可以看到新媒体是伴随着媒体发生和发展在不断变化。广播相对报纸是新媒体,电视相对广播是新媒体,网络相对电视是新媒体。今天我们所说的新媒体通常是指在计算机信息处理技术基础之上出现和影响的媒体形态。其次,新媒体是一个时间的概念,在一定的时间段内代表这个时间段的新媒体形态。第三,新媒体是一个发展的概念,它永远不会终结在某个固定的媒体形态上。

江西师范大学的项国雄教授认为,媒体是信息载体。一种新出现的信息载体,其受众达到一定的数量,这种信息载体就可以称为"新媒体"。因此,新媒体的定义非常广泛。在现代,包含了互联网、手机短信、数字电视等多种新兴媒体。

奇虎公司副总裁刘峻先生认为,新媒体是对新出现的媒体形式的一个统称。任何时代都会有相对而言的新媒体,也就会有相对而言的旧媒体。这是一个相对的概念,不是一个绝对的概念。发展到现在这个时代,我们所见的新媒体,主要是指那些网络技术革命带来的媒体产物。

上海文广新闻传媒集团总裁黎瑞刚认为,所谓新媒体,是一个相对的概念,是在我们平时见到的报刊、广播、电视等传统媒体之后发展起来的新的媒体形态,最常见的就是数字媒体。

上海东方宽频传播有限公司总经理张大钟对新媒体的定义是,新媒体是一个宽泛的概念,是利用数字技术、网络技术,通过互联网、宽带局域网、无线通信网、卫星等渠道,以及电脑、手机、数字电视机等终端,向用户提供信息和娱乐服务的传播形态。新媒体是信息科技和媒体产品服务的紧密结合体,是媒体传播市场发展的趋势和必然方向。

美国著名传播学者施拉姆(W. Schramm)曾经预言:"人类传播的基本性质不会改变,但传播本身的社会体系,很可能同我们已经知道的各个传播时期大不相同。"

美国《连线》杂志对新媒体的定义是"所有人对所有人的传播"。这一观点一语道破新媒体的本质特征,见解独到深刻,但严格地说,这不是一个概念的定义,充其量只能算是一句口号。因为该"定义"的核心概念"传播"并不是"新媒体"的所属类而更像是一个动词,应解为"人类社会的信息流动过程和信息系统的运行"。

在线媒体顾问、资深媒体分析师 Vin Crosbie 定义的新媒体,"就是能对大众同时提供个性化的内容的媒体,是传播者和接受者融会成对等的交流者,而无数的交流者相互间可以同时进行个性化交流的媒体"。他指明了新媒体的传播模式——既包括人际媒体的"一对一"和大众媒体的"一对多"的传播模式,还包括特质层面上的"多对多"的模式。

在新媒体的平台上,全球正逐渐成为一个真正的网状传播整体。新媒体的互动性和个性化精准传播等特点更适合现代人的生活和消费观念,"全民DIY"既是新媒体对传统媒体内容生产方式的颠覆,同时也是新媒体不可复制的核心竞争力。

新媒体是未来媒体发展的重点,正受到广泛的关注,其发展前景不可限量。科技日报社副社长汤东宁认为,新媒体主要是指以网络为主体的传播平台。

美国网络新闻学创始人、"博客(blog)"报道形式首创者丹·吉尔默于2001年9月28日在自己的博客上提出了"新闻媒体3.0"(Journalism 30)的概念:1.0 是指报纸、杂志、电视、广播等传统媒体或说旧媒体(old media);2.0 就是人们通常所说的以网络为基础的新媒体(new media)或者叫跨媒体,但新闻传播方式并没有实质改变,仍是集中控制式的传播模式;而媒体3.0 就是以博客为趋势的自媒体(we media)或说共享媒体。

阳光文化网络电视控股有限公司执行主席吴征在新浪上的专栏中发表文章《媒体业发展趋势与新媒体的文化使命》,给出的新媒体的定义是:新媒体是一种既超越了电视媒体的广度,又超过了印刷媒体的深度的媒体,而且由于其高度的互动性、个人性和感知方式的多样性,它具备了从前任何媒体都不曾具备的力度。他在文章中所解释的新媒体更为狭义:互动式数字化复合媒体。他的定义着重于新媒体的技术基础——数字技术,以及新媒体的重要特性之一——互动性。但是我们可以看到,从更广义的范围来看,诸如 MP3 音乐播放器等媒体的出现,它们并未具有互动的特点,却仍然可以被定义为新媒体。前一段时间将网络媒体称为"第四媒体",目前仍然可以见诸报端,但是从现在新媒体的发展趋势来看,"新媒体"的定义似乎又已经超越了网络媒体。

二、以数字通信技术为载体的传播

与以往传统媒体不同的是,由于以数字通信技术为代表的新传媒技术的急速发展,新的媒介产品层出不穷。ICP(网络内容服务商)们称自己为"新媒体";个人网站称自己为"新媒体";刚刚创建的财经类纸质媒体称自己为"新媒体";早已创建的都市类、时尚类、IT类媒体等纸质媒体也纷纷旧貌换新颜,将自己扮作"新媒体"……然而,尽管"新媒体"这个概念已被广泛使用,但迄今为止尚未见到广为认同的解释。

从媒体发生和发展的过程当中,可以看到新媒体是伴随着媒体的发生和发展在不断变化的。广播相对报纸是新媒体,电视相对广播是新媒体,网络相对电视是新媒体。今天我们所说的新媒体通常是指在计算机信息处理技术基础之上出现和影响的媒体形态。这里有两个概念,一个是"出现",是指以前没有出现的;另一个是"影响",所谓影响就是受计算机信息技术影响而产生变化的。当然新媒体并不是终结在数字媒体和网络媒体这样一个平台上。科学技术在发展,媒体形态也在发展,我们今天同样需要去关注在数字媒体之后的新媒体形态。

由此可见,我们不可能再像过去一样,把报纸、书籍、期刊非常硬性无误地归为纸质媒体,因为新媒体所包含的媒介形式仍然处在发展之中,并且其膨胀趋势还在继续着。

可以认为,新媒体这一概念就其内涵而言,是指20世纪后期在世界科学技术发生巨大进步的背景下,在社会信息传播领域出现的,建立在数字技术基础上的,能使传播信息大大扩展、传播速度大大加快、传播方式大大丰富的,显著区别于传统媒体并在一定时期内具有相对稳定传播形态的新型媒体。就其外延而言,新媒体主要包括互联网媒体、手机媒体和多媒体信息的互动平台、户外媒体等。

第二节 新媒体的诞生历程

本书在第一章的第一节对新媒体的概念有了诸多介绍,但是最终对于"什么是新媒体",国内外的很多专家学者、研究人员都从不同角度对其下了不同的定义,可以说是各执一词。笔者比较认同国务院发展研究中心局长岳颂东对新媒体作出的解释:"新媒体是采用当代最新科技手段,把信息传播给受众的载体,从而对受众产生预期效应的介质。"

由此可见,新媒体是一个不具有稳定性的概念,是相对于旧媒体而言的,而新旧是在不断变化的。正如网络没出现之前,电视是新媒体,但是网络出现后,电视就转变成了传统媒体。如此类推,从人类出现迄今为止,媒体传播的发展经历了口语传播、书写传播、印刷传播、电子传播、网络传播五个阶段。这五个阶段不是依次取代的过程,而是一个叠加的进程。

人类传播史上的第一次革命——创造了语言,发生在10万年前。语言的产生意味着口语传播时代的到来,它是人类传播史的开端。尽管一开始的语言只能描述极为简单的事物,但随着口语的不断发展,它大大地加速了人类进化的过程。但因为口语只能靠人脑记忆,不便于记录,所以该时代的传播只能是小范围以及短时期内的传播。人类在公元前约3500年发明了文字,实现第二次传播革命。文字的出现以及文字传播时代的到来使人类进入一个更高的文明发展阶段,它能把信息记录下来,也能把信息传播到远处,文字的产生使人类传播在时间和空间两个领域都发生了重大变革。文字出现后的很长一段时期内,人类都是靠手抄传播的,而随着毕昇发明活字印刷术和古登堡创造金属活字排版印刷,印刷传播的时代到来了,印刷媒介在社会政治、文化、经济中发挥越来越重要的作用。1844年,人类进行第四次传播革命,迎来了电信传播的曙光。电子传播时代的来临实现了信息的远距离传输,它是传播史上的一个里程碑,使得文化的传播与积累达到了质的飞跃。1946年,电脑在第五次传播革命中出现。

在这里,我们将介绍以上这五个阶段的情况,了解新媒体发展的历史沿革。

一、口语传播时代

在漫长的人类进化史上,原始传播时期是历时最久的,长达几百万年。经过无数代的进化演变,随着祖祖辈辈的劳动锤炼,人类的大脑逐渐发达,发音器官逐渐完善,思维能力逐渐发展。大概在几十万年前产生了音节语言。语言的产生是人类传播史上第一个重要的里程碑，从此以后，口头的语言传播就成了人类主要的传播形式，成了联系社会成员的基本纽带。

随着社会的发展，口头语言传播的具体方式不断丰富，日趋多样。有个人之间的交谈，三五成群的议论，氏族、部落的集会，田边地头的传闻，口口相传的民谣，行吟诗人的说唱等，其中都包含着人们需要的新闻信息。而新闻性最强的口头传播，往往出现在战争或其他重大事变中。公元前 500 多年，古代波斯帝国国王大流士一世曾经在国内许多山头上派驻家臣，通过高声呼喊、语言接力的办法，向各地传达命令。公元前 490 年，波斯帝国派遣重兵大举侵犯希腊城邦，在雅典东北部的马拉松平原登陆。希腊人奋起抗击，以弱对强，赶走了敌人，取得了辉煌胜利。士兵菲迪皮茨奉命从马拉松战场以最快的速度跑回 40 多千米外的雅典。他向聚集在中央广场的人群激动地喊道："我们胜利了，雅典得救了！"喊完就倒地牺牲了。这可以说是古代最著名的一次口头新闻传播。

口语最初仅仅是一种将声音与周围事物或环境联系起来的符号，在人类认识世界和改造世界的社会实践中，逐渐提高了它的抽象能力，成了一种能够表达复杂含义的声音符号系统。

在口头语言成为主要传播形式的同时，人类成员还保留着种种非语言符号的传播形式，呼唤、手势、体态、类语言等原始的传播方式还长久地留存着。随着社会的进步，人们还逐步采取标记、声光、图式等多种手段辅助新闻信息的传播。

标记传播是指借助一定的物品或记号来传递信息，例如实物借代、结绳记事、珠贝传令等。这些方法，在某些至今仍然处于原始状态的部落中还可以看到。有材料说，锡兰岛的辛哈列人，把死人的头发缠在树枝上，用布或树叶包起来作为讣告。生活在南美的印第安人，结绳计数，一根绳子最多打九个结，两根相邻绳子上的结表示十位数，三根相邻绳子上的结表示百位数。各个村镇都有结绳官员，负责结绳，记载或呈报有关资料。北美易洛魁人（属印第安族）的酋长往往把紫色、白色或其他颜色的贝壳排列成各种图形，串成各种珠带，一定图形的珠带表示一定的意思，以此来传达通知和命令。

声光传播是指借助声光信号来传递信息，例如敲击响器、吹奏号角、点燃烽火、挥动旗幡等。声光传播的距离比较远，排列组合有较多的变化，表达的意思也可以更加复杂，特别是在作战或遭遇突发事件之时，可及时传达命令、互通消息。据人类学家考察，南美的土著部落，往往两三百人一组，分头进行狩猎，相互之间依靠点燃火光作为信号进行联系。在非洲，许多民族有专门的鼓语。曾经在喀麦隆做过传教士的伯兹对此有过生动的记述："依大鼓语，关于一切事情，就是距离数千米人们也能听见。能述说历史，能报知新闻，能布告法律，并且能做各种质问、呼喊、漫骂、诽谤。"在争吵的时候，"争斗的一方（多半是在深夜），乘着独木舟划行到河的正当中（为能传闻到远方起见），击大鼓来骂对手；对手也用大鼓回骂，一天中都不休息"。有人把这种鼓语称为"大鼓电报"。这些原始的声光传播确实启迪了现代通信方法，鼓点的疏密组合，实际上是电报代码的先导。

图式传播是指用简单的符号或图画来表达意思，传递信息。它是较为高级的辅助手段，通常被认为是文字传播的发轫。这类简单的图记符号，在世界许多地方的考古活动中都有发现，在近代一些原始部落中仍有所见。普列汉诺夫在他的《论艺术——没有地址的信》中列举了许多原始部落用简单的图式传递信息的情况。其中有这样一件事：德国人种学家斯坦恩在巴西一条河岸上看到土人画的一条鱼，他就让随从的印第安人在河里撒网，果然捞出了几条同河岸上画的一样形状的鱼。可见土人画鱼正是为了向伙伴传递"这里有鱼"的信息。

从原始传播到口语传播，占去了大部分人类传播的历史。正如传播学家威尔伯·施拉姆所说的，如果把人类传播的历史看做是一天的话，那么今天我们所使用的大众传播工具只是在这"漫长的一天的最后一秒钟"才产生的。而且，即使在种种新的传播方式出现以后，口头传播仍是人类生活中须臾不可缺少的传播方式。至于标记、声光、图式传播也在继续使用着，只是它们的形态已经完全现代化了。

口语大大促进了人类思维能力的发达，加速了人类社会进化和发展的进程，直到今天，口语依然是人类最基本、最常用和最灵活的传播手段。当然，在传播的发展过程中，口语传播的一些局限性也日益暴露出来，体现在：

第一，口语是靠人体的发声功能传递信息的，由于人体能量的限制，口语只能在很近的距离内传递和交流。

第二，口语使用的声音符号转瞬即逝，记录性较差，口语信息的保存和积累只能依赖于人脑的记忆力。

因此，口语受到空间和时间的巨大限制，在没有诸如电话等口语媒介的情况下，它只能适用于较小规模的近距离社会群体或部落内的信息传播。

二、书写传播时代

学术界普遍认为，大约在五千年前，人类过渡到了文字时代。

最早的文字是图画或文化体的绘图。最早记录信息的"文字"是出现在石头上精细描绘的动物和捕猎场面，通过这种直观的形象记录方式记录一种信息，以便以后重看或者让他人获悉。这样，石头画成了最初的传播媒介。

随着生产力的不断发展，人们活动交往范围不断扩大，对于社会信息的需求不断加强，促进了图画意义标准化的进程。随着社会的进一步发展，人们不仅仅只通过狩猎来维持生命，还出现了农业、手工业……于是，记录土地边界、土地的所有权、买卖交易、江河水位涨落、农作物播种收获时间以及天体运动，这些都需要更大范围内统一的"标准"。因此开始出现了称之为楔形图案的"准文字"，它后来又演化成为正式的楔形文字。这些文字产生于距今四千年左右，多为画或者刻在建筑物墙面或者其他类似平面上的粗略图画，以简单的几笔，表达众人均可理解的意思。

文字的出现，是人类传播史上第二个重要的里程碑，它标志着人类原始时代的结束。这里需要特别为汉字的发展说上两句。据考古发现，在六千多年前的彩陶上已经有符号，为汉字的萌芽。经过三千多年的演化，到了商代，有人把文字刻在兽骨或者龟甲上，形成"甲骨文"。也有人把文字铸在青铜器上，称为"金文"，汉字至此形成了较完整的体系。

文字出现以后，记载各种文字以传递各种信息的载体便是人们首先需要解决的问题。除了上面所说的我国商代出现的兽骨龟甲作为文字的载体，世界文明发源地的人们将文字写在了各种简陋的自然材料之上，包括石壁、黏土、兽皮、兽骨、竹简等。埃及沼泽地带盛产高秆植物纸草，将茎部剖成薄片并用树胶粘连起来，就成为地中海地区古代通用的书写材料。公元元年以后，一些重要文件改用羊、兔等兽皮制成羊、兔皮纸书写。古印度的文字主要保存在石、陶、象牙等制成的印章上，两河流域苏美尔人的文字最初刻在石头上，以后用尖头的芦秆、骨棒刻画在黏土制成的泥板上，形成楔形文字。

大约在公元前 2500 年，埃及人发明了用莎草制造结实纸张的办法。与莎草纸齐名的还有中国的"丝絮纸"和墨西哥玛雅人的"阿玛特纸"。丝絮纸始于商代，由蚕茧取出丝绵时留在竹席上的残丝絮晒干而成，人们通过改进制成丝絮纸，史称"薄小纸"。阿玛特纸由一种叫阿玛特的阔叶树的树皮纤维制成，由玛雅人首先发明。

真正廉价的普通纸张是在中国发明的。中国人称大量生产而成本不高的纸为"蔡侯纸"。据传，蔡伦总结前人经验，用树皮、麻头、破布、旧渔网为原料造纸成功，东汉元兴元年（公元 105 年），蔡伦把纸献给朝廷，受到汉和帝的称赞和嘉奖，并下令在全国推广。从 20 世纪以来，中国考古界多次发现西汉纸（灞桥纸、金关纸、扶风纸等），这又将中国的造纸历史从蔡伦时期往前推了两三百年。西汉纸才是我国最早发明纸张的历史见证，也是人类文化史和传播史上首创的古纸实物。

随着纸张的出现和制作技术的不断更新，极大地扩大了信息传播的广度和深度。信息传播的范围更大，获得信息的人的数量也大量增加，速度也加快了。但是，文字以及书写传播是在人类进入阶级社会以后出现的，一开始就受到统治阶级的垄断，用以维护他们的利益，因此普通人一般与书写传播无缘。

欧洲手写新闻传播活动主要有两种形式：一种是公告式的，即原始形态的官方公报；另一种是书信式的，即新闻信。

官方公报最早出现在古罗马时期。公元前 100 年，在恺撒大帝统治下的古罗马共和国时期就出现了《每日纪闻》和《元老院法令》，它掌握在统治阶级手中，属于官方公报性质。它除把政府的决定、元老院议事的决议、裁判的结果公之于世外，还刊登有战争、选举和宗教等方面的信息。据历史研究，当时罗马正处在奴隶主城邦共和制的后期，极少数豪门贵族把持着最高国家机构元老院，压制平民和骑士阶层，反对任何具有进步性的变革，因此贵族派和民主派的斗争十分激烈。恺撒是民主派的新首领，他创设《每日纪闻》这种公报的目的，就是要把上层会议的内容公之于众，争取舆论的支持，扩大自己的政治影响。公元前 44 年恺撒遇刺身亡，经过一番权力争夺，他的养子奥古斯都成了罗马的最高统治者。公元前 27 年起，奥古斯都集军、政大权于一身，奴隶主的罗马共和国从此转变为罗马帝国。奥古斯都在公元前 6 年恢复《每日纪闻》，从此这一官方公报断断续续刊布到公元 330 年迁都君士坦丁堡为止。公报的内容有议事记录、帝国法令、战争消息、司法案件、官员任命、宗教活动，以及贵族的结婚、生育、死亡等。除缮写公布外，还抄写、颁发给各地驻军首长。这一公报沟通了统治机构的内部联系，起到维护帝国统治的作用。

新闻信指的是传递新闻、交流信息的书信，它是西方古代历史上流传最久的手写新闻传播形式。据史书记载，早在公元前 500 多年，古罗马就开始出现新闻信，直到西罗马帝国灭亡（公元 476 年），新闻信绵绵不绝。因为这个奴隶制国家幅员广阔，环绕地中海，地跨欧、亚、非，首都罗马和各行省、属地之间，无论是官方还是私人，都要靠新闻信保持联系。官方的新闻信常有传递政情军情的性质。例如公元前 47 年，恺撒由埃及快速进军小亚细亚，征讨本都王国。战争顺利结束后恺撒立即写信给罗马告捷，信上只用了三个词："我到，我见，我胜"（拉丁文为三个单数第一人称的动词：Veni，Vidi，Vici）。私人的新闻信主要流行于上层社会。罗马共和国末期的政治家、哲学家和文学家西塞罗，一生就写了许多书信，有给亲友的，也有给当时权势人物的，其中不少生前就在社会上流传。他死后留下了 900 多封信（包括部分别人写给他的），其中记述了当时许多重大事件和人物，记录了罗马的生活、外省的情况，以及民间习俗、竞技游乐等。这些信件当时是互传信息的新闻信，现在则是可贵的历史资料。在西塞罗之后一个多世纪，另一位罗马作家小普林尼，也是杰出的新闻信作者。他留下《通信集》10 卷，包括书信 300 多封，记述了上层社会的许多事件和生活情况。其中有一封叙述了发生于公元 79 年的维苏威火山爆发的详细过程，行文生动感人，是一篇十分优秀的通讯。罗马时代已经出现了以撰写新闻信为业的人，他们受雇给远离首都的军政长官、王公贵族、税吏、巨商写信，提供首都的消息；也有的专门从外地向首都写信，提供外省的消息。发展到中世纪，欧洲许多国家都有新闻信流行，上层社会主要依靠它获得外地消息。以后随着资本主义经济的兴起，商业、航海业的发展，新闻信又逐步扩散到商人和平民中去。

在我国，封建社会时期出现了邸报。邸报相传始于汉朝，但是无实物可证。目前我国新闻史学界有据可查的是唐代邸报。当时，封建社会实行的是中央集权制，唐代藩镇派驻守的邸吏，负责及时传递朝廷的政令、官吏的升降任免和大臣的奏折等信息。

最先问世的是唐朝政府发行的官报（内容是宫廷动态，读者是首都官吏）。

《开元杂报》出版于唐玄宗开元年间,是已知的最早的一份官报。唐人孙樵所写的《读开元杂报》一文,是关于这份古代官报的最早的记载。英国伦敦不列颠图书馆收藏的"敦煌邸报"(内容是通报归义军节度使的使臣到朝廷索要符节的经过情节),发行于唐僖宗光启三年(公元887年),1900年在敦煌莫高窟被发现,是我国现存的最古老的报纸,也是世界现存的最古老的报纸。

封建官报在宋朝有了较大的发展,当时称为"邸报""朝报""邸钞""进奏院状""状报","邸报"是其中最流行的称呼。"邸报"的发行机构是各地派驻首都的进奏院。"邸报"的发行制度:门下省编定,给事中判报,通过进奏院的各地进奏官"报行天下"。"邸报"的内容主要是皇帝的诏书命令,皇帝的起居言行,封建政府的法令、公报,有关官吏任免赏罚的消息和大臣的章奏文报(重大军情)。"邸报"的新闻发布工作受到封建政府当权派的严密控制。宋朝的新闻检查制度:"定本"制度。宋朝的"邸报"大部分是手抄的,其中的小部分可能使用雕版印刷。

明朝的官报由通政司负责传发,16世纪中叶以后,明朝政府允许民间自设报房,在封建政府的监督下,编选一部分从内阁有关部门抄来的一部分邸报的稿件公开发售,这一类报房大多设在北京。它们所发行的报纸,通称"京报"(有时也混称"邸报"。报房在京城,又从京城向外传发。内容由皇帝谕旨、朝廷政事、官吏的奏折三部分组成)。报房出版的"京报"有报头。崇祯十一年(公元1638年)以后,普遍使用活字印刷(明末邸报的活字印刷是我国新闻传播技术一大进步)。从明朝中叶起,出版和派送京报,成为一项公开的职业。明末的"京报"曾经刊载过社会新闻。

到了清朝,在官方的严密控制下,大部分"京报"只能刊载一些官方允许发布的文件和消息。清军入关后,北京的报房曾经达到十家以上,它们所出的报纸仍称"京报"。清朝的官报由通政司和提塘官负责传发,官报的内容经常受到皇帝和当权大臣的控制。清朝末年,通过官书局等单位,创办了一批近代化的政府官报,其中主要有《官书局报》《政治官报》等。

手写新闻传播在人类历史上已经延续了几千年,今天它仍然是人类新闻活动的一个重要组成部分。在电脑全面普及之前,书写传播仍是人与人之间传递新闻的重要手段。

三、印刷传播时代

有了文字书写,就有了手写的新闻传播,这种传播突破了口头传播在时间上和空间上的局限,可以使信息传播的容量更大、内容更准确、距离更远、留存的时间更长久。然而,手书的速度毕竟有限,信息受传者的人数终究不会很多。于是,改进书写方式成为信息传播活动进一步发展的当务之急。

印刷术起源于公元 200 年的中国拓印术,大约在唐朝初年(627—649),中国人发明了雕版印刷术。唐长庆年间,白居易的作品即常被人"缮写模勒(刊刻),炫卖于市井"(唐·元稹)。世界上现存的第一本印刷品是我国唐咸通九年(868 年)印刷的佛典《金刚经》。

北宋庆历年间(1041—1048),毕昇发明了活字印刷术,可惜未能广泛推广。直至 13 世纪末元朝大德年间,农学家王桢发明了木活字和转轮排字架,活字印刷才进入实用阶段。元朝后期,我国的印刷术连同其他发明随着蒙古军队传向西方。许多年后,德国铁匠古登堡在此基础上经过 20 多年的摸索和钻研,发明了铅活字和手压印制设备,于 1456 年首次印成了 42 行本的《圣经》。

随着印刷业的飞速发展,在 15 世纪末和 16 世纪初,整个欧洲的主要城市几乎都有了印刷所,印刷传播业日益兴旺。印刷品的大量出现,大大激发了人们的求知欲望,推动了教育的发展、文化的普及和科学启蒙、社会进步;反过来,公众文化知识的提高也使得民众对宗教、科学、哲学、文学书籍等印刷媒介的更大需求,于是形成了一种良性循环,也加速了欧洲封建主义的崩溃和资本主义的诞生。

按照美国社会学家查尔斯·库利在《社会组织》(1909 年)一书中的观点,报纸、书籍和杂志作为新的大众媒介,不仅消除了人们相互隔绝的障碍,影响社区相互作用的方式,而且推进了社会的组织和功能的重大变化,甚至永久地改变了那些使用者的精神面貌和心理结构。印刷传播革命使人类社会在各个方面都发生了前所未有的深刻变化。

现代报纸的直接起源是德国 15 世纪开始出现的印刷新闻纸(单张单条的新闻传单)。1609 年,索恩在德国出版了《艾维苏事务报》,每周出版一次,这是世界上最早定期出版的报纸。不久,报纸便在欧洲流行起来,消息报道的来源一般都依赖于联系广泛的商人。一般把 1615 年创刊的《法兰克福新闻》视为第一张"真正的"报纸,因为该报有固定名称、每周定期出版一次、每张纸上印有数条而不是单条新闻(但是该报是单面印刷)。"报纸"的英文一词(Newspaper)最早出现于 1665 年英国第一家报纸《牛津公报》上。1650 年在德国莱比锡出现最早的日报《新到新闻》,但是日报成为报纸的主角,是在 18 世纪以后。日报的普及,标志着一个国家或地区的新闻业得以成熟,因为日报的连续出版,对信息的采集和发送、印刷技术、新闻人员的素质和管理人员的水平,都提出了较高的要求。

日报首次发行于 1650 年,是德国人蒂莫特里茨出版的。虽然只发行了 3 个月左右,但却是世界上第一份日报。

17 世纪中到 19 世纪初,欧美许多国家进行资产阶级革命,此阶段的报纸,政治宣传色彩浓厚,再加上交通、通信、印刷、纸张等成本较高,价格不菲,因而难以普及。到 19 世纪 30 年代中期,美国纽约出现了第一种真正的大众媒介——便士报。这种报纸商业色彩突出,追求利润,成本低廉,因而价格便宜(一个便士),广大普通市民有能力支付,且因内容通俗而广受欢迎。这是"快速印刷技术和报纸的基本概念相结合,形成了第一种真正的大众传播媒介"。

在我国,明代中叶以后,政府默许民间自设报房,选印从内阁抄录的谕旨、奏疏和官吏任免消息,公开出售。报房大多设在北京,所发行的报纸通称《京报》。中国古代报纸从《京报》开始印有报头。《京报》有时也被混称为邸钞或邸报。《京报》开始是抄写的,逐渐改为活版印刷。报房出版的报纸,可以公开叫卖和接受订户。读者主要是官吏、士绅和商人。明代对官文报发布工作控制很严,报房的抄传活动受到限制。《京报》的内容和官方的邸报区别不大,只偶尔刊登办报人自己采写的社会新闻。清军入关后,《京报》继续出版,仅北京一地的报房,就有聚兴、聚升、聚恒、合成、杜记、集文、同顺、天华、公兴、信义等 10 余家。所发行的《京报》,用土纸和胶泥活字或木活字印刷,日出七八页至十数页一小册,总发行数达万余份。因多用黄纸封面,有红色套印的"京报"二字作报头,通称黄皮京报。其内容以记录皇帝起居和大臣陛见情况的宫门钞和常程文书为主,类似官方邸报。清代《京报》的内容,曾为中国近代报刊广泛选载。1911 年清政府被推翻后,《京报》陆续停刊,中国古代报纸的历史遂告结束，中国的现代报纸开始了新的开端。

在印刷术用于现代报纸和报刊之时，报纸和杂志是混同的，有新闻，也有各种杂文和文学作品，简单地装订成册。对于这个时期的报纸和杂志，通常笼统地称"报刊"。英国、法国、中国早期的"报刊"概念，便是在这个意义上使用的。英国和法国从18世纪起，报纸与杂志开始明显地分离，中国在本土出现现代"报刊"后约二十年，报纸和杂志的分野得到明确。

报纸可以作为商品，也可以作为政治斗争的宣传品。历史上，西方发达国家的报纸大多经历了三个发展时期：官报时期、党报时期和商业报纸时期。在官报时期，报纸对于封建王权来说，主要是政治斗争的宣传品；但对于特许经营报纸的出版商来说，它是一种通过出售而获利的商品。在党报时期，相当多的报纸从属于各个政党或派别，为各自的利益做宣传，但也存在有明显政治倾向的商业性报纸。19世纪中叶，美国、英国等主要资本主义国家的多数报纸，每份报纸的价格便宜到只是本国货币的最小单位（美分、便士）。当报纸面向下层公众之时，它们开始最大限度地争取公众，以盈利为主要目的。于是，党报时期结束，进入了商业报纸时期。为了最大限度地扩大发行量，报纸除刊登新闻和强化新闻的平民化外，越来越多地增加了娱乐方面的内容。在与电子媒介的竞争中，报纸新闻的深度报道得到更大的重视。

总之，印刷术的应用和推广，在人类传播史上揭开了新的一页。印刷可以大量而迅速地复制信息，以便向广大公众传播，这就深刻地影响了人类的精神生活和文化发展。原先为奴隶主、封建主或是教会上层垄断的文化知识扩散开来，新的思想、新的信息随着印刷时代的到来变成了统治者无法遏制的潮流。正如恩格斯所描述的那样：原先"禁锢在独卷手抄书内的思想，无法传播到四面八方"，而在印刷术扩展以后，"欧罗巴吵吵嚷嚷"，"多么激动，多么震惊；熊熊的火焰，宛如狂飙，喷射而出……"。但是，印刷术在外国扩散的初期，如同在中国一样，主要还是用于印刷书籍，其中也有不少是圣经、赎罪券一类的宗教材料。这一方面是由于封建统治者在政治上的压制、限禁所致，另一方面也和社会经济发展的程度有关。只有到资本主义商品经济兴起之时，印刷术才会广泛地运用于新闻传播的领域。

四、电子传播时代

在电报出现之前，信息的流通和物质的流通、人的流通是同样速度的。纸制媒体所传播的信息的流通也是通过交通工具进行的,书籍、报刊、信件的运输并不比人流和物流的速度更快。1844年的5月21日,在世界第一条电报线路上,美国艺术家莫尔斯发出的第一封电报是:上帝究竟干了什么?从此,传播史上出现了划时代的变革——电子传播时代到来了。

从传播学研究的角度,电子媒介有广义和狭义之分。广义的电子媒介是指一切依靠电流传播信息的媒介,既包括个人性的媒介如电话、手机等,又包括公共性的媒介如广播、电视、网络等。而狭义的电子媒介,则专指公共性的媒介,传播学里通常用的是狭义的概念。

随着广播电视的出现,广播和电视迅速成为电子传播时代电子传播的主体。电报、广播以及电视等传播媒介不仅彻底突破了时间和空间的限制,使信息传播瞬息万里,而且挣脱了印刷传播中必不可少的物质(书、报、刊)运输(通过人及交通工具将印刷品送到读者手中)的束缚,它形成了人类体外化的声音信息系统和体外化的影像信息系统,为信息传播开辟了一条便捷、高效、省钱、省力的空中通道。如果说印刷传播实现了文字信息的大量生产和复制,电子传播最重要的贡献就是实现了信息的远距离快速传输。

电子传播媒介,可以分为有线和无线两个系统。有线系统起源于莫尔斯发明的有线电报和贝尔等人在19世纪70年代研制的电话系统,后来发展到有线广播、有线电视和今天的计算机通信网络。无线系统的出现以意大利人马可尼1895年的无线电通信实验获得成功为标志,其后发展为无线电报、无线广播、无线电视以及无线电话。根据尼古拉斯·A.夏普的考察,早在19世纪,德国物理学家赫兹等人就发明了无线电广播,并通过无线电广播传递一定的信号信息。1895年,意大利发明家古列尔莫·马可尼的无线电发报机在英国申请到了专利,这成了电子传播时代真正的开端,信息的跨时间、跨空间传播成为现实。当时,无线电技术主要用于军事和航海,并迅速在军事和航海联络上发挥了重要的作用。1919年,无线电台独立出来,开始传播一些民生信息。不过,当时的许多公司都认为,广播电台播放种种节目只是有助于卖出更多的收音机和无线电部件。但是,随着时间的推移,由于广播电台,尤其是无线电广播的覆盖范围几乎是无边无界的,它给人类经济社会和文化领域带来了革命性的影响。正如麦克卢汉所说,"广播的潜意识深处,充满了部落号角和古老鼓乐的共鸣回荡……这个媒介有力量把心灵和社会转换成一个共鸣箱"。

伴随着广播业的蓬勃发展，电视机的发明以及电视信息传播和电视业的出现，给人类的日常生活和文化生活带来了更加深刻而广泛的影响。电视信息传播的不光是声音或者文字，还传递了图像。同一场景通过信号在不同空间得到了实现，信息传播的方式和内容有了质的飞跃。随着电视拍摄技术以及传播技术的进步，传播者可以把一系列片段的东西编成系列片或连本电视剧，并以此作为其主要表现形式传递给受众。受众收看方式也比较随意，以个人或家庭形式进行。电视的这些制作和收看方式使它具有自己的一些特色。电视媒介传播的特点是它锁定了家庭观众，但通过一个一个家庭的信息汇聚，形成一个巨大的传播受众群体。电视如同一双眼睛，借助它，观众可以观察世界。在这个意义上也可以说，观众把"他"自己的视野交给了电视机。电视从在西方诞生之日起，就向人们展示了无边无际的经验，从遥远的星空到数千米之下的深海，从他人卧室中的隐私到另一个国家的总统竞选，从街头发生的谋杀案到外国城市举办的歌星演唱会，电视将人们所能想到的种种景象尽收眼底。电视改变了人们观察世界、接受文化的方式，也改变了文化本身的固有风格。在电视中，人们能够从外层空间看到地球，看到人在太空中和月球上行走、在战场上厮杀。电视似乎具有了难以言喻的权力，电视的世界仿佛就是真实的世界，甚至在"真实性"上比真实世界还要"真"。

电影的出现成为了人类文化生活的一个转折点。麦克卢汉说："电影的诞生使我们超越了机械论，转入了发展的有机联系的世界。仅仅靠加快机械的速度，电影把我们带入了创新的外形和结构的世界。"电影的出现，将电子传播时代以传播新闻以及信息为主的方式转变为传播娱乐与生活，电子传播媒介为人们的生活带来了信息以外的娱乐。电影院在诞生之初，就已身处世俗化大众的包围之中，与大众结下了不解之缘，并注定要改变大众的文化娱乐方式。

电子通信工具的出现则使得远隔万里、重洋阻绝不再成为人类沟通信息的障碍。1858年，当横跨大西洋的海底电缆宣告竣工的时候，接近实时传播速度的远距离信息传递成为现实。

广播业、电影业和电视业兴起的最直接的作用就是使人类文化进入了影像的、形象的或视觉的大众传播时代。在技术的推动下，大众传播已然作为一种生存方式而存在，影响着人类社会发展进程的方方面面。大众传播业也成为世界上发展最为迅速的前沿产业之一。

从传播学的角度考虑，电子传播时代最深远的意义就是媒介的传播者、传播方式等都发生了与前面信息传播中不同的一面。首先，电子传播的传播者多是职业传播者，是组织整体（如报社、电台、电视台、杂志社等）或个人。这些人大多受过职业教育，以传播为职业。他们收集、管理和传送各种类型的信息，借助于专门的机械媒体来向社会公众传播新闻、娱乐、教育方面的信息，这些被组织化了的个体分担着传播媒体中不同的角色。其次，信息的传送是广泛、快速、连续、公开的。电子媒介更使得信息实现了实时、同步传播。第三，依靠这些"用来远距离传送或长期保存信息的装置"，传播者可以大量复制信息，并进行迅速及时、连续不断的传送。这些以精密技术为基础的机械、电子媒介被分为印刷媒介如书、报、杂志，电子媒介如广播、电影、电视、电脑等。这些媒介各有优势，互为补充。第四，受众也发生了最大化的改变，受众广泛，成分复杂。大众传播受众覆盖面广，人数众多，成分复杂，同时又分散、隐匿地存在。受众既是一个具有普遍共性的整体，又是一个个具有个性的独立个体，他们会有选择地接受媒体所提供的信息。

　　电子媒介为人类传播带来的变革不仅仅是空间距离和速度上的突破。从人类社会信息系统的发展角度来看，电子媒介还在另外两个方面具有里程碑的意义：首先，电子媒介是人类传播历史上空间距离和速度上的突破；其次，电子媒介形成了人类体外化的声音信息系统和体外化的影像信息系统的传递。

　　电子媒介出现以后，随着摄影、录像和录音技术的进步，人类不但实现了声音和影像信息的大量复制和大量传播，而且实现了它们的历史保存。一句话，它使人类知识经验的积累和文化传承的效率和质量产生了新的飞跃。不过，也正是科学技术的进步，电子传播也出现了一系列无法回避的问题。进入20世纪之后，电子传播媒介的兴盛无疑得到了现实的巨大肯定。但是，相对于书写文化的文字符号，影像是一个更善于呈现真实的符号体系。摄像机不仅将"真实"展示于一个前所未有的境界之中，而且会为了显得更加"真实"而弄虚作假，并且这种修改后的"真实"很难被人发现。

　　如今，许多事实无不证明，人们对于电子传播媒介的信任过于天真了。影像符号、机械与科学技术提供的是某种表象的真实，这些机械从未脱离过人为的有意操纵。摄像机的推、拉、摇、蒙太奇以及种种匠心独运的剪辑无不暗示出机械操纵者的主观意图。这里，所谓的真实无不说是机械操纵者所承认、所欲看到的真实，摄像技巧不过是为这一切制造某种貌似自然的形式而已。从摄影棚、模型的使用到特技摄影，电影"弄虚作假"的技术日臻成熟。大力砍向脖颈的刀斧与飞速撞向公主的火车不过是刀斧离开脖颈或者火车离开公主的胶片倒放一下而已，水底飘拂的海藻与沉船的残骸不过是利用玻璃鱼缸拍摄海底景象罢了，至于壮观的舰队或者激烈的空战很可能仅仅是游泳池里的模型船只和手工操纵的玩具飞机在镜头面前产生的效果。只要人们愿意，电子传播媒介完全有条件编造天衣无缝的谎言。

随着数码技术的不断发展，数码成像可能摧毁某些最后残存的界限，例如真或者伪，理想或者现实，艺术或者社会。哪一个美女同时拥有巴铎的嘴、赫本的眼睛和斯通的脸型？这种美女只能存在于人们的想象之中。然而，对于数码成像说来，合成这样的美女不费吹灰之力。换句话说，真与伪，理想与现实，或者艺术与社会之间的巨大沟壑轻而易举地被数码成像所弥合。传统的边界消失之后，许多匪夷所思的事情正在清晰浮现。

由此可见，人类传播进入电子传播时代之后，最广泛意义上的大众传播时代也逐渐成形。"大众传播是一个过程，在这个过程中，职业传播者利用机械媒介广泛、迅速、连续不断地发出信息，目的是使人数众多、成分复杂的受众分享传播者要表达的含义，并试图以各种方式影响他们……"这是传播学者对大众传播所下的定义，这恰好再现了大众传播时代的基本社会结构。这种结构是基于之前传播时代的积淀，同时又始终处于发展及调整的状态之下，以互联网为代表的新兴媒体的出现为之注入了全新的元素与变革。不过，在电子传播以及以互联网为代表的新兴媒体传播过程中，真实性问题第一次这么严酷地摆在人们的面前。

五、网络传播时代

1946年，埃克特等人研制成功世界第一台电脑主机"埃尼阿克"，它的诞生，开启了第五次传播革命的新纪元，为网络传播奠定了技术基础。紧接着，苏联于1957年发射了第一颗人造卫星；美国于1969年实现电脑对接，又于1980年结成互联网络；1994年各发达国家纷纷提出"信息高速公路计划"，中国亦宣布跟进。50年来，电脑更新换代愈来愈快，初期每四年换一代，接着一年换一代，而1995年却换了两代，即在486之后又研制成586（奔腾）和

686（高能奔腾）。

　　进入21世纪，电脑的发展更是日新月异，个人电脑的体积越来越小，造价越来越低，而功能却越来越多，操作也越来越方便。随着电脑的日益普及以及网络技术的高速发展，网络传播时代也进入了黄金发展期。"互联网改变我们的阅读习惯也只用了一年的时间。上新浪网看新闻，上博库看书，到网易社区听小道消息。网络传播更发挥了即时和互动的无比优势，新浪的奥运会专题因而创造了日浏览页面量1800万的中文互联网纪录。2000年12月27日，新浪网正式获得国务院新闻办公室批准的登载新闻业务资格，成为中国民营商业网站中首批获得上述许可的网站。同时，这也是中国政府首次将新闻登载权授予民营商业网站。"（《新周刊》，2000）如今，基于网络技术的电脑以及多数多媒体系统已进入千家万户，在这一次的传播革命中，电脑加上各种软件和多媒体（电话、录像机、录音机、收音机、电视机、传真机、打印机、游戏机等），成为人们综合处理人际传播、组织传播、大众传播和跨国传播乃至全球传播的主要媒介。人类已经进入信息社会，并且即将进入一个综合传播的新时代。网络传播时代是社会全球化、信息化的产物，也是信息社会传播的基本形态。

　　所谓因特网（Internet），是指将许多计算机连接在一起，并且形成信息共享以及可以互相传播的一个网络。因特网的三种最普遍的使用形式是电子邮件（E-mail）、新闻组和邮递名录（Newsgroups and Mailing Lists）、万维网（www）。网络传播是指在因特网的环境中以电脑为主体、以多媒体为辅助的能提供以交谈方式来处理包括捕捉、操作、编辑、存贮、交换、放映、打印等多种功能的信息传播活动。在网络传播中，各种数据和文字、图示、动画、音乐、语言、图像、电影和视频信号组合在电脑上，实现了计算机群的双向传播。但是因特网基于"无限多频道的传播、建立社群、电子商务和充分发展的互动行为，这些都使信息提供者和信息消费者之间的界限含混不清"。

　　按照麦克卢汉"媒介是人体的延伸"的理论，文字与印刷媒介是视觉器官眼睛的延伸，广播是听觉器官耳朵的延伸，电视是人全身感觉器官的延伸。不过，网络传播媒介已经不再是人的单个器官的延伸，它应该是人的眼、耳，特别是大脑的综合和延伸。通过网络媒体，受众不再仅仅是单纯的通过视觉、听觉或者全身感觉去接受或者回避信息，而是同时拥有了一个表达自己感受的渠道，受众可以通过自己大脑的思考形成自己的意见，最后则可以参与到传播活动中。

正是由于网络传播媒介有别于印刷媒介和广播电视等一般的电子媒介，网络传播媒介也突破了以往大众传播时代的传播特点，具备了自己独特的特点。过去，大众传播的定义一直是相当明确的。大众传播（mass communication）可以用三项特征来确定：①它针对较大数量的、异质的和匿名的受众。②消息是公开传播的，安排消息传播的时间，通常是以同时到达大多数受众为目的，而且其特征是稍纵即逝的。③传播者一般是复杂的组织，或在复杂的机构中运作，因而可能需要庞大的开支。

伴随着传播历程的演进，传播特点也发生着改变。集中表现为：

第一，更快的时效性，信息传播速度实现了即时性。网络媒体的出现以及网络的发展，信息的实时传播得以实现。在网络媒体上，往往找不到纸质媒体等传统传播媒介上所出现的固定的头版头条新闻，新闻内容总在不断滚动更新。传播者借助数码摄录设备和手机等现代化影像处理和通信工具，网络新闻记者可以进行事件现场直播，在网络上图文并茂地以第一时间、第一速度报道出来，特别是对突发事件，网络比电视编辑的时间更短暂，更迅速，公众在网络上可以即时看到事件的每分钟的发展情况。网络这种即时性的特点，缩短了信息传播的周期，拉近了受众与信息传播者或某一事件的"距离"。

第二，传播方式从单向传播实现了双向传播的转变，也就是信息传播出现互动性。传统媒体的传播方式是单向、线性、不可选择的，在特定的时间内由信息发布者向受众传播信息，受众被动接受，没有信息的反馈。网络媒介的传播方式则是双向的，传统的发布者和受众现在都成为信息的发布者，而且可以进行互动。互动性可以说是网络上信息发布的低门槛和信息传播方式灵活性带来的直接结果。事实上，互动性不仅仅体现在传、受双方交流的增强，还体现在整个信息形成过程的改变。论坛、博客、播客等新的传播方式，使得每一个人都成为信息的发布者，个性地表达自己的观点，传播自己关注的信息。在网络传播媒介环境中，信息不再是依赖于某一方发出，而是在双方的交流过程形成的。也可以这样说，网络上不再有信息传播控制者，而只存在信息传播参与者。

第三，网络传播内容综合性及超文本性特点明显。与传统媒体相比，网络传媒在传播内容方面更为丰富，文字、图像、声音等多媒体化成为一种趋势。有人说，网络是一座多媒体智能化的娱乐工厂，这无疑更多的是用来描述网络上内容的丰富性及信息传播形式的多样化。网络是一个多媒体兼容的媒体，这使得信息的传播模式更加多样，在网络上信息的传递可以图文、声情、影像、动画并茂。无线移动技术的发展使得网络新媒介具备移动性的特点，用手机上网、看电视、听广播，在公交车、出租车上看电视等越来越成为普遍的事情。随着3G/4G技术的到来，移动性的特点将成为未来新媒体的主要特性。

第四，网络传播媒介信息传播的无限性和全球性。互联网使人类"地球村"的梦想变成了现实，网络传播媒介第一次将信息传递范围扩展到全球。在网络媒介上，一条信息的获取和输出，从技术上为世界各个角落的机构和个人提供了前所未有的便利。网络传播的内容也实现了无限性的特点，一条内容的传播不但可以扩展到全球各个区域，还可以延伸到各个领域，无论你是科学家还是工人、农民，只要对同一条信息感兴趣，他们都可以共同享有信息。

正像阳光文化集团首席执行官吴征说的那样："相对于旧媒体，新媒体的第一个特点是它的消解力量——消解传统媒体（电视、广播、报纸、通信）之间的边界，消解国家与国家之间、社群之间、产业之间的边界，消解信息发送者与接收者之间的边界，等等。"

尽管网络传播以其时效性、互动性、综合性及超文本性等有利特点，成为继报纸、广播、电视之后的第四大传播媒体，并且对民众日常生活的影响越来越大，网络传播也迎来它的鼎盛时期，但是在网络媒介传播过程中出现的一些新问题也值得我们思考。

首先，就是传播信息以及新闻的真实性遭到了前所未有的挑战。以前有句通俗的网络名言"在电脑面前，和你聊天的另一台电脑前的主人可能是条狗"。这从另一个侧面反映了在网络传播媒介中，由于网络媒介的虚拟性，信息"把关人"的角色遭到前所未有的削弱，导致信息或者新闻的发布者和传播者都面临着真实的考验。网络传媒为信息发布、随意浏览、自由交流与表达个人意见、形成公共话语提供了前所未有的平台。在网络这个虚拟的世界里，现实身份的束缚不再存在，所有人都有面具的保护，现实生活中性别、职业、年龄、学历、外貌、肤色甚至国籍等身份限制在网络世界里都可以自由地打破，一切都取决于网民在虚拟世界里对自己的重新包装、定位与"换位"。乐观主义者认为,在网络时代人们有了前所未有的自由创造和民主表达的可能,个人网页、博客使得每个人都可以拥有自己的"出版社"和"新闻发布中心"。然而,正是网络的这种特性导致网络上的传播者常常过高估计了自我实现的可能性,毫无把关和监督的信息或者新闻被传播到网络上,甚至有些传播者为了达到自身的利益或者影响力,编造虚构一些子虚乌有的信息欺骗其他网民。在网络传播中,论坛、个人博客等发布的信息的真实性一直受到人们的诟病。

其次,网络媒介使得许多网络传播者在虚拟的世界中迷失了自我,不敢面对真实的世界。网络媒介的一个缺点就是迫使人们离开真实世界,人们花三四个小时坐在电脑面前,而不花时间与家人、配偶、社会在一起。虚拟始终不可能完全取代现实,网络身份始终是虚拟身份,其效果多半是心理层面的。许多人在网络的世界里是充满创造力的"超人"与来去自由的"侠客",而在生活中却可能是左右碰壁、一筹莫展的懦夫与侏儒。一旦他们从虚拟世界回到现实世界,反而感到更加的虚无和卑微,生活本身变得没有意义。网络依赖不可避免地会带来"网际自我异化",严重的甚至出现一系列精神和身体上的疾病。那些热衷于网络上扮演游戏的使用者,将会慢慢把现实世界等同于电脑上的一个视窗而已,而且不见得是最好的,在虚拟化的视窗中逐渐形成了一种生活态度,即不再主张自我的完整与一致性,认为每个窗口中、每个面向的自我都是同等的真实,其间并不存在层级或相互对比、确认的关系。

网络媒介的传播,使得人只需要控制信息就可以代替以往必须靠身体的移动才能完成的事情。人们可以坐在家里就能遍知天下大事,通过网络就可以购物、就医等,但是这种"肉体脱离效应"(discarnate effect)给我们带来的喜与忧是参半的。今天,电子技术将人脑加速到一个异乎寻常的速度,而人的肉体却原地不动,这样形成的鸿沟造成了巨大的精神压力。人的大脑被赋予了能够浮出肉体、进入电子虚空的能力,它可以在一瞬间达到任何地方。于是你就不再只是血与肉了。

网络媒介的出现,可能又会兴起一轮关于其他传播媒介危机论的顾虑。不过,人类社会的传播发展史告诉我们,传播形式发展的趋势是越来越丰富,而不是越来越单一。随着科技进步和物质水平的提高,人们对传播效果的要求也会越来越高,传播的方式越来越丰富是发展的必然结果。人类社会传播形式以及传播媒介的变化趋势并不是媒体依次取代的过程,而是一个相互叠加的过程,是人类使用的传播媒体不断丰富、日益多元化的过程。每一种新媒体的出现只是意味着一种新的传播方式的增加,并不意味着另外一种或几种传播方式的消亡。以往的传播媒介会继续演进和适应,在新的传播技术环境下,它们会承担新的角色。

第三节　新媒体的特征

关于新媒体的特征,许多学者进行了探讨。与传统媒体相比,以数字技术为基础的新媒体拥有一些传统媒体无法比拟的自身优势。

一、超媒体性

超媒体性是指在多种媒体中非线性地组织和呈现信息。美国学者尼葛洛·庞蒂在其《数字化生存》中指出,超媒体是超文本的延伸。所谓超文本是一种按照信息之间关系非线性地存储、组织、管理和浏览信息的计算机技术。在信息文本中含有指向其他文本的链接,受众不需要顺序阅读,而是根据自己的兴趣和需求通过"点击"链接选择性地阅读文本信息内容,受众完全掌握了信息的选择权和控制权。超文本是在早期网络只能传输文本信息的条件下提出的概念,现在,依靠数字技术对多媒介信息的整合,新媒体可以为信息使用者提供文本、图片、声音、影像等多媒体信息,这些多媒体信息同样按照超文本的方式组织。用户通过"点击",不仅可以获得相关的文本信息,还可以获得相关声音、影像信息,这便是新媒体的超媒体特性。

虽然并未真正实现多媒体信息的任意转换和链接,但超媒体信息服务确是新媒体发展的方向。随着计算机芯片微型化和网络融合,手机、数字电视等装有微型计算机芯片的新媒体也可以同电脑一样连接至互联网,成为与互联网相连的信息接收终端,超媒体信息服务将会成为各类新媒体提供的基本服务。比尔·盖茨曾在《未来之路》中这样描述未来新媒体所能提供的超媒体性:"假设你正在观看新闻,你看到一个你不认识的人与英国首相走在一起,你想知道她是谁。你用电视的遥控器指着这个人,这个动作就会带给你关于她的小传,还有最近出现过她的其他新闻报道名单,指着名单上的一件东西,你就能阅读或观看它,无数次地从一个话题跳到另一个话题,在全世界范围内搜集视频、音频和文本信息。"

二、高共享和高交互性

共享是计算机网络技术最吸引人的特点之一,众多的软件在从单一功能升级的过程中都把文件共享和传输的功能考虑在内。目前几乎所有的在线聊天软件都可以实现文件的互传,其中有些已经实现了硬盘内容的直接共享。高度的共享其实也从另一个角度为人们提供着个性化服务,实行"按需分配",这与以往的"我说你听"的传统电视广播模式完全不同,受众的选择性和主动性大大加强。当前有一些软件已经实现了点对点的信息传递或者共享服务模式,例如从2001年开始的P2P技术。所谓P2P就是Peer to Peer(对等网络),引导网络计算模式从集中式向分布式偏移,也就是说网络应用的核心从中央服务器向网络边缘的终端设备扩散:服务器到服务器、服务器到PC、PC到PC,PC到WAP手机……所有的网络节点上的设备都可以建立P2P对话。这使得新媒体技术拥有传统媒体无法比拟的高度共享性。

交互是新媒体的重要特性之一。它包括两个含义:①信息发送者和接收者之间的信息交流是双向的;②参与个体在信息交流过程中都拥有控制权。高交互性则是新媒体最突出的优势之一。数字技术使新媒体中的信息采集、制作非常简单,信息交流的参与者可以利用文本输入系统(电脑、手机键盘、书写触摸屏等)、数码相机、数码摄像机轻易地制作、采集数字信息,有些新媒体如智能手机已经将文本输入、数码照相、摄影等信息采集技术与信息发送技术融为一体,使数字信息的采集、发送更加简易可行。网络(互联网和移动通信网络)的普及以及使用成本的降低又为人们提供了廉价的传播渠道,这就使任何拥有联网信息终端的个人可以是信息的接受者也可以是发送者,真正实现了信息的双向交流。新媒体的超媒体性使参与者对信息交流过程具有平等的控制权,参与者可以依据自己的兴趣和需要选择性地交流信息。由此可见,新媒体环境中,交流双方真正实现了信息的交互传播。

三、信息的深度、广度与发散度

在新媒体技术所能够提供的海量信息中,信息的深度、广度与发散度是毋庸置疑的，无论你在哪个新闻网站阅读新闻，你所看到的相关信息链接都是非常丰富的，事件背景信息、相关话题报道、各种专家评论甚至网友意见还有图片及音像信息，这些都是传统的平面媒体无法给予的。

新媒体利用连接全球电脑的互联网和通信卫星完全打破了地理区域的限制，只要有相应的信息接收设备，在地球的任何角落都可以接收到由新媒体传播的信息。另外，无线网络的发展，还使新媒体摆脱了有线网络的限制，用户可以随时随地接收信息。

新媒体还大大缩短了信息交互传播的速度，甚至实现了信息的"零时间"即时传播。传统大众媒体的信息交流是单向的，受众不能直接进行反馈，只能利用其他媒介，如书信、电话等进行反馈，而且反馈也是延迟的。新媒体提供的在线评论功能使信息反馈的时间大为缩短，电子邮件可以将任何信息在几秒钟内传至全球任何一部联网的信息终端，即时通信服务则完全消除了交流双方之间在时间上的间隔，使信息的交互传播突破了时间限制。不论从信息的深度、广度和发散度其中任何的一个角度来看，新媒体都远远胜过了传统媒体。

四、个性化信息服务

作为新媒体的重要传播工具，网络和手机为每个人提供了一个仅属于自己的个人化的终端。以网络为媒介，首先，人们可以选择任何自己感兴趣的主题和内容，获取相应的信息，还可以自主地决定获取信息的深浅度。其次，由于网络为人们提供了虚拟空间，人们以匿名的方式登录，可以就自己关心的话题"跟帖""评论"，而新生的博客、播客和RSS，则成为信息时代人们媒介生活的重要组成部分，更是可以成为人们彰显个性化的媒介。受众在这里实现了传者和受者的身份转换，或者"传""受"身份同时具备。在新媒体时代，受众不仅可以实现接受信息个性化，更重要的是，受众通过新媒介可以轻松地实现自我表达的权利，他们在现实社会不能实现的价值在这里得以实现，传统媒体上不能说的话在这里可以得到传播，他们可以通过"自我"社区表达对某个人或者某个群体的肯定和否定。

新媒体提供点对点的信息传播服务，使信息传播者可以针对不同的受众提供个性化的服务。新媒体环境下，信息终端在网络中都有一个固定的地址，如IP地址、手机号、电子邮箱地址、QQ号码等，信息传播者可以根据地址确定一个或多个受众向其传播特定信息。另外，受众对信息具有同样的控制权，受众可以通过新媒体订制信息、选择信息、检索信息。这样，每一个新媒体用户都可以发布和接收完全个性化的信息，使大众传播转变为"小众传播"。

由此可见，新媒体已经突破了大众媒体以服务一定目标人群为主要任务的媒介特性而更具个性化。

五、数字化

美国未来学家尼葛洛·庞帝在《数字化生存》中指出："信息技术的发展将变革人类的学习方式、工作方式、娱乐方式，一句话，人们的生存方式。"数字化（Digital）是指信息（计算机）领域的数字技术向人类生活的各个领域全面推进的过程，包括通信领域、传播领域内的传播技术手段以数字制式全面代替传统模拟制式的转变过程。新媒体领域在数字化时代的发展，具有以下几种趋势：一是各类传统媒体的数字化步伐加快——报刊书籍等印刷媒体，出现两个方向的变化。第一个方向是最终呈现形式数字化，如报纸的网络版和手机报。1995年，互联网在我国向公众开放的第二年，《人民日报》即开通了网络版；2004年6月，《中国妇女报·彩信版》试运行，当年7月18日正式运行，每天早上八点向订户发送新闻信息。第二个方向是制作全过程已经数字化。传统影视正在向数字影视发展，广播正进入数字音频广播新阶段；电视也正全面迈向数字高清晰度电视及数字压缩卫星直播电视。《中国报业年度发展报告（2005）》把"报业的数字化生存"作为一个重要的趋势提出，指出数字报业战略的重要性。二是基于数字技术的新媒介新传播工具层出不穷，如手机报、网络电视、手机电视等。三是网络成为数字化的媒介基础，随着互联网的普及，其对于全球信息传播的作用和影响力已是首屈一指。也就是说，在数字化时代，数字传媒正成为传媒的主流，由新媒体崛起而引发的数字化的进程使传播格局和传媒自身发生重大变革。数字化沟通了以往泾渭分明的信息（计算机）业、电信业、大众传媒业三大领域，数字化传媒创造了新的产业，如数字出版、数字影视、移动媒体、自媒体等产业。

六、即时化

网络让传统报纸的"号外"概念发生了变化，人们可以在第一时间掌握重大新闻事件和新闻线索。以网络为基础媒介的新媒体的快速性远远超过了传统媒体，可以充分满足人们获得即时信息的需要。2003年3月20日10点39分，《中国日报》网站发布消息："美英联军对伊拉克的战争在北京时间2003年3月20日10点36分全面打响，从美国战舰上发射的'战斧'巡航导弹已经飞向伊拉克。"《中国妇女报》成为中国内地第一份手机报。由于手机的贴身性，手机报编辑可以将新闻第一时间发送到用户的手机上，省去了报纸的印发环节。特别是遇到突发事件时，手机报可以像网站一样实现新闻的动态传播，用户不仅可以第一时间知道新闻事件的发生，而且可以时刻关注它的发展过程，使用户身临其境般地感触新闻事件。新媒体传播信息的快捷高效由此可略见一斑。

七、互动性

以Web2.0、3G等为代表的新媒体技术，从根本上转变了受众的角色，受众不仅仅是信息的接收者，而且参与了信息的内容制作。这些转变将会导致受众可以享受直接参与、轮流主持、创造角色的媒体经验。新媒体形态的诞生，受众正从被动接受者转变为主动选择者，甚至是内容制造者和主动传播者。Web2.0网站的建立，使成千上万的用户可以自己创造内容，或自己上传数据原创内容，自己建立个人传播平台，这样网络媒体将同时也是一个内容生成器。比如前段时间流行的"芙蓉姐姐"和"天仙妹妹"，网民可以自我炒作达到自我包装、自我宣传的目的，并能取得成功；而时尚火爆的播客网——土豆网，使人们拥有上传自行制作的视频，通过与网友之间的互动，赢得注意力，并在其中嵌入广告转化为经济收入的机会。一对多的传播方式变成多对多的传播方式，受众又是传播者，"广大的读者就是编辑记者"。点与点相连形成一张无形的网，就像一件无坚不摧的"金钟罩"，罩在"新媒体"的身上，使新媒体焕发着独特的魅力。3G技术的来临，增加了移动通信网络的带宽，也使人们可以以手机为媒介，进行互动式的信息传播。人们可以通过短信等方式实现与手机报编辑的有效互动，每位用户可以实现新闻订制，手机报编辑可以以多媒体数据包形式发送给用户最需要看到的新闻。手机电视对视频内容的个性化点播下载，以及通过短信和PDA直接参与内容制作的方式，则是交互性的又一形式。

八、跨时空

新媒体突破了传统的局限性，具有跨时空的特性。这主要表现在它的传播异步性和跨地域。新媒体改变了以往受众收听收看广播电视必须同步性的特点，而实现了异步性，即受众在任意选定的时间进行收听收看，如必要时可以反复收听收看。例如数字电视和手机电视，受众都可以根据自己的需要进行下载、点播甚至存储。新媒体改变了以往媒体信息受控严格的局面，使信息的传播流通更为自由，尤其是互联网通过其各种强大的功能消除了传统媒体跨越地域传播的障碍，使传播的范围扩大至全球。新的网站不断建立，新的链接不断添加到已有的信息之中，增加新的元素到目录，甚至插入到所需要的任何地方是很容易的。网络因为可以使任何人在任何地点任何时间都能与其他任何人进行任何形态信息的沟通交流，从而成为推动全球化的强有力因素。新媒体的跨地域性，延伸了信息的传播范围，从而构筑了新的"媒体空间"，拓展了信息存储范围，大大提高了人们获取人类科学文化知识财富的能力。

九、纵深性

以互联网为代表的新媒体在内容的传播中，对传播内容的诠释可以横向展开，也可以纵向展开。传统媒体由于时段或者篇幅的限制，在信息传播过程中，要考虑媒体的特点，有选择地进行传播，并依赖于"人"的手动集纳，极大地增加了传播过程中的人力成本和资源的耗费。新媒体在传播过程中，根据传播内容的关键词进行信息集纳，可以根据标题的关键词，也可以根据内容的关键词进行展开，可以使受众更加全面地了解事情的经过，以及可能会带来的影响。2007年10月至2008年6月间的陕西华南虎事件就是典型的一例。当受众阅读到任何一条华南虎的信息时，网页的下面就会显示出与之相关的新闻信息、论坛内容和博客文章来，对于此前并不了解华南虎事件的受众而言，即可由此展开近8个月的时光回转，还原华南虎事件的前因后果。要是透过网络搜索引擎，其数量更为可观。据Google发布信息称，目前互联网上独立的URL已经有一万亿个之巨，每天新增加数十亿个网页。与新闻传播一样，国内外大型的数据库也呈现出如此特点。以清华大学主办的中国知网（www.cnki.net）为例，用户在进行资料检索时，可以一目了然地了解当前文章的标题、刊载刊物、出版时间、被浏览的次数、被下载次数、被引用次数，还可以看到当前的内容引用了哪些文献，以及有哪些相似文献等相关信息。用户还可以根据这些文献的名称进行延伸检索，以及由延伸检索结果再寻找相应的研究成果。新媒体的纵深性呈现，不仅提升了传播的深度，还可以提升有效传播比率，在此基础上把各个知识或者信息以节点的方式存储和联系在一起，提高用户的使用价值。

十、渗透性

随着新媒体技术的不断发展，媒体融入大众日常生活的渗透性不断加强，并日益成为大众化生活不可缺少的重要部分之一。信息化技术工程的普及与推进，以及新媒体技术操作上的便捷性，使新媒体与大众的接触越来越亲密，并有效地渗透到大众生活的方方面面。

二三十年前，一提到电视就会被很多人联想为电视机，在很多人的直觉当中，不假思索地，一提到"网络电视"或者"互联网"，就认为应该指的是计算机（PC）。这可能是一种常规认识的惯性，也可能是延续了最早的互联网出现时的印象，把网络传播等同于计算机传播了。今天，电视（视音频）节目可以以电脑为接收终端，可以以手机为接收终端，互联网中的内容一样可以以电视机和手机等设备为接收终端——反过来说，既然电脑、手机可以看电视，那么电视机、手机也可以联通万维网。

网络传播是建立在互联基础上，至于其载体是计算机还是手机，或者是电视机，甚或是将来的某种我们今天还没有见到的终端，比如游戏机、MP5、PM6……乃至高科技的衣服、带有无线上网功能的墨镜等，各种千奇百怪的移动网络接收终端，都不会改变网络传播的基本定义与特征。

电视与电脑，移动电视与手机，电信网络与有线网络，宽带与直播卫星……各种划分在行政上也许仍是有意义的，但是对传媒研究者而言，对信息消费者而言，这样的划分正在变得越来越不重要了。媒体之间的融合和互联才是真正的要义。

第四节 新媒体的传播

21世纪以来，以互联网信息技术、数字技术为主的新媒体传播迅猛发展，为文化和新闻传播带来了新的机遇和挑战。互联网引发的媒体变局的海啸还在波浪翻滚之际，手机电视、IP电视和便携式电子报等多种新媒体，又以迅雷不及掩耳之势在传媒界引发新的一轮冲击波。数字化技术的不断进步，传统出版物正在不断向数字化方向发展，信息的传播已经不仅仅以传统媒体为传播载体，互联网文化和新闻新媒体传播的形式逐渐成为主流。随着社会数字化的发展，新媒体深受传媒企业和同行热衷，国际上一些发达国家都在积极利用互联网发展数字文化、新闻和出版，一些大的新闻出版的传媒公司纷纷大刀阔斧地在网络时代的新媒体领域跑马圈地。

2005年2月，赫利通过首笔1150万美元的融资创立了视频网站YouTube，在不足两年的时间里，YouTube很快拥有了庞大的用户群体，目前，用户每天通过YouTube网站观看的视频数量已经超过1亿个。

图1-1 YouTube两位创始人，左为27岁的华裔陈士骏（Steven Chen），右为29岁的查德·赫利（Chad Hurley）

2006年岁末，谷歌（Google）以16.5亿美元的天价收购了YouTube，使包括华裔陈士骏在内的YouTube两名创始人一夜间成为巨富。其后两位创始人在该网站上与网友分享被并购的心情和想法的短片，受到网友的追捧，发布23小时点击率已经超过74万次。这充分说明了一个道理：新旧媒体的发展已经进入了一个相互融合、相互推动的新媒体传播时代。

随着技术进步与网络普及，人们的阅读方式和阅读习惯正在发生深刻的变化，阅读出现了新的趋势。这种新趋势对于出版业来说，是前所未有的机遇，也是前所未有的挑战。因为阅读是出版业赖以存在的前提，没有阅读也就没有出版业产生的原动力；阅读又是出版业的目的，不考虑阅读效果，生产没有读者的出版物，就会使出版业失去市场和方向。

一、新媒体传播的时代背景

互联网的迅猛发展，传统新闻出版行业遇到了前所未有的机遇和挑战。2006年更是颠覆的一年，"长尾""蓝海"等一系列炙手可热的新概念为更多的新闻出版人所谈及。微软公司董事长比尔·盖茨说，几十年后平面媒体将在地球上消失。在传媒环境越来越突变的时代，这句话被越来越多的人接受。盖茨于2007年1月27日在瑞士达沃斯的世界经济论坛年会上说："随着在线视频产品日益发展，互联网将在5年内'颠覆'电视的地位。"话语一出，激起千层浪，引发了新闻出版业界人士对包括数字出版业在内的新媒体发展的高度关注和讨论。

（一）阅读环境

1. 阅读出现了新趋势

互联网的出现和飞速发展，使得知识生产总量猛增，各类信息传播量增大，社会生活节奏加快，人们的阅读内容更加丰富，阅读方式呈现多样化。于是网络出版、电子出版应运而生，"博客""播客"等出版新形式层出不穷。这些新的出版产品催生了新的阅读方式，也给人们的阅读需求个性化、多样化提供了技术支撑。出版规模的增加、出版种类的繁多、出版技术的提高等现象的出现，都在营造一个为读者需求服务的阅读市场。当前电子书阅读日趋流行，携带方便。人们可以通过购买汉王电子书或者支持辞典功能的彩屏MP3、MP4及智能手机等电子阅读器进行阅读。所以，从对传统纸质书本的纯阅读到现在的电子书新阅读方式的发展,是阅读方式出现一个新趋势的重要表现。

2005年日本的一项调查显示,日本以年轻读者为中心的手机阅读发展迅猛。日本"手机小说之父"Yoshi的《深爱》销量达250万册,他的另一部手机小说《还想活下去》2005年跻身日本十大畅销书前三位,亚马逊网站上的评论称这部小说的销售"彻底颠覆了迄今为止人们对于书籍的常识"。

俗话说,"书籍是人类进步的阶梯","书是人们最知心的朋友,现在如此,将来也永远如此"。一本好书能影响一个人的一生,古今中外的名人雅士无不推崇阅读的功效。因为一种阅读方式,决定一种生存方式。随着阅读环境的提高,会有越来越多的人去享受阅读的快乐。

图1-2 日本年轻人最喜欢的手机阅读

2009年4月22日,中国出版科学研究所全国国民阅读调查课题组发布《第六次全国国民阅读调查》。调查数据显示,我国包括在线阅读、手机阅读、手持式阅读器阅读等方式的数字图书阅读开始普及,国民各类数字媒介阅读率为24.5%。在各类数字阅读媒介中,"网络在线阅读"排第一(15.8%),其次是通过"手机阅读"(12.7%),另外约有4.2%的人通过PDA、MP4、电子词典阅读,有3.3%的国民通过光盘阅读,还有1%的人通过其他手持式电子阅读器等数字方式阅读。全国约有2.8%的成年人只阅读各类数字媒介而不读纸质书。

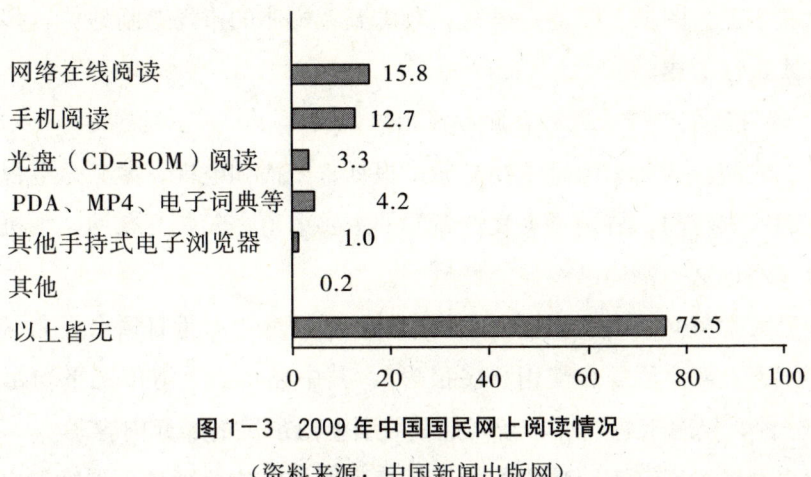

图1-3 2009年中国国民网上阅读情况

（资料来源：中国新闻出版网）

2. 音像制品首次超过图书接触率成为国民阅读新热点

随着出版产品的丰富以及人们生活需求的多样化，音像媒体的普及正在改变中国国民传统的媒体接触习惯和接触时间。以CD、VCD、DVD等为代表的音像制品以其集声音、画面、视频等为一体的易于人们接受的形式走进人们的阅读生活。闲暇时间里，中国国民中观看VCD（DVD）的人数比例超过了阅读图书和杂志的比例，成为继电视、报纸之后的最主要消遣方式。

表1-1 2005年中国国民对各类媒体的平均每天接触率及其排序

媒介名称	接触率（%）/天	排序
电视	94.6	1
报纸	60.6	2
VCD（DVD）	42.9	3
杂志	39.7	4
图书	37.8	5
广播	29.3	6
上网	22.4	7
CD/MP3	19.8	8

注：媒体接触率是指每天花一定时间接触某一类媒体的人数占总体样本之比例

与此相关联，从全社会的层面来看，在国民阅读目的为休闲、资讯、娱乐的三个层面中，娱乐性阅读的规模在不断提升。这是当今图书市场、出版物市场上畅销书走俏的根本原因，也是国民阅读新特点的重要依据。

网络和数字化阅读已经成为人们重要的阅读方式之一。互联网和手机媒体的普及,在很大程度上改变传统的新闻信息获得渠道,新媒体的异军突起,打破了以往报纸、图书、广播、电视、杂志五大媒体的市场垄断地位,多元化的阅读方式正在形成。

3. 新闻信息获得渠道和接触习惯悄然改变

以往人们获取新闻信息主要是通过报纸、广播和电视,尤其是电视,近年来是人们获取新闻,特别是突发性新闻的主要渠道。随着互联网、手机的普及和迅速发展,这一格局已经在悄然改变。

复旦大学新闻学院、复旦大学信息与传播研究中心近日联合发布《新媒体技术环境下上海市民媒介使用状况报告》,其中显示,上海市民平均每天上网105.2分钟,仅次于看电视,新闻是最吸引上海市民的媒介内容。

上海网民对网络不同功能的使用从高到低前5位分别是:浏览门户网站的新闻、使用搜索引擎、使用QQ等即时通信工具、在线观看或下载电影、收发电子邮件。

根据中国互联网络信息中心(CNNIC)的最新调查数据,已有约76.3%的网民承认,重大新闻一般都是首先从互联网上看到的。

我们的阅读调查显示(见图1-4),2005年每天通过互联网了解时事新闻的网民比例占网民总体的19.0%。与2003年相比,通过电视了解时事新闻的网民比例仍是大多数,占56.1%,但要低于2003年的65.7%。而通过广播了解时事新闻的网民已经很少了。在18～19岁的网民里,有14.7%的人通过互联网而非其他媒体了解时事新闻;在20～29岁的网民里,则有23.4%的人每天通过互联网了解时事新闻。

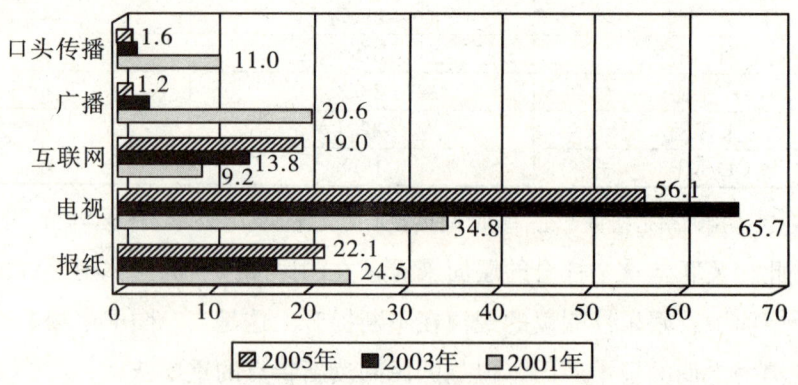

图1-4 2001—2005年中国网民了解时事新闻方式变化情况(%)

从图1-4可以看出，各类媒体中，只有通过互联网了解时事新闻的网民比例是没有起伏波动、逐年增长的，2001年为9.2%，2003年为13.8%，2005年为19%，三年里共增加了9.8%。这一变化进一步印证了互联网已经在很大程度上改变了传统的新闻信息获得渠道和阅读习惯。

4. 新媒体多元化的阅读形式正在形成

新媒体的异军突起打破了以往电视、报纸、图书、广播、杂志五大媒体的市场垄断地位，中国社会的大众媒体多元化市场竞争格局已经形成。见图1-5。

在新媒体的冲击下，中国国民媒体接触状况有了些许变化。当前，人们对电视和报纸的接触率持续增长，中国国民每天最广泛接触的大众媒体还是电视，其次为报纸。对广播媒体的平均接触率正在持续下降。因为中国国民对新出现的光电媒体显示出巨大的兴趣，其平均接触率大幅增长，CD、VCD（DVD）、MP3、MP4正在成为一种大众媒体。中国国民对互联网的接触率增长迅速，网民队伍不断扩大，随着宽带技术的发展和普及，互联网有望成为电视媒体的主要竞争对手。所以在持续领先的电视、报纸和异军突起的光电媒体面前，作为传统传媒，中国国民对图书的接触率始终徘徊在40%左右，在2005年跌到五年来的最低点，并首次被CD/MP3超过。

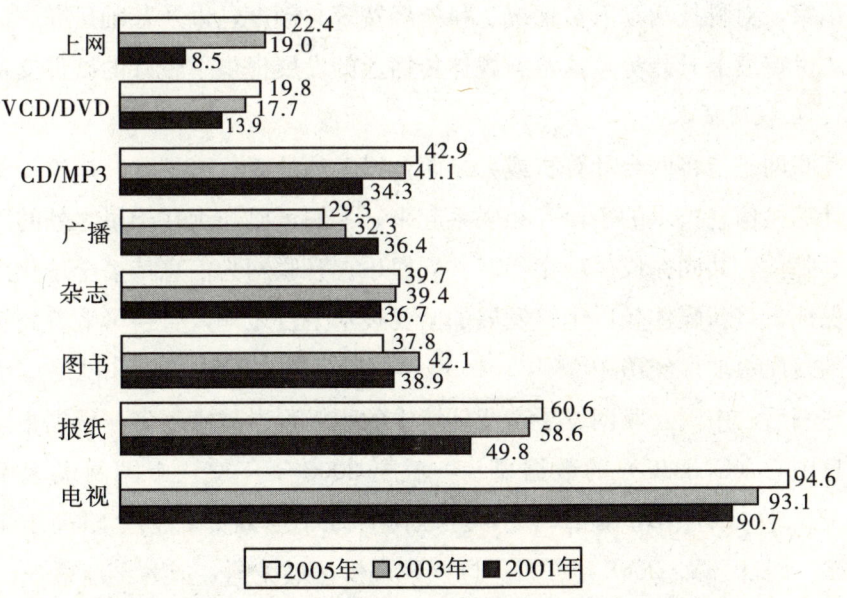

图1-5　2001—2005年中国国民的媒体接触率变化情况（%）

未来的阅读方式除传统意义上的"读书"外，人们还可以从 CD、DVD、VCD、CD-ROM、广播、电视、互联网、手机及各类阅读器琳琅满目的图像、音频、视频传播中通过"读图"、"听书"、"网上阅读"、"互动交流"等来获取。

随着网上内容丰富性和互动性的加强，互联网正在改变人们的阅读方式、交流方式乃至整个生活方式。以网络出版、网上互动交流（MSN、QQ、博客等）、网游动漫等为代表的数字出版产业正迎来一个明媚的春天。我们在学习和科研中也可感受到网络带来的深刻变化。许多大学生论文写作以及知识查询都在使用资源数据库和搜索引擎，已经完全改变了原来的学习和知识获得模式。这种方式起到了传统的学习和研究方式无法获得的效果。有专家推测，网络提供的检索和数据库等功能，在未来的影响将无法估量。

从媒体形式来说，除了纸质媒体阅读，各种新的媒体阅读形式将进一步扩大，阅读一定是向多元化和多样化发展的。

（二）技术环境

新媒体的产生源于新技术的发展，互联网的产生源于计算机技术的发展，手机则是在编码技术基础上迅速发展起来的。新技术的出现和发展，引领社会的进步和媒体的发展，是推动媒体的改革的重要环境因素之一。近几年，不管哪个国家，对科技活动人员情况、科技经费筹集额度，以及基础研究、试验发展等均呈持续上升趋势，这给新媒体传播业的发展提供了较好的硬件支持。

1. 互联网技术

互联网是指将两台计算机或者是两台以上的计算机终端、客户端、服务端通过计算机信息技术的手段互相联系起来，人们可以与远在千里之外的朋友相互发送邮件、共同完成一项工作、共同娱乐。互联网为信息传播全球化提供了技术保证，是新媒体赖以生存发展的主要技术平台之一，直接影响着新媒体传播业的发展水平。经历 1995 年、1999 年前后的基础设施建设和网络应用建设两次热潮后，中国互联网发展产业环境中的积极因素越来越多。根据中国互联网信息中心（CNNIC）的数据显示，截至 2008 年年底，中国网民规模达到 2.98 亿，较 2007 年增长 41.9%，互联网普及率达到 22.6%，略高于全球平均水平（21.9%）。2008 年 6 月中国网民规模超过美国，成为全球第一。

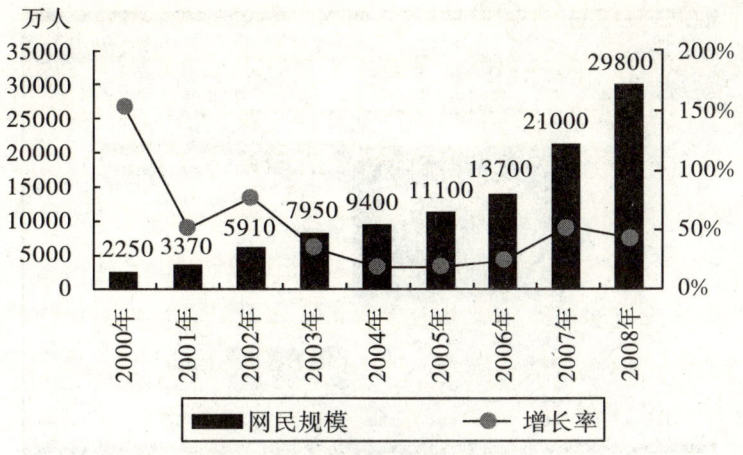

图1-6 中国网民规模和增长率

（资料来源：中国互联网信息中心）

2009年7月，中国互联网信息中心发布报告显示，截至2009年6月底，中国网民规模达到3.38亿，2009年中国上网人数超过美国人口总数，网民数量位居全球第一。

2010年7月15日，中国互联网信息中心（CNNIC）发布《第26次中国互联网络发展统计报告》（以下简称《报告》），报告显示，中国网民规模达到4.2亿，手机网民规模更达2.77亿。

作为新媒体经济中的杰出代表，在线视频及社区网站已经成为当前互联网行业中一股不可忽视的力量，大有冲击门户之势。有人把这种局面视为新媒体向"门户巨人"发出的挑战，这种挑战除需要胆气外，还要有实力做后盾。例如，以"草根社区"为定位的51.com拥有会员近8000万名；优酷网、"六间房"这些在线视频网站则拥有门户级网站才能实现的流量数值；还有像手机广告、IPTV、电子杂志、客户端软件等其他新媒体模式正在蓬勃发展。在"流量为王"的今天，作为在互联网行业执牛耳地位的门户网站，越来越多地感受到来自这些新生代对手的竞争和挑战。曾经被视为不入流的草根社区、在线视频、客户端软件等新媒体正式踏进互联网主流媒体的行列，互联网行业势必又将掀起一轮"新媒体浪潮"。

从艾瑞咨询发布的调查数据看，全球排名前20位的互联网公司当中，有超过半数的公司有50%的流量是新媒体带来的，例如视频搜索、视频分享、社区交友等业务，其中大部分是基于Web 2.0技术的应用范畴。如果对采用

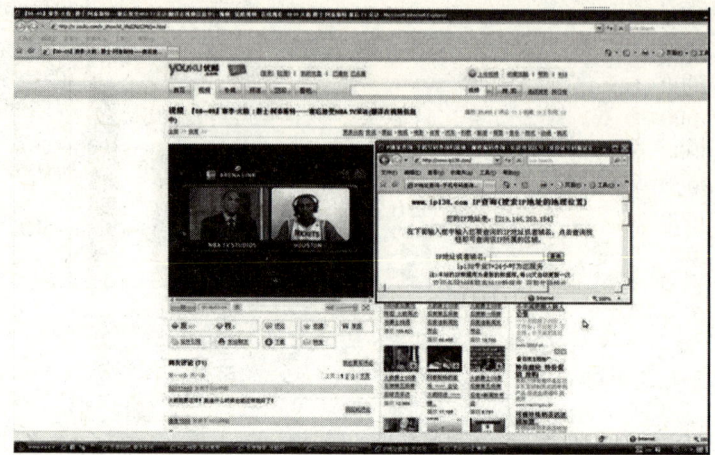

图1-7 优酷网视频

Web 2.0技术的新媒体业务应用作一个排名分析，博客应该是目前最主流的模式，它的阅读覆盖人群规模每个月超过1.1亿，人均阅读有效时间超过120分钟；其次是社区业务，社区的阅读覆盖人群规模超过1亿，每个月的人均阅读时间是60分钟；排在第三位的是视频分享类新媒体，每个月平均阅读覆盖人数规模超过8000万，人均阅读有效时间在60分钟左右。新媒体在视频分享、社区网站等细分市场上实现了对门户的胜利。

各种无线和移动网络都可以采用IP技术与互联网相连，成为互联网的无线扩展或无线接入网，使得各种移动和无线终端可以通过无线方式接入互联网，从而可以获得互联网的各种信息服务，并能在互联网平台上进行通信。由于无线网络与有线互联网是异质异构网络，网络技术发展具有渐进性和阶段性，因此，有线互联网的无线扩展（形式和内容）也是逐步演进的。随着网络技术和终端技术的发展，移动互联网与无线互联网在技术概念上的差异逐步缩小，可以统称为无线互联网技术。无线互联网技术包括移动网络接入、固定无线接入、无线局域网技术等几种方式。

2. 数字无线技术

近几年来，无线和移动传播技术的发展速度与应用领域呈现出如火如荼的发展态势。各种新的无线媒体形式借助数字无线技术的发展与支撑得到飞速的发展，已经成为数字新媒体中极具竞争力的互动交流的信息传播与服务平台，比如移动通信、手机媒体、移动电视、无线网络、无线城市等。

在信息支撑技术、市场竞争和需求的共同作用下，移动通信技术在短短的二三十年间实现了跨越式的发展,从传统的单基站大功率系统到蜂窝移动系统、卫星移动系统,从本地覆盖到全国覆盖,并实现了国内、国际漫游,从提供语音服务到提供多媒体的综合服务,从模拟移动通信系统到数字移动通信系统等,历经三代。目前,业界正在研究面向未来的第四代移动通信技术。

数字蜂窝式移动通信系统是应用最为广泛的移动通信系统,且所涉及的技术领域最广,技术也最复杂。数字蜂窝式移动电话系统由移动业务交换中心(MSC)、基地站(BS)、移动台(MS)及与市话网相连接的中继线等组成,如图1-8所示。移动业务交换中心完成移动台与移动台之间、移动台与固定用户之间的信息交换转接和系统管理。基地站和移动台均由收发信机及列线、馈线组成。每个基地站都有移动的服务范围,称为无线小区。无线小区的大小由基地站发射功率和天线高度决定。通过基地站和移动业务交换中心就可以实现任意两个移动用户之间的通信;通过中继线与市话局的接续,可以实现移动用户与市话用户之间的通信。

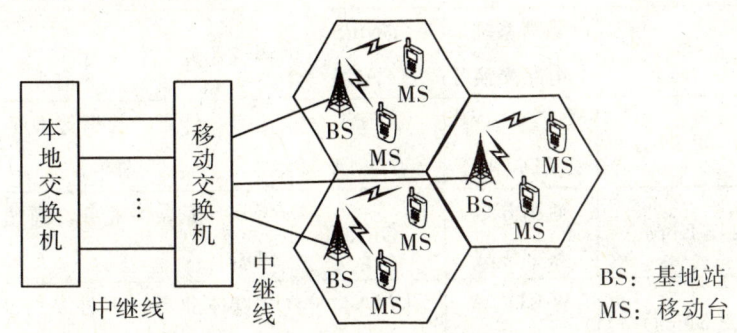

图1-8 移动通信系统基本构成

第一代移动通信系统(1G)起源于20世纪70年代末,主要采用的是模拟技术和频分多址(FDMA)技术,例如AMPS、TACS、NMT等。它们的通话质量、漫游范围、业务种类和容量以及安全保密性均不理想,已被第二代数字移动通信系统取代。

第二代移动通信系统(2G)起源于20世纪90年代初期,采用数字的时分多址(TDMA)和码分多址(CDMA)技术,以GSM系统和CDMA系统为代表。2G克服了模拟系统的诸多缺点,并能提供低速数据、语音信箱、短信等新业务,但其容量、数据业务的带宽等仍不能满足发展需求,又出现了以通用分组无线业务(GPRS)、高速电路交换数据(HSCSD)和改进数据率

GSM 服务（EDGE）系统为代表的二代半（2.5G）移动通信技术与互联网互联。

第三代移动通信系统（3G）定名为 IMT-2000（国际移动通信 2000 年），以宽带 CDMA 为核心，可以提供前两代产品不能提供的各种宽带信息业务，例如高速数据、慢速图像与电视图像传输等，其传输速率高达 2Mbps，带宽可达 5MHz 以上，以 CDMA2000、W-CDMA 和我国的 TD-SCDMA 为代表。3G 试图建立一个全球的移动综合业务数字网，提供与固定电信网的业务兼容、质量相当的多种话音和非话业务，力求综合蜂窝、无绳、寻呼、集群、移动数据、移动卫星、空中和海上等各种移动通信系统的功能，用袖珍个人终端作全球漫游，将为实现个人通信奠定基础。各代移动通信系统的主流系统及应用领域如表 1-2 所示。

表 1-2 各代移动电话通信系统及应用领域

系统	传输速率	主要技术	主流系统	应用领域
1G	低速率	蜂窝系统 电路交换	AMPS TACS	语音业务，本地漫游
2G	9.6—384 Kbps	TDMA CDMA	GSM CDMA	语音、传真、数据等业务，国际漫游
2.5G	115 Kbps	通用分组 数字蜂窝	GPRS	SMS，多媒体业务，高速率，国际漫游
3G	2 Mbps	W-CDMA W-CDMA	CDMA2000 TD-SCDMA	多媒体业务，多种系统无缝连接，国际漫游

未来移动通信技术将呈现以下几大趋势：网络业务数据化、分组化，移动互联网逐渐形成；网络技术数字化、宽带化；网络设备的智能化、小型化；应用于更高的频段，如毫米波、K-波段，有效利用频率；移动网络的综合化、全球化、个人化；各种网络的融合；高速率、高质量、低费用。这些趋势也是第四代移动通信技术（简称 4G）的发展方向和目标。

4G 为宽带接入和分布网络，包括宽带无线固定接入、宽带无线局域网、移动宽带系统和互操作的广播网络。4G 标准比 3G 标准具有更多更强的功能，将数据速率从 2Mbps 提高到 100Mbps，移动速率从步行到车速，甚至更快；满足 3G 不能达到的覆盖和质量，支持高速数据和高分辨率多媒体服务的需要，形成综合宽带通信网。4G可以在不同的固定、无线平台间和跨越不同频带的网络中提供无线服务，可以在任何地方宽带接入互联网，能够提供信息通信之外的定位定时、数据采集、远程控制等综合业务。同时，4G系统还是多功能集成的宽带移动通信系统，是宽带接入IP系统。

移动终端接入技术有很多种，数字蜂窝、无线局域网、点对点的专用微波链路、无线本地环路、同步卫星链路、无线Cable TV等，但目前用户数量最多的是基于数字蜂窝移动通信和基于无线局域网的两种接入方式。

多时隙通用分组无线业务（GPRS）是基于现有GSM网络来提供数据业务，给移动用户提供无线分组接入服务，其基本思路是在支持话音和电路型数据业务的GSM网络上，叠加一个支持分组数据业务和能与外部分组网或互联网互联的、有通用分组无线业务功能的通用分组无线业务基础设施。GPRS提供的数据速率取决于所采用的编码方案，最高为115Kbps。GPRS能更高效利用无线资源和以更合理的收费方式提供丰富的业务类型。

增强型数据速率GSM演进技术（EDGE）是一种从GSM到3G的过渡技术，它在移动环境中可以稳定达到384Kbps，在静止环境中甚至可以达到2Mbps。EDGE用于分组交换称为增强型的GPRS模式（E-GPRS），可以支持高达384Kbps，因此，EDGE是一种有效提高GPRS信道编码速率的高速移动数据标准。EDGE的特点是只需对现有网络硬件及软件进行小改动。

3G移动通信的接入技术有着更大的系统容量、更优的话音质量、更高的频谱效率、更快的数据速率、更强的抗衰落能力、更好的抗多径性等技术优势。3G标准（1MT—2000）规定，移动终端以车速移动时，其传输数据速率为144Kbps，室外静止或步行时速率为384Kbps，而室内为2Mbps。特别是室外应用的384Kbps速率，这一基于IP协议的分组业务将在全球范围内得到广泛应用。

蓝牙（bluetooth）是一种无线数据与语音通信的开放性全球规范，以低成本的短距离无线连接为基础，可为有线的或移动的终端设备提供廉价的接入服务。蓝牙协议的标准版本为802.15.1，新版802.15.1a基本等同于蓝牙1.2标准，具备一定的QoS特性，并完整保持后向兼容性。蓝牙采用2.4GHz频段，支持64Kbps实时话音传输和数据传输，传输距离为10～100米，组网原则为主从网络。蓝牙技术用于移动PC机，可实现E-mail业务。蓝牙移动手机具有浏览功能以及短信功能。蓝牙应用于手机与计算机的相连，可节省手机费用，实现数据共享、互联网接入、无线免提、同步资料、影像传递等。

Wi-Fi（无线保真）是已经批准的 IEEE802.11a、b 和 g 规范以及等待批准的 802.11n 规范。Wi-Fi 是以太网的一种无线扩展，理论上只要用户位于一个接入点四周的一定区域内，就能以最高约 11Mbps（IEEE802.11b）的速度接入 Web。但实际上，如果有多个用户同时通过一个点接入，带宽被多个用户分享，Wi-Fi 的连接速率一般只有几百 Kbps。Wi-Fi 的信号不受墙壁阻隔，但在建筑物内的有效传输距离小于户外。Wi-Fi 运作模式基本分为两种：点对点模式和基本模式。点对点模式是指无线网卡和无线网卡之间的通信方式，只要 PC 插上无线网卡即可与另一具有无线网卡的 PC 连接；基本模式是指无线网络规模扩充或无线和有线网络并存时的通信方式，这是 802.11b 最常用的方式，它通过接入点将无线和有线结合起来。

Wi-Fi 与蓝牙一样，同属于在办公室和家庭中使用的短距离无线技术。虽然在数据安全性方面，该技术比蓝牙技术要差一些，但是在电波的覆盖范围方面则要略胜一筹，可达 100 米左右。但 Wi-Fi 也存在着安全隐患，在无线局域网中，电子产品只要装有无线接入设备，便可自由无线上网无需安全验证。

WiMAX（全球互操作性微波接入）是一项新兴的无线通信技术，能提供面向互联网的高速连接。WiMAX 的无线信号传输距离最远可达 50 千米，其网络覆盖面积是 3G 基站的 10 倍。WiMAX 是一项基于 IEEE802.16 标准的宽带无线接入城域网技术，其基本目标是提供一种在城域网一点对多点的环境下，可有效地互操作的宽带无线接入手段。WiMAX 所能提供的最高接入速率是 70Mbps，是 3G 所能提供的 30 倍。WiMAX 作为一种无线城域网技术，它可以将 Wi-Fi 热点链接到互联网，也可作为 DSL 等有线接入方式的无线扩展，实现最后一千米的宽带接入。WiMAX 较之 Wi-Fi 具有更好的可扩展性和安全性，从而能够实现电信级的多媒体通信服务。

随着卫星技术和通信技术的发展，通信卫星的容量和功率越来越大，在轨卫星数量也越来越多，每颗卫星承担的业务种类也越来越多样化。

卫星通信是指利用人造地球卫星作为中继站转发无线电信号，在两个或多个地面站之间进行的通信。地球站是指设在地面、海洋或大气层中的通信站，习惯上称为地面站。通信卫星是沿轨道飞行的无线电波中继站。卫星上转发信号的最基本的单元是转发器，数字卫星通信系统采用处理转发器，除能转发信号外，还具有信号处理和再生功能。

卫星通信覆盖区域大，不受距离和地理条件的限制，同时频带宽，容量大。卫星通信作为空间宽带传输技术已成为地面光纤传输的重要补充，特别是对边远地区和跨海越洋通信的必不可少的通信手段。传统的卫星通信应用主要是广播和语音业务。近年来，由于通信技术的发展与业务的需求，卫星业务已从单纯的广播、语音业务向语音、数据、文本、图像、视频等多媒体业务发展。

直播卫星（DBS）是一种卫星通信服务，用户可以通过它直接接收由空间站（卫星）传输或转发信号，主要是广播信号。直播卫星的技术规范中很重要的一点是使用了大功率卫星，而不再需要大尺寸卫星接收天线。

直播卫星技术应用最为广泛的是数字电视卫星直播（或称为数字直接到户，DTH），它利用直播卫星技术，使用小型碟状卫星接收天线（直径为0.45～0.8米）在地面直接从卫星上接收电视节目。电视信号经过数字压缩，单个卫星转发器能够广播数个节目，碟状天线指向天空中的某一轨道位置的直播卫星能够接收多达200个频道。国际上DTH存在两大标准：欧洲标准DVB-S和美国标准DigiCipher。

卫星IP网络技术是地面宽带IP技术在通信领域内的演变和应用，它是指以IP技术为基础，通过卫星信道进行传输、交换IP数据包，以达到廉价地提供用户满意的大流量分组数据业务的目的。由于卫星网络固有的一些特性影响了获得良好TCP性能，主要包括长延迟、增加的比特差错率、网络不对称性。关键技术研究包括支持IP的卫星网络体系结构，支持IP运行的网络层协议、互联网规定协议和传输层协议的卫星链路需求，支持卫星IP运行的网络层和传输层协议的性能需求，IP增强卫星链路或高级协议性能的可改善要求，使用IP专用和加密协议对卫星链路的影响。

卫星IP网络的发展主要有两个方向：一是高速技术，提供互联骨干网的无缝连接；二是终端小型化，为企业网、局域网或家庭用户提供便宜的互联网接口。

3. 光存储技术

光存储技术是采用磁存储以来最重要的新型数据存储技术，以其标准化、容量大、寿命长、工作稳定可靠、体积小、单位价格低及应用多样化等特点成为数字新媒体信息存储的重要载体。

光盘存储技术是采用光学方式来记录和读取二进制信息的。已有标准的光盘种类有 CD-DA、CD-ROM、CD-I、CD-ROM/XA、Photo CD、VCD 和 DVD 等。

CD-DA 又称激光数字唱盘，也可简记为 CD-A，用来存储数字音频信息，如音乐、歌曲等，正式标准定义为 1982 年发布的红皮书，音频数据是左右两声道，采样频率为 44.1kHz，16bit 量化。

VCD 是使用 CD 格式和 MPEG-1 标准的数字视频存储格式，最终标准是 1994 年发布的白皮书，VCD 节目能够在 CD-ROM、CD-I 和 VCD 播放机上播放。

DVD 用来存放视频节目，也可以用来存储其他类型的数据。单面单层 DVD 盘片能够存储 4.7GB，可做到双面双层，存储容量最高可达到 17GB，根据音频格式采用 MPEG-2，并配备 Dolby AC-3 或 MPEG-2 质量的声音和不同语言的字幕。DVD 驱动器具有向下的兼容性。

蓝光存储技术使用波长为 405nm 的蓝紫色激光，不是目前 DVD 所用的波长为 650nm 的红色激光，从而使一张光盘的容量大幅提高，将现在一般单面 DVD 光盘的存储容量提高 4~6 倍，可以记录 13 个小时的普通电视节目或 2 个小时的高清晰度电视信号。在用作高清晰数字音像记录设备和电脑外存储器等方面有很广阔的应用前景。比目前的 DVD 在容量和质量方面都高出一筹。

目前，对这新一代光存储市场的争夺已形成两大技术标准阵营的对垒，以索尼为代表的 Blu-ray DVD（BD）和以东芝为代表的 HD-DVD 标准，都是基于蓝色激光存储信息技术的生产标准。BD 为了追求更大容量并配合高 NA（数值孔径）值以保证极低的光盘倾斜误差，在光盘结构上完全脱离了 DVD 光盘 0.6mm＋0.6mm 的设计，采用了全新的 1.1mm 基盘＋0.1mm 保护层的结构。而 HD-DVD 仍使用了传统 DVD 的设计，规格与现行的 DVD 规格非常相似。

二、新媒体传播的基本现状和产业分析

内容产业是建立在数字技术和网络基础上的新产业形态，是融合了图书、

电视、音像、电子、电影、通信网络等多种媒体形态，从事制造、生产和传播有关信息文化内容的综合产业。

内容产业的核心就是内容的大规模生产、大规模流通和大规模交换。每一次信息技术革命都会推动以内容为核心的产业发展。例如，印刷术的发展带来了报纸和书籍，推动了报纸和出版这两种内容产业的发展；电子技术的发展，带来广播和电视，降低了信息传递的成本。数字出版产业的主链大致包括以下几个环节和流程：数字内容提供商—内容平台网站运营商—网络通信运营商（基础电信运营商、有线电视公司）—用户。在这个产业链中，内容平台运营商处于产业链中的关键位置，主导整个产业的价值走向。下面，我们分别介绍几种主要新媒体在国内外的发展状况。

（一）国外新媒体的发展现状

新媒体的测试或运营，国外主要有两个途径：一是基于互联网和第三代移动通信技术的新媒体形态，包括网络音频与视频广播、通信式手机电视等；二是基于传统和新的广播电视网络、卫星直播网络的新媒体形态，主要包括数字广播、数字电视、多媒体数字广播、卫星广播、直播卫星电视等。此外，传统的广播电视网络与互联网及第三代移动通信技术结合共同形成的各类互动电视、点播业务等形态也已出现，并在一些国家投入运营。我们基于以上两个主要类别分别介绍几种主要新媒体在国外的发展状况。

1. 电子书市场的基本现状

图书是人类知识传承的主要媒介。随着互联网的发展，以数字形式存在和传播的图书——电子书（e-book）越来越多地进入了人们的视野。电子书是指将信息以数字形式存贮在光盘、磁盘等存贮介质上，通过计算机网络进行传播，并借助于计算机或类似设备来阅读的图书。目前，国内外已有多家数字图书馆或在线销售网站向读者提供电子书的阅读服务，受到网民的普遍欢迎。

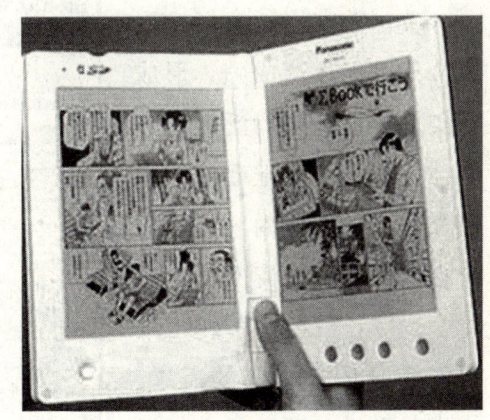

图1-9 松下 e-book 电子书

从全球的电子书出版市场来看，总体上国外电子书起步较早。在数字出版发展最早的美国，目前有79%的出版社拥有自己的网站。虽然并不是所有的网站现在都进行数字出版，但这个数字远高于美国公司运用网站进行网上销售或推广产品的比例。这说明，在网络技术运用较为成熟的国家，网络与出版相互融合的速度远高于其他行业。1998年10月，日本130余家出版公司（包括主要的出版社）组建了日本电子书协会JEC。日本约有4500家出版社，其中1000家拥有自己的网站，正在或准备进行网上出版。

2. 数字报纸的基本现状

数字报纸已经在传统报业经营收入中占据了很重要的位置。《纽约时报》创办"数字纽约时报"网站，用户超1200万，年收入过1亿美元，年增长率30%~40%。《华尔街日报》首创收费网站运营模式，网络报纸发行达80万份，收入达1.5亿美元，在线订阅已超过印刷版发行收入。据美国报业协会网站提供的一份资料显示，截至2005年10月，美国有60多家媒体采用数字报方式通过互联网进行报纸的发行，这其中包括《纽约时报》《今日美国》《波士顿环球报》《基督教科学箴言报》等报纸。英国《经济学家》在一个专题报道中指出，在新媒体时代，人们不再被动地接受媒体，而是积极参与其中，以各种方式创造内容，几大媒体巨头垄断市场的状况也将一去不复返。根据权威机构的调查显示，欧美及亚洲部分发达国家以电子书、数字报为代表的数字出版市场正在逐步成熟，市场空间很大。

美国数字出版市场发展到今天已经逐渐成熟，形成门类齐全、分布广泛的用户群体，网络用户正逐渐接受图文形式的在线内容，习惯于在线浏览和阅读网络出版物。当然，数字出版物也不可能满足用户全部的需求。人们对手机电视的需求与对传统报纸、电视的需求并不重合。

图1-10 《华尔街日报》网站

3. 手机电视

目前，手机电视业务的实现方式主要有三种。第一种是基于移动通信网络，采用移动流媒体方式实现的手机电视节目传送。本质上属于移动数据通信的范畴。美国的 Sprint、美国苹果公司推出的 iPhone3G 智能手机和我国的中国移动、中国联通公司已经利用这种方式推出了手机电视业务。第二种是 S-DMB 方式，即利用卫星广播，通过卫星提供下行传输，实现广播方式的手机电视业务。韩国、日本都采用这种方式。第三种是 IVB 传送方式，它是通过整合数字电视和移动电话，在手机中安装数字电视接收模块，利用地面数字广播网直接接收数字电视信号。欧洲主要采用的是这种传送方式。

欧洲手机电视业务发展较快。全球第一个商用电视手机终端率先由诺基亚推出。意大利的 3Italia 公司在 2006 年世界杯开幕前开通 Walk TV 移动电视服务，向用户提供 5 个电视频道，当年底即发展 50 万手机电视用户。德国 MFD（Mobiles Fexnsehen Deutschland）公司于 2006 年 5 月 30 日开始开展手机电视业务，提供 3 个电视频道。基于 DVB-H 的手机电视系统的研究与开发，在欧洲得到广泛开展。诺基亚、英特尔、摩托罗拉、德州仪器和 Crown Castle International 已经结盟支持 DVB-H 标准，进行的最大的试验性项目有西欧的 Instinct Project，法国 TDF 集团在芬兰进行的 Fin Pilot 计划，另一个移动广播整合（BMCO）计划正在柏林进行，所有试验参加者的共同目标是在 2006 年 6 月在德国举行的"FIFA 世界杯 2006"中让用户通过手机观看足球比赛。在世界杯期间，着实让用户对手机电视有了进一步了解。

日本、韩国则走在手机电视商业化的前沿。2005 年 5 月，韩国 SKT 推出 TU Media 手机电视服务，采用卫星传送信号方式提供收费服务。此外，韩国和日本还采用地面广播传输技术，提供免费的手机电视服务。韩国共发放了 6 张 T-DMB 牌照，从 2005 年 7 月开始在首尔地区进行服务试播。两国的免费手机电视服务受到用户普遍欢迎，用户数量和业务使用量增长迅速。

韩国正在大力推动的手机电视业务是利用卫星和移动网络向公众传送视频和音频节目的数字多媒体广播业务（DMB）。韩国电信公司 SK Telecom 为推广手机电视业务，专门建立了一个新的合资企业 TU 媒体公司。韩国电信公司 SK Telecom 和日本移动广播公司 MBC 于 2004 年 3 月 13 日联合发射了全球第一颗移动电话电视广播通信卫星——MD-Salt1。开办数字多媒体广播等新媒体服务正成为韩国电视发展的主要推动力。韩国卫星的 S-DMB 收费一个月 15 美金,用户数已经达到 30 万。

日本的移动运营商 NTTDoCoMo 和 KDDI 从 2003 年开始就推出了各自的手机电视服务计划。NTTDoCoMo 在 2005 年 12 月以 1.77 亿美元收购富士电视台 2.6% 的股份,合作开发手机电视服务市场。KDDI 和日本广播协会(NHK)分别于 2003 年 5 月和 2004 年 5 月开发了两款数字电视手机。2005 年 12 月,KDDI 公司宣布与美国高通公司合作建立公司,开发手机广播电视服务,计划于 2007 年发布手机电视服务。日本于 2006 年 4 月正式推出自行开发的名为 1SEG 的手机电视服务,服务区域涵盖东京、名古屋、大阪、冲绳等地区。

在美国,电信运营商 Sprint 于 2004 年推出手机电视业务。美国的高通公司正在利用通过拍卖获得的全美 600~700MHz 频段的带宽使用权开展手机电视业务,并为此投入 8 亿美元建立自己的网络。

图 1-11　美国的 iPhone3G 手机电视

据 Nielsen 调查公司统计,在 2008 年年底,美国的手机电视的使用人群已达到 1100 万,其手机普及率已达到 88.79%。2009 年美国手机电视的发展更是突飞猛进。美国苹果公司推出的手机都拥有手机电视的形态和功能,更是吸引和方便了一大批受众群。比如,美国的弗莱森(Verizon)和广播公司合作推出一项名为 V-Cast 的手机电视服务,弗莱森的手机用户可通过该服务收看一些现场直播或按需索取的电视节目。2009 年第四季度期间,苹果

iPhone在美国智能手机市场的份额增长了1.2个百分点，增至25.3%。

4. 交互式网络电视

IPTV是Internet Protocol Television的缩写，即交互式网络电视，俗称网络电视。据统计，全球IPTV的服务运营商数量已经超过了200家，IPTV用户到2007年末为止也已突破了1500万。据调查机构预测，2008年IPTV用户数将大幅增加，超过2500万，市场价值总计将达到37亿美元。今后两年全球IPTV市场将快速规模化发展，到2011年，全球IPTV用户数将会达到5500万。IPTV的巨大优势将成为今后广播电视与电信增值业务的发展重点。

欧洲是IPTV发展较快的地区，传统电信运营商基本上都已经部署了IPTV，一些运营商如英国电信、法国电信、意大利Fast Web公司已实现了IPTV商用。意大利的Fast Web是欧洲最大的IPTV运营商，到2006年年底已拥有19万用户。而法国凭借Free、法国电信和neuf电信的快速发展，成为欧洲IPTV用户最多的国家。美国IPTV市场的发展进程较为稳定。美国Qwest Communications公司首先向Phoenix地区的用户推出基于VDSL(Very High Speed Digital Subscriber Line)技术的IPTV业务——Qwest Choice TV On Line。该业务为用户提供互联网接入、话音业务和250多个电视频道整合的一体化电信服务。其他电信运营商在2002年也相继推出了类似的IPTV业务。美国电报电话公司和威瑞森公司已经在全国推广IPTV服务。北美的IPTV发展一度走在全球前列，其用户数在2004年占全球用户的40%，与之相比，亚洲电信运营商如新加坡电信、日本软银等公司纷纷利用宽带互联网推出IPTV业务，使亚洲的IPTV业务发展迅速，用户数已超过北美，成为全球市场领先者。

各个国家不同的监管态度对IPTV的发展带来了不同的影响。一些已经实现监管机构融合或者电信和有线电视允许彼此进入的国家，IPTV得到了较快的发展；而在存在多个监管机构的国家，没有相关监管框架支持电信和有线电视的融合，IPTV的监管尚处于灰色地带，其业务还处在试验和试运营阶段。

从全球的情况看，有些国家在广播电视与电信业务融合的过程中，逐渐调整监管机构，统一了电信业与广播电视业的监管工作，使政府能够对IPTV做出快速反应。比如，美国成立了联邦通信委员会代表联邦政府监管电信业和广播电视业；2000年，英国将电信管制局、独立电视委员会、广播标准委员会、无线管制局和无线通信局5个机构合并为通信管理局（OFCOM）；澳大利亚将通信管制局和广播电视管制局合并为通信与传媒管制局；韩国在2006年12月起草了一份建立"广播通信委员会"的议案，该监管机构将同时负责管辖广播和电信两个领域；日本由总务省负责广播和电信相关管理管制工作。由于存在这样的融合机构，IPTV的业务监管得以在一个统一的框架内进行，由各个相关职能部门协同开展，有效地避免了监管分立和利益纷争。

5. 博客

"博客"一词是从英文单词Blog翻译而来。Blog是Weblog的简称，而Weblog是由Web和Log两个英文单词组合而成，就是在网络上发布和阅读的流水记录，通常称为"网络日志"，简称为"网志"。

1998年原始个人博客网站——德拉吉报道（Drudge report）率先曝出克林顿和莱温斯基丑闻案，第一次向世界展示了博客的力量。当时，全世界仅30多家博客网站，而博客迅速进入人们的视野并不断撩起公众的个性狂热。2001年，"9·11"事件使博客第一次成为真正意义上的新闻发布源。当时，几乎所有主流网站都因访问量过大而近乎瘫痪。此时，博客网站脱颖而出，全球最大的Blog服务提供网站blogger.com出现上百个报道"9·11"事件的个人博客站点，发布了无数业余照片、录像和现场录音，有目击者的亲笔描述，也有急迫希望得到亲友消息的恳求，数量远远超过专业记者的报道。2002年8月，美国《新闻周刊》有文章称："全世界自觉实践的博客数量，已经达到50万到100万之众，每4秒钟，都有一名新的博客加盟进来。"

2007年4月，全球博客突破7000万个，平均每天新增博客12万个，即每秒新增1.4个；博客上每天新增文章150万篇，即每秒17篇；全球最受欢迎的100家网站中有22家为博客网站。在全球博客中，37％为日语，其次是英文博客，占总数的36％，中文博客以8％的比例占据第三位。此外，中东国家也开始有越来越多的人写博客，波斯语博客刚起步，所占总数的比例就升至第10名。而到了2008年11月，仅中国的博客数量就突破了1亿。

对于大量网民来说，博客既是新闻，也是娱乐，不止是一个简单的个人信息发布空间。通过RSS订阅等多种信息交流方式，人们已经把博客升级为一种社会化的开放性交流平台，在此结识和汇聚更多朋友，并相互展开深度交流与沟通。"用户产生内容"（UCC）和"用户产生应用"（UCA）成为互联网发展的新亮点。

6. 播客

播客又被称作"有声博客"，是 Podcast 的中文直译。用户可以利用播客将自己制作的广播节目上传到网上与广大网友分享。这种新方法在 2004 年下半年开始在互联网上流行以用于发布音频文件。Podcasting 与其他音频内容传送的区别在于其订阅模式，它使用 RSS 2.0 文件格式传送信息。该技术允许个人进行创建与发布，这种新的传播方式使得人人可以说出他们想说的话。

订阅 Podcasting 节目可以使用相应的 Podcasting 软件。这种软件可以定期检查并下载新内容，并与用户的携带型音乐播放器同步内容。Podcasting 并不强求使用 iPod 或 iTunes，任何数字音频播放器或拥有适当软件的电脑都可以播放 Podcasting 节目。该技术能把任何文件"拉"过来，包括软件更新、照片和视频——这是对 Podcasting 扩展方面的展望，不只局限于音频方面。

2005 年上半年，已经有一些 Podcasting 软件可以像播放音频一样播放视频了。就像博客颠覆了被动接受文字信息的方式一样，播客颠覆了被动收听广播的方式，使听众成为主动参与者。

播客的发展速度极为惊人，一家网络研究机构的调查发现，30 岁以下的美国人中，每 5 人就拥有一台 MP3 播放器。每 3 名拥有 MP3 播放器的美国成年人中就有一名听过播客节目。据此福瑞斯特研究公司测算，2005 年底播客电台的数量达到 30 万，预计到 2009 年将达到令人吃惊的 1300 万。美国 The Diffusion Group 是由一群经验丰富的消费者技术分析家组成的消费者技术调查和战略行销公司，它在最新发布的名为《播客：事实、虚构和机遇》的报告中指出，2004 年，美国播客用户是 80 万人，2005 年美国播客用户是 450 万人，到 2010 年人数将达到 5680 万。

7. 移动多媒体广播

与以 DMB 为代表的数字多媒体广播相比，移动多媒体广播具有更强的技术优势和更好的应用前景。它打破了传统的地面广播，融合了卫星广播、移动通信、无线网络等多种传输手段，并由于结合了直播卫星的技术，从而呈现出巨大的优势，非常适合于移动多媒体接收设备（时速超过 150km 时仍然可以正常收听）。在接收者处于移动过程中，通过卫星数字广播和无线局域网实现接收,较之传统的广播传播具有非常明显的优势。此外,它所带来的新媒体业务,将具有个性化视听媒体的特征,可以为各种移动终端提供更加自由的4-Any(任意时间、任意地点、任意终端机、任意选择内容)服务。这种新媒体技术,最终还可以整合在手机等传统通信终端中。因此,作为电信和广播相融合的新概念,移动多媒体广播意味着第三代无线广播时代的来临。

目前,这类移动多媒体广播技术典型系统主要有:中国的CMMB(中国移动多媒体广播)、韩国的S-DMB(卫星数字多媒体广播)和欧洲的DCB-SH(欧洲手持卫星广播DVB)。

SK电讯作为韩国最大的移动运营商,一直扮演着移动互联网领域新业务倡导者的角色。2004年3月,SK电讯成功发射了全球第一颗能够向手机和移动中的汽车终端传输数字电视信号的数字多媒体广播卫星。2005年1月,韩国S-DMB网络开始试商用,2005年7月正式提供商用业务。SK电讯下属的TU Media公司负责具体的运作,首先在全国范围内推出11个视频和25个音频频道。到2005年12月底,SK电讯的S-DMB用户已达37.2万户。截至2006年3月,S-DMB用户数已接近50万户。SK电讯公司计划到2006年年底可以拥有200万的S-DMB用户,到2010年用户数达到800万。根据韩国近期的一项研究表明,DMB业务在接下来的10年中,将会激生出9万亿韩元价值的相关产业以及18.5万个职位。在手机电视领域,SK电讯也于2005年5月率先推出了基于S-DMB的手机电视业务,并致力于完善产业链,丰富业务内容,对推动S-DMB的产业化发挥了举足轻重的作用。但是,整体而言,S-DMB在世界范围内并未进入大规模商用阶段。

8. 数字电视

世界通信与信息技术的迅猛发展将引发整个电视广播产业链的变革,数字电视是这一变革中的关键环节。伴随着电视广播的全面数字化,传统的电视媒体将在技术、功能上逐步与信息、通信领域的其他手段相互融合,从而形成全新的、庞大的数字电视产业。这一新兴产业已经引起广泛的关注,各发达国家根据自己的国情,已分别制定出由模拟电视向数字电视过渡的方案和产业目标。数字电视被各国视为新世纪的战略技术。电视数字化是电视发展史上又一次重大的技术革命。数字电视不但是一个由标准、设备和节目源生产等多个部分相互支持和匹配的技术系统,而且将对相关行业产生影响并促进其发展。

就电视信号的传输形态而言,数字电视为我们提供了三种技术平台和运营平台:有线数字电视平台、卫星数字电视平台和地面无线数字电视平台。这三种基于不同传输技术类型的数字电视平台各具优势,可以从不同方面满足消费者日益分化和复杂的需求。依靠有线电视网络传输的有线数字平台,拥有稳定的接收质量与双向互动的优势;卫星数字电视在覆盖面积和频道数量上占有优势;而地面无线数字电视则可用于移动中的电视信号的接收。

目前,数字电视这一媒体形态正在全球范围内全面展开。电视的数字化以及接收终端的数字化是基础性工程,因此,各国政府都在努力推动。相关报告显示,2005年,全球数字电视用户已达到1.7亿,比2004年增加了4000万左右。英国是目前数字电视渗透率最高的国家,已经达到了70%;其次是美国,渗透率是55%;日本的数字电视渗透率为50%;欧洲的数字电视平均渗透率约为30%;全球数字电视平均渗透率超过16%。但是,由于需要较大的投入,数字电视的内容建设成本较高,特别是付费数字电视的推广,在包括我国在内的世界大部分国家和地区仍在进行之中,发展并不顺利。

由于目前欧洲、北美、韩国和中国等大多数主要地区仍处于模拟电视与数字电视的转换过渡时期,因此市场上仍然有不少希望既能接收模拟电视节目又能接收数字电视节目的多功能电视机,数字电视开发商和制造商可以采用机顶盒加模拟电视的解决方案来实现。

此外,美国市场要求从2007年3月1日起,所有新上市的模拟电视机和电视接收设备必须安装数字调谐器,这意味着数字电视一体机将在美国市场占据统治性地位,而中国的数字电视的增量市场也对一体机有着巨大的需求。因此,未来数字电视一体机会占据越来越大的市场份额。

随着高清节目源的增多,图像水平清晰度大于800线的高清数字电视(HDTV)逐渐成为数字电视的主流,相应的数字电视机顶盒以及编解码芯片也要适应这一发展的要求。

数字电视的下一个重要发展方向就是连接互联网,未来的消费者不必再为了检查邮箱、发送电子邮件、在线玩网络游戏、下载和播放网络视频,甚至收看流媒体视频(即IPTV),而必须跑到书房去独自待在PC或笔记本电脑之前,他将可以直接在客厅舒适的沙发上用无线鼠标或无线键盘体验上述PC的所有功能。PVR(个人视频录像机)也是未来数字电视的下一个重要发展方向,随着未来的数字电视集成 DSP 或多媒体处理器,PVR 功能将逐步融合到未来基于硬盘或微硬盘的数字电视产品中。

未来的数字电视还将支持更多的互联接口,如 USB2.0、USBOn-the-Go、SD 卡、MMC 卡、1394 和 Wi-Fi 等,以实现与数码相机、数码摄像机、移动硬盘、PC、笔记本电脑、PMP、智能手机、数码打印机等数字设备的无缝连接,共享相互之间的音视频信息。

(二)国内新媒体的发展现状和产业分析

与国外新媒体发展同步,伴随着数字技术、网络技术的不断成熟和广泛应用,新媒体已成为我国传媒体系中不可或缺的组成部分,同时也为我国文化大发展大繁荣注入了一股新的活力。与国外新媒体发展有所不同的是,我国新媒体的发展是在规范、法制都相当薄弱的条件下迅速崛起的,不可避免地会出现各种问题和难题,最大的问题就是内容缺口,而这中间又有政策限制、管理模式和运营背景等问题。

1. 电子书的基本现状

电子书,又称 e-book,代表人们所阅读的数字化出版物,从而区别于以纸张为载体的传统出版物,电子书是利用计算机技术将一定的文字、图片、声音、影像等信息,通过数码方式记录在以光、电、磁为介质的设备中,借助于特定的设备来读取、复制、传输。

电子书以网络为载体,让书籍以数字形式直接与读者见面,读者直接获取网络上发布

图 1-12 电子书 e-book

的各种信息。在整个出版过程中,只有信息流而没有物流,大大地节约了传统意义上的出版成本,省去了印刷、装订、包装等中间环节。电子书的优势是信息含量大,使用快捷方便。读者可以将从网络上下载的电子书存储在手持阅读器中"随时随地"阅读。它的人机界面同传统图书一样,有封面、插图、版

式;有纸质文献一样的阅读方式、整页显示、可翻页、加批注、夹书签、画线、折页等。

电子书的主要格式有 PDF、EXE、CHM、UMD、PDG、JAR、PDB、TXT、BRM 等,目前很多流行移动设备都是支持其阅读格式的。

2008 年的全球性金融海啸,让我国很多 IT 企业营收一路走低,纷纷裁员,人才涌动的中关村也一度成为职员"屠场"。而汉王科技则因其独特产业而得自保,且受美国市场上已燃起的电子书产业启发,拿出公司早已积累数年的电子书技术,为公司开拓出全新的产品和营收管道,而投入巨额资金炒热的电子市场也给汉王带来了意想不到的成功。截至 2009 年年末,汉王已占据我国大陆电子书市场 80% 以上份额,更稳坐全球第三大厂的交椅,在为公司带来翻番收入的同时,也被产业界称为弯道超车的典范。

图 1-13 汉王电子书市场

电子书作为阅读的全新模式,也是人机交互界面的全新应用,其核心的 E-ink 技术并不在中国,而汉王的手写电磁屏则是电子书的一个杀手级应用,尤其在不适合于小型键盘输入的亚洲市场,更是消费者最关注的一个功能。

汉王电磁屏技术是依靠笔尖的磁性吸引或排斥电子墨点,形成笔迹,再通过软件识别。汉王电子书用的是 ink 屏,所显示页面与普通纸张相似,基本无反光无辐射。相对于普通的电子书而言,功耗更小,待机时间更长,更有利于身体健康。

图1-14　汉王的手写电磁屏　　　　　图1-15　汉王电子书

　　截至 2006 年年底，全国共有 450 多家出版社开展电子书出版业务，共出版电子书 25 万种。2007 年新增电子图书 15 万种，比 2006 年提高近 10 万种，国内电子图书出版达到了崭新的高度。2007 年购买电子书服务的大学图书馆较 2006 年增加了 30％、中小学图书馆增加了 120％、公共图书馆增加了 30％；其他机构如政府、企业等增加了 80％。销售的总册数较 2006 年增加 25％。截至 2008 年 8 月末，国内出版社电子图书出版量累计达到 50 万种。

图1-16　电子书管理平台

目前国内出版社主要是通过与电子图书公司进行技术合作开展电子图书的出版业务。随着社会对数字阅读内容的需求不断扩大,出版社也加大了电子图书出版的力度。

目前国内主要的电子图书运营公司有北大方正(方正阿帕比)、中文在线、超星公司、书生公司。这些公司之间既有相同点也有自身独具的特点,详见表1-3。

表1-3 国内具有代表性的电子图书公司比较

公司名称	业务范围	目标市场	电子图书产品特性
北大方正	电子图书、数字报刊、手机业务、年鉴、工具书、在线业务等	国内图书馆和企业等机构用户、个人消费市场、海外用户、手机用户、出版社用户	由排版文件直接转换,显示效果好,二次开发性强
中文在线	电子图书、在线业务、手机业务等	国内中小学图书馆市场、个人消费市场、手机用户	扫描图书、文本转换均有
超星公司	电子图书、传统图书等	以国内图书馆为主的机构用户、个人消费市场	以扫描图书为主
书生公司	电子图书	以国内图书馆为主的机构用户	以扫描图书为主

2006年,采用中国最知名、市场占有率高达90%的数字出版技术平台——方正Apabi技术平台的出版社开展电子书业务的数量较2005年增长15%,出版码洋上亿元的出版社开展电子书业务的数量较2005年增长24%,同步出版的出版社较2005年增长65%。截至2006年年末,国内外共有超过3000家的图书馆、中小学校、企事业单位等机构采购了中国400多家出版社出版的电子书。

图1-17 方正集团大楼

2009年，方正Apabi已经通过技术帮助全国近500家出版社和300多家报社实现数字出版，帮助出版的电子图书达到50万种、数字报500种，并通过数字出版发行平台向全球超过3800家的图书馆、中小学校、教育城域网、企事业单位提供数字书报刊服务，并可按照出版社的不同要求，为其量身定做个性化在线翻阅服务。

图1-18 方正集团内部

2. 数字报业的发展现状与总量分析

2006年2月20日，浙江日报报业集团在旗下的浙江在线网站推出全国首家数字报纸，浙江在线数字报纸频道的访问量迅速升至整个网站的第一名，达到14%，这个新生事物受到了全国报业的强烈关注。《广州日报》大洋网随后也推出数字报纸。到2007年5月，全国已经推出或者正在实施数字报纸的报社总共有88家，报纸约250种，其中中央级、省级、报业集团等大型报社有41家，占该类型总数的65%，地市级、都市类约有40家，行业、专业、企业等产业类报社约17家。目前传统新闻出版单位已意识到新媒体和数字出版的重要性，一些出版社、报社开始数字出版战略层面的考虑和战略规划的制定。国内有解放日报报业集团、广州日报报业集团、宁波日报报业集团和烟台日报报业集团开始尝试推出带阅读器的电子报纸。

在我国的传统出版产业链中，传统出版单位不是内容的真正源头，只是起到信息资源汇聚交流的作用,源头在作者或内容制造商手中。在数字出版产业链里,出版社这一功能被内容平台网站所取代。因此,传统出版单位被边缘化在所难免。传统出版单位进入数字出版有两条路径,一是成为内容平台网站运营商,二是成为数字内容提供商。两者相比,大多数传统出版单位更适合于做数字内容提供商。

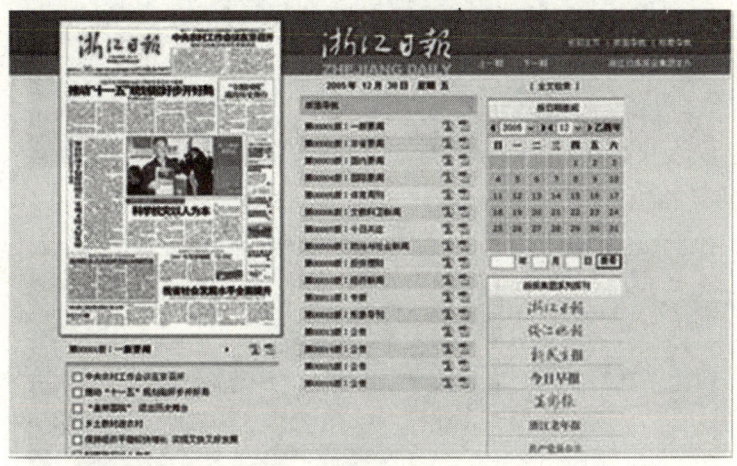

图1-19 《浙江日报》数字报纸

图1-20 解放日报报业集团

图 1-21　广东数字出版

图 1-22　宁波日报报业集团

3. 手机电视

按国际电联的定义，手机电视也是 IP 电视的一种，是运行在可管理的无线 IP 网上、以手机为接收终端的多媒体业务。

在国内，鉴于手机电视是由电信部门率先提出的概念，此处将手机电视限定在移动通信网提供的视频业务上，即由广播电视部门与移动通信部门合作开展的新媒体业务。手机电视同样属于媒体类业务，按规定，经营手机电视也需要获得国家广电总局颁发的《信息网络传播视听节目许可证》。目前，国家广电总局已为上海电视台、中央电视台、中国国际广播电台和中央人民广播电台等颁发全国性牌照,为云南电视台、北京电视台等颁发地方性牌照。

新媒体蓝皮书指出,据初步调查,我国目前手机电视用户为 400 万左右。同庞大的手机用户数量相比,这个数字显得微不足道。手机电视业务在我国的发展时间不长,截至目前,获得国家广电总局颁发手机牌照的共有 6 家,分别是上海电视台(上海文广集团)、央视国际、中国国际广播电台、南方广电传媒集团、云南电视台和北京电视台。

手机电视的运营仍然是上海文广新闻传媒集团(SMG)保持领先地位。早在 2004 年 6 月,上海移动与 SMG 旗下的东方龙就开展了手机电视的密切合作与业务探索。截至 2006 年 12 月 31 日,东方龙共推出手机电视和电台直播业务 16 路,手机电视轮播频道 18 路,点播下载栏目 61 个,累计付费订户达到 20 多万户。2007 年 7 月,东方龙通过中国移动、中国联通网络开播全球首个专为手机电视打造的专业频道,命名为"第五媒体",全天滚动播报时事、财

图 1-23 手机电视

经、娱乐、音乐、科技、体育、文化、时尚、美食、旅游等短视频信息;同时将上海地区手机电视业务资费由原先的 10 元/月调整为 2 元/月,并于 9 月 2 日起正式重新计费。2007 年 8 月 30 日,中国联通上海分公司与东方龙联合推出的 CDMA 网络手机电视开始商用,节目主要包括东方卫视、第一财经等直播频道及影视、音乐、时尚类点播节目。

央视国际的手机电视则发展迅猛。2006 年 12 月,央视国际联手两大运营商共同启动 CCTV 手机电视业务,移动和联通的用户分别通过"移动梦网"和"视讯新干线"进入 CCTV 手机电视专区,可选择直播、点播、下载以及定制推送等方式观看 CCTV 一套、二套、新闻、音乐等同步播出的 8 套节目,以及音乐节目、体育赛事、实时路况信息和衣食住行等视频内容。第 15 届多哈亚运会期间,手机用户在国内可以通过手机电视随时观看亚运会的所有赛事

实况。2007年党的十七大期间，央视国际手机电视十七大视频报道访问量总计超过1067万人次。在2008年北京奥运会期间，央视国际和中国移动、中国联通在手机电视业务上进行了全面合作。

中国国际广播电台的手机电视业务正在奋起直追。2007年4月6日，中国国际广播电台联手中国联通，正式推出了次日CRI手机广播电视业务。中国联通CDMA1X手机用户都可以在境内收听、收看国际台手机广播电视节目。2007年8月30日，中国国际广播电台在中国移动的流媒体平台上正式开通了手机电视业务。CRI手机电视除把自有优秀电视节目上线到手机电视外，还整合了各地方优秀电视台栏目、优秀网络视频及知名内容提供商的内容资源。2008年北京奥运会期间，中国国际广播电台与北京电视台联手打造的手机奥运频道——"奥运直通车"也在"CRI手机电视"专区中亮相。

北京电视台也积极介入手机电视业务。2007年获得手机电视牌照后，积极与电信运营商合作，着力建设自有品牌的手机流媒体集成运营平台"京视新视界"。除计划整合北京台自有版权节目内容资源外，还将面向市场集成有价值的手机视频内容以及研发有针对性的、专门的手机电视内容，力争在最短时间内将"京视新视界"打造成为国内知名的手机电视集成运营品牌。

除此之外，各地运营商也看到了手机电视发展的巨大市场前景，纷纷通过WAP渠道推出流媒体视频服务，如山东移动与山东广播电视局联手开通的"广视无限"，江苏移动开通的"江苏视界"，安徽移动与新华社安徽分社联合开通"安徽移动新华手机报"也包括了手机流媒体服务的内容。

虽然手机电视的发展遇到一些问题，但由于手机庞大的用户基数及中国人对手机的偏爱，手机电视的发展前景仍然被人们普遍看好。在现有的手机用户群体中，真正使用手机电视功能的只占0.25%，手机电视市场还有非常大的发展空间和潜力。

4. 网络电视

网络电视即WebTV，是指采用IP协议、通过互联网、以计算机为终端的视频传播业务。网络电视与IP电视本质上的区别是，前者运行在开放性的互联网上，后者运行在可管理的IP网上。近年来，由于各种在线音频视频技术快速发展，加上盈利模式的出现，网络电视业务已渐渐趋于成熟，并逐步向产业化迈进。

截至2010年6月28日，中国网络电视台（CNTV）世界杯赛事直播累计观看人数已超3.5亿人次，日均观看量为2000万人次，相当于平时日均观看量的6倍。特别是6月27日德国与英格兰的比赛，同时在线观赛人数达420万，创造了全球互联网界最高纪录。

在CNTV收看世界杯直播时，播放框下方有一个直播多视角的选项，可谓第二观阵台。电视观众只能看到前方导播切换好的一路信号，而网民通过

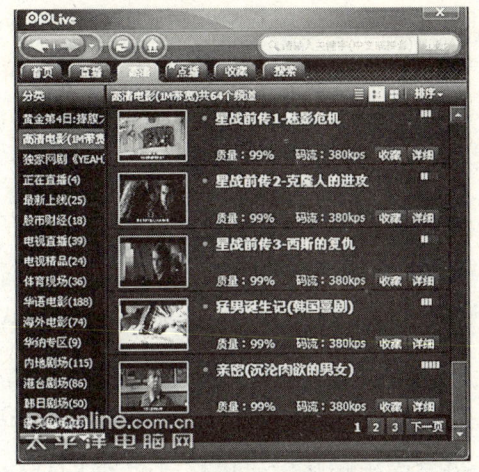

图1-24 网络电视PPLIVE

CNTV可以看到来自现场多达11路的视频画面信号，也就是说可在同一时间从球场的各个角度收看比赛。同时，应许多球迷的要求，CNTV还成功地对"呜呜祖拉"的声音信号进行了分离。

能够带来更多互动体验是球迷选择网络看球的又一主因。据了解，2010年南非世界杯期间，CNTV官方网络电视客户端产品——CBox网络电视专门推出了世界杯定制版，增加了直播提示、进球集锦、完整回放、赛程、积分榜和射手榜等高度互动的功能。此外，每场比赛的赛前、中场和赛后的全部精彩花絮视频，包括赛后新闻发布会等内容，由于受时间限制从未在电视上直播，此次也借由新媒体的特性，首次在CNTV世界杯台独家播出。据统计，世界杯开赛以来，CBox用户数增幅达500%，全天在线观看用户人数超过300万。CNTV相关技术负责人表示，已做好了充足的准备，最高可支撑1000万人同时在线收看。截至2009年底，国内网络视频用户规模达到2.4亿，占中国网民总数的62.6%。我国网络视听节目服务行业发展的市场规范逐渐建立，目前，经广电总局批准取得《信息网络传播视听节目许可证》依法从事该项服务的网站已达476家。

整体上看，开办网络电视的主体有商业公司和传统媒体两大类，两类各有千秋。传统广播电视媒体在开办网络电视方面具有内容资源优势，但体制机制不够灵活；商业公司拥有灵活的体制机制，但缺少内容资源。

传统广播电视媒体方面，央视国际的网络电视目前处于领先地位。2006

年4月，中央电视台宣布成立网络传播中心和央视国际网络有限公司，并对"央视国际"（CCTV.com）进行全面改版。至2006年12月，中央电视台12套节目实现了网上同步视频直播，为近400个电视栏目的主要内容提供了网上点播；网站还创办了英语、西班牙语、法语和德语等频道，向全球150多个国家和地区推送CCTV外宣节目。央视国际开创的台网联动、建立网络联盟、开辟电视明星播客等手法，为电视媒体发展网络广播电视开辟了一条新思路。其中"网络视频联盟"在2007年春节晚会、"两会"报道、十七大报道活动中发挥了重要作用。除央视国际外，地方电视台在开办网络电视方面也取得了新的进展。截至2007年12月，除青海电视台外，内地30个省级电视台网站开设了音视频频道或栏目，25家网站提供网络电视直播业务。办得比较好的有上海文广的"东方宽频"、湖南广电集团的"金鹰网"、广东电视台网站、海南广播电视台的"视听海南"、四川广电集团的"神韵在线"、辽宁电视台的"七星电视网"、山西广电总台的"山西视听网"等，其中"东方宽频"已基本做到收支平衡。

商业网络电视方面，在经历前两年的"跑马圈地"之后，商业视频网站开始真正考虑如何才能实现盈利。商业机构开办的视频网站中，新浪宽频、悠视网、PPLive、土豆网、优酷网等网站十分活跃，均积累了大量的人气。2007年年初，悠视网得到2350万美元的第二轮投资；此后，爆米花网站获得上千万美元投资；3月，PPStream网站第二轮千万美元的融资完成；4月，土豆网获得1900万美元的第三轮投资；6月，我乐网完成上千万美元的首轮融资，8月再次获得不低于2000万美元的投资；11月，优酷网完成第三轮共计2500万美元的风险投资。仅以上六家网站吸引风险投资就超过1亿美元。

在各种新媒体业务中，网络电视是相对比较成熟的业务，从盈利模式看，广告将成为网络电视的主要盈利模式，包括贴片广告、网页广告和嵌入式的个性定制式视频广告等；通过包月收费、点播内容付费也可获取部分收益。从市场结构看，主流媒体网站和少数强大的商业网站将主导市场格局。

5. 博客

2000年博客开始进入中国，并迅速发展。2002年8月8日由著名的网络评论家王俊秀和方兴东共同撰文，正式提出中文"博客"一词，此后，博客真正为中国广大网民熟知。但直到2004年木子美事件，才让中国民众了解到了博客，并运用博客。

2005年，国内各门户网站，如新浪、搜狐，原不看好博客业务的，也加入了博客阵营，开始进入博客春秋战国时代。起初，Bloggers将其每天浏览网站的心得和意见记录下来，并予以公开，来给其他人参考和遵循。目前网络上数以千万计的Bloggers发表和张贴Blog的目的有很大的差异。不过由于沟通方式比电子邮件、讨论群组更简单和容易，Blog已成为家庭、公司、部门和团队之间越来越盛行的沟通工具，因此它也逐渐被应用在企业内部网络（Intranet）。目前，国内优秀的中文博客BSP有：博客大巴、新浪博客、网易博客、搜狐博客、Blogcn、和讯博客、QQ空间、天极博客、天涯博客、百度空间等。

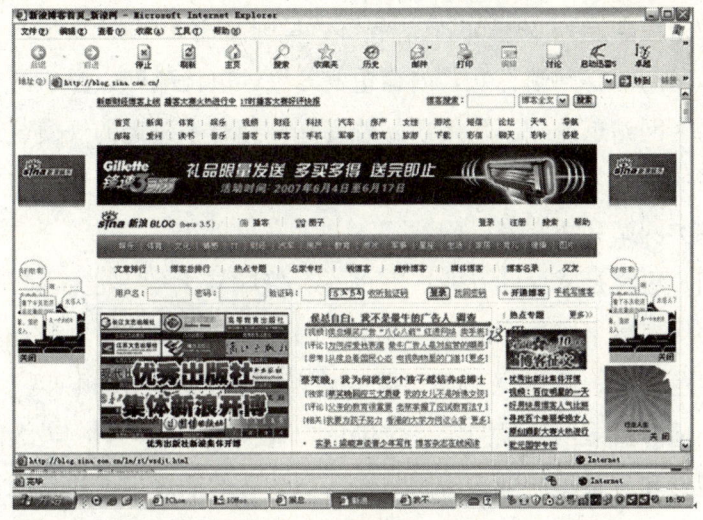

图1-25　新浪博客首页

据统计，2006年中国博客用户市场规模达到6000万，2007年，达到将近1亿，博客已呈现出新闻化、娱乐化、媒体化的倾向。2007年，中国个人博客有4000多万，2008年11月，中国的博客数量已达到1.07亿，网民拥有博客的比例高达42.3%。在中国互联网的十大应用领域中，博客及个人空间位列第八，排名超过了论坛及BBS、网络购物，但仍次于网络音乐、新闻、即时通信、视频、搜索引擎、电子邮件和游戏。

如果说BBS、E-mail、实时短信、通信已经改变了整个未来网络走向和应用功能，那么，博客将改变整个网络的传播面貌。它可能集所有的功能来综合应用，开发出它作为普及性交流平台的作用和功能。博客，作为博客者的名片和精神家园，它可能也是商业的交换平台，同时，它还是一个自媒体传播系统。当博客到了可以应用影视、图片、广播和文字等手段与技术,自由发布个性化信息的时代,一个自媒体社会将会是以博客作为平台。它将整个改变人类精神交流和文化传播的模式,整个媒介社会的传播都会因为个人化的传播方式的出现而重新调整。人们必须要面对博客带来的深刻变化,并且适应这种变革。未来,将会是一个人们更多关注博客作为自媒体转变的时期。

6. 播客

自 2004 年底播客概念进入中国至今,短短几年,各类播客网站、播客频道纷纷开通,大批播客节目广泛传播,播客队伍日渐壮大。据菠萝网统计,截至 2006 年 3 月 20 日,中文播客频道数量为 25000 个,到 2007 年 11 月 14 日,中文播客频道总数达到 294166 个,节目数量则高达 11334879 个。

目前,国内播客网站林立,内容包罗万象,以优酷网、酷 6 网、六间房等为代表的播客网站迅速崛起,用户黏着度高,拥有了一定的规模、市场和知名度。从网站的形态来看,当前播客站点主要有 4 类:播客门户、门户播客、播客搜索目录类网站和播客资讯网站。

播客门户也就是常见的专业播客网站,影响较大的有土豆网、播客中国、优酷、六间房、爆米花等;门户播客是指门户网站推出的播客服务,如新浪播客、搜狐声色博客、腾讯宽频等;播客搜索网站有百度视频搜索、OpenV 视频搜索等;播客目录网站是制定目录供用户查找和订阅,影响最大的当属菠萝网。这些搜索和目录类的网站为用户在浩如烟海的播客中寻找自己喜欢的节目提供了极大的方便。播客资讯网站即提供播客的相关信息的网站,如著名的播客宝典,专门发布国内外有关播客的信息。从节目的形式来看,播客网站可以分为以下三类:音频播客网站,即播客的最原始形态 Podcast,节目均为音频格式,如波普网、反波网、木狗播客等;视频播客网站,提供视频分享,一般为 flash 形式,支持下载和订阅,如酷 6 网、56 原创视频、mofile 视频分享等综合性网站;开辟了音频和视频两个频道的播客,如派派网、麦地网、腾讯宽频等。

从网站内部体系设置来看,现今的播客网站大都设置三大板块:节目、用户和论坛。播客节目通常用频道和排行榜两种组织方式,将众多音视频文件按照主题或点击率等依据排列。对于播客用户的服务,网站则借鉴了博客运营的经验,不仅提供个人上传空间,而且允许用户自己建立播客圈。如土豆网的

"小组"、优酷网的"俱乐部"、新浪播客的"圈子"以及酷6网的"家族"等,便于同类节目间的交流。论坛则为用户提供了一个分享视频制作、上传经验、发布新闻和聊天交友的互动专区。此外,从网民对播客网站的使用情况来看,浏览注册者较上传节目者为多,转载者远高于制作原创性音视频节目的播客。

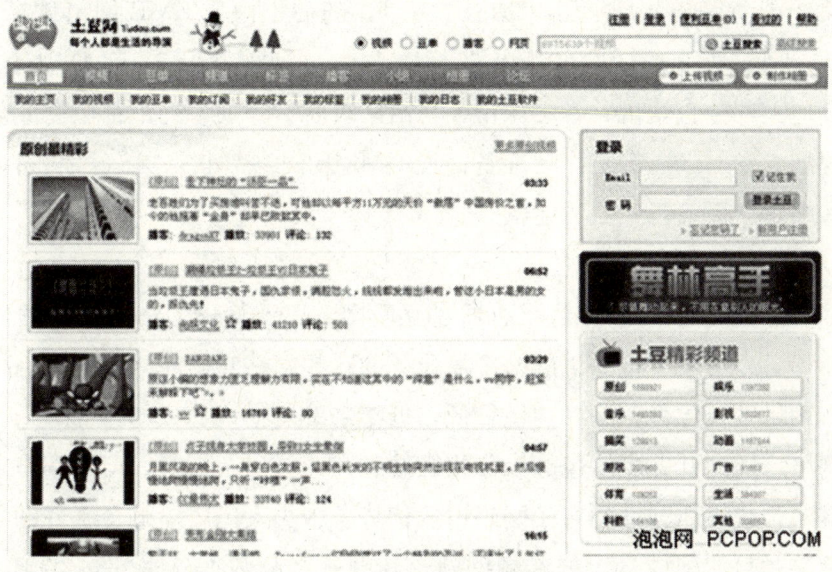

图1-26　土豆网网站

7. 移动多媒体广播

我国移动多媒体广播试验采取的是广电系统自行开发的具有自主知识产权的CMMB标准。该标准体系的几个关键标准,即《移动多媒体广播第1部分:广播信道帧结构、信道编码和调制》《移动多媒体广播第2部分:复用》《移动多媒体广播第3部分:电子业务指南》《移动多媒体广播第4部分:紧急广播》4个标准,已从2006年10月起,先后由广电总局以行业标准的名义发布并正式实施。其他配套标准正在制订中。

根据广电总局规划,我国移动多媒体广播的网络将利用大功率S波段卫星和地面无线相结合的方式进行覆盖,利用移动通信网络构建回传通道。业务方面,将提供20余套广播、电视节目和数据业务,并采用广播式、双向式、预付费式相结合的授权方式以及分级式用户管理、计费体系进行业务管理。运营方面,将按照现代企业制度和现代产权制度的要求,组建广电系统上下联合、系统内外联合、中央与地方结合的运营主体,走集约化、规模化、产业化的发展道路。

目前,我国移动多媒体广播的设备研发及组网试验均进展良好。第一代商业化芯片已经研制成功,调制器、发射机、增补网络、接收终端等设备研发方面已取得突破性进展。2007年6月,北京地区移动多媒体广播开路测试获得成功,10月青岛电视塔播出CMMB信号,随后上海CMMB网络调试成功。至2007年底,6个奥运城市及深圳、广州共8个城市均开通CMMB发射站;全国其他大部分直辖市、省会城市、自治区首府、计划单列市都已完成前期的频率规划、发射选点等工作,准备铺设CMMB网络。北京奥运会期间,中国移动多媒体广播已正式投入运营。

8. 网络广播

网络广播是指采用IP协议、通过互联网、以计算机为终端的音频传播业务。业界已经习惯于将提供网络广播业务的音频网站叫做网络电台。网络广播由于占用带宽资源少、开办门槛较低,近年来发展很快。

网络广播的开办主体也分为传统媒体和商业公司两大类,但与网络电视不同的是,传统媒体开办的音频网站占据优势。中央人民广播电台主办的"中国广播网"是目前国内最大的音频网站。其网站音频数据总量超过2TB,内容包括中央人民广播电台9套节目的网上直播、270多个重点栏目的在线点播。由该网开办的主要为青少年服务的"银河网络电台"已成为国内最有影响的网络电台之一。截至2006年11月,银河网络电台的日均浏览量达到1841600人次,同时在线独立IP达到19190个,常规互动人群达到1900人。中国国际广播电台主办的"国际在线"已在线播出43种语言的广播节目,同时开播了9种语言的环球网络电台。在内地地方电台中,目前除西藏、甘肃外,全国有29个省级广播电台、总台开办了网络广播业务,共有167套广播频率实现网上直播。全国有123个地市级广播电台开办了广播网站,已有158套广播频率实现网上直播。另外,北京广播网与北京团市委合作开办了纯公益性的"青檬网络电台",以首都高校在校大学生为目标受众群体,目前在高校学生中已经形成一定的影响。由北京"听盟"与团中央合作开办的中国青少年广播网已整合100多所高校网络电台的上传节目内容。在商业音频网站中,有少数较为活跃,基于即时聊天工具和论坛的音频网站竞争力较强,如猫扑音频网站、QQ网络电台等。

网络广播存在的主要问题首先是缺乏盈利模式。广告是互联网的主要盈利模式，但网络广播还没有插播广告的成功案例；对于互联网的另一大盈利模式——手机短信互动，有调查显示，用户在收听网络广播时，一般不太愿意发送短信参与某个节目中。其次是受终端制约。调查显示，近年来收听广播的人数在逐年减少，特别是青少年群体，而且用户更习惯于在移动时收听广播，而网络广播必须通过电脑固定终端接收，因此在很大程度上限制了用户的发展。其三是商业网站的节目资源缺乏。虽然网络电台的进入门槛较低，但商业网站普遍缺乏制作广播节目的专业人才，很难生产出大家喜闻乐见的节目；另外，由于网络电台很少能带来直接的经济效益，商业网站在购买广播节目时也非常慎重。

（三）中国新媒体的营销现状

新媒体产业盈利主要来自互联网市场、移动增值市场及户外媒体市场三大板块。

2006年是中国新媒体市场出现重大变局的一年。这一年，博客出版、按需出版、电子图书、数字网络期刊、手机出版等各种以互联网为基础的数字出版均出现了突破性的进展，数字出版业已经初具规模。截至2006年年底，中国通过手机上网的网民人数为1700万人，占网民总数的12.4%，随着手机上网资费的降低和用户规模化，手机作为上网终端与笔记本电脑、PC机将开始分庭抗礼。

自2004年《中国妇女报》开通全国第一家手机报，2005年浙江日报报业集团开通第一份省级手机报以来，全国的手机报持续增多，贵州省甚至出台了我国第一个手机报管理办法。手机报迅速增多，正是基于中国是全球手机用户最多的国家。2007年第一季度，中国手机用户增加0.2亿户，总量达到4.8亿户。

2000年至2004年，我国期刊的总印数和平均期印数持续下滑，5年内期刊平均期印数由21544万册下降至17208万册，降幅为20.13%。全国各大报社的广告营业额普遍开始大幅度下滑，平均跌幅达到15%以上；而另一方面，2005年新浪、网易、搜狐三大门户网站广告收入均呈现持续性的上扬，网络广告总收入已达到19亿元，几乎与当年期刊的广告收入相当。

2006年中国网络营销市场规模超过65亿，网络广告达到46亿，与上年同比增长48%；中国品牌广告主达3800余家，与上年同比增长12%；网络广告规模在整个广告市场规模（包括户外）所占比例为3.1%，在2007艾瑞新营销等奖项的获奖名单上，新浪、搜狐、网易、腾讯等企业均榜上有名。

2007年，我国互联网市场规模超过400亿，同比增长49%，网络游戏、B2B、网络教育、搜索引擎是目前盈利的主流，占59%。电子商务市场B2B的规模有限，但其影响的交易价值的规模将近2万亿，而在2008年这个数字达到2.5万亿。

根据中国工业和信息化部2009年9月公布的数据显示，截至2009年8月底，我国互联网宽带接入用户合计为9723万户，相比2008年年末增加1435.2万户，互联网拨号用户合计为920.6万户。

- 网民规模达到4.2亿，较2009年底增加3600万人；互联网普及率攀升至31.8%，较2009年底提高2.9个百分点。
- 手机网民规模达2.77亿，半年新增手机网民4334万，增幅为18.6%。其中只使用手机上网的网民占整体网民比例提升至11.7%。
- 宽带网民规模为36381万，使用电脑上网的群体中宽带普及率已经达到98.1%。
- 农村网民规模达到11508万，占整体网民的27.4%，半年增长7.7%，低于城镇网民相应增幅。
- 30岁以上各年龄段网民占比均有所上升，整体从2009年底的38.6%攀升至2010年中的41%。初中和小学以下学历网民增速超过整体网民。
- IPv4地址达到2.5亿，半年增幅7.7%。
- 域名总数下降为1121万，其中".cn"域名725万。".cn"在域名总数中的占比从80%降至64.7%。网站数量下降到279万，".cn"下网站占网站整体的73.7%。
- 网民上网设备多样化程度加深，台式电脑仍居上网设备首位，占73.6%，手机上网占比攀升至65.9%，笔记本电脑上网的比例达到36.8%。
- 88.4%的网民在家上网，33.2%的网民在单位上网。
- 人均周上网时长达到19.8个小时。其中，有77.3%的手机网民只在业余时间用手机上网，电脑网民中有68.9%的人只在业余时间用电脑上网。
- 手机即时通信使用率位居首位，达到61.5%。手机搜索以48.4%的使用率排名第二。

- 前五名：手机 IM、手机搜索、手机音乐、手机文学和手机 SNS。
- 男性手机网民达 57.1%，月收入 500 元以下的占比升到 21.9%。

网络广告市场方面，2007 年为 71.45 亿，同比增长达到了 54%，整个中国网络市场还是以品牌广告为主流。2007 年，以百度为首的搜索引擎厂商的市场份额和市场地位快速攀升，百度超过新浪排名整个网络广告市场收入第一。博客、网络游戏、各种垂直搜索、视频等能够承载网络广告的形式呈现出多元化。

在网络游戏市场，上市公司接连不断，2007 年中国网络游戏市场规模达 113 亿，2008 年已达到 158 亿。

2007 年，移动增值市场规模达 733 亿，同比增长 23%。移动互联网的快速发展将带动新一轮的产业发展。腾讯、三讯门户和空中网在这一市场中占据领先地位。官方门户的流量在持续下降，非官方门户流量及广告收入则持续增加。2007 年的手机游戏市场内容服务商的整合趋势非常明显，同时国外的很多提供商也进入国内，跟国内手机游戏服务提供商融合，渠道进一步多元化。

2007 年户外电子屏广告额为 41.81 亿元，同比增长 90.2%，2008 年已达 66.90 亿元，预计到 2011 年整个市场规模会超过 3000 亿元，新媒体产业已成为我国经济发展的重要支柱。

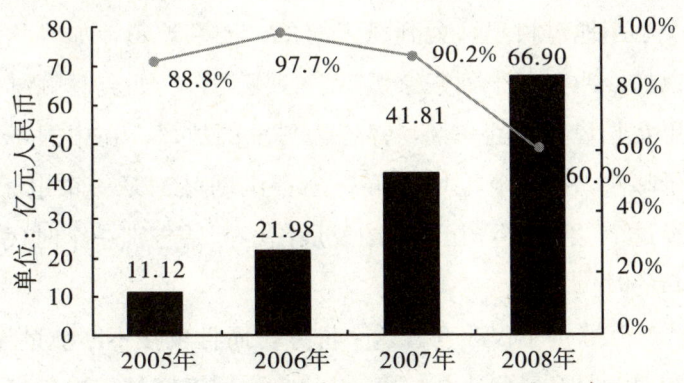

图 1-27 中国户外电子屏广告市场发展趋势

（数据来源：易观国际 Enfodesk）

互联网数据中心（DCCI）2010 年 1 月发布的《2009 中国网络广告市场年度数据》显示，2009 年中国网络广告营销市场营收规模达 193.3 亿元，同比增长 13.8%，预计 2010 年网络广告营收规模将达到 235.9 亿元，增长率约为 22%。

第二章 第四媒体
——互联网

作为大众传播工具，从发明到推广用户 5000 万人，收音机用了 38 年，电视用了 15 年，互联网仅用了 5 年。国际互联网经过 18 年快速发展，已经深深融入人们的日常生产生活。每年互联网世界会产生大量的信息。仅 2006 年，全世界就产生了 161×10^{18} 字节的信息，这个数字是 161 后面还有 18 个零——这些信息能填满 1610 亿个苹果音乐播放器（iPod），它们以电子邮件、网站网页、数码照片、视频音频等形式存在于虚拟空间。世界由此浓缩在一个小小地球村里，大到风云变幻、天翻地覆，如科索沃战争、巴以加沙冲突；小到茶余饭后、谈资笑料，如克林顿绯闻事件、阿里女儿拳赛又胜一场，都成为村里的故事。在中国，从第一封电子邮件、第一个论坛、第一个资讯网站、第一个电子商务网站，经过 15 年发展，互联网的发展已经开始告别一个时代，走向一个新的时代。

互联网不仅改变着这个世界，而且也在不断被世界接受认可。在网上曾经看到这么一段话："互联网确实是一次生产力的巨大飞跃，它的意义甚至不亚于发明蒸汽机所带来的革命性影响。"互联网到底能有什么作用呢？仅仅是传统产业应用的延伸，仅仅是传统产业的信息化？蒸汽机只是一个核心技术，真正大量的财富是在蒸汽机大规模应用后产生的，除了传统产业，蒸汽机也带动或创造了一大批新兴产业，如汽船、火车等，这些产业创造了工业革命的真正价值。那么，互联网是不是也会像工业革命时代的汽船和火车？

答案是肯定的，而且大有超过蒸汽机、汽船、火车对人类世界深远影响之势。互联网不仅仅是一项技术，也不仅仅是一项应用，甚至不仅仅是一次技术变革，而是一场彻底的技术革命，它对应的将是一种全新的文明，一个全新的世界。互联网的出现，无疑是人类文明历程中具有划时代意义的里程碑，世界因互联网而发生深刻变革。现在，互联网正深刻改变着人们的生产生活方式、思维方式和思想观念，推动着社会生产力的发展和人类文明的进步。如果说蒸汽机的发明解决了人的体能拓展问题，那么互联网进一步解决了人的智能拓展问题。

第一节　互联网的发展历程

互联网（Internet）自20世纪90年代中期商业化运作后，在全球得到迅速发展和空前普及。2001年，除个别国家（如朝鲜），世界上几乎所有的国家和地区均已接入互联网，使用人口高达4亿。到2008年12月，全球互联网用户总数突破10亿，其中41.3%的用户来自亚太地区。据IDC（互联网数据中心）的研究报告预估，到2010年后，随着全球经济的缓慢恢复，互联网用户将再次进入较快增长时期，普及率将达到34%。正像报刊、广播、电视传媒一样，互联网已成为今天重要的传媒形态，并成为人类生活不可或缺的一部分。网络人口的增长和规模是保证网络媒体发展的最重要因素，当未来全球更多的人参与到互联网之中时，当更多的信息和知识通过互联网广泛传播时，其影响力必将更大限度地发挥出来。

互联网从出现至今，大致可分为三个发展阶段。

一、社会化应用前的实验阶段（1969—1994年）

同许多重大科技发明一样，互联网的发明也源于军事目的。冷战时期，出于与苏联争霸的需要，为保证在核打击下军事通信畅通，美国国防部1969年建立了由4台计算机构成的、分布式控制的分组交换网——阿帕网。1971年4月，阿帕网已连接了美国加州大学洛杉矶分校、斯坦福研究院、加州大学圣芭芭拉分校、犹他州大学、BBN 公司、麻省理工学院等 15 个节点，共 23 台主机。BBN 公司的 Ray Tomlinson 发明通过分布式网络发送消息的 E-mail 程序。Tomlinson 在阿帕网上发出第一封电子邮件。为什么要选择 @ 这个符号？他回忆说是因为这个符号用得很少。至此，E-mail 这种伟大的信息交流方式诞生了。

1972 年对于美国和中国来说，都是值得纪念的一年。2 月 21 日，美国总统尼克松访华，中美关系的坚冰被打破，中美关系翻开崭新的一页，世界战略格局发生重大变化。同样，在互联网发展的历史中，1972 年也是值得记住的一年。25 岁的工程师 N. Bushnell 设计了一台简单的乒乓球游戏机，随后美国几乎每间酒吧、每个娱乐场所和每家俱乐部，终日响着"乒乒乓乓"的声音。乒乓球家庭游戏机几乎成了美国家庭圣诞节送给孩子的最佳礼物，电脑游戏从此风靡全球。BBN 公司的 Robert Kahn 建立第一个公用的上网范例，将 40 台机器连入阿帕网。DARPA 研究人员卡恩（Kahn）设计出 TCP/IP 传输协议标准，这是互联网的基石。1983 年 1 月 1 日，美国国防部正式将 TCP/IP 作为阿帕网的网络协议，并正式命名为"Internet"。1986 年，美国国家科学基金会（NSF）资助建成基于 TCP/IP 技术的主干网 NSFNET，这是世界上第一个互联网，它连接了美国若干超级计算中心、主要大学和研究机构，并迅速扩展到世界各地，形成全球性的教育科研网络。1987 年 9 月，北京大学钱天白教授向德国发出第一封电子邮件，中国当时还未加入互联网。

1991 年，瑞士高能物理研究实验室程序设计员伯纳斯·李（Tim Berners-Lee）开发出 WWW 技术（万维网），采用超文本格式（hypertext）把分布在网上的文件链接在一起，Web 页面首次登场。1993 年，美国伊利诺伊大学国家超级应用软件研究中心（NCSA）的 Marc Andressen、EricBina 设计出采用 WWW 的第一个图形用户界面的浏览软件 Mosaic。这也是微软 Internet Explore 的基础。1994 年，Mosaic 程序被重写，改名为 Netscape Navigator 后推向市场，互联网开始得以爆炸性普及。

在这一阶段，互联网由政府出资建设，用户免费使用，网络规模小、速率低，主要用于文件传输和电子邮件，操作比较复杂，用户只局限在科研或者专业人员。

二、社会化应用的初始阶段（1994—2001年）

美国科学基金会（NSF）1991年通过一个计划，从1994年开始允许商用网络运营商通过竞标方式将各自的主干网互联起来，形成一个新的主干网来取代NSFNET。1994年，美国允许商业资本介入，互联网从实验室进入面向社会的商用时期。1994年3月，中国正式加入国际互联网；4月20日，中国用64kb/s专线正式接入互联网；5月，中国科学院高能物理研究所设立中国第一个万维网服务器；国家智能计算机研究开发中心开通曙光BBS，这是中国大陆第一个BBS。

1995年4月30日NSFNET主干网正式停止使用，NSF把NSFNET经营权转交给美国3家最大的私营电信公司（Sprint、MCI和ANS），全面商业化的互联网主干网形成，互联网进入了商业应用时期。1995年5月，张树新创立中国第一家互联网服务供应商瀛海威，中国普通民众开始进入互联网络。中国电信开始筹建中国公用计算机互联网（CHINANET）全国骨干网，1996年1月正式开通提供服务，标志着中国互联网进入社会化应用阶段。

1996年，全球1200万主机接入互联网，建立50万WWW站点。万维网将浩如烟海的各类信息组织在一起，通过浏览器呈现给用户，大大降低了信息交流和共享的门槛，使更多的人能够更简捷方便地使用互联网，一大批具有全球影响力的网站出现，互联网迅速成为全球化的公众信息平台。1999年2月22日，第一家网上银行在美国印第安纳正式营业。1999年9月，中国招商银行率先在国内启动"一网通"网上银行服务。2000年4到7月，中国三大门户网站搜狐、新浪、网易成功在纳斯达克上市。

这一阶段，互联网以网络的扩大、用户的增加和大批网站的出现为主，主要应用于浏览网页和收发电子邮件等。互联网的潜在商业价值被普遍看好，吸引了各方投资。由于商用初期未能迅速找到有效的盈利模式，过度的投机行为最终导致20世纪末全球性"网络泡沫"的出现与破灭。

三、社会化应用的发展阶段（2001年至今）

进入21世纪，随着网络泡沫破灭，互联网发展进入相对平稳的阶段。宽带、无线移动通信等技术的发展，为互联网应用的丰富和拓展创造了条件。在网络规模和用户数量持续增长的同时,互联网开始向更深层次的应用领域扩张。电子商务、电子政务、远程教育等网络应用日渐成熟,互联网逐渐渗透到金融、商贸、公共服务、社会管理、新闻出版、广播影视等方面。以博客、播客等为代表的第二代万维网(Web2.0)使每个普通网民都可以成为互联网内容的提供者,激发了公众的参与热情,网络内容日益繁荣。截至2008年,互联网已经覆盖世界五大洲233个国家和地区,网民超过15亿,普及率达21.1%。互联网已经成为推动经济发展和社会进步的全球性重要信息基础设施。

在这个阶段,原先互联网高速发展所掩盖的商业模式问题、安全问题、监管问题等不安全、不稳定的隐患,也随着互联网的社会化而更加凸现。比如,日益增长的针对DNS系统的攻击及黑客行为、域名与知识产权的冲突、域名与隐私权保护、域名持有人的权利保护等。不仅互联网自身发展面临着挑战,互联网对政治、经济、文化、生活的负面影响也受到了普遍关注。人们在反思互联网设计理念的同时,开始积极探索互联网技术、应用、管理的新思路,互联网发展日趋理性。

CNNIC发布的《第25次中国互联网络发展状况统计报告》指出,截至2009年12月,我国网民的数量为3.84亿,互联网普及率已达28.9%。中国域名规模的增长,主要受益于国家顶级域名".cn"的增长。2001年中国的国家顶级域名".cn"在中国只有16%左右的份额,经过几年的发展,到2006年,".cn"的市场份额已经达到43.9%,但是依然落后于同类别顶级域名".com"(当时占有中国域名市场的47.2%)。2007年,中国国家域名".cn"的注册管理机构启动"国家域名腾飞计划",从而一举超越".com",占据了中国域名市场的龙头地位。到2008年年底,".cn"市场份额已经达到80.7%。截至2008年年底,中国的网站数,即域名注册者在中国境内的网站数(包括在境内接入和境外接入)达到287.8万个,较2007年增长91.4%,是2000年以来增长最快的一年。".cn"域名下网站数量的增长率达到120.3%,在网站总量中占据了77%。

近年来,随着技术业务的不断发展和互联网的进一步普及应用,网上原有的电子邮件、搜索引擎、网络银行、在线交易、网络广告、网络新闻、网络游戏等业务持续快速增长。从新浪、搜狐、网易、腾讯四大门户网站2007年的营运收入情况来看,其整体的业务成效呈良性的上升趋势。四大网站2007年总收入比2006年都有所增长,并且各网站借助于成熟的业务技术不断地丰富自己的业务领域,多维度地发挥自身优势,开辟个性化市场化空间。搜狐加大品牌广告的经营,其收入达11210万美元,比2006年增长42%,占据整体广告收入的94%。腾讯作为即时通信领域的领导者,以其良好的互联网技术平台,庞大的用户资源和整合型的通信平台,形成包括基础服务、无线增值服务、基础增值服务、企业IM服务、广告服务为内容的多元化的业务形式。有关数据见表2-1、表2-2、表2-3。

表2-1 四大门户网站2007年营运收入情况

（数据来源：根据四大门户网站公布数据整理）

2007年第四季度	新浪	搜狐	网易	腾讯
广告营收（美元）	5010万	11920万	1340万	2190万
非广告营收（美元）	2060万	6970万	7190万	1317万
总收入（美元）	7070万	18890万	8530万	3507万
与2006年相比	增长25%	增长41%	增长23%	增长41%

表2-2 搜狐2007年全年财报相关数据

（数据来源：搜狐网）

收入类型	收入数额（美元）	与2006年相比
总收入	18890万	增长41%
品牌广告	11210万	增长42%
广告收入	11920万	增长30%
在线游戏	4210万	增长394%
非广告收入	6970万	增长64%
净利润	4370万	增长33%

表2-3 腾讯2007年全年财报相关数据

（数据来源：腾讯网）

收入类型	收入数额（美元）	与2006年相比
总收入	5.231亿	增长36.4%
互联网增值服务	3.441亿	增长37.7%
移动及电信增值服务	1.106亿	增长15.4%
网络广告	6750万	增长84.9%
毛利	3.701亿	增长36.3%

新浪网作为国内用户看新闻首选的网站，其前身是四通利方公司的技术网站"利方在线"，由于谈天说地论坛、聊天室和体育论坛等栏目吸引了当时不少网友，于是四通利方转而想到建立一个面向广大网友的网站。

1997年，世界杯亚洲区十强赛预选赛期间，老榕的一篇文章《大连金州不相信眼泪》在其网站上首发并广为转载，从此，四通利方网站开始在国内外小有名气，公司也开始认识到自己网站的社会作用。

1998年7月，网站全程报道了法国世界杯足球赛事，每天约有200多篇原创文章，同时还约请许多专栏作家和中央电视台体育节目主持人进行网上评球，其新闻传播的速度之快、数量之大让传统媒体大吃一惊。四通利方公司在此期间也基本上实现了从软件公司向互联网公司的转型。1998年12月1日，四通利方公司与北美的华渊公司宣布合并，成立新浪公司并推出同名中文网站，开始向门户网站迈进。

1998年12月底，美英对伊拉克发动海湾战争期间，新浪网的新闻主管和编辑第一次意识到网络新闻运作的紧迫性和超常规性，他们为此打破正常上下班的制度，在国内商业网站中首创了24小时值班制。随后在一系列国内国外突发事件中，新浪网的报道显示出了网络媒体的威力。如1999年4月15日，韩国大韩航空公司一架麦道MD11货机于16点04分从上海虹桥机场起飞升空后仅一分钟，便坠落在上海闵行区莘庄莘西南路的一处建筑工地上。有一署名"tiu"的上海网友，于17点57分将一则主题为"飞机坠落！！"的帖子贴到新浪网的"谈天说地"论坛中。称下午4点左右，一架飞机坠落在距离其家1.5千米处，接着简要描述了他所目击到的事故现场的情况。新浪网于18点11分以快讯形式在"国内新闻"栏目中报道："一架飞机今天16：00在上海附近失事"。紧接着，在18点14分、18点22分、18点33分发出的报道中，都主要引用"tiu"提供的信息，其中还特别表示"感谢网友tiu的现场报道"。新华社发出第一条消息在新华社网站"快讯"栏中的时间已是22点02分，而有关报道出现在中央电视台网站中，已是4月16日的事了。随着事态的发展，从证实飞机是韩国货机到人员伤亡情况，从军警抢救过程到4月17日找到飞机黑匣子，新浪网在滚动播发的"要闻"或"国内新闻"栏目中，总共播发了20多条相关新闻。

又如，1999年3月25日凌晨（北京时间），当北约的战争机器开动起来向科索沃实施空中打击时,新浪网于 25 日凌晨 2 点 50 分刊出第一条快讯:科索沃首府普里什蒂纳出现空袭警报;3 点 04 分,刊出第二条快讯:普里什蒂纳周围出现爆炸声。大多数中国人是从 25 日早间广播、电视,甚至是更晚一些时候从报纸上获知北约空袭一事,然而,有关新闻报道在新浪网上已整整滚动播出几个小时,有时两三分钟就更新一次。

2000 年悉尼奥运会期间,中国奥委会授权新浪网成为第 27 届奥运会中国体育代表团、中国体育代表团官方网站唯一互联网合作伙伴。新浪网这样描述自己的新闻刷新速度与数量:一项比赛结束后 5 秒钟出结果、30 秒出图片、1 分钟出报道、5 分钟出详细报道、新闻刷新高峰期每分钟在 10 条以上。新浪网还在前方设立工作间,第一时间独家邀请 27 位中国奥运冠军与广大网友聊天。自 9 月 15 日奥运会正式开幕后,新浪网奥运专题网站访问量连创新高,9 月 19 日,24 小时内的访问量超过 1070 万次。新浪网称,这创造了中文网站对单一事件报道的访问量新纪录,增长幅度甚至超过了 1999 年科索沃战争期间中国大使馆遭袭击事件。为承受中国一半网民同时访问而带来的巨大压力,新浪网连续两次扩容,为奥运专题网站所配备的总带宽超过 300 兆。

新浪网成功的因素最主要有两个:一是建立一个功能强大的稳定的中性传播平台,着眼于新闻、信息的客观、全面、及时的报道;二是主要通过转载的方式,把各类媒体发布的新闻、信息通过编排整合成自己的产品,不刻意追求原创内容或深度报道,用一种简捷经济的方式尽快形成自己的优势。

由此可见,互联网在很短的时间里彻底改变了我们的生活,从购物到订购飞机票,从听音乐到写博客,已渗透日常生活的方方面面。这里,笔者梳理了 18 年来 8 个网站改变世界的故事。在这些网站中,有的能让我们在线买书、订机票,有的帮我们找到失散多年的朋友,有的送我们免费音乐,有的是我们离不开的万事通。

(1) 第一笔买卖是激光指针——eBay.com(电子港湾):1995 年由皮埃尔·奥米迪亚(Pierre Omidyar)在美国创建,注册用户 16 亿,登记了 300 万个拍卖项目,世界第一拍卖网,属拍卖和购物网站。在 eBay 上,除禁止买卖人体器官、烟花、枪械、撬锁工具和动物之外,可以找到几乎其他任何东西:房子、假胡须、二手内衣、绝版玩具、歌星布兰妮嚼过的口香糖……网站的第一笔交易是一只坏掉的激光指示器。一切就从这个激光指示器开始改变,人们开始在各种拍卖网站上闲逛，寻找心仪的物品。仅在英国，eBay 就有 1 亿会员。它已不再是二手商品交易网站，而成为全球化销售网络，成为网上拍卖的代名词。

（2）小镇里出来的"百科全书"——wikipedia.com（维基百科）：2001 年由吉米·威尔斯（Jimmy Wales）在美国创建，用户 91.2 万人/天，属在线百科全书网站。目前有六个活跃的维基项目：维基百科（1000 种语言共 100 万条目）、维基词典、维基教科书、维基语录、维基资源和元维基。维基百科可以让很多人在最短时间内找到想要的答案，比如如何制作玻璃，太空探索中对尿布的使用等。维基百科开创了网络百科全书的先河。

（3）为发牢骚而建的博客——blogger.com（博客网）：1999 年由伊万·威廉姆斯（Evan Williams）在美国创建，用户 1850 万，属博客出版网站。20 世纪 90 年代，威廉姆斯和两个朋友创建了 Pyra 实验室。最初，他们为公司编写项目管理软件，不久他们创造了 blogger，记录自己的思想、生活、观察、发表评论，这彻底改变了世界。"当初我们只想要个交流理论、聊聊生活，发发牢骚的地方。"正是这个平凡的初衷使 Blogger 成为极出名的网站。

很多人开始加入博客网站，开设博客，他们在博客上写生活经历，发泄怒气，甚至用博客发布新闻。博客很快在 IT 从业者中成为时尚，它不仅仅创造了一种新的表达形式，还将传统媒体彻底颠覆，发展成为个人媒体。过去，新闻内容都是由媒体发布，供大众被动消费。在博客出现后，人民大众也成为内容发布者。

（4）全球最大的网上书店——amazon.com（亚马逊书店）：1994 年由杰夫·贝佐斯（Jeff Bezos）于美国创建，在 250 个国家拥有 3500 多万用户，属网上零售商，主要销售书籍、CD 和 DVD，现在是个百货商场。亚马逊书店最初被称为 Cadabra，但当一名律师把读音听成 cadaver（尸体）之后，贝佐斯决定重新考虑。最终他选择了 Amazon（亚马逊）——世界第一大河的名字。

亚马逊已经获得 250 个地区超过 350 万的客户，而这些人选择亚马逊的最大原因就在于它低廉的价格以及良好的声誉。有人说，就算在这里买到的是旧书，你也会觉得物有所值。亚马逊开始慢慢取代实体书店和百货公司，影响力变得更加巨大。

（5）最庞大的搜索引擎——Google.com（谷歌）：1998 年由拉里·佩奇（Larry Page）和塞尔季·布林（Sergey Brin）在美国创建，每天接受 10 亿个搜索请求，属搜索引擎和传媒公司。在《牛津英语词典》中，Google 已经被列为动词。它是世界上最大的互联网搜索引擎。

佩奇和布林设计的搜索方式对于 Google 的成功具有决定性作用。不按照搜索单词在网页中出现的次数排列网页，而是根据网页与其他网站链接的频繁程度排列次序；网站简洁的设计，比竞争者更快，更便于使用。一个庞大帝国逐渐形成，衍生出众多分支：邮件、新闻、价格对比、地图测绘、文学、免费电话和虚拟地球。

图 2-1　谷歌的图书搜索

（6）杰出的网络指南——yahoo.com（雅虎）：1994 年由大卫·费罗（David Filo）和杨致远在美国创建，用户 4 亿，属门户网站兼传媒公司。它曾创下平均每天网页点击数 34 万亿的纪录，它的门户网站模式在互联网上被一再克隆。但近年来，其光芒被 Google 遮蔽。Yahoo 拥有 Geocities、eGroups 和网络电台 Broadcast.com。

（7）世界最全的电子地图——MapQuest.com（问图网）：1996 年由 Geo-Systems Global Corporation（GGC）公司在美国建立，月均访问量 5000 万次，属电子地图网站。它在美国独揽地图类网站一半以上访问量，向用户提供 7000 多万份电子地图，为 1000 多个网站提供地图服务。MapQuest 从加油站卖地图起家，GGC 公司在 1996 年推出了 MapQuest.com 网站。进入网站网页，输入行程起点和终点，由 Vivatech 公司制作的地图就可以自动生成详细路线图，下载后就成为一幅定制地图。MapQuest 除提供门到门的路径指引外，还提供行程里程、行程时间等数据服务，页面上有一幅总平面图，标注着主要街道名称和标志性建筑物。GGC 在 1999 年更名为 MapQuest 并成功上市。2000 年美国在线（AOL）以股票价值 11 亿美元收购 MapQuest。

（8）全球第一即时通信——MSN Messenger（微软在线服务）：1999 年 7 月由微软公司发布，全称为 MICROSOFT SERVICE NETWORK（微软网络服务），全球注册用户 4 亿，属即时通信工具。MSN 通过跨平台、多终端通信技术来实现集文字、声音、图像的高效、实时、综合的通信平台。主要有文字聊天、语音聊天、视频聊天、传送文件、拨打电话、远程协助、邮件辅助、发送短信、浏览咨询、休闲游戏和无线服务等功能。

2001 年 3 月 16 日，MSN Messenger 在世界上有 2950 万使用中的用户，成为使用用户最多的免费即时通信服务。2003 年 12 月 3 日，MSN 服务创造了新的里程碑，世界范围内每个月有 1.45 亿用户访问 MSN Hotmail，1.1 亿用户登录 MSN Messenger。MSN 在 10 多个国家成为第一即时通信软件。中国 MSN 则包括了 MSN 门户网站、MSN Messenger、MSN Spaces、MSN Hotmail 和 MSN Mobile 等多个产品，用户达数千万。

以上 8 个网站的故事，只是千百万个改变世界的网站的故事的代表。改变我们生活的网站还有很多很多，并且每天都在不断涌现。

互联网的发展普及，使全球"共享一个信息平台"，人们开始习惯以网民身份参与并且干预公共事务。美国《时代》杂志继 1982 年把"计算机"评选为年度人物之后，2006 年又把年度人物评选为"YOU"，也就是网民。《时代》解释说，社会正从机构向个人过渡，个人正在成为"新数字时代民主社会"的公民。这是一个事实：当更多人突破了传统媒体参与形式，自主地投身于公共表达的传播之时，它就成为一种独立媒体形式。

第二节　互联网的地位

在网络世界里，其实每个人都是媒体，每个人都是话题中心，数十亿网民共同缔造了共享媒体时代，我们即媒体。美国《连线》杂志给以博客为代表的新媒体下的定义很简单：由所有人面向所有人进行的传播。每一个普通大众经过数字科技与全球知识体系的相关联，会提供并分享他们的真实看法、自身新闻等。这样就改变了长期以来媒体由上而下、由传者传播新闻给受者的新闻传播模式，开始向新闻传者与受众改变角色的点对点传播模式转变，使得普通民众可以对信息进行自主提供与分享。中国新闻传播学者喻国明将这概括为"全民DIY"："简单来说，DIY就是自己动手制作，没有专业的限制，想做就做，每个人都可以利用DIY做出一份表达自我的'产品'来。"互联网都具有这种全民DIY特征，主要包括即时通信、博网博客和手机媒体。现在，一般认为互联网是为个体提供信息生产、积累、共享、传播的独立空间，可以从事面向多数人的、内容兼具私密性和公开性信息传播的传播方式的总称。一场由Web2.0引发的革命，让任何机构和个人都可以在网络上发布信息，人人都可以成为"媒体"。影像、歌曲、小说、文章的创作者在网上迅速走红，培育出成百上千万的Fans。

一、互联网成为政府传递价值信息的便捷载体

在互联网时代，"新闻发布"的技术门槛和"准入"门槛降低，不需要成立媒体公司或政府部门审批，不需要报刊书籍的"刊号"和"批号"，任何人都可以在博客里作"报道"，最具价值的信息会很快通过传统媒体再次传播。

2010年2月山西省地震谣传事件发生后，在平息谣传过程中，政府的表现引发了媒体和公众的广泛关注。政府动用了现代化手段发布了消息，稳定了社会情绪，没有让此次突发事件转变为社会危机。

1933年，罗斯福利用当时最先进的手段——广播，打赢了美国总统选举战。可以说，广播"炉边谈话"使罗斯福声名鹊起，电台成就了"电台总统"

罗斯福；1960年，肯尼迪通过电视辩论获得了竞争优势，可以说电视成就了"电视总统"肯尼迪；21世纪网络时代，Google公司CEO埃里克曾预言："能够发挥互联网全部潜力的候选人，将会在下一次总统大选中脱颖而出。"如今，这个预言应验了。贝拉克·奥巴马，一位47岁的黑人偶像，凭借着平民出身、经历复杂的优势，打出"革新""梦想"的旗号，成为美国最会利用互联网工具的总统。在网络力量的强力推动下，奥巴马创造了历史，成为美国第一位黑人总统，也是第一个拒绝使用公共竞选资金的总统，树立了史上第一位"网络总统"的形象。如果说罗斯福是第一个广播电台总统，肯尼迪是第一个电视总统的话，奥巴马则成为第一个互联网总统。

互联网作为真正属于大众的、自产自销的共享媒体，有着积极的巨大潜在力量。它的最大优势正在于技术保障下无限发展的可能，并深刻影响着媒体形态的演变进程，冲击着传统媒介形式。越来越多的事实表明："对话"比"宣讲"更具有效力。

近年来，中国互联网的媒介角色发生了重要变化，中国网络媒体不仅在表达民意方面进一步延续其"草根"媒体的角色，其强大传播功能在重大事件和重大主题的新闻传播中也发挥着极为重要的作用，成为坚持主流舆论导向的不可或缺的主流媒体。

从2007年中国共产党第十七次全国代表大会报道，到2008年抗震救灾报道的"第一时间媒体"，再到2008年北京奥运会报道和2009年"两会"报道中功能全面凸现的社会化媒介，网络媒体在对一系列重大事件的新闻报道中完成了传媒角色的转型，从"草根"走向"主流"的网络媒体角色嬗变，进一步体现了新媒体的媒介功能与社会责任的融合，标志着网络媒体的日臻成熟。

2010年全国"两会"召开前夕，温家宝总理与亿万网民的对话，不仅点燃了青年参与"两会"的热情，也让"网络问政"成了舆论热词。

对于广大网民而言，互联网企业所承担的角色就是要传递正确的价值观。互联网作为新媒体来说，有不同的技术手段、有不同的产品配合，它能做的事情就是要不断深化和强化正确理念的传播，使正确的价值观和舆论导向发挥最大的传播作用。

二、互联网成为群众监督政府活动的有效平台

互联网给了普通公民写作、编辑和发表新闻的机会，并且可以得到众多读者的回应。博客披露一条新闻后,成千上万的评论者你一言我一语进行补充,使更多的新闻线索被发掘出来,事情真相逐渐浮出水面,传达给更多公众。草根媒体的力量在于,它颠覆了以往大众媒体或专业报道机构垄断新闻源的局面。

2009年末,中国青年报社会调查中心通过民意中国网、中青在线和搜狐网对3318名青年网友实施的专题调查显示,58.6%的人认可目前互联网在青年参政议政方面的作用,其中24.5%的人表示互联网作用"非常大"。即我国78.3%的人认同网络举报对治理腐败能起很大作用。而全国"两会"召开之际,人民网就人大代表看新兴媒体的问题对97名全国人大代表进行了调查。调查显示,超过九成受访代表的生活中,互联网已经占据重要或比较重要的地位。

1997年8月31日,"德拉吉报道"率先发布了戴安娜王妃魂断巴黎的消息,比美国有线新闻网(CNN)的报道早了整整7分钟。

1998年1月17日深夜,美国博客网站"德拉吉报道"率先揭开莱温斯基丑闻,发布了一条震惊世界的大新闻《一个白宫实习生与美国总统有染》。很快,有人将这则报道转帖到很多个网站,数天后,《华盛顿邮报》和《洛杉机时报》才低调报道,CNN及美联社等才开始全力追踪。"德拉吉报道"一炮而红,成为全球最有名气的博客,开辟了美国网络对政治发挥重要影响力的先河,并在整整半年时间内引领美国政治舆论导向,在新闻史上创下了一个个人网站长时间设定社会焦点话题的先例。

世界第一家成功的公民新闻网站是2000年初成立的韩国新闻网站OhmyNews。之后,各国相继涌现出很多公民新闻网站,比如我们的媒体(www.ourmedia.org)。OhmyNews在发刊词中阐述了新理念:"所有市民都是记者。记者不是异形,他是拥有新消息、想要把它转述给其他人知道的所有的人。但是这个平凡的真理,却被'视记者为特权的文化'所蹂躏。特权化的记者齐集的集团,成为庞大的媒体,不只掌控了新闻的生产,也操纵了整体流通与消费结构。因此我们决心高举旗帜,跟他们展开游击战来对抗。我们的主要武器是'所有市民都是记者',我们要组成'新闻游击队的新闻联盟',展开第二次'NGO'(News Guerrilla Organization)运动。我们的主要战术有三:一是打破当记者的门槛;二是打破新闻稿的写作格式;三是打破媒体之间的障碍。"

2004年9月8日,美国哥伦比亚广播公司(CBS)"60分钟"节目播出关于美国总统布什捏造服役记录的报道,次日即遭到博客强力质疑,最后迫使威震业界二十多年的主播丹·拉瑟道歉并退休。

2006年9月1日,中国互联网历史上第一个草根新闻网站"直播中国"(www.molive.cn)正式亮相。这家网站鼓励每一个普通百姓担当传统记者的角色,用数码相机和拍照手机记录生活中发生的一切。在直播中国网站上,很多普通人通过手机、照相机记录下社会每天发生的各种事情。

近年来,多起与政府部门相关的事件经由网络曝光引发了网友广泛关注。本次调查发现,网友关注度最高的三个事件依次是:开胸验肺事件(49.8%)、躲猫猫事件(47.6%)和邓玉娇案(38.0%)。此外,受到网友关注的事件还有:飙车撞人事件(37.8%)、钓鱼执法案(36.1%)、周久耕事件(28.1%)、许霆案(21.7%)。

图2-2 开胸验肺事件

图2-3 躲猫猫事件

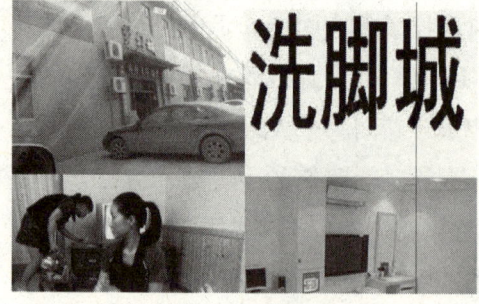

图2-4 邓玉娇案

图2-5 飙车撞人事件

图2-6 钓鱼执法案

图2-7 周久耕事件

图2-8 许霆案

  2009年3月18日在京出炉的《2009中国网络舆情指数年度报告》披露，中国网民最关注的8大热点问题依次是：反腐倡廉、房价问题、就业问题、户籍制度、养老保险、食品安全、医疗保险和交通安全问题。其中对网民关注的热点问题进行了详细分析，以住房问题为例，报告披露，从论坛发帖内容来看，房价成为最受百姓关注话题，帖子多为各地房价"涨落"的展示，网民普遍认为房价过高，舆论主要矛头指向我国房地产行业现状不尽如人意，亟待改善。同时又有论坛提及房地产行业对于中国整体经济的影响，而高房价在一定程度上又抑制了消费者的消费意愿。

  南京大学谷尼网络舆情监测与分析实验室发布《2009中国网络舆情报告》。提取了2009年100件热点舆论事件，并对其进行了系统分析和总结。

  分类结果显示，政府管理类事件共26件，是受网民关注和评论最多的类型；突发安全事故21件，排名第二；社会道德类舆情事件15件，排名第三。在地域分布上，北京因为其特殊的地位，引发的舆情事件最多，排名首位；河南依托人口优势而位居第二；其他沿海经济发达地区如上海、广州、浙江、江苏也都比较靠前。

报告显示，2009年重要的舆情事件基本上都是发起于互联网，平息于互联网，互联网已经成为社会公众舆论的主流媒介。

中国传媒大学媒体法规政策研究中心副主任王四新副教授认为，网络已成为整个媒介生态环境中非常重要的一环。一个完整的、能够正常发挥功能的媒介生态环境，应既有反映官方信息的媒体，又有反映民意民情的媒体。互联网的出现为普通人参政议政提供了平台，不仅使民意有了常规的表达机会，也对政府官员的作为与不作为形成了一定的监督。

三、互联网成为人们关注重大事件的主流力量

重大新闻事件大多具有突发性，当灾难性事件发生时，市民人数众多，只要手中有一定的工具，随时都可以成为一个现场"新闻记者"。

2001年9月11日，当恐怖分子劫持飞机撞向美国的世贸中心时，世界震惊了。由于公众急需了解具体情况及内幕，汹涌而至的访客导致美国乃至英国主要传播媒介服务器瘫痪。在这种情况下，亲历现场的网民开始用相机、摄像机拍摄下图片、图像传到网上，或迅速到网上书写亲身经历和感受，把随后赶到的记者在第一时间内无法看到的最鲜活的场景展现在世人面前。在众多的"9·11"事件报道中，最真实的、最生动的描述不是在《纽约时报》，而是在博客日志中。美国专栏作家安德鲁·沙利文说："博客正在改变媒介世界，它可能酝酿出一场有关新闻在我们的文化中将如何发挥功能的革命。"

2004年亚洲大海啸时第一批现场实况及泰国政变的现场实景也是由带着手机的游客披露的。

2005年7月7日16时，英国伦敦地铁发生大爆炸，第一个拍摄照片和报道该事件的已不是传统媒体而是"个人媒体"——博客。这被伦敦《卫报》称为"新闻程序的民主化"，袭击中摄像头手机的使用标志着"'平民记者'的真正诞生"。

在2006年伊拉克战争报道中，有些战地记者无法触及的地方，网民记者

为受众甚至主流媒体提供信息来源。Salam Pax 的化名由阿拉伯语和拉丁语中的"和平"组成，每天都有成千上万的人搜索他的网络日志，因为那儿记载着战火之下、围城之中的巴格达最真实的生活，从西红柿价格到炮火的威力，应有尽有。他从巴格达家中向世界发送的鲜活的独家报道，既鲜明地批判着"萨达姆的独裁统治"，也强烈反对着美英对他的祖国发动的这场非正义战争，几乎世界所有主要媒体都在转载他发布的亲眼所见的新闻消息。

2008年5月12日14点28分，中国汶川发生8.0级地震。5月12日14点30分，地震发生两分钟之后，第一条关于地震的视频就上传到优酷网，这条只有短短51秒的名为《实拍朝阳门地震现场》的视频，记录了北京朝阳门地区高层建筑的明显晃动以及有序疏散的人群。从地震发生的14点28分到国家地震局通过新华社正式发布地震消息的14点46分，这中间的18分钟是一个权威信息缺失的盲区，而四川的对外通信又陷入中断，这时互联网就成为信息披露和传递的唯一渠道，第一时间传播和汇集了各地信息。在汶川地震发生5分钟后，QQ弹出窗口就发出第一条地震消息。据统计，在整个赈灾报道中，腾讯网发出了4万条信息，点击率达到110亿次，用户参与评论超过1000万次；而在地震开始的5个小时之后，腾讯公益慈善基金会就在财付通上开设了在线捐助平台，数百万的网友就捐献了近2400万元的善款。基于此，国务院新闻办公室网络局副局长彭波指出："在巨大的灾难面前，互联网首次以更积极的姿态、更快速的反应、更全面的信息体现了其巨大的社会价值。"

2008年，中国发生一系列重大新闻事件，极大地促进了网络新闻的发展。2008年，中国网络新闻用户规模猛增，使用率较2007年提升近5个百分点，达78.5%，用户群体增长7900万，达2.34亿人，成为仅次于网络音乐的第二大网络应用（83.7%）。中国网民的网络新闻阅读率高于美国（71%）和韩国（67.1%）。特别是对重大事件，例如北京奥运会的报道，使网络媒体进入中国主流媒体行列。

从2008年开始，互联网已超过了广播、报纸，成为仅次于电视之后人们获取信息的第一渠道。61.8%的中国网络媒体用户表示"重大新闻一般都首先从互联网上看到"，90.4%的网民承认需要信息时首先会去网上寻找，76.9%的网民表示"上网以后，比以前更加关注社会事件"。

2009年中国互联网大会公布：截至2009年9月末，我国互联网用户已达

3.6亿,普及率达27.1%,移动互联网用户已达1.92亿,境内网站达320万个。

中国从事新闻信息服务的网络媒体构成正在发生深刻变化。一是传统媒体利用新闻资源、人才资源、品牌资源等优势,通过自建网站、合并和控股地方新闻网站等方式,强势介入互联网领域,大力拓展手机报纸、手机电视、网络电视、网络广播等业务。二是民营资本和传统行业企业看好网络媒体的社会影响力和发展潜力,把投资网络媒体作为新的经济增长点,作为扩大知名度的重要途径,使得网络媒体资本结构日趋复杂多元。三是境外大型互联网企业普遍看好中国互联网发展前景,凭借其经济、技术、管理等优势,大举抢滩中国市场,通过与境内媒体合作等方式,扩展经营活动范围,使中国本土网络媒体特别是重点新闻网站面临更大竞争压力。

四、互联网成为目前争夺世人眼球的战略高地

谁能吸引住网民的注意力,谁就会在互联网上取得优势。在媒体家族中,比照恩格斯的说法,网络媒体是20世纪的"最后一位诗人",又是新世纪的"第一位诗人"。在中国拉萨打砸抢烧事件、四川汶川抗震救灾、北京奥运会等报道中,互联网已成为提供信息的一种最有效渠道,很多情况下超过了电视,夺取了话语权甚至主导权。尤其是在线视频和网络电视的普及,给CCTV等传统媒体提出了如何适应未来发展的问题。

北京奥运会是百年奥运史上第一次通过互联网、手机等新媒体方式转播的奥运会,中国2亿多网友积极参与网络奥运,被誉为史上"首届Web2.0版的奥运会"。国际奥委会首次将互联网、手机等新媒体作为独立转播机构,与传统媒体一起列入北京奥运会转播体系。

央视网作为"北京2008奥运会官方互联网移动平台转播机构",拥有国际奥委会授权,独家全程转播28个大项,3800小时奥运会赛事项目。奥运期间,央视网日访问量达3.57亿次,是奥运会开幕前一周的近4倍。奥运会开赛第一周,国际奥委会官方网站访问量已经超过整个雅典奥运会期间的访问量。8月18日12时,刘翔因伤退赛引起举世关注,1小时之后,人民网即在头条重磅推出《奥运时评:刘翔有权受伤,13亿人的期望不该由一个人扛》,开创了网络媒体在重大突发新闻上快速发出重要评论的新纪录。搜狐推出每日网论，每日以理性、新锐的观点引导网友。中国网通表示，授权转播奥运会实况的网站访问量达到平时的 6 倍，峰值竟然达到 10 倍；依托 TD-SCDMA 技术的手机电视成为新看点，CMMB 手机电视也初显力量。

全球 60 亿观众，只要他们愿意，随时能够通过网络媒体分享信息。2008 年 8 月 8 日北京奥运会开幕式当天，奥运官方网站访问量达 2400 万次，有 400 万独立用户通过官方网站了解开幕式盛况。8 月 14 日，该网站访问量达 1.83 亿次。其中，来自中国的访问占 29%，来自美国的访问约占 23%，使用英文操作系统的用户约占 45%，使用中文操作系统的用户占 32%，其下依次为法文、西班牙文、韩文和德文等。在访问量最大的比赛成绩发布系统中，英文版访问比例占到了 57%，中文版访问占 38%。网络媒体在缔造"奥运地球村"，诠释"同一个世界，同一个梦想"的奥运主题上，起到重要作用。

中国 DCCI 互联网数据中心《网络传播数据日报》显示，在北京奥运会开幕式的 4 个小时内，有 3200 多万网友通过央视网等 9 家奥运合作网观看奥运开幕式视频和信息。中国互联网数据中心统计，8 月 8 日全天，这 9 家网站的站与站之间不重复独立用户数达 1.61 亿人。从 8 月 8 号到 16 号，9 家网站日均访问人数 1.38 亿次。中国网友获取奥运赛事信息的第一本源为互联网，首次超过电视，其中有 13% 的网友完全依赖互联网获取奥运信息。

中国科学院院士周光召认为："互联网已由一种信息技术手段，演变为在社会生活中扮演重要角色的新媒体。如今，网络媒体发展已日趋成熟，以互联网、移动媒体为代表的新媒体，正在带来跨媒介、跨产业融合的全球传播新格局。"

与广播相比，互联网在时效性上又更进一步。现在，最快捷、最迅速的信息传递渠道就是互联网。无论是像 QQ 这样的人际交流平台，还是像聊天室、论坛这样的传播平台，人们都可以直接交流，甚至可以以"可视电话"的方式面对面交流。同时，网上也出现了很多类似广播的带有声音的新闻节目，有了与收音机效果相同的"网络电台"。广播新闻主要以声音传播为主，声音稍纵即逝，不易记忆和保存；在视觉上缺乏直观、生动的形象；广播是线性的传播方式，听众只能按照电台的播出顺序收听，不能反复听；报纸信息可以存储，但工作量极大，查询不方便。而网络媒体使互联网新闻的存储异常方便，查询检索也毫不费力。传统媒体受到时空限制，不具备交互功能，信息流动是单向的，受众一般只是被动地接受信息，反馈有一定时间间隔。网络媒体的交互性功能使网友既是新闻信息的接受者，又可以成为传播者和发布者，人们可以在任何时候、任何地方按动鼠标，与传媒交流。

与报纸相比，网络媒体的信息量无疑是包括报纸在内的三大传统媒介所无法企及的，网络费用也不高，一个月只要几十元，而且将来费用还会大幅下降。网络媒体具有即时性，不受时空限制，而传统媒体有固定新闻时间，报纸每天才能发行一次。网络媒体往往一件事情发生不到两分钟即可发布，做到实时传播、同步传播、连续传播。电视、广播特别是报纸则相对慢很多。互联网让受众养成了遇突发事件首先上网看的习惯，而不是第二天买一份报纸。同时传统媒体也深受地域性限制，不要说获取国外信息，就连异地信息，都非常难以获取。网络媒体的新闻海量，用户可以选择，而电视、广告、报纸，信息量有限，受制于地域和新闻触角，受众必须接受，没有选择余地，当然大家更愿意自由选择网络媒体去阅读。在欧美，互联网已超过报纸和杂志，成为人们获悉新闻和特写信息的主要来源。据统计，20世纪60年代，80％的美国成年人有阅读报纸的习惯；1998年这个比例下降为58.6％，2005年则下降到51.6％。报纸对年轻人的吸引力每况愈下。2005年，在18～34岁的年轻人中，阅读报纸的已不足40％。

越来越多的年轻人开始厌倦乏味的电视节目，将注意力转移到了互联网。他们每天花费大量时间在线交流、通信、下载音乐、收听网络广播或在线游戏。电视最大的特点就是把声音、画面和文字同时呈现给观众。就新闻报道而言，我们既可以通过画面看到事件发生的现场情景，又可以听到现场的声音和记者、编辑对事件所作的口头介绍和评论，同时，在屏幕下方，也可以看到同步的文字注释。现在在网上，你可以看到很多带有视频的报道，比如美国人质在伊拉克被砍头事件，很多新闻网站同时公布了砍头录像。我们可以找到几乎所有电视台的网络电视，甚至很多在电视上接收不到的国外电视台都可以在网上收看。网络媒体新闻的传播方式可以结合传输文字、图表、图片、声音、录像、动画等多种形式，要比传统媒体的更加丰富，电视虽具备了声画结合的特点，但表现形式仍不够丰富，广播仅仅是声音传播，报纸是文字传播，更为单一。网络媒体可以将一个专题新闻累积起来，不断添加，受众可以方便看到事件的所有新闻。传统媒体往往不能满足受众对该条新闻的更具体、更全面的要求。以汶川地震为例,在新浪网上,可以看到实时地震伤亡人数、官方行动、救援情况、志愿者情况、卫生防疫等全民的信息,而传统媒体只能是跟踪报道,了解当前信息,没有网络媒体的完整性和系统性。美国一年公映600部电影,差不多是1200小时,而YouTube上的视频会有上百万小时之多,最受欢迎的作品累计收看的人数不在好莱坞大片之下。

上网已经成为人们的基本生活,网上学习、生活、工作成为许多人的常态。如果没有了互联网,那些依靠"数字化"生存的人们将会怎样?

假如没有互联网,不夸张地说,沟通速度至少要慢10倍,沟通范围至少缩减100倍。假如没有互联网,世界经济发展速度将减慢多少倍?各国GDP将降低多少个百分点?没有互联网,阿里巴巴靠什么生存?电子商务养活了多少企业?没有它,IT产业可能生存不下去,电脑和软件销量减少10倍;网上服务商无法生存。假如没有互联网,将有一大批人失业,无处可去。淘宝网上的大批店主肯定关门大吉。

假如没有互联网,也许我们永远只是陌生人。在网络世界里,我们可以开心交流、交往。没有互联网,我们就不会天涯若比邻,传递出的温馨、浪漫、祝福至少减少100倍,沟通成本增加100倍。假如没有互联网,网恋是不可能发生的。你和你的他(她),肯定要比现在饱受更多相思之苦。假如没有互联网,芙蓉姐姐就不会一夜成名,明星和政客也不会这么害怕绯闻了。

在北京中关村,有数字精英们创造的财富数字的神话。电脑,在他们手下,就如同工人和农民的传统生产工具:斧头和镰刀。"在转型期中国没有街头暴力,首功是互联网。互联网成为转型期中国民众最好的缓冲器。"这是中国一位负责互联网管理的高级官员的话。因此,中国一些官方网站的负责人希望,变"上访"为"上网"。但是在4亿网民之外,中国9亿非网民怎么办?

数字鸿沟是国际上对网民和非网民,在互联网时代得到信息差距的形象表述。我无法想象,中国4亿网民和9亿"非网民"之间的鸿沟有多深。

我们认同的趋势是,中国的非网民在逐渐成为网民。

话题回到你的身上,当在都市里奔波的你,如果真的有一天,厌倦了都市写字楼的生活,要回到你的家乡时,请别忘了带上电脑,把你的家变成村里一个小小的数字图书馆吧。告诉更多不会上网的人,网络可以做很多有意义的事。因为,减小数字鸿沟不是简单的事情,责任不仅仅在政府。

互联网打破了传统媒体的时空界限，产生了许多新型网络媒体形态，改变了传统舆论传播格局，成为影响巨大、最具潜力的舆论传播载体。从世界范围看，具有新媒体特征的互联网站，正以活跃的姿态迅速跻身于报刊、广播、电视等主流媒体之列，影响力不断增强。互联网的发展，催生了雅虎、MSN、美国在线等一批网络媒体巨头。以全球排名第一的美国雅虎网站为例，其日均页面浏览量达6亿~8亿次。传统电视业巨头CNN网站的页面访问量每月为17亿次。几乎所有国际知名媒体都有自己的网站，部分媒体还将培养网络读者群作为发展重点。

综上所述，互联网的地位不可取代，与传统媒体相比，互联网自身具有独特的优势：信息丰富、形态多样、迅速及时、全球传播、自由交互。报刊、广播、电视这三个传统媒体，没有任何一个能够同时具备这些特点。而网络媒体几乎同时融合了三大传统媒介所有的长处，不仅可以改变传统格局，甚至有可能取代三大传媒，实现传媒大一统。网络媒体相对传统媒体的众多优势，将大大削弱人们对传统媒体的依赖，转而接受网络媒体。

五、互联网成为国家安全战略重要组成部分

近年来，传统媒体与网络媒体之间的"割地之战"愈演愈烈。而随着网上看新闻观念的逐渐普及，包含知名媒体品牌名称的"中文.cn"域名已被纳入主流媒体向网络延伸的数字转型战略，传统报业更成为其中的主力军。

中国互联网的迅猛发展极大地提升了整个中国社会的信息化水平。cn域名作为我国的国家域名，在国家大力普及推广的大背景下，不仅在数量上实现了跳跃式增长，而且其全球影响力和品牌号召力也与日俱增。

截至2009年12月，我国网站数量达到323万个，cn域名下的网站总数为250万个，占我国网站总数的77.4%，成为我国用户注册和使用的主流域名。

据统计，谷歌、新闻集团、亚马逊等跨国企业也早已启用了cn域名。其原因就在于中国市场对海外企业具有非常大的吸引力，在利用互联网向中国市场发展的问题上，启用适合本地网民访问习惯、具有国际影响力的cn域名无疑是关键一环。

互联网搜索引擎谷歌公司6月5日说，将向法国、德国和西班牙监管部门提供公司通过无线网络收集的信息。

美国谷歌公司先前承认，过去4年收集通过公共无线网络传播的个人在线活动信息，遭到多国指责。谷歌公司推出的"街景"服务尤为引人关注。不少隐私保护机构担心，谷歌在没有获得民众本人允许的情况下，拍摄他们不愿被人看到的举动或所处地点。

美国的华盛顿、加利福尼亚州、马萨诸塞州和俄勒冈州等地民众指责谷歌收集无线网络数据的做法侵犯隐私。美国联邦贸易委员会已对谷歌公司涉嫌侵犯隐私一事展开调查。谷歌方面表示将配合调查工作。

据估计，谷歌公司已从美国等30多个国家收集通过公共无线网络传播的约600千兆字节数据。

2005年10月，印度指责"谷歌地球"其卫星图片把首都新德里的国会大楼、孟买的航空母舰锚地及核反应堆以及南部数个空军基地等设施"一览无余"。

更为可怕的是，2007年，在伊拉克武装分子的据点中就曾发现过英国军事基地的照片。为此，多国政府都曾要求谷歌删除或者模糊一些包括军事基地、核反应堆以及政府建筑在内的敏感地区的照片，很多国家甚至谴责谷歌暗中帮助恐怖分子。

2008年，印度政府称袭击孟买的恐怖分子使用了"谷歌地球"工具来熟悉袭击目标。英国《每日电讯报》也曾披露恐怖分子企图利用"谷歌地球"袭击英军基地。在"谷歌地球"上，人们可以轻而易举地找到英国特种部队总部驻地，还可以看到英国普斯毛斯港内的航母以及护卫舰，甚至英国军情六处伦敦总部。

从传统保密角度看，谷歌确实给国家安全带来了隐患。一般而言，卫星照片的分辨率在30米以下就可以发现港口、基地、桥梁、公路或舰船等较大目标，而3~7米的分辨率就可以发现雷达、小股部队、导弹基地、指挥所等较小目标。这就是说，这些卫星照片都是有军事价值的，难怪会引起许多国家和地区军方的强烈反应。

其实，恰恰是美国最早建立了针对"谷歌地球"的防护体系。美国军方要求"谷歌地球"所公布的美国图片必须经过筛选，对敏感地区要进行模糊化处理，有的地方连15米的分辨率都不到，一些更为关键的军事基地打上马赛克隐去。现在，用户使用"谷歌地球"搜寻美国时不难发现，在美国地图上有不少小片的灰色"马赛克"，它们其实就是美国的敏感地带。

由于"谷歌地球"采用的是商用卫星，参数公开，卫星经过的时间和覆盖地域比较容易确定。英国军方则据此对有关军事设施进行了伪装，驻伊英军目前已着手加强许多军事设施的伪装工作好让"谷歌地球"难现当地真容。

当前，世界上许多国家都加强了对国际互联网上泄露本国军事机密情况的监察力度。一些国家安全和情报部门已加大了对"谷歌地球"的监控力度。面对是否需要一个"完全不受管制"的互联网，国际社会产生了很大的分歧。一些认为互联网应该完全开放，且不受国界限制的"自由派"认为，政府对于网络的审查过滤会影响到人们自由选择的权利。

实际上，世界很多成熟的民主国家都有对网络进行审查过滤的先例。撇开军事敏感内容不说，在德国，宣扬纳粹思想的内容在互联网上无法打开；在法国，否认纳粹对犹太人大屠杀的内容也受到屏蔽。其实这些都是各国政府对他们认为不良的内容进行过滤。

一些国家与谷歌的冲突表明，网络时代正对各国的安全利益制造出前所未有的麻烦。什么是秘密，又如何保密，这些对国家安全至关重要的概念随着时代在不断嬗变。

从这个意义上看，加紧制定保护本国空间地理信息安全的相关法律法规就显得尤为重要。也恰恰是美国，早就制定了严格的军事信息管理制度和相关法律，用于限制美商业卫星公司出售有损国家安全的卫星图片。而谷歌公司购买的美国敏感地区卫星图片必须经过筛选、处理，符合要求后才能公布，而且还必须是3年前拍摄的。

第三节　互联网出版

技术发展了，带宽变了，显示器变了，阅读器也变了，各种各样的终端也不断翻新，一些互联网出版的服务性质也发生了变化，中国互联网出版业正呈现出多元发展的势头。特别是一些新的出版形式正在改变着人们的生活习惯，如手机出版发展迅速，尤其是随着国内3G手机业务的发展，手机阅读前景被看好；互联网地图也随着人们驾车、出行的范围越走越宽，从而越来越受人们推崇。

据统计，2009年数字出版业的整体收入为795.6亿元，超过传统出版业。可以预期，未来几年数字出版用户每年将增长30%，收入每年将增长50%。

随着现代信息技术和网络技术的发展，新的出版业态和新的阅读方式不断涌现，传统"互联网出版"的概念不断拓展，利用有线电视网、卫星传输投送平台、移动通信网（手机网络）、无线局域网（Wi-Fi、WAPI）等传输数字出版物的新兴的数字出版业态蓬勃兴起。

互联网出版是指互联网信息服务提供者将自己创作或他人创作的作品经过选择和编辑加工，登载在互联网上或者通过互联网发送到用户端，供公众浏览、阅读、使用或者下载的在线传播行为。其作品主要包括：已正式出版的图书、报纸、期刊、音像制品、电子出版物等出版物内容或者在其他媒体上公开发表的作品；经过编辑加工的文学、艺术和自然科学、社会科学、工程技术等方面的作品。

互联网出版更改变了传统出版业的内涵，使出版业从过去单纯的出版物提供发展到内容服务提供，再发展到阅读服务提供。

事实上，互联网出版背后还有个更大的名字：数字出版。巨大的市场前景吸引着众多出版企业。几年前，北大方正还在帮助出版社做电子书业务，而现在则自己推出了爱读爱看网，里边集成了30万种电子书、200多份报纸。几年前，清华同方还仅仅是学术期刊数据库的开发者和提供者，如今清华同方的博硕士论文数据库已深受读者喜爱。这说明，数字技术提供商在向数字内容提供商转型的过程中，正在突破管理规定中的某些限制，通过这种突破，他们逐渐拥有了自己的原创资源。

在这个数字出版的江湖里，互联网出版商与传统出版商之间的竞争与合作、盗版与正版、抄袭与原创、管理人才缺乏、行业标准滞后等，也一直伴随着整个产业的发展，而在不断的梳理过程中，各个出版实体也经历着一场"八仙过海，各显神通"般的炼狱。

拿广西互联网出版基本状况来看，2006年广西各类网站在互联网上传播的互联网出版物超过3万种。网络报纸、网络音像制品、网络动漫作品、电子杂志、电子书、网络文学、博客、网络游戏等互联网出版物成为最受网民欢迎的互联网内容。2006年广西有66.3%的网民浏览网络新闻,37.3%的网民使用在线视频出版物,35.1%的网民使用在线音乐出版物,16.5%的网民使用电子杂志。

目前我国互联网用户已达3.6亿,宽带用户居全球首位,全国网络报纸超过千种。阿里巴巴在香港上市后一路高歌的股价再次把中国互联网的神话概念演绎得淋漓尽致,使得我国网络资源也实现了一定程度的优化。

中共中央办公厅、国务院办公厅在2007年6月1日发布的《关于加强网络文化建设和管理的意见》中指出,积极推进全国文化信息资源共享工程、中国数字图书馆、国家知识资源数据库、原创动漫游戏振兴工程、中国民族网络游戏出版工程、数字化多媒体研发等一批网络文化工程项目,加强高品位文化信息的传播,形成一批具有中国气派、体现时代精神,品位高雅的网络文化品牌。鼓励具有新闻和视听服务资质的网站,积极开发适应新一代互联网和移动通信技术特点的新业务。影视剧生产基地、电视节目制作机构要多生产适合在网上传播的影视短片、娱乐节目,使积极健康的网络文化节目在移动多媒体、多媒体网站上占据主导地位,用高品位的文化产品挤压文化糟粕的生存空间。互联网行业主管部门、网络文化行业主管部门和有关管理部门要按照《中共中央办公厅、国务院办公厅关于进一步加强互联网管理工作的意见》(中办发〔2004〕32号)的职责分工,切实做好网络文化信息服务相关许可审批工作。对互联网等信息网络上出现的新的业务形态要进一步明确职责,加强管理。以下是我国互联网管理相关的法规和政策。

表2-4 法规

法规名称	颁布部门	颁布施行日期
《互联网信息服务管理办法》	中华人民共和国国务院令(第292号)	2000年9月25日
《互联网出版管理暂行规定》	新闻出版总署、信息产业部令第17号	2002年8月1日
《互联网新闻信息服务管理规定》	国务院新闻办公室、信息产业部令(第37号)	2005年9月25日
《互联网视听节目服务管理规定》	广电总局、信息产业部	2007年12月20日
《互联网文化管理暂行规定》	文化部	2003年7月1日

表2-5 政策

文件名称	文号	发文单位
《中共中央办公厅　国务院办公厅关于加强网络文化建设和管理的意见》	中发办〔2007〕16号	中共中央办公厅 国务院办公厅

有关中央领导也对我国互联网管理工作作了指示。

(1) 胡锦涛同志在2003年12月5日至7日召开的全国宣传思想工作会议上指出："要高度重视和切实加强互联网新闻宣传工作，努力掌握网上舆论引导的主动权，使互联网站成为传播先进文化的重要阵地。"

(2) 胡锦涛同志2004年9月19日在十六届四中全会通过的《中共中央关于加强党的执政能力建设的决定》中强调："高度重视互联网等新型传媒对社会舆论的影响，加快建立法律规范、行政监管、行业自律、技术保障相结合的管理体制，加强互联网宣传队伍建设，形成网上正面舆论的强势。"

(3) 胡锦涛总书记2007年1月23日下午在主持中共中央政治局第三十八次集体学习时强调，加强网络文化建设和管理，充分发挥互联网在我国社会主义文化建设中的重要作用，有利于提高全民族的思想道德素质和科学文化素质，有利于扩大宣传思想工作的阵地，有利于扩大社会主义精神文明的辐射力和感染力，有利于增强我国的软实力。我们必须以积极的态度、创新的精神，大力发展和传播健康向上的网络文化，切实把互联网建设好、利用好、管理好。

网络出版市场是个刚刚起步的全新领域，是对传统出版业务的创新发展，对传统出版社开拓新的出版方向，营造更快更新的利润增长点，将具有十分重要的意义。然而，在这一新兴领域中，传统出版社所占的市场却非常有限。以电子书为例，目前国内电子书出版业务90％以上的市场份额，主要由一些从事网络出版业务的技术公司而非出版社所拥有，如北大方正、中国数图、中文在线、超星、时代盛典、书生等。他们对全国500多家图书出版社、180多万种图书资源进行了数字化整合和出版，成为中国电子书市场的主导力量。而几乎所有的传统图书出版社在这一过程中都仅是电子书出版资源的提供者而非主导者。出版业作为内容产业，对内容的利用效率在某种程度上可能会决定出版社的未来发展。随着数字技术和网络技术的发展，谁对内容资源拥有更强大的整合能力，谁就有可能在未来的网络出版市场上拥有更大的主动性和更强的竞争力。相对于传统出版而言，网络出版有着非常明显的优越性，如资源利用方面，网络出版不需要纸张、油墨，是纯电子化、绿色环保的生产方式；物流方面，网络出版不需要仓库和运输，没有物流费用，而且库存永远充足；加工制作方面，网络出版的数字内容的更正、修订、改版非常容易，不需要重新出片、打样、输出、装订等烦琐的过程。对于短版、绝版的图书，网络化的出版、发行方式，更加实用可行；出版与改造同步进行方面，网络出版的同时实际上已经实现了发行。网络出版的这些优点，在为出版社节约大笔资金、降低库存、降低物流成本等市场风险的同时，也增加了出版社抵御市场风险的能力。

随着网络应用的深入，越来越多的互联网用户将会把现实生活中的人际关系延伸到网络中，各类社交网站因需而起，在竞争中快速发展，病毒式营销、口碑相传的推广方式推动了中国社交网站用户规模的迅速增长。通过内容黏着、互动应用和人际关系在网络上的维护与拓展，社交网站正在发挥平台化、工具化的作用，逐步成为广大网民休闲娱乐、获取资讯、传播信息的重要渠道。

众所周知，网络出版中首先要面对的是信息网络传播权问题，如果不能很好地解决该问题，则后续的网络出版根本无法开展。目前党和政府也很重视此类情况的发生。2007年7月北京西城区人民法院对中国铁通侵犯著作权一案开庭审理，并做出了一审判决，法院判决被告中国铁通集团有限公司将其上传的由原告北京中文在线文化发展有限公司享有专有网络传播权的14部作品删除，并赔偿原告北京中文在线文化发展有限公司经济损失等共计20万元。

20世纪90年代初，日本最早开始了电子书出版。随后欧美许多国家也纷纷开始了网络出版业务，涌现出了一批实力较强、盈利水平较高的出版集团，如世界三大教育出版集团之一的麦克劳-希尔（McGraw-Hill），2000年已经出版电子书1700种，其下属的麦克劳-希尔教育出版公司（McGraw-Hill Education）已经出版了150种大学教材，并且计划把所有的教材制作成电子版本，提供网上服务。作为专业期刊发行的发达国家，荷兰从2002年起停止发行平面纸质期刊，而全部采用网络出版的形式。目前国际上有影响的期刊基本上都实现了网络出版。据OPA（Online Publishers Association）统计，2005年美国数字内容资源的在线销售额已经达到20亿美元，平均每个消费者每年在数字资源上的消费为100美元。

从国内情况看,在过去的几年中,传统出版社对网络出版关注较多,但采取实际网络出版行动的依然较少。同出版社形成鲜明对比的是,国内目前从事网络出版的公司相对较多,实力也较强,已经成为较大规模的网络出版经营单位,如北大方正、清华同方、中国数图、超星等。清华同方的中国学术期刊网,已收录了从1996年至2005年正式出版的人文社科和科技期刊3200多种,文献1500万篇,基本实现了我国学术期刊的网络出版。截至2006年5月,北大方正公司已提供电子书22万种,成为全球规模较大的电子书供应商。2004年1月,新闻出版总署批准设立了首批50家互联网出版机构,这标志着我国第一批网络出版合法主体的诞生。

人们现在已经可以通过网络来阅读《人民日报》等许多报纸;期刊也有很多网络版本,如《瑞丽》等。值得一提的是,最近几年,我国图书的网络出版在逐步解决版权、案例性、付费等问题后,也已经开始逐步发展起来。

互联网出版将能够通过基于内容的智能搜索,根据读者的需求,可以将整本书、书中的章节、每一页、一个知识点甚至相关的多媒体素材等出版资源,整合出版个性互联网出版物,以读者最喜欢的方式展现和提供。互联网出版的信息容量巨大,传播方式多样。知识传播快捷,加快了知识更新速度。出版过程的压缩,使得互联网出版成为一种高效的出版模式,不仅使知识信息的传播速度达到瞬间同步的程度,而且不受时间和范围的限制,任何人都可以借助网络随时获取所需信息。仅以"日报"这一载体形式为例,随着今后网络出版的发展和知识传播速度的加快,"日报"将会被越来越多的"时报"、"秒报"所取代,读者也将在第一时间获得一些重大的新闻内容。

互联网出版构成了一个不受时间和空间限制的虚拟知识世界,读者只需轻轻一点鼠标,就可以迅速搜索到自己需要的内容。针对每个人不同的需求特点,互联网出版还可以提供更有针对性、更具个性化的服务。比如,读者只需购买书籍中自己需要的相关章节,而不必把这些书都整本地买下来。互联网出版物具有互动式的出版功能。传统的图书、期刊、报纸等,提供信息后即不能更改,读者只能无条件地接收,即使修改也只是个人行为。而互联网出版物则不同,出版者可以将读者的意见和要求迅速收集,并进行统一修改,这是传统出版方式所不可能具备的功能。这一特点,一方面使读者成为出版物的创作者之一,调动了读者的积极性,有利于出版物占领更大的市场;另一方面,如何为读者提供质量更高的出版物和更好的服务,对出版者而言将是一个巨大的挑战。节约资源、价位相对低廉,将使网络出版成为最流行的知识传播方式。传统出版业昂贵的成本造成了知识垄断的可能,很多人受教育的机会受到限制。而互联网出版不需要纸张、油墨和印刷机器,彻底实现了"无纸化"出版,是当前和此后一段时期最为环保的生产方式。此外,由于网络出版简洁,运输、存储等中间附加成本几乎可以忽略不计,互联网出版物的价格比同类传统出版物低得多,人们可以用更少的费用享受更多的知识,从而在极大程度上消解了知识垄断,促进每一个人的发展。

综上所述,互联网出版带来了全新的出版理念和出版方式,它将以不可阻挡的方式介入我们的生活。当然,目前它并不能完全取代传统的纸质媒介出版,还有很多人更愿意捧读一本散发着淡淡墨香的书卷,而不愿两眼干涩地盯着显示器。不过可以预见,传统出版的空间将会被互联网出版大大压缩,这是毋庸置疑的。伴随着计算机和网络技术的不断发展,将会出现越来越多的可用于互联网出版业务的技术解决方案。

第四节 互联网侵权

版权是知识产权的一种,互联网的版权也不例外。在知识产权日益"财富化"的今天,互联网的版权可以转化为一定的经济价值。为了保护自身网络的版权利益,某知名网企率先挑起"盗版"说之争,这也从侧面说明,其已经敏锐地认识到网络版权的重要性。

当前,互联网的版权问题应当引起普遍的重视。因为网络的版权保护不仅是一种国际趋势,也将是我国网络管理和知识产权保护的发展趋势。

毋庸置疑,全面抵制盗版,必然会造成运营成本增加,网站也难免要作出一些利益上的牺牲。然而,这种牺牲是必要的。

版权是国内网络中至今未能解决的问题。侵权行为不断发生,然而被起诉的却寥寥无几。一方面是普遍缺乏保护版权的意识,另一方面盗版者多、分布范围广而侵权行为普遍较轻，起诉成功的补偿常常不及起诉时人力、财力的消耗。目前互联网管理没有出台专门的法律文本，现在最全面的互联网法规是国务院出台的互联网工作条例。互联网无时无刻不在飞速发展，我们期待着全面完善的互联网法律的出台。但是互联网不能成为一个垃圾场。有关部门要做的工作就是通过出台相关法律法规，引导主流的发展方向，培养主干的市场队伍，将它变成一个传播知识文化的渠道。

2007年7月18日，来自中国、美国、德国、英国、日本、韩国、泰国、澳大利亚和新加坡等国政府部门、权利人组织，以及版权学术界、产业界、法律界的近200名代表共聚北京，参加由国家版权局与世界知识产权组织联合举办的2007国际版权论坛。论坛的主题是"互联网版权保护与产业发展"。

图2-9 2007年国际版权论坛会议

版权相关产业是一个产业的集群概念，直接或间接受到版权制度的影响，也可以理解为以文化因素为核心的经济活动以及市场机制引入文化生产的有机结合。主要包括与复制、传播和利用文学、艺术和科学作品有关的行业以及收集、存储与提供信息的信息产业。版权相关产业经济与版权保持制度是一种互相促进、互相影响的关系。版权的立法、版权法的实施，都是实现权利人权利、壮大版权相关产业的重要途径。当前，一方面中国版权相关产业的发展与版权制度在相辅相成的发展和完善过程中面临很多问题；另一方面，在实际生活中不难发现，受传统观念影响，人们对网络环境下的法律认识还存在着种种误区。

互联网已经成为一种强势媒体，但是互联网提供的资源大多是免费的，有的网站靠转载别人的作品来赢得点击量并以此获取利益，却不付给作品的创作者一分钱，使创作者的作品成了"免费午餐"，这是不公平的。互联网使用别人的作品，应该给予被使用作品的著作权人以适当的报酬，否则就是明目张胆的侵权。现在，许多人的著作权受到转载网站的侵害，使得知识产权领域一些侵权现象大量存在，有的还比较严重。要知道，天下没有免费的午餐，互联网的版权问题同样要受到法律的保护。

据美国《华盛顿邮报》报道，2009年12月，美国新闻集团董事长默多克继续语出惊人："陷入困境的报业不应寻求政府救助，而应说服读者和聚合网站为网上新闻付费。在新型商业模式下，用户将付费浏览网上新闻。我们现已成功地使用户付费浏览《华尔街日报》网站。我们计划将这种付费模式用于新闻集团旗下的所有报纸，如《泰晤士报》《澳大利亚人报》等。一些批评者说，人们不会付钱，但我相信他们会的。"

互联网诞生之日，版权保护和开发就成为人们关注和争论的热点。网络上不少大规模免费下载传播侵犯了创作者的权益，也打乱了现有的知识产权保护秩序。网络环境下的版权保护新问题层出不穷，技术发展、传播使用队伍壮大使版权保护陷入极大的困境，新秩序的建立举步维艰，连带整个版权产业的开发和运营也受到牵连。人们在为网络"盗版"、"侵权"问题头痛不已之时，也从互联网本身特性出发，考察互联网版权的另一种秩序——共享秩序。

互联网版权共享，指的是在作者本人知情并同意的情况下，作品或作品的一部分可以被自由传播、免费使用的情况。互联网上的版权共享其实并不是什么新鲜事物。互联网可以无限准入、自由传播数据的技术特性使其自诞生之日起就一直伴随着各类知识资源的共享。可以说"自由、开放、分享"是互联网与生俱来的精神特质。从上个世纪80年代就诞生的软件"开源"运动，到上世纪90年代互联网传入中国早期引发全民热情的中文论坛、红极一时的"博客"，再到最近雨后春笋般新生的"播客"、"维客"，共享的范围从专业技术领域的软件源代码，到文字作品，再到音乐、视频作品，内容越来越广泛，形式也越来越丰富。越来越多的人喜欢把自己的智力产品放到网上，供大家分享和再创造。

"版权共享"绝非盗版,其区别就在于"共享"是著作权人的主动选择。

以博客版权中最常用的 CC 协议(Creative Commons,知识共享,或译为创作共用)为例。知识共享协议规定,作者在保留某些权利的情况下,作品在特定条件下可被自由复制或修改。简言之,著作权人可以选择保留一些权利,而释出另外一些权利,从而使其他人能够在不违法的前提下获得更多的创作素材,同时有利于作品得到最大价值利用或最广泛传播。

这种共享领域的秩序带给我们的启示是:在互联网领域的反盗版行动,单靠法律和技术的壁垒是绝对不够的。在单靠政府作为的互联网版权保护和盗版与防盗版技术中,广大民众成了隔岸观火的观战者甚至盗版商的隐形声援者。

对于整个版权产业来说,应该尽快探索的是如何从知识的独特性质出发,将共享、保护及知识转化渠道开发和制度创新充分结合,开发知识创新中的全部潜力,最大限度地创造知识总价值,探寻新的商业模式,延伸产业链。

近期,网上关于版权问题的"口水战"成为各大媒体关注的焦点,国内一些知名网企纷涉其中。尽管分歧双方各执一词,但有一点是相同的,那就是对互联网版权的重视。笔者认为,互联网版权问题进入公众关注的视野,有利于寻求对互联网版权的合理保护,有利于打击网络侵权和盗版。从这个意义上来说,这场"口水战"未尝不是一件好事。

众所周知,影视作品饱含了众多制作人员的心血,一部制作精良的影视作品,要投入大量的人力物力,凝结着集体的智慧。使用正版是对劳动的尊重,是对知识的尊重。保护知识产权不能只停留在口头上,而是要付诸实际行动。盗版固然便宜,但对正版的冲击是灾难性的。据相关媒体报道,中国音像产业每年因盗版损失高达数十亿元,任由盗版泛滥,无疑是巧取豪夺他人的劳动成果,会让众多影视制作人员"寒心",投资者入不敷出,无疑会打击投资者的积极性,长此以往,影视产业很可能陷入"无米之炊"的尴尬境地,最终造成影视精品匮乏的恶果,这无疑是扼杀文化产业的繁荣。尽管选择盗版可以给视频网站带来滚滚财源,但有社会良知的网站还是要自觉抵制盗版,为文化产业的繁荣发展尽一份力。

然而,网络版权保护的整体状况依然不容乐观,特别是网络媒体转载传统报刊和书籍作品的现象更是屡见不鲜。网络侵权的形式有很多,主要是以下八种。

第一种：网页网站侵权。

互联网发展史上的一次飞跃是万维网技术的出现。它使多媒体的数字化传输成为可能。那么，万维网的网页（网站）是否受产权保护呢？对于一个网页来说，一般都是由文字、图画、录音、活动影像等多媒体元素构成。如果抄袭他人的网页，很可能构成侵权。因为网页可以作为"汇编作品"而受著作权的保护。只要该网页内容的选择或编排具有独创性，而抄袭会导致被抄袭者的网页与抄袭者的相似。抄袭网页还可能被控为不正当竞争。如果抄袭者与被抄袭者构成同业竞争，抄袭又导致两个网站相混淆，由此误导公众或消费者，抄袭者的行为就构成不正当竞争。

第二种：网络上载和下载侵权。

将非数字化的作品转化为数字化的形式，一般认为并没有产生新作品，而只是改变了作品的载体方式。在网络上使用作品的数字化权应运而生。而网络上载和下载侵权指的正是侵犯数字化权。据此，将现实世界的作品，包括文字、影视、音乐等数字化后上载到虚拟的网络空间，就得尊重原著作权人的权利。如果未经权利人许可（包括默视同意），将其作品数字化后上载到网上，就构成侵权。我国2001年修订的《著作权法》明确将此种行为定性为侵犯了作者的信息网络传播权。与网络上载相对应，将网络上创作的作品下载，并以非电子化的方式出版、发行、传播等行为，在未经权利人许可，又不属于著作权的"合理使用"时，就极易构成侵权。因为网络创作受著作权保护，所以出版社、图书音像公司如未经授权将该作品下载并以其他方式出版发行，就构成侵权了。有必要指出，无论上载还是下载，都要求行为人不以营利为目的。

第三种：网络转载侵权。

数字化权属于作者，这是全世界范围都认可的原则。报刊社、出版社无权擅自在数字化媒体上使用或者许可他人使用已发表的单个作品。因此，那些仅享有印刷出版专有权的报刊及出版社并不能染指电子图书的出版。网络媒体根据其"专有出版权"指控出版社印刷出版有关作品的案例已不是什么新鲜事。不过，在我国有个例外，即报刊转载的"强制许可"：已在报刊上登载的作品，除著作权人声明或者报刊社受著作权人委托声明不得转载、摘编的以外，可以在网络上进行转载，但应按照有关规定支付报酬、注明出处。但网站转载、摘编作品超过有关报刊转载作品范围的，应当认定为侵权。

第四种：P2P下载侵权。

P2P可以说是继万维网之后互联网的最伟大的革命，现在几乎每个网民都可以用此种方式自由地从网上下载数字音乐和电影。据统计，目前通过P2P系统交换的作品绝大多数都是盗版的，因而引起了不少国家，特别是美国的企业、政府和版权组织的极度恐慌。它到底是如何侵权的呢？使用P2P下载文件时，实际侵权人是用户。用户未经权利人允许，擅自上载或下载作品的行为，不属于为个人学习、研究或欣赏他人已发表作品的合理使用，侵犯了权利人的复制权和信息网络传播权。各国法律一般规定，如果提供P2P服务者明知用户侵权仍然提供服务，或者经权利人提出确有证据的警告后，仍不采取移除侵权内容等措施以消除侵权后果的，则要承担与该网络用户的共同（或帮助）侵权责任。如此一来，P2P服务提供者往往成为成千上万的侵权用户的替罪羊，因为追究单个的网络用户既不合算，也没有治本。不过，上述原则也确立了网络服务提供者的避风港制度。即自动提供上载、存储、链接或搜索服务，且对存储或传输的内容不进行任何编辑、修改或选择的服务者，并没有义务审查上载、存储、链接或搜索的内容是否侵犯他人版权，而仅承担在接到权利人通知后移出相关内容的义务。这就为Google、百度这样的搜索引擎营造了生存之机，因为它们并无义务审查所提供的内容是否侵权。

第五种：网络链接侵权。

随着网络链接价值的日益凸显，相关侵权事件也接踵而来。不过，一般认为普通链接提供的是链接通道服务，设链者如同引路人，其服务器只存储了包含链接对象网址的超文本标记语言指令组成的文档，既没有复制也未传播被链接的内容，因此并不侵权。网络链接侵权一般指间接（帮助）侵权，即提供链接通道的服务者在知道链接指向的是侵权作品时，有义务及时停止链接通道服务以"抑制侵权"，否则构成帮助侵权。这一点我国《互联网著作权行政保护办法》规定得很清楚："网络服务提供者通过网络参与他人侵犯著作权行为，或者通过网络教唆、帮助他人实施侵犯著作权行为的，人民法院应当根据民法通则第一百三十条的规定，追究其与其他行为人或者直接实施侵权行为人的共同侵权责任。"只有在明知网络用户通过网络实施侵犯他人著作权的行为，或者经著作权人提出确有证据的警告，仍不采取移除侵权内容等措施以消除侵权后果的，才和该网络用户共同承担侵权责任。

第六种：域名抢注侵权。

域名抢注侵权一般指行为人出于从他人商标中牟利的目的，恶意注册并出卖域名。最典型的体现在驰名商标的抢注上。基本特征表现为：将他人知名的商标、商号等商业标志抢先注册为域名，自己并不使用，而是为了出售、出租或以其他方式转让以牟利。也有的是为了损害驰名商标持有人的声誉，误导公众。这都是恶意抢注域名的不正当行为。

第七种：网络游戏侵权。

随着网络游戏产业成为互联网经济的亮点，网络游戏侵权事件越来越频繁。侵权者一般通过盗取网络游戏源代码，破坏技术保护措施，以"私服"、"外挂"等方式从事互联网游戏的侵权盗版活动。最典型的方式是私自架设服务器，运营他人享有著作权的网络游戏。

第八种：网络隐私侵权。

司法实践中网络隐私侵权惯用的方式如下：

第一，网站对个人信息的侵权，通常表现在监视、记录、制作、出售顾客的隐私资料，甚至与第三方共享，构成对隐私的侵犯。

第二，对数据的搜集方法、范围、获取信息的途径、网站保障数据安全的措施和信息使用权限不加说明，或者没有自己的网站隐私政策。

第三，电子邮件、网络广告对个人隐私的侵犯。比如用户资料大量泄露给广告商造成大量的垃圾邮件，利用技术措施窃阅他人电子邮件、篡改出卖用户的电子邮件地址等。

第四，网上购物对个人隐私的侵犯，各种身份盗窃和在线欺诈也蔓延其中。

"道高一尺，魔高一丈。"随着网络技术的发展，网络侵权也将滋生更多的侵权样式。如何去规制这些侵权行为，是我们在享受互联网的便利的同时必须思考的问题。

网络侵权案件多种多样，最常见的是侵犯名誉权、隐私权等，但由于无法找到侵权人，大部分案件都无法立案。比如进入别人的博客或者网络发帖对别人进行辱骂，有的发布假消息诋毁他人，被侵权者即使通过各种渠道删除掉相关内容，但仍然无法挽回名誉所受损失。专注于网络维权的刘宏辉律师表示，如果实行网络实名制，这些问题就可以解决了。

网民夏琳也赞成网络实行实名制，他表示，前段时间风靡网络的"凤姐"、"艾滋女"、"兽兽"、"犀利哥"等事件，在充分满足网民偷窥欲、嘲讽欲的同时，向我们展现的是一个丑陋的社会现状，在"人肉搜索"的魔爪下，谁知道下一个牺牲者会是谁呢？在我们否认网络实名制的时候，有没有设身处地从受害者的角度去思考过呢？

在过去5年中，谷歌已经将全球存有著作权的上千万册图书收入它的数字图书馆，且没有通报给著作权人。这就是"谷歌侵权门"事件。2004年，谷歌推出数字图书馆计划，计划扫描多个图书馆图书，用其先进的搜索技术让全球的读者免费检索。2005年，这一计划遭到美国出版商协会及多个出版商和组织的阻击，并走上了诉讼的道路。2006年，这一计划在欧洲也引起了官司。法国的出版商将谷歌告上法庭。2008年，美国作家协会与美国出版商协会就谷歌未经授权即对图书进行数字化一事达成和解协议。2009年，版权之争也蔓延到了中国。2009年6月，中国著作权协会发出通告，随后公布美国作家协会（AG）和美国出版商协会（AAP）与谷歌的初步和解协议，并提醒作家群体维权。2009年10月，中国文字著作权协会发布了一项调查：谷歌的数字图书馆计划收录了570位中国权利人的17922部图书，而大部分权利人均不知情且未获得任何报酬。多位作家指谷歌的和解条款是"霸王条款"，通过媒体表达要求维权。2009年10月29日，谷歌高层抵京协商。随后，谷歌在拿出的一份和解条款中，称每部被收录的作品均可获得"至少60美元"的赔偿金，同时可以获得图书在线阅读收入的63%，这更引起了中国作家的广泛不满。

霎时间，《谷歌动了谁的奶酪？》《谷歌图

图2-10　谷歌大楼

图2-11　谷歌高层详解质疑："60美元赔偿不是花钱消灾"

（图片来源：《新京报》）

书馆是天使还是魔鬼?》《报道侵权事件人民网读书频道遭谷歌"报复"?》《谷歌回应"恶意软件"事件:没有故意针对人民网》《谷歌"野蛮推进",出版社作家无从选择》《海量作品"悄悄"上网 谷歌"免费午餐"版权之争》《"谷歌侵权门"事件:国内个人起诉谷歌第一案立案》《谷歌数字图书馆引起国内作者不满 中国文协将作为代表向其维权》《谷歌"霸王和解条款"新进展 文著协希望再协商》《"谷歌侵权事件"能否成为网上著作权保护的导火索》《谷歌案"惊醒"中国数字出版业方正出山》等新闻迅速传播开来。

图2-12 谷歌位于美国加州山景城的总部

(图片来源:《人民日报》海外版)

  谷歌此前曾表示他们扫描作家书籍是为了"焕发那些已经难以发现的旧版、脱版书籍的生命","保证作者和出版商能够从他们创造性的努力中获益",还曾称"用户对于没有版权的书只能浏览摘要,美国明确规定在显示摘要时不存在任何的版权问题"。但中国文字著作权协会表示这种说法只是一种托辞,因为这些说法回避了在未经授权的情况下擅自使用作家的作品的侵权行为。中国文字著作权协会发出《就谷歌侵权致著作权人》,呼吁"中国权利人应该有组织地与谷歌交涉,维护中国权利人的正当权利"。

  谷歌数字图书馆一经面世,版权方面的争议一直在继续。谷歌这种网上图书馆本身,事实上是对原先传统出版模式的一种颠覆,也意味着一种利益的分

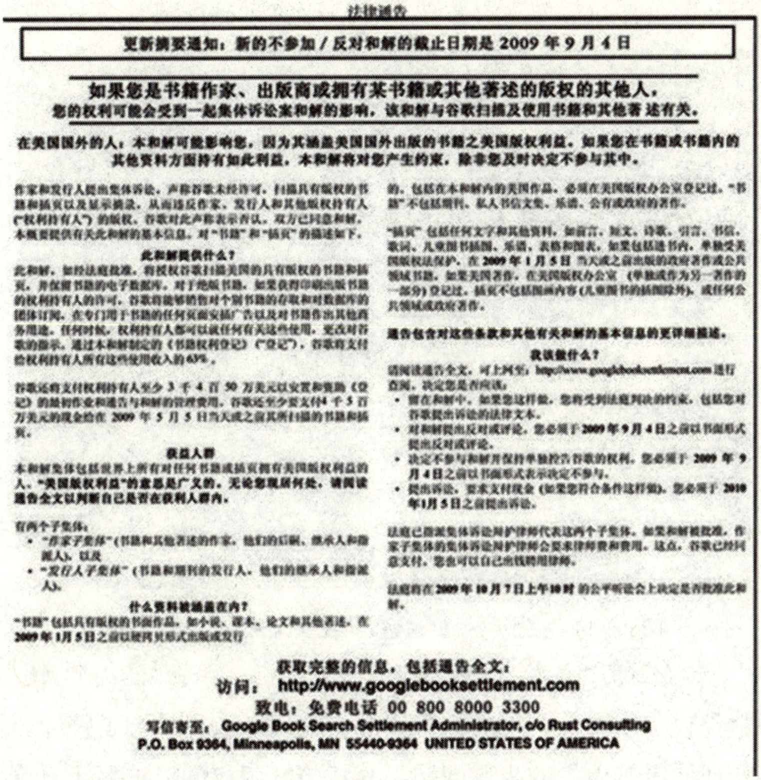

法律通告

更新摘要通知：新的不参加 / 反对和解的截止日期是 2009 年 9 月 4 日

如果您是书籍作家、出版商或拥有某书籍或其他著述的版权的其他人，
您的权利可能会受到一起集体诉讼案和解的影响，该和解与谷歌扫描及使用书籍和其他著述有关。

在美国国外的人：本和解可能影响您，因为其涵盖美国国外出版的书籍之美国版权利益。如果您在书籍或书籍内的其他资料方面持有如此利益，本和解将对您产生约束，除非您及时决定不参与其中。

此和解提供什么？

获益人群

有两个子集体：

什么资料被涵盖在内？

通告包含对这些条款和其他有关和解的基本信息的更详细描述。

我该做什么？

获取完整的信息，包括通告全文：
访问：http://www.googlebooksettlement.com
致电：免费电话 00 800 8000 3300
写信寄至：Google Book Search Settlement Administrator, c/o Rust Consulting
P.O. Box 9364, Minneapolis, MN 55440-9364 UNITED STATES OF AMERICA

图 2－13　谷歌和解通知概要

（图片来源：中国文字著作权协会官网）

割，不仅仅是作者跟谷歌之间利益的分割，还意味着谷歌跟其他出版商之间的利益分割，这种利益的博弈是非常激烈的。其实竞争中就出现了对新型版权的一份关注，那么在目前这种情况下，怎样才能在既保护著作人的权益的同时，又推动数字产业的发展呢？我们国家应该如何面对这种新型的版权，如何规范互联网侵权行为呢？

在我国，数字图书馆的版权问题已讨论多年。从 1999 年的中国国家数字图书馆工程建立面临的版权授权困惑到博库、超星、书生、万方等商业数字图书馆的版权争议，以及最近谷歌数字图书馆涉及全球图书扫描的版权纠纷，数字图书馆不论是公益的还是商业的均在此起彼伏的法律诉讼中"蓬勃"地生存着。不同于传统版权争议，数字版权纠纷近几年如同数字内容服务一样呈现"海量"的趋势，法院案件高筑，作者诉讼，律师推波助澜，但似乎没见到什么有效的结果，反倒是更新的技术和商业模式的不断推出，更多的人依赖互联网的信息服务，著作权法似乎更被忽视，法律应对显得疲惫不堪。

图2-14 央视《今日观察》：谷歌的无礼颠覆了什么
（图片来源：中央电视台《今日观察》栏目截图）

谷歌"侵权门"事件，再次为中国的互联网版权界敲响了警钟。然而互联网的传播特征使得其引发的版权问题不同于传统版权的保护那么简单，互联网的版权保护面临很大的挑战。

第一，侵权行为难以确认。作品上载、下载、浏览、临时存储在什么情况下应当受信息网络传播权的控制，在什么情况下应当列入"合理使用"的范围，界线不十分清楚，使得侵权行为难以确认，从而无法对侵权人实施处罚。

第二，网络侵权对象的无形性。比如非法复制和使用计算机软件，"偷"去的不是作为物的原版的正版软件，合法持有人的软件本身并未受到损害，并且其用途也未遭到破坏。

第三，侵权主体的集体性。网络侵权是一种集体性的无约定行为，版权所有者对某一特定的个体要求赔偿或是实施惩罚的成本巨大。

第四，侵权目的的非营利性。网上的侵权行为并不都是以营利为目的，有的也许只是出于好奇、兴趣等目的，这种以非营利为目的的侵权行为，难以追究其责任。

2010年3月23日，国务院新闻办公室网络局负责人就谷歌公司宣布停止按照中国法律规定的对有害信息过滤，将搜索服务由中国内地转至香港发表谈话。这位负责人指出,外国公司在中国经营必须遵守中国法律。谷歌公司违背进入中国市场时作出的书面承诺,停止对搜索服务进行过滤,并就黑客攻击影射和指责中国,这是完全错误的。我们坚决反对将商业问题政治化,对谷歌公司的无理指责和做法表示不满和愤慨。谷歌公司在未事先与我政府有关部门通气的情况下,公开发表声明,声称受到了中国政府支持的黑客攻击,不愿在中国运营"受到审查的互联网搜索引擎",并"考虑退出中国市场"。如谷歌公司愿遵守中国法律,我们依然欢迎谷歌公司在中国经营和发展;如谷歌公司执意将谷歌中国网站的搜索服务撤走,那是谷歌公司自己的事情,但必须按照中国法律和国际惯例,负责任地做好有关善后工作。中国政府鼓励互联网发展和普及,促进互联网对外开放。中国互联网上的交流和言论十分活跃,电子商务等发展迅速。事实证明,中国互联网的投资环境、发展环境是好的。中国将坚定不移地坚持对外开放的方针,欢迎外国企业参与中国互联网发展,并为外商到中国经营发展提供良好服务。中国互联网依然会保持快速发展的势头。

但是,互联网正站在重要历史转折点上。经过几十年的"原始发展和竞争",互联网惊人地打通了世界,"统一"了全球。现在,美国要利用人类历史上这一从未有过的平台,推销自己的国家利益了。很多国家也在美国超强的互联网实力面前猛醒,意识到美国独霸互联网的野心,从而公开要求美国交出互联网的绝对控制权。各国投巨资建设互联网,当然不仅仅是供使用者娱乐消遣,国家利益正不可阻挡地冲击着互联网,抢占阵地。

谷歌事件的爆发,从另一个角度将这个真相昭示于天下,让更多的普通中国人意识到所谓的"互联网自由",其实一直被美国人掐着脖子。眼下奥巴马政府正公开开辟推行美国价值观的新战场,其互联网技术上的绝对优势正像美国的航母舰队一样,对所有国家形成威慑。

而中国等发展中国家的抗争同样强烈。中国在谷歌问题上不妥协,世界其他国家也要求打破美国对全球互联网根服务器的垄断,分享互联网的管理权,表明这些国家正试图让互联网朝着另一个方向发展,即互联网绝不能由美国说了算。互联网必须和它诞生之日起的天性一样,成为所有使用者民主、平等的信息平台。这包括对所有国家主权的尊重。未来互联网全球治理的新机制必须是多边的、透明的和民主的。

从某种意义上来讲,正是美国人的急不可耐,将互联网推上了美国牵头的西方世界与非西方世界摊牌的历史转折点。它提醒处于信息弱势的发展中国家，看似轻轻松松的互联网，今后可能布满损害国家利益的陷阱。没有被西方在地面上打垮的民族和国家，绝不能在互联网时代不明不白地倒下。

中国要敢于成为推动互联网治理机制变革的主力军。这不是因为中国想挑头，而是西方世界把中国往这个位置上逼，中国没有退路。中国必须承担起这个国际责任。对外，需要和发展中国家更多地协调；对内，则应让民众意识到国家在互联网上所处的真实位置，增强现实世界和互联网上的爱国主义。只有这样，才能内外一心，击退西方世界的全面攻击。

全球网络环境下应对互联网侵权盗版行为进行管理，在完善著作权法律的同时，不能忽视互联网技术的重要作用，技术和法律将会完善和推动互联网的发展。

近日，有关网络实名制的新闻引起了很多网民的关注。

国务院新闻办公室首次公开确认我国正在积极探索及推动论坛、BBS等各种网络互动环节的普通用户实名制。国务院新闻办公室透露，在重点新闻网站和主要商业网站取消新闻跟帖"匿名发言"功能已取得实效。

此前不久，国家工商行政管理总局研究起草的《网络商品交易及有关服务行为管理暂行办法》开始向社会公开征求意见。意见中明确提到个人开网店的原则之一是登记实名。

实名制开店、实名制发言，网络信息的实名制引来网上热议。有网民认为，实名制有利于维护网民的合法权益不受侵犯，也有网民感叹，"没有了'马甲'，我们怎么办？"

一位名叫鹏飞的网民认为："网络实名制肯定会影响网民的言论自由，在网络这个'相对公平'的世界里，作为弱势群体的大多数网民敢言现实生活中不敢言之事！如果实名制会让很多人产生顾虑，真的有问题需要投诉时，你担心事后的恶意报复不？以后每年的'两会'，我们的国家领导人还能在网络上听到真话吗？"

对于实行实名制后网络"揭黑"的力量可能被削弱的担心，刘宏辉律师表示："我们的法律规定，即使在现实中举报，举报人信息也必须是实名制的，否则相关部门不予受理。"

网络信息实名制也引起了商家的担心，他们认为网店进行实名注册是网店上税的前奏,有商家表示:"如果实名制以后对网店收税,对我们这些小创业者是致命的打击。"

对于网络实名制的技术操作,许多专家都认同"后台实名"的方法。韩国是世界上首个强制推行网络实名制的国家,目前韩国已通过立法、监督等措施,对网络邮箱、网络论坛、博客以及网络视频实行实名制。在韩国的一些主要网站登录时,用户需要输入个人身份证号码等信息并得到验证,而为了保护用户隐私,个人信息仅限于后台注册,在前台用户依然可以使用虚拟网名。

我国也有相关后台实名制管理的措施,一是2003年实现的所有网吧对客户进行身份证信息登记,二是2004年施行的高校BBS不再面向社会开放。但是,网络实行实名制,仅有这两项措施是不够的,它还有赖于技术条件的支持。韩国实施的网络实名制核心内容就是,一个终端(电脑、手机)只对应一个IP地址,不过,据相关专家介绍,这一模式短期内在中国无法实现,因为在全球40亿个IPV4地址的分配过程中,中国没能获得足够多的IP地址。只有网络升级到IPV6,上述的网络实名才能实现。中国传媒大学网络新闻与新媒体方向硕士生导师李建刚认为,每项新技术出现后,对监管者来说都是挑战大于机遇,技术的发展不可能完全解决法律法规的实现问题。

虽然有了实行网络实名制的趋势,但还有许多具体规定需要相关部门出台。"比如什么条件下才能披露真实信息,不是谁都可以要求公开的,申请人必须要有相关权利被侵犯的切实证据。"刘宏辉律师认为,要实现网络实名制,管理部门应该首先明确职责,"管理的主体应该落实,让利益受损者谁管找谁"。

和只有3000万人口的韩国不同,中国网民人数已经达到4.04亿,如何将虚拟的网络世界管理好,的确是个难题。李建刚表示,我国最应该向韩国借鉴的是,在网络实名制推行过程中的法律法规,从中考察如何避免个人信息的泄露。事实上,韩国有关网络实名制的法律法规的确几经修改,最著名的也是最近的一次便是韩国明星崔真实因网上恶意留言而自杀后,韩国政府自2008年11月起执行《信息通信网法施行令修正案》(也就是所谓的"《崔真实法》"),将实名制的实施范围从35家扩增至250多家网站。

在我国,网络信息实名制的趋势也越来越明显,目前,国内几大门户网站论坛以及天涯、猫扑等热门论坛已经完全进入实名制发言阶段,不注册的用户已经无法发言,而此前可以匿名发言的百度贴吧也除去了匿名发言的功能。近日，工业和信息化部部长李毅中在出席 2010 年经贸形势报告会时，作了"当前我国工业发展的若干重大问题"的专题报告。其中，李毅中就谈到了关于要高度重视网络信息安全的问题，他指出，目前，世界大多数国家的手机、网络都采用实名制，但在我国还缺乏法律依据，要借鉴国外的先进管理经验，推行手机、网络实名制，加强备案审核。

第五节 互联网管理

自 20 世纪 90 年代中期以来，互联网获得飞速发展，以至作为信息传播平台的网络媒体也迅速崛起，被称为继平面、广播、电视之后的"新媒体"，赢得了越来越多的受众，目前已经置身于主流媒体之列，其形式也从最初的报刊网络版和新闻网站，衍生出电子期刊、电子公告系统（BBS）、博客、播客、视频网站等多种形式，显示出日益鲜明的"个人媒体"色彩。与此同时，各种非法、有害的内容也在互联网上大肆扩散。早在 1995 年，当时美国的一份研究报告就在互联网上确认出多达 917410 种色情材料，其中有许多包含着暴力色情和儿童色情之类"极其令人发指的下流行为"。另据 2000 年 6 月 25 日至 27 日在柏林召开的"防止利用互联网传播种族仇恨"国际会议提供的统计数字，1995 年互联网上仅有一个传播种族仇恨的网站，但到了 2000 年年中，此类网站的数量就超过了 2000 个，仅在德国就有 500 多个。对此，德国奥斯纳布吕克大学的电信和新媒体法教授恩格尔评论道："我们从新闻法中知道的内容控制问题，在互联网上统统存在。"

如今，我国互联网经过十多年的发展，互联网的管理也已趋于成熟，可是仍然不断冒出许许多多的新问题。这就不仅要求我们的管理部门要及时把握互联网发展的新动向，快速做出反应，并且将新动向及时报送立法部门，从而让立法部门准确把握时势动向和发展趋势，更准确地制定法律措施，为管理互联网上新的侵权盗版行为提供法律保障。管理者就一定要具备相应的互联网知识，保持对知识产权相关法律的敏感度。要深入开展打击网络侵权盗版专项行动，查处一批利用互联网从事侵权盗版活动的非法网站，办理一批网络侵权案件，惩办一批违法犯罪分子。重点打击专门从事非法传输电影、音乐、软件（游戏）、图书等作品的侵权盗版网站，对重点知名大型网站和专门从事电影、音乐、软件（游戏）、图书等作品的网站实施主动监管，指导建立健全版权管理制度。进一步完善版权、公安、电信主管部门的协作，建立有利于网络版权执法工作的长效机制，经常保持互动和联系，让互联网上的侵权盗版行为发现一起解决一起。保证每一位知识产权所有者都享有合法的权利。

非法、有害网络内容的扩散给社会带来各种消极影响，尤其是严重威胁青少年的健康成长，从而引起各国民众、政府和国际社会的普遍关注。

自 2001 年以来，我国先后修订了《著作权法》和《著作权法实施条例》，制定了《信息网络传播权保护条例》，将信息网络传播权即我们通常所说的网络版权明确列为法律所保护的著作权的主要权能之一。最高人民法院、最高人民检察院也联合颁布了《关于审理涉及计算机网络著作权纠纷案件适用法律若干问题的解释》。因此，网络版权保护在我国基本上已经做到了有法可依。

我国新闻出版总署、信息产业部 2002 年 6 月公布的《互联网出版管理暂行规定》就是对互联网管理的一种表现。

国家新闻出版总署表示，会同工信部尽快颁布《互联网出版服务管理规定》，配合国务院《手机媒体服务管理办法》的颁布，加紧研究制定手机媒体出版服务管理规章，做到依法行政。同时，加强网络报纸、网络文学、网络书刊的规范工作，完善网络出版物和手机出版物的专家审查审读制度，制定严格规范的审查规则和网络出版物、手机出版物内容审查鉴定标准。

2006 年年底，由联合国信息社会世界峰会（World Summit of Information Society，简称"WSIS"）组织的"互联网治理论坛"（Internet Governance Forum，简称"IGF"）在雅典成功举办，来自各国政府、国际组织、其他实体和媒体的一千多名代表参加了会议。会议就网络内容管制问题达成如下三点共识：

第一，实行内容管制有利于确定哪些内容对国家有危害，同时还可以为言论自由、种族问题、再版权利等的监控奠定基础。

第二，如果决定实行内容管制，就必须确定管制的对象。通常来讲，内容管制的对象应该是内容提供商或者内容浏览者，而非网络服务提供商。

第三，必须在内容自由和未成年人保护之间找到平衡。未成年人的教育工作是重中之重，应该让未成年人清楚什么是有害内容，注意规避风险。

由此可见，网络空间是否虚拟、应否受到管制，不再是人们争论的问题。应该对网络内容加以规范和管理，已成为世界上绝大多数政府和民众的共识。如果说，在过去十年间，报刊、广播、电视等传统媒体从严格管制的状态走向减少、放松和解除管制（deregulation）的话，那么网络媒体的法律和规范环境的发展则恰好经历了一个相反的过程，正在从无管制的放任状态日益走向加强管理的有序状态。

大致来说，目前世界各国对网络内容的管理可划分为政府主导、政府指导下的行业自律和行业主导三种基本模式。

一、政府主导式的互联网管理

这种模式以新加坡和德国为代表，多采用专门立法规范网络内容，甚至对网络内容提出具体要求，政府直接从事网络内容监管等日常管理工作。采纳这一模式的发展中国家大多主张对网络实施严格控制，主张采取必要的措施维护本国或本民族的价值观，保证政权不受颠覆，保护民族传统文化，要求保护互联网的纯洁性，严厉打击网上的色情、暴力、恐怖活动和虚假宣传，甚至主张通过控制国际互联网出入口信道的方式管制网络内容，极端者如缅甸、越南、沙特阿拉伯和萨达姆当政时的伊拉克，则直接限制、控制人们同网络的接触。值得指出的是，在一般情况下，政府并不排斥甚至欢迎行业组织发挥辅助作用。

新加坡有着严格管制媒体内容的传统，相关法规全面、细致，散见于《刑法》《内部安全法》《煽动法》《不良出版物法》《广播法》等法律法规之中。大致说来，新加坡对媒体内容的管制主要集中于政治和道德两个方面。在政治方面，主要是要求媒体不准宣传共产主义思潮、原教旨主义和大民族主义观念，严禁危害政局稳定和影响社会公共安全的内容传播。同时严格审查外国报刊、外国驻新加坡记者及外来的电影、报刊、电视等制品，禁止有攻击新加坡政府或其领导人内容的信息在该国国内传播。在道德方面，要求媒体内容不得与政府提倡的社会价值观相违，尤其禁止媒体传播鼓励、放纵、渲染淫秽色情和极度暴力的内容，以维护社会道德和信仰的安全，从而维护政府的统治及民众思想的净化。作为一个多民族、多文化共存的城市国家，新加坡历史上曾发生过多起因媒体的不当报道引起的种族流血冲突事件和种族暴动，因此从政府到民众都认为管制媒体内容必要、合理。据一项调查显示，新加坡人最希望政府对提供给未成年人的内容、引起种族冲突的内容和冒犯种族、民族的公开言论这三个方面进行管制。《广播法》的制定、分类许可制的实行、《互联网行为准则》的要求无不意味着对互联网内容的管理。

在德国，网络内容被视为言论形式的一种。德国对于言论自由采取的是"宪法保护和普通法律保护、限制相结合"的相对保障方式。一方面，《基本法》为保护言论自由提供了宪法基础。该法第五章"自由言论"规定："每个人都有权在言论、文字或图像中自由表达和传播其见解，并从通常可获得的来源中获取信息。通过广播或摄像的出版自由和报导自由必须受到保障，并禁止审查。"（第一条）作为一种基本权利，依据该法第一章"人格保护"第三条的规定，言论自由"应作为可直接实施之法律，约束立法、执法和司法机构"。而且，在任何情形下，包括言论自由在内的"基本权利的本质皆不得受到侵犯"，"只要其权利受到公共权力的侵犯，任何人皆可求助于法院"（第十九章"基本权利的限制"第二条和第三条）。另一方面，《基本法》允许普通法律对言论自由进行一定程度的限制。该法第五章第二条规定："根据普通法律条款、为保护青少年的法律条款及尊重个人荣誉之权利，上述权利可受到限制。"第十八章第一条规定："任何人为抵抗自由民主的基本秩序而滥用表达见解的自由"都将丧失包括言论自由在内的基本权利，不过这些权利的丧失及其程度，要依据联邦宪法法院的决定。第十九章"基本权利的限制"规定：包括言论自由在内的基本权利"可根据法律而被限制。这类法律应受到普遍应用，而非仅针对个别情况"（第一条）。《基本法》还允许联邦进行"以对言论保护的例外为内容"的立法。为此，德国法律限制煽动极端的言行，包括纳粹主义、恐怖主义、种族歧视、极端暴力以及儿童色情等内容，禁止传播纳粹思想、希特勒式行礼，以及其他可能产生同第三帝国有关联想的标志等政治言论。《德国刑法典》第一百三十一条"暴力描述"规定，对未满18岁者发表或传播"暴力描述"、"非人道"言论的人要受到刑事处罚，出版、发行否定大屠杀及鼓吹纳粹复兴的作品为刑事犯罪。不过，《德国刑法典》并不严厉禁止色情信息的传播，但不得在德国境内向未成年人提供那些已被联邦有害青少年出版物检察署（Die Bundesptirfstelle für jugendgefaehrdende Schriften）列入"可对青少年构成道德危害的出版物名单"仅供成人阅读的出版物。

德国政府对互联网内容管理的总方针是在确保信息时代民主的同时，制止互联网的滥用，互联网不是到处充斥儿童色情和电子纳粹的法律真空地带，应该通过立法方式规范网上行为。德国联邦内政部负责互联网内容的管理，防范重点是传播和拥有儿童色情信息。该部调集专业人员和技术力量成立"信息和通信技术服务中心"，为警方通过网络展开调查和采取措施提供技术支持，该中心下设一个被形容为"网上巡警"的调查机构"ZARD"，具备特殊的调查权限。此外，内政部下属的联邦刑侦局24小时系统地跟踪、分析互联网上的可疑情况，尤其是涉及儿童色情犯罪的信息。2004年3月，该局在掌握了某个音乐交换网站提供种族仇视内容的音乐供人下载的情况后，曾在多方协助下对342人展开调查。联邦有害青少年出版物检察署是德国政府内专门负责媒体管理的机构，自2003年起，该署开始负责识别和检查所有互联网内容，目前有5400多个网络媒体已被该检查署列为"青少年不宜接触的媒体"。

德国政府还严格管理网吧，规定只有年满16周岁者方可进入网吧上网，所有网吧的电脑必须设有过滤和监控黄色、有害网站的系统，如顾客输入德国政府"黄色网站黑名单"里的地址，电脑立即会出现"警告"，指出这个网址"有害健康，禁止链接"。违反规定的责任人将被处以罚款，并受到指控。

德国政府重视与社会各界展开合作，尤其是促使互联网服务提供商加强自律和自控。2004年，经自愿自我检查多媒体服务提供商组织倡议，Google德国、雅虎德国、美国在线德国公司等主要互联网服务提供商达成合作协议，被列为青少年不宜的网站将不会在接受协议的搜索引擎中出现，而继续提供上述"不宜网站"网址的商家将受到有关部门最高15000欧元的罚款。DOM数据处理公司等与联邦青少年出版物检察署合作，从2004年2月起在网上提供免费下载的青少年保护过滤软件，以过滤那些被列为"青少年不宜"的国外网站信息。

法国的互联网近十年来发展迅速，目前全国约6500万人口中，已有近半人成为互联网网民。2009年4月，法国国民议会与参议院又通过了被认为是"世界上最为严厉的"打击网络非法下载行为的法案，为有利打击网上盗版行为提供了切实的法律工具，有效控制了网上肆无忌惮的盗版行为。具体的做法是：一旦被举报发现非法下载行为，执法部门即可通过电子邮件形式对其警告；如仍不思改，则第二次以挂号信方式予以警告；如不听从警告，法官则可对其进行长达一年的断网惩罚,同时课以 1500 欧元的罚款。对那些屡教不改的盗版分子,则加倍处以重金惩罚。在校园网上安装浏览自动监视器,限制学生的上网内容及范围。从 2004 年起,法国所有学校都在网上链接了两份涉及淫秽及种族歧视的"黑名单",通过专门处理,使学生免受不良网站的侵害。一些非政府组织也积极加入保护青少年免受"网毒"危害的队伍,形成了一个从政府、学校到社会的监督保护网络,大大降低了互联网这把"双刃剑"对青少年的伤害程度。

二、政府指导下行业自律式的互联网管理

在这种管理模式中,政府通过具有半官方色彩的行业自律组织间接控制网络内容,并不直接从事网络内容的日常监管,而是将这些大量的日常管理工作交给上述行业自律组织来执行,自己居于"把关人"的地位,提供立法和执法方面的补充、保障、支持和指导,英国是这一管理模式的典型代表。

英国对互联网内容的管理秉持"监督而非监控"这一理念,并无专门针对网络内容的立法,甚至也没有统一的《新闻法》和《出版法》。2000 年 12 月,英国政府发布《通信白皮书》(Communications White Paper),指出:通过向网络用户提供过滤和分级软件工具,由用户自己控制他们及其子女在网上浏览的内容,这种处理用户和网络之间关系的方式,胜于任何第三方的管辖。因此,英国政府将网络媒体视为出版物的一种,沿用现有法律——如《刑法》(Criminal Justice)、《诽谤法》(Defamation Act)、《藐视法庭法》(Contempt of Court Act)、《青少年保护法》(Protection of Children Act)、《种族关系法》(Race Relations Act)、《公共秩序法》(Public Order Act)、《性侵犯法》(Sexual offences Act)、《淫秽出版物法》(Obscene Publications Act)、《广播法》(Broadcasting Act)等规范其内容。1998 年,英国贸易与产业部(Department of Trade and Industry,简称"DTI")指出:对于儿童色情等非法网络内容,刑法仍将起到原有的规范作用。翌年,当时的商业广播电视主管机关——独立电视委员会(Independent Television Commission,简称"ITC")也公开宣称,依照《广播法》,它有权管理互联网上的电视节目以及包含静止或活动图像的广告,但它目前并不打算直接行使这种管理权力,而是致力于指导和协助网络行业建立一种自我管理的机制。

此外，英国政府还于 2000 年制定了《通信监控权法》，规定在法定程序条件下，为了国家安全或保护英国的经济利益，政府可以截收或强制性公开认为必须如此的网上信息内容。2001 年，英国政府实施《调查权管理法》，要求所有的网络服务提供商均要通过政府技术协助中心（Government Technological Assistance Centre，简称"GTAC"）发送数据，而该中心则由情报部门"军情五处"负责运营，其官员可以检查和阅读所选定的任何电子信息。

英国政府认为，在电信、广播电视（传统电子媒体）和计算机三者的技术、业务和网络日益融合的环境下，需要单独和融合的管制机构。2003 年 7 月 17 日，英国议会通过新的《通信法》（Communications Act）。依据该法，英国政府将原有的五家各司其职的电信和广播电视管制机构——电信办公室（Office of Telecommunications，简称"OFTEL"）、独立电视委员会、广播标准委员会（The Broadcasting Standard Commission，简称"BSC"）、广播局（The Radio Authority，简称"RA"）和无线电通信局（The Radio Communication Authority，简称"RCA"）合并为统一的通信办公室（Office of Communications，简称"OFCOM"）。OFCOM 全面负责英国电信、电视和无线电的监管，既非政府的一个组成部门，也不是民间组织。它直接对议会专门委员会（该委员会同时负责 DTI 和文化、媒体与体育部的有关事务）负责，财务上只接受国家审计办公室（National Audit Office，简称"NAO"）的审计和监督。英国政府无权干涉 OFCOM 的监管工作，仅在有关无线电频谱的国际事务中，OFCOM 需要与 DTI 一起，处理有关事务。2003 年《通信法》规定：OFCOM 要为保护广大观众不受冒犯或有害内容侵害实施足够保护，以及为保护广大观众不受不公平或破坏隐私内容侵扰实施足够保护。OFCOM 董事会中设有内容委员会，负责广播电视内容管制。该委员会根据授权负责广播内容监管、媒体教育，并就同时涉及内容/文化方面和经济/产业方面的广播事务，向董事会提供咨询。2004 年，OFCOM 公布了新的广播法规试行本，减少了对成人节目的限制，与此同时强调对儿童的保护，旨在使其较少受到来自信息产生的"潜在或实际的精神、心理或身体上的伤害"。不过，2003 年，在《通信法》中虽然规定了 OFCOM 对广播内容的监管职责，但对通过互联网传输的内容并无明确规定。因此，OFCOM 尽管可以维护基于广播的内容标准，但并不直接管制网络媒体。

为减轻负担，英国政府更多地借助行业自律实现对网络内容的监管。1996年9月，英国DTI组织国内主要的网络服务提供商、城市警察署（Metropolitan Police）、内政部（Home Office）和安全网络基金会（Safety-Net Foundation）四方面的代表，讨论管理网络内容的有效措施。同月，互联网服务提供商协会（The Internet Services Providers' Association，简称"ISPA"；成立于1995年，目前拥有一百多家网络公司作为会员）、伦敦网络协会（London Internet Exchange，简称"LINX"）和安全网络基金会三家民间组织在讨论的基础上制定并公布了第一个网络内容监管方面的行业性规范——《R3安全网络：分级·检举·责任》。其中，R3分别代表分级管理（Raing）、举报告发（Report）和承担责任（Responsibility），它简单明确地表达了控制网上有害信息的三项基本措施。

英国互联网监察基金会（Internet Watch Foundation，简称"IWF"）是一个管理和监督网络内容的具有半官方性质的行业自律组织，它与OFCOM合作，在英国DTI、内政部和城市警察署的支持下开展日常工作。IWF是网络服务提供商们在政府的间接引导、影响乃至压力下，于1996年9月自发成立的，其前身为安全网络基金会，在《R3安全网络：分级·检举·责任》公布后改为现名。IWF由私人公司提供资金来源，董事会由10人组成，其中3人来自网络业界，由网络服务提供商推举，6人来自网络行业之外，另由一名独立人士担任主席，以增强和保障基金会的代表性、公正性和权威性。基金会的日常运作机构由11人组成，除一名总经理外，另由6人负责投诉热线，4人负责日常经营管理。英国以IWF为中心展开的自律型网络内容管理，既充分调动网络服务提供商和广大用户积极参与，也没有丧失政府公权力的适当介入，同时为政府节省了大量的人力、物力和财力，提高了监管效率，成效颇为显著。据资料显示，从1996年到2001年，投诉报告以每年约两倍的速度增加，相比之下，投诉报告中非法内容所占比例则逐年减少：自1996年12月热线开通到1997年12月，IWF共接到778份投诉报告，其中31%属于非法的儿童色情内容；而2001年，IWF共收到11357份投诉报告，其中26%属于非法内容。另据IWF2006年公布的报告显示，英国源自本土的非法网络内容，特别是与儿童色情有关的内容，已经从1996年的18%下降到了0.2%，在被举报的网上非法信息源中，来自英国本土的只占1.6%。不过，IWF认为英国的网络管理仍面临两大挑战：一是需要进一步加强跨国网络规范合作，互通信息，在全球范围打击网上儿童色情等非法内容；二是需要制定一个能被大多数国家认可的统一信息评价标准，以便更有效地认定网上非法信息。

三、行业主导式的互联网管理

这种管理模式的代表是美国，政府通常放弃通过专门立法等手段干预网络内容，对网络内容的管理由非官方性质的行业协会自发进行。不过，这也并不意味着网络内容就不受法律管束，成为"真空地带"，它同样要受其他非专门立法的约束。美国联邦最高法院在"威尔逊案"的判决中明确指出：互联网络和其他类型传播信息的网络是一种"新的表达媒体"（new media of expression），因此应该享受联邦宪法第一修正案所规定的新闻自由，同时受法律上的义务与责任条款的规范和约束。早在1995年美国军事上诉法院审理"合众国诉麦克斯维尔"（United States v. Maxwell）网络色情案中，被告人就因在网上传递和接受儿童色情图片，被指控触犯了《合众国法典》第2252条"接受或传播未成年人从事色情活动的可视图片"和第1465条"以传播为目的，在州内传送色情、淫秽与猥亵的可视图片"。法庭最后裁定被告有罪。

美国是互联网的发源地，其对互联网的管理一向倡导"少干预，重自律"的最低干预原则。对于互联网所在的电信行业的管理，就联邦层面而言，立法、司法和行政三个分支各司其职——由联邦参、众两院组成的国会行使立法权；由联邦最高法院、联邦上诉法院、联邦地方法院等各级联邦法院组成的司法体系行使审判权，可以认定联邦、州和地方当局的立法或行政措施违反美国联邦宪法，从而使这些法律或行政措施丧失实际效力；以总统为首的行政分支主要通过联邦司法部反托拉斯局和商务部国家电信与信息管理局管理包括互联网在内的电信产业。在联邦层面上，还存在着一些相对独立、直接对国会负责的委员会，它们专门负责某一领域的事务，拥有部分执行权、准立法权和准司法权。1934年成立的联邦通讯委员会（Federal Communication Commission，简称"FCC"）就是这样一个专门针对美国通信政策和产业的独立机构，兼有立法、司法和行政执行权，可以制定规章，仲裁争议，执行各项法规，在各政府机构中对通信产业最具影响力，但在执行政策时要受联邦司法体系的监督和制约。

美国政府对互联网内容的管制侧重于向未成年人传播的色情淫秽信息。2000年12月，联邦国会通过《儿童互联网保护法》(Children's Internet Protection Act，简称"CIPA")。该法采取间接管制办法，规定中小学和公共图书馆如果要享受E级计划（E-rate Program）的优惠待遇或利用联邦《普通教育法》(Elememtary and Secondary Education Act，简称"ESEA")教育技术计划（ESEA Title Ⅱ-D：Ed Tech）和《图书馆服务与技术法》(Library Service and Technology Act，简称"LSTA"）拨款购置用于上网的计算机或支付与互联网存取有关的直接费用，就必须证明采取了某种互联网安全措施，包括在所有提供互联网存取的计算机上安装某种过滤软件或防范技术，拦截和过滤淫秽、儿童色情内容和对青少年有害的"视觉描述"（visual depiction），并制定措施解决青少年存取互联网和Web网页上不适当信息、限制存取对青少年有害资料等网络安全问题。该法还规定，公共图书馆的图书馆员可以应成人用户的要求"解禁"过滤软件。该法引起了美国图书馆协会（American Library Association lnc.，简称"ALA"）的强烈不满。2001年3月20日，该协会向宾夕法尼亚州东部地区联邦地方法院提起诉讼，以违反联邦宪法第一修正案保障的公民言论自由为理由，要求撤销该法。2002年5月31日，联邦地方法院判定CIPA违宪，理由是技术保护措施并不精确，不但封锁色情内容，还可能屏蔽掉相当多的合法信息。

在《儿童互联网保护法》通过之前，美国国会还曾制定过两部管制互联网内容的法律——《通信净化法》(Communication Decency Act，简称"CDA"）和《儿童在线保护法》(Children Online Protection Act，简称"COPA"），但它们先后被联邦最高法院裁定违反了联邦宪法第一修正案，尚未实施就失去了效力。

立法努力屡次受挫，美国立法和行政当局政府对互联网内容的管制转向借助技术手段加以规范和行业自律，承认"网络内容不适宜以法律管制"，呼吁家长、业者、学校与图书馆及政府相关部门多方合作，投入更多的精力来保护未成年人身心的健康发展。

美国在网络内容方面进行的行业自律多由各个网站自行开展。以电子公告系统（BBS）的内容管理为例，尽管依据《互联网自由和家庭授权法》(Internet Freedom and Family Empowerment Act）的规定，BBS运营商不必对系统上的内容承担责任，但美国各大网站还是一向重视这些"电子论坛"中存在的暴力、色情信息泛滥和人身攻击、侵犯隐私权等问题，并在实践中初步形成一套通过制定规则，要求发言者自律的管理办法。规则内容大致包括警告，不得侵犯他人，不得鼓吹违法活动，网站行使权力删除违规信息，接受举报制止违规行为。在某些情况下，网站甚至暂时关闭"论坛"。例如，《洛杉矶时报》（Los Angles Times）就曾于2000年8月26日宣布：由于该报网站的论坛存在严重的违反"道德准则"的现象，"只能暂时关闭所有的信息张贴板，何时重新开放，另行通知"。

此外，社会力量和主流价值观的舆论影响，往往迫使网站更有效地进行自律。例如，雅虎曾在其网站的"白人傲慢和种族歧视俱乐部"中收录种族主义团体网站，其中许多都在网页上明目张胆地粘贴具有种族歧视内容的口号和评论。美国犹太人组织——反诽谤联盟（Anti-Defamation League，简称"ADL"）于2000年2月指责该网站的这种做法违反了其服务宗旨，即禁止刊登非法、有害、辱骂、诽谤、下流、色情、侵犯个人隐私和具有种族歧视色彩的内容。该组织声称他们并不是要妨碍言论自由，只是希望雅虎能够遵守自己的规定。该组织的指责引起了社会舆论的广泛关注。同月25日（美国当地时间），雅虎表示自己对此事反应过慢，向反诽谤联盟和社会正式道歉，并在两天之内就将收录的种族主义团体站点从69个减至3个。

此外，澳大利亚的互联网内容管制立法最早始于地方政府，其制定的《互联网审查法》中的立法历程是从州到联邦，而内容上也分级，最终实现共同规制下的行业规范来管理互联网。

韩国是世界上最早建立互联网审查专门机构的国家，目前管理互联网内容的专门机构是韩国互联网安全委员会，强调以技术手段通过内容分级和信息过滤阻止"不当站点"的出现。

但是目前互联网内容管理也面临着突出问题，主要表现在宪法权利保障中的管制内容和管制措施两方面。跨国性和全球性是网络内容传播的一个重要特点，由此导致互联网内容管理中的两个难点：各国认定非法、有害内容的标准不统一和司法管辖权的冲突。这在很大程度上削弱了各国网络内容监管的效力。由此看来，只有各国通过加强磋商、协调和合作，寻求在非法、有害网络内容判定标准和司法管辖方面的配合与共识，乃至像欧洲国家那样签订有关的国际公约，不失为一种更加现实的选择。但是，由于各国之间在国家利益、意识形态、社会文化、法律制度等方面的巨大差异，这种合作本身存在着先天的不足，而且发展中国家还要注意警惕西方发达国家利用自己的网络优势实施文化渗透，将他们自己的标准强加于人，落入"网络帝国主义"的陷阱之中。

无论采用何种模式，各国在互联网内容管理上多具有以下三个共同特征：首先，重视采用各种技术手段规范网络内容；其次，强化行业自律，注重发挥行业组织的积极作用；再次，强调公众参与，动员全社会力量监督网络内容。据了解，在欧洲就有二十个国家设立有害内容举报热线。

第六节　互联网的发展趋势

互联网今后的发展将以更快的速度遍布全世界。尽管如何完善互联网结构是一个仁者见仁、智者见智的问题，但在业界也存在以下普遍公认的互联网发展趋势。

1. 互联网的用户数量将进一步增加

目前全球互联网用户总量已经达到 17 亿左右，而全球的总人口数则为 67 亿。很显然，2020 年以前会有更多的人投身到互联网中。据国家科学基金会（National Science Foundation）预测，2020 年前全球互联网用户将增加到 50 亿。这样，互联网规模的进一步扩大便将成为人们构建下一代互联网架构的主要考量因素之一。

2. 互联网在全球的分布状况将日趋分散

在接下来的 10 年里，互联网发展最快的地区将会是发展中国家。据互联网世界（Internet World）的统计数据：目前互联网普及率最低的是非洲地区，仅 6.8%；其次是亚洲（19.4%）和中东地区（28.3%）；相比之下，北美地区的普及率则达到了 74.2%。这表明未来互联网将在地球上的更多地区发展壮大，而且所支持的语种也将更为丰富。

3. 电子计算机将不再是互联网的中心设备

未来的互联网将摆脱目前以电脑为中心的形象，越来越多的城市基础设施等设备将被连接到互联网上。据 CIA 公布的 2009 年版世界统计年鉴显示

(CIA World Factbook 2009)，目前连接在互联网上的计算机主机大概有 5.75 亿台，但据国家科学基金会预计，未来数十亿个安装在楼宇建筑、桥梁等设施内部的传感器将会被连接到互联网上，人们将使用这些传感器来监控电力运行和安保状况等。到 2020 年以前，预计被连接到互联网上的这些传感器的数量将远远超过用户的数量。

4. 互联网的数据传输量将增加到 exabyte，乃至 zettabyte 级别

由于高清视频/图片的日益流行，互联网上传输的数据量最近几年出现了飞速增长。据思科公司估计，在 2012 年，全球互联网的流量将增加到每月 10 亿 GB，比目前的流量增加一倍有余，而且不少在线视频网站的流行程度还会进一步增加。为此，研究人员已经开始考虑将互联网应用转为以多媒体内容传输为中心，而不再仅仅是一个简单的数据传输网络。

5. 互联网将最终走向无线化

目前移动宽带网的用户已经呈现出爆发式增长的迹象。3G、WiMAX 等高速无线网络的普及率已经比去年同期增长了 85% 左右。目前，亚洲地区是无线宽带网用户最多的地区，不过用户增长率最强劲的地区则是在拉丁美洲地区。按 Informa 预计，到 2014 年，全球无线宽带网的用户数量将提升到 25 亿左右。

6. 互联网将出现更多基于云技术的服务项目

互联网专家们均认为，未来的计算服务将更多地通过云计算的形式提供。据最近 Telecom Trends International 的研究报告表明，2015 年之前，云计算服务带来的营收将达到 455 亿美元。国家科学基金会也在鼓励科学家们研制出更多有利于实现云计算服务的互联网技术，他们同时还在鼓励科学家们开发出如何缩短云计算服务的延迟，并提高云计算服务的计算性能的技术。

7. 互联网将更为节能环保

目前的互联网技术在能量消耗方面并不理想，未来的互联网技术必须在能效性方面有所突破。据 Lawrence Berkeley 国家实验室统计，互联网的能耗在 2000—2006 年增长了一倍。据专家预计，随着能源价格的攀升，互联网的能效性和环保性将进一步增加，以减少成本支出。

8. 互联网的网络管理将更加自动化

除安全方面的漏洞外，目前的互联网技术最大的不足便是缺乏一套内建的

网络管理技术。国家科学基金会希望科学家们能够开发出可以自动管理互联网的技术，比如自诊断协议、自动重启系统技术、更精细的网络数据采集、网络事件跟踪技术等。

9. 互联网技术对网络信号质量的要求将降低

随着越来越多无线网用户和偏远地区用户的加入，互联网的基础架构也将发生变化，将不再采取用户必须随时与网络保持连接状态的设定。相反，许多研究者已经开始研究允许网络延迟较大或可以利用其他用户将数据传输到某位用户那里的互联网技术，这种技术对移动互联网的意义尤其重大。部分研究者甚至已经开始研究可用于行星之间互传网络信号的技术，而高延迟互联网技术则正好可以发挥其威力。

10. 互联网将吸引更多的黑客

2020 年，由于接入互联网的设备种类增多，心怀不轨的黑客数量也将大为增加。据 Symantec 公司的数据表明，2008 年出现了 160 万种新的恶意代码，比过去几年来出现的恶意代码总量还多了好几倍。专家们纷纷表示，未来的黑客技术将向高端化、复杂化、普遍化的趋势发展。

综合以上互联网的发展趋势，下面来具体看看国内外的互联网发展状况。

一、我国互联网将进入经济体验状态

未来十年是中国互联网产业发展的重要机遇期。中国的网民基数为互联网产业孕育出广阔市场和无限发展机遇。三网融合的前景，必将会加快互联网与其他平台的融合发展，从而产生巨大价值空间和新的增长点。

互联网实验室基于定量研究得出预测表明：未来 3～5 年，中国网民将达到 6 亿，相当于美、日、英、法、德五个发达国家的网民之和。未来 3～5 年，中国互联网产业的业绩年增长率为 30％至 50％，将至少诞生一个 1000 亿美元的互联网巨头。除此之外，中国还将有 3～5 家 300 亿至 500 亿美元的公司，10 家以上 100 亿美元的公司，与国外互联网巨头展开竞争。而在这场竞争长跑中获胜的根本，依然在于不竭的创新能力与人才优势。

在互联网具体细分领域和应用方面，艾瑞咨询集团总裁杨伟庆认为，互联网产业将有三大发展趋势：第一是网络社区的深入应用；第二是电子商务有非常大的发展；第三是网络视频会快速成长。因此，包括中华英才网、前程无

忧、智联招聘等业内领先的第三方招聘网站都一致认为，2010年，互联网企业依然是人才市场的"明星"。

目前的网络出版中，学术文献出版和达人消费出版两头热。学术文献数据库出版已形成学术研究、信息采集、资源建设、网上服务、知识产权保护等较为完善的产业链，其中尤以网络学术界的期刊发展最快。

传统出版产业靠地域优势垄断区域市场的局面已被彻底打破。谁具有平台化优势，谁就具有竞争优势。例如清华同方的清华期刊网，目前收集的期刊已达760多种，占中国所有期刊总数的75%，占所有学术类科技期刊的98%，成为国内最大的传统期刊的网络出版平台。此外，新浪在网络新闻、百度在搜索领域的品牌影响力，都说明平台化在互联网信息竞争中的重要地位。30%甚至更少的企业将会拥有70%以上的市场，对内容、技术、渠道和资金资源具有更大集约整合的企业，在市场中的竞争优势变得日益明显起来。例如较早进入电子图书领域的北大方正、中文在线等几家企业，虽然不是传统的出版单位，但是已将全国500多家图书出版社120多万种的图书资源进行数字化的整合集成，从而占据中国电子图书市场90%以上的份额。

社区化将成为网络出版的新趋势。中国约有80%的网站具有独立的社区，其中有60%的网民通过社区寻找问题的解决方案，33.5%的社区网民消费行为受到社区论坛经验的影响。随着网络出版的快速发展，越来越多出版网站开始通过用户参与性、互动性和主题性，形成具有用户归属感的出版内容增值服务。

总之，互联网内容收费已经逐步进入成熟期，我国网民已经开始接受内容收费了。2009年10月中旬正式开通互动杂志收费频道的zbox互动杂志网站CEO钱鹏宇指出："中国互联网已经进入了体验经济时代，内容互动化、视觉化、多媒体化的体验特征日趋明显。"

二、日本互联网产业高度发达

作为经济发达国家，日本的互联网产业高度发达，日本互联网市场的规模很大，是全球互联网渗透率最高的国家之一。据日本信息和通信白皮书统计，随着互联网行业的飞速发展，日本互联网用户数从1997年的1155万户，增加到2006年的8754万户（图2—15）。日本的互联网用户数已经排名全球第三，相当于德国和英国的总和。2007年,日本成为世界上最大的在线广告市场,其规模达56亿美元。在日本,移动互联网的步伐正在加速,永远在线的固定线路连接也在持续增长,2006年年底,日本的宽带用户已经达到2330万,其中550万用户采用了光纤到户连接,连接速度能够达到100Mbps(每秒100M比特)。

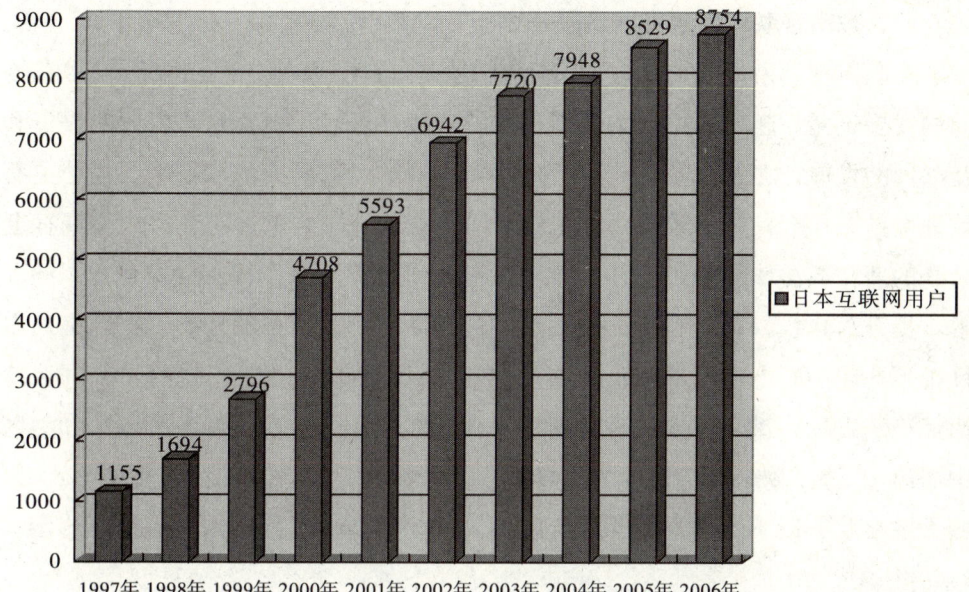

图2-15 日本1997—2006年互联网用户增长示意图(单位:万户)

(资料来源:"WHITE PAPER Information and Communications in Japan,2007" Ministry of Internal Affairs and Communication)

日本在面对数字环境下的新挑战,将完善著作权立法,在网络环境中加强对版权的保护;加大著作权侵权行为的处罚力度,通过法律手段严惩网络著作权侵权行为;将充分调动著作权权利人及相关权利人组织维权积极性,发挥权利人组织优势。

三、韩国互联网的版权保护出现新动向

随着数字传输技术的飞速发展,韩国的互联网以及对互联网的版权保护出现新的动向。首先,作者和权利人依靠著作权集体管理组织行使权利的意识在淡化。其次,用户创建内容(User-Created Content,简称"UCC")对韩国互联网的版权保护带来很大挑战。第三,韩国的文化产业,尤其是娱乐产业举世

闻名。此外，韩国政府将与各工业组织合作，通过各种方式提升公众对盗版商品的防范意识。该计划还包含与发达国家的合作，以更好地促进发展中国家的知识产权保护。计划呼吁与知识产权纠纷敏感的国家进行高层会晤，以创造更好的知识产权保护的整体环境。

四、越南互联网技术发展迅猛

互联网在越南的发展相对而言历史很短，仅10余年，但互联网技术在该国的发展迅猛。越南政府努力创造积极的法律环境鼓励对互联网行业的投资和互联网的发展，尤其是基于有关版权产业发展的互联网商务和技术。为了更有效地保护著作权，越南政府将加强针对著作权的宣传、教育工作，以提高社会公众的著作权法律意识，增强社会公众对著作权和与著作权有关权利知识的了解，提升著作权权利人和作品使用者对彼此间权利和义务的理解。据越南通讯社报道，越南邮电通讯部部长杜中校称，2007年至2010年，越南互联网保持快速稳定发展，进入"发烧"时期，使用互联网的人数在世界各个国家和地区中居第17位。越南通信技术应用日益广泛，特别是在教育和医学领域，100％的大中专院校以不同的方式互联互联网，许多医院通过网络给病人进行诊治。

五、泰国进入日益繁荣的互联网时代

相对于世界许多其他国家而言，目前泰国的互联网使用量持续增加，互联网接入技术发展迅速，互联网服务费趋向降低，互联网内容更加多元化。互联网的服务费、技术完备性、促进推广举措以及国家电讯委员会的监督管理，将被视为今后泰国互联网服务业发展的重要因素。泰国国家电讯委员会指出，将着力促进泰国互联网服务公平自由竞争、改进管理和减少服务成本，同时引进新技术扩大网络服务的覆盖面，在全泰国建立一个合理的服务价格，从而进一步促进互联网服务的发展。

六、菲律宾互联网鼓励和奖励国民的创造力

菲律宾知识产权局（IP Philippines）是菲律宾国家管理和执行有关知识产权国家政策的领导机构。围绕国际互联网条约的立法修改活动充分表明了该国针对互联网版权作品传播所采取的版权保护措施的强大决心，也是菲律宾国家

履行国际互联网条约国际义务的具体体现。2010年,3G和WiMAX等无线宽带技术的普及将再度使营业收入有所增加,其中,VoIP服务将实现最大增长,其次是固话宽带服务和移动宽带服务。

七、英国互联网发展势头不减

英国最新调查报告显示,英国在数字媒体的应用方面遥遥领先于欧洲其他国家。英国的女性网民是互联网的积极使用者,同时英国用户在移动手机服务和其他移动服务设备上的应用也相当广泛。伴随着下一代无线宽带服务的推出及3G覆盖范围扩大到英国90%的地区,英国数字化基础设施建设将有一个飞跃性的发展。数字化英国是英国政府创建一个世界级数字基础设施的梦想。英国互联网的高速发展为欧洲其他国家制定了一个标准,同时它也向广告商证明了互联网市场确实前景可观。

八、美国互联网成长最快

随着移动产业的注意力逐渐转向互联网,美国在软件方面的优势使他们站到了世界最前沿。不仅如此,美国互联网以令人难以置信的速度快速发展着。其中涉及iPhone、RFID标签和一种重要的消费品(如图书或杂货)的物联网消费在应用领域取得突破。MySpace不会卷土重来,但是将会推出焕然一新的音乐和娱乐产品;Y/Z一代用户不断增加,但该网站的用户总数在持续减少;iPhone软件出现反冲作用;苹果会推出让人眼前一亮的功能,帮助用户通过iTunes发现有用的软件;网站登录系统将走向终结,第三方授权登录将成为标准,用户资料由几家大型公司控制。总的来说,美国互联网今后的发展会持续升温,使得数据便携性将更加真实、标准、可预测、可行。

综上所述,未来全球互联网的发展将向着安全可信、泛在、高效、可管可控、多业务融合的目标前进。

第三章 第五媒体
——手机

手机，又称移动电话，它最初不过是一种应人们在移动过程中进行语音通话需要而生的通信工具，随着科技的发展，手机逐渐被赋予游戏、上网、收发邮件、阅读新闻和小说、看报纸、看电视和电影、听广播等更多满足信息传播需要的功能。通过与互联网的融合，手机实现了从通信工具向媒体的跨越，成为一种新型的大众化革命性媒体。

数字移动通信技术的飞速发展，使得原本为点对点语音通话的通信工具——手机成为一种新形式的传播媒体。手机新媒体是以手机为视听终端、手机上网为平台的个性化信息传播载体，它是以分众为传播目标，以互动为传播应用的大众传播媒介。

作为新媒体的重要成员，手机媒体被人们誉为继报刊、广播、电视、网络之后的"第五媒体"。第五媒体是以手机为视听终端，手机上网为平台的个性化即时信息传播载体，它是以大众为传播目标，以定向为传播目的，以及时为传播效果，以互动为传播应用的大众传媒平台。同其他媒体相比，手机比电脑更普及，比报纸更互动，比电视更便携，尤其是手机已显现出超越其他媒体的特性。

1831年，英国的法拉第发现了电磁感应现象，麦克斯韦进一步用数学公式阐述了法拉第等人的研究成果，并把电磁感应理论推广到了空间。而60多年后赫兹在实验中证实了电磁波的存在。电磁波的发现，成为"有线电通信"向"无线电通信"的转折点，也成为整个移动通信的发源点。

1876年，贝尔发明了电话，开创了人类通信史上的新纪元。而 M.G 马可尼在 1897 年完成的无线通信实验，则又将人类的通信技术向前推进了一大步，从此，无线通话成为可能。

事实上，手机这个概念，早在 20 世纪 40 年代就出现了。1946 年，贝尔研究所开发出了第一台移动通信电话，但因体积太大、移动不便，研究人员只把它随意搁在一个架子上，慢慢地也就将其淡忘了。一直到 1985 年，才诞生出第一台现代意义上的、真正可以移动的电话。它是将电源和天线放置在一个盒子中，重量达 3 千克，非常重而且不方便，使用者要像背背包那样背着它行走，被称做"肩背电话"。

图 3-1 手机媒体

手机的诞生不仅代表着科技的进步，同时它也在改变着人们的生活方式，甚至可以说影响着人类文明的进程。而手机在发展上的迅猛之势也是让世人瞠目结舌。

单是从手机的外形来说，手机的"瘦身"速度让人叹为观止：1991 年，手机质量为 250 克左右。1996 年秋出现了体积为 100 立方厘米，质量为 100 克的手机。此后又进一步小型化、轻型化，1999 年达到 60 克以下。而目前世界上最轻的手机，竟然只有 39.69 克，7.62 毫米厚，并被写入了吉尼斯世界纪录。如此惊人的"瘦身"速度，让人无法想象当初 3 千克的"肩背电话"是如何使用的。

手机用户数量的庞大则是另外一个证明手机发展神速的有力证据。国际电联发表报告称，全球手机用户到 2007 年底已超过 33 亿，手机普及率为 49%。2007 年底，三分之二的手机用户来自发展中国家。2005 年至 2007 年，非洲的手机用户数量每年以 39% 的速度增长，亚洲为 28%，印度和中国两国的手机用户分别增加了 1.54 亿和 1.43 亿。根据易观国际 Enfodesk 发布的《2009 年第四季度中国智能手机市场季度监测》数据显示，中国智能手机市场 2009 年第四季度国内销售总量达 724.7 万部（不计黑手机和水货手机），环比增长 29.8%。

当还有人质疑手机是否能成为一种媒体的时候,它已经昂起头颅骄傲地向世人宣布:手机已经当之无愧地成为当今时代的"第五媒体"。手机用户数的持续快速增长为手机媒体的发展提供了广阔的空间。手机用户激增的一个很大的因素是因为手机本身所具备的多种功能:一是手机将是覆盖人群最广的一种媒体形式,二是手机的传播成本比较低廉,三是手机可以最方便地把人们的零碎时间利用起来,并且能够极为快捷地传播信息。而这些功能正是人们所需求的。

可以说,手机是携带最方便、使用频率最高、更换频率最高的终端,它几乎全天候陪伴在人们的身边,逐渐成为人们生活中不可缺少的一部分。由于手机功能的日渐完善,我们可以发现,手机有着逐渐取代我们日常生活中的一些物品的趋势:现在的人们看时间已经习惯性地掏出手机,而不是手表;清晨的闹铃声不是来自从前的闹钟而是由能随时更换音乐种类的手机发出来的;人们似乎也不再习惯将需要做的事情写在纸上提醒自己,而是在手机上定制了备忘录……

互联网信息时代手机影响力赶超广电媒体。从 2000 年到 2006 年 10 月底,中国移动电话用户由 8500 万户增加到 4.49 亿户,年均增长 40%,居世界第一位。2003 年,中国固定电话用户数达到 2.55 亿户,移动电话用户数达到 2.596 亿户,成为世界上移动电话用户数超过固定电话用户数的国家之一。到 2007 年 10 月,我国移动电话用户数达到了 5.3 亿。截至 2009 年 12 月底,手机网民规模为 2.33 亿,占网民总体的 60.8%,移动网络、手机终端在中国互联网发展中起着更加重要的作用。手机功能的多样化以及我国移动电话的用户数量和普及率都达到了较高的水平。

总之,手机媒体作为以手机为中介,传播文本、视听、娱乐等多媒体信息的互动性的传播工具,突破了传统的传播方式,因而比电脑更普及,比报纸更互动,比电视更便携,比广播更丰富,集四大媒体的优势于一身,带来视听方式和传播模式的革命。

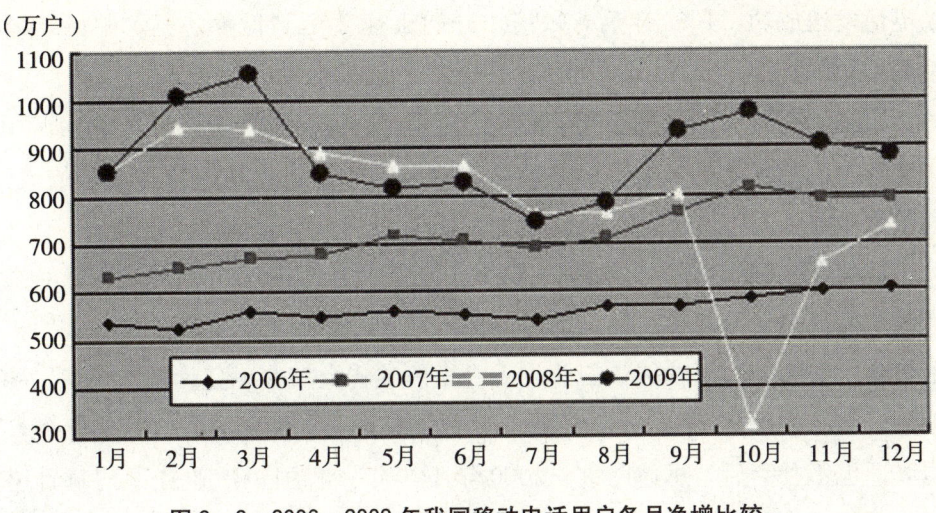

图 3-2 2006—2009 年我国移动电话用户各月净增比较

第一节 手机媒体的形态

无线通信已经渗透到人们日常生活以及社会的方方面面，提供无处不在的服务。手机媒体通过与不同传统媒体结合，形成不同的手机媒体类型，成为人们现代生活中一道亮丽的风景线。在现阶段其主要表现形态是：手机短信、彩信、手机上网、手机报、手机电视、手机网游、手机搜索等。

一、手机短信

（一）手机短信的产生

手机正在用实际行动向世人宣告：手机不仅仅是一种通信工具，更重要的是它已经成为一种传播信息的媒体。众所周知，"媒体"是一种信息传播的介质，而手机给世人展现它所具有的媒体特质则首先是通过"短信"来表现的。

所谓短信（SMS）是短消息服务（Short Message Service）的一种缩略说法，是手机媒体在人际传播中最常见的传播形态之一。它是用移动终端来发送和接收文本信息的技术的。

1992 年，世界上第一条短信息在英国沃特丰的 GSM 网络上通过 PC、移动电话发送成功,1999年后,短信才开始迅速蔓延到世界各国,并持续爆炸性的增长趋势。

市场调研机构加特纳公司2007年12月17日公布的研究报告中称,2008年全球短信数量达到2.3万亿条,亚太地区仍然是发送短信数量最多的地区,其带来的收入升至602亿美元。

短信在我国出现的时间是1998年,但是当时手机还属于比较昂贵的高端产品,而且运营商对手机短信的收费也不尽合理。另外,当时中国很多手机还不具备中文短信收发功能,因此,手机短信的普及率并不高。我国短信发展的第一个高峰期是在2000年,中国移动于当年下半年推出了手机短信业务,中国联通也不甘落后,迅速跟进。2000年下半年,我国短信业务平均每月增加4000万条。到了2001年,全国的短信业务量已有189亿条,收入20亿元。其中中国移动159亿条,超过预期目标59%;联通40亿条。中国移动和中国联通的市场占有率分别为84.13%和15.87%。如今,发送短信已经成为我国手机用户最常使用的功能之一。统计表明,我国平均每个手机用户一天发送约3条短信。手机短信逐渐成为人们便捷的交流和通信手段,"拇指经济"和"拇指文化"悄然产生。据了解,在2004年的时候,我国有3.3亿手机用户,一年发送2000多亿条短信。而据中国信息产业部统计,到了2006年,全国手机用户上升至4.6亿户,全年共发送4296亿条短信,平均每天有12亿条,平均每个用户发送967条,这是全世界最高的。2007年以来我国手机用户月均增加量在600万户左右,到2007年4月底已达4.87亿户。2008年初我国已经有4.874亿手机用户,并且仍然在大踏步地发展与增长,迎来第5亿手机用户(占中国总人口的38%,平均不到3人拥有一部手机)。2009年中国手机用户数量净增超1亿,达到7.47亿户。

现在,手机用户和短信息发送量仍然呈大幅上升趋势。短信在我国发展速度之快让人为之惊叹,短信已不仅仅是

图3-3 手机短信

收益颇丰的增值业务，它以迅雷不及掩耳之势融入到我们的日常生活之中。这种被人们称为"e时代"、"拇指文化"的传播载体，逐渐成为现代人文化消费的重要形式。对于很多人来说，手机短信既是通信手段，亦是点缀生活的时尚元素。短信的普及可以说不分农村和城市，也不分少年和老者。

（二）手机短信的发展

随着现代科学技术的飞速发展，信息传播手段的不断扩展，手机短信逐渐成为人们获取信息及进行信息交流的新的重要途径。1994年，中国的移动通信网络开始具备短信功能，不过在当时还不太为人所知。2000年5月17日，中国移动正式开通了短信服务，中国联通也迅速跟进。在中国特殊的电信收费制度下，简单便捷、收费低廉的短信受到了大众的欢迎。从此，短信便在中国以十分迅猛的态势发展起来。据信息产业部发布的统计数据显示，2000年，中国手机短信息量突破10亿条；2007年，全国手机短信发送量达到5921亿条，日均发送短信超过16亿条。在短短7年间，中国手机短信发送量增长了近600倍。而中国工业和信息化部公布数据显示，截至2009年8月底，我国手机用户前8个月共发送短信5095亿条，较上年同期增长11%，8月份发送出640亿条，平均每个移动用户发送短信90条。2009年，中国移动短信使用量达到6812.25亿条，年增长率达12.2%，日均18.66亿条，短信业务收入达到535.57亿元。

短信从诞生到现在经历了三个阶段。

第一阶段：从短信业务诞生开始，到出现短信与Internet互联为止，称为"短信初始期"。此阶段短信业务仅限于移动运营商经营，主要提供点对点业务，专业应用类的短信业务模式简单。在初始期的短信网络基本可以分为两层，上层为业务层，下层为短信中心层，没有短信网关（SMG）。其中短信中心处于核心位置，向用户提供点对点短信服务；业务层以业务为中心，可以初步提供一些如天气预报之类的简单信息服务。在这一阶段，短信网络结构相对简单，能够满足当时用户的基本需求，但对于其他业务的接入则显得力不从心，对于业务的提供、众多SP（Service Provider，电信增值服务提供商）的接入、网络的管理等问题的处理都需要大量的复杂工作。随着短信业务量的飞速增加，以及短信网络和其他网络逐步建立连接，原有的网络结构已无法满足短信业务的需求，引发了管理、认证、安全多方面的问题，因而改变这样的结构以适应新的业务需要迫在眉睫。

第二阶段：从短信网关的诞生，到出现短信 SP 业务管理平台（SPMS）为止，称为"短信发展期"。这一阶段是短信业务急剧扩展的时期，其特点是有了拥有丰富信息的 SP 提供者。短信 SP 得到了空前的发展，短信的主要信息来源是互联网上的信息。作为信息的短信的类型从单一的点对点应用类业务发展为运营商与短信 SP 合作经营的增值业务类型，同时短信网络也发展成应用服务通过短信网关与短信中心连接的三层网络结构。在第一阶段的短信网络中，短信中心层承担了太多的功能，包括用户的接入、用户请求的存储转发、业务平台的接入和移动网的互联等，带来很大的运行压力，影响点对点短信业务的进行，更会带来安全方面的隐患。在这种情况下，引入了短信网关（SMG）。SMG 是业务提供商与短信用户之间的桥梁，业务提供商通过 SMG 接入短信网络，用户通过 SMG 访问不同业务系统。这样短信网络逐步形成了三层的网络结构。加入了网关接入层之后，大大简化了短信中心层的管理和接入，此外，网关接入层还具有实现短信网关功能，为数量众多的 SP 管理和接入带来方便，除此之外，网关接入层还具有实现短信网关协议和互联网协议、充当互联网和短信网之间的防火墙、流量控制、产生业务的计费详单，以及管理、汇接等多项功能，使短信网络具有较为严谨的结构和完备的管理控制体系。短信网络三层架构的形成奠定了短信业务大发展的基础。在这种三层架构下，SP 通过短信网络向移动用户提供信息服务，电信运营商通过网络构建 SP 为广大移动用户提供电信服务的平台，用户使用 SP 提供的信息服务，向运营商缴纳费用，逐步形成了包含服务提供商、运营商、用户等部分的完整的价值链和信息产业链。

第三阶段：从短信 SP 业务管理平台诞生开始，称为"短信成熟期"或"后短信时代"。这一阶段完善了在第二阶段出现的 SP 不规范操作带来的业务定制陷阱、强行定制等问题，短信网络在逻辑上也发展为 SP—SPMS—SMG—SMSC（Short Message Service Center，短消息服务中心）逐级相连的四层结构。在短信网络第二个阶段的后期，由于 SP 数量的大幅增加，业务性质严重同质化使得 SP 之间出现了不正当竞争的情况，部分 SP 采用反向定制、短信陷阱和退订障碍等种种手段违规发展业务。

所谓反向定制就是在没有获得用户认可的情况下，通过网络后台强制给用户订制短信业务,收取用户费用。而短信陷阱就更为多见,以一些具有语言歧义性的短信诱骗用户订制业务。一旦用户发现了这些莫名其妙订制了的短信业务,想要退订的时候,SP又会设置重重障碍增加用户退订业务的难度。这些行为不仅引发了用户的大量投诉,而且也严重影响了运营商和一些正规运作的SP的信誉,因此,在短信网络日益成熟、规模越来越大的发展趋势下,对SP的监督和管理成为短信网络的一项重要功能。

这一阶段的短信网络加入了业务管理层来加强对业务、用户、系统的全方位管理,对SP提供的业务进行鉴权,对用户的订制关系,业务的名称、资费、业务形态进行鉴权,并向用户标明业务的资费等。这样就形成了第三阶段短信网络的四层结构。SP管理系统的引入,实现了对短信增值业务的管理,可以完成SP管理、用户管理、SP业务鉴权、SP业务审计、统计功能、Web服务等功能。

(三)手机短信的特点

1. 移动性

短信的发送不受时间和空间的约束。从时间上看,短信对发送人和接收人来说是没有限制的,人们可以随时发送,并在瞬间实现传播。从空间上看,不管是在家里,还是在单位,甚至出省、出国,手机短信在信号允许的情况下都能随意发送。这种能够超越时空传播的优越性,是传统媒体所不能比的。而手机的轻巧、便于携带的特点,也是电脑望尘莫及的。

2. 私密性

一般人都会有保护自己隐私的本能,而用短信进行沟通则是一种很好的排除他人干涉的一对一的交流方式。短信交流,无需发出声音,只需拇指轻轻按动。因此,不管是在人声鼎沸的闹市里,还是在安静的会议室中,随处可见人们在进行"拇指运动"。

3. 个性化

个性化的短信给我们的日常生活增添了许多乐趣:

听说过吗?前世的五百次回眸,才换得今生的一次擦肩,像你我这样亲密的朋友,上辈子似乎没干什么,光回头了!

如果感到无聊或者空虚的话,请拨打我的手机!谈感情请按1,谈工作请按2,谈人生请按3,给我介绍对象请按5,请我吃饭请直说,找我借钱请挂机。

鱼说:"我时时刻刻把眼睛开是为了在你身边不舍离开。"水说:"我终日流淌不知疲倦是为了围绕你,好好把你抱紧。"锅说:"都快熟了还这么多废话。"

天苍苍,野茫茫,暴富的希望太渺茫。水弯弯,路长长,没钱的日子太漫长。楼高高,人忙忙,今夜相约去银行。接头暗号——中秋将至,提(钱)快乐。

让新春带去我的祝福。祝你一帆风顺,二龙戏珠,三阳开泰,四季发财,五福临门,六六大顺,七星捧月,八面春风!

短信文化已经成为一种时尚,是一种全新的、具有特殊情趣的生活方式。并且这种时尚俨然已经成为主流的生活节拍,引起越来越多人的仿效。个性化的短信真正地融入了我们的生活,不管是日常的生活还是特殊的节假期,我们的手机总能收到亲人、朋友或者同事的短信祝福。

4. 人性化

短信在中国能够有如此惊人的速度发展,可以说跟中国人的性格有很大的关系,短信人性化的表达方式正是符合了中国人内敛含蓄的个性。

发送短信避免了直接对话有可能引起的尴尬,文字的书面表达有时候能够更好地将一个人的内心世界传递给对方。而接收到短信的人也无需像通话一样当场给对方答案。因此,短信聊天可以边聊天边思考,不像打电话那样需要快速的思路和组织语言,这些优点使它得到了大多数人的青睐。

5. 费用低

短信按条计费,价格低。目前移动和联通手机短信业务都是0.1元一条短信,每成功发送一条,由发送方支付,接收方不付费,发送短信不再收取通话费。消费者实实在在感觉到了花小钱得大好处的乐趣:花小小的1角钱,就可以自由收发短信,还能享受天气预报、打折信息等服务……

为了满足不断增长的短信发送需求量,中国移动和联通还推出了一系列短信套餐。比如温州移动公司在全球通文化节盛大开幕之际,针对不同用户短信的需求量,推出了各档不同类型的短信套餐:1元包20条;2元包40条;5元包100条;8元包200条。订制方式十分简单,而且费用非常低,受到了广大手机用户的青睐。

（四）手机短信的影响

短信业务的迅猛发展是大家有目共睹的，而短信对人们生活的影响也是很多人深有体会的。短信的影响力不仅体现在宏观的社会现象上，还有人们生活的细节中。

1. 促进经济的发展

历史数据显示，2005年春节假期，全国手机短信发送量为110亿条，2006年为126亿条，2007年为152亿条，2008年超过170亿条，2009年超过180亿条。

除此之外，短信的社会功能还体现在很多方面，比如说人们通过订制相关短信可以得到最新的经济资讯，从而作出经济决策等。另外，社会对短信的需求量增加，催生了一个新兴的行业，比如说"短信写手"。

2. 形成独特的文化现象

短信的风靡带来了多种多样的短信语言风格，在这短短的几行字中，短小精练的文字既能幽默风趣、轻松诙谐，又可委婉含蓄、抒情浪漫。短信甚至使沉睡多时的古今格言、谚语、对偶、顺口溜、古诗词等纷纷复活，人们喜欢把一些家喻户晓的典故、歌曲、诗词重新汇编，用凝练的文字表达丰富的生活情趣。

昨日饮酒过度，醒来仍想呕吐，肚中饥肠辘辘，上街散散步。见一窈窕背影，美得不可方物，猛然回首四顾，吓倒帅男无数。

雨水说天空也会落泪，玫瑰说爱情总会枯萎，离别说寂寞总是无滋无味，咖啡说活着习惯苦味。路一走就累，酒一滴就醉，雨一碰就碎，只有友情才最珍贵。

这些或幽默或温情的短信，形成了一种独特的大众文化，使每一个受众都可能成为短信的创造者和传播者，这种互动参与性极强的交流形式，让大众在短信中找到了快乐，也找到了自己的位置。

3. 增进人们之间的感情

逢年过节，特别是春节期间，全国短信的发送量便会大幅上涨，原因很简单，人们都喜欢用这种简单又真诚的方式给亲人或朋友带去祝福，短信已经成为中国人最喜欢使用的祝福方式之一。而对于一些不善于言语表达的人们来说，短信更是他们传情达意的最好工具。所以，短信理所当然地成为人们联系情感的重要纽带。

由于手机短信可以随时随地发送,因而在重大社会议题上往往能够抢先传统媒介一步。比如在美国"哥伦比亚"号航天飞机失事、伊拉克战争爆发等重大新闻事件的传播中,手机短信以最快的速度、最广的范围在手机用户中传播,在第一时间抓住了社会公众的注意力。

2008年5月12日下午2点28分,汶川地震波及了全国很多城市,但是或中度或轻微觉察到震感的人们并不确定那是否是可怕的地震的到来,慌忙跑到楼下的他们习惯性地拿起手机时,看到了第一时间传递到手机的短信新闻:"今日下午2点28分,四川汶川发生7.8级地震……"

手机短信业务的兴起和迅猛发展既是一种经济现象,又是一种文化现象。它不仅给社会的发展带来了帮助,也给人们的生活带来了困扰。

《2007年手机短信息调查报告》显示,我国手机用户2007年垃圾短信发送量达到3538亿条,与2006年相比增加了1702亿条,增幅达92.7%。手机垃圾短信泛滥,主要造成制造传播谣言、破坏社会安定、传播不文明内容、污染社会文化环境等危害,也会造成经济犯罪和经济损失。

垃圾短信的问题一直备受社会各界的关注,2008年"3·15"晚会播出节目《垃圾短信谁在制造》后,央视国际马上在"3·15"论坛上推出关于垃圾短信的系列调查。在参与调查的4000多人中,有2000多人反映,平均每天收到1~2条垃圾短信,有1200多人平均每天收到3~6条,有300多人平均每天收到5~10条,还有200多人平均每天收到的垃圾短信甚至在10条以上。

例如,2009年各地监管部门加大打击力度,取缔一批非法证券咨询机构,但《证券时报》记者发现,部分被取缔的非法证券咨询机构又开始以手机短信"借尸还魂",企图靠推荐股票、收取会员费大肆敛财。

垃圾短信不仅严重干扰了人们的生活,而且严重侵犯了人们的隐私,甚至很多不法分子瞄准一些空隙,利用垃圾短信骗取财物。人们在不堪其扰的同时也在盼望着有关部门能够出台有力的措施来保障他们的生活环境。

总之,一个新事物的兴起总会有正负两方面的作用,我们要用一种积极的眼光去看待这样的新事物,不能因为它出现了一点瑕疵就将其封杀。垃圾短信的问题确实存在,但是目前有关部门正在积极应对。为进一步治理垃圾短信,信息产业部将出台一系列新措施,对短信息服务和管理问题进行系统规范,下一步将会继续强化管理,切实落实移动通信企业和SP的社会责任,规范短信息服务市场秩序,将联合工商、公安等相关部门,进一步完善法律法规建设,共同治理各类垃圾短信,进一步整合完善用户投诉、申诉、举报受理机制,依法保护广大消费者的合法权益,从而达到净化短信环境的社会效果。

二、彩信

彩信是继短信之后的另一种移动增值业务,彩信用自身的特点诠释着另一种时尚元素来占领市场并迅猛发展。

(一)彩信的定义及特点

彩信是多媒体信息服务业务(Multimedia Messaging Service,简称"MMS")的简称,意为在手机上实现的多媒体信息服务。它最大的特色就是支持多媒体功能,能够传递功能全面的内容和信息,这些信息包括文字、图像、声音、数据等各种多媒体格式的信息。

彩信之所以叫"彩",是因为彩信与原有的普通短信比较,除基本的文字信息外,更配有丰富的彩色图片、声音、动画、震动等多媒体的内容。因此,图文并茂是彩信的首要特征:配有现场图片的体育新闻、卡通漫画、贺卡、明信片、动画游戏……这些都是彩信的应用内容。其次,彩信的另一个特点是即拍即发——用户只要有带摄像头的彩信手机,就可以随时随地拍照,用户可把照片保存到手机里,作为待机图片或动态屏保,或者通过GPRS将图片发送出去。所谓GPRS,是General Packet Radio Service的缩写,中文意思是"通用无线分组业务"。GPRS是一项高速数据处理的科技,即以分组的"形式"把数据传送到用户手上。简单地说,GPRS是一种传输通道,使用彩信业务需要开通GPRS功能,这也是彩信与短信最大的不同之处。再次,彩信用户可以根据个人喜好创作自己喜欢的彩信。例如,移动梦网的彩信个人相册就给用户提供了这样的一个空间,用户可以在相册中选择或上载图片、声音、文字等进行任意组合和编辑,创作彩信。除此以外,梦网彩信还提供了很多其他的贺卡DIY、个性化心意卡等服务,充分体现了个性特点。作为多媒体格式的彩信受到很多手机用户尤其是年轻人的欢迎。

(二)彩信的发展情况

我国正式推出彩信业务是2002年10月,至今为止,彩信已经走过了8个年头。在这8年里,彩信走过的路可以用"坎坷"这个词来形容,8年中的起起落落，如今的彩信业务已经步入一种相对平稳的状态。

彩信在推出市场之初，虽然因为是新鲜事物引起了社会的极大兴趣，但是，由于其在许多方面仍不完善，因此，发展态势并没有达到运营商的期待。

2002年底，广东现代国际市场研究有限公司对北京、上海、广州三大城市做了关于彩信业务的调查，调查结果显示，有43%的消费者听说过彩信业务，57%的访问者则没有听说过。如果不必更换正在使用的手机就可以发送和接收彩信，37%的用户会考虑使用彩信新业务，而13%的用户还拿不定主意，其他的用户则表示不会考虑使用彩信。除发送彩信需要具备相应条件的手机之外，彩信的费用等问题也是制约彩信发展的原因所在。当时中国移动的彩信业务是按条收费的，每条0.9元，是文字短信每条价格的9倍。调查显示，能接受这一价格的消费者仅占24%，而嫌价格较高、有点不能接受或者绝对不能接受的占59%，另有17%的用户则不表明态度。

由于各方面的原因，从彩信推出之日到2003年，中国移动的彩信用户仅150万，普及率不足1%，提供彩信服务的SP（SP指移动互联网服务内容应用服务的直接提供者，负责根据用户的要求开发和提供适合手机用户使用的服务）不足100家，全年发送量仅1.5亿条，收入仅2亿元。可以说彩信刚上市的表现给人们带来的失望大于希望。

2004年彩信的市场规模仍然没有达到市场期待，但是经过两年的时间，可以看到彩信的发展速度已明显加快。价格下调是促进彩信发展的重要因素。中国移动将之前每条彩信0.9元的价格降低至0.5元，个别省市甚至将价格降得更低。此外，中国移动还下调了部分SP的分成比例，将SP的不均衡通信费从0.3元降低至0.25元，这就大大调动了SP对彩信业务投入的积极性。他们相继开发出了自己的一些品牌，形成了自己的特色，也激发了用户的消费热情。来自中国移动方面的数据显示，2004年全年的彩信发送量达到9亿条，总价值6亿多元人民币。这些数字虽然不能和短信相比，但是也让人看到了彩信发展的希望。

终端厂商在2005年推出了种类繁多的高中低档彩信手机，在这些低到几百元高至数千元的手机中，可以使用彩信服务逐渐成为一种最基本的功能。另外，加上中国移动和SP对于彩信资费标准也已调整了数次，价格一降再降，使得中国移动的彩信用户在当时达到1200多万。有数据显示：2005年前5个月，中国手机用户的彩信使用率达到11.7%，较之以往又有了大幅度增长。

在 2005 年春节 7 天假期，彩信发送量达到 8 千万条，这是个喜人的数字。

2006 年被喻为中国移动的彩信年，彩信业务在这一年迎来了发展的高潮。数据显示，2006 年全球手机彩信市场收入规模为 120 亿美元。而在我国，中国移动 2006 年第一季度彩信业务收入达到 1.9 亿元人民币，相当于 2005 年全年彩信收入的 45％左右，2006 年中国移动的彩信业务收入达到 9 亿元人民币。

而 2007 年彩信的发展又在 2006 年的基础上有了新的突破：易观国际曾发布的研究结果显示，2007 年第四季度彩信市场整体规模为 3.21 亿元，同比增长 94.46％。

2008 年则是中国移动增值业务的机遇：3G 的到来能极大地增加系统容量、提高通信质量和数据传输速率；奥运会这个全世界的盛会也会给彩信的发展带来更多的机会。因此，有数据显示，彩信业务在 2008 年保持 40％以上的高速增长。

根据中国移动发布的 2009 年的年报显示，2009 年中国移动彩信订购超过 16.84 亿次，彩信收入达到人民币 33.06 亿元。

彩信作为一项相对比较时尚的业务，受到了年轻人的追捧。个性化的图片、七彩的颜色等特点让手机用户的生活增添了不少乐趣。虽然目前彩信用户的数量远比不上短信，但是面对社会发展的诸多机遇，彩信的发展前景看好。

三、手机上网

个性化的手机上网业务逐渐成为新宠。在 IT 业快速发展的今天，人们可以不必再受空间的约束，不一定要在家里或者办公室对着一台电脑才能上网浏览自己喜欢的网页，只要拿起手机，用拇指轻轻按键，就能在掌上畅游网络。显而易见，手机上网最吸引人的是它的"随时随地"。

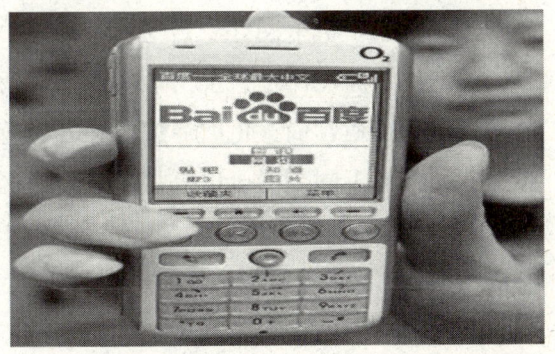

图 3-4　手机上网

人们在上下班的路上，或者在等人的空闲时间中，都能将闲置的时间用在喜欢做的事情上，何乐而不为？手机上网作为一项引领潮流的业务，得到众多手机用户的喜欢,特别是受到爱时髦的年轻人的追捧,目前用手机上网的人越来越多。根据艾瑞咨询的调查显示,手机上网的 WAP 站点主要包括三类网站:一是由中国移动建立的移动梦网,这也是最大的 WAP 门户网站;二是由新浪、搜狐、腾讯等 SP 自建的 WAP 网站;三是大量免费的 WAP 网站。后两者建立在中国移动的无线网络之上,但独立于移动梦网。

(一)手机上网的概况

手机之所以能上网,离不开"无线应用协议"。所谓"无线应用协议",实际上就是 WAP ("Wireless Application Protocol"的缩写)。"无线应用协议"的产生,是为了使移动设备能够直接访问国际互联网上的资源。WAP 由一系列协议组成,用来标准化无线通信设备,它负责将 Internet 和移动通信网连接到一起,客观上已成为移动终端上网的标准。移动用户可以像使用他们的电脑上网一样,用他们的手机访问 Internet,从而在移动中随时随地在手机屏幕上浏览网页。

手机上网业务给人们的生活带来了很多意外的惊喜:他们在空闲的时候可以上网浏览各种新闻;在出行之前可以用手机查询当地的天气情况和交通状况;人们还可以用手机进行各种商业活动,比如说查询股市行情并进行交易,进行网上银行交易活动或者订购所需物品,或者进行音乐、铃声、图片、主题、视频、电子书、软件、游戏等资源的下载,还能进行社区互动的消遣,比如聊天、社区道具、魔法表情等。

然而,用手机上网并不是毫无限制,手机终端支持 WAP 或 GPRS 功能并已开通的用户才能用手机上网,并且这种业务需要缴纳两种资费:通信费和信息费。需要向运营商支付的通信费,方式有多种,包括按照流量、包月等,两大运营商各有不同套餐可以供用户选择。例如广东移动在 2008 年 10 月推出了新的 GPRS 资费套餐:20 元包 150 兆省内 cmwap 流量,50 元包 500 兆省内 cmwap 流量。浙江移动则是 20 元包 200 兆省内,不区分 cmnet 和 cmwap。而信息费的收取规定也是不尽相同,一般有 5 元/月或 15 元/月不等。在北京奥运期间,北京联通推出了名为"联通 2008"的手机上网看赛会业务。使用该项业务的联通用户只需手机登录互动视界首页,点击"联通 2008"即可。该业务除下载有资费标示的图铃视频和地图查询交纳费用外,浏览内容则免收信息费。

(二)手机上网的发展情况

拥有一部手机对于很多人来说已经不是什么困难的事情,如今,手机的普及率已经超出了人们的想象。有数据表明,目前全球拥有手机13亿部,预计到2010年时,全球手机用户将增至40亿部。而根据信息产业部统计,截至2008年2月,我国的手机用户超过5.6亿部,较2007年末新增了1794.1万部,普及率达到41.6部/百人。这是一个庞大的数字,有了这个基数,手机无线上网的发展就有了基本保障,加上人们对手机功能的要求在不断提高,也给手机上网业务提供了机遇。据艾媒市场咨询(iimedia research)的研究数据显示,目前全球手机无线上网用户超过6.4亿人。在这些手机上网用户中,日本、韩国以及部分欧洲国家的人,已经率先跨入了移动互联网时代的门槛。尤其是日本,他们的移动互联网于2001年就开始进入繁荣时期,这得益于3G牌照的发放。更让人惊叹的是,他们的手机上网用户在2005年超过电脑上网的用户数量,手机邮件的数量也超过了PC邮件的数量。这股迅猛发展的趋势持续到2007年,当年年底时日本移动互联网用户总数已经达到了8700万,占移动用户总数的87%。

我国的手机上网业务在这几年也有了一定的发展。我国在2006年12月发布的《第19次中国互联网络发展状况统计报告》显示,中国手机上网用户也达到了1700万。这个数目在2007年又有了一个飞跃,截至2007年底,中国的手机上网人数突破了5000万。而中国互联网络信息中心(CNNIC)近期发布的《第22次中国互联网络发展状况统计报告》显示,目前中国2.53亿网民中,使用手机上网的网民人数已达到了7305万,占全部网民数的28.9%。仅2008年上半年,使用手机上网的网民数量就增加了2265万。

调研公司In-Stat在报告中认为,中国移动互联网活跃用户增长速度高达26%,移动互联网最大的市场还是在中国。这样的分析是很有道理的。首先,我国人口基数大,如果仅仅看26%这样的比例,也许不足为奇,但是如果将这26%与中国人口联系起来,这将是一个非常庞大的数字。其次,第三代移动通信(3G)"中国标准"TD-SCDMA在我国的试商用并成功服务于北京奥运会,不仅向全世界兑现完成了申办奥运时承诺的要使用3G服务,而且还首次实现了具有自主知识产权的TD商用。更重要的是,TD-SCDMA在中国试商用,掀起了手机上网的高潮。所谓3G,其全称为3rd Generation,中文含义指第三代数字通信。3G 与前两代的主要区别在于传输声音和数据的速度上的提升,它能够在全球范围内更好地实现无缝漫游,并且处理图像、音频、视频流等多种媒体形式,提供包括电话会议、网页浏览、电子商务等多种信息服务,同时也考虑到与第二代系统的良好兼容性。再次,中国三大运营商的重组推动了手机上网业务。据了解,中国联通在建设好 GPRS 网络后,也将手机上网业务作为营销工作的重点。第四,中国 3G 牌照的发放将进一步推动中国无线互联网的快速发展,预计将会有更多的传统互联网用户采用手机上网的方式。市场研究机构艾瑞最新发布的研究报告预计,2010 年中国无线营销市场规模将达到 22 亿元。

手机上网业务在中国能够得到好的发展是有很多原因的。首先,随着科技的发展,手机的功能得到快速的提高。在过去的 8 年时间内,手机上网的速度比原来提高了 375 倍;手机屏幕、分辨率及像素增加了 24 倍。人们对手机上网业务的满意度在不断增加。其次,手机用户的要求不断提高也是促进手机上网业务发展的重要原因,而 3G 的到来给手机上网用户们全新的体验,促进手机上网业务的发展。再次,电信运营商的重组将会带来手机上网资费的下调。虽然"价格战"是运营商竞争最常用的手段,但是到了 3G 时代,运营商需要的不是通过价格壁垒把消费者挡在门外,而是需要通过相对较低的价格来吸引大量的用户,因此手机上网资费有望下调,届时也将会吸引更多的手机用户启用手机上网业务。另外,北京奥运会掀起了手机上网热。消费者不仅可以通过手机新闻订阅功能浏览自己喜欢的奥运新闻资讯,还可以登录奥运官方网站,收看奥运赛事实况转播。据统计,截至 2008 年 8 月 18 日,订阅奥运手机报的中国手机用户有 1200 万,而 8 月 8 日开幕式当天登录北京奥运会手机官方网站的用户多达 22.6 万。可以说,奥运会是手机上网用户增长的一个刺激点。

苹果智能手机 iPhone 正式登陆中国市场的消息在长达一年多扑朔

图 3-5 苹果智能手机 iPhone

迷离的传言之后，谜底终于揭晓。2009年10月28日，一个骤冷的初冬雨夜，中国联通卖出了第一部"行货"iPhone。在iPhone上市3年之后，它终于来到了全球最大的手机市场——中国。联通iPhone的上市迅速引发了前所未有的激烈讨论。由于中国市场的"水货"iPhone已经有300万部，联通订制的iPhone裸机售价高达4999元、5880元和6999元，此外还包括多档套餐价格，这让不少人都为联通捏了一把汗。但是在上市4天之内，总共卖出了5000部，上市40天之内，卖出了10万部，其中70%的客户都选择了相应的iPhone套餐而非裸机。因为iPhone并不仅仅是一部手机，它承载了中国联通更大的梦想，那就是提高ARPU值（每月每用户收入）。

无论是世界化妆品知名品牌兰蔻宣布在iPhone手机平台上推出彩妆互动体验游戏，还是可以让iPhone变成信用卡收银机的"Square iPhone支付系统"已经在纽约进行内部测试的消息，都不禁让人为iPhone所具有的魔力所叹服——全世界都想跟iPhone"扯上关系"。这不，iPhone手机使用者只需登录相关网站，免费下载第30届巴黎图书沙龙应用插件，便可通过自己的手机，随时了解其图书沙龙的相关信息。

（三）手机上网的发展瓶颈及前景

手机上网业务的发展在近期来说可谓是"春风得意"，3G对网速和流量的促进、人们为了更方便地了解各种资讯而对该业务的需求量增加等因素促进了手机上网业务的发展。但是，由于多方面的原因，手机上网业务也面临着发展的困难。

1. 资费问题仍是关键

目前，资费问题仍是束缚手机上网业务发展的一大因素。2005年和2006年，中国移动大力推广WAP网站服务，绝大部分地区都是20元包无限量流量，这大大刺激了消费者，也促进了WAP的快速发展。现在中国移动等运营商则调整了GPRS套餐包月服务，比如采取了小流量套餐的方式，有20元、50元、100元包月等，但是由于中国移动还不能做到针对大部分用户提供更为灵活的资费套餐，因此，有些高资费是不可避免的，而这种高资费也必将使很多消费者望而止步。在国内，传统PC互联网的中心是北京（仅网络游戏公司集中在上海），而无线互联网的中心却是在广东，其中的主要原因是因为广东省内手机的上网资费要比国内其他地方便宜很多。从中可以明显看出资费门槛对于3G业务普及的巨大影响。应该说,之所以目前的3G业务并未达到理想的普及状态,一个核心原因就是把持着垄断利益的移动运营商"革自己命"的动力仍然不足。

据调查,手机互联网用户在18～24岁部分的比例远远大于PC互联网,这说明手机上网用户有很多是年轻人,甚至在高中、初中、小学的学生也占了不小的比例,原因就在于没有PC上网环境下,他们就将手机作为他们上网接触信息的唯一渠道。而资费也必将是影响他们是否选择这项业务的重要因素。工信部电信管理局发布的《工业和信息化部关于电信服务质量的通告》对2008年三季度全国电信服务质量的有关情况进行了公布,报告显示移动手机上网业务收费争议方面的申诉占申诉总量的44.6%,较上季度上升2.2个百分点。而根据网舟咨询针对手机WAP用户开展的一项调查表明,要求降低手机上网资费的消费者占到32%。这说明,资费问题仍是制约手机上网业务发展的关键。知名电信专家项立刚表示,手机媒体想要得到很大发展,需要注意以下几个要点:

第一,手机媒体的运营商必须要建立一个业务管理平台,把内容管理和控制起来。

第二,手机媒体的内容必须是收费的。手机媒体和互联网最大的不同就是:互联网的大部分内容是免费的,而手机的内容必须要收费。有人想把互联网的模式移植到手机上,这是非常错误的。不过,考虑到用户的接受程度,一是要想办法降低手机上网的接入费用,另一方面,手机媒体在收费方式上也应形成自己的一套模式,关键是要在收费上做到非常细化。运营商可运用"薄利多销"的策略进行经营,因为只要用户群够大,手机媒体蕴涵的经济价值不可小觑。

第三,手机媒体将颠覆互联网的基本商业模式。如今互联网的基本模式是:网站靠免费的内容吸引庞大的用户群,靠用户群来吸引广告,而网站内容来源大部分也是免费的。而手机媒体则完全不同,订制手机媒体的内容要收费,对内容提供者也要付费。

第四,手机媒体内容的来源将来自所有手机用户。

2.3G的普及需要时间

运营商2008年重组完成后,3G牌照也将随后发放,紧接着,运营商就会各自启动3G网络的建设,从而进行3G的推广。但是3G的推广并非易事。首先,在2008年以前,使用GSM的用户占多数,由于大部分用户并不需要3G所提供的特色服务,因此估计3G服务至少在推出的几年后,才会迎来高速增长。其次,对于资费相当看重的消费者来说,未必能在短期内享受到因电信运营商重组带来的手机上网低收费。因为电信重组前移动网络提供商占据着垄断地位,重组后的中国移动也必将继续处于高速增长期,手里掌握着大批高质量的优质用户,他们应该不会在重组后就主动采取降价策略去争抢客户。因此,如果3家新电信运营商在3G用户争夺战中对WAP的资费没有大幅降价,相信对手机上网用户的数量应该不会在短期内有很大的突破。

3. 内容同质化现象

根据网舟咨询针对手机WAP用户开展的一项调查表明,除对资费、速度这两个方面提出意见外,还有一个很重要的方面,就是内容不够丰富的问题,要求增加内容丰富性的消费者占到21%。

目前WAP网站的内容同质化现象严重,和互联网早期的发展非常类似,很多WAP站点相互抄袭,通常是这家有的内容在别家都能看到,缺乏独创性,也让用户对站点缺乏新鲜感。长期下来,用户自然不满。因此,独立WAP应该采取措施来避免同质化,开发出更多、更适合手机用户特点的免费信息服务。

4. 客户习惯需要培养

目前移动IM(independent move)还处于市场培育阶段,大部分手机用户还不习惯用手机上网,对手机网络服务仍持观望的态度。因此,手机上网业务想要可持续发展,对用户的习惯培养势在必行。这可能是一个长期的过程,短期内的投入与产出也许不会成正比。手机上网至今对于很多人来说仍是一个新鲜事物,人们获得信息的途径大多还是依靠报纸、电视和台式电脑等,因此,对于手机上网业务的发展来说,最大的挑战,也可以说是最大的机遇,就是能够给人们灌输一种新的阅读习惯:当人们想获得信息的时候,第一反应就是要通过手机这个途径。而这不仅仅是一种阅读习惯的问题,这种习惯的改变也意味着人们的价值观念、效率观念和文化环境的改变。

在IT业快速发展的今天,用手机上网的人越来越多是必然的趋势,涉及手机上网业务的用户年龄也呈现出上升的趋势。据艾瑞《2006年中国3G用户研究报告》显示,2006年中国手机网民年龄集中在25岁以上,占调查人数的

58.9%，18岁以下的占3.4%，而2005年18岁以下的用户只占1.6%。同比可见，手机网民的年龄呈现上升趋势，手机网民的覆盖率越来越广。随着3G时代的到来，手机上网业务将会扮演着重要的角色。

手机媒体市场的发展前景吸引着电信运营商、服务提供商、内容提供商等市场主体进行交叉竞争，手机媒体市场就像一块大蛋糕，似乎抢到的人就有甜头尝，但我们也应该看到手机媒体市场发展面临的难题所在，如何更好地趋利避害，完善手机上网业务，既是运营商和提供商的目标，也是消费者的期待。

四、手机报

如今，手机报已成为传统报业继创办网络版、兴办网站之后，跻身电子媒体的又一举措，是报业开发新媒体的一种特殊方式，被称为是第五媒体的"重头戏"。纵观大众传播媒体的演进，从前几代的报纸、广播电视，到现在已形成规模的第四媒体——互联网，人类社会的传播空间也由以传者为中心的大众化传播向以受众为中心的小众化传播方向转变。而今，当移动通信网络技术迅猛发展，手机承担了通信功能和大众传播功能的双重任务之后，人类的传播活动便进入到了一个全新的传播时代——第五媒体时代。

手机报忽如一夜春风似的席卷了全国，不仅有中央级的《人民日报》手机报、央视手机报，还有数不胜数的地方级手机报，另外连中国移动也凭着自己的渠道优势自办了《新闻早晚报》。据悉，目前在中国移动发行的手机报已经达到了1000多家。虽然有学者认为，现在也许还没有人认为手机报纸的用户会赶上或超过报纸网络版或印刷版的读者数量，但手机报纸确实是用一种21世纪的方式向渴望得到新闻信息又忙于他事的公众提供了一种新的阅读方式。

中国2008年的雪灾最严重时南方的交通几近瘫痪，大部分旅客被堵在路上或是堵在车站。在这样一个传统媒体，甚至网络媒体也无法发挥作用的环境下，外界信息无法及时到达，恐慌或者脆弱很容易滋生，人们对天气的查询、雪灾的情况、家人的安危等信息的需求也分外突出。就在这个时刻，手机媒体发挥了它独有的优势，及时、准确，甚至是免费地将雪灾的情况编辑成"手机报"发送给被困在车站的群众，让他们能够了解周围发生的情况，起到了安抚情绪的作用。

如今，在全球已有超过21亿手机用户，中国手机用户达到5.6亿，几乎是中国互联网用户的 2.6 倍的环境下，手机报的发展前景不可估量，潜藏着巨大的市场。

（一）手机报的概念

所谓手机报，就是以手机彩信为载体，向受众输送新闻、资讯的一种新型的无纸之报。其信息的主要来源是传统媒体及网络。这些信息经过一番整合编辑，成为适合在手机上观看的新闻，以短信、彩信的形式发送给用户。换言之，手机报纸就是依托手机媒介，由报纸、移动通信商和网络运营商联手搭建的信息传播平台，用户可通过手机浏览到当天发生的新闻，它的实质是最新电信增值业务与传统媒体相结合的产物。

（二）手机报的特点

手机报作为一种新事物，它相对于传统媒体有着自己的特点。

1. 更具时效性

手机信息发送的快速是众所周知的，因此不难理解手机报所具有的时效性。手机报利用手机这个平台使新闻的发布显得更加快捷，特别是体现在突发事件上，手机报完全可以领先于其他媒体将事件发布出去，当然，这要建立在手机报有自己的采编队伍的基础之上。

2. 移动性

能够在移动过程中进行信息传播也是手机报的主要特点，这是传统媒体无法比拟的。用户在手机在身边的情况下，可以在任何一个地方、处于任何一种状态下进行阅读，这种便捷的获取新闻的方式是深受人们欢迎的。

3. 私密性

可以说手机比电视、报纸、电脑网络等都要私密。虽然手机报发布的内容并非什么秘密，但是手机报的用户有一种信息"专属"的感觉。

4. 互动性更强

手机发送信息的便捷让用户可以跟手机报进行更方便的互动。现在国内很多手机报都设定一个与受众互动的栏目，手机用户可以编辑自己身边发生的新闻或手机报设定的题目的答案等发送到手机报平台，并有机会与所有的手机报用户共享。

5. 服务个性化

所谓的个性化是指手机报使自己的内容对用户来说具有可操控性，即受众对内容的选择完全根据自己的个性化需求而定，不像现在大部分的手机报的用户收到的都是同一份手机报的相同内容。因为技术的限制，目前手机报追求的个性化在不少地区还不能实现。但是随着 3G 的到来，手机功能的优化，手机报服务的个性化将会日渐凸显。

6. 市场巨大

基于中国目前拥有 5 亿多的手机用户，并仍在以每年 6000 万用户的速度增长的实际情况，手机报的潜在市场不可估量。

(三) 全国各地手机报的发展情况

2004 年 7 月 1 日，《中国妇女报》推出全国第一家"手机报"——《中国妇女报——彩信版》，在半个多月的试运行阶段，手机报得到手机用户们的关注，订阅人数不断增加。每天 8 个版、字数 3000 字左右，外有 6～8 张照片的《中国妇女报——彩信版》凭借其精美的图片、精简的文字、巧妙的编排和多功能性（包含声音、影像），得到了读者的热烈欢迎。至 2005 年 12 月，《中国妇女报——彩信版》的订户是 15 万份左右，而在当时，传统的《中国妇女报》的订户还不到 20 万，推出仅仅一年半的《中国妇女报——彩信版》的订户已经和传统报纸的订户接近了。

图 3-6　手机报

2004 年 9 月，新华社云南分社与云南移动通信有限公司合作，开始向云南移动用户每天提供 3～4 条的"新华快讯"，受众达到数万户。

2004 年 12 月，重庆联通与重庆各大报纸开展行业合作，联手推出《重庆晨报》《重庆晚报》《热报》WAP 手机上网版。

2005 年 5 月 17 日，由浙江日报报业集团、浙江移动通信有限公司和浙江在线新闻网站联合推出国内首张省级手机报——《浙江手机报》。

2005 年 7 月，新华社江苏分社与江苏移动通信有限公司共同打造"江苏移动新华资讯"业务，大力推进个人移动终端媒体通过短信、彩信、WAP、流媒体等新兴传播方式的推广应用，为广大市民和移动用户提供方便快捷的信息服务。

2005年8月8日，新华社广东分社与广东移动以及《南方周末》《羊城晚报》《广州日报》三大报业集团联合创办《新华社快讯》《参考消息》《南方日报》《羊城晚报》《广州日报》等9份手机报纸，每日更新，与传统报纸保持新闻同步。这些手机报纸以彩信版和WAP版两种形式出现，其中彩信版包月费不超过15元，而按天点播则最高0.8元/条；WAP版则依据不同的页面收费，每天不限次反复阅读，最高1元/天。10天后，江西分社同江西移动共同打造《新华手机报》。

2005年10月，中国移动推出《中国手机报》。另外，《辽宁手机报》、《江西手机报》、《"深圳晚报彩e版"手机报》、《鲁中手机报》、《华西手机报》（声讯版）、《青岛手机报》、《泉州手机报》等各地的手机报纷纷面世，形成2005年一道亮丽的媒介景观。

2006年，全国各地的手机报在2005年发展的基础上，出现了一个争先恐后创办手机报的小高潮。

2006年1月1日，无锡新传媒网和中国联通联手推出《无锡手机报》。该报内容选取了无锡日报报业集团当天出版的7张报纸的精华，图文并茂。

2006年1月27日，解放日报报业集团与上海移动、上海联通联手推出了"i—news"手机报，分彩信版、WAP版、短信版，内容包括天气预报，国内、国际、本地新闻和生活提醒。据了解，截至2007年1月17日，"i—news"移动彩信手机报的用户近5万，占据了上海移动彩信手机报近三分之二的市场份额。

2006年3月1日，北京报业集团推出《北京晚报手机版》，它信息量大，设有14大类64个栏目，内容涵盖各种市民生活资讯。

2006年3月20日，上海文汇新民联合报业集团与上海移动联合推出"News365—上海手机传媒"，共4张手机彩信报——"新闻365"、"财经365"、"体育365"和"娱乐365"。

2006年3月23日，《潇湘晨报》、红网和湖南移动共同推出《湖南手机报》WAP版，读者除浏览新闻外，还可通过互动板块对当天新闻发表评论、提供新闻线索或是查看其他读者的评论。

2006年4月25日，《北京科技报》与CGOGO科技联合推出手机报——《北京科技报》，也可实现报纸与读者的互动。

2006年5月15日由河北日报报业集团、河北移动共同创办的《河北手机报》彩信版正式开通，手机报的推广期资费为3元/月。

2006年8月4日，山东省第一家"手机报纸"——《齐鲁手机报》彩信版正式开通。手机报每期约3000字，每天早晚发送两次，实行包月服务，5元/月。

2006年11月3日，由甘肃日报社与甘肃移动联合创办的《甘肃手机报》正式出刊。《甘肃手机报》内容由甘肃要闻、社会民生、兰州新闻、市县综合、新闻超市、天天娱乐、历史上的今天等栏目组成，资费为5元/月。

2006年11月7日，新华通讯社开通《新华手机报》。利用其资源丰富、消息迅速独家的优势，新华社和中国移动利用各自渠道，在全国大范围推广《新华手机报》，用户以每月翻一番的速度增长。十七大会议期间，凭借报道的权威性和及时性，《新华手机报》的用户从19万增加到27万，增幅达42.1%。十七大手机报共发刊6期，发行1.5亿份，其中最后两期的发行量突破3000万份。2008年2月29日，第一期"两会"手机报推出"亿万读者问总理"互动话题，引起读者强烈反响，仅仅一个小时就有8000多个用户通过短信互动平台留言15841条，截至3月18日，手机用户留言超过50万条。这是一个让人振奋的数字，一个仅有10名编辑的手机报做出了这样的成绩，让我们知道，手机报的发展，必将由小到大，从边缘走向主流，从不被重视到受到追捧。

2006年11月3日，由湖北日报报业集团与湖北移动公司联合打造的《湖北彩信手机报》正式创刊，每月资费3元。

2006年12月26日，由安徽日报报业集团和安徽移动共同打造的《安徽手机报》彩信版开通。

2007年1月12日，由广西日报社和广西移动合作推出的《广西手机报》彩信版和WAP版正式诞生，资费3元/月。

2007年1月23日，人民网与中国移动合作强力推出《人民日报》手机报。

2007年12月19日，广西首推手机媒体先锋——"新华掌媒"。新华掌媒是中国移动广西公司和新华社广西分社立足建设中国—东盟信息高地而共同打造的先锋传媒。旗下有《新华手机报》《新华快讯》《新华图片报》《新华彩铃》《新华08》等手机媒体业务。

《浙江大学学报（人文社科版）》已经正式推出手机出版业务，其学报 2010 年第一期已同步上传至中国移动电子阅读平台，2009 年全年过刊也可在手机版上查询和下载。这是《浙江大学学报（人文社科版）》为推进学术期刊的数字化工作和移动阅读的发展，为广大学者创造更为便捷的文献查阅条件而作出的尝试。据了解，2009 年，《浙江大学学报（人文社科版）》就与中国移动电子阅读基地正式建立合作关系，拟通过浙江大学出版社数字出版部的技术制作，尝试在中国期刊界首推学术期刊移动阅读版与印刷本同步出版的全新传播模式。《浙江大学学报（人文社科版）》手机版的正式开通，加上此前的电子版同步上传学报网站和全国首家推出以单篇论文为出版模式的在线优先出版（Online First），使得浙大社科学报的纸质、电子与移动媒体一体化同步出版得以在 2010 年实现，并成为全国首家在全媒体整合传播方面进行全新尝试的学术期刊。今后，凡是移动手机用户，无论身处中国哪座城市，都可随时随地浏览浙大社科学报，每期仅需支付 3 元（目前三折优惠，每期仅 0.9 元）即可享受"第五媒体"，读者可以在第一时间尽享掌中带来的轻松阅读便利。

据中国移动通信有限公司手机阅读基地总经理戴和忠介绍，从 2009 年 2 月正式启动建设以来，手机阅读基地完成了从建设、试用、试商用到全网推广的历程。当年 4 月，阅读平台上线测试；8 月，手机阅读在浙江省内试用；10 月 1 日开始浙江先行试商用；11 月 1 日开始，广东、江苏、山东、湖南、湖北、安徽、海南等 7 省加入试商用。2010 年，手机阅读成为中国移动的战略业务，开始全集团范围内重点推广。

为构建全新图书发行渠道、打造新的手机阅读产业，中国移动 5 年内将在浙江投资 5 亿元推进手机阅读基地建设，其中两年内实现对手机阅读基地投资 5000 万元。

目前，在产品应用方面，手机阅读的 WAP 和客户端软件已经成熟，其中手机阅读客户端已覆盖超过 300 款手机，全国可以安装使用的用户超过 1.5 亿；在 G3 阅读器研发方面，中国移动分别同大唐电信和汉王科技联合打造了两款，并正式推向市场；在内容运营方面，整合优质内容，打造国内领先的正版内容无线汇聚平台，完成图书入库 5 万册，已开展《世界因你而不同》《建国大业》《奋斗乌托邦》等 22 部新书首发；在市场发展方面，至 2009 年 12 月仅短短 5 个月，活跃用户就超过 400 万。

图 3-7 中国移动手机阅读
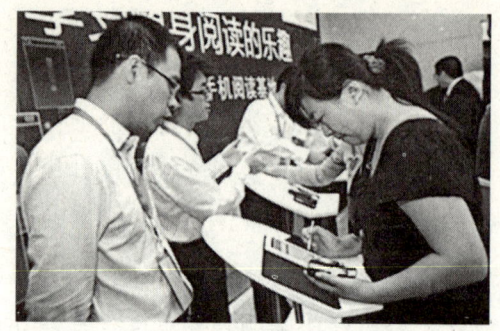
图 3-8 读者体验手机阅读

《国家"十一五"时期文化发展规划纲要》要求大力发展包括手机在内的数字出版。作为最基本的文化需求——阅读与同时最普及的通信信息终端——手机的结合,将打开一个巨大的蓝海。实现一人一台电脑很难,但实现一人一部手机却在发达省份已基本做到。手机能够直达最广泛的用户,已经成为最具有普及力和渗透力的第五媒体,是推动全民阅读的重要抓手。

手机阅读基地的发展前景在于逐步拓展四层次发展空间,改变阅读习惯和阅读消费习惯。前期主要以手机为载体,实现在碎片时间、无聊时间的浅度阅读。逐步培养人们使用创新的 G3 阅读器,结合无线下载,随时随地进行深度阅读。在进一步加强读者和作者交流互动后,推动无线首发,并实现按需打印。最终能结合教育、政府等需求,定制专业 G3 阅读器,推动无纸化教育等变革。

(四)手机报发展面临的问题

1. "把关人"素质有待提高

1947 年,卢因在《群体生活的渠道》一书中认为,在群体传播过程中存在着一些把关人,只有符合群体规范或把关人价值标准的信息内容才能进入传播的渠道。例如:记者是把关人,他们决定着哪些素材可以采写成新闻;编辑是把关人,他们决定着怎样编排新闻甚至是舍弃哪些内容;编审和总编是把关人,他们决定着哪些新闻是头条等。不难看出,把关人在新闻传播活动中占据着重要的地位。

如今,手机被认为是第五媒体,手机报的传播活动是一个大众传播的过程,与传统媒体无异,手机报中也存在着这样一类的把关人。在手机报纸中,编辑人员是最重要的把关人,在众多的新闻资源中,他们决定着挑选哪些信息作为手机报的内容，然后进行再编辑，向手机用户发送出去。这样的编辑流程传递着这样一个信息：编辑人员在手机报中的地位举足轻重，编辑人员的新闻价值判断、再编辑能力等素质都直接影响着手机报纸的质量，也影响手机用户订阅该手机报的数量。

目前，手机报纸大多是在传统媒体旗下新发掘出来的一个子媒体。不论是中国第一份手机报《中国妇女报——彩信版》，还是目前发行量巨大、发展良好的《浙江手机报》，都是传统报纸旗下发展起来的，这样的情况看似无可厚非，有丰富的新闻资源在背后撑腰，手机报的内容来源才可不必太过担忧，但是由于手机报的经营有着这样的连带关系，所以目前大多数地区的手机报纸的编辑人员大多是从该报从属的传统媒体中分配而来，这种现象虽然可以避免同事间价值观存在严重分歧的问题，但是，这样的做法同样存在两个方面的不足。首先，缺乏新鲜血液的手机报编辑队伍，在面对新问题时会出现用老方法解决的情况，这样就会使手机报的编辑操作进入一个旧的操作环节，凸显不出新媒体的特点；其次，手机报纸是一种新兴的传播介质，虽说与传统媒介有着共通之处，但它自身也有着自己的特点。手机报的新闻信息一般都短小精悍，更新快，要求有传播速度快、范围广、互动性更强等特点。习惯了传统编辑手法的编辑人员到了新媒体的编辑环境之后，是否能很好地进行新媒体的再编辑工作就是一个不能忽视的问题。

2. 手机报内容同质化现象突出

在传媒界里，"内容为王"被不少人当做是不变的定律。手机报虽然作为一种新的传播形式出现，但也必然不可能违背这个定律。内容，这是个宽而广的话题，传统报纸讲内容、广播电视讲内容，互联网也讲内容，但是如果手机报只是照搬传统媒体的行业标准，就不可能得到发展，更谈不上超越它们。

由于目前我国还没有出台手机媒体的管理法规，导致出现媒体、运营商，甚至少数民营企业都在做手机报的情况，其结果就是手机报犹如雨后春笋一样大面积地发展起来，据不完全统计，目前全国仅在中国移动发行的手机报就有1000多家，并且手机报的运营很多时候都是"拿来主义"，就是将报纸内容做成"彩信版"，这就导致手机报没有自己的原创内容，新闻来源主要依附于传统媒体和互联网。因此，"内容同质化"也将成为手机报未来发展的死穴。

3. 盈利模式单一

在盈利方面，手机报也和传统的媒体一样有广告和收费两种方式，但目前全国大多数手机报都是收费的方式，最大的原因是手机技术的问题，因为目前手机的容量有限，目前开通的手机报大多只有不过 10000 字的图文信息，只能容纳 30 余条 300 字的新闻，不可能给广告留下多少的空间。目前手机报主要靠订阅费用的分成来满足服务商和报社之间的利益分配，这对于手机报的长期发展显然是杯水车薪。

4. 受众市场混乱

接受者又称受众，是主动的信息接受者，信息再加工的传播者和传播活动的反馈源，是传播活动产生的动因之一和中心环节之一，在传播活动中占有重要的地位。我国的受众调查研究开始于 20 世纪 80 年代，虽然发展还不成熟，但目前在国内已经建立起颇具规模的受众调研机构及监测机制，不足的是，现有的这些机制都还是针对传统媒体和网络媒体而研发的，对于新兴的第五媒体，对受众的规模研究仍处于缺失的环节。

目前，手机报的用户市场存在一种"不明确性"，就是各种爱好不一、兴趣不同的用户聚集在一起，看着同一份手机报。这样的情况短期内应该问题不大，因为手机报对用户来说毕竟是个新鲜事物，但是长此以往，"口味不对"的情况就会使手机报的经营面临受众流失的危险。

5. 新的阅报习惯尚未形成

手机报和其他新业务发展一样，前期市场培育是非常艰难的，用户习惯的培养并非易事。手机报要想可持续发展，对用户的习惯培养势在必行。这可能是一个长期的过程，短期内的投入与产出也许不会成正比。手机报诞生至今对于大多数人来说仍是一个新鲜事物，人们获得信息的途径大多还是依靠报纸、电视和互联网等。

《2007 年中国电子图书发展趋势报告》数据显示，2007 年中国手机用户迅猛增长，加上手机资费下调，大屏幕、智能手机进一步普及，手机阅读人数和所占比例有明显增长，从 2006 年的 2.7％增长到 2007 年的 5.9％，同时，行进中的阅读比例也从 1.3％增长到 2.6％。目前，在我国报纸的读者中，有固定阅读手机报习惯的用户人口规模在 251 万人左右，占报纸总体读者的 0.56％，占人口总体的比例为 0.33％。这些数据呈现出新媒体强劲的增长势头，但是，由于受到传统阅读习惯的影响，手机报所倡导的新的阅读习惯在推广上仍存在很大的困难。

（五）手机报发展的对策

1. "集纳百川"，进行"再编辑"培训

针对手机报编辑队伍出现的问题，可行的解决方法有以下几点：首先，要打破传统的从大集体拨人的方法，尽可能地招募新人。对新兴事物最感兴趣且了解最多的并非有了多年工作经验的媒体工作者，而是年轻的一代，他们的朝气将给新兴的手机报经营带来新的气象。其次，要对手机报编辑队伍进行专业的"再编辑"课程的培训。实践证明：手机报的编辑在很大程度上是进行再编辑。面对新的受众群体和新的媒介，如何将再编辑的威力发挥到最大，以体现手机报的新特点和优势以及赢得新的受众群体的欢迎，需要手机报的编辑人员切实掌握再编辑的知识并很好地运用到手机报的再编辑工作中。

2. "内容为王"，避免同质化

首先，手机报应有自己的采编队伍。如果手机报有自己的采编队伍，就可以将采编的速度再进一步提前，从而更加体现手机媒体的特点。特别是面临突发事件或重大新闻的时候，如果只是一味地"等、靠、要"，那么手机报就失去了它及时、快速的特点，也让受众失去了对它的期待。手机报应该派出自己的采编人员到达事件发生的现场，简要编好新闻概况后用手机发回总台，再由总台向手机用户发送。如果手机报的人员只是等其他媒体的通稿出来后再对其进行再编辑，这样就使新闻失去了它原有的价值。而手机报拥有自己的采编队伍还可以使手机报的内容变得更有特色，而不再是一味地与传统媒体重复或只是传统媒体的精简版。其次，各地方的手机报纸在内容的选择上还应注意调控好严肃新闻和轻松新闻的比例、注重本地新闻、突出手机报在重大事件报道上的优势等。再次，手机报的内容互动也是非常重要的，手机报可每天推出一个老百姓比较感兴趣的话题，让手机报用户积极参与讨论，这样能够跟用户拉近距离，同时讨论的话题也可在网上论坛做留存，手机报报完以后，再做一些及时的跟进和互动，特别是一些比较敏感的话题，可能会引起大众媒体去关注，传统媒体也会引用，这样就形成一个良好的互动关系，也利于受众将各类手机报相互区别。

3. 创新盈利模式，丰富推广方式

中国互联网信息中心最近的调查显示，在3G时代有1/3以上的用户表示愿意为新闻信息付费，免费内容附加广告的方式对于开发另外的 2/3 不愿为新闻付费的用户就成了一种可行的方式。所以免费内容加上广告的模式在 3G 到来的时候是很有推广市场的。

另外，在手机报的推广方面，各地媒体手机报可以尝试借鉴中国移动手机报的推广方法，如：发短信，告诉用户目前有如下服务；10086 外呼，打电话告诉用户；打包进入套餐等。这些方式都非常有效，一个佐证是中国移动的《新闻早晚报》有上千万用户，而专业的新闻媒体制作的手机报反而相形见绌，用户量几乎没有过百万的。

4. 细分受众市场

所谓细分市场，就是企业根据市场需求的多样性和购买者行为的差异性，把整体市场即全部顾客和潜在顾客，划分为若干具有某种相似特征的顾客群，以便选择确定自己的目标市场。市场的细分不仅有利于巩固现有的市场阵地，而且有利于发现新的市场机会，选择新的目标市场。因此，为了开拓更大的用户市场，建议手机报经营者尽快进行细分市场的尝试。

（1）根据自身特点进行用户细分

以广西的《广西手机报》和《新华手机报》为例，目前《广西手机报》的订户多为知识水平较高、经济基础较好、对资讯高度敏感的中青年白领阶层。这一群体需随时掌握资讯，对手机资费的承受力也较强。而为了有效扩大消费群体，让更多的人体验、享受阅读手机报的乐趣，则需要借助多渠道的宣传、推广活动拓展认知范围，细分用户市场。而在细分市场之前，首先要分析目前手机受众群体的特点。中国移动广西公司在对手机报客户的回访中发现，客户渴望更贴身、更细致的信息服务。对此，《广西手机报》正计划细分受众，开发地市版和有关影视娱乐、房产、汽车、饮食等专版。在条件成熟的情况下，由合作媒体派出记者自主采访，以掌握和即时发送第一手的信息。增加 Flash、音频等元素，以形式的创新来吸引更多用户。

（2）针对"盲点"地方，填补空缺

目前我国很多地区的手机报的受众市场大多偏向于高收入人群，而对于广阔的学生市场则鲜有涉足。学生虽然属于消费者，经济能力有限，但是如果庞大的学生市场被忽略，则会是手机报的巨大损失。笔者在 2008 年 5 月份曾经做过关于手机媒体的学生市场调查：该手机媒体调查总共发放问卷 520 份，回收问卷445份,回收率为85.6%。调查对象为某大学在校大学生、研究生,抽样方法为随机抽样。被调查者中,男生占56.4%,女生占42.7%。年龄层集中在20～22岁之间,以大一、大二学生为主体。其中,已开通彩信、彩铃业务者分别占34.8%、43.8%,将于近期开通者比例极小,仅为0.4%、1.3%,这个数据看似不大,但是就在校生的庞大基数而言,已接触彩信、彩铃平台的学生用户为数不少,所以抢占校园市场有着重要意义。

调查显示,学生群体普遍对手机媒体了解不深,实际用户量少。用手机征订新闻信息的人数仅有17.5%,将于近期订购的人数为2.7%。这个数字表明,目前校园市场的潜力仍非常巨大,但是由于手机媒体目前的推广活动未涉及校园,因此学校这个区域基本属于"盲点"区。要开拓校园市场,首先要让学生们了解什么是手机媒体、手机报的特点、发展情况等。而这些就需要手机报全体成员的精心策划,建议不妨先立足于广告宣传,接着扩大学生手机用户免费体验的范围,这些是十分必要的。

就新闻内容而言,高校学生手机用户最感兴趣的信息依次为时政新闻、社会新闻、体育新闻、娱乐新闻,而对于其他类型的信息也都有不低于20%的关注度。另外,他们对国际新闻的关注度高于国内及本地新闻。由此可见,高校学生手机用户的信息需求主要以新闻的重要性、时效性、趣味性为标准。根据这些调查的数据,可了解到当今学生的兴趣在哪里,在手机报细分市场的计划中可以再策划一份完全针对在校学生的手机报,其中的信息可以糅合一些校园新闻,加上之前的宣传攻势,相信手机报在校园市场中将会有大的作为。

另外,价格也是手机报进军校园市场的强大阻力。作为消费者,学生在对金钱的支配上自然没有中高收入人群那样潇洒。在此次调查中,在收费方面,虽然被调查者基本没有达成一致性的定价,但普遍希望价格能更优惠。因此,手机报在进军校园市场时,可将手机报的价格定得略低于当今的市场价,让学生们看到优惠所在,自然会有欲动之心。

(3) 大力发展大客户

这里所指的大客户是相对于以个人为单位的受众而言,比如说一个单位或者公司甚至整个集团的人员都是手机报的用户,那么这种用户可以称为大客户。大客户的挖掘不仅是手机报用户市场的一个细分,也是所有用户中最"财大气粗"的。如果能与这些大客户建立一种长期的供求关系,那对于手机报的发展前景来说将是十分可观的。

(4) 受众呈碎片化趋势,手机报要呈现个性化服务

有专家认为,新媒体的市场呈现出碎片化的趋势。所谓碎片化,就是新媒体的受众分布零散,并非一个统一体,对新媒体的要求也就不尽相同,受众需要的是个性化的服务,因此细分受众也可理解为细分服务。但目前手机新闻的内容呈现出同质化的现象,而且趋于严重。据统计,现在报纸、新闻网站和手机报纸每天的重复率高达60%,这是一个惊人的数据。试想,如果受众每天上班的路上拿着一份报纸看新闻,上班时打开电脑又看到了同样的新闻,接着下班回家的路上,手机报又将自己看到的新闻重发一遍,这将是一个什么样的厌烦情绪。因此,手机报的编辑队伍应该针对自己的受众进行有针对性的、个性化的服务,以开拓新的受众市场。

个性化这个词在目前手机媒体的研究中是个频繁出现的词汇,但究竟怎样才能够个性化,吸引用户们的目光,挖掘到潜在的用户市场,却是让手机报的工作人员头疼的问题。想解决怎样才能使手机报个性化,就必须弄清楚手机作为媒体的特点,而在它众多的特点中,移动性和私密性使它有别于其他媒体。试想,一般是在什么情况下人们才比较乐意用手机去看报纸,肯定是在移动的过程中,或者是休闲的过程,或是无聊的时候。如果能够编辑与这些场景相符合的手机报内容,如蹲厕所时看的"厕所文化报纸",或是人在钻进被窝时看的"被窝文化报纸",让人们再次去厕所的时候,或是再次钻进被窝的时候,首先想到的是这种场景,也许这样的服务就是一个很无聊的笑话,或者一个很简单的小小说,甚至任何一个现有的产品精练出来的小东西,但是给用户却是一个不同的体验。可以说这是一种个性化的包装和营销方式,也会因为给用户不一样的个性体验而给用户留下深刻的印象。

5. 推广新的阅读方式

(1) 宣传时倡导一种理念

手机报是一种新鲜的事物,在不对其进行宣传时确实有很多人对其并不了解,如何在宣传上让受众对其产生兴趣并乐于对其进行尝试是非常重要的。新华社广西分社在对《新华手机报》以及其他业务进行宣传和作问卷调查时都使用到了"你先锋吗?"这样的语句,这样的问话自然而然地让人们感觉到使用手机进行阅读是一种时尚先锋的行为,这对于绝大多数的中青年人来说是,这

种走在时代前列的行为让他们在周围人面前有一种"我时尚、我紧追潮流"的自豪感。新华社广西分社这种在宣传中给读者灌输理念的做法，可以为他们赢得更多的习惯阅读用户。

(2) 举办读者见面会

举办读者见面会是加强手机报与读者联系的好方法，也能比较好地巩固老用户，将他们培养成为手机报的忠实读者。通过举办读者见面会，赠送小礼品等方式，可以让读者对手机报产生更强烈的亲切感，并且这样做也可以轻而易举地请读者登记自己的姓名、性别、年龄、学历、职业等信息，是获取读者信息的好机会。这样的信息也是非常宝贵的，为手机报在将来的读者调查中提供了方便，从而促进手机报更好地发展。

读者阅读习惯的形成是一个长期积累下来的过程，要改变不容易。也许在几百年之后，随着电信、网络技术的突飞猛进，纸介质的读物会消失，取而代之的是新型的阅读工具，这样人们原来的阅读习惯将会被改变。但是，传统媒体与新型媒体的并存是一个长期的过程，人们的阅读习惯需要一个螺旋式渐变的过程，所以阅读习惯不是短期内能彻底改变的。如何让更多的受众将手机报当成他们获取信息的首选途径，这就需要手机报工作人员的研究与实践了。

手机报的诞生给人们带来了一种新的阅读体验，现代繁忙的社会生活也给有着方便快捷特点的手机报很大的生存空间。如今，手机报的订阅用户也因手机用户在中国的庞大数目而有着巨大的市场，手机报在短短几年的时间里快速发展让人们惊叹这个手掌中的报纸竟有着如此惊人的生命力。然而，在惊叹的同时人们也意识到在手机报发展的过程中伴随着很多的困难，这都只是成长中的烦恼。发展中的问题、羁绊与桎梏，要靠时间这把剪刀来刈除。当然，每一种媒体形式都有自己的生存空间，手机媒体不可能代替其他的媒体形式。正如广播的出现没有令报纸消失，电视的出现没有令广播消亡，而互联网也没有取代所有的传统媒体一样，手机也不会使其他媒体失去生存空间，而是会开拓出一片独立的新天地。所以，就像电视媒体曾经走过简单念新闻、出字幕这些日子，最后发展到现场直播、纪实等有自己特色的道路一样，手机媒体同样需要一个探索的过程。

五、手机电视

随着通信行业3G革命的推进和3G技术在全球市场的逐步成熟，传媒行业正在经历从模拟广播到数字广播的变革时期。应该说，对于电信和传媒两大行业来说，如何利用这种变革，开发更为优秀的移动流媒体业务，其中蕴藏着巨大的商机。而广为看好的一个巨大的利润增长点是：继娱乐短信互动平台后的手机电视业务。

全球范围内的国家和地区都纷纷发展和完善相应的技术标准，各大运营商跃跃欲试，开始了对手机电视业务的商业化运作的探索。面对这一市场的新宠，实务界和理论界对手机电视的关注多集中于商业运营模式方面，毫无疑问，这一问题是非常重要的，它直接关系到手机电视今后的产业政策和发展方向。但是，手机电视的另一个重要问题就是内容形态。作为传播媒介，不论采用何种运营模式，最终还是要回到内容形态上来，特别是新崛起的媒体，更需要在内容

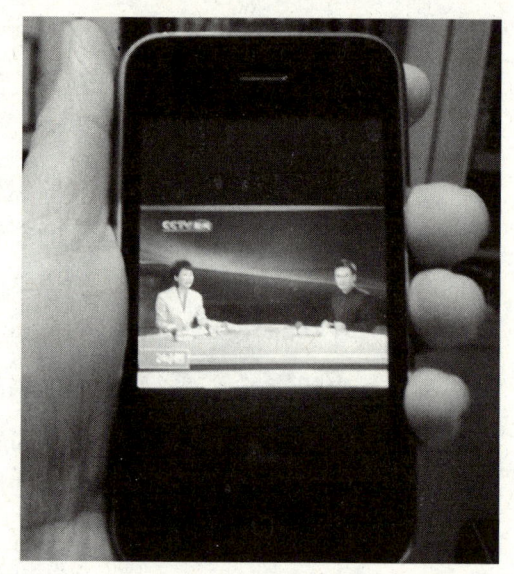

图3-9　手机电视

产品上胜人一筹，否则无法将观众的注意力从别的媒体上吸引过来。因此，对手机电视内容形态的研究具有重大的意义。

手机电视是融合移动通信和广播电视特点的新业务，它可以通过手机终端收看电视等视频内容。在手机电视中，手机兼具了手机和电视的双重功能，并由于具有用户普及率高、携带方便等特性，其业务也就显示出了巨大的市场潜力。据权威调查公司艾瑞市场咨询的一项报告分析，到2010年，使用手机看电视的全球用户将达到1.2亿，在中国，手机电视在手机用户中的渗透率也将提高到5%，届时手机电视的用户规模将超过3100万。

目前，手机电视市场成为各大运营商想品尝的"蛋糕"，并纷纷推出自己的视频业务。但是，目前手机电视的市场规模尚未形成，该业务的发展仍面临

诸多问题，探讨如何走一条适合手机电视发展的道路显得尤为重要。

（一）手机电视业务的实现方式及运营模式

目前，手机电视业务的实现方式主要有三种：一是利用移动通信网络自身来实现；二是利用卫星广播的方式来实现；三是在手机中安装数字电视的接收模块来直接接收数字电视信号。对于运营商来说，成本的多少决定着使用哪一种实现方式。由于第二种方式成本相对较高，所以电信运营商通常会使用第一或者第三种方式。这两种方式具体的实现方法则是：一是将电视等视频内容通过广播的形式传送到手机中，形成所谓的"广播式手机电视"；二是将电视等视频内容通过点播的方式传输给消费者，称为"点播式手机电视"。这两种形式的手机电视则各有特点，"广播式手机电视"简单来说是传统电视的简单移动化，互动性不强，又无法满足用户的个性化和娱乐需求。该业务的运营模式是以广电运营为主，电信运营为辅，电信运营商变成了"通道运营商"。而"点播式手机电视"虽然可以满足人们个性化的服务要求，但是由于该业务是单播的形式，有可能因为太多用户同时进行点播占用大量的网络资源而影响移动语音的通信质量。该业务的运营模式主要是以电信运营商为主，广电运营商为辅，广电运营商被迫成为仅仅提供内容的"内容运营商"。正是基于各自优缺点明显存在，广电和电信合作的运营模式，正在被越来越多的手机厂商和电视广播公司所推崇，合作共赢成为手机电视的主要运营模式，这也是大势所趋。电信运营商拥有先进的技术以及覆盖全国的无线通信网络和庞大的用户群，而广电系统的电视台、电台拥有丰富的内容资源。双方只有通过跨行业的合作，才能达到资源互补的目的。

从目前全球手机电视的发展情况来看，广播网和移动网两网合作的业务提供模式已受到产业链各方的关注，手机电视试验项目大多采用广播网络运营商、移动运营商、电视内容提供商合作运营的模式。移动网的交互性和广播网的大容量广播特性的结合，实现了两网优势互补，尤其是伴随3G技术的完善与应用，这个由先进网络通信技术及数字广播电视技术相融合的新产业必将获得强势的发展。

（二）手机电视在国内外发展的情况

手机电视业务的发展基于移动电话用户的大量存在与快速增长，根据艾瑞市场咨询的一项调查显示，截至2007年7月底，中国移动电话用户已达5.09

亿。其中，中国移动的移动用户总数达 3.3237 亿，占移动用户总数的 65.30%。根据 2009 年 9 月 27 日中国工业和信息化部公布的数据显示，截至 2009 年 8 月底，我国移动电话用户合计 7.1 亿，相比 2008 年年末增加 6925.9 万，8 月新增用户达 785.3 万。

1. 国外手机电视的发展

目前各国都在致力于手机电视的发展与开拓，具有代表性的如日本、韩国、美国、欧洲等国家和地区。

(1) 日本的手机电视

最初的手机电视出现于日本，目前，日本的手机电视市场已有了较好的发展。电视台开发"移动电视"，TBS（东京放送）电视台是日本影响最大的电视媒体之一，该台曾于 2004 年 4 月 1 日开始手机的单波段传输服务，将 13 个频道中的 1 个频道节目即时通过手机传播。手机电视业务在日本的发展也比较快，自 2006 年电视手机在日本开始正式销售以来，截至 2007 年 3 月底，已经累计售出近 700 万部。据 Ipsos Insight 近期披露的研究数据显示，日本通过手机浏览新闻资讯的比例最高，达到 40%，这将给日本的手机电视业务发展带来巨大的潜力。

日本手机电视业务的主要提供方式有广播电视企业联合推出的移动视频广播节目，日本移动广播公司提供的基于卫星的 S-DMB 业务以及 NTT DoCoMo、KDDI 等移动运营商提供的基于移动网络的视频业务。NTT DoCoMo 和 KDDI 是日本移动通信市场的两家巨头，NTT DoCoMo 专门推出了 OnQ 手机，并提出了"元数据"的概念。通过 OnQ 手机，用户可以通过下载和描述节目场景的数据（元数据）等方式搜索感兴趣的场景，并对各个场景进行随意切换。

日本手机电视产业基本上是以电信运营商为主导，通过运营商联合广播电视企业共同推动手机电视内容形态的开发。2005 年 12 月，NTT DoCoMo 以 1.77 亿美元收购富士电视台 2.6% 的股份，合作开发手机电视服务市场。NTT DoCoMo 公司成为首个投资地面广播公司的电信公司。2003 年 5 月，KDDI 和日本广播协会（NHK）开发了一款数字电视手机。2004 年 5 月，KDDI 与 NHK 设计了以市场上正在销售的手机"W11H"为原型的新手机。2005 年 12 月，KDDI 公司宣布与美国高通公司合作，建立公司开发手机广播电视服务。

(2) 韩国的手机电视

从推出手机电视业务发展至今,韩国的电视手机市场已开始普及。早在 2003 年,手机电视业务就在韩国崭露头角,韩国第一大移动电讯运营商 SK 电讯甚至还为手机用户制作了专门的数码短片电视连续剧《异共》供用户收看。至 2004 年,韩国开通了手机接收电视节目的服务。据韩国通信委员会称,目前韩国已拥有 4500 万名手机用户,占人口总数的 91%,而这些手机中有将近 4300 万部手机与互联网相连接。据官方估计,到 2012 年,韩国的移动电视用户将达到 2100 万,这个数字占韩国总人口的 40%。而韩国唯一的卫星 DMB 服务提供商 TU Media 首席执行官 Young-kil Suh 则表示,这只是官方数字,届时实际用户数可能会更多。

韩国正在大力推动的手机电视业务是利用卫星和移动网络向公众传送视频和音频节目的数字多媒体广播业务(DMB),通过卫星将内容发往地面中继站,而后发往手机、掌上电脑 PDA 或有内置接收机的汽车,向移动用户提供诸如视频、音频和数据业务等各种多媒体服务。2003 年初,韩国利用其 CD-MAlX 网络推出了基于流媒体的手机电视业务(DMB),在其技术制式下的手机电视节目涵盖了主要电视台的节目内容,尤其是 SKT 基于 lxEV-DO 网络的 June 业务,推出几个月用户就达到了数百万。韩国国会于 2004 年 3 月通过了新的立法,为向移动用户提供包括 HDTV 节目在内的数字电视节目提供了法律依据。为此,韩国电信公司 SKT 和日本移动广播公司 MBC 于 2004 年 3 月 13 日联合发射了全球第一颗移动电话电视广播通信卫星——MD-Saltl。这颗卫星的发射使得韩国成为在世界范围内首次开展商业化运营手机电视的国家,开办数字多媒体广播等新媒体服务正成为韩国电视发展的主要推动力。

作为韩国手机电视的主要推动力量的 SKT 建立了一个新的合资企业 TU Media 公司,并牵头组成了由 19 个手机制造厂商参加的"手机开发协议会",旨在开发类型、功能及价格多样的终端产品。为了推动手机电视产业化进程,韩国 SBC 加快了手机电视的立法与牌照发放程序,于 2004 年 12 月正式向 TU Media 发放了唯一的 S-DMB 牌照。2005 年 1 月,韩国卫星 DMB 网络开始试行商用,5 月 1 日正式商用。为了拓展、丰富内容形态,SKT 收购了娱乐公司 IHQ,并接管了 YBM 汉城唱片公司以充实手机频道内容。TU Media

还计划 2005 年至 2009 年投资 7000 亿韩元，以确保更多的节目内容。此外，SKT 与韩国国内一家公司协商建立 750 亿韩元的合资公司，致力于娱乐产业的发展，SKT 电讯计划在其中投资 250 亿韩元。在公司的努力下，S-DMB 的视频频道数从刚推出时的 7 个增加到了 11 个，音频频道数则从 20 个增加到了 26 个，并且每日两次直播和录播朴赞浩、崔熙涉、金炳贤等韩国著名选手的比赛。TU Media 公司还推出了提供证券行情和各种生活信息的经济信息频道，与 EBS 达成了教育内容共享的协议，还同 Seoulnet&FilmFestival 共同举办了移动电影节，并在世界杯球赛期间通过手机直播节目。到 2006 年末，该公司用户数达到 220 万户，有望开始盈利。开办数字多媒体广播（DMB）等新媒体服务正成为韩国电视发展最主要的推动力。

（3）美国的手机电视

目前，美国的手机电视业务发展较为迅速，主要是通过移动通信网络用流媒体的方式来实现的。2003 年 11 月，美国有一家名为 Idetic 的公司推出了 MobiTV 系统，通过该系统，运营商只需基于现有的移动网络就可以给手机用户直接提供直播电视业务。接着，美国 Smart Video 公司利用微软公司影像压缩技术 Windows Media 9 开发了向手机实时发送电视影像的系统，画面的连贯性得到优化和提高。

无线产业的领头羊高通公司已经为它的手机电视广播方案投入了 8 亿美元来建立自己的网络。2005 年 12 月，高通公司和无线运营商 Verizon Wireless 公司对外宣布，两家公司将会携手合作，共同推出基于高通公司在美国 Media FLO 网络的手机电视服务。此次的合作将会覆盖至 Verizon 公司近一半的 CDMA2000 1xEV-DO 网络服务区，由此将会为用户带来高质量的手机电视服务。Verizon 公司成为美国第一家正式商业化推出手机电视业务的手机运营商，通过 Vcast、MobiTV 及 SmartVideo 服务，用户即可观看视频点播模式的节目。这项移动电视服务将被推出在适用于 700MHz 频谱的手机产品之中，而高通公司在这部分频谱上拥有全美许可。Verizon 每月向用户收费 15 美元。无线运营商 Sprint 在 2004 年就已推出采用移动通信网络，利用流媒体的方式实现手机电视业务，至今已有数百万用户通过手机观看直播新闻、体育节目和其他短片。目前，其用户都可以通过手机在线观看即时的美国财经资讯电视台（CNBC）、美国有线新闻频道（MSNBC）、澳大利亚广播新闻网以及教育频道的节目,每月收费 9.99 美元。美国最大的移动电话公司 Cingular 在 2005 年 2 月初推出了月租费为 9.99 美元的手机电视服务套餐,订户可以通过这个套餐观看 22 个频道的电视节目。美国 Verizon 公司于 2006 年 1 月推出了付费手机电视项目,收费为每月 15 美元;美国 GOTV 公司也于 2006 年向公众推出了手机电视服务,用户每月付 5.99 美元,便可在美国任何地方用手机看电视节目。据艾瑞市场咨询关于美国手机电视市场的相关数据表明,2007 年美国手机电视收入规模为 1.46 亿美元,同比增长 198%;用户规模为 840 万,同比增长 155%。这样的数据说明美国的手机电视业务有了一定的增长,但是据美国扬基集团估计,尽管市场上有上千万部能接收视频节目的手机,但在美国,每月至少收看一次视频节目的用户目前不到其中的 2.5%。尽管如此,美国的手机电视发展仍存在巨大的潜力。据媒体报道,好莱坞的节目制作商现已盯上了美国的手机电视市场,认为手机电视是影视界一座潜在的金矿。目前,一些美国节目制作商正针对手机屏幕较小的局限性开发有特色的节目。

美国的手机电视产业的内容集成商在内容形态产业化的过程中发挥了先动优势。内容集成商 MobiTV 通过 Sprint Nextel 和 Cingular 提供 27 档节目。在美国,由于棒球联赛已成为美国民众日常生活的热门话题和焦点,MobiTV 率先锁定这一领域,通过与美国职业棒球大联盟签订协议,在手机上现场直播比赛实况,以满足消费者随时随地收看节目的需要。此外,有线电视网也逐渐介入了手机电视的内容提供领域,共同实现手机电视内容形态的产业化,如 NBC 准备为手机提供新闻节目,ABC 准备建立一个以手机为平台的 24 小时新闻频道,CNN 在 2004 年初调整内部组织,以应对用户获得移动信息服务的需求。

(4) 欧洲的手机电视

欧洲的数字手机电视业务还处在试验阶段。但可以肯定的是,欧洲会采用 DVB-H 数字手机电视标准。目前正在进行的最大的试验性项目有泛欧的 Instinct Project、法国 TDF 集团在芬兰进行的 Finpilot 计划,而另一个项目——移动广播整合(BMCO)计划也正在柏林进行。

英国最大的移动通信公司沃达丰集团正大力推进手机电视业务。从 2005 年 11 月 1 日起正式开通一项实时手机电视服务,沃达丰的 3G 通信用户能通过移动网络在手机上同步收看天空电视台的新闻、体育和娱乐类节目。2005年12月7日，沃达丰公司与HBO、20世纪FOX公司、MTV、FashionTV等世界知名公司合作，对外宣布正式推出全球性手机电视服务。除移动通信公司致力于发展手机电视外，英国广播公司BBC也顺应新技术的发展以及受众多元化的消费需求，专门开设为手机用户提供的多项内容服务，包括：BBC新闻、BBC体育、我的俱乐部（体育）、学龄儿童频道、教学帮助、娱乐、电视剧《东伦敦人》竞猜、BBC电影、服饰搭配、彩票、交通、天气和电视与广播节目表等。用户可以通过手机登录BBC网站，获得新闻；可以通过手机收看自己喜爱的各种体育节目；可以收看电影，并对电影进行评价或就有关BBC电视节目进行提问；获得BBC每天的节目时间表等。

2005年3月，Digita、Elisa、MTV、Nelonen、Nokia、Sonera以及芬兰广播公司联合推出了手机电视试运行服务。参加试验的用户除了收看本国电视节目，还可以观看一些国际电视节目如CNN和BBC，以及收听电台节目。2005年8月，在赫尔辛基举行的第10届世界田径锦标赛上，芬兰首次使用了基于DVB-H的手机电视技术进行国际性体育赛事的转播。为此，芬兰广播公司为手机电视用户提供了多种频道选择，包括芬兰广播公司TV1和TV2对此次世锦赛的国内转播，以及芬兰商业电视台MTV3、芬兰Nelonen、CNN、BBC国际台和欧洲体育台的常规节目。

德国柏林市与邻近的波茨坦市现已启动了名为"Berlin—Postdam DVB-H Pilot Project"的试验性服务。试验服务网络从2005年2月开始投入运行，目前通过该服务可以接收到15个频道的电视节目、20个频道的广播节目和16个频道的双向节目。试验性服务在2006年春季以后暂时结束，其后吸收普通用户加入。所有试验参加者的共同目标是在2006年6月在德国举行的"FIFA世界杯2006"中让用户通过手机观看足球比赛。

意大利的手机电视服务在欧洲算是起到了比较早的领先作用，其开始于2006年。而英国的Vodafone和Orange UK，法国的SFR和Orange France，也都陆续推出了以UMTS为标准的手机电视服务。

2. 国内各地手机电视发展情况

与世界发达国家相比，虽然我国手机用户的绝对数处于世界第一位，但目前国内手机上网尚不普及，手机电视业务才刚刚起步，市场规模不大，与发达国家相比仍有较大的差距。但是，由于中国手机电视用户数量将会不断增加，并且随着具有视频功能手机和移动应用服务的日益普及，中国手机电视产业将会有很大的发展空间。目前，国家广电总局已为上海电视台、中央电视台、中国国际广播电台和中央人民广播电台等颁发全国性牌照，为云南电视台、北京电视台等颁发地方性牌照，我国的手机电视市场正在逐步打开。据艾瑞市场咨询研究结果显示，2010年中国的手机电视用户规模约为2219万。

2004年4月，中国联通在全国范围内推出"视讯新干线"移动流媒体业务，与12家电视频道达成协议，为视讯新干线提供内容。这些电视频道包括央视新闻台、央视4套、央视9套、凤凰资讯台、BBC等。

2004年6月，上海移动与上海文广新闻传媒集团（SMG）旗下的东方龙新媒体公司就开展了手机电视的密切合作与业务探索。截至当年12月底，东方龙共推出手机电视和电台直播业务16路，手机电视轮播频道18路，点播下载栏目61个，累计付费订户达20多万户。

2004年12月初，天津联通开通了基于CDMA手机的掌上电视（GOGOTV），在手机上轻松收看中央电视台、天津卫视及其他省市电视台近20套节目。12月23日，在周星驰新作《功夫》的中国首映式上，影迷通过手机这一终端看到了10个拆分的电影片段。

2005年1月1日，上海移动与上海文广传媒集团联手推出手机电视业务试点；2月6日，他们又推出了中国第一部"手机短剧"——《新年星事》。11月15日，山东省境内的手机用户可通过手机观看电视节目。

2006年，空中网对第76届奥斯卡颁奖典礼进行了全程的"手机直播"。这是国内第一次用手机进行大型活动的实时报道传播。同年6月29日，厦门广电集团与深圳多比技术有限公司、宁波波导股份有限公司签下了联合建立手机电视测试和试验环境的合作协议，这意味着厦门广电已开始着手为推动手机电视开展作技术准备。9月27日，诺基亚在浙江省杭州市利用DVB-H手机N92进行了电视手机实时转播电视节目的测试。这是我国首次基于DVB-H标准下同步电视节目传输的测试。

2006年12月，央视国际联手移动和联通共同启动CCTV手机电视业务，两大运营商的用户分别通过"移动梦网"和"视讯新干线"进入CCTV手机电视专区，可随意选择直播、点播、下载以及定制推送等方式观看央视的1

套、2套、新闻、音乐等同步播出的8套节目，另外还有音乐节目、体育赛事、实时路况信息和衣食住行等视频内容。

2007年4月6日，中国国际广播电台与中国联通联手，正式推出次日CRI手机广播电视业务。中国联通CDMA1X手机用户可以在境内收听、收看国际台手机广播电视节目。8月30日，中国国际广播电台在中国移动的流媒体平台上正式开通了手机电视业务。CRI手机电视除了把自有的优秀电视节目上线到手机电视，还整合了各地方的优秀电视台栏目、优秀网络视频及知名内容提供商的内容资源。另外，中国国际广播电台与北京电视台联手打造的手机奥运频道——"奥运直通车"也在"CRI手机电视"专区中亮相。

2007年9月1日，中国联通宣布为终端用户提供高质量的手机视频服务，这项移动增值业务的出现，标志着我国手机电视业务正式投入商业运营。同年9月9日，东方龙新媒体公司推出全球首家手机电视台"第五媒体"，并宣布全面下调上海地区手机电视业务资费。9月17日，湖北广电手机电视公司举行开业揭牌仪式。湖北是国内第七个开办手机电视项目的省份，湖北广电手机电视公司将极大推动新媒体产业的发展。10月，中国国际广播电台基于中国移动网络平台的手机电视正式开通。

2007年12月18日，央视国际正式与国际奥委会签约，获得了北京奥运会官方互联网、手机的转播权，成为唯一一家拥有4430万手机用户规模，在中国内地和澳门地区同时拥有奥运新媒体转播权的机构。此后开展以手机为接收终端的包括直播、轮播、点播下载在内的信息网络传播视听节目业务，及手机短信、图铃、IVR、视频分享社区等移动增值服务，并建设手机流媒体电视业务运营管理平台，形成产品线齐全的移动多媒体业务。

2008年春节，CCTV手机电视在中国内地实现手机直播"春晚"的同时，还联手英国ROK国际手机电视运营商，为英国、美国、加拿大、南非、新加坡、澳大利亚、新西兰7个国家的手机用户提供央视春晚的直播和轮播。这些海外观众可通过Rok TV或Freebe TV手机电视服务在他们的手机上与祖国同胞一起分享2008年CCTV的春节联欢晚会。

2008年3月1日，湖南人民广播电台采用广播模式试验的手机电视试播成功，成功转播了中央一套、湖南卫视两套电视节目以及湖南人民广播电台新闻频道、交通频道两套广播节目。由此，长沙市民可通过手机、MP4等手持终端收看电视、收听广播。

2008年北京奥运会对提高国内外用户对手机电视的认知度起到了积极的作用。奥运会期间，包括北京、上海等奥运城市以及各省会等共37个城市的消费者可通过CMMB收看中央1套、2套、5套、9套、新闻频道、中央少儿频道以及1个地方频道。这次手机电视奥运报道是手机电视在奥运历史上的第一次商用，手机电视已成为迅速传播奥运信息和奥运文化的新平台。据有关数据显示，2008年8月8日至19日，有超过100万人通过中国移动网络用手机欣赏奥运视频，节目点击次数近700万，累计播放时间长达30余万小时。艾瑞市场咨询根据Nielsen Mobile发布的研究数据显示，在全球手机网民中，有相当一部分的用户通过手机观看奥运比赛。其中，有近45%的美国手机电视用户和近31%的英国手机电视用户成为2008年北京奥运会的移动网络观众。

截至2009年年底，国家广电总局共批准6家广电机构建设全国性手机电视集成播控平台，10家建设地方性手机电视集成播控平台，8家开展手机电视内容服务业务。

"手机电视已进入加快发展阶段。"国家广电总局发展与改革中心副主任庞井君谈到，3G业务的发展为手机电视带来了更大发展空间。工业与信息化部的数据显示，3G牌照颁发一年来，3家基础电信企业在2009年共完成3G网络建设直接投资1609亿元。截至2009年年底，中国3G用户累计达到1325万户。3G可视电话、手机视频、移动支付、手机阅读等业务得到开发。3G网络的建设优化、用户规模的扩大、业务的开发将为手机电视的发展创造更好的环境。

另外，3G与移动多媒体广播电视融合也在逐步推进。2009年3月22日，中广传播集团有限公司与中国移动正式签订合作协议，共同推进具有移动多媒体广播电视功能的TD-SCDMA手机发展。全国已经有20多个省的手持电视运营主体和同级的中国移动通信运营主体在技术和市场层面进行了对接。

在2009年的宣传工作中，有条件的广播电台、电视台纷纷利用互联网、手机电视、IP电视等新媒体，与频率频道资源共享、联合互动，增强了传播效果，扩大了宣传影响力。

（三）手机电视的发展瓶颈

1. 标准不统一

在我国，关于手机电视标准的讨论早已开始，但始终没有确定国有手机电视标准。目前国内正在推进的手机电视标准种类繁多，主要包括 CMMB（广电总局广科院推出）、TMMB（新岸线公司推出）、DMB-TH（清华凌讯推出）、CDMB（中国标准化协会推出），以及 TD-MBMS（大唐移动推出）和 CMB（华为推出）等，其中前 4 个标准被广电系统支持，后两个标准由电信系统支持。

手机电视标准出现"百家争鸣"的现象实际上是有碍于手机电视业务的发展的，手机电视标准问题不解决，整个市场便无所依存。其实，手机电视标准成为广电和电信争夺的焦点是有渊源的，就目前来说，手机入网的许可证是由电信部门发放，而广电部门则负责视频播放内容和设备的监管。矛盾由此产生，从特定意义上说，国家采用谁的标准，也就意味给谁种下了一棵摇钱树。因此，广电系统和电信系统都不愿意对方来分割手机电视新媒体这个"蛋糕"。

在 2006 年 10 月 24 日，国家广电总局曾正式颁布了中国移动多媒体广播（俗称手机电视）行业标准，确定采用我国自主研发的移动多媒体广播行业标准，并且宣布，手机电视标准中的核心部分传输技术已基本确定采用广电系统自主标准 STiMi。面对广电总局的这一举动，电信部门立即作出回应，声称在手机电视领域内国家标准一直没有正式"出炉"。由此，双方在手机电视标准的竞争上达到了白热化。这样的矛盾在奥运来临前有了一定的缓解：2008 年 6 月 26 日，国家广电总局和北京奥组委联合宣布，CMMB 技术正式开始为奥运服务，持 CMMB 终端的人们在奥运期间可借此收看奥运赛事节目。这一决定意味着电信系统在奥运期间接受了广电系统的标准，这在以往几乎是不可能的。这可以说是我国手机电视市场发展的一个重要里程碑。但是，这一重大成果是借着"奥运之风"，就目前来说，在手机电视标准上，若想让广电系统和电信系统在很短时间内达成共识恐怕很难。因此，手机电视标准不统一的问题仍然存在。

如果各个机构只在积极推广自己的标准，只为自己集团的利益考虑，手机电视的标准问题将难以解决。因此，确立统一的手机电视标准，需要各大运营商和广电部门协同合作，共同创造手机电视市场新的运营模式。

2. 移动终端的局限

移动终端的电池寿命短、屏幕小、像素不够高等问题制约着手机电视的发展。在对手机电池的认识上，很多人都有同感，就是觉得不够耐用。很多消费者抱怨，用手机看电视，短时间内手机就会很热，刚充满的电池两个小时就没电。而如果电池质量不好就更麻烦，半个小时就没电。因此，很多消费者认为，用手机看电视比打电话费电。手机电视的另一个缺陷就是影响通话。有消费者反映，手机在看电视时会遇到来电时占线或者通话中的提示，从而影响了手机的基本通话功能。另外，屏幕小也是影响消费者使用手机看电视的一大原因。传统电视正朝着屏幕越来越大、像素越来越高的标准发展，从而反衬出手机终端的弱点。而手机电视收费问题也是制约手机电视发展的因素。据了解，目前在北京，消费者若想使用运营商提供的手机电视业务，每月仅此费用就在百元左右。从这个角度上看，手机数字电视要想得到大规模的应用推广实在困难，除非大幅降低使用成本。

要解决这些问题，则需要运营商加强与终端厂商的合作。运营商与终端厂商合作有利于保证终端产品的质量、性能和大规模供应，这一举措也是3G业务快速开展的前提。有了终端厂商的支持，降低终端产品的价格，也就降低了用户的业务使用成本。另外，终端厂商要进行产品创新，适当扩大屏幕，提高图像分辨率，保证画面效果逼真，延长电池寿命，在保持高质量的同时，还要使多数用户都能消费得起。总之，运营商与终端厂商的合作对于大力开发手机电视市场的作用不可小觑。

3. 价格引发市场的问题

目前市场上的电视手机价格并不低，即使是以低价进入市场的天语等品牌，CMMB手机的价格仍在1500元左右，这样的价格比不带CMMB功能的手机要贵50%左右。而目前在社会上造成不小影响的"山寨手机"则因其价格低、不需要等待工信部的手机入网牌照等优势，昂首进入手机电视市场。对于很多消费者来说，他们并不在意手机电视使用的是什么样的标准，他们更多的是关心手机电视的视频质量和节目是否符合口味等问题。在一项由《中国青年报》、腾讯网就"山寨文化"在网上所作的一个联合调查显示，五成以上的网友看好山寨文化，认为应该任其发展。因此，如果工信部和广电总局的矛盾仍不可调和，阻碍了CMMB手机入网牌照的发放，那山寨手机则会以更快的速度占领手机电视市场，这就不利于手机电视行业的整体发展。

解决这些问题则需要三网融合。三网是指：电信网、计算机网和有线电视网。三网融合是一种广义的、社会化的说法，在现阶段它并不意味着电信网、计算机网和有线电视网三大网络的物理合一，而主要是指高层业务应用的融合，是指三网的业务和数据传输相互渗透。总的来说仍是需要电信系统和广电系统的相互协作。

4. 服务质量有待提高

北京奥运会期间，手机电视业务得到了很好的推广。其中高质量的服务是吸引众多消费者的原因之一。为了号召更多的人在奥运期间用手机看赛事，天津移动打出了"五毛钱看奥运"的活动口号。在2008年7月到10月间，GPRS流量费降到原来的1%左右，每兆流量只收取一分钱。手机电视对奥运会赛事的转播分为流畅版和高清版两个版本，流畅版1小时流量约23兆，收费仅为0.23元，即使流量较大的高清版，1小时也只有35兆左右，收费为0.35元。资费适中的优势吸引了大批的使用者，使用手机电视业务的用户在天津市就达到两万人之多。另外，奥运会期间，包括北京、上海、天津等奥运城市的消费者通过手机电视，可以收看中央1套、2套、5套等多个频道的电视新闻，丰富的节目内容赢得了众多消费者的认同。可以说，奥运期间，优质的服务使手机电视业务得到了广泛推广。

但是，北京奥运会之后，优惠活动结束，很多以往精彩的直播节目也相应停止，奥运之后的手机电视的服务质量较之前有了明显的下滑，据了解，北京奥运会结束后，天津市的手机电视业务用户数量就下滑了一半。可以说，资费的高低、传输内容的质量在很大程度上影响消费者是否愿意使用手机电视业务。资费问题不能短时间内解决，但是，视频内容的质量则是运营商可以尽快改善的。在手机电视推广过程中，节目内容的选择至关重要，手机电视能否取得用户认同，首先必须有能抓住人眼球的内容。目前，手机电视主要是提供一些传统的电视节目和点播节目，属于自己的原创性节目内容较少，也就缺乏对用户的吸引力。广电部门在内容制作方面具有较大的优势，如何创新节目内容就成了目前急需解决的问题。

5. 盈利模式不清晰

盈利模式是手机电视能否生存下去的关键。传统的电视产业基本是靠广告收入来支撑整个产业的，但是手机电视是否能沿用这个方式来支撑尚未有定论。从全球看，目前手机电视业不容乐观，众多手机电视运营商出现亏损，手机电视盈利模式不明晰是原因之一。以韩国为例，韩国是最早推出手机电视服务的国家，手机电视市场渗透率也非常高，然而，韩国的手机电视服务提供商却至今没有一家能够盈利。目前，由于我国手机电视没有统一的标准，因此手机电视所面临的困难比日韩等国要大得多。一项权威的调查显示，关于国内用户对手机电视业务最不能接受的问题，有超过40%的用户表示是收费贵。如果内容免费开放，虽然有助于扩大用户规模，但运营商肯定难以承载经济负担，韩国的手机电视服务提供商的亏损就是因为如此。

因此，国内手机电视业务若想长期发展，就要避免行业盈利模式单一的问题，可以融合多种盈利模式，可用手机广告模式、阅读收费模式、增值服务模式和手机搜索模式等多元化盈利模式来拓展更为广阔的市场空间。另外，吸收民间资本参与投资，壮大手机电视发展基础，毕竟，如果没有足够的资金支持，新业务的发展只能是空谈。

（四）手机电视的产业前景

手机，一个越来越被世人广泛应用的电子阅读显示器，已经逐渐成为人们获取娱乐资讯的一种主要阅读终端。手机悄然掀起分割媒体内容形态市场蛋糕的圈地运动。"内容为王"的手机电视作为手机媒体的"杀手锏"业务，它的出现更是推动了新媒体产业内容形态的创新和革命。

1. 三网融合

手机电视是三网融合的主要形式之一。从价值网模型可以看出广播电视网络和移动网络在手机电视系统的作用和位置，它们主要位于传输部分，两者相互补充，分工协作，而互联网的作用隐含在其中。事实上，正是互联网使移动网络和广播电视网络得以统一在手机电视系统之中。尽管手机电视网络传输主体是广播网络和移动网络，但其业务却运行于互联网协议和应用平台之上，由此可以认为，手机电视是一种特殊形式的互联网系统和应用形式。互联网的中介性质使得电信和广电成为手机电视业务中的两大行为主体和直接受益方。手机电视对于广电运营商来讲是一个全天候、全方位、个性化的数字网络媒体。手机电视的这种独特的价值网络模式，为手机电视内容形态的创新发展提供了有效的平台。

通过这个新媒体，广电运营商可以获得更多的广告、节目付费订购和接入收入；对于移动运营商来说，手机电视可能是最重要的增值业务之一，移动运营商将从流量、短信、代理、下载多个方面获得收益。至于互联网企业，它们将从应用软件、应用平台、内容开发、增值服务等多个方面受益。因此，手机电视的内容形态就可以集成三者，实现内容形态的集成创新。例如，传统的电影电视节目的片段甚至花絮可以进行一定的剪辑，制作成为适合在手机上播放的预告或者宣传片，并公布相关的网站，受众可以通过手机上网对相关的信息和内容作进一步的了解、访问、发表评论，甚至利用互联网定制相关的节目。由于手机电视的实时性和移动性，受众可以利用许多零碎的时间对媒体内容进行关注，增强原属于广电系统的传统媒体与受众的互动性，符合个性化消费需求，以更好地锁定受众的眼球。

2. 交互业务

交互业务可以分为资讯、娱乐和服务三大类。资讯包括新闻、气象、交通等；娱乐包括游戏、竞猜、音乐、娱乐节目等；而服务更是多种多样，手机银行、移动购物、在线直播等。交互业务，应该说是目前手机电视的一个独特和创新的内容形态模式。手机电视交互业务的关键是，增值业务在全新的平台上，如何进行改进、拓展和创新，并转化为新的盈利模式。这就需要手机电视价值网中的广电网络、移动网络和互联网的运营商，把视野放宽，发现新的亮点。随着技术瓶颈的突破，手机电视作为建立在个人交流工具和个人媒体手机终端上的新媒体业务，用户可以有效地利用网络实现手机电视商场购物、联网游戏、建立手机社区，仿照淘宝网的商业模式在上面开店交易，开通个人BLOG，上传自己的DV或者其他的艺术创作作品供大家欣赏等，这些内容形态模式都蕴涵着盈利空间。此外，手机短信的商业运营模式具有很大的发展潜力，目前已炙手可热，像"超级女声"通过短信投票所获得的巨大收益，就是一个成功的范例。而手机电视的出现可以实现这一模式的内容形态的创新，例如，不仅使用短信投票，还可以通过制作个性化的DV等视频片段进行投票，进一步提升受众的参与度。

手机电视可以进行VOD点播，最近在挪威开通了一个手机电视商用网络，互动的功能被开发出来之后，人们的平均使用时间从2.5分钟延长到了5分钟，移动手机用户的市场占有率上升了30%。

2005年6月，东方龙信息有限公司拍摄了国内第一部为手机电视量身定做的反映都市白领一族生活的互动情景喜剧《白骨精外传》，整个制作过程完全是互动式的。手机电视用户可以通过短信等业务形式直接参与剧情的预测，跟踪剧本策划、编写、拍摄全过程，并可以发表实时评论。制作方将根据这些意见和建议对剧情做出适当调整。显然，这样的内容制作和收看方式，突破了传统电视的单项传播方式，受众对收看的内容具有参与性，可以实现两者之间的互动，它对今后手机电视的内容制作不无参考意义。传统的电视媒体要进行受众调查，必须采用安装接收设备进行取样的方式，既烦琐又不准确。手机电视的受众习惯却可以通过手机网络即时反馈到传播机构，而且受众也可以通过文字、图片、声音、图像等方式随时与传播机构进行互动，互相交流。

手机电视还可以与网络之间实现互动，互动基于两点：一是两者内容都是以数字化存在，可以相互借用；二是网络本身也是一个开放性、互动性的系统。比如，像《老鼠爱大米》《一个馒头引发的血案》《春运帝国》等网民制作的内容可以直接被下载到手机电视上观看。

3. 移动视频

在中国香港和台湾地区，视频业务已成为目前最受欢迎的3G应用业务。手机电视屏幕被称为是继电视、电脑之后的"第三屏"，在3G提供了足够宽的多媒体传输通道之后，通过手机的小巧屏幕，实现了很多最能展现3G特点的应用功能，如手机视频电话、手机远程监控，另外还有包括手机视频消息、手机视频会议等与手机电视密切相关的应用，是手机电视基于功能上内容形态的创新。

手机电视带给移动通信用户的绝不仅仅是娱乐、资讯，如果与其他应用相结合，还可以承担一些非常重要的日常任务。例如，通过移动视频监控交通流量并形成中心服务器，通过手机随时查看要去的路段的交通情况，这显然比听广播要直观、准确得多。另外，移动视频监控业务与手机电视相结合，还可以应用在小孩和老人的安全控制上，可以对小孩和老人进行一定程度的看护。

手机电视作为移动视频还可以在公共安全方面起到重要作用。爱立信在罗马尼亚和瑞典都与当地政府共同推出了"112紧急救援的解决方案"，通过移动视频，对某些地区进行监控，然后利用定位系统快速定位发生事故的地点，并以视频的形式传播给相关人群甚至公众。爱立信中国大中华区业务网络解决方案部总经理盖碧拉认为："在一些事故发生的时候，大部分当事人由于紧张而无法说清楚自己的具体情况以及事故地点,如果他们能拍摄一些相片或者一段视频及时传回救援单位,能够得到更有效的处理。"现在美国政府已经决定在某些紧急状况发生的时候,通过移动通信网络,而不是原先传统的电视机来提醒人们,手机是其中重要的组成部分。

4. 广告经营

作为媒体,手机电视蕴涵着巨大的广告潜在价值,手机电视的广告已成为手机电视内容形态产业的一个组成部分。媒介形式决定广告创意,移动电视广告不能照搬传统媒介广告形式,而要创新发展一套全新的广告表达体系,要努力使客户和广告商转变观念,或者参与到广告的创作中,创作出适合手机电视媒介特点的个性化的广告,既发挥媒介形态的优势,又提升广告效果。与手机电视个性化的媒介内容相对应的是媒介经营创造力,在以广告为主要收入的现阶段,主要体现在广告经营的专业智力融入上。

手机电视在未来的竞争和发展中获得更多的青睐和机遇的关键是构建广告营销"智力集成型"盈利模式,即内容上更加符合受众需求的变化,信息发布上更好地体现为广告商和受众的服务意识,广告的运营中更多地融入智力资本。建立在智力主导基础上的广告资源的优化配置服务或广告营销的全环节有机整合,为客户提供专业化的全程服务将成为手机电视广告媒介经营创新发展的趋势。

而这一创新趋势的立足点在于深度挖掘媒体价值,努力寻求媒体与行业广告需求的契合点,设计合理的产品组合和销售策略。手机电视的用户必然对手机存在很高的文化认同,而且用户中有相当数量的商务人士,具备高收入、高学历和高信息需求的特征,受众质量明显高于其他媒体。在充分利用手机平台互动性强、用户个性化、用户信息准确的前提下,手机电视广告有很大的拓展空间,可以大量开展数据库营销,开发出更多更好的广告内容形态,为不同需求的广告客户定制。比如,统一雅哈咖啡,一个特别"小资",特别"白领"的咖啡,在电视台的广告是 15 秒 TVC,而在写字楼里设计的移动视频广告又是一个全新的 Flash 故事:"让脚步停下来,让心情飞起来,休息一下,来杯雅哈咖啡。"一个用 Flash 制作的从繁乱到安静再到思绪飞扬的故事,引发了办公楼内许多奔忙的白领的共鸣。休息一下,来杯雅哈咖啡,好的客户运用一个好的平台,让品牌与白领受众的心态在不经意间构成关联与互动。而手机电视的广告经营也应该参照这样的运营思路，充分利用和整合各种传播手段，运营专业的智力资本，突破传统媒介的内容形态，实现广告在手机电视媒介这一新媒体的创新发展。手机媒体也可以利用广告获利，广告形式有以下两种：一种是广告可以通过互动的方式加以体现，二是免费订制，但运营商会每天发送一条或几条广告作为交换。

项立刚认为，主要是内容收费和广告收费两种方式，手机媒体不适宜发展数据库营销，因为如果运营商在得到用户的资料之后再把用户的数据卖给广告商，那么广告商会随意给用户发广告，用户会因此失去对运营商的信任，放弃订制它的内容。手机媒体的运作包括五个相关主体：一是内容提供者或提供商；二是业务管理平台的编辑和加工部门；三是推广和营销部门；四是收费机构；五是服务和维护部门。这五个主体都要获得利益，进行分成。在政策方面，目前国家针对手机媒体还没有制定出相关的法律法规，而且政策走向并不明朗。据项立刚估计，国家对于手机媒体内容方面的政策不会太开放。

新媒体时代的手机电视颠覆了传统电视以家庭为单位的收看模式，演变成了一种"个人电视"，正是这种私密性和个性化的服务吸引了众多的消费者。目前，我国的手机电视市场仍未形成规模，商业运营模式和广告经营策略也还在摸索之中，受众的认知度仍需提高，这些都是手机电视发展的绊脚石。但是，我们也应该看到，我国手机用户的基数非常庞大，这将给手机电视的发展提供巨大的潜在市场。另外，随着中国教育电视台等一批短视频制作商的出现，适合手机播放的视频内容将会越来越丰富，这也将促进我国手机电视业的发展。总之，手机电视作为一种新兴媒体，若想从一个人际交流的工具演变成大众传播的平台，要走的路还很长。

六、手机网游

根据《2009年中国游戏产业报告》显示，2009年中国网络游戏实际销售收入为256.2亿元，比2008年增长了39.4%；2009年中国自主研发的国产网络游戏实际销售收入为165.25亿元，比2008年增长了50.1%，占我国网络游戏实际销售收入的64.5%；中国网络游戏出版产业令人瞩目的发展速度和产业规模，已成为我国文化创意产业不可或缺的重要组成部分。

（一）手机网游的市场

2000年以来，中国游戏市场的快速发展、中国无线网络环境的改善催生了手机网络游戏市场，3G 的来临促使更多企业加入到手机网游阵营中。手机游戏将从单机游戏时代迈向手机网游时代，风险投资商的关注目光也会从手机单机游戏市场转移到手机网游市场。

2003年，PC 网络游戏快速发展和无线增值业务热潮催生了手机网络游戏，手机单机游戏厂商开始研发手机网游。2004年9月，数位红、美通无线、数字鱼3家游戏公司分别推出自己的第一款手机网游产品《掌上奥运会》《三界传说》《大话三国》，标志着国内手机网游市场开始启动。2004年10月，收购数位红之后的盛大开发出其第一款手机与 PC 网游同步配合的手机网络游戏《传奇世界》。

近年来，随着手机网游市场的日渐成熟，许多新的手机网游公司如雨后春笋般涌现，手机网游市场竞争加剧，中国手机网络游戏产品从2006年的数十款迅速增加到2007年的近百款。据报告显示，2006年手机网游用户只有500万户，2008年到2010年，伴随着中国2.5G 无线网络环境的逐步改善以及3G 市场的启动，中国手机网游用户数量保持了高速发展。

（二）手机网游的监管

新闻出版总署副署长孙寿山于2009年1月20日在大连举办的2009年度中国游戏产业年会上强调，要认真总结和把握我国网络游戏出版产业在快速发展中取得的成绩和存在的问题：一是必须把握正确导向，为青少年营造一个健康、绿色、安全的网络文化环境；二是必须坚持民族原创，增强我国游戏企业的整体实力和参与国际竞争的能力；三是必须进一步加强监管和行业自律，营造健康有序的产业发展环境；四是必须加强宏观调控，保护未成年人健康成长，防止西方国家文化渗透；五是必须加强打击网络侵权盗版力度，营造一个尊重知识、鼓励创新、倡导公平的产业发展环境。

中国网络游戏出版产业要做大做强，实现健康可持续发展，必须要在出版内容上下工夫，要突出强调游戏出版文化的深层次内涵，打造具有时代文化特征的精品力作。政府主管部门将通过推动和倡导绿色网络游戏、鼓励企业提高研发水平、扶持网络游戏出版骨干企业和推动民族网络游戏"走出去"等措施，与业界共同推进产业健康发展。

作为中央和国务院授权的唯一负责网络游戏前置审批和进口网络游戏审批

管理的政府部门，新闻出版总署将通过创新出版管理手段来优化产业发展环境，并陆续出台一系列规章和细则，以确保网络游戏审批工作的科学化、透明化、程序化和规范化，为实现网络游戏出版产业又好又快发展提供强有力的支撑和保障。这些规章和细则包括：一是从2010年6月起，凡是没有经过新闻出版总署前置审批并获得具有网络游戏经营范围的互联网出版许可证的企业，一律不得从事网络游戏运营服务。同时，对外资介入网络游戏出版运营服务的，将采取严厉措施依法予以查处。二是所有的进口网络游戏和国产网络游戏都必须严格履行审批手续，其申报者必须拥有"一证三号"（具有网络游戏经营范围的互联网出版许可证、版权认证号、审查批准文号和网络游戏出版物号）后才能正式上线运营网络游戏；经新闻出版总署前置审批或进口审批过的网络游戏增加新版本、新资料片，或者变更运营单位的，必须重新履行前置审批或进口审批手续，否则将按非法出版予以取缔。三是新闻出版总署将采取一系列措施加强对网络游戏出版运营的日常动态审查监管，进一步增强和完善网络游戏防沉迷系统，打击"私服"、"外挂"等非法活动，切实保护未成年人权益，保护知识产权，为我国网络游戏出版产业的健康发展营造良好的环境。

为了促进网络游戏出版产业健康发展，鼓励更多的中国游戏企业和网络游戏进入海外市场，参与国际竞争，新闻出版总署在2010年启动实施中国绿色网络游戏出版工程和中国民族原创网络游戏海外推广计划。

（三）手机网游的前景

目前，我国手机网游还面临手机终端平台不统一、无线互联网网速低、用户体验差等阻碍因素。运营商对手机网游业务的支持力度，如支付手段、推广方式、上网资费等，特别是运营商对手机终端制式的规范和统一，都会不可避免地影响手机网游的市场规模和发展速度。

赛迪顾问互联网产业研究中心副总经理谭斌认为，我国手机网游处于快速发展阶段，但没有到达高峰。手机网游画面不如PC精美，手机网游的盈利模式、运营模式有待检验，玩家主要利用等车、等人、旅途等休闲时间，不会将其作为主要的休闲娱乐方式。肖永泉表示，我国的手机网游发展，在从用户的角度来看，目前面临着网络速度、机型平台和费用支付三座大山，从手机网络创业团队来看，技术和资本运作的瓶颈也阻碍了部分公司、团队的发展。广州盈正总经理刘自生也表示，目前，手机网游产品创意、开发、运营管理等都没有很好的创新模式，游戏内容粗糙雷同，开发商的研发力量薄弱，仍是制约手机游戏行业快速发展的重要因素。

然而，中国手机用户基数高，未来市场潜力巨大。中国 3G 市场已经启动，手机网游市场前景看好。对此，谭斌表示，手机用户人数大大超过互联网用户，用户的付费意愿比较高，年轻人将成为手机网游的主要用户。此外，3G 牌照的发放，必将促进手机网游的发展。肖永泉认为，手机网络游戏最终一定会超越 PC 网络游戏市场，新的游戏产业格局也将形成，中国的手机网游发展也将会走到世界的前端。刘自生表示，随着 3G 牌照的发放，手机游戏行业面临拐点，网络升级优化意味着游戏产品将有更强的终端表现力和更快的传输速度，全新的体验使手机游戏一定会成为主流的 3G 增值业务，手机游戏行业的前景对于有实力的公司来说是无比广阔的。

七、手机搜索

目前，搜索成为智能手机最常用的功能之一。据报道，到 2011 年智能手机的销售量预计将超过所有个人电脑（包括手提和台式电脑）的销售总量，数量将达到 4 亿台。这将促使个人电脑生产商分流进入智能手机行业。到 2012 年，智能手机的发货量将突破 5 亿台大关。同年，价值达 72 亿美元的移动广告市场将主要通过移动搜索功能实现。

（一）手机搜索的现状

移动搜索业务的提升来源于人们阅读习惯的改变。据美国皮尤研究中心（Pew Research Center）的一份报告显示，超过 1/4 的美国成年人通过手机阅读新闻，并且年轻的手机用户更倾向于通过手机获得新闻。这种习惯的变化可以从下面的调查结果中找到证据：大约 43% 的 50 岁以下受访者表示自己属于手机新闻的消费者，而 50 岁以上的人群中这一比例仅为 15%。

皮尤研究中心对 2259 名 18 岁以上受访者进行电话采访，结果显示，美国人获取信息的方式正在发生变化。10 多年来，科技一直在重塑新闻行业，同时也改变了消费者与新闻行业的关系。手机的风靡推动了该行业的最新变化，通过手机可以实现轻松上网。据皮尤研究中心报告显示，人们通过手机阅读新闻时，最关心的仍然是天气。37% 的受访者表示使用手机上网功能，这其中 72% 表示会用手机查看天气预报，紧随天气之后的是时事，比例为 68%。

谷歌移动应用技术副总裁维克·冈多特拉（Vic Gundotra）预计，通过手机搜索业务获得的广告收入将超越传统的电脑搜索，尤其是在智能手机快速发展的情况下。

手机搜索给用户带来很大便利，通过手机，人们可以在随意停留的地方找到餐馆，当汽车发生故障时，手机也能告诉你距离最近的维修站。"这周早些时候，我开着车到一个陌生的城市，我有5个小时的空闲，可是我又不熟悉这周围的环境，这时我的iPhone就发挥作用了，它能在2分钟内告诉我附近有哪些咖啡馆、餐馆以及无线上网的场所，并会列出6分钟内汽车能到达的地方。"一位iPhone用户这样评价自己手机的搜索功能。

（二）手机搜索的发展

人们日益依赖功能强大的智能手机，并以此取代传统的电脑上网，上网习惯也必定会发生改变，而搜索引擎又是人们上网不可或缺的工具。移动搜索具有强大而全面的搜索能力，据估计，移动搜索业务的收入在今年有望达到10亿~20亿美元。

除一般的内容搜索外，谷歌、雅虎都曾经为苹果iPhone用户提供了一款语音识别搜索应用程序，用户可免费下载语音搜索应用程序，用户对着手机讲明自己希望查询的问题，该应用程序将把查询结果返回到手机屏幕上。

由于手机业务的迅猛发展，谷歌首席执行官埃里克·施密特（Eric Schmidt）建议持怀疑态度的人相信手机搜索的未来，因为现在的移动手机业务仍然是被限制的，他相信随着技术的提高，这个限制将会被打破。iPhone是首家将移动设置与网络浏览器连接起来的，其他更多这样的设置应该跟进。几年后，手机广告会比一般的网站产生更多的收入。移动网络将是下一个最大的广告平台。

在智能手机上使用搜索引擎的用户大多是点击浏览器并输入地址，因此，开发更好的移动浏览器，有利于推动移动搜索业务的迅速增长。

由于消费者越来越多地通过智能手机，如苹果的iPhone访问互联网，因此谷歌也开始加强其移动方面的业务。谷歌自己研发了一套手机操作系统Android，并与摩托罗拉和宏达两个手机制造商进行合作，在其手机设备中安装该操作系统。

手机搜索目前还没有取代传统的电脑搜索。但是，在午饭和人们离开办公桌的时候，移动搜索流量的增长速度非常迅猛，各广告客户为手机上的搜索广告所支付的费用也可能会超过其现有的基于传统电脑的广告业务的费用。摩根大通分析师伊姆兰·克汉（Imran Khan）表示，这意味着移动搜索能够积极影响整体付费点击的增长。

第二节　手机媒体的特性

与报纸、广播、电视、因特网等媒体相比，手机媒体最显著的特点是它具有高度的便携性、互动性、隐私性、贴身性以及多样性的信息服务。手机媒体作为互联网与无线通信融合的产物，在其发展过程中，技术的前进和突破，使得手机短信服务不断升级，提高了短信内容的信息承载量；手机的便携性使得信息的送达率达到最大化；无线互联网和手机的结合保证和提升了传播终端用户的互动性。无线互联网是以手机为媒体终端建立的无线网络。手机的随身性极强，相对于有线互联网络来说，在使用上更加方便，信息传播更加及时，真正具备了媒体的特性。

除具有网络传播的各种优势外，手机媒体更是打破了地域、时间和电脑终端设备的限制，人们可以随时随地接收文字、图片、声音、视频等各类信息，实现了用户和信息的同步。随着新技术的广泛应用，手机的新闻传播、娱乐游戏、虚拟社区、信息服务等附加功能将扮演越来越重要的角色。作为网络媒体的延伸，手机媒体成为具有通信功能的掌上电脑这一趋势已经初露端倪。手机用户数的持续增加为手机媒体的飞速发展提供了广阔空间。

科技发展提供的新技术使手机媒体的实现成为可能，开发手机媒体，市场潜力巨大，前景无限。媒体的形式规定着媒体的内容。不同的媒体在信息符号、编码译码、传输技术、接收终端等方面会有所差异，而这些差异因素将对媒体的内容形态产生重大的影响，因为媒体的内容形态及其相关特征是构筑在媒体本身的基础上的。

一、个性化的媒介特性

传统的传播方式基本上都是大众传播,受众被动地接受经过传播者过滤后的信息和观点,受众与传媒之间缺乏互动,人们最终被淹没在大众传播的浪潮里。手机媒体的出现,突破了长期以来"大家媒体"的格局。

(一)手机纯属私人用品

手机因群发、手机播客等功能发挥出大众传播媒介的功能,但它首先是作为个人的人际传播工具和娱乐资讯工具而存在的。和传统媒体的统一规格相比,作为传播终端的手机本身,就是极具个性化的。机主对各式款型手机的选择标志着手机使用者的个性特点;用户对手机电视的使用拥有绝对主导权,可以自由选择观看与否、观看的内容、观看的时间、观看的地点等,从而改变被动接收的局面。

(二)手机传播具有差异化

传统媒体认为受众是大众的,不存在差异化,但是对于一个手机用户而言,他的满意度的提升需要差异化的传播信息以及个人化服务的不断完善。手机突破了以往大众传播以服务大规模的目标人群为主要任务,以最大限度获得更多的个体注意力为绩效的营销方式。用户在体验手机媒体提供服务的同时,可以参与信息的订制和点播。订制和点播服务使手机媒体的内容更加个性化,如各种资讯和信息,用户不再是简单地接收,而是根据需要从一些特定的节目内容模块进行自主选择和收看。

(三)手机传播的个人化定位

对传统媒体而言,通过细分市场来保证和获得更大的市场份额已经是必然趋势,而手机媒体可以通过其增值服务技术,使用户的个性化要求能够更加明晰和准确量化,而手机用户订制项目区分不同群体,通过在不同增值服务上的话费计算区分,进行个性化的定位。

二、互动性的媒介特征

能够调动受众参与、与受众互动的传媒,才是最有生命力的媒体。手机媒体打破了传统媒体中生产和消费相分离的状况,用户既是消费者,也可以是生产者,在获得媒体利益的同时,也参与了内容制作。手机短信可谓是最为重要的助推器,它能让观众由一名旁观者转换为参与者,是互动性得以实现的重要标志。因为手机短信可以体现用户的意志,使观众可以积极地参与到活动当中。从目前的媒介空间来看,手机参与的媒介已经是目不暇接,无处不在。而3G手机极大地扩大了传输量和带宽,可以真正地实现各种多媒体点对点的传播;同时,移动数字广播的发展,将实现多向的、非线性的传播,这种模式将极大地丰富互动的内容。因此,手机天然地具备了互动性的技术条件,手机媒体的互动性特征在未来将更为突显,以手机为媒体的内容形态也将成为人们注意力的焦点。

三、移动性的媒介特征

美国媒介理论家保罗·莱文森(Paul Levinson)认为,手机就是一个流动的家园,它满足人类边移动边交流的双重需求,使人对它的依赖性越来越大。作为一种全新的信息通道,特别在重大、突发事件发生的时候,其传播的效率极快,手机短信的传播效率比四大媒体更胜一筹。2003年农历正月初一,美国哥伦比亚号航天飞机突然失事,传统媒体还没来得及传递消息,各大门户网站已在10分钟之内把这一消息发送到用户手机上。手机传播信息的时效性具有传统媒体不可比拟的优势,几乎可做到与新闻事件同步。手机媒体能够在第一时间将获得的信息简要组合后随时随地传播给用户,迎合了现代人对新闻资讯的实时即刻的消费需求。电视直播曾把人们带到一个与新闻现场同步的新境界,如今手机作为一种精巧的移动媒体则更胜一筹。彩信新闻打破了地域、时间和电脑终端设备的限制,使受众随时随地接收文字、图片、声音等各类信息。让用户在获知信息的同时目击现场,具有强烈的现场冲击力,同时使信息接收方式从静态接受变为动态接受。在2006年的世界杯足球赛中,具有流媒体功能的手机终端只要申请视频业务,就可以随时随地观看到赛场战况。可以说,手机媒体真正满足了新闻采访突发性、即时性的要求。毫无疑问,今后在新闻事件,尤其是突发事件的报道上,手机还将继续扮演重量级的角色。

四、人性化的媒介特性

手机是个人自主的通信终端,手机媒体的经营理念不同于传统媒体,用户至上的观念是手机媒介经营以人为本的重要体现。所谓人性媒体特征,是指手机电视作为一种融入人们生活最深的个性化媒体,具有实用性、娱乐性,构成了人类日常生活的基本结构。实用的需要、情感的需要和娱乐的需要是基本人性观的三个方面。手机作为个人的通信工具,具有实用性;手机的短信、彩信和彩铃等增值服务功能,又使它具有社会交际、交流工具的情感性;而作为一种方便的游戏平台和音像播放平台,它又具有鲜明的娱乐性。手机全面地满足了个人在实用、情感和娱乐三方面的基本需求,表现出很强的人性化的特征。此外,手机作为个人化移动多媒体终端,打破了用户被动接收的状态,内容由个人选择使用,用户享有充分自主权,也符合了媒体人性化的发展趋势。

五、屏幕制约性的媒体特征

手机被称为"影子"媒体。它轻巧的造型、压缩的体积使其具有便携性,可以紧贴用户。手机的移动性和便携性决定了它的屏幕不可能很大。尽管现在屏显技术日新月异,像素在不断提高,但在画面清晰度上目前仍比不上传统电视,更不用说电影了。麦克卢汉将电影定义为"热媒介"而将电视定义为"冷媒介",他划分的主要依据是媒介清晰度的高低。从这个意义上说,手机电视应该是比传统电视更"冷"的"冷媒介"。

第三节 手机媒体的发展

手机早先只是移动通信系统中的便携的、可以在较大范围内移动的电话终端。但是随着技术的推进,手机有了以下三代的发展:

第一代手机(1G)是模拟手机,俗称"大哥大",由于受到当时的电池容量限制,以及模拟调制技术需要硕大的天线和集成电路的发展状况等制约,这种手机外表四四方方,只能称为可移动但算不上便携。此类手机类似于简单的无线电双工电台,通话时锁定在一定频率,所以使用可调频电台就可以窃听通话。

第二代手机(2G)是目前最常见的数字手机,通常使用 GSM 或 CDMA 等十分成熟的标准,具有稳定的通话质量和合适的待机时间。此类手机为了适应数据通信的需求,一些中间标准也在手机上得到支持,如,支持彩信业务的

GPRS 和上网业务的 WAP 服务，以及各类的 Java 程序等。

第三代手机（3G）是指将移动通信与国际互联网等多媒体通信结合的新一代多媒体数字手机，它能够处理图像、音乐、视频流等多种媒体形式，提供包括网页浏览、电话会议、电子商务等多种信息服务。从近几年高端手机在硬件技术应用及功能上的发展可见，手机技术在声音、显示屏、计算能力、存储容量与方式、拍照和摄录及增值业务支持等方面的性能与质量逐年大幅度提升。下一代网络体系（NGN）是以软交换为核心，采用开放、标准的体系结构，能够提供语音、视频、数据等多媒体综合业务的网络。4G 移动通信将是 3G 与 WiMAX 结合在一起的技术，它将提供以太网的接入速度（10Mbps），并且通过一部手机结合在一起，提供集成无线局域网和广域网服务。下一代移动通信网将是"以人为本"的网络，技术发展只是必要的手段，通过建立新的通信体系结构，提供开放的网络接入，促进公平竞争，更好地满足用户的服务需求。下一代网络所提供的服务具有多媒体化、个性化、多样化的特点。多媒体化就是向用户提供广泛的音频、视频、图像和文字同步集成的双向交互式通信与信息服务。个性化就是能够给用户提供"随时随地随意"的服务。多样化就是在下一代移动通信网络平台上开发出更多的、适应社会需求的应用项目。

总之，从无线移动通信的发展历程来看，传统的语音通话在移动通信业务中增长速度越来越慢，而无线增值业务则得到了迅速的发展，所占的市场份额也越来越大。数字无线通信所承载的不仅是人际间的信息交流和传达的功能，更重要的是大众信息传播和娱乐功能。无线通信和其他媒体的融合，为这种功能的实现提供了技术上和内容上的支持。可以预见，手机报、手机杂志、手机电视、手机电影会逐渐普及，手机必将发展成为一种集成的"口袋里"的移动媒体，成为获取信息和娱乐的最便利的终端，这是技术进步和社会发展的必然。

除对其市场潜力充满期待外，我国的传统媒体决策层也意识到手机媒体的战略重要性，并加速进入这一领域，以自身资源优势为依托，实现向手机媒体的延伸和渗透。通讯社、电视台、电台、报社等传统媒体都在积极利用多种新技术手段，广泛开展合作，搭建新的媒体平台。

一、全球 3G 迅猛发展

过去几年间，美国 3G 高速网络用户数超过西欧。根据尼尔森对 7 万名美国手机用户的调查：2007年以前，购买具有网络接入和应用程序下载功能的智能手机的美国用户只占6%，而2008年初上升到16%。同期，欧洲用户的上升速度却要缓慢得多，仅从11%上升到17%。

在短信、彩信和移动游戏方面，美国与西欧不相上下。美国人开始使用移动电子邮件和移动即时信息。美国的移动网络浏览器也呈现增长趋势，但是仍然落后欧洲几个百分点。美国使用移动互联网的百分比仅为17%，而西欧则达到20%。相较最为火爆的亚洲市场而言，美国的这两个市场还都比较落后。但是美国已经开始向高端移动市场转型，同时也已经成为欧洲和亚洲的"实验室"。各国也开始重视美国市场。诺基亚位于加州圣迭哥的实验室，有400名员工为AT&T量身定做诺基亚手机。日本的NTT DoCoMo和其他的亚洲运营商也都在美国硅谷寻找移动产业的创业公司，希望找到合适的投资对象。诺基亚控股的Symbian等欧洲手机软件制造商也计划扩建在美国的办事处。Symbian战略副总裁约翰·福赛思认为，美国市场正在迅速成为移动广告、移动游戏和其他移动应用程序的支柱。他说："就研发而言，我们的方向已经完全转向了西方（指美国）。"

中国是世界第一手机使用大国。2008年1—7月，中国累计新增电话用户5049.2万户，总户数达9.63亿户。其中，固定电话减少1058.1万户，总数约3.55亿户；移动电话新增6107.3万户，总数约6.08亿户，普及率为44.8%。继早期高速增长之后，近两年的手机有效号码使用数增长率都超过18%。2008年，34.9%的中国网民在前6个月内使用过手机上网，手机网民规模达1.176亿，较2007年增长了133%。

优视科技CEO俞永福也预测，2010年中国手机上网用户数会增加1个亿，手机网民达到3.5亿。2011年中国手机上网人数将再增加1.5亿，2011年网民人数将接近5亿。如果按照他提供的这组数字，手机网民不仅在增速上大大超过PC网民，而且在数量上也会超越PC网民。

手机上网成为网络接入的一个重要发展方向，中国千元以上手机基本具有上网功能。今后对于低收入人群、边远农村地区的用户，WAP手机上网将是上网的主要手段。目前中国WAP移动互联网的应用在全球处于领先位置，这是由用户需求决定的，具有中国特色。挪威浏览器厂商Opera发布的《2008年8月移动互联网发展状态报告》显示，手机上网用户访问排名前十的网站中，WWW 网站占据了 8 席，主要是新浪、搜狐、Google、百度等传统互联网门户，空中网、QQ、Paojiao.com、Hao123.com、Yaha.com、3G 门户等网站也列入 Opera Mini 浏览排名前十。

2009 年手机网民的年龄依然呈偏态分布，在 10～29 岁年龄段的分布最为集中，占到了整体手机网民的 73.2%。与整体网民相比，手机上网更多地吸引了年轻群体，尤其是青少年群体。但与上半年相比，10～19 岁及 20～29 岁年龄段手机网民分别下降了 0.9 和 2.3 个百分点。与整体网民相比，手机网民群体在学生、企业职员、农村外出务工人员中有更高的使用比例，分别高出网民总体的 3.5%、0.7% 和 0.5%。而且手机网民的低收入群体所占比例更大，其中月收入在 501～1000 元的手机网民占比高出整体网民的 2 个百分点。在 3001～5000 元的收入段，手机网民占比则低于整体网民 0.9 个百分点。手机网民居住地为农村的用户占到 30.8%，而总体网民中乡村网民的比例为 27.8%，两者相差 3 个百分点。由于手机应用的便利性，相对于传统的互联网，手机在农村地区具有更大的优势，随着手机上网资费的调整等因素的影响，手机上网形式在农村将更加普遍。

近年来，中国移动信息服务业务的快速发展，业务形态呈现加速发展趋势，社会影响力越来越大。一是新闻信息服务。主要有短信、手机报和 WAP 网站三种形式。2007 年，中国移动短信发送量 6027 亿条，手机彩信 143 亿条，从事全国性新闻短信服务的内容提供商 69 家；全国共有彩信手机报 464 份，用户达 7326 万；WAP 网站达 10 多万家，其中具有独立域名的 WAP 站点 6.5 万家，仅移动梦网用户就达 2.88 亿，日均访问用户 500 万，日均点击 2000 万次。据中国移动发布的 2009 年年报显示，中国移动 2009 年短信日均发送量达到 18.66 亿条，短信业务收入达到 535.57 亿元；手机上网收入达到 183.38 亿元；彩信订购超过 16.84 亿次，彩信收入达到 33.06 亿元。此外，无线音乐、手机报、飞信、12580 综合信息服务、139 邮箱等业务规模快速扩大。二是出版服务。主要包括手机杂志、手机图书、手机音像出版物、手机电子出版物等。据统计，中国 60% 的手机用户中，有近 3 亿人使用过手机出版服务。2007 年，全国手机出版总产值接近 150 亿元，相当于 2006 年全年数字出版产业的 3/4。三是视听节目服务。主要有广播式和通信式两种形式。以 2.5G 或 3G 移动通信网为基础的通信式手机视听节目服务，中央电视台、上海文艺广播电台等 14 家广播电视播出机构在中国移动、中国联通移动通信网内建设手机视听节目集成播出平台，全年用户数超过 600 万；广播式手机视听服务主要通过无线数字广播网，利用数字广播技术向手机及 PDA 等手持式终端发射视听节目信号，也叫移动多媒体广播，比如 CMMB 手机，可覆盖中国主要大中城市。

随着中国无线宽带技术的发展和 3G 技术的广泛应用与推广，移动互联网的媒体化、多用化功能越来越强，发展潜力巨大，发展空间广阔。一是多网融合发展。三网融合的推进，将推动手机媒体与广播电视、互联网等媒体网络紧密融合，将更多地通过手机媒体提供随时随地的数字电视广播服务，用户数量和市场规模也将大幅增加。二是多媒体综合发展。移动互联网将进一步整合新闻出版、广播电视、文学艺术等多种媒体业态，成为集报刊、广播影视等平面媒体、电子媒体于一身的综合性媒体。三是视听节目服务快速发展。随着无线广播数字技术和无线宽带技术的发展，移动互联网的流量、传输速度等技术难题将得到解决，能更好地承载传统媒体和网络媒体的视听节目内容。四是信息终端更趋融合。从世界信息技术发展趋势看，电脑、电视、手机等信息终端走向融合已成必然趋势，手机已不仅仅是通信终端，而是集成各种信息终端功能的多功能信息终端，既有日常通信功能，更有大众传播功能。北京奥运会期间，手机媒体异军突起并成为大众获取奥运信息的重要渠道。中国移动公布的数据显示，共有超过 100 万人通过移动网络用手机欣赏精彩奥运会视频，节目点击次数近 700 万次，累计播放时长达 30 万小时。

在中国移动互联网发展过程中，也涉及许多重大事件。手机的广泛影响始自 2003 年 2 月 8 日的一条手机短信："广州发生致命流感。"这条只有 8 个汉字的短信以每天递增 100 万～500 万条的速度悄悄在南方蔓延，推动"非典"事件成为公共事件，蔓延到中国社会生活的各个领域。从这个意义上说，手机短信在信息的传播中扮演了极为关键的角色，并且其影响覆盖了事件的全过程。2006 年年初，北京城区突发路面塌陷事件，交通管理部门及时通过手机短信传递路况信息，有效疏导城市交通。上海、北京、辽宁等地还将这种方式制度化，建立灾害天气手机短信预警机制。

三鹿奶粉事件于 2008 年 9 月全面引爆。而早在 2008 年 3 月，三鹿就接到消费者的投诉，同时，网上社区、手机短信开始讨论三鹿奶粉的质量。3 月份，南京出现全国首例肾结石婴儿病例，此后全国各地陆续出现肾结石婴儿病例。9月，几家新闻媒体陆续报出肾结石婴儿均长期食用"某品牌"奶粉，欲说还休，引起消费者不满，而此时，手机上早就传出民间声音："外国人喝牛奶结实了，中国人喝牛奶结石了""喝三鹿牌奶粉，当残奥会冠军"……与此同时，天涯、西祠等各大论坛关于奶粉致幼儿肾结石新闻跟帖迅速以几何级数的速度增长，众网友强烈要求有关方面公布奶粉品牌。9月11日，事件升级。《东方早报》记者简光洲率先将矛头指向三鹿奶粉。当晚，事件发展到高潮，新华社进行了系列滚动报道，及时报道了事件最新进展情况。19点04分，质检总局开始调查。19点12分，三鹿集团负责人表态配合有关部门调查。20点56分，卫生部指出高度怀疑三鹿牌婴幼儿配方奶粉受到三聚氰胺污染。21点，三鹿声明召回问题奶粉。而官方的手机短信也在积极跟进报道。然而一波未平，一波又起，不几日，手机短信中传出所有奶类、所有奶制品均有问题。9月23日，手机中又开始流传一则短信："据传闻，继蒙牛、伊利、光明液态奶被查出含三聚氰胺后，日前国家质检总局又抽查酒类产品，在贵州茅台、山东张裕、中粮长城和青岛啤酒中发现了致癌物质亚硝酸钠。"而这则骇人听闻的短信令这些上市公司的股票一度跌停，更主要的是加剧了人们对食品安全的担忧。

新华手机报更是在第一时间揭发了三鹿问题奶粉。9月11日，下午版的新闻速递中第一条便是"全国现多例肾结石婴儿"。9月12日清晨特快"今日关注"中，手机报就运用专版播发"问题奶粉导致婴儿肾结石，三鹿集团召回受污染产品"，并添加互动，当日留言就有上千条。12日下午版更是头条播发，卫生部要求各地立即统计辖区内医疗机构接诊与食用三鹿牌婴儿配方奶粉相关的患病婴幼儿情况，同时发表《应立即查封冻结三鹿资产》的评论。在事件发展之初，手机报及时发出声音，引导舆论导向；此外，该版增加服务性的报道，在答疑解惑的同时，一定程度上消除了患儿家庭的恐慌。

2002年，许多移动运营商开始推出GPRS业务，随着3G网络推出，移动互联网的发展步伐进一步加快。目前，世界上第三代移动通信技术共有三种标准，除中国提出的TD-SCDMA标准是首次投入商用外，另外两项标准已在多个国家应用。3G是能装在口袋里的宽带，是一次重大的技术转变，提供数倍于目前的快速数据连接，其重要性就如同20年前移动电话的面世一样。3G的全面启动和广泛应用，带来信息传播领域的又一次"革命"。由于不受固定线路制约、价格相对便宜、携带操作方便、便于隐蔽使用等特点，3G手机与互联网对接，将使许多非网民通过3G手机成为网民。许多中老年人、困难人群、电信基础设施（有线）较差的农村和边远地区居民也可能通过使用3G手机进入"网民"行列。

日本是全世界最早开通3G业务的国家之一。2000年6月，日本3家运营商获得3G业务经营权。2003年，又有1家运营商进入这一市场。目前，有4家3G运营商的日本已经成为世界上3G普及率最高的国家，大约有1亿的3G手机用户，超过了日本手机用户数的80%。英国、意大利、瑞典2003年3月开通3G。随后，欧洲的3G发展逐渐加快。美国在2003年推出3G，截至2008年6月，3G用户数大约为6420万，占其手机用户总数的28.4%。澳大利亚、新加坡、以色列、新西兰、新加坡以及中国香港等40多个国家和地区也都已经有3G业务。一些目前尚未开通3G的国家和地区，也正在建设3G网络。美国一家调查公司2007年底的调查报告称，全球3G用户数接近4.15亿。总体来说，第三代移动通信技术是当今世界通信业的发展方向。

随着中国工业和信息化部发放3G牌照，中国移动运营商全速冲刺，中国手机用户即将迎来属于自己的3G时代。2009年1月7日，工业和信息化部发放了三张3G牌照，中国移动互联网必将掀起新一轮应用大潮，移动广告、移动购物、无线娱乐服务、移动办公、远程教育等深层次应用时代即将到来。

二、全球三网融合之路越发宽广

随着列车电视、楼宇电视、手机电视等移动媒体纷纷浮出水面，固定地点、固定时间"收看"已经逐渐形成。新兴媒体渗透式的信息传播，使我们的私人空间和公共空间，从来没有像今天这样无时无刻不被信息包围着。

各种网络技术互相借鉴和融合，已经成为各网络发展的必然。未来网络融合的发展会朝着三网融合的方向，朝着N个网向一个网的方向发展。所谓"三网融合"，是指电信网、计算机网和有线电视网三大网络的业务应用的融合，以及由此引发行业管制和政策方面的统一趋势。从业务层面来说，"三网融合"可以为用户带来更丰富便捷的信息服务。由单一业务转向文字、语音、数据、图像、视频等多媒体综合业务。用户可通过单一终端或接入方式使用各类信息服务。从网络层面来看,"三网融合"将使网络从各自独立的专业网络向综合性网络转变,网络性能得以提升,资源利用水平进一步提高。

"三网融合"是世界性潮流,各国已为此纷纷放松电话公司、互联网公司和有线电视公司之间的管制,允许它们互相渗透、互相竞争。"三网合一"的直接结果是1997年以来席卷全球的跨行业、跨国界的电信企业兼并活动,全球电信业的格局和发展方向发生了巨大变化,以AT&T、NTT和BT为代表的各国主要电信商纷纷构筑"三网合一"的全能业务平台。

2006年4月1日,日本推出one segment服务,就是手机电视,通过广播电台、电视台进行各种节目的放送、收看,上行的时候可以通过手机点播希望收看的节目,运营商都可以在提供服务的同时进行收费。

在中国,广电、电信、互联网三大产业逐渐从分立走向融合。2000年,中国"十五"计划提出:"抓紧发展和完善国家高速宽带传输网络,加快用户接入网建设,扩大利用互联网,促进电信、电视、计算机三网融合。"这是中国政府首次提出"三网融合"。十六届五中全会通过的《中共中央关于制定国民经济和社会发展第十一个五年规划的建议》明确指出:"加强宽带通信网、数字电视网和下一代互联网等信息基础设施建设,推进'三网融合'。"2008年1月,《关于鼓励数字电视产业发展的若干政策》明确提出推进三网融合的要求,即在确保广播电视安全传输的前提下,建立和完善适应三网融合发展要求的运营服务机制,鼓励广播电视机构利用国家公用通信网和广播电视网等信息网络提供数字电视服务和增值电信服务,支持电信企业参与数字电视接入网络建设和电视接收端数字化改造。

2010年1月13日,在国务院总理温家宝主持召开的国务院常务会议上,决定加快推进电信网、广播电视网和互联网"三网融合"。由此,"三网融合"这一名词从年初起就开始走红。三网融合,其核心价值在于通过共享网络资源和信息内容,为用户提供语音、数据和广播电视等多种服务,从而促进信息和文化产业发展,提高国民经济和社会信息化水平,满足人民群众日益多样的生产、生活服务需求,拉动国内消费,形成新的经济增长点。可以尽快转向以IP为基础的新体制,建设宽带IP网,加速我国互联网的发展,使之与我国传统的通信网长期并存,既节省开支又充分利用现有的网络资源。

三网融合,手机可以看电视、上网,电视可以打电话、上网,电脑也可以打电话、看电视。三者之间相互交叉，形成你中有我、我中有你的格局。有专家认为，无论是三网融合还是四网融合，未来都将是泛网融合的时代。

目前，我国的电信网和互联网市场融合已非常深入，重点是电信网、互联网和广播电视网怎么融合。

广电业因互联网而发生深刻变化，电信、互联网企业也均凭借网络优势实现了向传媒领域的渗透，原本被传统媒体垄断的市场格局被打破。在电信、互联网两大强劲对手的竞争下，广电进行内部资源整合、重组，并实现对互联网、电信及其他相关产业的反渗透。

美国 In-Stat/MDR 公司在其发表的中国手机市场和 3G 业务的发展趋势报告中预测，到 2008 年，中国手机用户将从 2003 年的 2.6869 亿增至 4.9786 亿，平均年增长率为 11.7%，到 2008 年手机用户占人口比例 37.6%。商业性 3G 服务将从 2005 年开始，到 2008 年，3G 用户增至 1.1813 亿人。

目前，全球手机用户超过 35 亿，欧洲手机用户已经超过了人口总数，达到 6.66 亿。手机连同互联网一起，彻底改变了通信方式，手机沟通全球的愿景日渐成为现实。从非洲的农民到中国的工人，从城市的学生到贫民窟的居民都在使用手机。世界上，平均每分钟就有超过 1000 个手机新用户。手机的普及率已经超过了汽车（目前全球登记车辆为 8 亿辆）和信用卡（仅 14 亿张）。固定电话在全球 80% 以上的国家得以普及耗费了 100 年的时间，而手机仅用了 16 年。青少年们都在用手机查看时间，很少有人再戴手表。可以说，手机是截至目前拥有最多用户的消费类产品。

手机是向世界发表信息的传声筒，可以用来发布图片、邮件和短信、Twitter 信息或者博客文章等。海量信息按照全新及有趣的方式保存、分类并重新配置给其他用户。当你在网上查询附近地区最好玩的去处时，手机可以显示其他用户上传的相关图片和评论。如果你看中了某个地方，手机将显示交通路线。

手机让你更了解周围的世界。如果你把所有手机的智能整合在一起，我们将会看到一幅不可思议的世界动态全景图片。最新气象信息不再依靠数以百计的传感器监控，而是借助上亿个手机传感器；交通路况也不再仅仅依靠直升机和路面传感器获取，而是依据陷于交通堵塞区域中手机的数量、移动速度以及方向计算得出。

手机不仅仅是方便的通信工具，更可能成为你的谋生工具。在印度南部，渔民借助短信找到销量最好的市场；在南非，甘蔗农场工人可以收到怎样灌溉作物的短信。在整个非洲次撒哈拉地区，拥有手机的企业家变身为私人运营商，为村民提供电信服务。未来这些创新将进一步发展。

手机将会更加开放，开发人员开发或改善应用程序及内容将愈发方便。假设用户手机上安装有改善电源管理的软件，一名开发人员可以对这一软件进行改进，无需用户操作，即可将其更新安装到手机中。随着时间的推移，手机的功能将越来越强大。

第四节　手机媒体的管理

目前全世界只有对移动通信行业、手机用户的行为进行规定的法规，还没有一部对手机媒体（包括手机出版）进行管理的法规。因此，对包括手机出版在内的手机媒体进行立法管理，在全世界都处于摸索阶段。

手机出版可以依据不同的标准分类，按照其与传统媒体的关系，手机出版可以分为不依托传统媒体的手机新闻出版和依托传统媒体的手机新闻出版。前者管理难度大，但是代表了产业主流与方向；后者可以比照传统出版的管理模式，管理难度小，但是从互联网发展走过的历程来看，后者受制于已有的管理模式、人员结构、思想观念、资金运作等因素，很难成为新兴产业的主体。

一、我国手机出版管理的现状及问题

由于特殊的电信收费体制等原因，我国短信业务十分发达。因此，现阶段我国对包括手机出版在内的手机媒体的管理主要体现在对负面短信的控制方面。

我国已经有一些地方性法规对手机出版进行管理，如《贵州省手机报管理暂行办法》（以下简称"办法"）等，这些探索是难能可贵的。该《办法》借鉴了我国网络出版、网络传播管理法规一些成熟的做法，但是该《办法》对手机出版的概念、特征、规律还缺乏深入的认识，尤其是将手机出版局限于依托传统媒体的手机出版，不符合产业发展方向，还需要进一步完善。

（一）我国对基于短信技术的手机传播的控制

尽管从技术发展的角度看，短信的信息承载量十分有限，无法传播大量的多媒体信息和广告信息，因此，基于短信技术的手机出版、手机传播的前途并不被看好，但是它却是我国目前手机出版的重要方式。

尽管手机短信只是手机媒体的初级形式，但是暴露出来的问题不容忽视。不良手机短信已经显示出对公共秩序和社会风气的危害，为了不让手机短信沦为一种新的信息公害，有关部门应加快相关的信息立法，全面加强管理和规范，在确保通信自由的前提下，涤荡阴霾和污垢，还手机短信一片洁净的天空。

目前手机短信的发送主要有手机间点对点发送、通过人工声讯台发送、网站发送和计算机软件发送等方式，由于后两种方式有较强的群发能力，不良短信往往是通过后两种方式发送的。从技术上讲，移动通信运营商只能了解短信息的发送者和接收者，而不能监控短信息的内容，同时也很难对垃圾信息进行过滤。

我国著作权法修改后，新闻出版总署和信息产业部联合颁布了《互联网出版管理暂行规定》。这部规定是在《互联网信息服务管理规定》基础上对互联网规范管理的深化，将网络出版纳入规范有序的管理，对规范国内网站的建设和活动，监控互联网上的信息，起到很大作用。但是，这一规定仍然没有考虑到手机媒体的特点。

1. 对负面短信的控制

负面短信的许多类型，从信源来看与网站内容提供商有关，即"以讹传讹"类新闻短信和黄色、灰色短信。如果对网站的信源做好防范和监管的话，此类负面短信会大大减少。对于新闻类短信，网站编辑要极其慎重，不但求快，更要求准，对重要或重大新闻要经过多方检验和核对证实后才能予以发送，这样才会减少假新闻的传播几率。对于黄色、灰色短信，经营短信的网站要加强行业自律，实现手机短信内容的净化。但这一点似乎难以奏效，在网站经营的短信类型中，这类"荤段子"下载和订购率是最高的，巨大的商业利益淹没了网站对公共利益维护的良知，因此需要监管部门对有关网站加强审核和监督，促使其约束自己的行为。对于违法乱纪类短信和破坏社会安定团结类短信，其传播者难以事先确定和预料，故只能从加强信道监控和提高受众本身的防范意识着手。移动运营商应该主动担当起必要的社会责任，配合主管部门对短信信路进行监控。虽然依靠目前的技术只能识别信号的传输质量，而难以识别以及过滤信号的内容，不过移动运营商可以针对数量超乎寻常的手机或平台的短信内容进行抽检，防止其传播有害信息。

此外，可以借助其他媒体对手机用户进行预防不良短信的宣传，增强其防范意识。对于有害短信，许多国家已经采取了法律手段规范短信息服务，例如欧盟就制定了"保护私人信息数据"行为准则，手机用户不再被动接收垃圾信息。在我国，手机仍处在被动接收短信阶段，如何帮助用户不接收或少接收那些不良短信，有关部门应该借鉴其他国家的经验，制定出一套适合国情，符合实际的法律、法规。

对于病毒类短信，也应该引起足够的重视，加强手机网络的防毒、抗毒和杀毒技术研发，防患于未然。

2. 对短信内容服务商（SP）的管理

伴随着短信的爆炸性、持续性增长，短信传受主体的多元交互性，短信传播内容的社会化、庞杂化等，短信的传播控制问题日益彰显出来。

经营同一种业务的 SP 过多，很难从服务上分出优劣，无法进行约束。手机用户在 SP 上注册的信息与运营商用户资料信息分离，经常出现 SP 在不知道用户处于停机、欠费状态的情况下仍旧发送短信，产生无用的互联网短消息费用。SP 的服务质量导致用户投诉时无法迅速处理，造成用户对移动运营商的不满，从而影响与客户的关系。手机用户经常遭到乱计费乱收费，并且无法查询 SP 业务详单和相关费用，无法提升服务质量。

运营商与各 SP 双重服务，品牌不统一。一个 SP 一个接入号码，既浪费号码资源，又导致用户使用困难。现有的许多 SP 客户服务系统无法受理短信订制、取消及投诉服务，给用户和运营商带来很大的麻烦。由于短信息只能是被动地接收，而不能主动地过滤内容，一旦运用不当，短信息服务就成为一种公害，造成垃圾信息的泛滥。

要强化行业自律，建立 SP 行业自己的游戏规则。一个没有自己完善的游戏规则的行业是没有前景的，其生存状态势必是混乱的，因此移动运营商和 SP 正在逐步建立自己的游戏规则，这对短信传播行业的自我管理来讲是一个良好的开端,当然不但要有规则,还应该根据规则来管理,根据短信传播发展情况来不断修订规则。

(二)不成功的手机实名制

2005年11月1日,公安部、信息产业部、中国银监会联合强调,要求基础运营商根据用户的有效身份,实行手机实名制。信息产业部正在制定的《通信短信息服务管理规定》也明确提出手机用户将实行实名登记制度。

手机实名制将对利用手机短信息进行潜在的犯罪活动起到威慑作用,对手机用户进行有效身份登记也将使公安机关打击违法行为更为有效;实行手机实名制后,无法追查机主是何人的情况将有所改变,不仅消费者能从中受益,运营商也将减少话费欠费、死账等。

我国手机实名制原计划在2006年12月底之前全部完成,但是事与愿违,手机实名制的推行没有取得预想中的成功。分析其原因,主要有以下几个方面:

1. 面对海量用户,工作量过大

推行实名制涉及庞大的老用户群,这是实名制要面对的第一道难关。目前我国手机用户有5亿,中国移动和中国联通对后付费用户早已按实名制的入网程序执行多年。实名制实际上是针对预付费的手机用户。

用户群数量庞大,对运营商来说是一项极其庞大的工程,对用户来说也增加了额外的负担和不便。很多用户可能无法理解重新登记问题。因此,必须出台相关的配套措施解决老用户问题。由于用户基数太大,应当尽量简化登记手续,比如异地号码在本地能够登记等。

老用户重新登记面临绕不开的法律难题。单凭信息产业部文件能否对拒不登记的老用户实施强制措施,信息部门是否有权对这些老用户采用强制停机的手段等都值得商榷。用户购买手机卡,便与运营商形成合同关系,如果他们没有违反原合同规定,移动运营商因为部门规定单方面停机,等于终止合同,运营商要承担法律责任,因为合同法是国家制定的法律,要高于部门制定的文件。

事实上在这方面我们有过教训。20世纪末,我国移动数字网全面建成,有关部委曾统一部署各地关闭模拟网。当时天津模拟网手机用户实际只有几千户,涉及人数不多,又有部委文件,按说很好办,但事实上并非如此。就是因为涉及法律问题,在规定关闭期限之后,天津模拟网又运行了很长时间,最后费了很大的劲儿，提供了许多优惠条件才说服客户同意转网。几千用户尚且如此，而手机实名制将涉及全国近 2 亿用户，其工作难度可想而知。人们担心，执行得不好，手机实名制方案会成为一纸空文，这样影响的将不仅是信息部门的声誉，而且是整个政府的形象。

在公民法律意识越来越高的今天，任何一家移动运营商都不愿贸然行事。如果老用户拒不登记，又无法收回他们占有的号码，不但运营商经济损失大，而且手机实名制将陷入尴尬境地。

2. 身份鉴定如何保真

实名制中的身份鉴定如何保证？目前国内假证制作太容易，制作成本低且渠道也比较通畅，开户时运营商营业人员或者难以辨别身份证真假，或者出于自身利益的考虑，对持假证者视而不见，因此用假身份买手机卡或开户也并非难事。一位专家指出，这种情况下恐怕效果离治理者的预期要差很远。

有的消费者不愿意提供身份信息，而运营商为了争夺市场迁就用户，使实名制难以推行。有专家认为，最早国内的手机卡需要本地户口或者需拥有本地户口作担保才能办理，许多人特别是外地人抱怨不已，限制了运营商业务的开展，而不注重实名身份的预付费业务推出后，发展十分迅猛。如果再推行实名制，会让许多消费者觉得不方便而再度制约业务发展，毕竟外来务工者、学生等人群已经成为手机用户主要增量部分，这部分消费者看重的就是不记名预付费制度的来去自由、方便快捷。

此外，即使所有手机用户都登记真实资料，照样存在发送不法短信的空间。如果违法交易行为没有发生或没有被掌握，即使不法短信发送人登记了真实身份，公安部门也不能给予任何形式的处罚。

3. 私人信息如何保密

大量用户的真实私人数据能否保证不外泄？虽然按规定用户信息只有运营商掌握并保密，但现在的手机销售网点遍地都是，用户登记的个人信息很难保证不被中间渠道商泄露。

完善相关的用户信息披露制度，比如对中间渠道商的信息保密规定，对用户资料查询的授权规定等，以充分保护用户的隐私。政府必须同时规定对用户个人信息的保密制度，比如只有司法机关和行政机关在必要的情况下，才能通过法定程序查询个人信息。

手机实名制管理的首要目的是遏制屡禁不绝的不法短信。手机实名制的实行，能为公安部门侦破不法短信提供方便，但仅靠实施手机实名制，要根除不法短信难度还是很大。

（三）偷拍的管理

在中国，偷拍他人隐私将被治安拘留。2006年3月1日实施的《治安管理处罚法》中明确规定：针对偷窥、偷拍他人卧室、浴室等隐私场所，或者窃听他人隐私的行为，将处5日以下拘留或者500元以下罚款；情节严重的，处5日以上10日以下治安拘留，可以并处500元以下罚款。如果当事人在公共场所被别人用手机偷拍照片，其可以责令偷拍者删除照片，若遭拒绝可拨打110报警。

二、发达国家对手机出版管理的政策和法律

日本是世界上手机媒体最为发达的国家，其对手机媒体的管理主要靠行业自律，在手机媒体的管理中，行业协会起到了关键性作用。欧美发达国家以及新加坡、韩国等国的移动通信行业管理法规比较健全。由于具有拍照摄像功能的手机对隐私的侵犯已经成为社会公害，因此这些国家管理的重点主要集中在对具有拍照摄像功能的手机的管治和手机实名制的推广上。例如，新加坡、韩国等国为了打击借助于手机的犯罪活动，大力推行手机实名制。

由于人口众多，国情不同，日本对手机媒体的管理经验很难移植到中国。同时尽管信息产业部、公安部等部委酝酿手机实名制已经多年，但是始终无法在可操作性上获得突破。

（一）手机管理的相关规定

对于手机铃声或手机通话在公共场所造成噪音污染，完全是一个使用者使用习惯和公德意识的问题。虽然手机铃声早已从当初单调刺耳的振铃演变为立体声和弦，但在一些特殊的公共场所，如图书馆、展览馆、剧院、音乐厅、电影院、教室等地方，即使铃声再美妙，也会破坏安静的气氛，成为让人恼怒的噪音。在特定的公共场所，最好能禁止手机铃声打扰；在一般的公共场所应贴出醒目的标示，提醒人们降低手机铃声或调到振动，不要在公共场所大声通话。此外应加强公众的自律意识，养成公共场所文明通话的习惯。

目前，不仅公众人物的隐私受到手机侵害，普通人也感受到了它的威胁。

据统计，全世界大约有上亿部可拍照手机，其中大部分在欧洲和亚洲。可拍照手机的快速普及，使它们同针孔相机和针孔摄像机一样，对个人的隐私权构成了极大危害。如今，网上流传着很多在公共场所偷拍的图片，拍摄地点遍及健身房、餐馆、街道，甚至是卫生间。一些国家已意识到这一问题的严重性，正在限制这种"隐蔽照相机"的使用范围。对可拍照手机侵犯隐私权或窃取机密的控制，实际上是针对有关传播者自律和他律的问题。侵犯隐私权并不是拍照手机的错，而是使用者的错。因此，应该对使用者在法律上进行有效限制和约束。

可拍照手机还有可能成为窃取商业秘密的工具。由于可拍照手机具有很强的隐蔽性，公司的重要图纸、样品，很可能在几秒钟之内就被偷拍、传输出去。商场内禁止拍照几乎成为零售业不成文的规定，但面对可拍照手机，这一规定已显得苍白无力。

手机厂家为增加卖点，在手机拍照技术上互相攀比，一方面手机拍照技术日渐完善，另一方面也为偷拍提供了更大的便利：首先是摄像头的隐蔽性越来越强。摄像头已由最初设计在手机背面改为设计在翻盖上，进而设计在转轴上；其次，市场调查显示，消费者对高清晰的拍照手机兴趣颇浓，生产者便在高清拍照手机上大做文章，手机照相的像素从以前的数十万发展到数百万，已有部分厂家推出千万以上像素的可拍照手机。

对可拍照手机等高科技产品，目前国家还没有具体的管理规定。有人认为，科技本身就是一把双刃剑。个人在享受科技成果的同时，不能对社会利益和他人利益造成损害。在有些人利用科学技术损害社会和他人利益的情况下，国家的法律、法规要及时调整。

对偷拍者侵权或者违法犯罪行为的调查和取证很困难，建议政府对可拍照手机的使用范围加以限制。在有些场所，可拍照手机应当视同照相机、摄像机，因此禁止拍照的地方都应该考虑禁止使用可拍照手机。

目前使用可拍照手机者多为年轻人，偷拍他人隐私的毕竟是少数。有人认为，在一些场所禁用可拍照手机，对公民权利限制太过严厉。可拍照手机的一项关键功能就是通信。如果在未禁止通信的场所，禁止使用可拍照手机，有侵害自由通信权的嫌疑。专家认为，可拍照手机的出现是科技和社会文明的一大进步。我们的社会允许并鼓励科技进步，但它并不意味着法律监督和制约作用的减弱。

针对越来越多的不法之徒利用手机等电子产品的拍照功能进行偷拍,一些国家和地区的立法机构开始介入:

韩国可拍照手机在拍照时必须发出声音提示。

日本政府制定规范,禁止在公共浴室、更衣室、健身房、全国性政府机关等偷拍高发地点使用可拍照手机。

英国健身房等场所顾客不能携带可拍照手机入内。

澳大利亚的政治家们正在游说通过一项禁止把可拍照手机带入校园的新法案。

美国芝加哥市在公共浴池和淋浴间,未征得当事人允许,禁止对其进行拍照。芝加哥市议会提议,对违反规定的人处以5~500美元的罚款。2004年9月21日和12月7日,美国参众两院分别通过的一项法案宣布,任何使用拍摄、录像设备在公共场所偷拍他人"暴露"照片的行为是违法行为,当事人不但可能被处以高额罚款,情节严重者还有可能被判入狱。根据法案规定,任何未经许可在公共场合对"裸体"或者"仅以内衣示人"的人进行摄像和拍照的行为均属违法行为。当事人依据情节的严重程度可能被处以超过10万美元的罚金、1年的监禁,或者同时处以上述两项处罚。但这项法案并不适用于那些从事情报和监狱管理等工作的美国政府执法人员。据悉,该法案的通过得到了一些美国民权组织人士的拥护。纽约州一个民权组织的律师汉纳·科尔克对记者说:"至少从理论上说,那些发现自己被人偷拍,其照片又在网上被散布和传播的受害人可以寻求联邦法律的保护了。"

(二) 国外实行实名制的做法

1. 韩国

韩国对手机出版的管理是从源头上进行的,即实行手机号码入网登记制度。韩国人买手机时必须出示身份证,然后由售货员将顾客的身份证号码、住址等信息输入电信运营商的中心数据库。韩国还制定了相关法规,重罚违法者。

早在2002年8月,韩国信息通信部针对手机广告短信泛滥出台了一项严厉措施:广告商在发布手机短信广告时,必须注明"广告"字样和发送者的单位、电话及手机号码,同时对于滥发垃圾短信者,个人可处以最高8500美元的罚款。

手机在韩国十分普及,而韩国对手机的管理也有其独到之处。手机实名制是韩国对手机管理的"最有力武器"。无论是韩国人或外国人在韩国买手机,必须用身份证进行登记。韩国实行一户一网、机号一体的手机号码入网登记制,而且机芯内不设"卡"。手机丢了,只要向电信部门申报,便立即断网,丢失的手机也就彻底作废了。因此,在韩国基本没听说过有人偷盗手机。目前,韩国已建立了全国统一的"身份证信息库",只要把顾客身份证号码输入电脑,并与信息库相连,即刻便能鉴别真伪。而韩国电信还建立了一套报警系统,以防犯罪分子用别人的身份证购买手机。例如,某人用别人的身份证购买手机后,只要一通话,电信部门就会立即给身份证的主人打电话进行核实,一旦有假,立即停机。

韩国实行手机实名制后,手机销售不仅没有下滑反而更火。由于韩国手机使用费相对来说比较低廉,再加上服务周到,安全有保证,所以韩国人更换手机的频率相当快,这成了韩国手机市场发展的原动力。

2. 东南亚地区

泰国是实施手机实名制的典型国家。从 2005 年 5 月 1 日起,泰国推出一项针对手机预付费卡的管理措施,要求购买预付费 SIM 卡的用户提供身份证或护照。要求现有的 2150 万预付费用户和在泰国的外国手机用户必须在 6 个月内将其身份证号码或护照号码提交给各自的运营商,并要求运营商的客服中心与每个用户进行联系。政府警告说,如果用户没有在 SIM 卡登记的最后期限内进行登记,将对其终止服务。

新加坡于 2005 年 10 月也宣布从 2005 年 11 月开始实施手机实名制,新加坡政府官员表示,当地预付费用户高达 140 万,市场占有率为 35%。然而,过去不少运营商或经营者选择以手写方式抄录用户资料,不但容易出错,还可能发生犯罪分子利用他人户头申请手机号,从事不法勾当,诱发社会治安问题,因此,新加坡决定推出新措施,同时规定,15 岁以下用户不被接受登记,而且每个人最多只能拥有 10 个手机号码。从 2005 年 11 月 1 日起,身份证扫描辨识系统遍布新加坡的卖场与通信行,强制预付卡消费者登记个人基本资料。

印尼有 4000 万手机用户,其中 90% 以上用的都是预付费手机。由于恐怖分子和罪犯频频使用这种无需身份登记的手机作案,政府决定从2005年10月起,对全国所有手机进行注册,拒绝登记的用户将被停机。印尼进行手机登记的直接原因是手机成了恐怖分子作案的辅助工具,贩卖手机充值卡成了恐怖分子筹集经费的重要手段。在2002年巴厘岛爆炸案中,有一颗炸弹就是用手机引爆的。2005年10月,巴厘岛发生了第二次恐怖爆炸,警方在现场查获了两颗未被引爆的手机炸弹。印尼由于岛屿众多,交通不便,通信主要靠手机。以前,人们购买预付费手机不用进行身份登记,即使登记也是走走形式。现在,政府意识到,对所有手机进行登记如同切断了恐怖分子的耳目。因此,政府将登记截止日期定在了2006年4月。

3. 印度

和其他领域相对落后的基础设施相比,印度电信业的发展可谓"一枝独秀"。据统计,印度目前有5000万人拥有手机,其数量已经超过固定电话用户。随着经济的发展,印度出现用手机进行金融诈骗的苗头,甚至有恐怖分子在2005年10月发生的新德里连环爆炸案中,用手机引爆炸弹。在这种背景下,印度政府在中央调查局中设立"网络空间犯罪调查部",负责调查手机及互联网等虚拟空间的犯罪行为。与此同时,印度国内十多家网络运营商无一例外地被要求严格执行手机用户的入网登记制度。在开办新手机业务时,每个人都要填3页纸的表格,里面详细记录了姓名、家庭及办公地址、联系电话等内容,有的甚至还要填写父母等直系亲属的姓名,以防止因重名引发管理混乱。直到所填写的内容经过验证后,网络运营商才会按照用户选择的号码发给用户相应的SIM卡。随着竞争的加剧,印度也出现了使用充值卡的手机,用户买这种手机不仅需要在开户时进行登记,而且在买卡充值时还要当场登记该充值卡的序列号以及想要充值的手机号码。如果该充值卡中的钱被充入了其他号码的手机,一旦被发现,网络运营商马上会打电话进行询问。

4. 澳大利亚

澳大利亚的手机付费制度与我国相同,两种制度并存。对于后付费用户,已经实施实名制,对于预付费用户,从2004年起,等同实名制一样管理。管理工作由澳大利亚Telstra电信公司负责。Telstra有一个手机用户数据库,该数据库与国家信息安全库相连。澳大利亚共有四大移动运营商,其他运营商的同类信息根据政府要求也由Telstra统一管理。

5. 美国

"9·11"事件发生后，美国政府出于国家安全考虑，全面加强了对手机等通信工具的监控，其中最重要的措施是通过立法对国民进行大范围监听。2001年10月27日，美国总统布什签署了《爱国法》，法案允许联邦调查局使用"漫游监听电话"系统。据《纽约时报》报道，2002年布什曾授权美国国家安全局，可在未经法院批准的情况下，监控国际电话和电子邮件。从那时起，美国国家安全局对美国境内的500人、境外的5000～7000人实施了全天候监听。

在社会层面，手机服务商在接受《纽约时报》记者采访时表示，如果开通手机长期服务，服务商会要求用户签一份合同，用户要在合同中提供自己在美国的"社会安全号"。这个"社会安全号"记录着用户的所有个人信息，包括出生年月、性别、住址、电话、电子邮件地址、驾照号码和以往信用状况等。在使用方面，美国政府及媒体不断提醒民众，在商场、餐厅、副食店等处付款时，要留心那些拿着手机、离你很近的人。目前在美国的许多公共场所，如游泳池、存包处等地方是禁止使用可拍照手机的。此外，据《今日美国》报道，有上网功能的手机可以从网上下载色情信息，最近美国最大的手机服务商推出了手机内容过滤装置和密码锁，以防止未成年人购买色情信息，美国移动电信工业协会也公布了手机内容分级标准。但美国家长和社会舆论仍十分担心。

6. 日本

日本是全球移动通信发展最快的国家之一，也是世界上最早开通3G商用网络的国家。截至2005年10月，日本共有移动用户数8936.5万，移动通信人口覆盖率高达70.6%。移动通信已经渗透到日本人生活的方方面面，在为人们带来生活便利的同时，也产生了一些不良现象，预付费手机犯罪现象尤为突出。

日本移动运营商早在2000年就已经注意到预付费手机犯罪的问题，采取了行业联合管制的方法进行预防。2000年5月12日，日本几家移动运营商制订防范协议，要求新入网的预付费手机用户向运营商提供真实的个人信息。用户依据协议订购的预付费手机，在运营商将手机送到申请书所记载的住所、姓名的用户时取得确认后方能使用。针对已经入网的用户，呼吁提供其住所、姓名等个人信息。

从2004年起，日本流行"是我是我"的诈骗方式，犯罪分子拨通电话，冒充通话方家人，谎称发生事故要求通话方向指定的银行账户汇款，造成了较大的影响。根据日本警视厅的调查，在2005年1月至6月发生的"是我是我"诈骗案件中，93%使用了预付费手机，成为预付费手机犯罪的突出代表。

面对日益严重的预付费手机犯罪现象，日本政府开始着手处理。一方面，通过立法规范手机犯罪行为。日本自民党、公明党两党联合作出决定，为了遏制使用预付费手机以及普通手机进行犯罪并规范体制，将通过议员立法的方式来进行约束。另一方面，日本政府开始考虑禁止预付费手机业务。由于犯罪分子使用预付费手机进行犯罪活动，使运营商难以对其进行追踪。但是，日本政府为了避免预付费犯罪事件对运营商造成影响，要求日本媒体禁止对预付费业务事件过多关注，保持事件的冷静处理。

在日本，移动通信的发展与运营商的积极推动是分不开的。在移动通信发展初期，为了使业务能够快速开展，日本运营商采取了机卡不分的政策，用户通过与运营商签约来获得手机终端。随着日本移动通信的进一步发展，运营商对机卡合一的终端需求有一定的降低，但为了配合新业务的开展，同时加强对用户的控制，减少用户流失，日本运营商依然采取协议入网的方式来发展新用户，使得在日本移动用户中，后付费的签约用户占了绝大多数，预付费用户比例较少。

除实施行业联合管制、对新入网的预付费用户实施新政外，日本各运营商还依据自身情况，有针对性地对已有的预付费用户也采取一定的管理措施。

目前，在日本买个手机很麻烦。除了出示驾照、学生证等证件才能购买外，购买者还要说明自己在日本至少居住3个月以上。在签购买合同时，需要填写姓名、住址、固定电话、邮箱等内容，店员还会耐心地告诉你搬家时要通知移动电话商，每个月别忘了根据邮寄的话费单去交费。完成这些手续后，店员还需要大约20分钟来通过总台确认身份、完成手机网络登录等，如果买手机的人很多，要等上几个小时才能买走手机。在使用过程中，电话公司有时会和话费单一起寄来预防手机犯罪的广告，警告机主不要随便把手机借给别人使用，以防他人通过手机进行网上交易。

从日本的经验可以看出，针对预付费手机用户采取实名制，要求用户提供姓名和住址等个人信息是预防预付费手机犯罪的重要手段。我国移动市场上出现的黄色短信泛滥、短信欺诈等案件日益增多，已经严重影响了人民的日常生活,迫使我国手机实名制的实施问题提上了日程。

在手机实名制的实施工作中,运营商的努力是必不可少的。一方面,预付费手机是运营商业务收入的重点。我国的手机用户已有5亿,其中大多数都是不记名的预付费用户。近年来,我国城市中高端用户市场逐渐饱和,使用预付费业务的低端用户逐渐成为手机用户增长的主要部分。实行手机实名制会影响此类用户的增长,继而影响运营商的收入。另一方面,实施手机实名制后,现存的庞大预付费用户信息如何重新登记,登记带来的成本支出也需要运营商仔细考虑。

从日本的经验看,预付费业务确实给用户带来了极大的方便,对运营商来说,也是发展用户的一个主要手段,但是不记名预付费业务的大力推广,也加大了公共安全部门对防止与查证用户骚扰、欺诈等侵犯用户公共安全行为的难度,从广大的用户消费群体利益出发,政府和运营商应该积极考虑采用实名制方式。当然,在实施过程中应采取审慎的态度,分阶段、分步骤、有计划地进行。

第四章 传统出版的转型与数字出版的蓄发

第一节 数字出版

一、数字出版的概念

中国出版科学研究所在《2005—2006 中国数字出版产业年度报告》中对数字出版的定义是：只要使用二进制技术手段对出版物的整个环节进行操作，都属于数字出版的范畴，其中包括原创作品的数字化、编辑加工的数字化、印刷复制的数字化、发行销售数字化和阅读消费数字化等。数字出版也可以理解为利用数字化技术，将各种图、文、声、像信息以数字形式存入信息库中，出版者根据市场需要对这些信息进行筛选、编辑、加工、整合，然后以纸介质出版物、光盘或网络出版物等形式投放市场的出版活动。它包括以 CD、VCD、DVD、EVD 光盘为载体的数字音像出版，以 CD-ROM、FD、DVD-ROM 光盘等为主要载体的电子出版，以互联网为平台的网络出版，同时传输相同内容到不同媒体上以满足受众的不同需求的跨媒体出版（如手机出版）等。简单地说，数字出版就是利用计算机技术或网络技术来代替一些传统的出版活动。

中国数字出版的发展历史并不久远，但作为新生事物其发展速度却让我们始料未及,产业发展的覆盖范围甚至与我们每个人的工作、生活息息相关,例如CD、VCD、DVD、电子书、网络、MP3以及通过手机下载彩铃、彩信、图书图片等,这些数字出版的产物在丰富了出版物内容和形式的同时,也改变了人们的生活方式和消费理念。与传统出版相比,数字出版有出色的快速查询、海量的存储、低廉的成本、方便地编辑以及更加环保等特点。

数字出版首先是内容数字化,其借助数字媒体技术进行制作,除了文本和图像还包括动画、音乐、影视等多种媒体的综合运用,实现内容的无缝连接与整合。其次是载体的多样化,数字出版物的载体已由单一的纸载体发展为纸、磁、光、电多种载体,具有交互性强、信息量大且检索快捷、携带方便的特点。第三是形态的多元化,以大量的、动态的、多元的和立体的传播方式突破传统出版物平面、静态的信息传播,比如光盘、电子图书、数字期刊、数字报纸、软件出版、按需出版、数据库出版等。再者是出版的网络化,网络技术在数字出版领域也占据着重要的地位,比如网络出版、手机出版等。

作为平面媒体的书籍、期刊、报纸等传统出版物,也借助于数字媒体技术进行了技术上和形式上的变革。数字出版是全新的信息传播方式,具有信息容量大、形式多样、高效便捷、灵活互动等优势。同时,数字出版融合多种出版形态,还可以将内容与服务融合,从而形成跨媒体出版的新格局。

二、数字出版的溯源

随着科学技术的发展,出版的形式发生了天翻地覆的变化。我国数字出版产业的发展,经历了从印刷技术革命、电子出版、网络出版到复合出版的过程,取得了创中国特色、与世界同步的成就。数字出版是当前出版的热门话题,也是出版业避不开的一座高山。在电子技术发展迅速的今天,数字出版在传统出版业的天下以特有的姿势积极积累,期待井喷。

2005年7月,首届中国数字出版博览会举办,引导了传统出版业积极应对数字化挑战。2006年,数字出版被国家列为新闻出版行业"十一五"发展规划重点。2007年7月,第二届中国数字出版博览会的举办,标志着我国数字出版已经进入从理念到实践,从环节到产业链的全方位、立体化的推进阶段。2008年年底,我国数字出版产业的整体收入规模达到530亿元,数百家出版社不同程度地开展了电子书出版业务,200多家报社开展了数字报纸业务，拥有网站数量191.9万个，其中约20%的网站从事网络出版活动，所提供的网络出版内容占互联网各类信息总量的60%以上。

2009年7月7日，第三届中国数字出版博览会在北京国际会议中心召开。博览会以"落实数字化发展战略、推进出版业升级转型"为主题，为我国数字出版技术开发商、数字内容提供商、数字产品消费者之间搭建了一个交流的平台，为数字出版搭起了一个完整的产业链，为出版业升级转型提供了实质性的支持，同时也为政府部门制定产业政策奠定了良好的基础。

图4-1　第三届中国数字出版博览会

随着数字技术与网络技术的飞速发展，以及以个人为本的理念在网络上的蔓延与盛行，数字出版也出现了个体化和个性化的趋势，比如，博客和播客等，从一定的意义上也可把它们认为是数字出版的新形态。

数字化时代的出版业是一个全新的概念，它在很大程度上突破了传统的出版观念，对传统出版业来讲，与新兴的电子技术和互联网技术的结合已不再是一个简单的利用和"嫁接"的过程，而是一个如何开拓新的空间、新的领域以至新的产业的问题。近年来传统出版业日益加快从出版工艺到出版介质再到出版物传播与流通方式的数字化转型的步伐，这个步伐正在全方位地改变着出版业的生存方式，这已经被层出不穷且日益壮大的新兴媒体公司所证明。无论传统出版业的数字化还是新兴的数字媒体产业,两者已开始出现互相渗透、互相融合的趋势。

在国外发达国家和地区,网络与出版的结合造就了新的神话,今天的中国,也正在以更快的速度演绎着数字出版带来的新的奇迹,越来越多的传统新闻出版单位把目光聚焦到了数字出版业务上。

三、数字出版的内容

到 2009 年,社会上更广泛的力量参与了数字出版行业,加速了数字出版产业的发展。学术与科研机构、信息技术公司、书报刊和音像电子出版机构、内部报刊资料出版物、通信动漫网络和多媒体开发运营企业、各类内容数据库、各类专业门户和综合网站彼此融合、竞合,初步形成了涵盖电子图书、数字报、数字音像、电子杂志、网站、手机报、网游、动漫、多媒体等跨领域的数字出版产业体系。经过 10 多年的发展,以下几种数字出版形态渐成规模。

1. 电子书报刊与数字图书馆

我国电子书的数量增长迅速,其中书生公司、方正公司和超星公司的电子书数量超过 15 万种。2007 年年底,我国电子书总量已达 40 余万种,位居全球第一。但电子书阅读器目前存在格式兼容、版权关系、价格偏高等难题。电子纸比阅读器更接近读者的阅读习惯,而且更加方便实用。手机下载、阅读,也以其方便灵活、移动私密的特点快速普及。因此,电子纸和手机的应用空间更大。

电子报刊等网络媒体已经普及,同方知网、万方数据、维普资讯三家数字期刊出版企业的销售业绩纷纷超千万达亿元。2005 年,新闻出版总署报刊司在第二届中国报业竞争力年会上首次提出"数字报业"的概念,2006 年 8 月,新闻出版总署启动"数字报业实验室计划",将这一概念推进了一大步。

国内数字图书馆用户目前已经超过 2000 家,主要集中于高校和公共图书馆市场。全国高校中有 600 多所是书生公司的客户,600 多所是方正公司的客户,500 多所是超星公司的客户,目前数字图书馆运营商正纷纷开拓中小学市场。2008 年年底,中国电子图书总量为 50 多万种,2008 年新增电子图书 15 万种。

2. 网络游戏与电脑动漫

我国网络游戏呈现反经济周期的增长态势，2008年实际销售收入达183.8亿元，比2007年增长76.6%。收入远远超过电影、电视、音像三大传统娱乐业。同时，为电信和IT行业带来的直接收入高达478.4亿元。国产原创网络游戏连续5年占据市场主导地位，2008年中国自主研发的网络游戏实际销售收入达110.1亿元，比2007年增长了60.0%，占中国网络游戏出版市场总收入的59.9%，国内受欢迎的10款网络游戏，自主研发产品占据了6席。2009年中国网络游戏市场规模（仅包括面向玩家的游戏运营收入，不包括海外出口收入和通过其他盈利模式获得的收入）为258亿元人民币，同比增长39.5%。其中，国产网络游戏市场规模达到157.8亿元人民币，同比增长41.9%，占总体市场规模的61.2%。

在国家"推动动漫产业发展"的政策鼓励下，我国动漫生产力大幅提升。2007年在我国84万个各类网站中，动漫网站约有1.5万个，占网站数的1.8%。2007年市场规模达到2500万元，增长率为150%，网络动漫步入爆发期。2008年年底，中国动漫出版的数量和种类已经接近发达国家的水平，动漫期刊、图书出版品种丰富，在少儿类出版中占有重要的比重。截至2009年年底，中国市场上共有361款大型网络游戏处于开放测试或者商业化运营阶段，与2008年同期相比增加68款。2009全年共有115款大型网络游戏产品通过文化部的审查或备案，其中国产游戏80款，进口游戏35款。

3. 按需印刷与复合出版

我国数码印刷设备的快速发展，使按需出版逐渐推广。2007年以来，网络按需印刷纷纷涌现，如"杭州麦客"、"博文e印"和知识产权出版社等，针对用户需要，实现了从文件传送、电子排版，到印刷封装的全数字化流程。

数字传播的快速普及，对我国新闻出版行业提出了新的要求，复合出版既是市场的需要，又是政府的决策，它被赋予了新时代"748"工程的意义。当年的"748"工程启动了印刷技术革命，今天的复合出版将开创出版信息时代。复合出版，是信息内容的全媒体出版，包括多种符号（文字、语言、图形、影像）的复合，多种媒体（视觉、听觉）的复合，多种载体（印刷、光盘、网络）的复合，多种传媒（图书、报刊、音像）的复合，多种终端（计算机、阅读器、手机）的复合，以及多种制作技术的复合。

2009年我国包括在线阅读、手机阅读、手持式阅读器阅读等方式的数字图书阅读开始普及，国民各类数字媒介阅读率达到24.5%，全国约有2.8%的成年人只阅读各类数字媒介而不读纸质书。据统计，2009年数字出版业的整体收入超过750亿元，并首次超过传统出版业产值。此外，2009年数字出版实现了业态多样化，电子书业务在大多数出版社不同程度地展开，全国手机报数量突破1500种，手机成为人们的主要阅读终端之一。2000年，我国数字出版产业整体规模为15.9亿元，到2009年已达994亿元，在不到10年的时间内增长了约61倍。

四、数字出版的未来

数字出版是新闻出版产业的战略重点和未来发展方向，我们必须抓住机遇，率先发展，争取主动权，占领制高点。统计数据显示，2006年我国数字出版产业总产值为200亿元，2007年为360亿元，截至2008年年底，全国579家图书出版社中，已有90%开展了电子图书出版业务，出版电子图书50多万种，与2007年相比增长25%；发行总量超过3000万册，收入达到3亿元，同比增长50%。2008年中国数字出版业的整体营业规模达530亿元，比2007年增长46.42%，已经同传统出版业平分秋色。2009年上半年的最新统计显示：图书销售增长20%，新媒体出版增长超过40%，产业增值约30%，投资增长约36%，2009年数字出版的整体营业规模达到750亿元。在2010年7月19日开幕的中国数字出版年会上，中国出版科学研究所发布了《2010年中国数字出版年会年度报告》（以下简称"报告"）。《报告》指出，2009年我国数字出版产业的收入达799.4亿元，比2008年增长50.6%，继续保持高增长速度。

报告显示，在2009年我国数字出版产业中，数字期刊收入6亿元，电子书收入14亿元，数字报（网络版）收入3.1亿元，网络游戏收入256.2亿元，网络广告收入达206.1亿元，手机出版（包括手机音乐、手机游戏、手机动漫、手机阅读）达到314亿元。网络游戏、网络广告和手机出版成为数字出版产业名副其实的三巨头。

《报告》分析了数字出版产业七大发展趋势：一是产业融合加剧，多赢局面有望形成；二是内容资源"马太效应"将集中显现；三是移动阅读将持续发展，同时，如何有效利用移动终端也将成为出版商必须面对的问题；四是手机出版、电子阅读有望改变长期以来电子书B2C市场疲软局面，推动付费阅读取得突破；五是聚合海量内容资源的平台建设将会受到推崇；六是人才培养将更加注重加强实践创新教育；七是多媒体互动网络期刊将成为期刊出版必然方向。

短短几年时间，数字出版已经与传统图书出版产值不相上下，成为新闻出版业强势增长的重要动力和新的经济增长点。同时，其方便快捷、受众面广、绿色环保等特性也使得数字出版成为出版业未来发展的趋势和潮流。

2010年是数字出版延续、巩固并继续扩展的一年。首当其冲的是产业融合加剧。由数字化浪潮所带来的产业融合正使得出版、传媒、网络、电子、电信等行业的界限被打破，内容行业正逐渐被纳入更为宏观的服务业范畴，并不断产生更加创新的商业模式，数字出版以强大的力量消解着传统媒体包括电视、广播、报纸、通信之间的边界，消解着国家之间、社群之间、产业之间的边界，同时也消解着信息发送者和接受者的边界，数字出版将会打破传统出版业按介质区分的行政分割，延长出版物的产品线，实现内容资源价值的最大化。与此同时，复合出版、全媒体出版大行其道。随着产业融合的加深，将出现"复合出版"的局面。

可以预见的是，数字内容资源继续向少数企业高度集中。以电子书为例，方正阿帕比、书生、超星、中文在线四家企业几乎垄断着市场。红袖、起点中文等原创网站积累内容，资源正以不断加快的速度向少数企业集中。

同时，随着电子阅读器、手机的普及，数字阅读的形式正在从依赖于有线网络的在线阅读向依托于无线网络传输的离线阅读转移，这些移动终端也成为出版商的必争之地。手机出版以前所未有的姿态令业界侧目，成为过去两年增长速度最快的数字出版业务，也有望改变长期以来电子书B2C市场疲软的局面，成为数字化内容付费阅读的重要突破口。

第二节　报网互动

一、报网互动的基础

报网合作的基础是优势互补。面对互联网的全方位挑战，报业的传统优势仍然突出：报纸的强大采访资源使其信息渠道广阔；报纸拥有高素质新闻采编队伍使报纸信息具有权威性，受众在心理上认同报纸的权威性；报纸对信息的把关能力强，能对信息进行有效的梳理，正确引导舆论，公信力强；报纸积累形成的品牌效应，已经紧紧抓住了一部分受众的眼球；报纸长期运营得到的丰富的经验，是新兴媒体在短期内无法达到的。而互联网突破了时间和空间的限制，拥有海量的信息资源，即时更新的信息发布形式能以最快速度实现信息的共享，并且多媒体技术的充分利用，带来了传播形式和内容的多样化，加上与受众之间能进行双向互动的传播和能够提供虚拟的人际交往平台，改变了传统传播的单向传播方式。

报纸在信息时代暴露的缺点也很明显：报纸的有限版面和固定的出版时间使其无法提供最新资讯以及即时更正讯息；纸张过多带来携带及传阅的不便；单向的传播方式，无法满足受众更高层次的需求；内容以图片和文字为主，震撼力及感染力低。互联网传播也存在发散性、盲目性等非理性因素，虽然拥有海量信息，但内容真假难辨，信息良莠不齐。

报纸的强项和弱项刚好和网络的优缺点互补。报纸在保留自己传统优势的基础上，需要互联网平台获取信息和传播信息。互联网可以得到报纸丰富的新闻和采编资源经验和力量，而网站权威性的高低与其所依托的传统媒体直接相关，网站又可以通过传统媒体尤其是报纸来增强权威性，扩大公信力。

报纸与网络相互互动，报纸借助网络的渠道和平台，可以扩大新闻源，创新传播内容和报道形式，达到扩展传播覆盖地域，扩大受众群体，与读者产生互动，提高报网用户的效益，改善和优化受众结构，拓展了它的生存空间和影响力；网络利用报纸的内容和资源，提高点击率，扩大知名度和公信力。网络对报业来说，从内容的生产者、传播者变成了生产商和提供商，以网络为载体展现自己的内容和产品。报网互动通过报纸和网络的相互作用实现两种媒介传播效果和利润的最优化。"互动"将网络和传统媒体的优势结合起来,报纸利用网络优势对内容进行二次转播,弥补报纸速度慢、覆盖区域受限等不足,网络作为宣传窗口或入口,建言献策、公告留言、话题讨论、活动参与、新闻爆料、线索征集等,发挥出网络的优势和特征,它们的相互促进和共同发展,创造出了双赢的势头。

二、报网互动

报网合作,对报纸和网络来说都是一种全新的尝试。没有固定的套路,没有事先的经验可借鉴,都处于"摸石头过河"的探索阶段中。报网互动作为在新的媒介环境下报业转型的一种创新,它本身只是报纸数字化进程的一种过渡形式,是传统报纸向更高级传媒形态过渡的一个中间阶段,而非发展的终极形态。因此,报网互动的过程也是循序渐进的,是一个从简单走向复杂,不断完善的演变过程。

首先,从表现形式上看,报网互动经历了两种形态:一是网上报纸,即简

图4-2 报网互动

单地照搬报纸上网形成的网络版,以及现在数字化技术升级后的数字报纸;二是报纸网站,如《人民日报》的人民网,《中国青年报》的中青网等。这两种形式又是相互联系的,网上报纸是基于网站的一种传统报纸的展现形式,它既是报网的一个内容,又是报网发展的雏形;数字报纸和综合报网门户都是报业数字化正在升级拓展的方向,而"数字报业"的提出,把网站和多媒体报涵盖到其中。其次,从战略层面看,报纸与网络媒体之间的合作经历了报纸到网站的模式和网站等于报纸模式,从移植办报纸的经营方式到网站,过渡到报纸和网站的全方位、一体化合作,即"报即是网,网即是报"。报纸和网络建立独立的采编队伍,建立一个24小时向受众提供新闻信息的多媒体平台,报纸新

闻信息通过网络媒体，巧妙运用技术优势，加以适当的策划、设计、加工，转换成容易理解和阅读的图像、图表等，极大地改善传播的效果，新闻资源可以得到二次开发，使新闻的内容增值，这是新闻报道达到快捷性与深广度相结合的最好的方式。新旧媒体互动在维持传统媒体特点的同时，形成了报网互动的深层次合作模式。

著名的《纽约时报》即将停止印刷版的发行，这是《纽约时报》公司董事长对外公布的信息。之所以作出这样的决定，是因为《纽约时报》的广告收入持续下降。《纽约时报》新闻部每年开支大约两亿美元，而在线的营业收入只有1.5亿美元。《纽约时报》的经营策略是，通过网站订阅额外增加1亿美元收入，从而确保公司收支平衡。

这样的经营策略是建立在互联网用户同意付费阅读基础之上的。在互联网信息爆炸的今天，是否会有足够的用户通过互联网付费的方式阅读《纽约时报》的新闻，还需拭目以待。这种以有偿阅读的方式寻找利润增长点的做法，面临着巨大的市场风险。

其实，报纸网站与传统报纸之间不是一种相互挤压的关系，而是一种相辅相成的关系。中国国内的一些新闻集团往往把报纸网站当做作者与读者互通的平台，通过搜集大量非报纸的信息，增加网站的容量，并且通过报纸网站发起对报纸新闻的讨论，从而促使读者订阅报纸，了解更加权威的信息。换句话说，国内一些新闻集团之所以能够成功，就是因为他们充分发挥了互联网与传统报纸的特性，将报纸的权威信息与互联网的灵活性结合起来，从而使得新闻报道呈现出立体状态——读者既可以通过报纸了解相关新闻，同时又可以通过报纸网站参与讨论，从而进一步丰富新闻作品的内涵，扩大报纸新闻的社会传播效果。

当前我国报纸经营出现了过分依赖互联网的现象，一些报纸新闻充斥着大量互联网上的无聊信息，这是一种自暴自弃的做法。报纸之所以具有生命力，是因为报纸可以提供权威性的分析，如果报纸不能保持自己的品质，为了迎合一些读者的低级趣味，大量刊登互联网上的污言秽语，那么，这样的报纸早晚会被公众所抛弃。

美国哥伦比亚大学普利策奖评委会2010年4月12日公布了2010年普利策奖获奖名单，《华盛顿邮报》获得4个奖项，成为最大赢家；两家新闻网站各获一个奖项，开创了普利策奖颁给网络媒体的先例，成为当年最大的亮点。首次获得普利策奖的两家网站分别是非盈利新闻调查网站 www.ProPublic.org 和《旧金山纪事报》的网站 www.sfgate.com。

ProPublic 网站记者谢丽·芬克与《纽约时报》周末副刊合作采写的新奥尔良一家医院医生在卡特里娜飓风期间经历的报道获得了调查性报道奖。

《旧金山纪事报》网站 www.sfgate.com 刊载的由马克·弗洛尔创作的关于全球变暖的动漫作品获得普利策社论漫画奖。

获得调查性报道奖的还有《费城每日新闻》的记者芭芭拉·莱克，她的报道揭露了缉毒警察的不法行为。

随着网络媒体的兴起，普利策奖 2009 年起扩大了评选范围，允许纯网络媒体参评所有奖项。2009 年纯网络媒体获得 65 项提名，但无一获奖。

普利策奖颁奖仪式一般在评奖结果公布约一个月后，在普利策奖诞生地哥伦比亚大学举行。普利策新闻奖项中，公共服务奖的奖品是一枚金质奖章，其他奖项得主可获得一万美元奖金和证书。

在这一背景下，2009 年 3 月 18 日，具有 146 年历史的美国《西雅图邮报》停止出版印刷版，改为网络版；同年 8 月 17 日，美国发行量最大的《读者文摘》申请破产保护；2010 年 8 月 3 日，在全球 190 多个国家出版的《新闻周刊》被以 1 美元贱卖……这都折射出整个美国传统报刊业的衰落。有人因此说，那些花花绿绿的报亭、叫卖声清脆的报童、在地铁里举着报纸偷看对面女生的镜头，将来都可能成为"爷爷讲给孙子听、无法再效仿的逸事"。

传媒大亨默多克旗下的《华尔街日报》，目前的付费网络用户稳定在 100 万以上。这给了其他美国报刊极大的启示。

2007 年，默多克在收购《华尔街日报》时，曾打算取消网络订阅费，以增加该报网站的访问量，进而吸引网络广告。但在完成收购后不久，他放弃了这个想法。因为他看到了"通过免费内容提高点击量、吸引广告商"这一传统盈利模式的缺陷；同时，他也清楚地意识到了《华尔街日报》在内容上不可替代的优势。该报从诞生之日起，就致力于向读者提供"专业财经与金融信息服务"。今天，分布在全球各地的 1600 多名采编人员，每天都能为《华尔街日报》的报纸和网站提供 1000 多篇专业、独特、差异性大、紧跟市场动态的各类报道。在版面有限的印刷版上，《华尔街日报》的内容往往都被处理成简讯或导读的形式，更丰富、全面、深入的报道则都在网上——印刷版提供网址链接。此外,《华尔街日报》也很重视与其他新媒介的合作。

中国出版科学研究所 2008 年的一项调查显示,在中国的报纸、杂志、图书、互联网中,报纸虽以 73.8% 的阅读率高居榜首,但网络阅读则以 17.1% 的增长率位居第一。有数据显示,30 岁以下的中国年轻人中,阅读报纸的人数正在逐年下降。

不过,与美国相比,中国的报刊业还有一个难得的缓冲期。一方面,全球金融危机爆发后,中国政府强有力的经济刺激计划,有效缓解了传媒业所遭受的影响,使其广告量和发行量的下降幅度相对较小;另一方面,中国尚未经历美国报刊业当年为追求发行量而形成的"降价风",也没有以高昂稿费聘请知名主笔、评论家的传统,因而发行成本相对低廉。

(一)报纸网站

1. 报纸网站的发展历程

自 1995 年中国第一家报纸《中国贸易报》上网拉开了报业与互联网的"联姻",如今不管大报小报,基本上都在互联网上设立了自己的网站。可见,中国报业的数字化之路起步并不算晚。根据我国报纸网站自 1995 年至今呈现的不同特征,可以将其发展历程分为三大阶段。

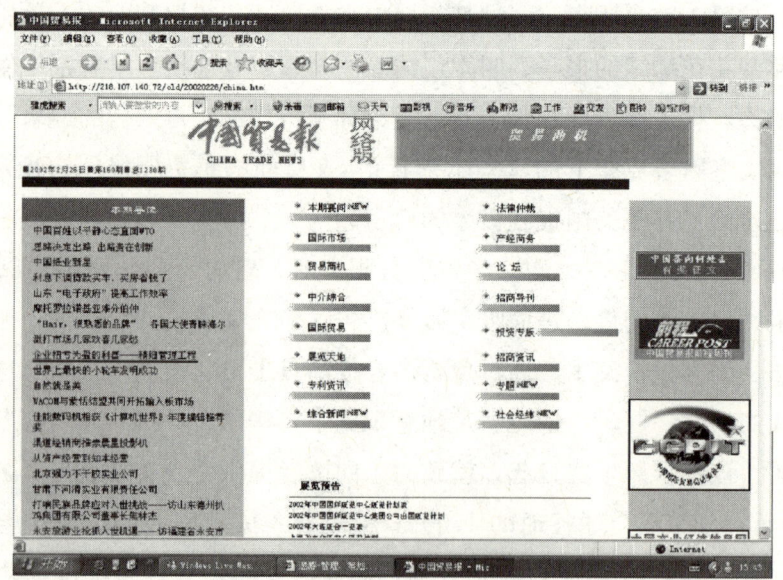

图 4-3 《中国贸易报》网站

第一阶段:1995 年 10 月 20 日中国第一家报纸《中国贸易报》上网,之后《广州日报》《杭州日报》《人民日报》《经济日报》等各大报纸纷纷创办自己的网络版。最初这类报纸涉足网站仅仅是把互联网当做一种辅助手段,用传统办报的经营运作方式,其中一部分报纸上网的主要目的是借助网络版改善发行状况,提高自己在海外的影响力。报纸的内容则以纯文本的形式照搬到网络上,是一种单纯的文本格式的网页,没有很好地研究和把握以数字技术为基础的新媒体的特征。但这种尝试表明中国媒体已经向互联网迈出了第一步。

第二阶段:从1997年开始,报业陆续上网发行电子版,一些地方报纸也成立自己的网站,报业形成了第一波上网潮。据中国互联网网络信息中心(CNNIC)统计,截至1998年底,我国有127家报纸上网,到1999年6月,我国上网报纸达到273家,约占全国报纸总数的七分之一,而到1999年底,中国上网报纸已经接近1000家。报纸网站以垄断性的采编资源为基础,及时更新新闻信息,时效性明显增强,并有意识地开设与受众互动的栏目,如读者来信专区和读者论坛等;不仅利用了互联网及时快捷的特性,还充分发挥了网络互动优势,弥补了报纸信息在时效性上的不足。

第三阶段:2000年互联网陷入低迷后,我国报纸网站开始尝试进行独立运作。《中国青年报》正式推出"中青在线",《光明日报》实施"光明百网工程",建成综合性"光明网"。报纸网站逐渐尝试技术改造,不断丰富媒体网站,使文字、图片、音频、视频图像融为一体,在共同的媒体平台上使用;报纸网站的内容不再简单移植报纸,而是采用原创内容与报纸内容相结合的方式,使网站的内容更加丰富,显示出不同报纸的不同特色;报纸网站经营意识和服务意识增强了,开始宣传和推广自己的网站品牌,提供以电子商务、垂直性行业网站等增值服务类产品,通过展示品牌广告等方式来实现盈利。

现在,对于国内大多数报纸网站来说,它们已经不再只是报纸的网络版,传播功能在不断丰富。参照门户网站的做法,报纸网站拓宽了服务项目,提供邮件、搜索、博客、论坛等服务,如新华网、光明网等。报纸网站提供免费邮箱服务供受众收发电子邮件,加强了用户对网站品牌的忠诚度;开通搜索引擎,为受众提供差异化的新闻服务,方便了受众获取信息;博客的兴起,让受众成为积极的传播者,改变了传者与受众一对一的关系;开设论坛,引发话题,大大充实了报纸的内容,报纸报道后,又推动了更多人上论坛发表见解,充分体现了互动;版面创新新元素,报道语言接近网民语言,活泼生动,版式设计吸纳新兴媒体的特点，突出网络特色，注入了新的活力；与通信行业合作开通短信平台，利用 QQ 和 MSN 等网络聊天工具，扩大新闻来源。可以看出，网站早已从先前纸质报的辅助传播手段，变身为与报纸相促进的全新复合型媒体平台。

在中国互联网协会主办的"中国新闻网站排名"中，前三位均为商业网站，传统新闻单位"新华网"排第 4 位，"人民网"排第 6 位。传统新闻出版单位经过几年的努力，在新闻门户网站建设方面取得了较大的成绩。

2. 报纸网站的经营概况

对媒体而言，经济收入的主要来源是广告收入，报纸网站的经济命脉同样是网络广告的收入，广告的投放量与网站的点击率直接相关。根据 DCCI 互联网数据中心的信息：2006 年，中国互联网广告总收入为 49.8 亿元人民币，比 2005 年增长了 50.91%；2007 年中国网络广告整体市场规模增长至 76.8 亿元人民币，较 2006 年增长 54.2%；2008 年中国网络广告市场规模增长至约 121.7 亿元，相对于 2007 年的增长率为 58.5%，增长势头良好。在电视、报纸、杂志、广播、户外、互联网六种主要广告媒介当中，DCCI 预计 2011 年网络广告市场将会超过 500 亿元人民币，超过报纸成为广告投放第二大媒介。互联网广告收入的蛋糕正在逐年扩大，虽然报纸网站拥有强大的新闻资源和采编队伍，商业网站连基本的新闻采访权都没有，但报纸网站与国内一批走得很快很远的商业门户网站相比，还不是很理想。

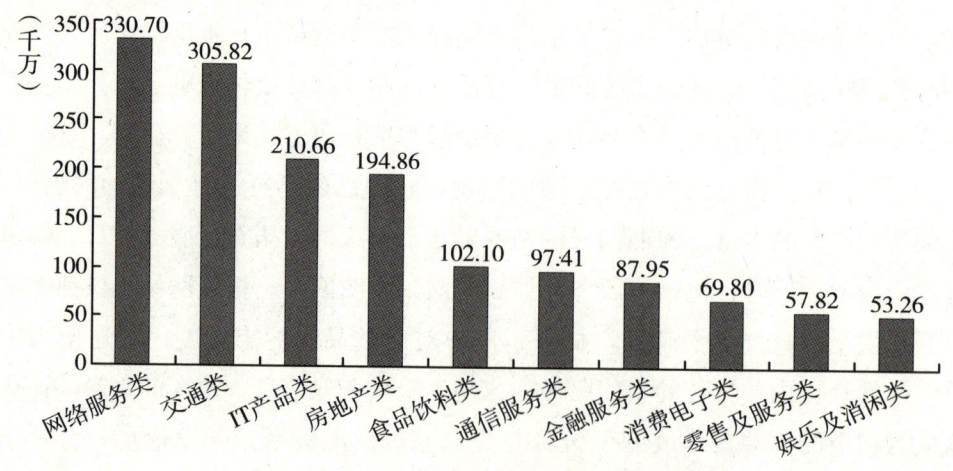

图 4-4 2007 年网络广告投放费用 TOP10

报业网站在经营上已取得了突破，但如何赶上商业网站和实现持续盈利依然是个难题。报纸网站具有一些商业网站不具备的优势，但这些优势还未转换为竞争力。报纸网站要发展，首先得对自己的优势和劣势有清楚的认识，了解整个行业的生存环境。而且报纸网站没有固定的模式可参照，必须针对整体发展现状，制定适合自己和切实可行的持续盈利战略。报纸网站在资源、品牌、人才和政策方面的优势要充分发挥，走出印刷报纸经营意识的束缚，用创新思维打造报纸网站，将优势转换为竞争力；提高信息的质量、时效性和差异化程度，扩展增值服务，建立起忠实的受众群体，吸引更多的广告投放，占领网站市场。

3. 报纸网站的前景

报纸网站是在传统报纸母体的基础上建立起来的，是传统报业追随数字化的脚步、向信息化领域的拓展和延伸的成果。报纸母体与网络信息技术互相依托的架构给予报纸网站得天独厚的优势：一是信息资源优势。报纸是权威的新闻内容的采集和发布机构，拥有长期以来积累的内容资源，是原创新闻的生产者和传播者，这一优势使报纸网站可以获得独家新闻。二是人才优势。报纸有成熟的新闻采集机构，从业人员有着多年从事纸质媒介的丰富的采访和编辑经验，在媒体人力资源方面已形成成熟的管理体制，能直接带动报纸网站的人才建设。三是成本优势。报纸网站有母体在资金上的支援，而原有的新闻采集力量可实现信息资源的共享，是报纸广告信息的二次开发，使报纸网站能够在成本相对较低的状态下运行。四是品牌优势。报纸长期以来在读者中已建立了一定的知名度和影响力，报纸网站可以借助报纸的原有渠道推广，更容易在受众中产生信任，吸引更多的受众和广告商。报纸网站建立在强大的报纸原有优势上，为报纸网站的发展提供了强有力支持，强大的后盾将推动报纸网站在网络世界中一展大作为。

报纸网站的发展在一定程度上和网络的发展紧密相关，经过几年的发展，已经由最初的探索期进入了发展期，报纸新闻网站无论是经济效益还是社会效益都有明显的提高。对于报纸网站的前景预测，业内大多数人都持乐观的态度，报业网站作为一种新型的传播媒介，必将随着互联网络的普及不断扩大影响。道路是坎坷而漫长的，但报纸网站有强大的传统媒体的支撑，报纸网站会比普通的门户网站具有更大的优势，有理由相信其发展前景是一片光明的。

（二）互联网数字报纸

进入20世纪后,报业的发展尽显疲态,报纸广告增长速度明显下滑,读者市场的萎缩也逐渐显现。同时,传播技术发生了革命性变化,新媒体如同雨后春笋般涌现,当代社会的媒体形式特别是数字媒体的出现令人目不暇接。随着报纸数字化进程的加速,报业在网络空间中研究适合报纸特性的新的发展形态,探寻走出困境的方向,报纸的网络版、数字报纸和电子报纸便应运而生。早在1994年前报纸就开始建立自己的网站,但"小样"式的网络版零散呆板,缺乏编排,与人们印象中读报的阅读习惯相差很远。报纸既要做到保留传统的阅读方式,又要在融合网络的同时创新新技术,与互联网结合做的数字报纸便成为报纸探索新媒体的发展方向。互联网数字报纸尊重了人们选择和阅读的习惯,成为新媒介大潮中的重要一员,对于大众和业界来说,也不再是新鲜事物。

1. 互联网数字报纸的含义

报纸网络版的经营,是实现我国报业从纸质媒体向数字报业平稳过渡的基本途径。通过互联网出版数字报纸也是其发布的主要形式,与"小样"式的网络版零散呆板和缺乏编排相比,互联网数字报纸既保留了传统的阅读方式,又融合了网络的新技术,成为新媒介大潮中的重要一员。

早期有人把BBS称作数字报纸,后来有人把报纸网站称作数字报纸,随着互联网出版的数字报纸所占的市场份额逐渐扩大,互联网数字报纸也有了新的含义。"所谓数字化是指信息领域的数字技术向人类生活各个领域全面推进的过程,包括通信领域、大众传播领域内的传播技术手段以数字制式全面替代传统模拟制式的转变过程。"[①] 数字报纸作为数字媒体的一种,是以数字化形式存在的信息内容和存储、传输、接收数字信息内容的数字媒体介质,不仅仅包括硬件设施,还包括支持这些硬件设施的软件,同时更重要的还包括数字信息内容。

我们看看各个报业在推出互联网数字报纸时的定义。

(1)《长江日报》:数字报纸就是在保持纸质报纸原有版式的基础上,同时融合了网络阅读新闻的方便和快捷,包括报纸原始的版面图,在版面图上点击感兴趣的文章直接弹出此篇文章的新闻内容,既保持原汁原味的报纸版式,符

[①] 闵大洪. 数字传媒概要[M]. 上海:复旦大学出版社,2003:1.

合传统看报习惯,又融合网上看新闻的方便快捷,吸引读者关注报社网站。

(2)《三秦都市报·数字报》:说到"数字报纸",对绝大多数读者来说,这是一个全新的概念。所谓数字报纸或曰报纸的数字化,至少有两个方面的内容:一是对传统报纸生产、流通手段的数字化改造,从选题、采访、编辑到录入、印制、发行乃至订户管理都尽最大可能地借助数字信息技术加以处理;二是产生了全新的、完全不同于以往的数字报纸媒体,如手机报、电子报、网络报等。

(3)《商洛日报多媒体数字报》:数字报纸系统集合了声音、图像、动画、视频等元素,新一代网络报纸出版技术可将原有报纸发排系统无缝兼容,快速生成电子报纸,通过网络低成本而高速度地派送,用户可以离线或在线阅读,并实现读者与报纸、读者与广告商之间的强烈互动,综合解决了电子报纸在制作、发行、在线订阅、广告经营等环节所存在的问题。可以做到现有形式的所有功能,并且最主要的是有新的盈利点,解决了报业的内容与互联网完美结合的问题。

从以上几条对互联网数字报纸的阐述可以看出,数字报纸必须具备两个条件:一是要有传统印刷报纸的特征,保留纸质报纸版式和原汁原味的阅读效果;二是以互联网为载体,依靠互联网发行,实现报纸的数字化。因此可以给互联网数字报纸下定义,数字报纸是指利用现代信息技术,将传统的报纸内容电子化,并以报纸的原版原式为基础在互联网上发布的一种新媒体。与传统报纸将单条稿件以网页形式发布不同,数字报纸是以报纸的形态进行聚合发布。

2. 互联网数字报纸的优势

互联网数字报纸作为数字技术应用的结晶,是一种集合了声音、图像、动画、视频等功能而成的数字报纸,不仅保留了报纸版面语言的魅力,又融合了网络方便检索、阅读的特色。互联网数字报纸与网络媒体相比,最大的优势是互联网数字报纸尊重了人们选择和阅读的习惯,不同于网络新闻信息的零散呈现。与纸质媒体相比,互联网数字报纸的优势是:

第一,快速及时,出版周期短。互联网数字报纸在传统的报纸采编基础上,借助了网络技术,在每期报纸排版完成的同时即可发布数字报纸内容,省去了传统报纸所需的印刷、发行的时间,使报纸的时效性更强。

第二,使用方便,实用性强。互联网数字报纸延续了读者传统的阅报习惯，融合了网络媒体快捷、方便、时尚的要素，更好地适应了信息时代人们对信息获取新方式的追求。同时，读者可以运用关键字搜索的方式，查询到相关度最高的文章，迅速定位相关文章中的有用信息至版面，便于数字报纸内容的推广和再次利用。

第三，发行的覆盖面更广泛。互联网数字报纸使报纸发行不受地域限制，覆盖传统发行渠道延伸不到的读者。通过网络平台的发布，读者无论在哪里，只要能上网，就能阅读到刊物上的信息，同时它还支持离线阅读，读者可以将互联网数字报下载到各自的计算机里，然后在断开网络的环境下阅读。

第四，功能丰富，形式多样。互联网数字报纸上的新闻内容突破了只有文字和图片两种表现形式的局限，融入音乐、视频内容或动画等元素，可采用各种多媒体格式包括 RM 格式、PPT、Flash 等，使新闻报道真正有声有色。

第五，低成本的生产方式。互联网数字报纸削减了生产和运输成本，通过网络技术发行、订阅，可实现个性化的订阅，大大地降低了传统报业的运营成本。试想把传统纸质报纸发行中的 20% 改为互联网"数字报纸"发行，可以节约大量的纸张、水资源和运输成本。对于一个普通读者，一份 64 版的报纸他真正会阅读的版面可能不到 30%，可以说国家 10 年树木，经过森林砍伐、运输至纸厂、加工成新闻纸，报社再经过昂贵的轮转胶印机印刷、成千上万的发行员或者邮政投递员投递至千家万户的报纸，在第一时间就有 70% 的资源被浪费掉。①

第六，可储存，便于收录。互联网数字报纸的搜索引擎功能可以让客户轻松地找到所需的报纸内容，而且往期报纸的回顾功能，也方便用户收藏自己需要的报纸或版面。

第七，互动性增强。互联网数字报纸传播不再是单向传播，受众可以针对信息发表评论，报纸和广告商的互动传播形成一个促进报纸不断发展进步的良性循环。②

3. 互联网数字报纸的发展现状

(1) 国内互联网数字报纸的发展现状

---

①② 郝振省，辛广伟，张立. 2005—2006 中国数字出版产业年度报告 [M]. 北京：中国书籍出版社，2007.

2006年2月20日,浙江日报报业集团与北大方正集团联合推出中国首批《浙江日报》《钱江晚报》《今日早报》《美术报》《浙江老年报》的互联网数字版。数字版界面便捷直观,翻阅灵活,读者可以完全按照传统方式点击版面阅读报纸。这个新生事物一诞生便受到强烈关注,浙江在线的数字报纸频道的访问量迅速攀升至整个网站的第一名,达到14%,与BBS点击率相当。

随后,《广州日报》大洋网推出数字报纸,对版式稍作改动,更加突出了标题列表,访问量在3个月内达到整个网站访问量的45%。2006年8月1日宁波日报报业集团的中文互动多媒体报纸——"播报2.0"在宁波网问世。2007年4月,温州日报社首推互联网数字报纸"有偿发行",拓展了数字报纸的盈利模式的思路,开创了绿色收费发行的先河。至2007年8月,根据中国数字报业实验室对国内主要898家报纸的调查:在898份报纸中有报业网站的报社为671家,占总数的74.72%,换句话说,国内传统报纸的70%以上都已经在互联网上发布。具体类别报纸拥有报业网站如表4-1所示。

表4-1 我国各类报纸拥有报业网站统计表

(资料来源:2007—2008年中国数字出版产业年度报告)

序号	类别	样本报纸数量	有报业网站	有网站比例
1	党报	359	272	75.77%
2	晚报都市报	284	220	77.46%
3	生活服务类报纸	98	55	56.12%
4	行业报	157	124	78.98%
合计		898	671	74.72%

同时,通过互联网出版报纸的数字报纸公司也逐渐增多,在行业内比较有影响力的主要有方正阿帕比技术有限公司、北京新数通技术发展有限公司和大众日报深圳互动视点。其中,方正阿帕比技术有限公司与30家报业集团合作,为500多份数字报刊提供技术,方正的爱读爱看数字运营平台目前有400多份报纸;北京新数通技术发展有限公司与7家报业集团合作,Xplus数字运营平台含有100多份报纸;大众日报深圳互动视点联合一批报业集团入股。

在报社、政府主管部门和技术厂商的共同参与和推动下,互联网数字报纸得到了迅速的普及和推广,仅仅两年时间,依托纸质报纸创办的数字报刊已经发展到500多份,同时全国报业也就广告增值、数字发行、内容增值等运营和报网互动等方面进行着积极的探索——多媒体数字报纸、数字报纸收费发行和集中运营等内容形式与增值服务模式不断丰富和发展,有望在2009年内初步形成以传统介质报纸为基础,数字化、网络化内容产品和信息增值服务产品齐头并进的内容产品发展格局。①

(2) 国外数字报纸的基本现状

数字报纸已经在传统报业经营收入中占据了重要位置。《纽约时报》创办"数字报纸时报"网站用户超1200万,年收入过1亿美元,年增长率30%～40%。《华尔街日报》首创收费网站运营模式,网络报纸发行达80万份,收入达1.5亿美元,在线订阅已超过印刷版发行收入。据美国报业协会网站提供的一份资料,截至2005年10月,美国有60多家媒体采用数字报方式通过互联网进行报纸的发行,这其中包括《纽约时报》《今日美国》《波士顿环球报》《基督教科学箴言报》等报纸。英国《经济学家》在一个专题报道中指出,在新媒体时代,人们不再被动地接受媒体,而是积极参与其中,以各种方式创造内容;几大媒体巨头垄断市场的状况也将一去不复返,根据一些权威机构的调查显示,欧美及亚洲部分发达国家的以电子书、数字报为代表的数字出版市场正在逐步成熟,市场空间很大。

2005年美国网上支付付费内容的收入为20亿美元,比2004年增长15%;过去几年来,美国网上付费内容收入由2001年的7亿美元高速增长至2002年的13亿美元,之后其增长率保持稳定发展。

2009年12月,美国新闻公司董事长默多克继续语出惊人:陷入困境的报业不应寻求政府救助,而应说服读者和聚合网站为网上新闻付费。

他警告政府不要"利用其巨大的影响力过度管理或补助我们"。他说,报纸"需要在这个方面做得更好,即让用户相信,高质量的可靠新闻和信息不是免费的"。

默多克称:"好新闻是一件昂贵的商品。优质内容不是免费的。"他多次表示打算开始向新闻公司报纸网站的读者收费。

默多克说:"虽然一些报纸和新闻机构将无法适应数字化现实以破产告终,但新闻业的未来比过去任何时候都美好。"

---

① 郝振省.2007—2008中国出版产业发展报告[M].北京:中国书籍出版社,2008:68.

他说:"单纯以广告为基础的旧商业模式已失效。今后,新闻工作的好坏将取决于一个新闻机构是否有吸引读者愿意付费阅读其提供的新闻和信息的能力。在新型商业模式下,用户将付费浏览网上新闻。我们现已成功地使用户付费浏览《华尔街日报》网站。"

他说:"我们计划将这种付费模式用于新闻公司旗下的所有报纸:《泰晤士报》《澳大利亚人报》等。一些批评者说人们不会付钱,但我相信他们会的。"

美国数字出版市场发展到今天,已经逐渐形成门类齐全、分布广泛的用户群体,网络用户正在逐渐接受图文形式的在线内容,习惯在线浏览和阅读出版物。

《纽约时报》从1851年起就开始发行,目前发行量居全美第三。该报曾赢得104次普利策奖,数量超过任何其他媒体。《纽约时报》在美国的影响可谓是巨大而深远,它是美国人生活中不可或缺的一部分。每天早晨在上班前,从地铁站花2美元买一份《纽约时报》已经成为许多美国人生活中的一部分。在新闻报道方面,《纽约时报》将自己看做是一份"报纸记录",这个政策的结果是除纽约当地的新闻外《纽约时报》很少首先报道一个事件。而假如它真的首先报道一个事件,那么这个报道具有很高的可靠性,因此往往被世界上其他报纸和新闻社直接作为新闻来源。

早在2005年,《纽约时报》就已经开始尝试从网络上赚钱。2005年9月,《纽约时报》启动了一项名为Times的订阅服务,在网上对许多以往免费的专栏进行收费。2007年9月17日,《纽约时报》宣布停止对部分网站内容的收费,证实了许多媒体业内人士的观点——从读者那里收取的费用,无法超越从免费网站上得到的额外广告收入。此后,在对读者几乎开放整个网站内容的同时,《纽约时报》向读者免费提供了从1987年至今的所有《纽约时报》内容。

与此同时,《纽约时报》将和Google合作推出类似咪表的付费阅读方式——"初次点击免费"(Click Free)。"初次点击免费"项目允许读者免费阅读一定数量的文章,在超过限量后,读者将被带入付费页面,支付费用后才可以继续阅读其他文章。免费文章的数量由网站自己决定。

4. 互联网数字报纸的宏观环境分析

我国的互联网数字报纸发展具备了许多有利的政策条件。2006年,国家先后公布了《中华人民共和国国民经济和社会发展第十一个五年规划纲要》

《国家"十一五"时期文化发展规划纲要》《国家中长期科学和技术发展规划纲要2006—2020年》和《新闻出版业"十一五"发展规划》,都把"数字出版技术"、"数字化印刷、复制"和发展新媒体列入科技创新的重点。党的十七大报告也指出:运用高新技术创新文化生产方式,培育新的文化业态,加快构建传输快捷、覆盖广泛的文化传播体系。

2008年,新闻出版总署进行了机构调整,打破按介质类型设置机构的模式:将原来的音像处、电子处统一并入到图书司,并改名为出版管理司,设置科技与数字出版司,加强数字出版管理力度;同时,新闻出版总署牵头的四大数字出版工程(国家知识资源数据库工程、国家数字复合出版工程、数字版权保护技术、中华字库工程)也完成了可行性论证工作。[①]

2006年8月在北京召开的第三届中国报业竞争力年会上,国家新闻出版总署提出了"数字报业"战略。在新闻出版总署报刊司的倡导下,一批主要报业机构和关联企业联合组建了"中国数字报业实验室"。"中国数字报业实验室计划"是新闻出版总署《全国报纸出版业"十一五"发展纲要》中提出的推动报业发展的十四项行动计划之一,它的出发点是推动报业主动迎接信息技术革命引起多元化传播格局快速形成的挑战,旨在探索适应数字报业发展需要的数字化、网络化的内容显示介质技术、信息传播技术和运营模式,促进传统报纸与以互联网为运行平台的新媒体之间的融合发展,共同开创数字化、网络化的内容产品和信息增值服务产品齐头并进的发展格局,实现传统纸介质出版向数字网络出版的战略转型,推动报纸出版业态的重大变革。计划鼓励报纸出版单位积极开展自主创新,广泛利用各种数字化、网络化内容制作、生产、传播手段和显示终端,积极探索"网络报纸""手机报纸""电子报纸"等多种数字出版形式和经营模式,扩大报业的受众范围,延续报业现有报纸的数字化进程,尝试利用新技术在网络空间中探讨适合报纸特性的未来发展形态。"数字发展战略"的提出,为我国报业的数字化转型提供了政策保障和明确方向。

[①] 郝振省.2007—2008中国数字出版产业年度报告[M].北京:中国书籍出版社,2008:14.

第三节 传统出版社与数字出版

一、传统出版社遭遇挑战

以数字技术为基础的互联网的发展对于出版产业的影响是深远的,网络出版的出现不仅改变了传统的出版形态、出版流程和出版的经营模式,而且由此带来的出版转型更成为将来出版产业发展的必然趋势。据微软公司的预测,到2020年90%的图书品种将同时采用电子和纸张的方式发行,由此可见互联网出版物巨大的市场潜力。《2008年中国电子图书发展趋势报告》显示:2008年,电子图书读者总数为7900万,比2007年增长33.9%;电子图书总量为81万种,比2007年增长22.7%,仍然保持强劲的增长势头;2008年,电子图书市场实现销售收入22630万元,增长33.6%;虽然数字图书馆市场与上年持平,但个人电子图书市场,主要是收费阅读市场和手机阅读市场增长强劲,分别增长86.5%和366.2%。

数字出版是新闻出版产业的战略重点和未来发展方向。从当前发展阶段来看,我国正处于传统出版与数字化出版相结合、相交叉和相促进的转型期。目前以数字出版、手机出版等为代表的新兴产业正以惊人的速度发展,其发展势头已超过传统产业。

与数字出版产业相比,传统出版产业集中度低。全国有500多家图书出版社和9000多家期刊社,而数字出版产业的四大电子书出版商(北大方正、书生公司、超星、中文在线),占据了全国电子书市场90%以上的份额,拥有上百万的图书资源,具有极强的消费主导性。清华同方光盘中心、万方科技期刊群、维普资讯、龙源期刊网,占据了全国电子期刊市场90%以上的份额。清华同方的中国学术期刊网,在不到10年的时间里,基本上把学术期刊的整个资源,甚至从创刊号开始的全部论文整合到平台中。三大数字杂志(Zcom、Digibook、Xplus),占据了全国电子期刊市场90%以上的份额。

出版社的数字化程度不高,与整个社会存在着一个数字鸿沟,与数字技术开发商、软件平台提供者、网络服务企业对于数字出版的高度热情相比形成了鲜明的对照。传统出版商在电子书出版市场上所占的份额比较少，大约只有10％。由此一来，传统出版商大多只成为电子书的内容提供者。这是因为几乎所有出版社"编辑→印制→发行"的价值链、商业模式、管理方式、产业链关系都没有发生根本的转变，纸质图书还是最主要的利润来源，电子书等数字产品及信息服务还没有发展成独立的盈利模式。传统出版社纷纷转型涉足数字出版的原因是数字型的技术企业快速发展，正给传统出版社施加越来越大的压力，但在数字出版方面，传统出版社已经远远落后。

从调研数据中发现，数字图书或者电子书在数字出版产值中所占的比例还是极其微弱的。再具体到各个出版社，其数字版图书所创造的收入更少得可怜。即使在全球出版最发达的北美大陆，电子书的销售额占图书销售总额的比例也不过1％～2％。这种现象的一个真实反映就是国内大多数出版社在数字出版方面瞻前顾后、踯躅不前，而这种心态反过来又制约了整个产业的良性发展。

没有钱、没有技术、没有人、盈利模式不清晰，这些都是传统出版社在数字出版转型中最大的困难。传统出版业由于体制的保护等原因，普遍存在观念陈旧、整个行业科技投入不足、标准滞后、数字出版人才匮乏、对新媒体难以进行及时有效的监管、数字版权保护技术亟待加强和推广、传统出版的专业分工面临严峻挑战等方面问题。中国的多数出版社还没有迈过数字出版的门槛，还远跟不上当今时代数字发展的步伐。

2009年还有一个值得注意的现象，就是数字出版产业基地的形成，如上海张江国家数字出版基地，聚集了多家数字出版企业，仅文学网站就达20多家。数字出版基地有利于发挥产业集群优势，提高产业集中度和专业化协作水平，较好解决了数字出版产业链长、涉及面广的问题。当前，上海张江国家数字出版基地建设在部市合作框架下，正按照既定目标积极稳步推进。

据资料统计，1964年有80％的美国人看报纸，今天只有50％了，其中年轻人还不到20％。《消失的报纸》一书担忧地告诉我们：假如报纸继续按照目前的速度下沉，地球上最后一个读者阅读最后一份报纸将发生在2040年4月。一家投入大量财力转型新媒体领域，却未能获得成功的报社总编辑曾经说过："报人办网，十年难成。"传统媒体真的已无药可救了吗？"如果我之前是卖豆浆的，生意一直不错，可现在牛奶好卖，不能因为我卖豆浆，就坚决不卖牛奶，应该是什么好卖就卖什么。"一位成功跨越新媒体与传统媒体领域的总编辑说，"报业不能排斥新媒体，而应张开双臂拥抱。报业的创新、改革，很大程度上就是从实行报网互动、报网融合开始，这也是报业发展新媒体的趋势。"传统平面媒体向新媒体转型的根本问题，并不在于是否开通了互联网和手机版的报纸，而在于如何通过新的技术平台和新的传播方式去满足更多受众的愿望及需求，将体现报纸价值的基础读者"请"回来。随着央视CNTV正式上线，以及人民网电视台、新华网视频、光明网视频等顺利开播，留心的网友不难发现，传统媒体领域的强手们已经纷纷出手了，"不鸣则已，一鸣惊人"正是这些媒体与生俱来的属性。

目前，光明网已经顺利取得《广播电视节目制作许可证》与《信息网络传播视听节目许可证》，正在积极备战3G时代的系列全新视听节目。在不久的将来，用户只需按需点击标题进入相关内容链接，就可以获得光明网以文字、图片、视频、音频等形式发送的全媒体信息内容，而获取内容的终端也不仅局限于电脑，数字电视、3G手机，甚至是掌上电子书，都可能作为节目源的新载体。

5年前，以谷歌、亚马逊为代表的数字技术商开始了数字化探索，当这些企业发布图书搜索计划、以网络为新的出版平台时，风险也随之而来。他们拥有了"文件"、资源，传统出版社所拥有的东西被冲散了，数字技术的发展迫使出版社不得不加入进来，自己来行使进行数字化转型的使命。对于传统出版商来讲，介入数字出版才能控制资源的走向，才能确保这些内容接触到尽可能多的零售商，如果传统出版社不进行数字化转型，别人就会取而代之，控制内容的分配，届时，传统出版商将失去控制权。

二、传统出版社应对数字出版

数字出版是不可抗拒的趋势，面对数字出版的竞争，传统出版社面临机遇与挑战。近年来，传统出版社在应对数字化出版的挑战上一直在寻求一种互联网免费经济之外的盈利模式。

1. 积极行动

从国家层面上讲，已经作出了具体的努力并出台了相应的政策，鼓励和支持传统出版社积极应对和融入数字出版。如2010年新年伊始，国家新闻出版总署下发了《关于进一步推动新闻出版产业发展的指导意见》。在这份指导意见中，总署提出要推动经营性新闻出版单位转制，重塑市场主体。同时，要大力发展数字出版等非纸介质战略性新兴出版产业。积极推动音像制品、电子出版企业向数字化、网络化转型。积极发展数字出版、网络出版、手机出版等以数字化内容、数字化生产和数字化传输为主要特征的战略性新兴新闻出版业态。

中国国家图书馆与美国哈佛大学图书馆已达成合作协议，共同开发哈佛燕京图书馆馆藏中文善本古籍，实现数字化。这是迄今为止全球图书馆界最大规模的一个双边合作数字化项目。国家图书馆从2010年1月开始正式按月度接收数字化数据，第一份数字化的珍贵古籍在元旦后到馆，经过质量检查和元数据标引后，将很快会通过国家图书馆网站发布，供全球学者免费查检使用。按照项目规划，国家图书馆还将继续实施相关技术攻关和功能扩展，包括对这批数字化古籍的深度标引、全文文本转换和知识加工等工作。

面对数字出版迅猛发展的势头，传统出版单位积极主动地转型涉足数字出版，并取得了一定成果。当前，中国大部分出版集团均已组建了专门的数字出版运营机构，各大出版集团的数字出版战略、规划纷纷上马。

例如，上海世纪出版股份有限公司推出全球首款由出版机构出品的电子阅读器"辞海悦读器"。这是上海世纪出版股份有限公司突破行业壁垒，以内容的优势打通行业产业链，从传统出版迈向数字出版领域的一个里程碑。

中国出版集团公司全面设计实施全集团信息化建设工程，加快推进中国数字出版网——大佳中文网的建设工作并研发拥有自主品牌的电子阅读器等数字产品，全方位打造数字出版。此外，凤凰出版集团成立数字传媒公司，上马电子书包等业务，读者出版集团推出自主品牌电子书等，传统出版机构纷纷叩响数字出版的大门。

"湿营销"继续发展并蔓延。"湿营销"是指借由互联网社区型网站聚合某个群体，并以某种方式将其转化为品牌的追随者，赋予消费者力量，鼓励他们以创造性的方式贡献和分享内容，从而影响商家的新产品开发、市场调研、品牌管理等营销新战略。"湿营销"的兴起表明社区型网站即将完成商业角色的转换，从C2C为主的生活化、娱乐化平台，转变为真正的虚拟社会、生态社区。

传统出版社自身也在积极探索寻求发展中。中国出版集团就有新的动作，准备打造一个规模化、集约化的数字化出版产品平台，将原有的"工具书在线"、按需印刷网、《东方杂志》数据库全部整合到一个新的平台。而作家出版社、春风文艺出版社、安徽出版传媒集团等也纷纷采取积极姿态，或成立数字出版部门，或上马数字出版项目。

在过去的一年内，新闻出版总署还实施了国家数字复合出版系统、数字版权保护技术平台、中华字库、国家知识资源数据库等重点工程，组织实施了中华民族网络游戏出版工程。北京、上海、广东、湖南和湖北等省（市）还设立网络文化建设重点工程（基金）支持数字出版，湖北、广东等省设立专项课题研究本省的数字网络出版发展规划。各大型出版传媒企业也提出并实践各项发展规划和战略投入。目前，中国出版集团公司、高等教育出版社、上海世纪出版集团、广东出版集团、江苏凤凰出版传媒集团、湖南出版投资控股集团、湖北长江出版传媒集团等单位都成立了数字出版或数字媒体事业部（公司），并制定了相应的数字出版发展规划。

关于如何全面贯彻落实中央的要求和部署，扎实做好新闻报刊管理工作，李东东表示，一是切实加强新闻报刊管理，努力提高舆论引导能力；二是认真做好报刊审读工作，确保监管取得实效；三是大力推进报刊出版体制改革，促进中央报刊全面发展；四是认真抓好队伍建设，规范新闻采编秩序；五是全面实施报刊评估退出机制，为产业发展创造良好的市场环境。

新闻出版总署稳步推进非时政类报刊出版单位转企改制，已经批准了市场报社、现代快报社等35家中央非时政类报刊出版单位转企改制实施方案，涉及报刊171种。下一步，将分期分批推进中央非时政类报刊出版单位转企改制，2010年年底完成列入首批转企改制任务的报刊出版单位转企改制工作。

2010年1月1日，新闻出版总署下发的《关于进一步推动新闻出版产业发展的指导意见》中更是明确提出新闻出版业将重点发展五大产业，其中之一就是发展数字出版等非纸介质战略性新兴出版产业。

随着《阿凡达》等3D影片的热映，图片能够呈现立体效果的3D报纸已经在2010年接二连三地闪亮登场了。从世界范围看，比利时报纸《最后一点钟报》于2010年3月9日推出欧洲乃至世界上第一份3D报纸；从中国报刊市场看，在短短一个多月之后，有9家报纸相继推出让人眼前一亮的3D报，报刊领域也掀起了一股3D风潮。

2010年4月16日，湖北《十堰晚报》推出中国首份3D报纸；5月1日，《齐鲁晚报》发行中国第一份3D号外《梦世博》；5月27日，《南方都市报》推出3D特刊《原味·广州》；6月1日，《安徽商报》推出中国第一份3D报纸广告；6月3日，杭州日报报业集团旗下《每日商报》、《都市周报》同步推出3D报纸；6月8日，《扬子晚报》推出3D世界杯号外《好望角风暴》；同一天，3D版《城市晚报·2010南非世界杯专号》亮相吉林；6月11日，《东方早报》推出7个版的《世博园·世界杯3D影像志》，世界杯亦是这份3D世博报的主题；时尚杂志社旗下的《芭莎男士》在5月号刊登了一组3D时装大片，《时尚芭莎》在6月号推出了一组以泳装为主题的3D大片。

戴上随报刊附赠的红蓝塑料镜片眼镜，与3D图片保持0.5米的距离注视一段时间后就会惊奇地发现，一切变得生动立体、栩栩如生起来。比如，在《扬子晚报》推出的3D世界杯号外中，梅西、C罗、鲁尼、卡卡等球星仿佛就要从画面上冲下来一样；《每日商报》3D报纸中刊登的大幅房地产广告图片，在3D眼镜的配合下显现出明显的空间感，如果在观看时把脑袋轻轻地左右移动，作为背景的建筑物和作为前景的树木似乎也在随之移动，让人仿佛置身其中一般。

3D效果是由左右眼画面之间的角度差形成的，目前制作3D图片主要采用两种技术，一种是使用3D照相机直接拍摄3D图片；另一种是使用软件将平面的2D图片分离成不同角度的红蓝两张图片，然后把两张图片不完全套印在一起合成一张。《十堰晚报》、《齐鲁晚报》、《安徽商报》、《扬子晚报》推出的3D版均采用2D转3D的办法。

在实际操作中，几乎所有进行3D版尝试的报刊社在推出之前都对3D图片的制作原理和方法知之甚少，因此，很多报刊社是借助外脑来解决技术问题的。比如，最早推出3D报纸的《十堰晚报》与十堰某文化公司进行合作，《安徽商报》的3D报纸广告是与合肥一家信息技术公司合作完成的，《扬子晚报》与南京艺术学院的专业老师合作完成3D号外，《芭莎男士》邀请专业人士担任技术顾问，《时尚芭莎》技术支持也来自外部合作方，大致共同探讨了两周时间。

3D报刊的印刷没有特殊要求，与常规运作一致，因此制作成本主要集中在眼镜、纸张、人力以及技术研发等方面。3D版的广告价位比平时要高50%。

中国广告协会报刊委员会主任梁勤俭认为,3D报刊的特点是有内容、有广告、有创意、有突破,传递给受众的信息也比平面媒体更立体、更直观、更丰富。正是由于这种新颖的视觉感官体验和立体的表现效果,使得读者不再单凭自己的好恶只对报纸蜻蜓点水似地翻页而过,而会主动地去阅读、品味,延长阅读时间,提升新闻与广告的传播效果。从这点来看,3D报刊让传统平面媒体多了一个为客户服务的新武器。

但是,3D图片的制作工序非常复杂,一个版快了要一天,慢了要两天,因此从时效性方面看,还很难满足报纸尤其是日报对日常新闻图片的要求;另外,3D照片的拍摄比较复杂,且对光线、环境有一定要求,不太适合运用在新闻图片拍摄上,如果将3D报纸常态化没有必要,也会增加成本负担。

《安徽商报》的3D广告从房产向旅游、汽车等其他行业延伸,并尝试推出户外3D广告、房地产3D宣传画册等3D广告衍生品的做法,也许为我们提供了一个新的思路。

2. 消极行动

对很多传统出版商来说,尽管意识到数字出版已兵临城下,但要迈出数字化的第一步并不容易。因为数字化意味着不同的事物——复杂、快速周转、永远在线、昂贵、要求改变文化、商业模式不确定,这使得人们不得不考虑数字出版的风险问题,而这种担忧也是一个全球性的问题。以杂志出版为例,无论是大众化杂志还是商业杂志的出版,数字化意味着要改变过去通过印刷进行的单向信息流,建立起一套全新的流程,如围绕纵向主题或行业创建值得信赖的网络兴趣团体,通过提供高质量的内容并作为管理人提供其他信息证实权限,为广告客户提供市场营销机会,不依赖任何特殊管道或平台而通过技术和设计实现更高的受众群参与、数据联合及内容的货币化。

这些改变将使得杂志的出版遭遇挑战,从增加的频率来看,这意味着过去仅在杂志出版时如每周、每月或每季度提供的内容,如今需要每日更新或一日多次更新;而文本、照片、图表的表现形态,将演化成更多的格式如音视频、列表及交互式内容;从前要小心控制的舆论,在网络上不可避免地形成了过多的意见和观点;以往仅以印刷形式呈现的内容,如今要通过多种管道和多个合作伙伴长期获得;从技巧上来说,过去人员仅执行范围狭窄的任务,而如今则需要能够适应多种形式的全能采编人员。目前大多数网络杂志仅仅是印刷版本的电子副本,而事实上我们需要基于网络的特性创造新的内容,且进行新的战略选择,如与跨媒体合作伙伴、超级品牌和门户网站等一起应对挑战。

有的出版社已经在行动,但是同时,也有些不尽如人意的地方。在进入数字出版的过程中,有的传统出版社表现出来的更多的是犹豫、等待和观望。"明知数字出版是未来发展方向,却不知道路该如何走"似乎成了出版社普遍的尴尬。近几年,也有一些出版社在国家政策的支持下开始涉足数字出版,投入了大量的人力、物力和资金,但运行良好、取得成功的寥寥无几。传统出版业向数字出版时代的跨越始终难有实质性、突破性的进展。究其原因,笔者认为,出版社首先要研究数字出版的特征和规律,找准自己的功能定位,练好内功,才能从容面对数字图书出版。

数字出版是当前新闻出版行业的战略重点,数字化转型无疑成为传统出版社最迫切的时代命题。然而,出版社在数字出版的洪流中,却并非都有着鲜明的理念和清晰的布局,许多出版社始终被技术厂商、硬件厂商等外部力量推搡着、裹挟着前进——数字出版的理念被灌输、内容资源被集成化、数字出版的利润被瓜分——在数字出版的浪潮下,作为内容提供的产业核心部分,出版社是否正在"被数字化"?

实际上,一些出版社并没有真正理解和认识数字出版的本质,甚至不具备数字出版的基础条件,同时数字出版投入不见底、盈利不明朗,传统出版社接受数字出版并做大规模投入的观念尚未形成,加上缺乏了解和掌握数字技术的必要人才,出版社对数字技术的认识和应用还过于肤浅。对于内容资源这样的一种被动集成方式,机械工业出版社副总编、北京华章图文信息有限公司总经理周中华说:"内容集成商圈走了我们的资源后,我们几乎看不到回报。因为回报方式的不清晰,现在出版社内容在被集成上,有法律、盈利、信任上的三重假设,这样的集成方式肯定是走不远的。"山西出版集团从 2007 年开始做电子书,直到 2010 年获得了第一笔收入,不到 10 万元。安徽时代出版集团自 2004 年开始与中间渠道商合作,6 年后总收益也不过数万元。广东一家出版社几年下来数字出版总收入几百元,出版社甚至都没有兴趣向中间渠道商要回这点钱。

三、出版的未来趋势

统计数据显示，2006年我国数字出版产业总产值为200亿元，2007年为360亿元，2008年达到530亿元，2009年为799.4亿元，年平均增长速度达到56.2%。短短几年时间，数字出版已经与传统图书出版产值不相上下，成为新闻出版业强势增长的重要动力和新的经济增长点。同时，其方便快捷、受众面广、绿色环保等特性也使得数字出版成为出版业未来发展的趋势和潮流。简单地总结一下就是：从介质的演变过程中可以预测未来的出版是跨媒体出版；从新旧媒体增长的对比看，未来的出版属于数字出版；技术和资本力的对比显示技术提供商正在快速地向内容提供商转型。

下面我们从融合和内容提供两方面总结数字出版未来的发展趋势。

1. 融合

未来的出版趋势是数字化，传统的出版社在集团化的同时，还要考虑多方合作的融合，才能迎接挑战，用数字化推动出版的现代化。

数字出版业是绝对的大鱼吃小鱼，赢者通吃。在数字出版领域，没有惊人的资本支持是难以想象的。新闻出版总署统计，传统出版方面，2004年全国573家图书出版单位的资产总额不过是504.4亿元，平均每家出版社不足1亿元人民币。而数字出版领域，7家涉及互联网业务的网站——新浪、搜狐、网易、盛大、九城、TOM、腾讯，总市值是73.9亿美元，折合为人民币是613.4亿元，平均每家86亿多元人民币。同时四大电子书出版商就占据了全国电子书市场90%以上的份额，拥有上百万的图书资源，具有极强的消费主导性。清华同方光盘中心、万方科技期刊群、维普资讯、龙源期刊网，占据了全国电子期刊市场90%以上的份额。清华同方的中国学术期刊网，在不到10年的时间里，基本上把学术期刊的整个资源，甚至从创刊号开始的全部论文整合到平台中。

出版社与其他高科技公司进行技术合作时，可以通过自己投资或直接经营网络出版平台部分。如上海世纪出版集团与北大方正电子有限公司进行了数字图书合作开发，由方正集团提供电子书制作、阅读、下载等技术支持，组建了易文网经营销售平台。主导整个产业发展的仍然是易文网背后的上海世纪出版集团，方正仅仅是为其服务的专业技术供应商。而通过这种网络出版产业链整合模式，出版社不仅避免了以较大的资金成本投资于相关领域的技术开发，又为其他拥有较强技术力量的商业机构参与产业发展留下了一定的空间，并保证了自身在整个产业链中的领导者地位。

出版社也可以与拥有技术实力的数字公司互相融投资、参股，甚至与其组成合资公司，直接或间接地掌控数字图书的网络平台运营。美国一些传统出版商在向数字化转型过程中，多采用与技术提供商参股或并购的方式进行，如哈珀·柯林斯出版集团选择与 Newstand 进行合作并为此拥有其 10% 的股份，兰登书屋购买 Vocel 公司部分股权以开发手机阅读等。

《天下网商》由阿里巴巴和浙江期刊总社各出资 1500 万元一起合作推出，这是第一本面向小企业、以网商为主体的电子商务杂志，每月一期，其内容主要是关注商人话题，解答商人在经营中遇到的难题。阿里巴巴网络有限公司执行董事、CEO 卫哲表示：现在中国大量的中小企业家找不到关注他们所需所想的杂志，我们希望把中小企业主要关心的话题聚集起来，打造一本为小企业提供生存、成长和发展机会的杂志，也希望它是新媒体和传统媒体合作的一种创新。

浙江省期刊总社社长蒋传洋在此前接受《中国新闻出版报》记者采访时也表示，《天下网商》希望网罗新世纪最强有力的商人群体——网商，打造成为新经济群体利益表达的最有效平台之一，为传递小企业声音和立场提供专业渠道。通过与阿里巴巴电子商务体系的"技术性"调整，完全实现线上和线下两个平台的无障碍打通；通过对网上交易、网上展示、网上支付的流程性改造，从而实现阅读与交易的有机融合。

《天下网商》杂志的总编辑兼总经理朱德付表示，《天下网商》将利用 B2B 平台数据，在内容制造环节上，摸索出内容自采编模式；在发行环节上，创造出读者识别系统；在运营环节上，开拓出买家定位模式。这本杂志的核心价值，最终就是要推进新商业文明，这不是生意，是一个有理想的事业。

2. 内容为王

目前，数字出版在内容上还要依靠传统出版的支撑，要促进数字出版的发展，开发数字版权是根本途径。数字出版产业未来发展的关键，应当把数字技术与内容创新放在同等位置。数字技术有广阔的空间，竞争也十分激烈，技术成熟与应用要得到市场的确认，数字出版中核心价值是版权。

因此，图书内容的生产是数字出版的根本。简单来说，只要使用二进制技术手段对出版的整个环节进行操作，都属于数字出版的范畴，包括原创作品的数字化、编辑加工的数字化、印刷复制的数字化、发行销售的数字化和阅读消费的数字化等。就图书而言，其整个过程大体可分为内容生产、数字加工、网络运营三个环节。从这三个环节可以看出，数字化出版的特征，即数字化技术、网络技术的应用表现在第二、第三环节上，而在第一环节，即图书内容生产上，与纸介质出版在本质上是没有区别的。

不管是传统出版还是数字出版，图书生产过程的第一环节都是内容生产。图书内容的提供是所有环节的根本，离开这一环节，图书出版就无从谈起。内容生产是出版社的优势所在，出版社在出书前都有明确的选题计划和严格的出版工作流程，以保证图书的内容质量。同时，各个出版社都有自己的出版领域和一定的出版特色，对本领域的学术水平、科研动态、读者状况等有较深的了解，具有敏锐的市场反映能力，有既懂出版又懂专业且训练有素的编辑队伍，长期以来建立了庞大的作者群，这些都是出版社从事图书内容生产的基础，是其他任何单位都无法比拟的。

出版社的核心竞争力来自图书知识内容的生产而非图书物质形态的制作，只要实施相应的数字化拓展，计算机技术的广泛应用以及互联网的发展壮大，本质上是为出版社提供一个更为广阔的新兴市场。因此，出版社应凭借其对作者资源的掌控、编辑能力的提升与市场运营的强化，将主要力量集中在对精品内容的塑造上，进而在互联网竞争中占据主导地位。

内容生产要与时俱进，出版社为数字出版提供的图书内容，最终是以二进制形式储存的文档在互联网、手机、专用阅读器等介质上呈现，只有知道内容如何更好地转换为读者价值的出版社，才能拥有"内容为王"的话语权。谁的内容资源具有更强大的集约整合能力，谁才能占有更大的市场份额，才能对市场有较大的控制力。这要求出版社必须深入把握用户需求，透彻地了解市场，对图书内容的表现形态、传播路径、是否个性化定制等都要给予重点考虑。

现在中国的数字出版格局可以用三足鼎立来形容，这三足分别指数字出版的内容、平台和终端渠道。在这三足中，内容相对弱势。中国的这场数字出版革命和国外有点不一样。到目前为止，还是以IT公司、互联网企业、移动电信企业、硬件生产企业为主导，所谓的内容提供商还没有太多的觉悟和积极性。

　　数字出版或者新媒体出版是必然趋势，现在即使转型，绝大多数却未必能成功，因为用户买不买账、市场接受不接受才是成败关键。现在数字出版最大问题是不容易赚钱，赔本赚吆喝，阅读量很大，但是收不着钱。

　　盗版问题是数字出版面临的第一个问题。当当网联合总裁李国庆说："只要现在网上有全文下载，就没必要讨论数字出版的商业模式，因为完全没有商业模式可言。美国用 8 年时间解决数字盗版，中国政府如果决心大，时间可能短些。在未来 3 年内，如果政府能出台明确可执行的法律、法规，数字出版的春天才可能到来，否则将是一场灾难。"

　　对于出版来说，不管是什么形式的出版，其核心都是内容。目前国内数字出版存在十大问题：第一，缺乏产业标准；第二，产业链各方关系紧张；第三，市场准入制度尚未建立；第四，政府监管力度和手段有待加强；第五，版权问题严重；第六，技术支撑不够；第七，阅读终端价格偏高；第八，目前正式出版的优质内容严重不足；第九，大众市场尚未启动；第十，法律法规尚不健全。

　　建议新闻出版总署或者中国出版工作者协会牵头成立数字出版产业联盟，以便于业界的交流与沟通，也有利于建立低碳、健康、和谐、共赢的产业链。

　　对于出版社来说，应该努力做到内容采编网络化、内容记载标准化、内容拆分碎片化、处理流程工业化、处理过程精细化、资源管理系统化、出版行为服务化、阅读方式离线化。

　　在新兴市场中，传统出版单位的服务对象发生了改变，不单是读者，还有渠道商、技术商等。许多人认为，在向数字化转型过程中传统出版社是弱者。很多时候，并不是因为出版社的内容不好，而是出版社的内容没有做到适销对路，提供的只是未经加工的原料。出版社应该研究如何利用新技术、新的传播方式，以适合服务对象的需求，满足并引导读者的阅读需要，把出版社的内容资源和优势转换成现实的生产力。

第四节　IT产业进军数字化出版领域

数字出版如火如荼发展的进程中，除了传统出版业的自身发展变革，出版本身也出现了革命：电子出版物的推出其实已经是小事，IT公司凭借着自己的技术优势大举侵入传统行业，出版作为信息传播行业更不例外。电子科技与数字出版不可分割，可以说，数字出版的飞速发展依赖于电子科技的进步。也因为如此，一批电子科技企业带着技术和资金投身于数字出版领域，并迅速发展壮大，占据着数字出版的重要市场。现今，在中国，北大方正、超星数字图书馆、书生之家、中文在线四家企业几乎占据电子图书出版的全部市场，而盛大文学旗下的红袖添香网、起点中文网等原创网站积累内容，资源正以不断递加的速度向少数企业集中。数字期刊出版界有同方知网、万方数据、维普资讯三家企业占据着大部分市场。这些企业的进入，改变了传统出版领域的市场瓜分态势。

2009年，更为广泛的力量积极投身数字出版行业，产生整合和叠加效应，加速了数字出版的发展，绘就了"大出版"的蓝图。第一支力量就是信息技术公司，以技术服务为切入点，逐步发展为数字出版综合服务运营商，是我国目前数字出版的主要力量之一。其中数字图书馆打破了时间和空间的限制，只要能上网，就可以方便地查找相关信息，帮助人们在更大范围内共建共享信息资源，实现无限的资源和服务。

数字出版技术及内容提供商继续进行有益的实践和探索，积极打造网络图书、网络期刊、在线数据库、原创文学、手机小说、网络游戏、网络动漫等新媒体业务模式。他们当中的佼佼者，像北大方正自主研发了数字出版技术及整体解决方案，已发展成为全球领先的数字出版技术及产品服务提供商。

一、电子图书出版商

1. 北大方正数字图书

方正数字图书由北大图书馆和北大方正电子有限公司联合推出。北大方正电子有限公司占据全球中文电子出版系统 90% 以上的市场份额。北大方正电子有限公司提供数字图书馆的软件支持,北大图书馆提供服务。方正 Apabi 数字图书馆提供近 8000 种中国出版的电子新书,内容主要包括社会科学、计算机类和精品畅销书籍,学科涉及文学艺术、语言、历史、经济、法律、政治、哲学、计算机等多个类别。所选书目皆为当前出版社发行最新图书的电子版,可以方便下载、借阅国内四百余家出版社最新制作的电子版图书,从而打破了图书馆传统借阅方式的时空限制,使人们真正体验到数字图书馆带来的方便、快捷的服务。

图 4-5 北大方正集团

最近,方正与新闻出版单位的合作更加深入,更加全面,更加多层次,与中国出版集团、清华大学出版社等出版单位也已经达成了战略合作,方正在手机阅读方面也取得了阶段性成果。方正集团数字出版的战略定位是:为中国新闻出版业提供先进的数字出版技术服务;以数字出版物发行平台帮助任何人,在任何时间、任何地点方便、快速地获得书、报、刊文档等各类出版物。战略还提出了策略与行动的"三个新",即:新系统——跨媒体出版系统;新模式——电子书自主制作与发行模式;新平台——数字出版物发行平台。

方正集团的数字出版战略主要内容包括:在向数字出版转型时期,方正集团要饮水思源,持续创新,为新闻出版业向数字出版的转型提供服务,与新闻出版业共同推进中国数字出版产业发展进程。坚持正版化的方向,与新闻出版业一起共建和谐的数字出版产业环境;坚持为新闻出版业持续服务的策略,与新闻出版业"创新·共赢"。

数字出版是新闻出版业的新兴领域，2000年以来数字出版快速发展，为中国和世界提出了三个问题，一是理念问题，二是技术问题，三是模式问题。这三个问题将长期影响数字出版业的健康发展。方正集团作为中国数字出版的实践者，以CEB和DRM两项技术实现了数字版权的保护，对我国数字出版业的发展起到了示范作用，这也说明数字化在新闻出版行业的应用与推广已经成为新闻出版产业的必然趋势和新的经济增长点。

2. 超星数字图书馆

超星数字图书馆（www.ssreader.com）开通于1999年，是全球最大的中文数字图书馆，向互联网用户提供数十万种中文电子书免费和收费的阅读、下载、打印等服务。同时还向所有用户、作者免费提供原创作品发布平台、读书社区、博客等服务。该数据库具有以下特点：

（1）海量电子图书资源。提供丰富的电子图书阅读，其中包括文学、经济、计算机等几十余大类，并且每天仍在不断地增加与更新。专门为非会员构建开放免费阅览室。为目前世界最大的中文在线数字图书馆。

（2）阅读方便与快捷。图书不仅可以直接在线阅读，还提供下载（借阅）和打印。多种图书浏览方式、强大的检索功能与在线找书专家的共同引导，帮助读者及时准确查找阅读到书籍。书签、交互式标注、全文检索等实用功能，让读者充分体验到数字化阅读的乐趣。24小时在线服务永不闭馆，只要能上网，读者就可随时随地进入超星数字图书馆阅读图书，不受地域时间限制。

（3）先进的技术依托。先进、成熟的超星数字图书馆技术平台和"超星阅览器"，给读者提供各种读书所需功能。专为数字图书馆设计的PDG电子图书格式，具有很好的显示效果、适合在互联网上使用等优点。"超星阅览器"是国内目前技术最为成熟、创新点最多的专业阅览器，具有电子图书阅读、资源整理、网页采集、电子图书制作等一系列功能。

3. 书生之家

书生之家数字图书馆由北京书生数字技术有限公司于2000年创办，于2000年4月7日开始试运行，5月28日正式开通。它是以书生全息数字化技术为核心技术而建立起来的一个全球性网上开架书报刊交易平台和中国信息资源电子商务平台，下设中华图书网、中华期刊网、中华报纸网、中华资讯网等子网,集成了图书、期刊、报纸、论文等各种出版物的(在版)书(篇)目信息、内容提要、精彩章节和全部全文。目前可提供18万余种图书全文在线阅读。其中大部分为近几年出版的新书,侧重教材教参与考试类、文学艺术类、经济金融与工商管理类图书。在线阅读"书生之家"电子图书全文之前需安装阅读器。"书生之家"的搜索引擎提供单项检索、组合检索、全文检索、二次检索等检索功能,也可按中图法分类或书生分类方式浏览全部图书。

目前网站已获得400多家出版单位授权,生产制作了近5万本图书的数字信息资源,计划在近年内快速增加到数十万本书的信息量,可以为专业图书情报机构和普通消费者提供数字图书馆服务,并利用书生之家的信息资源凝聚作者、出版商、批发商、零售商、采购商和读者,在新的平台上更好地整合中国出版业从而提高其效益,同时伺机进入其他信息消费市场,如e-book(电子书)、POD(按需印刷)、PDA(个人数字助理)和信息家电等。书生之家的目标是利用先进技术极大地提高图书报刊出版发行各环节的交易效率,并在WTO时代促进中文出版物走向世界,促进我国出版业的繁荣并全面提升其竞争力。

4. 中文在线

中文在线(http://www.chineseall.com)2000年成立于清华大学,是中国网络出版的开创者之一,中文数字出版服务的领导者。通过与国内300余家出版机构、逾1000名知名作家、2万余名网络作者的正式签约授权,中文在线每年可提供7万~10万种电子图书,占每年出版图书(纸制)市场的30%~50%,大众图书(纸制)市场的70%。在电子图书内容领域占有明显优势,已成为中文电子图书最大的正版内容拥有者,唯一一家获得国家级版权管理机构认证。目前,中文在线的数字图书正通过手机阅读、中小学数字图书馆、互联网等多种渠道服务于教育机构、大众消费等领域,在各个领域中均处于领先地位,为逾千万的读者提供数字阅读服务。

中文在线产品与服务包括:

(1)手机阅读。中文在线是中国最大的无线阅读服务提供商。与中国移动等运营商广泛合作,成为中国移动梦网的数字图书版权审核机构,并为其移动书屋提供69%的手机读物。

(2)互联网阅读。中文在线于2006年5月推出互联网阅读服务:

www.17k.com（一起看文学网），定位为数字出版主平台及互联网阅读写作平台，目前拥有注册网络作者两万余位，在销图书超过3万册。目前日平均访问量超过两千万，www.17k.com已成为国内领先的在线阅读网站之一。

（3）中小学数字图书馆。中文在线是国内唯一获得教育部三大权威机构鉴定与认可的中小学数字图书馆，为中小学校、教育管理部门、家庭以及基础教育验证机构提供数字图书服务。中文在线中小学数字图书馆已经成为中国教育行业第一品牌，是中小学领域最先进、市场份额最大的数字图书馆产品。目前已在全国6000余所中小学中获得了应用，建立示范校200余所，实验区5个，市场占有率超过了60%。2009年，中文在线面向全国的政府机关、教育单位、企事业单位、社区以及广大读者推出了一站式的读书阅读服务平台——书香中国。在上线的短短半年时间内，该平台已经覆盖全国6000所中小学校和200多家企事业单位。中文在线研制开发的移动数字图书馆，是以数字图书阅读、数字图书授权传播为组合的软硬件一体设备。它满足了用户在不同地点阅读数字图书，而数字图书的传播又受到合法保护的需求，为人们获取正版数字内容提供了极大的便利。

中文在线作为国内数字出版的领跑者，一直致力于中文数字图书的推广和传播，推出了千万元采集计划，面向全国各大出版集团、出版社、图书公司广泛采集优质图书的数字版权。采集计划主要采集2007年（含2007年）后出版的图书，要求权利无瑕疵、内容完整，按图书类别预付，分为超级畅销书、A、B、C四类，其中超级畅销书可获得多达10万元/本的预付款。此举为传统出版业进军数字出版，实现版权收益增值带来了巨大福音。中文在线之所以掷重金启动此次大规模的千万元采集计划，是为了满足其迅猛发展的手机、数字图书馆、互联网、手持阅读器等多渠道的数字出版需求。

中文在线首创的"全媒体出版"商务模式，把优质的图书通过手机、数字图书馆、互联网、手持阅读器等全媒体出版渠道多路出击，全面发布，将资源有效整合，实现传播模式从"单一"向"多元"转型，为广大读者奉献E时代数字阅读的盛宴，从而带来版权价值最大化。同时，中文在线通过一起看文学网与新华网、人民网等门户网站协同打造互联网阅读平台。

随着3G的发展，手机出版每年的增长率超过100%。作为手机出版先锋，中文在线与中国移动等运营商展开了全方位的合作。尤其是中国移动手机阅读基地将成为继中国移动音乐基地和中国移动手机报后,由中国移动倾力打造的集大发行量和高盈利性为一体的重量级项目。作为基地的合作方,中文在线负责提供海量的数字内容资源,对各种内容资源的需求量猛增。中文在线的一系列计划将加速中国数字出版业的发展,为传统出版业落实数字化发展战略、推进出版业升级转型带来全新的机遇。

中文在线在全力发展国内数字图书业务的同时,积极响应国家新闻出版总署关于中国出版业要"走出去"的号召,隆重推出数字图书馆海外版。2009年10月,中文在线参加了2009年法兰克福书展,精彩亮相"E时代的中国数字出版展区",全面进军国际市场。

5. 盛大文学公司

上海盛大网络通过盛大游戏、盛大文学、盛大在线等主体和其他业务,向广大用户提供多元化的互动娱乐内容和服务。其中盛大文学有限公司旗下拥有"起点中文网""晋江原创网""红袖添香""榕树下"与"小说阅读网"五家国内最领先的原创文学网站,占据国内原创文学市场份额的80%以上。盛大文学有限公司专注于运营文学版权,为电子付费阅读、线下出版、电影、游戏、动画等提供有版权的内容。盛大文学有限公司目前拥有日发布量超过4000万字,拥有30万部以上的原创小说版权,并签有中国最有商业价值的近万名作家的全版权。

起点中文网是全球领先的中文原创文学平台,专门从事网络原创文学及其相关业务,开创了在线收费阅读的新模式。起点中文网建立了完善的创作、培养、销售为一体的电子出版机制,并且与国内多家权威出版机构合作,成为国内优秀文学作品的版权运作中心。2004年10月,盛大全资收购起点中文网;2007年3月,盛大向起点中文网追加投资1亿元。起点中文网目前发布的各类文学作品达到1.4万部,超过12亿字,该网站每天的网页浏览次数接近3000万。

红袖添香创建于1999年,是目前最具影响力的华语纯文学网站、女性言情阅读第一品牌。红袖添香于2008年3月成为盛大投资公司旗下一员。

晋江原创网是领先的女性文学网站,致力于提供最完善的用户阅读写作以及交流服务,在其服务所涵盖的网络平台,运营作者经纪代理、跨区、跨国版权贸易等方面,晋江始终领先于行业竞争者,取得了骄人的成绩。晋江原创网于 2007 年 11 月成为盛大投资公司旗下一员。

榕树下全球中文原创作品网源于 1997 年 12 月 25 日美籍华人朱威廉创作的一个个人主页,迄今已有 13 年的历史。"榕树下"坚持"文学是大众的文学",倡导"生活·感受·随想",使文学通过网络这一快捷的载体真正变成了大众的文学,使许多爱好文学的人好梦成真。

小说阅读网成立于 2004 年 5 月,成立之初,就以其独特的风格和丰富的内容受到广大小说爱好者的推崇,靠广大会员自发的推荐等,目前日访问量近 6000 万,每天在线用户 200 万,原创作品达 280 万部。小说阅读网全球流量排名历史最高 171 名。

继以"一字千金"稿酬挖出国内第一批金牌手机小说家后,盛大文学再次重拳出击,启动"CHINA 创意"——暨中国短小说(创意剧本)基地首批作品征集令活动,以 1500 字为限,万元招募国内第一个"短小说之王"。获奖作品除获得高额奖金外,还将接入盛大文学"云中图书馆",成为"一人一书(OPOB)"计划的有机组成部分,并有望成为影视"大片"的创意脚本。

与此同时,盛大文学将率先建立首个"中国短小说(创意剧本)基地"。

盛大文学首届全球写作大展盛典 2010 年 4 月 18 日在西安举行,分别揭晓了都市言情、游戏科幻、官场职场、武侠仙侠、历史纪实、玄幻奇幻、剧本、军事文学等各类题材最高版权交易金作品名单。陕西省新闻出版局局长薛保勤,作家陈忠实、阿来、陈村,策划人路金波等为获奖者颁奖。

此次盛典,共计高达 600 万元的版权交易金尘埃落定。其中《大悬疑》获得高达 100 万元的版权交易金。《逃婚俏伴娘》《我不是精英》《最后一颗子弹留给我(终结版)》分别摘得都市言情类、官场职场类、军事文学类等多种类别的 30 万元最高版权交易金。盛大文学首席执行官侯小强表示,大展是盛大文学全版权运营理念的一次全面实施,它的成功举办将打破以往出版界以稿费和版税对作品定价的单一模式。大展中涌现出的优秀作品,大部分将投入到全版权链条的生产中去,为作家的作品增值,同时为版权交易模式的创新提供经验。

二、数字期刊出版商

期刊社在做好传统纸质期刊出版的同时,也在不断探索新型出版形式,通过采用光盘、互联网、手机等媒体出版数字期刊已成趋势。截至2008年年底，国内电子期刊总量已经达到9000种，这种集合了声音、图像、动画、视频等元素而成的电子期刊具有可视性、交互性、多样性、娱乐性、传播速度快等特点，以及发行成本低、订阅方便、形式活泼、内容紧随潮流等优势，年产值达到7.6亿元。

20世纪80年代，北京大学、清华大学等高校采购国外学术资料开始采用电子文档的形式，这就是数字图书的雏形，载体是磁盘。随着光盘的出现，高校专家看到它可作为学术应用的理想载体，便呼吁国家运用行政资源建立统一的大规模的数字化期刊中心。1995年，国家项目——学术期刊光盘工程中心由清华同方公司建立并商业化运作，现在已有5000种中文期刊。

目前，国内主要的数字期刊出版商有：

1. 清华同方

20世纪90年代末，清华同方光盘有限公司掘得数字图书产业的第一桶金，数字期刊销售收入3000万元，如今他们的数字化期刊已经装入了全国80%的高校图书馆和各省公共图书馆网络系统。

1997年清华同方以一次文献（全文）进入市场，清华同方的一步到位，主要原因在于该企业资金实力的雄厚和所处地理位置的优势。正是凭借这两个优势，清华同方迅速完成了砖头砌墙——后来者居上的过程，一举占据了全行业龙头地位。随着清华系的六大组织联合创建的中国知网开通，清华系在数字期刊的霸主地位已经牢不可破。清华同方的"中国知网"已成为全球著名的专业互联网与电子出版机构，拥有读者2000余万人，在海内外拥有6000多家机构用户。现在，中国

图4-6 中国知网展台

知网向整个产业链横向扩展,其产品序列之丰富,结构之完整,内容之庞大,足以成为整个数字图书馆界的巨无霸。

2. 万方数据

1996年,万方一手用尽科技部的期刊和情报资源,一手发挥科技部的行政资源,猛攻企业、科研机构等目标市场,一两年下来,录得客户近千家,销售收入近千万。2000年8月的万方数据(集团)公司变为北京万方数据股份有限公司,由中国科技信息研究所联合山西漳泽电力股份有限公司、北京知金科技投资有限公司、四川省科技情报所、科技文献出版社等5家单位共同发起成立,成为国内第一家以信息服务为核心的股份制高新技术企业。

万方数据股份有限公司是在互联网领域,集信息资源产品、信息增值服务和信息处理方案为一体的综合信息服务商。作为中国信息服务业的开创者,万方数据17年来在业内声名斐然,在大学图书馆客户的眼中,万方数据是一家有着深厚资源背景、热点把握到位、服务好的公司。期望万方数据向规模化发展的同时探索新的发展模式。

图4-7 万方数据展台

万方的典型客户是大学图书馆。作为中国信息服务行业的开创者,万方数据有着17年的历史。在这17年中,万方数据积累了数量众多的客户,大学图书馆是其最典型的一类客户。大学生们对万方数据都应该不会感到陌生,因为绝大部分的大学都购买了万方的各类数据库。在写论文前使用万方的数据库查询资料，几乎成了大学生们的必修课。

以国防科技大学为例，国防科技大学从2002年、2003年开始使用万方数据的产品，最开始用的是中国数字化期刊群——这一系统集纳了5大类70多个类目2500余种国内期刊，核心期刊覆盖率达90%以上。17年前，在中国科技信息研究所发展三产产业的背景下，万方数据股份有限公司的前身"北京万方数据公司"成立了。中信所是国家法定的博硕士学位论文收藏单位，因此万方数据的学位论文被公认为是最全的。对于大学而言，能够查询到全面的学位论文至关重要。万方数据提供的论文库成了吸引大学图书馆采用的一个杀手锏。凭借在论文资源上的优势，绝大部分的大学都成了万方数据的客户。万方数据的最大优势便是资源优势。通过论文资源优势打进大学图书馆市场后，万方数据的业务范围又逐步拓展到STM（科学、技术、医学）的多个领域。

万方数据具有三个方面的优势：一是格式优势。万方数据一开始便采用标准文档格式PDF。二是趋势把握优势。万方数据一直跟踪行业的发展趋势，热点把握得比较好。万方数据成立17年来，其产品线已经从一张涵盖百万企业的数据光盘拓展到了STM（科学、技术、医学）的各个领域。三是服务方面的优势。万方数据的服务平台经常有新的思路，如万方数据的资源已经从传统的文本数据扩展到了视频产品。

3. 重庆维普

维普资讯网由重庆维普资讯有限公司开发，它是集全文、文摘、题录等形式为一体的综合性文献数据库。重庆维普资讯有限公司的前身是中国科技情报所重庆分所数据库研究中心，是目前唯一一家地处北京之外的专业资讯公司。自1989年以来，维普公司一直致力于对海量的报刊数据进行科学严谨的研究、分析、采集、加工等深层次开发和推广应用。它集数据挖掘、数据合成、数据库制作发行与网络信息服务于一体，收录了中文期刊12000多种、外文期刊11300多种，遴选420多种报纸精华，已标引加工的数据总量达1500万篇、3000万页次，拥有固定客户2000余家，形成了海量文献系列数据库产品和网络信息服务。维普资讯网已经成为全球著名的中文信息服务网站，是中国最大的综合性文献服务网，也是我国数字图书馆建设的核心资源之一，已经成为高校图书馆文献保障系统的重要组成部分，是国内信息推广产业的"三大巨头"

之一。并已成为Google搜索的重要战略合作伙伴,是Google Scholar最大的中文内容合作网站。维普资讯网主要有四大数据库:

(1) 中文科技期刊数据库(全文版/文摘版)

中文科技期刊数据库源于重庆维普资讯有限公司1989年创建的中文科技期刊篇名数据库,其全文和题录文摘版一一对应,经过十几年的推广使用和完善,全面解决了文摘版收录量巨大但索取原文繁琐的问题。它是我国最大的数字期刊数据库,收录了1989年至今的12000多种期刊刊载的2000余万篇文献,其中核心期刊1810多种,并以每年250万篇的速度递增,中心网站每日更新。收录学科范围包括社会科学、自然科学、工程技术、农业科学、医药卫生、经济管理、教育科学和图书情报。

(2) 中文科技期刊数据库(引文版)

中文科技期刊数据库引文版以全文版为基础开发而成,该数据库可查询论著引用与被引情况、机构发文量、国家重点实验室和部门开放实验室发文量、科技期刊被引情况等,是科技文献检索、文献计量研究和科学活动定量分析评价的有力工具。并且可独立实现参考文献与源文献之间的切换检索。收录1989年至今公开出版的5000多种科技类期刊(其中包括《中文核心期刊要目总览》中的核心期刊近1500种),源文献482万余篇,参考文献1830余万篇。数据每周更新。学科范围包括社会科学、自然科学、工程技术、农业、医药卫生、经济、教育科学和图书情报。用户若同时购买了全文数据库和引文数据库,还可以通过开放接口将引文检索功能整合在全文数据库中,实现引文检索与全文检索的无缝链接操作。

(3) 外文科技期刊数据库

外文科技期刊数据库提供1992年以来世界30余个国家的11300余种期刊,800余万条外文期刊文摘题录信息,并以每年50万篇的速度递增。数据每周更新。对题录字段中刊名和关键词进行汉化,帮助检索者充分利用外文文献资源。并联合国内20余个图书情报机构提供方便快捷的原文传递服务。完全满足中小型图书馆、科研机构对外文文献资源的需求。学科范围包括自然科学、工程技术、农业科学、医药卫生、经济管理、教育科学和图书情报。

(4) 中国科技经济新闻数据库

中国科技经济新闻数据库遴选国内420多种重要报纸和12000多种科技期

刊的305万余条新闻资讯,以每年15万条的数量递增。数据每周更新。全面覆盖各行各业的新产品、新技术、新动态和新法规的资讯报道。它是科研机构、企业、政府部门获取行业动态,把握市场走向,建立竞争情报系统的重要信息来源,尤其是科技查新单位进行科技查新时重要的查询数据库之一。学科范围包括科研、工业A、工业B、工业C、农业、医药、商业、经济、教育。

4. 龙源期刊

龙源期刊网1998年12月试运营,1999年6月开通,具有完备的网上交易结算功能和简繁体字转换功能,是全球最大的中文期刊网。到2003年年底已有独家签约的800多种著名刊物的电子版,同时代理3000种科技期刊电子版和6000多种纸版期刊的网上订阅。龙源还同中国万方数据集团、重庆维普公司、北大方正、中文在线等公司结成战略合作伙伴,在全球范围内推广中文的数字化内容资源。

龙源期刊网以互联网和电脑为载体的杂志阅览室是龙源期刊网为所有读者提供的一个最普遍的阅读方式。只要能上网,打开页面就可以进行阅读,既不需要下载,也不需要软件,扫清等待、复杂操作等不利因素和技术障碍。同时,龙源期刊网还为读者提供文本版的杂志阅读方式,这种方式不仅阅读方便,其实现的搜索功能更为读者在同一话题上提供了多种不同期刊的不同内容,供读者更全面的阅读。

图4-8 龙源期刊网

龙源知识库是基于龙源期刊网近3000家期刊庞大的数据库内容,为用户提供关键字搜索服务。用户可以在使用中,搜索到所有与这个关键字有关的杂志文章内容,为用户提供丰富的知识和全面立体的阅读服务。

(1)电子期刊。根据中国期刊协会的推荐和读者调查,龙源从中国内地的8000多种期刊中筛选出了具有代表性的文化精品,目前已有800多种著名人文电子期刊,如《新华文摘》《青年文摘》《民主与法制》《大众医学》《大众电影》《中国社会科学》《新闻周刊》《三联生活周刊》《读书》《当代》等名刊,以独家签约或合作形式在龙源电子名刊网站销售全文电子版,读者可以在网上阅读期刊的全文电子版,按篇计费,方便实用。

(2)纸版期刊。龙源目前已挑选出3000多种优秀的中文纸版期刊,通过互联网向读者提供订阅服务。其中300种特别推荐纸版期刊都有封面图片和提要介绍,读者还可以通过网上查看每期的目录和主要内容。龙源位于美国和加拿大的货运部、北京的客户服务部,按地区向读者提供优良的寄送服务。订阅纸版期刊的客户还可以优惠拥有该刊的电子版。

(3)《龙源文摘》电子版。为了更好地向读者提供精品化和个性化的服务,龙源编辑部将加盟期刊以及读者推荐的精华内容按期向读者推荐介绍。《龙源文摘》的印刷版将根据不同国家和地区的需求通过和当地的合作伙伴联合出版。

(4)龙源期刊网广告。电子期刊拥有100万页具有广告价值的网页,由于各期刊的客户群各具特色,其广告的针对性很强,具有很好的广告效应。人文名刊全文数据库汇集了近30种大刊名刊从创刊号至今的所有出版内容,供用户学习和查看资料使用。

龙源期刊网日前宣布,其专为苹果用户开发的客户端正式上线,用户可以使用iPad及iPhone阅读第一批数字化的70余种刊物。

据介绍,为了保证期刊社的利润,其客户端独立属于期刊社,刊物售价、广告植入功能都由期刊社自主决定,龙源期刊网则将免费提供开发、数据灌入和整体平台支持,并作为支付平台和用户管理平台,维护、支持所有客户端。龙源期刊网B2C事业部总经理汤杨认为,目前上线的客户端可以让中国的优质刊物迅速进入国人iPad高端用户的视野,为刊物广告商开发新的空间。他表示,龙源计划在年底前,至少上线500种各大刊社的客户端。

三、技术提供商

1. 方正阿帕比

北京方正阿帕比技术有限公司（以下简称"方正阿帕比公司"）是方正集团旗下专业的数字出版技术及产品提供商。方正阿帕比公司成立于2006年4月，其前身是成立于2001年的北京北大方正电子有限公司数字内容事业部，在继承并发展方正传统出版印刷技术优势的基础上，自主研发了数字出版技术及整体解决方案，已发展成为全球领先的数字出版技术提供商。提供基于文本信息处理技术的移动嵌入式阅读系统、应用方案及运营服务。方正阿帕比"移动数字出版发行平台（解决方案）"是针对传统出版物通过数字发行并在移动终端上呈现的一整套解决方案，就是把文字、图片这样的信息"印刷"到手机、阅读器、学习机、MP3等数码产品上，真正实现了出版物的数字出版、发行、传播及阅读。为出版发行商、终端厂商及运营商等合作伙伴提供完善的解决方案，给广大移动终端用户提供丰富的内容和个性化的服务。

方正Apabi是方正集团IT软件业务的重要组成部分，在继承并发展了方正传统出版技术优势的基础上，以全球领先的DRM（数字版权保护）技术、CEB（版式文件）处理技术，为信息传播中涉及的资源数字化、网络出版、数字图书馆、电子公文传输等领域提供全面的解决方案，推动中国数字信息生产和传播事业的发展。

方正Apabi中的A代表Author（作者），P代表Press（出版社），A代表Artery（分销渠道），B代表Buyer（买者），I代表Internet（因特网）；整合起来理解，即是指：以互联网为纽带，将传统出版的供应链连接起来，e-book是贯穿始终的元素。作为技术解决方案，Apabi为网络出版提供原动力，为读者阅读电子书、领略电子书的无穷魅力开拓新视界。

CEB和XEB格式是方正Apabi为促进网络出版解决方案在移动终端上的应用而推出的文档格式，与国际标准接轨，以OEB（Open e-book）为基础，并结合自主知识产权的DRM技术。目前，方正阿帕比公司和摩托罗拉、多普达、康佳等厂商合作，推出了具有电子书、数字报阅读功能的多款手机，用户可以直接通过手机下载、阅读。同时，方正阿帕比公司和香港GSL、南开津科、汉王科技、骆玛国际等硬件厂商合作推出了多款手持阅读器，用户可以方便地阅读电子书和数字报。

方正阿帕比公司为出版社、报社、期刊社等新闻出版单位提供全面的数字出版和发行技术解决方案。目前，中国80%以上的出版社在应用方正阿帕比技术及平台出版发行电子书，每年新出版电子书超过6万种。阿帕比电子书产品已在全球3000多家学校、公共图书馆、教育城域网、政府、企事业单位等机构应用，全国150多家报社的300多份报纸应用方正阿帕比数字出版技术发行数字报。

方正集团近年来不断调整自身在IT领域的布局，并明确提出要向最具综合实力的IT服务商转型，争取3年内在数字出版服务平台和教育服务平台等方面实现盈利，5～6年内成为在数字出版领域产值超亿元的大型软件服务企业的目标。

2009年12月，方正集团与上海张江集团签署合作协议，共同投资2.85亿元，组建全国数字出版的旗舰企业，上海方正数字出版技术有限公司便应运而生。公司主要从事移动阅读终端研发、图书门户运营以及数字复合出版技术等项目。

2. 通力计算机通信技术（上海）有限公司

通力计算机通信技术（上海）有限公司是一家在线多媒体公司，拥有世界领先的交互多媒体管理、编辑、出版及发行软件的核心技术和一定数量的漫画、写真、书刊、音乐、影视内容的在线发行权。其旗舰产品为领先的DigiBook网络交互多媒体出版发行平台。DigiBook软件平台不但可为传统出版业提供线上宣传和推广机会，更可融合精品多媒体内容，通过电信宽带、3G增值服务等，成为内容兼品牌市场活动的新媒体。公司向网站、网吧和家庭提供多项服务，包括：

（1）提供DigiBook在线交互多媒体作品发行运营平台。

（2）提供DigiBook交互多媒体作品，包括漫画、写真、书刊、音乐、影视内容。

（3）提供DigiBook著作工具软件——"DigiBook出版王子"，出版社和著作权人可利用该工具将漫画、写真、书刊、音乐、影视内容制作成交互多媒体DigiBook，作为宽带交互多媒体内容，提供给商业或个人用途。

（4）提供《藏画》《乐音》企业和家庭版软件。

图 4-9 DigiBook 展台

　　通力公司协同众多国际知名版权商，以大量正版漫画为内容，通过点击动漫网这个以漫画为主的网络电子漫画发行平台，应用领先的交互多媒体管理、编辑、出版及加密发行的核心技术，向家庭、网吧和公共机构，提供优秀的漫画内容服务。目前，已获得香港漫画宗师黄玉郎先生所创办的香港最大及唯一的原创漫画出版上市集团——玉皇朝集团旗下所有漫画之简体中文版的独家授权，并且所有漫画会与香港地面漫画进行同步发行（如新著《龙虎门》、《神兵》系列等）。同时取得亚洲最大的漫画内容供货商——文化传信集团有限公司的漫画授权。除香港地区的漫画版权授权外，通力公司取得了日本五大出版社之一的讲谈社授权旗下所有漫画之中文简体版权的全球电子版权，而讲谈社最出名的漫画杂志《少年周刊》更与东京地面作网络同步发行。

　　通力团队是国际化、本土化的完美结合，以现代思维方式和行为，成就DigiBook 在线互动娱乐文化，造就在线出版技术创新能力，同时也带动了中国原创漫画的振兴和发展，为国内原创作者和国外动漫界人士搭建起沟通的桥梁，促进了国内动漫的更新和进步。

四、数字出版基地

　　上海张江国家数字出版基地是新闻出版总署批准建立的全国第一家数字出版基地。2008年，上海市数字出版产业实现销售收入123亿元，远远超过传统出版，约占全国的 1/5；2009 年增长 50％达到 185 亿元，占全国的 1/4 左右，而这其中张江基地贡献了 90 亿元的产值。

中国出版集团公司总裁聂震宁认为，只有集约经营，才能获取足够的市场话语权，才能争取更大的市场份额，才能节约产品研发和推广成本，才能真正占领新型业态的战略高地。自 2002 年集团公司成立以来，不断加大对重点信息化建设项目的支持力度，在信息化、数字化方面总计已累计投入 2.1 亿元专项资金，其中大部分资金用于各成员单位的数字资源建设和数字产品的研发。一批重点项目的实施得到较充足的资金保障。如中国可供书目数据库、辞书语料数据库、古籍语料数据库、百科术语数据库、多语种翻译数据库、中图链接、海外图书采选系统（psop）以及《东方杂志》数据库、集成式按需印刷系统、中国数字出版网等。目前，这些项目的建设和开发不断推进，正在发挥重要作用。尤其是今年集团公司的数字出版工作又取得突破性进展，推出了中版集团数字传媒公司联合中国移动以及集团各出版社研制的移动手持阅读器——大佳移动阅读器和按需快速图书系统（EBM）"中版闪印王"。

在 2009 年的书博会上，重庆出版集团与汉王科技首度合作，推出了"读点经典"电子书，短短一年时间，重庆出版集团即凭借这一自有品牌的数字出版产品实现了销售收入的爆发式增长。在 2010 年的深圳文博会上，尝到甜头的重庆出版集团再度携手汉王，双方宣布将共同投资建设西南最大的电子书生产基地。

重庆出版集团将优质的出版资源——由重庆市委书记薄熙来亲自策划、作序推荐的《读点经典》系列丛书引入到数字出版领域，与汉王的技术相结合，推出了自有品牌的"读点经典"电子书，受到广大读者的热情欢迎。重庆出版集团也将以此为契机，向数字出版领域深度发展。

天健网总经理刘爱民说："2008 年，我们公司的收入是 40 万元，而 2009 年仅利润就达到了几十万元。2010 年 1 月～4 月我们的销售收入已突破 550 万元，全年超过 1000 万元几乎没有问题。目前我们 95％以上的收入都来自数字出版。"他表示，这是一次有益的尝试，天健网收获的不仅仅是真金白银，更收获了搏击数字出版产业的信心。"'读点经典'电子书累计销售已突破 1 万台，这充分说明了市场的需求和容量。二是我们切身体会到，在数字出版产业链中，传统出版机构不仅可以参与其中，更能创造自己的品牌，而不是像以前那样仅仅是被动地向数字出版厂商'贱卖'版权,我们的优质出版资源应该创造出更大的价值。"

据刘爱民透露,天健网将推出自己的原创文学网站,作为一家传统出版社所属的数字出版机构,天健网迅速发展的根本动力来自其母体重庆出版集团。"由于地处西部,地域限制导致了重庆在作者资源上、在传统出版的发展上有着先天不足。而数字出版不同,没有地域限制,重庆在数字出版上的建树将与其他城市站在同一起跑线上。刚刚落成的重庆北部新区国家数字出版基地将为重庆的数字出版产业带来聚集效应。我们自己的目标是在3到5年内挺进国内数字出版企业的第一阵营。"刘爱民说。

第五节　数字时代的新秀

一、数字广告

数字广告是指通过互联网、移动网络和互动电视(DTV和IPTV)表现出的文字、图片、视频、音频等数字化互动广告形式。有媒体存在的地方就会有广告的存在。随着数字媒体技术的发展,广告的制作技术与发布形式都得到了提高与拓展。数字广告借助于数字媒体技术,以数字媒体为载体,来传播与发布经营性信息。数字广告充分利用了各种最新的数字媒体传播技术,不仅在广告的形式上不断创新,同时也赋予了广告更多的交互性、实时性和针对性的特点。

数字广告制作充分采用了与数字影视、数字游戏制作等相同的数字视音频制作技术、数字特效技术、计算机动画技术和虚拟现实技术,使得数字广告更具视觉冲击力和感染力,表现形式也越来越多样化。现代展示技术也为数字广告提供了更丰富的表现手段,比如,Web3D技术可以在网络上实现产品的实时交互的三维展示等。目前,常见的数字广告有网络广告、流媒体广告、虚拟广告、无线广告、数字电视广告、数字游戏广告等。

随着分众传媒对"分众化生活圈广告媒体"的打造,使得数字广告渗透到了人们生活中的每一个角落,不但对特定族群、特定集聚区最大限度地进行传播覆盖,还突破了传统媒体的空间限度,使人们在广告面前无处可藏,数字广告的时代已经不可避免地到来了。户外数字广告在快速增长的同时,也在呈现出明显的细分化趋势。楼宇广告、电梯电视广告、机场液晶屏广告以及出租车、公交车等户外数字广告全面开花,地铁数字广告也正日益显现出广阔的市场空间。

据英国《媒体周刊》报道,来自美国互动广告署和普华永道的统计数据显示,2010年一季度,美国互联网广告收入达到59亿美元,同比增幅为7.5%,创下了该行业历史同期最高纪录。

赛迪顾问发布的《2009年~2010年中国电子书市场研究年度报告》显示,中国电子书市场增长强劲,2009年中国电子书销量达61.18万台,同比增长434.3%;销售额达13.71亿元,同比增长360.1%。

有数据显示,截至2009年,中国内地电子阅读器生产企业约为30家,2010年计划进入电子阅读器终端企业约为100家。除了原有的汉王、翰林、易博士、文房等品牌外,联想、长城、大唐、华为等原有的IT通信厂商的产品也已陆续面市。

读者的阅读习惯直接影响到对出版物形态的选择。据中国出版科学研究所发布的《第六次全国国民阅读调查报告》中的数据显示,我国包括在线、手机、手持阅读器等数字媒介的阅读方式开始普及,成年人各类数字媒介阅读率为24.5%。同时,成年人中还存在只阅读各类数字媒介而不读纸质书的群体。调查同时显示,国民选择数字阅读的主要原因是数字出版物获取便利。

方便、快捷、海量、多媒体、感官享受……正是这些电子阅读带来的非凡阅读体验成为读者不断选择电子阅读的最终推手。

毕马威中国(KPMG)发布的报告称:2008年中国媒体广告开支增长22%,数字广告增长幅度为73%,2009年中国数字广告开支增长40%,达到52亿美元。在2007年的广告营收排行榜上,数字广告的代表厂商分众传媒仅次于中央电视台稳居第二;互联网搜索巨头百度也跻身前五,超过了北京电视台、湖南电广传媒、江苏广电集团等传媒大鳄;新浪网同样处于第一军团的阵营里。中国数字广告已在传统广告商的不屑中逐渐走向了主流,并且还在快速地侵蚀着传统广告的根基。

二、数字广播

数字广播是指将数字化了的音频信号、视频信号以及各种数据信号，在数字状态下进行各种编码、调制、传递等处理。数字广播是数字新媒体技术应用中系统性最强、受众面最广、技术最复杂的领域，也是数字技术介入较早的领域之一。同时，数字广播也是一项有别于传统所熟知的 AM、FM 的广播技术，它通过地面发射站，以发射数字信号来达到广播以及数据资讯传输的目的。目前，主要的数字广播系统和网络包括数字音频广播（DAB）、数字视频广播（DVB）。随着技术的发展，数字广播除传统意义上仅传输音频信号外，还可以传送包括音频、视频、数据、文字、图形等在内的多媒体信号。就世界范围看，数字广播已经进入了数字多媒体广播的时代，受众通过手机、电脑、便携式接收终端、车载接收终端等多种接收装置，就可以收看到丰富多彩的数字多媒体节目。业务的综合性和网络的融合性是数字广播发展的总趋势。

（1）数字音频广播。数字音频广播（DAB）始于 20 世纪 60 年代，这也标志着广播数字化的开始。DAB 采用先进的音频数字编码、数据压缩、纠错编码以及数字调制技术，实现对信号的数字化广播，使音频广播的质量相对于模拟的 FM 广播得到了成百倍的提高。随着技术的发展和应用的需求，DAB 不仅提供音频广播业务，同时也提供多媒体广播业务。目前，国际上发展较为成熟的数字广播系统主要有数字音频广播（DAB）、数字多媒体广播（DMB）、数字卫星音频广播（DSB）、数字调幅声音广播（DRM）等。数字音频广播的发展方向将会继续沿着高音质、多业务、面向移动接收的方向发展。

（2）数字电视广播。数字电视广播始于 20 世纪 70 年代，先是图文电视系统的开通与应用。随着广播电视的数字化进程的展开与深入，又诞生了从电视节目录制、播出到发射、接收全部采用数字编码与数字传输技术的新一代的数字电视技术。数字电视具有可实现双向交互服务、抗干扰能力强、频率资源利用率高等优势，可提供优质的电视图像和交互电视、远程教育、会议电视、电视商务、影视点播等更多的视频服务。目前，数字电视广播系统主要有数字电视地面广播、数字有线电视网络、数字电视卫星广播等。数字电视卫星广播采用数字卫星通信技术，最早实现了数字电视广播服务。数字有线电视是在模拟有线电视的基础上发展的，采用了先进的数字编码技术和图像压缩技术，大大增强了频道传输能力,还可以开展付费电视、视频点播以及宽带上网等服务。数字电视地面广播,与有线和卫星传输方式相比,在信道状况、应用需求、传输方式上最为复杂,整个技术系统的要求也最高。数字电视标准的制定不仅关系到本国的数字电视产业的长远发展,同时也反映了本国的数字技术水平,成为各国的必争之地。

由于数字技术的特点,使得传统的广播系统和服务的分类越来越难以界定,区分点主要在于数字广播系统与网络对目标受众的侧重,而相互交叉与融合成为必然的趋势。移动电视系统的发展就充分体现了这一特征,可以借助于数字音频广播、数字电视地面广播、数字移动通信网和无线网络等来实现移动数字电视。

(3)网络广播。网络广播是指采用IP协议、通过互联网、以计算机为终端的音频传播业务。业界已经习惯于将提供网络广播业务的音频网站叫做网络电台。网络广播由于占用带宽资源少、开办门槛较低,近年来发展很快。

网络广播的开办主体也分为传统媒体和商业公司两大类,但与网络电视不同的是,传统媒体开办的音频网站占据优势。中央人民广播电台主办的"中国广播网"是目前国内最大的音频网站。其网站音频数据总量超过2TB,内容包括中央人民广播电台9套节目的网上直播、270多个重点栏目的在线点播。由该网开办的主要为青少年服务的"银河网络电台"已成为国内最有影响的网络电台之一。到2006年11月,银河网络电台的日均浏览量达到184万人次,同时在线独立IP超过1.9万个,常规互动人群达到1900人。中国国际广播电台主办的"国际在线"已在线播出43种语言的广播节目,同时开播了9种语言的环球网络电台。在内地地方电台中,目前除西藏、甘肃外,全国有29个省级广播电台、总台开办了网络广播业务,共有167套广播频率实现网上直播。全国有123个地市级广播电台开办了广播网站,已有158套广播频率实现网上直播。另外,北京广播网与北京团市委合作开办了纯公益性的"青檬网络电台",以首都高校在校大学生为目标受众群体,目前在高校学生中已经形成一定的影响。由北京"听盟"与团中央合作开办的中国青少年广播网已整合100多所高校网络电台的上传节目内容。在商业音频网站中,有少数较为活跃,基于即时聊天工具和论坛的音频网站竞争力较强,如猫扑音频网站、QQ网络电台等。

网络广播存在的主要问题首先是缺乏盈利模式。广告是互联网的主要盈利模式，但网络广播还没有插播广告的成功案例。对于互联网的另一大盈利模式——手机短信互动，有调查显示，用户在收听网络广播时，一般不太愿意发送短信参与某个节目中。其次是受终端制约。调查显示，近年来收听广播的人数在逐年减少，特别是青少年群体，而且用户更习惯于在移动时收听广播，而网络广播必须通过电脑等固定终端接收，因此在很大程度上限制了用户的发展。其三是商业网站的节目资源缺乏。虽然网络电台的进入门槛较低，但商业网站普遍缺乏制作广播节目的专业人才，很难生产出大家喜闻乐见的节目；另外，由于网络电台很少能带来直接的经济效益，商业网站在购买广播节目时也非常慎重。

三、数字影视

2006年中国数字影视市场规模就已达到910.9亿元，与2005年同比增长了6.1%。据《2007中国互联网调查报告》显示：从广告媒介角度统计，2006年度播客、视频分享网站的受众规模达到7600万人。网络视频点播、直播服务的受众规模则达到9800万人。在2008年奥运会的刺激下，中国庞大的手机用户群、P2P技术与宽带网络的发展及3G应用的逐渐成熟，到2009年，在经历了金融危机的寒冬后，数字影视市场在全球经济普遍低迷的状态下，持续快速增长。据业内人士预测，中国的数字影视将会以一个风驰电掣的速度向前发展，到2010年市场规模将达到1487亿元人民币。

影视是最重要的大众媒体，影视领域的数字化已是大势所趋，从影视创作、制作到传播各环节都已经打上了数字化的烙印，使人们越来越多地感受到数字化所带来的技术上的便利性、内容上的丰富性和形式上的融合性。数字影视特效广泛应用和综合了计算机图形与动画技术、数字图像处理技术、自动控制技术和机器人技术等而成为数字影视技术应用中最具有代表性的综合应用技术。首先用于影视领域的数字技术主要集中于影片的后期制作采用数字特技处理，或者采用全数字化的素材进行创作。另外，在影视拍摄与制作中，也经常利用计算机技术、控制技术和机器人技术进行特殊拍摄，如运动控制技术等。

数字影视是各种数字新媒体技术应用的集合体，充分反映了当今数字新媒体技术发展的现状与趋势。数字影视为影视领域与产业的发展提供了各种新机遇。数字影视制作技术不仅进一步拓展了影视艺术创作空间和表现力，同时也大大提高了影视制作的效率。数字影视防盗版技术提供了更完善的保护技术。数字影视的软硬件技术的飞速发展也改变了传统影视的面目。数字影视也使这种媒体形式的特性发生根本性的改变，提供给受众更多、更广的参与性和交互性。数字影视打破了电影、电视、互联网以及电子游戏之间的物质界限，在数字技术平台上各种娱乐形式将逐渐走向融合。数字影视细分为数字电视和数字电影。

（一）数字电视

世界通信与信息技术的迅猛发展将引发整个电视广播产业链的变革，数字电视是这一变革中的关键环节，被各国视为新世纪的战略技术。伴随着电视广播的全面数字化，传统的电视媒体将在技术、功能上逐步与信息、通信领域的其他手段相互融合，从而形成全新的、庞大的数字电视产业。这一新兴产业已经引起广泛的关注，各发达国家根据自己的国情，已分别制定出由模拟电视向数字电视过渡的方案和产业目标。电视数字化是电视发展史上又一次重大的技术革命。数字电视不但是一个由标准、设备和节目源生产等多个部分相互支持和匹配的技术系统，而且将对相关行业产生影响并促进其发展。

就电视信号的传输形态而言，数字电视为我们提供了三种技术平台和运营平台：有线数字电视平台、卫星数字电视平台和地面无线数字电视平台。这三种基于不同传输技术类型的数字电视平台各具优势，可以从不同方面满足消费者日益分化和复杂的需求。依靠有线电视网络传输的有线数字平台，可以拥有稳定的接收质量与双向互动的优势；卫星数字电视在覆盖面积和频道数量上占有优势；而地面无线数字电视则可用于移动中的电视信号的接收。

目前，数字电视这一媒体形态正在全球范围内全面展开。电视的数字化以及接收终端的数字化是基础性工程，因此，各国政府都在努力推动。相关报告显示，2005年，全球数字电视用户已达到1.7亿，比2004年增加了4000万左右。英国是目前数字电视渗透率最高的国家，已经达到了70%，其次是美国，渗透率是55%，日本的数字电视渗透率为50%，欧洲的数字电视平均渗透率约为30%，全球数字电视平均渗透率超过16%。但是，由于需要较大的投入，数字电视的内容建设成本较高，特别是付费数字电视的推广，在包括我国在内的世界大部分国家和地区在内，发展并不顺利。

由于目前欧洲、北美、韩国和中国等大多数主要地区仍处于模拟电视与数字电视的转换过渡时期，因此市场上仍然有不少希望既能接收模拟电视节目又能接收数字电视节目的多功能电视机，数字电视开发商和制造商可以采用机顶盒加模拟电视的解决方案来实现。

2010年3月，央视国际总经理汪文斌说："广电总局批复了央视的申请，相关业务可以准备开通了。"随后，上海文广和杭州华数的互联网电视牌照申请流程也已完成，并获得批准。至此，第一批三张互联网电视牌照各有归处。

随着牌照的发放，互联网电视在2010年迈出了关键的一步，获许可的国有控股视频网站＋互联网电视机的产业形态逐步建立，互联网电视产业逐步进入发展期，并将和数字电视、IPTV呈三足鼎立之势。

此外，美国市场要求从2007年3月1日起，所有新上市的模拟电视机和电视接收设备均须安装数字调谐器，这意味着数字电视一体机将在美国市场占据统治地位，而中国数字电视的增量市场也对一体机有着巨大的需求。因此，未来数字电视一体机会占据越来越大的市场份额。随着高清节目源的增多，图像水平清晰度大于800线的高清数字电视（HDTV）越来越成为数字电视的主流，相应的数字电视机顶盒以及编解码芯片也要适应这一发展的要求。

数字电视的下一个重要发展方向就是连接互联网，届时消费者不必再为了检查邮箱、发送电子邮件、在线玩网络游戏、下载和播放网络视频，甚至收看流媒体视频（即IPTV），而必须跑到书房去独自待在PC或笔记本电脑之前，他可以直接在客厅舒适的沙发上用无线鼠标或无线键盘体验上述PC的所有功能。

PVR（个人视频录像机）也是未来数字电视的下一个重要发展方向，随着未来的数字电视集成DSP或多媒体处理器的发展，PVR功能将逐步融合到未来基于硬盘或微硬盘的数字电视产品中。

未来的数字电视还将支持更多的互联接口，如USB2.0、USBOn-the-Go、SD卡、MMC卡、1394和Wi-Fi等，以无缝实现与数码相机、数码摄像机、移动硬盘、PC、笔记本电脑、PMP、智能手机、数码打印机等数字设备的连接，共享相互之间的音视频信息。

1. 网络电视

网络电视即WebTV，是指采用IP协议，通过互联网，以计算机为终端的视频传播业务。网络电视与 IP 电视本质上的区别是，前者运行在开放性的互联网上，后者运行在可管理的 IP 网上。近年来，由于各种在线音视频技术快速发展，加上盈利模式的出现，网络电视业务已渐渐趋于成熟，并逐步向产业化迈进。

网络电视与有线数字电视主要的区别是传输网络和与模拟电视对接的设备不同。网络电视通过宽带以太网传输数字信号，有线数字电视通过 HFC 网传输数字信号。网络电视通过 DMA 可以与传统的模拟电视对接，有线数字电视要通过机顶盒才能接到传统的模拟电视上。

(1) 网络电视的基本特征

网络电视是互联网技术与电视技术结合的产物，它将两者的优势集于一身。它具有如下特征：

①网络电视继承了互联网的交互性特征。

这种交互性既包括观众与网络电视台之间的请求与响应，也包括观众之间的互动。传统电视的观众没有选择节目的权利，也不可能跳过插播广告。在网络电视中，观众可以根据节目单选择节目和播放顺序，节目单上没有的还可以预约。网络电视在收看节目时，观众可以通过相关网站获得补充信息，还可和其他观众交谈感想；在收看足球比赛时可以获得某些运动员的有关信息，也可以看到有关的统计资料；收看演唱节目时则可以看到该歌手的简历，显示歌词，还可以联机购买该歌曲的激光唱盘；收看儿童动物节目时，可以回答有关的提问，用打印机打印出画面，进行绘画等。

②网络电视能够提供更优质的视听效果。

网络电视继承了传统模拟电视形象直观和生动灵活的特点，并能输出比传统模拟电视更优质的图像和声音效果。目前我们的模拟电视清晰度只有 350 线左右。网络电视的图像质量可以达到电视演播室的质量水平，清晰度达到 1200 线以上，传输的图像质量可以达到 DVD 的画质。网络电视的声音质量也非常高，可以支持 5 个声道或者更高。

③网络电视的营销模式是属于收费电视。

尽管现在的有线电视（CATV）用户也要交纳月租费，但这是有线电视的网络使用费，并不是按照频道和服务内容来收费的。网络电视将不被允许插播广告，而且要按照观众的兴趣和爱好细分市场，这种没有广告的窄众节目必然增加了电视频道的运营成本,因而网络电视是付费频道。网络电视的服务费除了网费之外,还包括频道或者节目的订阅费。另外,网络电视可以搭载很多增值服务,如互动游戏、博彩、证券业务、电视银行业务、电视购物业务等服务,这些服务通常也是需要单独付费的。

④网络电视可以搭载很多服务的平台。

网络电视的服务平台是传统电视所无法承载的服务内容。这些运营在网络电视上的增值服务,是互联网与网络电视结合而成的,或者是网络电视从互联网服务中直接借鉴过来的。增值服务可以是远程教育、视频会议、远程医疗、网络游戏、网上购物等,这些都可以搭载在网络电视平台上,而传统电视则无法提供这样的服务。

(2) 中国网络电视的发展现状

网络电视在发达国家兴起已经有了近 10 年的历史。最早的网络电视需要一个机顶盒,通过电话线和普通电视机就可以进入 Web TV 网址,浏览互联网上的信息。后来发展成为通过速度更快的有线电视网访问相应的站点,点播节目或进行网上购物等。在技术上,日本和美国走在前列,先后研制出将因特网和电视结合在一起的网络电视机,通过局域网、数字用户线(DSL)或有线电视光缆等上网,而且具有很高的清晰度,从而大大地推动了网络电视的发展。目前欧洲已经有了众多的网络电视用户,近 1/4 英国和法国家庭申请网络电视服务,其中 90% 的用户经常使用这种服务。新加坡则是在网络电视的内容方面取得了不小的成就,可以提供 37 个国家和地区的 211 个电视频道,用户可以用多种语言搜索自己想要收看的电视节目。

2004 年 5 月 31 日,中国最大的网络视频运营商——中视网络开通了中央电视台的网络电视服务。中视网络依托中央电视台的节目资源,通过宽带互联网为用户提供视频点播服务。总的来说,中国网络电视的发展得益于两大力量的推动:一是借助于宽带互联网的推动,二是得益于有线电视的数字化改造和频道专业化改革。

与西方发达国家相比,中国的网络电视还处于起步阶段,在技术手段、管理方式和政策体制等方面还不太成熟,还存在一些制约网络电视发展的问题,主要表现在以下几个方面:

①原有台网合一的管理体制与网络电视台网分离的现实之间的矛盾。

在中国现在的电视运营体制中，电视台既是电视节目的制作和播出单位，又是有线电视网络的运营单位，电视台的这种双重身份决定了其在电视运营体制中的垄断地位。在网络电视逐渐走向市场的今天，网络电视的内容制作、播出和传输网络的运营主体已经不再局限于电视台本身。网络电视的通道可以利用以太网（Ethernet）接入，也可以通过电话网络和手机网络（GSM、CDMA）接入。在这些网络中，除有线电视网外，都不隶属于广电部门的管辖。网络电视更多是基于因特网的协议、运营模式和内容资源，而现在只有电视台才有制作和播放电视节目的权利，这就为因特网上资源和内容进入到网络电视领域设置了障碍。

②网络电视内容制作权的垄断与对内容的无限需求之间的矛盾。

网络电视是收费电视，这也就决定了它播出的不是大众节目，而是专业化的窄众节目。中国现有电视节目资源基本上是大众节目，不能提供足够的专业化的节目，这就造成了专业节目需求的巨大缺口。中国电视节目管理体制限定了只有电视台和相应的机构有电视节目制作和播映权，民间团体是不允许制作和播映电视节目的。电视台无力承担专业化的电视内容制作，又不允许民间团体制作电视节目，现有的电视节目制作和管理机制制约了专业化电视节目的发展。

③视音频内容对网络带宽的巨大需求与骨干网带宽瓶颈之间的矛盾。

网络电视在技术上的最大问题就是网络带宽能力与用户对高质量的视音频节目内容需求之间的矛盾。以 VOD（视频点播）为例，如果现在运营的 VOD 要想保证高品质的图像质量，一般情况下也就只能支持 500 个用户的并发流，就已经达到了网路带宽的上限了。然而对一个网络内容提供商（ICP）来说，500 个用户的市场价值和经济效益是非常有限的。采用 VOD 模式传输视音频内容，要想增加并发用户数量，取得经济和社会效益，只有两条出路：一是增加接入网路带宽，这会对骨干网造成巨大的压力，而且费用和成本增幅惊人，况且其可供开发的潜力也是非常有限的；二是降低视音频节目内容的质量，减少单个流的数据量，这是以牺牲节目的可观赏性为代价的。这两种办法都不能很好地解决这一矛盾。要想取得很好的视觉效果，视频质量要在 MPEG-2 格式下达到 2 M 码流，才能使 PC 终端用户既实现全屏播放，又不失图像品质，这就为网络电视的技术模式提出了一个难题。

④网络电视内容的版权保护问题。

网络电视是收费电视,其提供的信息资源是有针对性的,能够满足订户个性化需求的节目内容。这些节目内容是以数字格式文件形式通过宽带网络传输到用户接收终端上的。用户在终端上可以获取这些节目的全部数据,理论上将可以把它们保存在用户终端设备,比如PC机的磁盘上。如何提供充分的满足用户个性化需求的节目资源,又防止节目被随意复制和私自传输,保护内容提供商的利益,是网络电视运营过程中必须面对和解决的问题。

⑤用户支付手段问题。

网络电视要形成一个媒体产业,离不开网络电视内容供应商(ICP)、宽带运营商(ISP)和应用服务提供商(ASP)(虚拟电视台)的参与。内容供应商向网络电视提供节目内容。宽带运营商既包括小区住户宽带接入商,也包括网络电视服务器的宽带接入商,他们为网络电视提供节目传输的物理链路。应用服务提供商提供电视节目的管理,包括标引、加密、上载、更新等,以及用户身份认证、费用的结算、非视音频信息的发布等服务。传统的电视台集上述三者的职能于一身,而在网络电视台的系统结构中,三者通常是分开经营的,各自都有自己的现实利益。对于网络电视的订户而言,他们只能把费用付给三者中的一个,而不可能分别付费。这就出现了订户把费用付给谁,然后谁与谁按什么比例分账的问题。

总体来说,中国网络电视还刚刚起步,在技术上仍处于探索阶段。寻找一种适合中国网络特点的技术手段,对于中国网络电视的发展有着极为重要的意义。

网络电视是收费电视,费用如何结算,收入如何分账,是运营模式中必须解决的问题。网络电视涉及三个经营主体:电视内容提供商、应用服务提供商和宽带运营商。电视内容供应商负责电视内容的制作与使用授权;应用服务提供商相当于虚拟电视台,负责中心服务器和区域服务器文件的格式转换、标引、加密、上载、更新和用户的身份认证等工作;宽带运营商负责用户的宽带接入、网费的收取和用户的技术保障。用户不可能向这三个主体分别付费,在这三个主体中,只有宽带运营商是与最终用户直接接触的,因而其最有可能成为用户的直接付费对象。宽带运营商向技术服务商申请用户账号,然后将账号提供给用户,并向用户收取网络电视频道费和网络使用费。应用服务提供商与宽带运营商就网络电视频道费分账,并向电视内容供应商支付节目使用费。这三个主体是利益的共同体，每个环节出现问题都会影响到整个网络电视的运营。

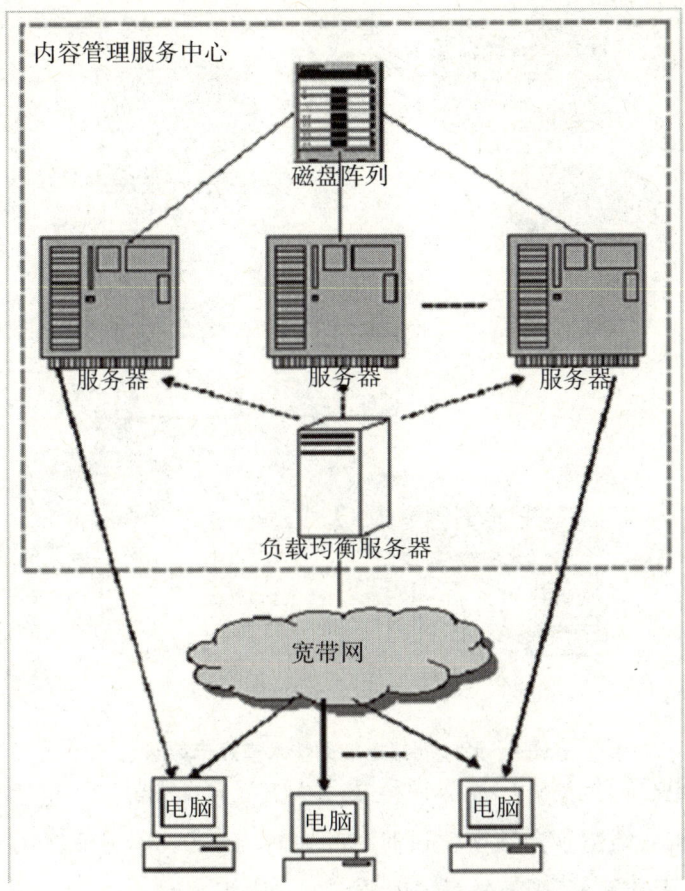

图4-10 中心式内容管理服务示意图

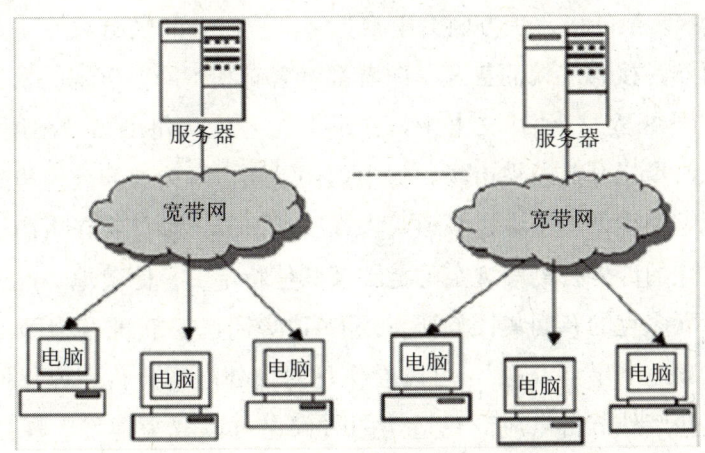

图4-11 分布式内容管理服务示意图

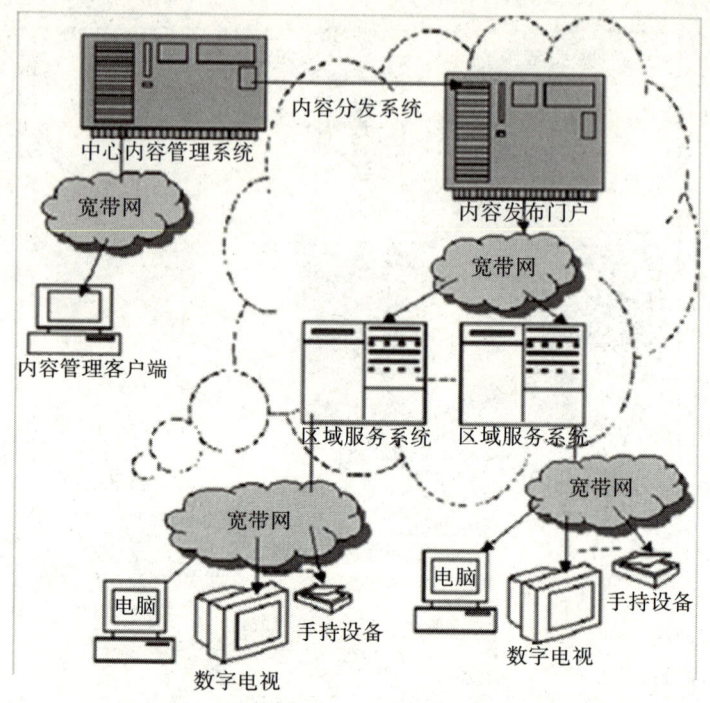

图 4-12 网络电视的技术模式示意图

国家广电总局依据《广播影视科技"十五"计划和2010年远景规划》明确提出《中国有线电视向数字化过渡时间表》：到2005年中国有线数字电视用户超过3000万户，2010年全面实现数字广播电视，2015年停止模拟广播电视的播出。按照东部、中部、西部三个区域，分四个阶段实现有线电视全面实现数字化。这些政策的出台一方面会丰富数字电视内容的供给，另一方面会促进数字电视机作为接收终端的普及，两者都将会有利于网络电视的发展。

尽管中国在WTO法律文书中，并没有对开放文化市场做出明确的规定，中国也并没有承诺开放电视市场，但中国还是通过国内法律允许境外电视频道的有限落地，即境外卫星电视频道可以在三星级以上涉外宾馆饭店、专供境外人士办公居住的涉外公寓等规定的范围及其他特定的范围落地。此外，世界著名传媒大亨默多克的新闻集团旗下的STAR集团已经获准在中国南方落地其经营的综艺频道"星空卫视"，可以看作是对境外电视节目内容入境限制的一个突破，这些境外节目供应商在适当的时候也可以成为网络电视内容的供应商。

在电视网络方面，现在无论在技术上，还是在政策上，距离"三网合一"都还要有漫长的路要走。国家广电部门目前还没有给电信或者宽带运营商发放电视频道或者节目经营许可证的计划。不过中国最大的网络电视公司——中视网络已经在互联网上开播，这家依托于中央电视台的节目资源提供网络视频服务的公司就是与网通合作，通过网通的宽带网络为网通用户提供接入的。这是电信、互联网与广电部门合作的一个很好的案例，电信或者互联网运营商虽然不能直接经营网络电视内容，但可以通过与广电部门合作，达到经营网络电视的目的。至于电信或者互联网运营商什么时候才能取得独立经营电视内容或者电视频道的许可，尚无明确的时间表。不过在国家广电总局新近出台的《关于促进广播影视产业发展的意见》中，已经表达了经营主体多元化的设想，相信这方面的政策将会越来越宽泛。

图4-13 网络电视PPS

整体上看，开办网络电视的主体有商业公司和传统媒体两大类，这两大主体各有千秋。传统广电媒体在开办网络电视方面具有内容资源优势，但体制机制不够灵活；商业公司拥有灵活的体制机制，但缺少内容资源。

商业网络电视方面，在经历了前两年的"跑马圈地"之后，商业视频网站开始真正考虑如何才能实现盈利。目前，在商业视频网站上开辟页面广告和视频嵌入广告的情况已经比较普遍。商业机构开办的视频网站中，新浪宽频、悠视网、PPLive、土豆网、优酷网等网站十分活跃，均积累了大量的人气。2007年，最值得业内关注的是，海外知名风险投资机构再次对中国视频网站掀起投资狂潮。2007年年初，悠视网得到2350万美元的第二轮投资；此后，爆米花网站获得上千万美元投资；3月，PPStream网站第二轮千万美元的融资完成；4月，土豆网获得1900万美元的第三轮投资；6月，我乐网完成上千万美元的首轮融资，8月再次获得不低于2000万美元的投资；11月，优酷网完成第三轮共计2500万美元的风险投资。仅以上六家网站吸引风险投资就超过1亿美元。

互联网电视等典型融合产品的开发和大量生产，受到了消费者普遍的欢迎。统计数据显示，2010年上半年互联网电视零售量为181万台。从产品来看，网络功能已经成为中高端产品的标配。上半年，互联网电视占所有新品的比例也从15%跃升至41%。国内品牌在互联网电视市场中的份额达95%，占绝对优势。

据市场研究机构奥维咨询对全国1200个城市家庭的入户调查显示，消费者对电视加载网络功能的欢迎程度达到84%。

国家广电总局科技司司长王效杰也认为互联网电视在中国有着广阔的市场前景。他说："因为在中国电视机是最普及的工具，而且它也是一个最经济、最实用的工具。电脑不可能保证人人都会用，但是电视机遥控器人人都会用，所以通过遥控器，实现看电视、上网查询、缴费、打电话等服务，对消费者来说，是一个最大的便利。"

在各种新媒体业务中，网络电视是相对比较成熟的业务，虽然还面临一些困难，但假以时日即可进入良性发展期。从盈利模式看，广告将成为网络电视的主要盈利模式，包括贴片广告、网页广告和嵌入式/个性定制式视频广告等；通过包月收费、点播内容付费也可获取部分收益。从市场结构看，主流媒体网站和少数强大的商业网站将主导市场格局。一方面，只有这些网站能够满足庞大的资金需求；另一方面，这些网站的公信力相对较强，能够凝聚大量的用户、广告商等，而其余的大量的视频网站都将自行淘汰。

2. 交互式网络电视

IPTV是Internet Protocol Television的缩写，即交互式网络电视，俗称网络电视。据统计，全球IPTV的服务运营商数量已经超过了200家，IPTV用户到2007年末也已突破了1500万。据调查机构预测，到2011年，全球IPTV用户数将会达到5500万。IPTV的巨大优势使其成为今后广电与电信增值业务的发展重点。

欧洲是IPTV发展较快的地区，传统电信运营商基本上都已经部署了IPTV，一些运营商如英国电信、法国电信、意大利Fast Web公司已实现了

IPTV 商用。意大利的 Fast Web 是欧洲最大的 IPTV 运营商，到 2006 年年底已拥有 19 万用户。而法国凭借 Free、法国电信和 neuf 电信的快速发展，成为欧洲 IPTV 用户最多的国家。美国 IPTV 市场的发展进程较为稳定。美国 Qwest Communications 公司首先向 Phoenix 地区的用户推出基于 VDSL（Very High Speed Digital Subscriber Line）技术的 IPTV 业务——Qwest Choice TV On Line。该业务为用户提供互联网接入、语音业务和 250 多个电视频道整合的一体化电信服务。其他电信运营商在 2002 年也相继推出了类似的 IPTV 业务。美国电报电话公司和威瑞森公司已经在全国推广 IPTV 服务。北美的 IPTV 发展一度走在全球前列，其用户数在 2004 年占全球用户的 40%，而 2008 年则下降到 28.3%。与之相比，亚洲电信运营商如新加坡电信、日本软银等公司纷纷利用宽带互联网推出 IPTV 业务，使亚洲的 IPTV 业务发展迅速，用户数已超过北美，成为全球市场领先者。

各个国家不同的监管态度对 IPTV 的发展带来了不同的影响。一些已经实现监管机构融合或者电信和有线电视允许彼此进入的国家，IPTV 得到了较快的发展；而在存在多个监管机构的国家，没有相关监管框架支持电信和有线电视的融合，IPTV 的监管尚处于灰色地带，其业务还处在试验和试运营的阶段。

从全球的情况看，有些国家在广电与电信业务融合的过程中，逐渐调整监管机构，统一了电信业与广电业的监管工作，使政府能够对 IPTV 做出快速反应。比如，美国成立了联邦通信委员会代表联邦政府监管电信业和广电业；2000 年，英国将电信管制局、独立电视委员会、广播标准委员会、无线管制局和无线通信局 5 个机构合并为通信管理局（OFCOM）；澳大利亚将通信管制局和广播电视管制局合并为通信与传媒管制局；韩国在 2006 年 12 月起草了一份建立"广播通信委员会"的议案，该监管机构将同时负责管辖广播和电信两个领域；日本由总务省负责广播和电信相关管理管制工作。由于存在这样的融合机构，对 IPTV 的业务监管得以在一个统一的框架内进行，由各个相关职能部门协同开展，有效地避免了监管分立和利益纷争。

3. 手机电视

手机电视（无流量的）即 CMMB 手机电视，它是中国移动通信公司和中广传播公司共同利用 CMMB 技术推出的电视产品，其市场推广名为"手机电视"。它是利用中国移动多媒体广播（CMMB：China Mobile Multimedia Broadcasting）技术推出的便携式的移动的多媒体广播电视产品，因为用的是无线广播电视网的广播式传输方式，所以不会产生任何流量费，与传统的流媒体电视有本质的不同。目前CMMB所有产品统称为"手持电视"，其中与通信商合作的手机类终端产品即"手机电视"，还包括其他的非通信类终端产品，如GPS手持电视、MP4手持电视等。

图4-14 手机电视

虽然手机电视目前为止还未能如愿普及，但2009年全球手机电视用户达到5400万人。预计到2013年，通过智能手机观看模拟电视的用户将达3亿人。目前，手机电视用户每周至少观看三次手机电视，每天都看手机电视的用户为20%。相比而言，在日本和韩国等较为领先的市场，用户每天通过手机观看电视的时间超过1小时。全美通过手机观看视频的用户总量为1340万人，平均每人每月观看时长为3.5小时，而平均每位网民观看网络视频的时长约为3小时。

近几年来，国家广播电影电视总局积极利用高新技术发展新兴媒体，精心组织并联合多方面力量建立了中国移动多媒体广播（CMMB）体系，在关键技术研发、标准体系建立、产业化推进、覆盖网络建设、业务开发等方面取得了重大进展，圆满完成了为2008年北京奥运会提供服务的目标。在获得广电总局颁发的首张IPTV牌照后，上海文广新闻传媒集团（SMG）成为唯一被允许在手机上传输视听内容的媒体机构。为抢占 3G 预演的市场先机，中国移动在第一时间采取行动，与上海文广新闻传媒集团在"手机电视"流媒体业务层面展开合作。

（二）数字电影

数字电影诞生于 20 世纪 80 年代，是高科技的产物。

国家广电总局《数字电影管理暂行规定》第二条明确指出：数字电影，是指以数字技术和设备摄制、制作存储，并通过卫星、光纤、磁盘、光盘等物理媒体传送，将数字信号还原成符合电影技术标准的影像与声音，放映在银幕上的影视作品。制作完成之后，数字信号通过卫星、光纤、磁盘、光盘等物理媒体传送，放映时通过数字播放机还原，使用投影仪放映。从而实现了无胶片发行、放映，解决了长期以来胶片制作、发行成本偏高的问题。相比传统的胶片电影，数字电影的优势主要体现在节约了电影制作费用，革新了制作方式，提高了制作水准。通过高清摄像技术，实现了与高清时代的接轨；数字介质存储，永远保持质量稳定，不会出现任何磨损、老化等现象，更不会出现抖动和闪烁；传送发行不需要洗映胶片，发行成本大大降低，传输过程中不会出现质量损失；而如果使用了卫星同步技术，还可附加如直播重大文体活动、远程教育培训等，这一点是胶片电影所无法企及的。

由于数字电影（或称数字影院）在影片的制作、发行与放映中都采用了数字技术，相对于传统的胶片电影在技术上、发行上和放映上都有着巨大的优势，数字电影将逐渐取代胶片电影，成为电影制作、发行的主流。

随着计算机技术的飞速发展，许多传统电影制作做不到的镜头需要借助电脑完成，或者运用了电脑技术会使影片更完美。于是传统电影引入数字技术。从国际来讲，经过初期阶段的摸索，目前数字电影技术已经成熟，创作人员已从过去单纯地运用数字特技逐步转化为将其与传统摄制、传统特技融为一体。在国内，数字电影虽早已开始尝试，但真正起步是在 1996 年长沙全国电影工作会议以后。在这次会议上"数字电影制作"被隆重地提上日程，确定为我国电影技术今后发展的突破口。在此之后，国家瞄准世界先进的电影数字制作技术，投入了大量资金，引进了先进的技术设备。1999 年，国家计委批准了广电总局的"电影数字制作产品示范工程"。

四、数字游戏

数字游戏即以数字技术为手段设计开发，并以数字化设备为平台实施的各种游戏。"数字游戏"一词可以涵盖电脑游戏、网络游戏、电视游戏、街机游戏、手机游戏等各种基于数字平台的游戏，从本质层面概括出了该类游戏的共性。这些游戏虽然彼此面目迥异，但是却有着类似的原理——即在基本层面均采用以信息运算为基础的数字化技术。

数字游戏是数字媒体技术的综合应用，其涉及的相关技术主要包括数字视音频技术、计算机动画技术、虚拟现实技术、网络技术和人工智能等。数字游戏主要包括视频游戏、计算机游戏、网络游戏和移动游戏等。随着数字媒体技术的发展，数字游戏在功能与模式、游戏题材等方面已经开始相互移植和融合，特别是技术上互通性越来越显著。

数字游戏作为一种全新的具有参与性的大众媒体，也是具有巨大能量的文化传播的工具，在数字媒体中占据着极其重要的地位。从街机到计算机游戏，从视频游戏到网络游戏，电子游戏产业经历了30多年的发展历史，随着软件和硬件的不断升级换代，游戏模式无论是竞技性和观赏性，都达到了炉火纯青的高度，大有取代电影而成为数字娱乐业霸主之势。21世纪，网络游戏将是数字娱乐领域最具潜力的增长点。

目前数字游戏市场主要为视频游戏、网络游戏和手机游戏等所占据。视频游戏市场虽然潮起潮落，但技术发展迅猛，从风行一时的电视游戏机、手掌机，到如今功能更强大、图形更完美的视频游戏机，如Wii、PS3和Xbox360等。手机游戏从最早的内嵌式游戏发展到了最新的3D游戏，随着移动网络的迅速发展，手机游戏将成为数字游戏中的新宠。网络游戏目前仍然是数字游戏领域中的主角，网络游戏之所以能为广大玩家痴迷，最主要还是因为有着强有力的技术支持。网络化也是数字游戏的一个重要的发展趋势，无论是视频游戏还是手机游戏，虽然载体不同，却都具备了网络游戏的特点。

游戏引擎技术和网络通信与管理技术的不断发展将为数字游戏的开发、制作和运营提供更高效的平台，同时也为数字游戏产业发展注入了新的活力，进一步提高了数字游戏的互动性、仿真性和竞技性。

2009年网络游戏用户规模持续增长，达到2.65亿人，较2008年增长

41.5%。值得关注的是，网络游戏是所有互联网娱乐领域中唯一使用率上升的服务，网民使用率从 2008 年的 62.8% 提升至 68.9%。2009 年网络游戏用户规模增长主要有两个原因促成：一方面网页游戏在 2009 年得到了良好的发展，领先网络游戏厂商对于网页游戏领域的涉足以及网页游戏公司的兴起均对用户规模增长起到促进作用；另一方面，SNS 游戏（社交类游戏）在 2009 年迅速崛起，其依靠人际关系基础和操作简便的特性为网民进入网络游戏领域建立了良好的登陆平台。

同时，中国网络游戏行业也面临一些问题。首先是用户增长率的放缓，2009 年整体网络游戏用户规模的增长率为 41.5%，低于 2008 年 49.6% 的增长率，且增长主要集中在网页游戏以及休闲游戏方面，盈利能力最强的大型网络游戏增长率为 24.8%。第二，用户对于网络游戏行为更为理智，偏向付费模式的网络游戏用户逐步增加，而在游戏产品选择方面主要以朋友介绍以及自主判断为主，这将影响未来网络游戏的盈利模式以及营销针对性。最后，中国是网络游戏大国，但并不是强国，主要表现在产品出口较少、进口游戏用户使用率高于国产游戏，而这种状况也将推动中国网络游戏公司向专业性迈进，未来游戏产品的研发与运营将逐步细分。

五、数字网络社区

网络社区是指包括 BBS/论坛、贴吧、公告栏、群组讨论、在线聊天、交友、个人空间、无线增值服务等形式在内的网上交流空间，同一主题的网络社区集中了具有共同兴趣的访问者。网络社区就是社区网络化、信息化，简而言之就是一个以成熟社区为内容的大型规模性局域网，涉及金融经贸、大型会展、高档办公、企业管理、文体娱乐等综合信息服务功能需求，同时与所在地的信息平台在电子商务领域进行全面合作。"信息化"和"智能化"是提高物业管理水平和提供安全舒适的居住环境的技术手段。

最早的关于虚拟社区的定义由瑞格尔德（Rheingole）做出，他将其定义为"一群主要借由计算机网络彼此沟通的人们，他们彼此有某种程度的认识、分享某种程度的知识和信息、在很大程度上如同对待朋友般彼此关怀，从而所形成的团体。"

虚拟社区至少具有四个特性：一是虚拟社区通过以计算机、移动电话等高科技通信技术为媒介的沟通得以存在,从而排除了现实社区;二是虚拟社区的互动具有群聚性,从而排除了两两互动的网络服务;三是社区成员身份固定,从而排除了由不固定的人群组成的网络公共聊天室;四是社区成员进入虚拟社区后,必须能感受到其他成员的存在。

网络社区也应加上新兴的 SNS 行业,SNS 全称 Social Networking Services,即社会性网络服务,专指旨在帮助人们建立社会性网络的互联网应用服务。或者用 SNS 的另一种常用解释,SNS 全称 Social Network Site,即"社交网站"或"社交网"。

进入 21 世纪以来,SNS 逐渐成为在互联网上进行交流通信最热门的工具形式,而 Myspace、Facebook 先后进入全球流量最大的网站前五名则正式标志着 SNS 成为互联网上最受欢迎的网站类型。国内的人人网、开心网也异军突起,在 2009 年获得了爆炸式的增长。从 2008 年 12 月到 2009 年 1 月,共注册了 356 个 SNS 类网站,截至 2009 年底,中国使用社交网站的网民数达到 1.76 亿,在网民中的渗透率达到 45.8%。从网站的页面浏览量来看,经过 9 个月的发展,已经有 8 家新注册 SNS 的日均页面浏览量超过 1 万,其中 2 家的日均页面浏览量更超过了 10 万,达到行业的先进水平,而新注册的社交站点中还有 67.98% 的站点日页面浏览量小于 10。

图 4-15　美国著名的 SNS 网站 Facebook

成立于 2004 年的 Facebook,已经从当初起步于哈佛的校园网站变成了现在世界上最流行的社交网站。这家位于帕洛阿尔托的公司最近也到达了一个重要的里程碑,据美国互联网流量监测机构 Hitwise 截至 2010 年 3 月 13 日的监测,这一周内访问 Facebook 的美国网民人数超过了 Google。根据这项监测显示,Facebook.com 占到该周总访问量的 7.07%,而 Google.com 占到 7.03%。

显而易见，这标志着 Facebook 有了一个令人惊叹的市场增长率——较上年同期大幅提升了 185%，但是在搜索领域市场增长率仅仅提高了 9%。基于分析师的预期，2010 年 Facebook 总收入能达到 10 亿到 11 亿美元。

中国的校内网成立于 2005 年 12 月，是中国最早的校园 SNS 社区。2006 年 10 月，千橡公司收购校内网，同年底，完成了千橡公司 5Q 校园网与校内网的合并，并正式命名为校内网。2009 年 8 月 4 日千橡集团召开战略发布会，宣布校内网正式更名为人人网。校内网是中国大学生市场具有垄断地位的校园网站。经过将近三年的快速发展，校内网已经发展成为为整个中国互联网用户提供服务的 SNS 社交网站，给不同身份的人提供了一个全方位的互动交流平台，大大提高了用户之间的交流效率，降低了维护用户之间交流的成本，通过提供发布日志、保存相册、音乐视频等站内外资源分享等功能搭建了一个功能丰富高效的用户交流互动平台。

2008 年校内网推出开放平台战略以后，校内网和大量的第三方网络公司、编程爱好者为校内网开发了大批量的网页版互联网小应用程序和网页游戏，大量的社会化的网络游戏为用户之间的互动提供了更多更丰富的途径，也推动了中国互联网往平台化方向的发展。

公共主页，是国内最大的社交网站人人网推出的一种主题互动平台。其中一个以考试为主题的公共主页，推出两个月已拥有 36 万余名好友。这里不仅有网友制作、分享的各种有关考试的信息，还建起了各种各样的"许愿墙"。"外语考试许愿墙"建立两个小时，访问人数就达到 9039 人，其中 2059 人留下了自己的愿望。"有关考试的话，都可以在这里说，并且会得到答复。""心里的压力其实挺大的，在这里可以获得鼓励。"人人网已推出超过 500 个公共主页，以多样的主题充分满足多样的需求，每天活跃其中的网民人数达 1000 万。

"摘菜"等游戏能在短期内大大提高网友访问率，然而，这种模式使部分网友沉迷其中，与现实生活中工作、学习的要求发生了冲突，不具有可持续性。相关人士表示，应充分利用网民在玩游戏中体现出来的智慧和韧性，把网络变成学习、工作和创造的工具，而不只是玩具。

六、博客和播客

数字技术与网络技术的飞速发展，也催生了以"个人为本"理念的盛行，出现了一系列广受网民喜爱的网络媒体新形态，是带给大众传媒的又一场革命，博客和播客就是其中的典型代表。博客是一种简易的个人信息发布方式，任何人都可以注册，完成个人网页的创建、发布和更新。博客充分利用网络互动、更新及时的特点，让你最快获取最有价值的信息与资源；你可以发挥无限的表达力，及时记录和发布个人的生活故事、闪现的灵感等，更可以文会友，结识和会聚朋友，进行深度交流沟通。播客又被称作"有声博客"，是自助和全新的广播形式，用户可以利用"播客"将自己制作的"广播节目"上传到网上与广大网友分享。无论是博客还是播客都有一个共同的特点，那就是颠覆了用户被动接收信息的传播方式。同时，博客和播客或多或少地存在着相对稳定的发布与接受群体，比如博客群组和播客群组，从而使对应的数字网络社区成为一种趋势。

1. 博客

"博客"一词是从英文单词 Blog 翻译而来。Blog 是 Weblog 的简称，而 Weblog 则是由 Web 和 Log 两个英文单词组合而成。Weblog 就是在网络上发布和阅读的流水记录，通常称为"网络日志"，简称为"网志"。

1998 年原始个人博客网站——德拉吉报道（Drudge report）率先曝出克林顿和莱温斯基绯闻案，第一次向世界展示了博客的力量。当时，全世界仅 30 多家博客网站，而博客迅速进入人们的视野并不断撩起公众的个性狂热。2001 年，"9·11"事件使博客第一次成为真正意义上的新闻发布源。当时，几乎所有主流网站都因访问量过大而近乎瘫痪。此时，博客网站脱颖而出，全球最大的 Blog 服务提供网站 blogger.com 出现上百个报道"9·11"的个人博客站点，发布了无数业余照片、录像和现场录音，有目击者的亲笔描述，也有急迫希望得到亲友消息的恳求，其数量远远超过专业记者。到 2002 年 8 月，美国《新闻周刊》有文章称，"全世界自觉实践的博客数量，已经达到 50 万到 100 万之众，每 4 秒钟，都有一名新的博客加盟进来"。

2000 年博客开始进入中国，并迅速发展。2002 年 8 月 8 日由著名的网络评论家王俊秀和方兴东共同撰文，正式提出中文"博客"一词，此后，博客真正为广大中国网民熟知。但直到 2004 年木子美事件，才让中国民众了解到了博客，并运用博客。

2005 年，国内各门户网站，如新浪、搜狐，原先并不看好博客业务，后来也加入了博客阵营，开始进入博客春秋战国时代。起初，Bloggers 将其每天浏览网站的心得和意见记录下来，并予以公开，来给其他人参考和遵循。但随着 Blogging 快速扩张，

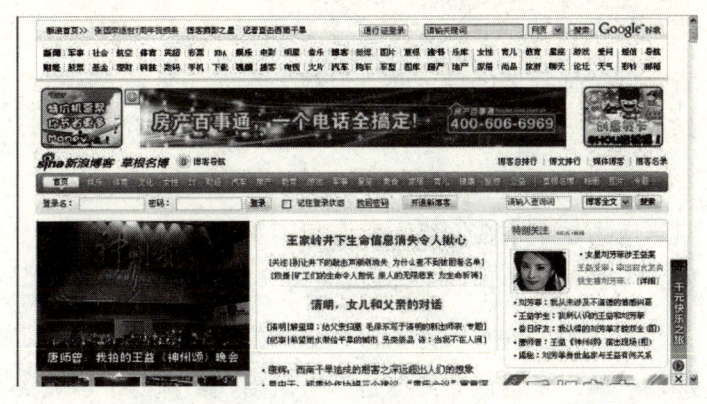

图 4-16　新浪博客首页

它的目的与最初已相去甚远。目前网络上数以千万计的 Bloggers 发表和张贴 Blog 的目的有很大的差异。不过，由于沟通方式比电子邮件、讨论群组更简单和容易，Blog 已成为家庭、公司、部门和团队之间越来越盛行的沟通工具，因此它也逐渐被应用在企业内部网络（Intranet）。目前，BSP 商家风起云涌，已有数十家大型博客站点。国内优秀的中文博客 BSP 有博客大巴、新浪博客、网易博客、搜狐博客、Blogcn、和讯博客、QQ 空间、天极博客、天涯博客、百度空间等。

2007 年 4 月，全球博客突破 7000 万；平均每天新增博客 12 万个，即每秒新增 1.4 个；博客上每天新增文章 150 万篇，即每秒 17 篇；全球最受欢迎的 100 家网站中有 22 家为博客网站。在全球博客中，37% 为日语。其次是英文博客，占总数的 36%，而中文博客以 8% 的比例占据第三位。此外，中东国家也开始有越来越多的人写博客，波斯语博客刚起步，所占总数的比例就升至第 10 名。到了 2008 年 11 月，仅中国的博客数量就突破了 1 亿。

截至 2009 年 12 月，博客应用在中国网民中的用户规模达到 2.21 亿，使用率为 57.7%，较 2008 年年底增长 5940 万人，使用率提升了 3.4 个百分点。活跃博客的规模进一步扩大，在半年内更新过博客空间的博客用户规模达到 1.45 亿，增长率为 37.9%。在中国互联网的十大应用领域中，博客及个人空间位列第八，排名超过了论坛及 BBS、网络购物，但仍次于网络音乐、新闻、即时通信、视频、搜索引擎、电子邮件、游戏等。

当博客的风头不比当年，微博客取代博客的趋势愈加明显、所谓的"沉睡博客"越来越多时，最早一批博主中的很多人目前已经迈上了创业的征程。靠着长期写博客积累起的影响力和人脉，这些先行者的名字已经成为一个品牌，

为他们现在的创业提供了一个难得的基础。不过,当年那种"在博客上挂广告"的赚钱尝试已经过时,也被多数人证明是无用的,博客写手创业已经开始转入"实战"——通过写博客写出的影响力,创办自己的公司。

IT类博客写手无疑是博客创业的最佳人选。他们不仅自己熟悉网络,而且影响力也集中在网络上,与生俱来的优势使得他们多数人的创业过程如鱼得水,尤其在客户拓展上一路绿灯,这成为博客创业的一大特点。

对于千千万万的普通博客主来说,他们的创业注定无法像一些互联网高管那样一做出来就把业界惊得满城风雨,如优酷、巨人等,他们的创业也无法像KESO、刘兴亮这些最有名气的博主那样受到广泛瞩目。摆在他们面前的最佳选择就是"微创业":投入微小的成本、组建微小的团队、前期微小的收入……可以说,微创业已经成为互联网行业一道独有的风景,不论是"60后",还是"70后"、"80后",甚至"90后",这些博客写手的互联网创业之旅跟年龄无关,关乎的,只是他们的心态、爱好,还有坚持。可以说,这些公司的规模虽小,但是却个个健康、充满活力,成为中国蓬勃互联网经济浪潮中不可或缺的独特新生力量。

2008年时,尽管是当时最火爆的集成电路论坛,"老杳吧"仍然仅仅是一个BBS的论坛形式,经过数次的改版、更新,网立故见现在已经发展成了一个综合了博客、论坛、资讯等多功能于一身的垂直门户。和众多垂直门户靠广告盈利的模式不同,老杳的设计是通过收取会员费的方式赢利。据他透露,自2月启动会员收费以来,短短两个多月,目前已经有超过20万的收入进账。他的操作模式是,向微电子行业内的部分知名的公司每家收取5000~2万元不等的会费,不过,令人惊讶的是,他现在已经停止了收费,"适可而止吧,这些钱已经够今年用了!"据他透露,向会员收费的工作进行得非常顺利,"我总共找了十几家公司,只要我张了口,没有一家会拒绝。"

除了在会员收费上的适可而止,老杳更是明确地向VC说不。老杳表示,他和很多风险投资商都是朋友,包括一些国际知名的VC都跟他有过接触,不止一次地表达了投资意向,但他都没有答应。"VC进来后会制定各种各样的目标,这样就失去了我最初创业的乐趣,等未来某一天我真的想明白了,或许会跟VC合作。"

对于于斌来说,这个20多岁的年轻人,迄今为止已经创办了十几家网站。

从小鱼互动到推吧，到合伙创办的公交查询网站 8684.cn，再到现在的易通网信，于斌可谓是一个典型的"网络狂人"，他的创业经历也为我们诠释了从 SEO（搜索引擎优化）向网络公关转变的过程。

对于大量网民来说，博客既是新闻，也是娱乐，而不止是一个简单的个人信息发布空间。如今，通过 RSS 订阅等多种信息交流方式，人们已经把博客升级为一种社会化的开放性交流平台，在此结识和汇聚更多朋友，并相互展开深度交流与沟通。"用户产生内容"（UCC）和"用户产生应用"（UCA）成为互联网发展的新亮点。

在网络时代背景下，如何运用网络开展有针对性的思想政治教育工作，成为高校教育工作者，特别是辅导员必须直面和努力破解的新课题。借助于辅导员博客，大学生和辅导员已成为亲密无间的"网友"、"博友"。辅导员将自己的博客比作"心灵花园"，大学生则将辅导员博客看成"心灵鸡汤"。

随着学生步入大三，孙壮将其辅导员博客的博文分为事务通知、活动心得、成长共享和辅导员周记 4 类。辅导员博客成为孙壮开展网络思想政治教育的主渠道之一，辅之的还有 QQ、飞信、E-mail 等形式。

目前，大连理工大学 120 多名辅导员全部在中国大学生在线网站上开通了辅导员博客。王建慧是上海师范大学的辅导员，在自己的名为"自得居"的博客上，她和学生们分享了一次自己生气的经历。

学校在一个周五上午举行一个模拟招聘活动，定在 8 点半开始。之前有 38 名同学报名参加，可到了活动时间，只有 7 名同学出现。

王建慧气得脸色发白。活动还要继续，她让帮忙的同学打电话，一个个询问其他同学不来的原因。各种"客观理由"浮现：有人说不知道具体时间，有人说另外有安排，有人说已经回家了……

有人不明白王建慧为什么会如此生气，她自己也有些不理解。一位老师说，这是因为她动了真感情。她把自己的这段心路历程放到博客上与同学们分享。"因为对学生有太多期望和重视，因为一直相信自己的学生能够不断成长、不断进步。"她不是想去责骂谁，也不想让谁难堪，只是说出来心里会舒服很多，也算是自己的一次总结。

后来，王建慧又费尽周折地组织了一次学生应该会感兴趣的讲座。尽管她不知道有多少同学会参加，她还是把这个消息放到自己的博客上，并直接表达自己的意见。在她的意见之后，很多学生发帖回复。

就是在这种看似漫不经心的网络互动中，在看似无关痛痒的言谈和生活碎片中，老师和学生探讨着诚信，探讨着人生的职业规划。老师们利用网络，开始了为学生的"网上导航"。

博客发展到了今天，又出现了一种新的形式——微博。微博，即微博客（MicroBlog）的简称，是一个基于用户关系的信息分享、传播以及获取平台，用户可以通过Web、WAP以及各种客户端组建个人社区，以140字左右的文字更新信息，并实现即时分享。相比传统博客那种需要考虑文题、组织语言修辞来叙述的长篇大论，以"短、灵、快"为特点的"微博"几乎不需要很高成本，无论你是用电脑还是手机，只需三言两语，就可记录下自己某刻的心情、某一瞬间的感悟，或者某条可供分享和收藏的信息，这样的即时表述显然更加迎合我们快节奏的生活。

最早也是最著名的微博是美国的Twitter，根据相关公开数据，截至2010年1月，该产品在全球已经拥有7500万注册用户。2009年8月，中国最大的门户网站新浪网推出"新浪微博"内测版，成为国内门户网站中第一家提供微博服务的网站，微博正式进入中文上网主流人群视野。微博客已经成为当下最热门的互联网服务，彰显着互联网新的篇章——微博客时代的到来。

微博为什么会在短短的一年间在国内迅速走红？有专家说，微博的出现可以说是互联网更深入人心的一种表现，也为草根阶层表达、沟通搭建了平台。

从另一方面来说，微博公益比起传统的公益更容易四两拨千斤而取得不错的效果，尤其在明星效应等形式下，微博公益的效应更容易被放大。微博占据了天时地利人和，想不红都难。

微博不像E-mail——它可以公开传播；不像聊天工具——内容可以被搜索引擎检索到；不像QQ群——既可以一对多传播，也可以一对一传播。这就是微博的创新性，这种交流方式以前从来没有出现过。而且它不像博客，你必须打开电脑连上互联网进入到博客后台才能更新。你可以在MSN里发送消息到微博机器人，可以在手机上用各种各样的客户端来更新微博，也可以发送一个短信来更新，甚至打一个电话也能更新微博。

微博作为新兴的网络社交方式迅速崛起，微博平台为站长们提供了一个绝好的创业平台，这种机会犹如十多年前刚刚进入互联网行业一样，现在的微博提供给我们一样的机会,每个人都可以发挥你的价值。

具体到实际应用中,小型企业能利用微博节省成本,发现商机,提高与客户沟通的效率。比如,一家洗涤公司利用微博发布推迟交货通知,一家餐饮服务机构利用微博招聘,一家微型分析机构利用微博直接向一线员工调查获得统计数据,等等。

在美国,戴尔公司宣称通过 Twitter,他们的收入多了 650 万美元。相比起戴尔 611 亿美元的营销额,这是微不足道的,但从微博里赢得的长期效益比 650 万美元要重要得多。随着微博的流行,目前国内也有不少公司在新浪微博上设立账号。当微博成为了网民的标配,企业可能需要专门设立一个职位——微博客服,每天在微博上收集客户的牢骚,回答客户的问题。

越来越多的企业都开始重视社会化营销,社会化营销的目的是通过建立口碑来获得长期利益。博客、SNS 都是社会化营销的阵营,但目前在微博上进行社会化营销的企业还不算很多。然而,随着微博一天比一天壮大,用户规模越来越大,企业必定会对微博重视起来,在微博上建立自己的品牌,宣传自身的企业文化。

对于微博本身,它将不再是一个单纯的服务,它将成为一个仅仅提供数据接口的云服务。Twitter 目前已经开放了发送、接收、转推等接口,未来它一定会开放注册接口,也就是说,那个时候 Twitter 不再是一个网站,它将成为云服务。任何人都可以使用不同的第三方注册和使用 Twitter,完全不需要登录到 Twitter 官网。

在微博平台上,每个人既是传播者,又是受众,两种角色纵横交错。这是博客的纵向传播和社交网络只能封闭式传播所不可比拟的。因此,微博激发了网民的使用热情。

如今,尽管微博的发展是大势所趋,但是,由于目前国内大多企业还停留在对 Twitter 形式上的模仿,缺乏形式上的创新,因此,专家表示,微博在短期内将与博客等共存。

对于国内各大门户网站而言,微博目前还是一个让人既爱又恨的产品,一方面给网站带来了大量的流量和人气,另一方面一时半会儿又没有合适的盈利模式。在新浪 2010 年第一季度财报中,新浪微博对该公司 2440 万美元的净利润并没有突出贡献。不过,手机和实时搜索将成为微博未来的盈利点。

2. 播客

播客又被称作"有声博客",是 Podcast 的中文直译。用户可以利用播客将自己制作的广播节目上传到网上与广大网友分享。这种新方法在 2004 年下半年开始在互联网上流行以用于发布音频文件。Podcasting 与其他音频内容传送的区别在于其订阅模式,它使用 RSS 2.0 文件格式传送信息。该技术允许个人进行创建与发布,这种新的传播方式使得人人可以说出他们想说的话。

订阅 Podcasting 节目可以使用相应的 Podcasting 软件。这种软件可以定期检查并下载新内容,并与用户的携带型音乐播放器同步内容。Podcasting 并不强求使用 iPod 或 iTunes,任何数字音频播放器或拥有适当软件的电脑都可以播放 Podcasting 节目。该技术能把任何文件"拉"过来,包括软件更新、照片和视频——这是对 Podcasting 扩展方面的展望,不只局限于音频方面。在 2005 年上半年,已经有一些 Podcasting 软件可以像播放音频一样播放视频了。就像博客颠覆了被动接受文字信息的方式一样,播客颠覆了被动收听广播的方式,使听众成为主动参与者。

播客的发展速度极为惊人,一家网络研究机构的调查发现,30 岁以下的美国人中,每 5 个就拥有一台 MP3 播放器。每 3 名拥有 MP3 播放器的美国成年人中就有一名听过播客节目。据此福瑞斯特研究公司测算,2005 年底播客电台的数量达到 30 万,到 2009 年达到令人吃惊的 1300 万。美国 The Diffusion Group 是由一群经验丰富的消费者技术分析家组成的消费者技术调查和战略行销公司,它在发布的名为《播客:事实、虚构和机遇》的报告中指出,2004 年,美国"播客"用户是 80 万,2005 年美国播客用户是 450 万,到 2010 年人数将达到 5680 万。

自 2004 年底播客概念进入中国至今,在几年时间里,各类播客网站、播客频道纷纷开通,大批播客节目广泛传播,播客队伍日渐壮大。据菠萝网统计,截至 2006 年 3 月 20 日,中文播客频道数量为 2.5 万个,到 2007 年 11 月 14 日,中文播客总数超过 29 万个,节目数量则超过 1133 万个。

目前,国内播客网站林立,内容包罗万象,以优酷网、酷 6 网、六间房等为代表的播客网站迅速崛起,用户黏着度高,拥有了一定的规模、市场和知名度。从网站的形态来看,当前播客站点主要有 4 类:播客门户、门户播客、播客搜索目录类网站和播客资讯网站。

播客门户也就是常见的专业播客网站，影响较大的有土豆网、播客中国、优酷网、六间房、爆米花等。门户播客是指门户网站推出的播客服务，如新浪播客、搜狐声色博客、腾讯宽频等。播客搜索网站有百度视频搜索、OpenV视频搜索等。播客目录网站是制定目录供用户查找和订阅的网站，影响最大的当属菠萝网。这些搜索和目录类的网站为用户在浩如烟海的播客中寻找自己喜欢的节目提供了极大的方便。播客资讯网站即提供播客的相关信息的网站，如著名的播客宝典，专门发布国内外有关播客的信息。从节目的形式来看，播客网站可以分为三类：第一类是音频播客网站，即播客的最原始形态Podcast，节目均为音频格式，如波普网、反波网、木狗播客等；第二类是视频播客网站，提供视频分享，一般为Flash形式，支持下载和订阅，如酷6网、56原创视频、mofile视频分享等综合性网站；第三类为开辟了音频和视频两个频道的播客，如派派网、麦地网、腾讯宽频等。

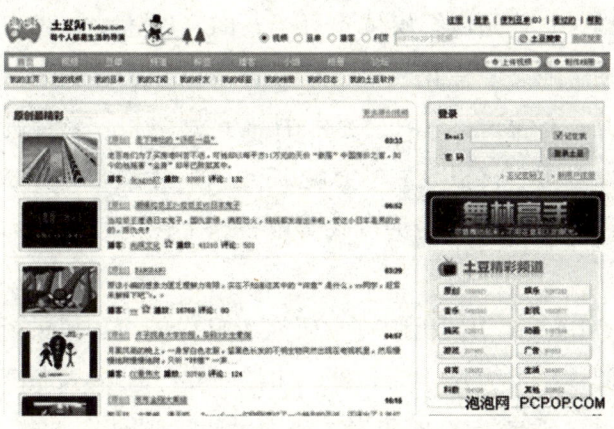

图4-17 土豆网网站

从网站内部体系设置来看，现今的播客网站大都设置三大板块：节目、用户和论坛。播客节目通常用频道和排行榜两种组织方式，将众多音视频文件按照主题或点击率等依据排列。对于播客用户的服务，网站则借鉴了博客运营的经验，不仅提供个人上传空间，而且允许用户自己建立播客圈。如土豆网的"小组"、优酷网的"俱乐部"、新浪播客的"圈子"以及酷6网的"家族"等，便于同类节目间的交流。论坛则为用户提供了一个分享视频制作、上传经验、发布新闻和聊天交友的互动专区。此外，从网民对播客网站的使用情况来看，浏览注册者较上传节目者为多，转载者远高于制作原创性音视频节目的播客。

第五章 全媒体时代的阅读终端
——电子阅读器

我国2009年数字出版的整体收入达799.4亿元，与我国图书出版产值大体相当，比2008年增长50.6%。与2002年的20多亿元相比，8年间，我国内地的数字网络出版产值规模累计增加了35倍以上，这是传统媒体不可企及的发展速度。2009年，数字出版实现了业态多样化，电子书业务早已在大多数出版社不同程度地展开。有报道称，75%的报社涉足网络报，55%的报社拥有手机报，全国手机报数量将突破1500种，手机也逐渐成为人们的主要阅读终端之一，用手机收看电视、上网、读报纸、读书已非常普遍。

1999年中国出版科学研究所首次调查国民的阅读率，发现国民阅读率仅为60.4%，2005年为48.7%，首次低于50%。中国出版科学研究所2006年发布的国民阅读倾向调查的数据显示：2000年至2006年，我国国民阅读率持续走低。2010年1月中国互联网信息中心（CNNIC）发布《第25次中国互联网络发展状况统计报告》显示，截至2009年12月31日，中国网民规模达到3.84亿人，普及率达到28.9%。网民规模较2008年年底增长8600万人，年增长率为28.9%，中国网民规模增长有所放缓。宽带网民规模达到3.46亿人，较2008年增长7600万。虽然中国的宽带普及率很高，但是宽带接入速度远远落后于互联网发达国家。中国手机网民规模年增加1.2亿，达到2.33亿人，占整体网民的60.8%。其中只使用手机上网的网民3070万人，占整体网民的8%，手机上网成互联网用户新的增长点。

据美国《出版商周刊》报道,来自美国统计局的统计数据显示,2010年5月,美国实体书店的图书销售再度下滑,当月销售额为10.9亿美元,降幅为2.6%,这已是书店销售连续两月出现负增长。就2010年前5个月来看,实体书店的总销售额为63.3亿美元,同比下降0.4%。不过令书商有些安慰的是,图书零售在5月增长了8.5%,前5个月总销量则增长了6.8%。

总体来讲,美国实体书店的图书销量自2009年年初开始便呈现疲软之态,即使进入2010年至今也未见任何起色。相反,美国出版商协会综合13家出版商的月度销售报告显示,电子书销售继4月实现127%的增长之后,5月又出现爆发性增长,增幅达162.8%,销售额增至2930万美元。前5个月的销售总额为1.483亿美元,增幅达207.3%。

美国出版商协会统计,2009年前9个月美国电子图书销售额达1.9亿美元,比2008年全年5240万美元增长了176%;2010年第一季度销售额为9100万美元,比2009第一季度销售额增长了252%。

根据中国出版科学研究所公布的《第七次全国国民阅读调查》显示,2009年,我国18周岁～70周岁国民中接触过数字化阅读方式的人占24.6%,其中,有16.7%的人通过网络在线阅读,有14.9%的人接触过手机阅读,有4.2%的人使用PDA/MP4/电子词典等进行阅读,有2.3%的人用光盘读取,有1.3%的人使用其他手持电子阅读器进行阅读。

而赵祁正是这24.6%的一分子,她很享受她的数字阅读。每天早上、下午,她订阅的手机新闻早晚报会准时收到,这足以满足她一天的新闻需求。晚上,她打开电脑看在线小说,与作者直接互动,每天都能看到最新的内容。在地铁里,她会拿出电子阅读器,利用闲暇时间看自己喜欢的书。"电子书很方便,起码你不用捧着一本那么厚的书,而且能随便换书,一部机器全部满足。"尤其在3G时代,只要拥有网络,随时随地都能下载最新的图书,获得最新的资讯,各种类型的终端使形态各异的数字阅读进入热爱阅读的读者生活中。"你可以随身带着装有一万本图书的电子书,可以随时阅读每一本,但你不可能随身携带一万本纸质图书,这就是它们的最大差别。"数字出版业内人士这样说。

未来的数字阅读还有很大的市场空间,仅从手机阅读来看,工信部2010

年 2 月发布的统计数据显示,全国移动电话用户已经超过 7.6 亿,手机网民已经超过 2.3 亿,而国内使用手机进行各类阅读的用户目前有 8000 万,这一数字与手机使用者的数量相差甚远。并且从学历和收入来看,手机阅读者中,低学历、中低收入者的使用数量普遍要高于高学历、高收入的使用者数量;从城乡划分来看,农村中的手机阅读者的绝对量要高于城市。因此,城市、高收入人群就成为手机阅读的潜在用户。

数字出版发展迅猛,阅读终端电子阅读器的发展也备受关注。电子图书阅读终端主要包括 PC 机、笔记本电脑、手机、专用手持式电子图书阅读终端、MP4、MP5 等。这些阅读终端的出现,正在逐步改变人们的阅读习惯和出版市场的走向。

第一节 手机——移动阅读终端

一、手机阅读

目前,手机是移动媒体的主要载体,也就是所谓的"第五媒体",其内容的主要形式有"手机报刊""手机电视"两种。据有关资料显示,我国目前手机用户已经超过 7 亿,拥有手机的人数是所有报纸读者的两倍多。手机已经从通信终端变成了个人数字娱乐中心以及传播、整合信息的强势媒体平台,成了产业"印钞机"。与之相对的是,传统媒体经营正遭遇拐点,报纸等平面媒体的广告经营额严重下滑。业内观点认为,在读者群萎缩和原材料成本上涨双重压力下的传统报业面临着严峻挑战,而数字化革命则成为报业经营发展的战略之一。越来越多的报纸选择做一个拥有多媒体、多渠道的全方位内容服务商,把新闻内容的多媒体开发与商业运营结合起来。

从这个意义上来看,手机报不仅实现了从"第一媒体"向"第五媒体"的跨越,也建立了新闻价值链中新的游戏规则。在手机报的产业链中,移动通信媒体充当的角色既是运营商又是服务提供商,报纸是内容提供商,网站是沟通移动和报纸的中间技术平台,三方担当了不同角色——电信公司掌握手机技术平台及远程服务项目,掌握着上亿的手机客户,是一个巨大的信息承载外壳;

网络公司利用网络信息平台，最近距离地"嫁接"手机；传统媒体则利用采访、编辑优势，提供快速、原创的新闻，成为不可或缺的内容供应商。手机报的横空出世，不仅是报刊数字化革命的一大举措，也是媒介走向融合的表征。

移动媒体的出现，给人们的日常生活带来了意想不到的方便和快捷，中国手机网民数量呈现迅速增长态势。随着手机价格和话费进一步下调，大屏幕、智能手机开始大量普及，手机阅读人数和所占比例持续增加，从2007年的5.9%增长到2008年的6.3%，同时，行进中的阅读比例也从2.6%增长到2.9%。虽然所增比例不大，但是考虑到2008年新增加的读者的年龄构成，实际上手机读者的增长是极为迅猛的，这从手机阅读市场收入的增长上得到了直观体现。

伴随着手机阅读人数的增加，手机阅读市场收入由2007年的650万元猛增到2008年的3030万元，所占比例由3.8%增长到13.4%，增长极为强劲。手机价格下降，性能、功能、容量、上网速度、普及量持续高速上升，手机阅读随时随地可以进行，用户身份易于确认，付款方便，随着3G时代的到来，预计手机阅读的产值和份额亦将持续扩大。

2010年5月5日，中国移动的手机阅读业务正式上线后，移动手机阅读基地整个平台上出现了图书最高的点击数量——2.3亿次，并且预估到2010年年底，图书最高点击率会达到10亿次。

中国移动数据部总经理高念书说："内容提供商主要负责对阅读内容的组织，而中国移动负责阅读平台的建设、产品的开发、内容的整合、运营和营销推广以及网络建设和计费系统。"

目前，内容提供商和中国移动的分成比例大约为4∶6。

高念书说："中国移动手机阅读业务将免除流量费，只根据内容计费。用户可以选择下载单本书，费用在1～10元/本；也可以选择按章节下载，每章节资费标准为0.04～0.12元。同时，中国移动还推出了'手机书包'业务，用户每月只需花费3元或者5元便可免费阅读所有订购书包内的全部图书，未包含在书包内的其他书单本享受八折优惠。"

对于中国移动"点播＋包月"相结合的付费模式，业内人士认为应该全面地去认识。一方面，中国移动通过为用户提供按次付费和包月付费模式，并且为用户免去流量费，尽管每本电子书的售价不高，但是随着手机阅读用户数量呈几何级的增长,将以规模效应取胜。因此,有利于促进移动阅读商业模式的成熟与发展。另一方面,电子图书偏低的定价,也将影响内容提供商参与产业发展的积极性。在未见实质性利益的情况下,内容提供商将可能有所保留地为基地提供内容资源,致使畅销书资源匮乏,影响用户体验。

据中国移动的调查显示,国民每年手机阅读消费大概在15元左右。在接触数字化阅读的网民中,52%表示能够接受付费下载阅读内容。

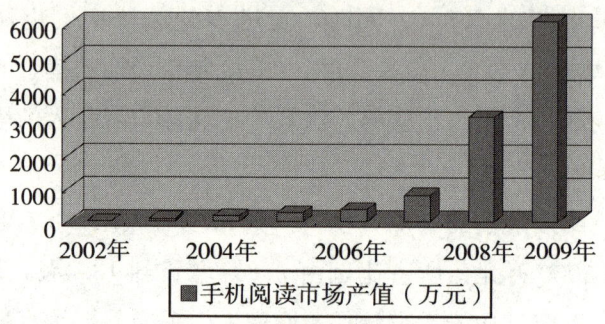

图5-1 手机阅读市场产值

除对其市场潜力充满期待外,我国的传统媒体决策层也意识到手机媒体的战略重要性,并加速进入这一领域,以自身资源优势为依托,实现向手机媒体的延伸和渗透。通讯社、电视台、电台、报社等传统媒体都在积极利用多种新技术手段,广泛开展合作,搭建新的媒体平台。

在传统出版业走向衰落的过程中,手机小说一度给出版业带来生机。在日本,这种手机小说的读者群是高中生,这一受众群是一个潜力颇大的市场。此外,手机小说的作者和读者主要是年轻人,手机是其创作和阅读小说的主要媒介。作者把在手机上完成的作品,以短信的形式陆续发到发表手机小说的网站,读者通过手机下载这些小说。由表5-1可知,手机小说的读者基本上不读传统的纸质小说。

表5-1 年间阅读小说书册数(包括购买和借阅,有效回答标本数:6272)

(出处:日本Koubo-Guide sha的调查数据,2008年4月)

阅读手机小说的频率	每年读百册以上	每周一册	每月一册	每年数册	完全不读
经常	1.7%	9.2%	11.7%	10.7%	66.7%
偶尔	5.6%	14.3%	29.7%	45.9%	4.5%
很少	4.1%	12.7%	26.3%	47.7%	9.2%
不读	3.6%	11.0%	20.6%	40.9%	23.9%

自 2002 年以来，手机小说开始逐渐成为一种全新的出版形态，盈利模式也开始形成。到 2007 年，手机小说大为流行，在东贩公布的畅销书（文艺类）排行榜中，前三位均为手机小说，在前 10 位中有 5 本是手机小说。

在日本近年的出版业中，文艺类图书一直销路不好，但手机小说出现后，由一些名不见经传的作者创作的手机小说的销量却超过百万部，给出版界带来一个全新的景象。其中，销售了数百万部的《恋空》和《红线》等小说被拍成了电影和电视剧，从而形成了空前的手机小说热潮。

手机小说《恋空》在"魔法之岛"网站上连载时，点击率达 3000 万人次之多，以传统书籍的形式出版后销量突破 207 万册。小说被改编为电影后，1 个月就创下了电影观众超过 240 万人次的纪录。在《红线》被搬上银屏之后，最初发表了该小说的 Oricon 公司所经营的网站 onlion 的点击率激增，会员也增加了 4 倍。

"魔法之岛"所发表的小说中已有 70 部被以纸质的形式出版，该网站的利用者有 600 万人。手机小说的主要内容为恋爱题材，后来逐渐扩大到科幻和恐怖小说。作者多为高中女生、家庭主妇和女性上班族。

在手机小说热的初期，每月只有 1~2 部手机小说问世，初印大致为 2 万~3 万册，很少有退货，市场销路很好。但在大型出版社纷纷涉足手机小说出版以后，每月有十多部手机小说出版，这类图书的大量出版分散了读者群。有观点认为，这是导致手机小说走向"衰落"并最终使得手机小说在畅销书排行榜中名落孙山的主要因素之一。

金融危机下的日本出版业可谓乱象丛生。迫于生存的压力，出版商都在极力发掘可行的经营之道。2009 年 2 月，在位于日本出版业中心地带神田的三省堂书店内，笔者看到一个有意思的现象：在书店大厅附近，漫画版《资本论》被摆在一个凸显的位置，该书还附印有"本书已销售了 120 万册"的字样。

为了适应读者阅读方式的变化，富士山杂志公司（Fujisan.co.jp）推出了一种新型的开放式电子杂志发行业务。希望通过该公司发行杂志的电子版的出版社只需要交付杂志的 PDF，然后支付一定数量的发行手续费、网页制作费和传输费即可。读者订阅电子杂志时，在下载 Fujisanreader 等软件后，便可以在新杂志发行的当天，从网上下载杂志的最新版。读者可以在电脑上像翻阅纸质杂志一样翻阅电子杂志。经过重新设计的杂志版面具有网络连接、放大和缩小版面的功能，也可以在上面打批注，还可以检索关键词和播放动画。

对于日本电子出版物市场的发展来说，一个制约性的因素是出版格式的不一致。不同出版社的文件格式各异，电子阅读器的运行环境也不同。不同格式对出版市场的割据成为日本电子出版物发展的一大瓶颈。这也是与以个人电脑和 PDA 为终端的电子出版物相比，手机读者市场发展迅速的原因。

2009 年，日本出版内容研究会发表了《出版内容研究会报告书》。该报告称，到目前为止，在当今日本图书市场中，一个较为人们所认同的方案是在传统的纸质出版物中附加 ID，读者通过 ID 可以获取电子版（网络版）等资源，可采取免费和收费等方式。该模式可促进纸质出版物和电子出版物的融合。

从 2009 年 10 月 1 日起，日本凸版印刷公司开始了一项旨在推进杂志的数字化的业务：MAGA-BANK，免费将杂志的内容数字化，可以在纸质杂志发行的当日提供该杂志的电子版。日本凸版印刷公司与日经 telecom21、NTT COMMUINICATIONS 和富士山杂志服务公司建立了合作关系，向其提供杂志的电子版。凸版印刷公司只从杂志的销售额和广告费中抽取一部分提成。

在一个可预见的时期内，电子出版物尚不可能在一定规模上取代纸质出版物。纸质出版物和电子出版物都面临发展瓶颈。因此，两者的融合途径将会成为出版业新的生长点。

电子图书的发展所面临的瓶颈为手机出版兴起带来了契机，因为日本的 3G 手机基本上不存在格式上的问题。加之手机拥有广泛的用户，因而手机出版便勃然兴起。此外，日本政府十分重视手机上网市场的发展，这是日本能较早于 2001 年引进 3G 手机技术的主要原因。在政府的推动下，通信公司在利用频率时不需要支付任何费用。

直接引发手机出版热潮的契机是日本于 2003 年导入了包月套餐式的定价计费制，手机不再按照流量收费。这一新的收费制度使用户可以不受时间的限制自由上网，下载相关信息。2006 年，日本通过手机上网的人数超过通过电脑上网的人数。为了顺应人们阅读习惯发生变化的现实，出版社也开始大举从事手机出版业务。如岩波书店在出版纸质版本的同时，还有选择地推出与其相应的手机版本。

2009 年 6 月，博报堂发表了其所属研究机构实施的有关手机小说阅读状况的民意调查报告。结果显示，与往年相比，10岁到19岁的男性、30岁到49岁的女性的读者有明显增加的趋势；与男性相比，女性的阅读者居多；与老年和中壮年相比，年轻人居多，中壮年的利用者有增加的趋势。通过调查，一个引起人们注意的现象是，10岁到29岁的女性的利用者虽然数量居多，但与2008年的调查相比，人数有下降的趋势。

这一调查结果说明手机小说的读者群已扩大到较高的年龄层，实际上，日本的手机内容已成为出版的延伸，手机阅读已为更多年龄层的人所接受。

二、手机上网

在IT业快速发展的今天，个性化的手机上网业务逐渐成为新宠，人们可以不必再受空间的约束，不一定要在家里或者办公室对着一台电脑才能上网浏览自己喜欢的网页，只要拿起手机用拇指轻轻按键，就能在掌上畅游网络。显而易见，手机上网最吸引人的地方在于它的"随时随地"。人们在上下班的路上，或者在等人的空闲时间中，都能将闲置的时间用在喜欢做的事情上，何乐而不为？手机上网作为一项引领潮流的业务，得到了众多手机用户的喜欢，特别是受到追逐时髦的年轻人的追捧，目前用手机上网的人越来越多。根据艾瑞咨询的调查显示，手机上网的WAP站点主要包括三类网站：一是由中国移动建立的移动梦网，这也是最大的WAP门户网站；二是由新浪、搜狐、腾讯等服务供应商自建的WAP网站；三是大量免费的WAP网站。后两者建立在中国移动的无线网络之上，但独立于移动梦网。

手机之所以能上网，离不开"无线应用协议"。所谓"无线应用协议"，实际上就是WAP（Wireless Application Protocol）。"无线应用协议"的产生，是为了使移动设备能够直接访问国际互联网上的资源。WAP由一系列协议组成，用来标准化无线通信设备，它负责将Internet和移动通信网连接到一起，客观上已成为移动终端上网的标准。移动用户可以像使用他们的电脑上网一样，用他们的手机访问Internet，从而在移动中随时随地在手机屏幕上浏览网页。

网民手机上网的行为中，目前有77.8%的用户使用手机在线聊天服务，这依然是手机上网的首要应用，其次是手机阅读，用户的比例占到总体手机网民的75.4%。手机新闻网站、手机小说、手机报等业务已经成为影响手机网民的最重要应用之一。手机搜索、手机音乐是目前手机上网应用的第二梯队，其中手机搜索用户增长迅速，市场前景不容忽视。

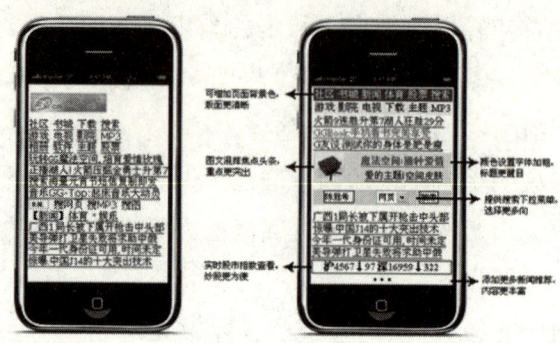

图5-2 手机上网

移动搜索业务的提升来源于人们阅读习惯的改变。据美国皮尤研究中心（Pew Research Center）的一份报告显示，超过1/4的美国成年人通过手机阅读新闻，并且年轻的手机用户更倾向于通过手机获得新闻。这种习惯的变化可以从下面的调查结果中找到证据：大约43%的50岁以下受访者表示自己属于手机新闻的消费者，而50岁以上的人群中这一比例仅为15%。

与信息、阅读和浏览功能连在一起，搜索成为智能手机最常用的五大功能之一。谷歌移动应用技术副总裁维克·冈多特拉（Vic Gundotra）在2010年3月中旬表示，通过手机搜索业务获得的广告收入将超越传统的电脑搜索，尤其是在智能手机快速发展的情况下。2011年智能手机的销售量预计将超过所有个人电脑（包括手提和台式电脑）的销售总量，数量将达到4亿部。这将促使个人电脑生产商分流进入智能手机行业。到2012年，智能手机的发货量将突破5亿部大关。同年，价值达72亿美元的移动广告市场将主要通过移动搜索功能实现。

人们日益依赖功能强大的智能手机，并以此取代传统的电脑上网，上网习惯必定会发生改变，而搜索引擎又是人们上网不可或缺的工具。移动搜索具有强大而全面的搜索能力，据估计，2010年移动搜索业务的收入为10亿~20亿美元。

手机上网业务给人们的生活带来了很多意外的惊喜：他们在空闲的时候可以上网浏览各种新闻；在出行之前可以用手机查询目的地的天气情况和交通状况；人们还可以用手机进行各种商务活动，比如说查询股市行情并进行交易，进行网上银行交易活动或者订购所需物品；或者进行音乐、铃声、图片、主题、视频、电子书、软件、游戏等资源的下载；还能进行社区互动的消遣，比如聊天、社区道具、魔法表情等。

当然，用手机上网并不是毫无限制的，手机终端支持 WAP 或 GPRS 功能并已开通的用户才能用手机上网，并且这种业务需要缴纳两种资费：通信费和信息费。需要向运营商支付的通信费，方式有多种，包括按照流量、包月等，两大运营商各有不同套餐可以供用户选择。例如广东移动在 2008 年 10 月推出了新的 GPRS 资费套餐：20 元包 150 兆省内 cmwap 流量，50 元包 500 兆省内 cmwap 流量。浙江移动则是 20 元包 200 兆省内，不区分 cmnet 和 cmwap。而信息费的收取规定也是不尽相同，一般有 5 元/月或 15 元/月不等。在北京奥运期间，北京联通推出名为"联通 2008"的手机上网看赛会业务，使用该项业务的联通用户只需用手机登录互动视界首页，点击"联通 2008"即可。该业务除下载有资费标示的图铃视频和地图查询交纳费用外，浏览内容免收信息费。

第二节　电脑——在线阅读终端

阅读的本身是为了更好地获取信息和知识，出版产业发生的巨变，不能不跟阅读习惯的改变联系在一起。电子科技产业进军出版领域，让传统出版物数字化，开启了新的出版时代，数字产品盛行于网络之间，也把人们的视线引领向电脑屏幕。此时，把电脑当做电子阅读终端，是指在电脑上进行的一系列阅读活动是通过阅读屏幕来完成的，也可以说是读网活动。网络出版内容丰富多彩，也因此开启了读网时代。

网络阅读是一种有别于传统纸张阅读的新型阅读方式，此种阅读方式的兴起、发展有赖于互联网的发展。2009 年底，中国网民规模达到 3.84 亿人，较 2008 年增长 28.9%，在总人口中的比重从 22.6% 提升到 28.9%，互联网普及率在稳步上升。

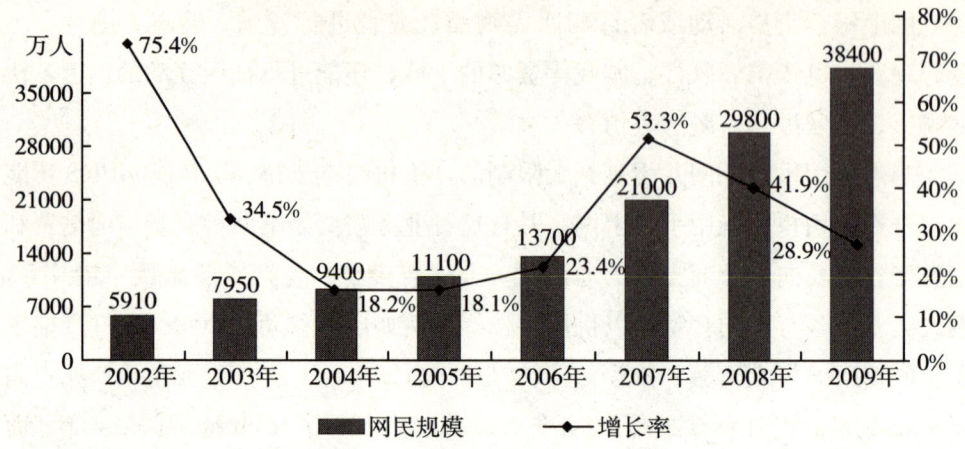

图5-3 中国网民规模与增长率

而《全国国民阅读与购买倾向抽样调查报告2008》显示：2008年，18～70周岁国民的图书阅读率为49.3%，比上一年度增长了0.5个百分点，增幅为1.02%；报纸阅读率为63.9%，比上一年度减少了9.9个百分点；杂志阅读率为50.1%，比上一年度减少了8.3个百分点；各类数字出版物阅读率为24.5%，其中包括在线阅读、手机阅读、手持式阅读器阅读等方式的数字图书阅读开始普及，网上阅读率呈上升趋势。其中"网络在线阅读"排第一(15.8%)，其次是通过"手机阅读"（12.7%），另外约有4.2%的人通过PDA、MP4、电子词典阅读，有3.3%的国民通过光盘阅读，还有1%的人通过其他手持式电子阅读器等数字方式阅读。全国约有2.8%的成年人只阅读各类数字媒介而不读纸质书。

下面谈谈网络阅读。网络阅读包括三个方面的内容。

一、网络新闻

网络新闻突破传统的新闻传播概念，在视、听、感方面给受众全新的体验。它将无序化的新闻进行有序的整合，并且大大压缩了信息的厚度，让人们在最短的时间内获得最有效的新闻信息。不仅如此，未来的网络新闻将不再受传统新闻发布者的限制，受众可以发布自己的新闻，并在短时间内获得更快的传播，而且新闻将成为人们互动交流的平台。

1994年4月，中国全面接入互联网，1995年1月，《神州学人》杂志成为中国第一家上网媒体。此后，中国网络媒体经历了十几年的发展，这一阶段也可看作中国网络媒体的第一个历史时期。在这个历史时期，中国网络媒体事业取得了长足的发展，其中一个最直接也是最突出的表现，是网络媒体在新闻业务方面的进步。网络新闻具有以下特点：

1. 时效性强

与传统媒体相比，网络的时效性是有目共睹的。纸质媒体的出版周期常以天或周计，像杂志则是旬刊、半月刊、月刊或季刊，电视、广播的周期以天或小时计算，一般还得根据不同时段的节目设置来安排，而网络新闻的更新周期却是以分钟甚至秒来计算的。2008年5月12日的汶川大地震，给所有的中国人心上都留下了一道深深的伤痕。在汶川大地震中，我们可以看到，在地震发生以后，各大网站都反应迅速，2008年5月12日14点46分，新华网最早发出快讯：四川汶川发生7.6级地震。15：02央视播出了第一条地震消息，比网络慢了16分钟，而最快的报纸也只能是当天的晚报了。从时间的对比上，我们可以看出，网络在快速反应、即时更新方面确实有着传统媒体难以比肩的优势。

2. 信息容量大

网络容量之大，任何其他媒介都无可企及。在传统的新闻媒体上，如报纸的版面，电视、广播的时间都是有限的，而面对这样一个信息爆炸的时代，以这样传统的版面的信息量是完全不能满足现在社会受众的需要的。但网络新闻就很轻松地解决了这一问题。网络新闻的超链接方式使网络新闻的内容在理论上具有无限的扩展性与丰富性。只要是信息，并且传播者觉得对受众有帮助，便可以将这一信息放在互联网上，而不需要受到别的限制。

3. 多媒体

传统的新闻传媒不可能将声音、图像、文字或其他的新闻信息结合得这么好，报纸只能突出它的文字性，广播不能看到，电视能将声音图像集合到一起但是文字方面又欠缺。而网络新闻就不一样，不仅将报纸、广播、电视的优点有机地整合到了一起，实现了文字、声音、图像的同期声，而且在表现形式上多种多样，还可以借助计算机技术将一些文字设计成动画。图像、声音、文字等多种表现形式综合使用，更能吸引受众。

4. 交互性

传统媒体在新闻传播中，受众往往会受到各种限制，比如报纸只能阅读上面既定的内容，电视广播都得按照其预定的时间收看、收听。而网络就没有那么多的限制，只要登录到互联网，就可以在任何一个网站看到想看的新闻，并根据自己的兴趣爱好自由地选择，读者不再是被动地接受信息，而是自主地去选择信息。同时，读者还可以对自己感兴趣的内容加以评论，与众多网友共同交流。

网络新闻阅读随着互联网的发展得到更大发展。

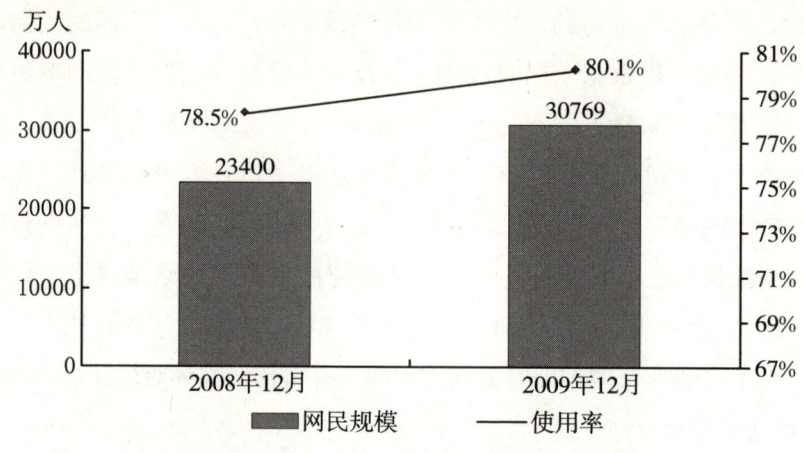

图5-4 2008—2009年网络新闻用户对比

2009年网络新闻使用率为80.1%，用户规模达到30769万人，年增幅31.5%。网络新闻的用户增长主要源自以下因素：一方面，随着中国互联网的快速发展，网络媒体覆盖的地域和人群日趋广泛；另一方面，随着网络视频、手机上网、微博客等网络技术和应用的发展，网络新闻表达和传递信息的渠道和形式更加丰富，传播方式更具互动性、自主性、多样性，促使网络媒体的发展更加活跃。与此同时，随着网络媒体覆盖人群的快速增长，互联网黏性的不断提高，网络媒体的广告价值快速提升，以门户网站为代表的网络新闻媒体成为推动网络广告市场发展的重要力量。

二、网络杂志

网络杂志是以网络为发布平台的电子杂志，又名数字杂志，是目前中国一项新的网络产品。网络杂志的媒体表现形式，兼具了平面与互联网的特点，且融入了图像、文字、声音等相互动态组合来呈现给读者，是很享受的一种阅读方式。

我们所谈的网络杂志，其主要开发软件是Flash，是用Flash这个闪客把文字、图片、动画、音频、视频等元素整合成 swf 文件，然后再用电子杂志制作软件组装成 EXE 可执行文件包，同时还调用 XML 等语言，实现网站内容和统计等功能的一体化，这就是新型的网络互动读物——网络杂志。从本质上讲，与传统纸媒体——即报刊亭所卖的杂志，网络杂志除闪烁互动外，看起来并没有什么不同。但从形式上来讲，它注定了是在网络上或电脑上诞生和流行，并实现着美目和煽情的功能。

图 5-5　电子杂志

对于传统的平面媒体而言，专业内容采编队伍和美编力量造就了丰富而新鲜的杂志内容。POCO、Xplus 曾经采用了独立组建编辑队伍的方法，然而，网络杂志厂商缺乏专业的内容采编力量，与平面媒体相比，给人"草台班子"之感，这也是早期网络杂志厂商折戟沉沙的要因。由于缺乏强有力的记者队伍和编辑团队，受众在很短的时间内就彻底厌倦了二流编辑们编撰的并不专业的快餐式杂志内容。

"悦读网"和"读览天下"显然认识到了这个问题，作为网络杂志的专业厂商，他们将杂志定位于网络杂志数字化发行平台的构建。该平台包含两部分：会员的下载和阅读工具、在线销售及支付通道。其中，会员的下载和阅读是平面媒体数字化的必需工具，不管是"悦读网"还是"读览天下"，均在打造一种类似于日常翻阅杂志，甚至写写画画的阅读方式。这种完全基于计算机屏幕的阅读方式，将会随手持设备的小型化发展而加速电子杂志的普及过程。

2007 年被称为"电子杂志年"。根据艾瑞市场相关资料显示：2007 年全国电子杂志的用户总数已达约 6000 万，预计 2010 年中国电子杂志用户数量将达到 10500 万，随着电子杂志的普及，其用户在全体网民中所占的比例越来大。2007年,明星或者名人担任主编的电子杂志可以说风光无限,万众传媒推出陈鲁豫担任主编的《豫约》,新禾传媒推出了拥有高圆圆和周笔畅的《明星志》。普通网民也能自己制作电子杂志,如国内三大电子杂志平台之一的Xplus专门推出的个人出版平台Maga(麦客),它推出了一套智能化的电子杂志制作模板,可让网民下载软件,选择自己喜欢的元素,然后将其放进模板中,出版一本属于网民自己的电子杂志。一些门户网站则直接加入电子杂志的行列中,如新浪网于2007年7月中旬宣布新浪电子杂志频道(beta版)正式上线。

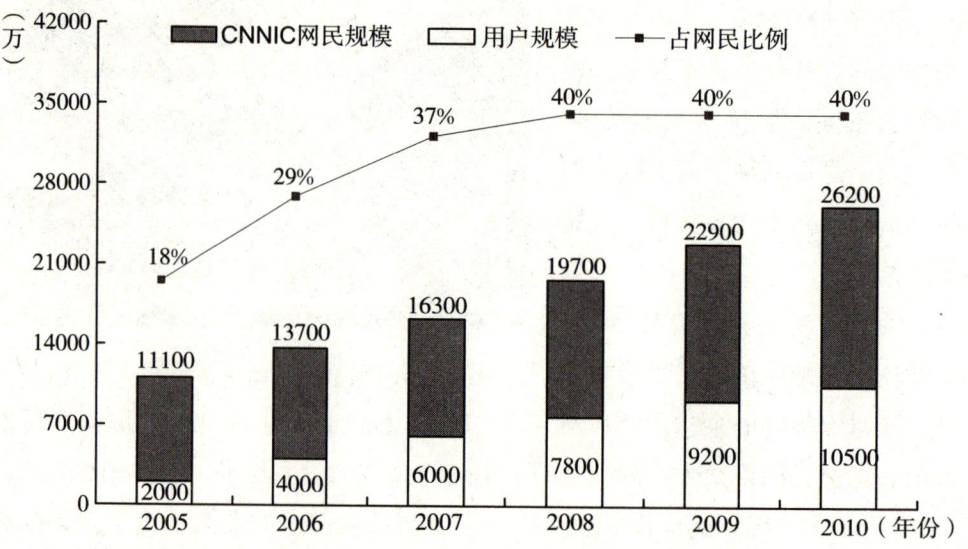

图5-6 2005—2010年中国网络杂志用户占网民比例

三、网络文学

网络文学是一种新近出现的文学样式,它是指以互联网为发表平台和传播媒介,借助超文本链接和多媒体演绎的手段来表现主题,在网上创作发表,供网民阅读的文学作品、类文学文本及含有一部分文学成分的网络艺术品,其中以网络文学原创作品为主。广义的中国网络文学分为三类:一类是已经存在的中国文学作品,经过电子扫描或人工输入等方式进入互联网;一类是直接在互联网上发表的中国文学作品;还有一类是通过计算机创作或通过有关计算机软件生成的中国文学作品进入互联网,以及具有互联网开放性的特点,由几位、几十位作家甚至数百名网友共同创作的"接力小说"等。

专家学者们所研究的中国网络文学,多是指首次在网上发表的中国文学作品,包括那些经过编辑、登载在各类网络文学刊物的作品,个人主页、电子公告栏等不经编辑,个人随意发表的文学作品,以及一些电子邮件中的文学作品,甚至包括公共聊天室里具有文学性的对话等。这种中国网络文学又被称为"中国原创文学",它具有以下四个要素:一是通过网络进行传播;二是文学具有网络特征;三是基于网络思维;四是首发在网络上。概括起来,中国网络文学是指采用网络思维的形式,语言上具有网络特征,依赖网络进行传播的网上原创文学。

CNNIC在第25次调查中增加了网络文学应用的研究。调查结果显示,网络文学用户规模达到1.62亿人,使用率为42.3%。中国网络文学用户规模庞大,这一方面是由于网络文学的开放性,使得用户能够方便快捷地进行文字阅读;另一方面,网络文学传播的广泛性以及分成的模式又刺激了作家的创作热情,实现了网络文学作者与读者的良性互动。

《2010中国网络文学蓝皮书》部分内容近日在首届全球写作大展盛典新闻发布会上公布。蓝皮书显示,网民看好网络文学的发展前景,有75.62%的用户认为"网络文学会造就罗琳式的伟大作家"。在"您认为网络文学会诞生类似四大名著那样的经典吗"选项中,有50.13%的用户认为"会,每个时代都会拥有属于自己的经典",40.09%的用户表示"说不好,还需要时间来检验",只有10.79%的用户认为"不会,网络文学无经典"。八成网民认为网络文学面临严重盗版侵害。

有数据显示,我国国民在付费阅读方式下,能够接受的单本电子书平均价格为2.52元。调查发现,仅有13.5%的国民通过网络购买出版物,其中图书是通过网络购买最多的,比例为9.3%;其次是软件/游戏光盘。有56.7%的国民表示,价格优惠是他们选择网上购买出版物的主要原因,其次是送货上门,比例为42.2%,选择节省去书店的时间和费用的也占到33.9%。

中国的在线阅读人群和宽带拥有量均占世界第一位。2004年博客出现之后,网络写作已经成为中国人的日常生活内容,在网上发表过作品的人数无法确切统计。截至2009年底,全国文学网站签约作者的人数已突破百万,约5000万读者通过网络、手机和手持阅读器阅读文学作品。

电子图书用户的增长是和中国网民的增长息息相关的,虽然随着网络宽带的普及,越来越多网民选择聊天、音乐、视频、新闻、博客、游戏,但电子图书用户增长的比例没有中国网民增长的比例大,电子图书用户的数量继续快速增长,2009年达到了8300万人。

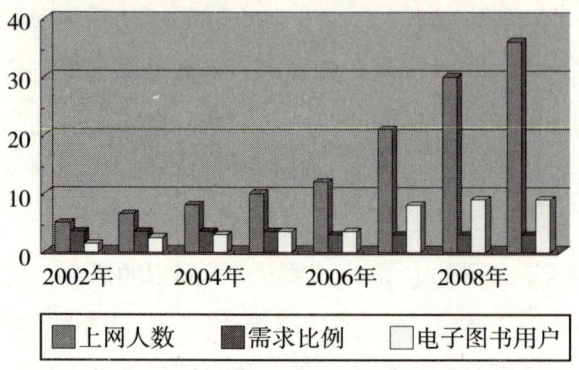

图5-7 中国网民与电子图书用户增长情况

在互联网上发布电子书方式便利,成本低廉,传播迅速,并且可以再转为纸质图书出版,越来越多的作者特别是新生作者,选择在网上以电子图书的方式发布自己的作品,2009年电子图书网络发行数量达到117万本。

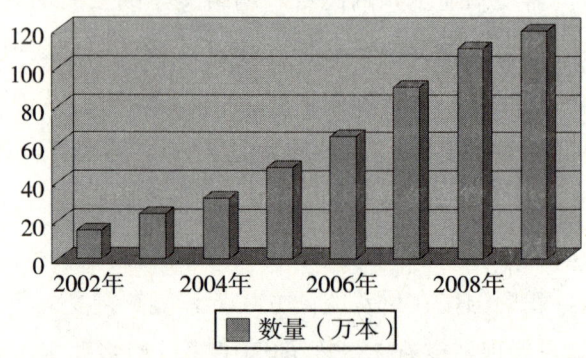

图5-8 电子图书网络出版情况

网络媒介对传统的文学体制实施了技术置换,带来了文学生产方式、作品存在方式和阅读方式的诸多改变。2000年到2010年的10年间,网络文学在数量上远远超过当代文学纸质作品60年的总量,催生出10万名作者和5000万读者,越来越多的写手、作者聚集在网络平台,当年明月、唐家三少等很多知名的网络作家接连诞生,并创造出适合各类用户群的多元化内容。网络文学正掀起强烈、持久、普遍的社会阅读需求,并深刻地影响和改变着中国文学的格局。网络文学的草根性、低门槛和内容的非传统性,为社会制造了众多的作者，也扩张了文学消费的读者，更使得网络文学发展成为庞大的产业。

尽管网络文学受版权影响较大，盈利能力较其他互联网行业偏低，但网络文学可以为网络游戏、电影、电视以及动漫等文化产业提供丰富的素材。自2004年至2009年，盛大对于网络文学网站的几次收购表明了网络文学依然存在很大潜在价值。从发展趋势看，未来互联网的开放性会将更多的内容引入到网络文学，而网络文学内容的增多也会为其他产业提供更有力的支持，实现网络文学与其他行业的彼此促进。

第三节 电子书

随着世界各地爱书人逐渐适应并喜欢上电子书阅读，从旧金山到上海，全球市场对电子书阅读器的需求飞速增长。2009年全球的电子书阅读器产量约为500万台，2010年产量翻了一番。2009年中国已经成为全球第二大电子阅读器销售市场。美国市场研究机构DisplaySearch预测，2010年中国的电子阅读器市场规模将从2009年的80万台跃升至300万台，占到全球市场的20%，并在2015年之前超过美国成为世界最大的电子阅读器市场。

一、电子书的概念界定

电子书究竟卖的是"电子"（指阅读器终端设备）还是"书"（指图书内容），这是一个值得思考的问题。这里的电子书指专用手持式电子图书阅读终端，以现有市场上的电子书类型来看，既有专门的电子与内容相结合的产品，也有专门的阅读器终端产品。随着电子科技的不断进步，把电子阅读器称作电子书，将其定义为"看书"的终端的想法已经发生改变，除了书籍，新闻、股市行情、市场报价、教材甚至公文和考试试卷，都存在随时随地阅读的需求。这些需求所带来的市场空间，甚至可能超过书籍阅读。但在本文中，我们仅仅以电子阅读器为"看书"的终端来阐述。

电子书是一种便携式的手持电子设备，专为阅读图书设计，它采用了世界上最先进的电子纸显示技术，运用了全视角显示，不反光、无闪烁、无辐射的环保设计，使显示阅读效果与普通纸张最为接近，营造出跟传统图书一样的阅读感受，顺应了高科技应用于环保领域的现代社会发展方向。同时它外形小巧，便于携带，可以储存高达几千本图书内容。

一般的电子书（英文为 e-book）是指将信息以数字形式存贮在光盘、磁盘等存贮介质上，通过计算机网络进行传播，并借助于计算机或类似设备来阅读的图书。在整个出版过程中，只有信息流而没有物流，大大地节约了传统意义上的出版成本，省去了印刷、装订、包装等中间环节。电子书的优势是信息含量大，使用快捷方便。读者可以将从网络上下载的电子书存储在手持阅读器中"随时随地"阅读。它的人机界面同传统图书一样，有封面、插图、版式，有纸质文献一样的阅读方式、整页显示、可翻页、加批注、夹书签、画线、折页等。目前电子书阅读器在北美、日本等发达地区比较流行，在中国还只是处于刚刚起步阶段。

二、电子阅读器概况

2004 年，移动阅读初具规模，中国 e-book 阅读器的销量突破 5 万台，其中有两款主要型号，一个是天津津科的翰林 M 型手持阅读器，一个是方正科技的 E312 阅读器。同时 EINK 的神话逐渐成为现实，即通过屏幕阅读的清晰度和舒适度能够达到纸质阅读的视觉效果，阅读器还可以做得跟纸一样薄。2008 年，电子图书市场实现销售收入 2.26 亿元，增长 33.6%，增长强劲，虽然数字图书馆市场与 2007 年持平，但个人电子图书市场，主要是收费阅读市场和手机阅读市场增长强劲，分别增长 86.5% 和 366.2%，预计未来仍然有很大的增长空间，也标志着中国电子图书个人市场的增长开始进入快速发展时期。

2008 年，电子图书网站总计 1420 个，总数与 2007 年基本持平，转载网站仍然为绝大多数，占总数的 96%。内容以休闲为主的网站，占总数的 58.1%，比 2007 年增长 3.4%，综合类、教育类网站比例分别为 27.5%、12.5%，比 2007 年稍有下滑。2008 年，电子图书总量为 81 万种，比 2007 年增长 22.7%，仍然保持强劲的增长势头，说明电子图书的出版越来越得到出版社的重视。专用手持式阅读终端和手机阅读的竞争激烈，2008 年，使用专用手持式电子图书阅读终端阅读和手机阅读都得到了很大的发展，虽然比例同 2007

年比较相差不大,但这是在使用 PC 和笔记本电脑用户继续迅猛增长的背景下取得的。新技术的出现打破了人们对专用手持式终端迅速退出市场的预计,电子纸技术已经渐趋成熟,众多国外和国内公司纷纷推出了新的使用电子纸技术的产品,这些产品同手机相比具有省电、清晰、版面大、阅读不容易疲劳等优点,大有形成潮流之势。

表 5-2 专用手持式阅读终端阅读和手机阅读的对比

对比	手持式阅读终端阅读	手机阅读
版面	大	小
文字	清晰	弱光下清晰
耗电	极小	低
连续使用	数天	数小时
盈利可能	高	易受盗版影响
便携性	中等	高
电子书格式	一般为专用格式	各种开放格式,少数专用格式
电子书资源	少	多
其他用途	无	通信、游戏、pda 等诸多功能
付费	支持网络付费	支持手机、网络付费
价格	高	价格区间大
合计	5 项优势	6 项优势

目前,国内较早从事专用手持式阅读终端开发的厂商主要有金蟾、津科,2007 年汉王也强势介入,在 2008 年实现了很大的销售增长,2009 年的销量也十分乐观。据英国《媒体周刊》报道,来自美国互动广告署和普华永道的统计数据显示,2010 年一季度,美国互联网广告收入达到 59 亿美元,同比增幅为 7.5%,创下了该行业历史同期最高纪录。

赛迪顾问 2010 年 4 月 13 日发布的《2009 年~2010 年中国电子书市场研究年度报告》显示,中国电子书市场增长强劲,2009 年中国电子书销量达 61.18 万台,同比增长 434.3%;销售额达 13.71 亿元,同比增长 360.1%。

有数据显示,截至 2009 年,内地电子阅读器生产企业约为 30 家,2010 年计划进入电子阅读器终端企业约为 100 家。除了原有的汉王、翰林、易博士、文房等品牌外,联想、长城、大唐、华为等原有的 IT 通信厂商的产品也已陆续面市。

读者的阅读习惯直接影响到对出版物形态的选择。据中国出版科学研究所发布的《第六次全国国民阅读调查报告》中的数据显示，我国包括在线、手机、手持阅读器等数字媒介的阅读方式开始普及，成年人各类数字媒介阅读率为24.5%。同时，成年人中还存在只阅读各类数字媒介而不读纸质书的群体。调查同时显示，国民选择数字阅读的主要原因是数字出版物获取便利。

方便、快捷、海量、多媒体、感官享受……正是这些电子阅读带来的非凡阅读体验成为读者不断选择电子阅读的最终推手。

据iSuppli公司预测，2012年全球手持式阅读器出货量将从2007年的15万个上升到1830万个，复合年增长率高达161%。预计2012年全球电子显示器销售额将从2007年的350万美元上升到2.912亿美元，复合年增长率为143%。而普华永道调查则预计到2018年"电子书"的销售会超过纸质书。制约专用手持终端发展的因素主要是价格和图书资源问题，随着产能扩大，产品普及，价格肯定会下降，相对来说，电子书资源的问题更难以解决。而据《2009—2010中国电子图书发展趋势报告》分析，2009年，国内专用手持式阅读终端总的市场规模在13亿元左右，不过大部分是硬件即设备的收益，内容部分只有约700万元的收益，仅占市场总规模的0.54%，可谓少得可怜，无法为终端厂商和版权方带来持续的收益。

运营商、硬件商、内容商将成三股重要力量。2009年，中国移动率先推出依靠TD-SCDMA平台的G3阅读器，并与众多硬件厂商达成合作意向，大唐、汉王等也已推出了搭载中国移动3G网络的产品。随后中国联通与中国电信也都表现出了涉足电子书领域的兴趣。对于目前国内刚刚起步的3G网络，所有运营商都在寻找高速通信网络下的杀手级应用，而内容资源必将成为三大运营商的争夺之地，这从三家运营商纷纷推出自己的网络商店就可以看出来。网络商店内的资源涵盖了从多媒体娱乐、办公软件到电子书等方方面面的产品，可以看到，3G网络的发展模式已经渐渐清晰，那就是由内容带动渠道，渠道提高3G网络的使用率，进而促进技术的升级与发展，而电子（纸）阅读器将会是3G网络今后众多内容渠道中非常重要的一环。

"想在午夜钻进被窝看电子书，想用电子阅读器聊QQ、上开心网，想像翻报纸一样随手折叠电子阅读器，想在电子阅读器上体验几米漫画的色彩斑斓……"在中关村图书大厦，选购电子阅读器的王磊告诉记者，除去价格因素,没有彩屏、缺少方便的触摸功能等是他最终放弃购买的主要原因。

电子阅读器的最大问题是技术成熟度低,相对于非常成熟的液晶显示器,它的技术特点在于去掉了背景光,给读者带来了类纸般的阅读享受。电子阅读器的显示屏大致分为液晶型和非液晶型两种,目前主导市场的是由E-ink公司开发的非液晶型电子墨水显示屏。它有别于靠液晶颗粒通电发光的液晶显示屏,依靠环境反射光显示内容,其原理如同读纸质图书,想要在漆黑的环境中阅读电子书,显然无法实现。

尽管目前国产品牌在使用功能方面仍占有领先地位,但随着彩屏、无线功能、手写功能,甚至音视频功能的大量引入,电子(纸)阅读器或将会出现自该产业诞生以来最迅猛的一次技术更新换代,今后高端产品的功能或将会大大趋同。因此找到国产品牌新的发力点,是国内厂家将来需要面对的问题。

三、电子阅读器的现实与未来

"你会在地铁里或者海滩上抱着大厚本的《剑桥中国史》读吗?更何况,《剑桥中国史》你即便能买到,它在12年前的定价就已经近千元,有多少人会买?但在网上你却可以轻松找到PDF电子版。"

《时代》杂志如此描绘拥有电子书的未来一天:

一对夫妻周末早晨起床,妻子坐在沙发上点了一下电子书,最新的报纸立刻出现;想看重要新闻,再点一下字体立刻放大。累了,摆在桌上,它还会自动读报。而坐在一旁的丈夫读着小说,戴上耳机,小说里描写的悠扬乐曲立刻传进耳朵。

接着,丈夫看到文章里描述到的国家或地区,点一下,地图与历史简介立刻透过网络跃然纸上。

午饭后,丈夫出门经过书店,看见架上几本艺术类书籍,用电子书对着书背条形码"刷"几下,一分钟不到,全部内容就下载到电子书里。

最后,两人决定坐火车到郊外散心,车厢内丈夫顺手拿笔在电子书上处理公事;快到目的地时,电子书还会贴心传来附近好吃好玩的旅游信息。

很可能在接下来的10年内,美国绝大多数的大学生——甚至包括很多中小学生——都会通过某种电子设备阅读教材,而不是使用纸质书籍。那将会对师生产生深远影响,更不用说给市值99亿美元的教材出版业带去冲击了。

用不了多久,"一些勇于创新的大学"就会要求大学新生配备苹果的iPad,并督促教授们用iPad来备课。"变革是无法回避的。这只是个时间问题。"

电子书甚至被称作传统媒体的救星。人们可以订阅《纽约时报》《华盛顿邮报》等报纸,然后无线接收到自己的Kindle上。也许以后许许多多的报纸都得靠电子书活着。

继学校、书房之后,下一个被改变的将是办公室。

开会时,所有人都拿着电子书到会议室,秘书在电脑上按下enter键传输,同事们的电子书立刻出现报告文件。总经理说到哪儿,你眼前的电子书自动翻页到哪儿。会议结束后,你在上面写下追踪事项,一按就传回总经理的E-mail;寄出前,窗口还跳出来问你:"要不要印出来?"

互联网兴起后,人们的阅读变得快速、大量和肤浅,而电子书设备有可能让人们重新回到纸质书时代的专注、深入和遐思。当然,这不会是一种简单的回归。

《财经》杂志原主编王烁近日在博客上发表了一篇《Kindle书读记》,记录掌上电子书给自己带来的改变。他没有使用Kindle阅读器,而是把Kindle书下载到自己的iPhone上阅读。所谓Kindle书,是通过特定软件从亚马逊网站上购买的电子书。一般9.9美元一本,比美国的纸质书要便宜一半。

"我坐地铁的时候常带着电子阅读器。"他一边说一边摆弄着自己新买的电子书,神情挺得意,"你看,多炫啊。"

"我们已经踏入数字阅读时代,纸质书刊必将被取代。"北京大学信息管理系副主任王子舟说,"当然,取代并不是说纸质书刊从此会消失,而是会被彻底边缘化。"他指出,国外一些预测机构表示,在20年之后,也就是大约在2030年,这种情况将会发生。

由中国出版科学研究所进行的《第七次全国国民阅读调查》结果显示:近年来,我国数字化阅读率持续增长,相对而言,纸质报纸和期刊的阅读率则大幅度下降。2009年,我国18~70岁国民中接触过数字化阅读方式的国民比例已达24.6%。

易观国际Enfodesk产业数据库近期发布的《中国电子阅读器市场专题报告2010》说明,2009年是电子阅读器起步年,在某种意义上也是电子阅读器发展元年。随着 2010 年的到来,各类电子阅读器厂商纷至沓来,一方面,中国电子阅读器市场竞争加剧,而另一方面,厂商的宣传将成为拉升市场增长的主要力量。有很多厂商包括半数 MP3 厂商打算进军电子阅读产业,电子阅读器市场一片热闹景象,目前,国内外市场上电子阅读器市场逐渐分为几个阵营:

1. 平台企业派

典型的是亚马逊 Kindle 和方正文房,亚马逊和方正是内容集成商,是平台企业,他们又是某种意义上的虚拟服务商。双边市场中,平台竞争非常重要,因为他们全面为消费者考虑,减少了消费者找寻内容、找寻网络等行为的交易成本。但平台竞争的问题在于前期成本过高。盛大文学的锦书也是封闭平台,利用网络文学本身跟时尚品、IT 发烧友这个群体的联系增强竞争力。

2. 内容+硬件派

如世纪出版集团、中国出版集团、新星出版社等,传统出版商定制个体机器。技术并非没有门槛,但"内容企业向下兼容"的难度比"技术企业向上兼容"的难度小一些。不过,单就阅读器而言则不一样。这类阅读器的问题在于工业设计比不过单纯做硬件的,而且内容局限于自身的出版社产品,竞争力低。觉醒后的出版界将成为内容产业的主导者,随着移动数字阅读推动数字出版飞速发展,合法的移动数字内容将成为竞争力的重要决定因素,如何让版权拥有人和内容提供商获得合理的商业利益,是电子阅读器生产商必须考虑的问题。

前不久,大日本印刷集团和日本最大的移动运营商 NTT 移动通信网公司表示,将合作研发可阅读小说和漫画等电子刊物的电子阅读器,后者在日本拥有超过 5650 万的手机用户。两家的合作业务模式是:用户将以智能型手机、电子书和平板计算机,通过开放式平台取得 NTT 现有的经销内容和大日本印刷电子书城的电子书内容。

3. 以硬件为主,兼建平台

以汉王科技为典型,EDO、易万卷这些企业都是这样。汉王有很好的数字化的能力,又是上市企业,有资金、有技术、有能力整合上游内容企业。其他几个企业目前尚不具备整合内容搭建平台的能力,所以,他们会被迫转向去和内容集成商合作(如方正、中文在线),其实,包括汉王在内,也在和这些内容集成商合作。这一阵营短期内把平台做大做强的可能性不大,但在提供接口上有优势。

4. 纯硬件派

津科、艾利和、三星以及"山寨"等,典型的IT企业涉足电子阅读器,对于产业链认识很清晰,就是卖终端,卖时尚品,给内容提供充分的接口。尽管很多人一再提到"电子书没有内容无以成书",但在中国的知识产权保护环境下,这一类型企业有巨大空间,没有谁能改变这股力量迸发的趋势。纯硬件的阅读器软件本身即内容,提供开放的软件接口和平台接口,给用户自己找到内容。正如阅读器上提供多个浏览器,让用户自由选择。

中国手持阅读器终端的潜在用户数约有1.3亿人,其中有意向购买的用户约有4000万人。手持阅读器产业是一个巨大的市场,同时也面临着巨大的挑战。现在的状况是技术厂商和运营(通信)厂商是电子阅读市场的主导者,内容资源是搭配在硬件设备里的附加或增值服务。很多技术或运营厂商存在这样一种心态:推动电子阅读市场的发展,重要和急迫的是电子纸技术足够稳定甚至花哨,通信足够方便。即考虑的是卖设备,而不是内容。

由于当前电子阅读器产业还没有形成行业标准和成熟的游戏规则,电子阅读器制造商各自为政。国内法规政策的缺失以及市场的不规范动作让知识产权得不到充分到位的保护,盗版现象非常严重,这给电子阅读产业的发展带来一定的阻力,也注定在电子阅读产业发展的初期呈现混乱状态。

综合分析目前电子阅读产业各方的心态,无外乎三种:以内容资源促阅读器销售、以阅读器促内容销售和以阅读器销售促通信运营。反映在市场上,内容提供商、运营商和终端厂家都在商业模式上暗自较劲,电子阅读器市场客观上存在着多方各自为政的现状,表现为:内容资源零打碎敲,收费模式五花八门,格式标准乱七八糟。目前市面上电子书格式有50多种,在提供内容过程中,很多阅读器不能兼容。但是电子阅读器并不像其他消费电子类产品,是做单纯的硬件产品,它与数字内容相关,与数字出版产业、版权相关。避开其他内容是行不通的。

中文在线董事长兼总裁童之磊认为,中国手持阅读器终端的潜在用户数约有1.3亿人,其中有意向购买的用户约有4000万人。手持阅读器产业是一个巨大的市场,同时也面临着巨大的挑战。值得玩味的是,他将电子阅读器面临的挑战总结为4类,其中3个和内容资源相关:无止境的内容需求;巨大的版权风险;致命的内容风险。他分析,无止境的内容需求是电子阅读器最大的挑战之一。读者要求电子阅读器的内容要全,希望有百科全书、文学小说等各种类型。

他用"风险"一词提醒电子阅读器行业,内容资源以及由此衍生的版权等问题解决不好,整个行业很可能架构在脆弱的基础上,成为无本之木、无源之水。

尼尔森书业调查数据目前主要提供全球范围的销售统计概况。兰登书屋数字出版主管菲奥诺拉·杜根说:"在畅销种类方面,电子书和纸质书有何明显区别,从目前的统计数据中还看不出来。"由于电子书市场规模越来越大,我们需要掌握各个图书门类的具体情况,从而确定哪些领域以及哪些书最受欢迎。尼尔森正在构建一个专门的全球电子书信息统计系统,目前已开展了一些数据收集和审核工作。该系统吸纳了一部分重要零售商的销售数据,但要有更多零售商的参与才能使这一考量体系更为精确。

而在美国,上述统计数据显得较为详细。鲍克公司的消费跟踪数据显示,2010年第一季度,在各图书门类中,电子书的市场份额均超过了2.5%,而2009年同期这一比例仅为1.2%。其中,成人小说增幅尤为明显,份额从去年的1.4%增至3.5%。

电子阅读器产业链要健康发展必须首先解决两件事情:一是行业标准。统一电子阅读器的格式,如果格式不统一,各自为政,电子阅读器很难获得发展的通道。二是商业模式。"终端+通道+服务"的商业模式,要理顺关系,不然很难获得高额利润。只有建立一个产业联盟,产业的参与者,内容提供商、作家、硬件厂商以及技术厂商,以开放的心态共同制定"游戏规则",建立统一格式的标准、收费的标准,从而推动产业向正确方向发展。要形成数字出版产业,形成移动数字阅读这样的新业务,正版内容的对接与合理的利益分配是未来电子书产业长久、健康发展的关键。

面对电子书产业的迅速兴起以及市场的日益火爆,产业链各方势力参与角逐,呈现蜂拥而上的态势。新闻出版总署积极召集产业链各方代表座谈研究产业政策。2010年7月,总署联合全国新闻出版标准化技术委员会(筹)等单位成立电子书(内容)标准项目组,将进行标准编制工作。涉及体系、术语、分类、元数据、标识等的基础性标准,包括电子书内容质量要求、版式格式、服务平台等的产品类标准，包括电子书内容质量检测要求、发行统计、内容编校、流程控制等的方法类标准，以及包括电子书行业准入退出机制等的管理类标准。

中国出版集团、上海世纪出版集团、江苏凤凰出版传媒集团、汉王、方正、盛大等相关单位60余名代表就标准的制定进行了讨论。与会代表认为标准的出台将减少电子书产业链上下游因标准不一致而产生的壁垒，有助于促进产业内融通。

2010年10月，新闻出版总署《关于发展电子书产业的意见》正式下发，采取多项举措推动电子书产业良性发展，主要有：

①将电子书产业纳入新闻出版产业发展总体规划之中，制定电子书产业发展规划。

②将成立电子书内容标准工作组，研究制定电子书格式、质量、平台、版权等方面的行业及国家标准。

③将对从事电子书相关业务的企业实施分类审批和管理。

有预测说，未来电子书最合理的运营模式是硬件免费，靠增值服务获取收益，产业各方采取分成模式。

有观点认为电子阅读产业的门槛很低，更有人认为电子阅读器只是过渡的消费电子产品。笔者个人认为，电子阅读器产品定位的核心是提升人们阅读的舒适度。从这一点来看，包括PMP、平板电脑、笔记本电脑等产品都无法替代电子阅读器的地位。它的核心技术就在于电子纸显示屏，而电子纸膜是最基础最核心的显示材料，技术门槛很高。

即使到了2009年，一台电子阅读器加上正版内容的实际售价也普遍在1600元以上，这一价格甚至高于同时期主流手机或者山寨上网本的市场均价。在居高不下的电子阅读器价格背后，反映了业界所面临的以显示屏为代表的技术瓶颈。电子纸显示屏作为电子阅读器的核心部件，占据了相当大的成本，而这个成本一直下不来，因为我国尚未形成电子纸显示屏的产业能力。电子纸具有0.2毫米厚度、可卷曲、耗电极低、全反射阅读、不发光等特点，媲美纸质阅读效果，技术门槛极高。目前国内外市场主流电子阅读器所使用的电子墨水显示屏一直被美国E-INK公司所垄断控制，由于其产量有限，无法满足大量的市场需求，导致其价格居高不下。

2009年全球电子纸的产能约为200多万张,有专家估计2010年市场需求将膨胀到2000万张以上,产能需求扩大10倍以上。而目前,电子纸膜全世界也只有三家公司能够规模制造,两家是美国公司,第三家是我们中国公司,是电子纸产业的"中国技术"代表。

四、国内外知名的电子阅读器

1. 亚马逊Kindle、Kindle DX

2009年12月27日,美国亚马逊公司宣布,其电子书销量首次超过实体书的销量。据英国《金融时报》报道,亚马逊公司2010年第二季度电子书和精装书的销量比例为1.43比1,电子书销量已超过精装书。进入7月以来,这一比例进一步提高,达1.8比1。这不仅是数字阅读出现以来的里程碑式事件,也标志着亚马逊将继续以Kindle阅读器主导电子书市场。尽管没有公布具体的电子书销量,但亚马逊透露,《龙文身的女孩》的作者斯蒂格·拉森等5位作家的电子书销量都超过了50万册。亚

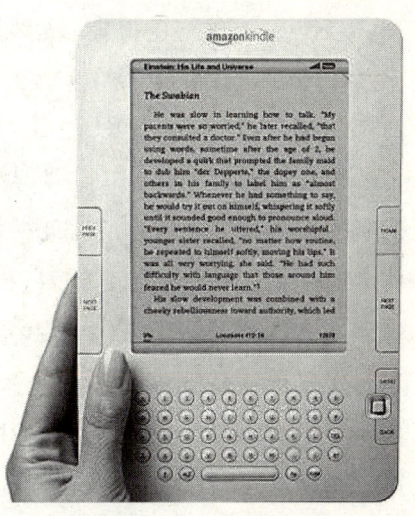

图5-9 kindle

马逊首席执行官杰夫·贝索斯说:"此事令人吃惊,要知道我们卖精装书已有15年,而Kindle电子书才卖了不到3年。"亚马逊是全球第一大网络书店,Kindle的竞争力除丰富的资源外,主要特点还有它的网络支持功能,即Amazon和Sprint合作的CDMA EV-DO无线网络,不像Wi-Fi需要外界网点支持,你可以随时随地通过Kindle登录网络,购买图书,订阅报纸杂志(还包括博客)等,最重要的是顾客不需要为这些网络流量付费。目前Amazon提供逾9万种电子书供用户下载,大多数的电子书售价为9.99美元,而且还可以订阅报纸杂志,诸如《纽约时报》、《华尔街日报》、《华盛顿邮报》和《时代周刊》、福布斯等,订阅价格为每月5.99~14.99美元,杂志为每月1.25~3.49美元,甚至还可以订阅博客,但是需要付费,每月0.99美元。

美国在线购物企业亚马逊公司于2009年5月6日推出一款大屏幕电子阅

读器，适合阅读报纸和杂志。这款名为"Kindle DX"的阅读器是亚马逊公司Kindle电子阅读器系列产品的最新款。其电子墨水显示屏尺寸约为24.6厘米，机身厚度约0.8厘米，重约535克，存储容量3.3GB，最多可存储约3500本书。亚马逊公司说，"Kindle DX"的显示屏面积是上一代产品的2.5倍，适合显示含有较多图形的内容，包括个人和专业文档、报纸、杂志和教科书等。该设备内置PDF阅读器，可方便阅读在学术领域被普遍采用的PDF文档。由于屏幕较大，用户在阅读时不必进行卷页、放大或缩小等操作。与上一代产品一样，"Kindle DX"支持3G无线通信，无须个人电脑支持，可在60秒内无线下载一本书，并带语音朗读功能。由于采用了电子墨水技术，其视觉效果与纸质书报相似。

事实上，对于Kindle，杰夫·贝索斯（Jeff Bezos，亚马逊首席执行官）只做了两件事：继续专注于阅读，专注于更好的阅读体验。

Kindle一代推出时，亚马逊平台仅提供9万种阅读物，而现在，这个数字翻了数倍达到60万种以上，并且仍在以滚雪球的速度继续扩张，不少绝版书籍可以借由亚马逊的平台重回读者世界。亚马逊的平台优势是电子书籍几乎零成本，没有印刷量的限制，并可以直接面对购买者收费。如iPhone Application开发者为iPhone成功所作的贡献一样，Kindle的探索者也坚持为Kindle的完善添砖加瓦。互联网上，众多Kindle爱好者们始终为不断提升Kindle的用户体验无偿奉献智慧。中文字体包的开发，中文操作系统的开发，输入法的开发，附加功能的开发……探索者的激情，也是吸引Kindle中文使用者的重要因素。

国内用户购买Kindle2之后的第一个问题是如何让其正常显示中文，即软件用语中常见的"汉化"。相关信息在网络上很容易查找，不少论坛和博客都有热心者提供操作指南，甚至研究定制字体的方法，正常汉化升级非常快，耗时不会超过半小时。

2010年8月，新一代Kindle3上市。从硬件上看Kindle3对外观尺寸、按键设置布局、屏幕等方面进行了全面升级：屏幕仍为6英寸，但体积比上一代减少了21%，重量降低15%至0.25千克；显示屏对比度提高了50%，文字显示更加清晰，户外更易观看，降低了读者的阅读疲劳；存储容量提升了1倍至4GB，可存储3500本电子书；电池寿命更长，在关闭无线的情况下可使用一个月，开启后电池续航时间为 10 天；翻页速度也进一步提升 20%。贝索斯表示："这是第三代 Kindle，我们还会推出第四代、第五代……第十代乃至第二十代。我们会始终如一，不遗余力地让这款专用阅读设备尽善尽美。"在贝索斯的构想中，图书将借由 Kindle 成功地从传统模式转向数字世界。

曾写过《肖申克的救赎》的现代恐怖悬疑小说大师史蒂芬·金，在 2009 年决定将他的最新一部作品放到亚马逊新推出的 Kindle 2 里，以电子书的形式推向市场，并且——不发行传统纸本！

Kindle 在 2007 年 11 月刚推出时，前景曾一片迷茫。亚马逊 CEO 杰夫·贝索斯（Jeff Bezos）在这个新型电子阅读器身上，可谓押了一个大赌注。

贝索斯从一开始就努力不把 Kindle 看作一款数码产品。"那是一本真正的书，赋予使用者最真实的阅读质感，让人们忘记自己盯着的只是一块 6 英寸屏幕。"他解释说，从设计的角度来看，让 Kindle 越快"消失"越好。换句话说，要尽力简化功能，让用户在使用时忘记 Kindle 的存在，而专注于所阅读的内容。所有这些努力，都是为了让 Kindle 看上去更像一本纸质的书。

Kindle 第一版上市时，美国《新闻周刊》刊发报道《阅读的未来》，将贝索斯手捧 Kindle 的形象作为封面发表。而贝索斯在接受采访时头一句就打算给未来的阅读下定义："这是一本书，Kindle 的目标是要达到电子阅读跟纸质图书一样的视觉境界。"相比起索尼和松下等老牌厂商，亚马逊获得成功的真正原因还在于强大的内容服务——Kindle 是全球首款支持无线下载图书的电子书阅读器。国内豆瓣 Kindle 小组用户发表了他们的切身体会："相比硬件配置，我们认为 Kindle 的网络服务功能更加吸引人。"

Kindle 带动了整个市场，成了亚马逊绝对的明星。美国网络杂志 *Slate* 主编雅各布·威斯伯格（Jacob Weisberg）高度评价 Kindle，称其将改变这个世界。如今在美国《福布斯》杂志网站的文字里，贝索斯竟已和在 15 世纪把活铅字印刷术带入欧洲而闻名的古腾堡相提并论。

2009 年美国电子书阅读器销售量为 300 万，而 2010 年的销售量将会飙升至 1000 万。从两年多前亚马逊推出 Kindle，到今天越来越多的厂商卷入其中，电子书市场将会在 2010 年出现爆发式增长吗？如果答案是肯定的，2010 年或许将被冠以"电子书元年"，记入历史。

Kindle 的工业设计水准较高,还拥有亚马逊丰富的电子书资源,再加上其成熟的商业模式,在消费者心目中的地位其他产品仍无法撼动。自从得到一台 Kindle 后,莱斯丽·约翰森的阅读时间增加了,她可以随时随地使用 Kindle 进行阅读,甚至在皮划艇上都会看上一段。在之前的一次旅行中,这位来自纽约阿尔巴尼的 34 岁女工程师就利用她丈夫钓鱼的时间全神贯注地看了一部科幻小说。

在美国市场营销与研究资源公司对 1200 名电子阅读器拥有者的调查中,有 40% 的人表示他们现在读的电子书超过纸质图书,有 58% 的人认为没什么改变,只有 2% 的人认为现在的阅读量不如以前。

电子阅读器便于携带,方便人们随时随地阅读,并且适合在不能看纸质图书的时候阅读,例如等候就诊时用智能手机阅读,洗澡时用 Kindle 阅读,在健身房脚踏车上用 Sony Reader 阅读……

儿童文学作者林莉·多德发现,技术的发展为电子书带来纸质图书不可能实现的功能。多德将她的《毛毛狗 Maclary》系列中的一本放在 iPad 上来进行销售,这个应用可以让父母或儿童在朗读时给自己录音,还可以让儿童根据自己的喜好给原始插图上色。

同时,电子阅读与传统阅读并不相悖。据销售电子书数量最多的亚马逊透露,在其客户购买电子阅读器后,他们购买的书本数量是以前的 3.3 倍。因此,进行电子阅读的读者并没有放弃纸质书籍阅读,相反他们还会阅读更多的纸质图书。

尼尔森让 32 名志愿者用纸质书籍、iPad 和 Kindle 阅读海明威的短篇小说,他则在一旁记录志愿者们的阅读时间。最终尼尔森发现,相比阅读纸质书,使用 iPad 的人阅读速度慢 6.2%,使用 Kindle 的人慢 10.7%,而 iPad 与 Kindle 使用者之间的速度差别并不明显。根据尼尔森的调查结果,电子阅读器阅读的速度较慢可能是由技术问题造成的。

"技术的关键是让人们在阅读时感受不到阅读器的存在。"研发出 Kindle 阅读器的亚马逊首席执行官杰夫·贝索斯说,"如果我在阅读的时候突然听到阅读器发出声音,那简直就是一场噩梦。"贝索斯还说道,他正打算研发那种能鼓励人们阅读长篇作品而不局限于短小读物的阅读器技术。

当然,纸质图书还有一个优点是电子书没有的:当飞机起飞或降落时,纸质书不需要专门收起来。64 岁的华盛顿作家杰米·麦肯济说，不久前在他前往西雅图的飞机上，当他看到邻座的乘客在飞机起飞时被迫关闭 Kindle 阅读器时，他觉得自己有一种优越感。

2. 苹果 iPad

苹果 iPad 是苹果公司最新的平板电脑，它总共只有四个按键，与 iPhone 的布局一样，提供浏览互联网、收发电子邮件、观看电子书、播放音频或视频等功能。

图 5-10　iPad

从 iPad 的功能上看，电子书阅读应该是其主要的功能之一。iPad 所拥有的其他功能是亚马逊的 Kindle 所不具备的，例如游戏、视频等。iPad 分为支持 Wi-Fi 和支持 Wi-Fi＋3G 两个版本，有 16GB、32GB 和 64GB 三种容量大小，支持 Wi-Fi 版的 16GB 容量的 iPad 最低售价为 499 美元，于 2010 年 3 月全球同步上市。

苹果 iPad 可通过各种 Dock 扩展线缆扩展。目前有 Dock-to-USB，Dock-to-SD 读卡器的线缆、用于支持 iPad 像传统笔记本使用的 Dock 底座（充电和音频输出）、可使用苹果蓝牙无线键盘。视频输出可用 Dock-to-VGA 线缆输出 1024×768 视频（外接屏幕或者投影仪），以及用苹果合成 A/V 线缆输出 576p，480p，576i，480i 视频信号（用于电视）。

iPad 几乎就是一个大号的 iPod，操作界面完全就是 iPhone 和 iPod 的改良版，完全采用苹果自己的技术，包括第一次出现的 CPU A4。苹果获得了 ARM 的 CPU（Cortex）和 GPU（Mali）授权，因此 AppleA4 只是一个单核心处理器＋GPU 的融合体。它集成了 CPU 和 GPU 的两种功能，也就是说它还拥有着 3D 图形渲染能力，在即将推出的程序里将更好地体现出 iPad 对游戏的更好的支持。

苹果 iPad 具有三个相对优势：第一，价格确实不贵。500 美元的苹果平板电脑，只拿它来读书、玩游戏、看视频，不用在乎 3G 连接，确实很有吸引力。但如果需要移动互联网应用，3G 版本也不算太便宜。还好 Wi-Fi 版本肯定不会绑定运营商，用买 iPhone 的价格可以买到平板电脑，对于消费者来说很实惠。第二，体积很轻很薄。9.7 英寸的触摸屏，1.3 厘米厚，680 克的质量的确可以轻松随身携带了。这也是 iPad 与上网本相比最大的优势。第三，电池寿命相对较长。大屏幕、超薄设计、680 克质量，号称能连续播放 10 小时视频，确实非常厉害。能支持几乎一整天的移动应用，笔记本电脑很难与它相比，其他电子书这方面也没什么明显优势。

尽管 iPad 最低近 500 美元的售价远高于电子阅读器，但其已经以丰富多样的应用、通用性的功能赢得了大众眼球，而它的彩色屏幕也对电子阅读器的黑白屏幕形成强烈冲击。自 iPad 问世以来，苹果宣称在 2 个月内已经售出了 200 万台，据第三方预计，iPad 全球销量在 2010 年内达到 700 万至 800 万部，并将在 2014 年达到 4600 万部。这是电子阅读器所不能达到的数字。

"市场上真正专注于电子阅读器的厂商可能也就只有两三家，"巴诺书店总裁威廉姆·林奇说道，"现在你已经能看到产业的动荡了。"同时林奇预言，不出 12 个月，"人们真正想购买的电子阅读器"，将有望以 100 美元以内的价格入手。

苹果 CEO 乔布斯在 iPad 发布会上的开场白明确将 iPad 定义为移动终端设备，是用于填补 iPhone 和 Macbook 笔记本电脑之间空白的细分市场。从最近苹果与各主要出版社及报纸的合作，乔布斯的意图已经很是明显，即利用 iPad 抢占原本属于亚马逊 Kindle 的市场份额。市场研究公司 comScore 的调查显示，美国用户对这款产品的购买意愿与亚马逊 Kindle 持平。这说明除苹果公司主观的努力外，在客观的市场和用户需求上，亚马逊的 Kindle 并未占到什么优势。此外，comScore 的数据还显示，目前已经拥有 Kindle 和索尼 Reader 电子阅读器的用户在受访者中所占的比例分别为 6% 和 4%，因此这类产品的市场增长空间仍然很大，而 iPad 将是他们在电子书阅读器之前的又一选择。comScore 在网站发布的一项调研结果显示，在参加调查的 2176 名 iPad 的用户中，有 37% 的用户表示会通过该产品阅读电子书。

在 iPad 上进入 iBooks 程序，直观看到的是 iBooks 图书库，每本书都是以封面朝上整齐摆放在黄色的虚拟书架上，浏览简单操作容易，看起来也非常美观大方。点击你所需要看的图书后，它就会以全屏幕形式显示。在 iPad 上阅读跟在纸本上阅读极为相似，拿着 iPad，就像拿着书一样。但是 iBooks 提供了更多项目，快速点选屏幕右上角相关按钮，就可以调整屏幕字体大小，甚至可以更换字体。屏幕让文字与图片看起来清晰又漂亮，并且它会自动切换不同的亮度设定，读者也可以自行设定屏幕的亮度。这样，即使在光线较暗的地方阅读也能很舒适。横向手持 iPad，显示屏上可以同时阅读两个页面，就像书本一样，连书脊缝钉处的阴影效果都看得出来。下栏位上有章节选项，并且附有页面数字。你还可以使用左上侧面的按钮来锁定翻转感应，这样就可以固定显示方式，随时随地看书也就完美了。最炫的是翻页的时候，只要你用手指点拖曳一下，书页真的像翻书卷了起来，如读真的纸质图书。

在国内中文 iPhone 社区威锋网的 iPad 论坛中，一位亲自体验了 iPad 阅读功能的网友 iphoneusa 评论说："本人过去用过多种电子书阅读器，只有 iPad 是完全满意，而且是远远超出我的想象的。232MB 的中文扫描书籍首次打开丝毫没有延迟；任意跳转页面、放大缩小、直接用手指向上抹翻页，均没有延迟；高清图文版的四书五经在 iPad 上的彩色效果非常惊艳，可以任意放大缩小，当放大后又可以任意移动到页面的某个角落，而且看起来很舒服，一点都不伤眼睛，长时间用也不累。"

然而，现在看来，要复制苹果的成功并非易事。苹果产品的用户界面和用户体验有着令人惊艳的亮点，但最可怕的是，其在全球范围内无与伦比的平台号召力。在过去不到两年中，苹果公司与软件开发商按三七分成，这不但鼓励了无数应用软件开发者，也为苹果公司带来了无穷无尽的收益可能。迄今，苹果开发社区的注册用户已经超过 12.5 万人，他们已经为 iPhone 和 iPod Touch 开发出 15 万种应用程序，这些应用都可以在 iPad 上运行。

有研究者指出，数字出版将使报纸发行商受益，前提是发行商能重新定义他们的产品，以及他们接触用户的方式。苹果公司背后丰富的软件资源及由此搭建起来的商业模式，不仅为自己开出了源源不断的财路，也对用户产生了强大的吸引力。在美国投资公司 KPCB 前任合伙人 Vinod Khosla 看来，未来，媒体的价值将存在于那些培养用户的公司，而不是那些控制内容的公司。

以这个尺度衡量，国内掌上阅读终端厂商还没有真正在战略上意识到这个核心。知名 IT 评论家方兴东撰文指出，目前大多数厂商，尤其是国内厂商，认为终端之战争夺的还是产品和技术本身。事实上，无论是掌上阅读还是其他需求，相关的终端竞争已经发生根本性的变化。"一方面是终端的外在：用户界面和用户体验的竞争成为关键。另一方面是终端的内在：基于终端之上的自身应用和第三方应用的丰富性，尤其是后者，将成为决定未来成败的关键。也就是说，终端的竞争，不再是产品和技术本身，而在于平台的开放性和号召力。"

除了硬件的功能，就是资源。这对于苹果的 iPad 和亚马逊的 Kindle 都至关重要。从目前来比较，由于亚马逊自身就是个图书出版的销售平台，这使其占有先天的优势。但从核心的出版资源上，美国六大出版商之中，麦克米伦、西蒙与舒斯特、阿歇特、哈珀柯林斯和企鹅出版公司已经与苹果达成了协议，即通过苹果 iBookstore 销售电子书用于 iPad。

英国著名小说家伊恩·班克斯的出版商利特尔·布朗出版社一直在与手机软件公司 Trade Mobile 合作开发免费 iPhone 应用程序，购买了伊恩·班克斯最新平装本小说《变迁》的读者，可以用 iPhone 扫描其所购买图书上的唯一条形码，然后即可在屏幕上同步接收该小说的特色导读。

Trade Mobile 的科克·鲍说："你可以随意敲入一个页码数字，所有与此页内容相关的人物、场景和地点说明都可以展现出来。"目前，Trade Mobile 正在和利特尔·布朗出版社商谈，不但要把这项程序应用在 iPhone 上，还要扩展适用到其他手机。

对 iPhone 应用程序的广泛应用，英国坎农格特出版社的数字编辑丹·富兰克林称：这是一个引爆点，而且现在这个项目创造的效果只能通过数字化程序才能体验到。他承认，这些项目是与传统出版截然不同的阅读体验，这也正是出版社的下一个挑战所在。

作家班克斯深表赞同。他说："程序可以很好地应用在科幻小说中，尤其是当你有一个需要来回穿梭的世界或者地点时。"他表示，如果应用程序能够成功地适用于科幻小说的素材塑造，希望能够将此程序推广到其他小说中。他认为，对出版商来说，这是一个竞争相当激烈的时代，每个人的想法可能都不相同，而出版商能做的就是使图书更有趣味性。

此外，像《路透社》《华尔街日报》《新闻周刊》和《时代》等有影响力的媒体也都是苹果 iPad 的合作伙伴。事实证明，已在全球卖出 300 万台 Kindle 的亚马逊迎来了最强劲的对手。未来电子书市场的竞争将愈演愈烈，关于 Kindle 和 iPad 谁输谁赢，我们拭目以待。

3. 汉王电子书

汉王科技股份有限公司成立于 1998 年，以多年的科研成就为底蕴，在国家"八五"、"九五"、"863"、自然科学基金等重点项目的支持下，率先研究、开发、应用、推广多元智能人机交互技术与产品，不仅从真正意义上解决了汉字的输入问题，更是保证了中国人与世界信息文明的共同进步，从而成为激励民族高科技产业奋发图强的一面旗帜。

汉王旗下的电子书产品种类众多，到目前为止分为九个类别——F21、D21、D20、T618、N618、N518、N517、N516、N510。从一开始的全球首款时尚版 5 寸加手写电子书汉王 F21 上市，到现今的 N510，汉王经历了一次次蜕变和完善。F21 产品基于 E-ink 电子墨水技术和手写识别技术，应用了全新产品形态，更加环保，更加专业；实现了即时取词、同步查询，是实用主义的革命性产品，可搭载更多的阅读和学习内容资源，发挥的是存储与便捷携带作用。

图 5-11 汉王电子书

N510 的功耗是同尺寸大小 TFT 液晶的千分之一。N510 拥有智能电源管理功能，采用 SpeedStep 动态电源管理技术，CPU 可以动态地在休眠状态和唤醒状态之间进行切换，不但不影响 CPU 的文档处理能力，而且极大降低了系统功耗，使得本产品用作正常读书的平均功耗是手机等同类电子产品的百分之一。产品采用全新的电子墨水技术，汉王 N510 电子纸显示技术采用 E-Ink 公司所研发的电子纸张，显示效果如同纸张，长时间阅读不伤眼。自带本地存储 320M,300 本版经典图书,支持 TXT（HTXT）、HTML、PNG、JPG、GIF 格式。此前,亚马逊推出了 Kindle 2 阅读器,掀起了一轮全球电子书阅读热潮。在中国,汉王已经占据了该领域的核心地位。相比起亚马逊 Kindle2 高达 400 美元的售价,汉王电子书则便宜了将近 1/5,深得国内外客户的青睐。目前汉王的电子书产品在中国市场上占有率超过 50%。

"2008 年全世界卖了 70 万台,2009 年卖了 352 万台,2010 年预计全世界将卖出 1000 万台。"令汉王科技股份有限公司董事长刘迎建倍感骄傲的是,汉王的成绩是 2009 年 26.7 万台,以汉王为代表的国产电子阅读器与国际巨头相比具有很强的竞争力。

业界坦言,目前,国内的数字出版产业基本上是由技术提供商负责,传统出版单位还没有承担起自己的使命和角色,仍然处在被动的地位。除少数有实力、资金雄厚的出版集团积极着手拓展数字业务以外,众多的中小型出版单位受限于自身资金、资源、人才的制约,在开展数字出版和推出数字化产品方面建树不多。

出版社的情况不一样,只有业主当家,才能提出各种需求符合实际的创意,才有可能博采众长为我所用,这才是实现传统出版向数字出版转型的根本路径。同时,数字出版应该做好三个延伸:出版向知识资源的深度加工开发延伸,出版向多种媒体结合运用延伸,出版向服务延伸。

作为阅读终端提供商,在阅读价值链上,终端设备的制造可能是价值微笑曲线的最低点,汉王本身需要在战略上实现产业平台升级,提供阅读解决方案。为此,汉王实施了三步走的部署:第一步是广泛采集优秀图书,实现内容的数字化并和电子阅读器终端捆绑销售,同时搭建结构简单的电子书下载平台,在培育市场的同时,实现数量上的突破,为实现产业升级打下基础。第二步是搭建大型的电子书报交易平台——电书贸,使之成为出版机构销售电子图书和读者下载电子图书类商品的第一平台,提高发行效率,降低交易成本,使出版机构不用太多投入就可轻易从数字出版方面获利。第三步则是搭建整合性阅读解决方案平台,该平台不仅向普通读者提供全方位、多通道的阅读解决方案,更向出版机构和企事业单位提供数字加工、信息交流、知识产权的二次开发、无纸化办公以及个性化出版、个人出版辅导、资助平台等专业的阅读解决方案。

电子阅读器以丰富、便捷的阅读体验正在吸引产业各方及众多读者的注意。在第17届北京国际图书博览会上，汉王科技宣布其搭建的汉王书城书目已经超过了10万册，并高调宣布与日本出版机构CREEK & RIVER进行动漫方面的内容合作，引进日本方面的漫画作品数字版权，并通过汉王书城的内容平台进行发布。

刘迎建在竭尽全力地向内容方示好，其中当然也包括盛大文学。刘迎建这样调侃："盛大文学是一个美女，我们已经求婚了许久，现在也到了该结婚的时候了。"

增加"好玩的内容"则是刘迎建面对强敌环绕局面的另一个突破。"好玩的内容"包括日本动漫，也包括网络文学。iPad的畅销让所有电子阅读器硬件厂商都开始明白，用户愿意并且乐意为娱乐而付费，那么，当电子阅读器中有了更多好玩的漫画及小说时，会不会吸引更多的用户？这还是一个未解的问题，但是刘迎建已经开始尝试。

终端商、运营商都找上门来合作，这似乎是内容方唯一的出路。盛大文学搭建云中图书馆，运营自身网络文学内容的同时，还购买畅销书版权。汉王科技自身没有内容，于是向内容方不断示好，采取分成的模式，试图使内容方获得收益。但这些对于内容方来说，效果并不明显，收益寥寥无几。

数字出版业内有一句话：短期看终端，中期看平台，长期看内容。

为了宣传电子书，2009年，汉王投入了1亿元宣传费用，这几乎是该公司年度营业额的50％，2010年，汉王又把广告预算提升至3亿元。同是移动阅读器，电子阅读器与手机相比，其优点体现在电子阅读器很"专"。它是专门用来阅读电子图书的电子产品。

4. 方正文房

2009年国产电子书品牌积极搭建专有资源平台，如拥有国内80％电子书资源的方正阿帕比集团宣布推出搭载其专有资源平台番薯网的电子阅读器——文房。方正"WeFound"（文房，以下简称"方正文房"）电子阅读器取名"文房"，意指一台电子阅读器可以涵盖笔、墨、纸、砚，即可以解决人们的书写记录以及阅读问题。方正文房电子书整合了E-INK电子纸、TD-SCDMA通信、方正阅读系统等先进技术，采用6寸显示屏加全键盘机身设计，一次充电可保证半个月以上常态阅读，可完全实现类纸阅读，无背光无辐射，强光下可视,同时通过中国移动3G（TD-SCDMA）/GSM无线模块和支持平台。方正文房电子阅读器可以提供全方位的"书房",让你的书房可以浓缩到一本杂志大小的电子阅读器内,不仅如此,方正文房还拥有最新的3G网络以及Internet功能,让你的书房可以无限扩展,更多书籍可以随手可得。

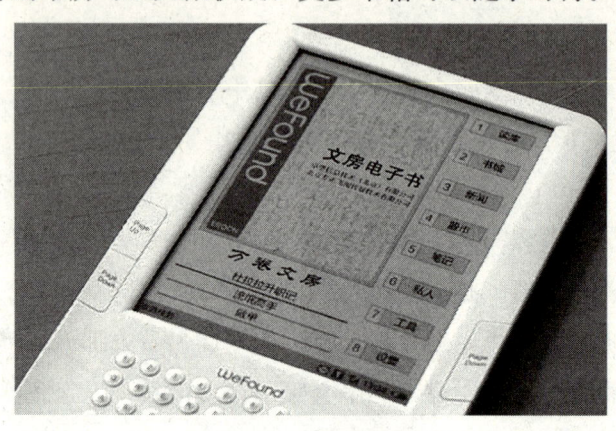

图5-12 方正文房

方正文房除拥有时下流行的电子阅读器功能外,还配备了先进的无线通信功能,在文房中增加新一代3G通信模块（TD）,可随时随地地无线连接,获取更多的书籍、新闻资讯以及股市信息,内置更多的贴心功能还能让你感觉到文房的便利性。既然文房内置了3G通信模块,我们也可以称之为3G电子阅读器,不管是WIFI还是3G,无线接入的形式势在必行。

文房3G知讯平台结合了方正在软硬件研发和数字出版方面的技术优势以及卓望信息在无线增值服务领域的强大运营能力,是目前国内最完善的移动阅读服务平台之一。目前,近万本正版图书、每日3份报纸以及实时股票在线,组成了文房的基本阅读内容。文房整合终端管理、用户管理、运营管理、内容管理的功能,为个人深度阅读和行业移动应用提供安全可靠、可定制化的信息内容服务。

在瞬息万变的金融行业,文房联手证券公司提出便捷高效的行业解决方案。首先,通过内置的TD无线上网模块实现实时对股票进行查询和交易；其次,通过定制化的开机画面,强化证券公司的品牌形象,同时还可以定制"理财建议"、"股评"等企业专属栏目,为证券公司的客户提供更为快捷的VIP专属服务。

面向教育领域,文房融合全面实用的大众功能与独家的内刊浏览下载,提供了以内部教学心得分享为核心,将终端、产品、服务、技术等全面结合的无线解决方案,并推出了"电子书包",方便借阅管理,让阅读与互动变得非常便捷。这样的"便捷"在减轻孩子们书包重量的同时增加了书包的"质量",成为孩子学习和生活的信息助手。

5. 其他阅读器

在成都举行的第二十届全国图书交易博览会上,数字出版、电子阅读器成为一大亮点。除了汉王、盛大、方正等一批目前正在向电子书领域发动攻势的企业高调亮相,中国出版集团公司的"大佳阅读器"、上海世纪出版集团的"辞海悦读器"也都以其独特的方式亮相书博会,并吸引了众人的目光。在书博会开幕第一天,中国出版集团公司就举行了自有品牌移动阅读器"大佳阅读器"发布仪式。这款阅读器机身厚度不足 1 厘米,重量不足 400 克,目前预装来自其旗下出版社的 108 种畅销、常销精品图书,分为畅销读物、文学艺术、政治、历史、哲学、法律、经济、科技人文、少儿休闲、其他共 10 大类。中国出版集团公司总裁聂震宁表示:以前的书博会,多是做 IT 的企业带来数字出版物,但这一次很多传统出版企业都带来了自己的数字出版物。他说:"'大佳阅读器'里 108 种图书只是中国出版集团众多图书中的一小部分,是集团公司构建完整的数字出版产业链的第一步,标志着传统出版集团向新型出版集团转变的重要起步。"目前中国出版集团公司大佳中文网的建设正在紧锣密鼓地进行,背靠这一庞大的数字资源平台,未来的"大佳阅读器"内容优势将更为突出。

聂震宁也认为:与早期进入数字出版物的汉王、爱国者等数字技术服务商相比,传统出版社在出版内容的生产上有自己的优势。成熟的资源加上在内容的选择、组织、加工和推广上多年的积累,竞争中未必是输家。

第四节　电子书包(电子教材)

周四,一个普普通通的清晨。

7 时 10 分,催促儿子起床洗漱、收拾行装。

上车前，照例接过儿子的书包，这才发现，书包又沉了许多，估摸着能有10公斤了！

一路上，稍稍留意了一下发现，几乎每个孩子背负的大书包都是鼓鼓囊囊的，不少年纪小些的孩子，佝偻着背奋力前行，看着就让人心疼……于是又想起了"减负"。

电子书包主要是根据教学使用的实际需求，面向学生展现教育内容的硬件环境，有电子阅读器、小型笔记本电脑等，它对支持环保、减轻学生书包重量、开展个性化互动教学等产生有力的推动作用。目前，以电子阅读器为主流载体的电子书包已具有传统纸质教材的显示效果。

我国从10年前就开始了电子书包的研发试用，由于管理体制、教学条件、产品标准、核心技术等因素，一直未能形成完整而科学的电子书包产业链。如今，屏幕显示技术不断进步，PC芯片向低功耗、低成本发展，并受益于网络技术、扩展储存技术、无线移动技术等一批高新技术的迅猛发展，电子书包生存和发展的条件日趋成熟。同时，政府对信息化教学的重视以及对学校数字教育资源投资的增长，电子书包的应用推广也有了较大的发展空间。

特别是近两年，我国电子书包发展较快，一些传统出版单位和技术公司越来越清醒地意识到技术发展对纸质教育出版物带来的冲击，以及电子书包对于未来数字化教学的重要性，于是联合开展电子书包的研发工作。他们的主要合作模式为：在硬件终端方面，技术公司发挥技术优势，与传统出版单位共同进行功能设计和开发，使硬件终端能够紧贴教学需求，方便易用；传统出版单位则充分释放传统教育出版的资源优势，将参与研发电子书包作为推进传统教育出版升级转型的切入点，着力提升传统教育出版的综合竞争力。其中具有代表性的是，广东出版集团联合北京人教网、广州金蟾软件研发中心有限公司等单位启动电子书包研发项目，打造将教育内容、移动终端、服务平台融为一体的新型电子书包；凤凰出版传媒集团与台湾元太科技工业股份有限公司筹备成立凤凰教育科技发展有限公司，通过开发电子书包，创建全新的移动教育服务模式。

理想的电子书包应该是运用现代信息技术、教育技术构建的新型移动基础教育服务的综合系统，以促进教育信息化为目标，以教育内容的数字出版为核心，以移动教育技术的应用为手段，为广大师生提供规范化、个性化、交互式的移动教育教学解决方案。传统出版单位参与研发的电子书包除了要在传统数字化教学资源上花大气力,更应该具有前瞻性的目光,力求打造涵盖教育内容、移动终端和服务平台的完整体系,融合数字出版、互联网、多媒体、无线通信、电子阅读器等前沿技术,创造无线联通的全新的教育内容出版和服务产业链,充分体现传统出版和高新技术相互结合的显著教学优势,彰显教育数字出版的时代感和生命力。

电子书包的研发和应用,是一个充分借助新思维和高科技创造新价值的过程,所涉及的信息技术和网络技术的发展正处于快速成长期,其不断发展、逐步成熟,需要社会环境、应用条件、消费习惯、政策法规等各方面的共同支持,转变多年积累的教学理念和方式,需要经历一个比较长的发展周期,推广普及电子书包的数字化教学道路充满着无数的挑战。在电子书包的研发实践中,要充分掌握师生对电子书包功能和内容上的需求,探索电子书包在教学过程中的应用效果,从而积累经验,奠定市场推广的基础。

目前,电子书包显示技术的应用取得了长足的进步,电子墨水屏幕在文字显示效果上优势明显,但在刷新速度、灰度指标上逊于液晶技术,在触感、书写等方面与纸张还有一定的距离。另外,电子书包为了方便携带,屏幕大小有限,且现有教材大部分为彩色,电子书包的彩色显示和多媒体互动等问题尚需技术上的突破。同时,电子书包终端阅读器的售价和质量是普及应用的关键因素,要确保能在中小学阶段这一相当长的时间内安全稳定地使用。

此外,我国教材的选择使用存在地区差别,由于电子书包尚未有统一标准,分区域推广和整合相关的资源十分不易。国内介入电子书包研发的出版单位都是实力强大、在教育出版中处于领先地位的出版集团,更关注当前利益的大部分出版单位都还在观望。如何形成电子书包评价的标准和方法,如何解决推广应用中所涉及的问题,如何寻求电子书包的盈利模式和发展方向等,都需要进行认真研究,并在实践中进行检验和总结。

国内目前从事电子书包研发的相关单位如能形成联合,共同建立电子书包的行业规范和质量标准,将有益于实现政府支持和市场化运作相结合的数字化教学长效运行机制,使电子书包的推广应用能健康地可持续发展。

自 iPad 问世以来,不断有新闻将它与学校和教材联系起来。如今,曾经被人称为"大玩具"的 iPad 正在代替教材成为美国多所学校的课本。

2010年9月，美国四大教育图书出版社之一的霍顿·米夫林·哈考特出版集团启动了一个新的图书试点活动，专为苹果iPad开发了一套代数课程，使用iPad代替传统的代数课本。霍顿·米夫林·哈考特出版集团将在2010年年内面向加州4个学区的6所中学发放400台iPad课本，暂定为一年实验期。尽管还处于实验阶段，但iPad在美国将代替教材，对于中国出版业来说无疑是一个爆炸性新闻。

实际上，国内的终端厂商也看到了中国3亿多学生的市场前景，并在积极推进和协助政府部门扩大其电子书包的影响力，以占领市场先机。不过，在阅读终端自身仍存在诸多缺陷、数字环境有待改善的当下，国内的教材出版数字化还需未雨绸缪。

教育出版商这些不断出新的数字化行动，以满足师生的个性化需求为出发点，同时也对目前教材价格太高、二手书泛滥、数字盗版等问题起到一定的解决作用。

出版商允许教授登录网站后，借助于编写工具，对所使用的教材进行个性化改编，可以重新组织章节，重写或删除部分章节段落，可以上传自己的教学计划、笔记、视频文档、图片或图表。全球最大的出版商培生集团，近年来开发了多个教育数字化在线产品及平台，这些在线产品及平台的使用人数和市场占有率在2009年飞速增长。2009年度培生的年度财报显示，该集团数字化的收入已占整个集团的30%。

图5-13　学生通过网络学习

我国拥有 2 亿多名中小学生，教材教辅年产值 200 多亿元。作为一家主要从事基础教育教材和其他各级各类教材及教育图书研究、编写、编辑、出版、发行的大型专业出版社，人民教育出版社（简称"人教社"）可谓是我国教材出版的"排头兵"。面对出版业信息化、网络化的浪潮，人教社早有准备。1999 年 9 月，人教社的门户网站人教网正式运营，经过 10 多年的发展，人教网已经成为我国知名的教育资源类网站。在 2007 年、2008 年、2009 年全国出版业各类网站排名中，人教网蝉联榜首。

人教网是人教社为解决产品使用过程中发现的各类问题而提供的资源服务平台。"教材这种产品和其他图书的产品性质完全不一样。在一本教材里，其教学理念、教学要求、教学内涵是没法体现的。为了辅助教师教好这本教材，人教网做了很多有关教材的教学资源服务和互动服务。"人教网总经理杨万里说，"为了提供教材的配套服务，人教网每年都会为教师无偿提供几千万字的教学资源，包括文字、图片、音视频、动画等。在内容的形式上有教案设计、课堂实录、课件、视频资源、寒暑假作业、测试题、教学投影片、教学论文、教学随笔、经验交流、学术交流等。在新课标教材试验推广的那几年，为满足一线教师的要求，每年的网络出版量达到了四五亿字。如果按一本书 20 万字算的话，那也不是个小数目了。"

登录人教网后发现，人教网为教师提供的教学参考资源具体到每一册书的每一课。据了解，人教版的教材还实现了"课前到书"，也就是人教版教材的网络版早于传统上网的网络出版形式，这样教师就可以通过网络提前通览教材并备课。

"普通书籍既浪费自然资源，又易损易污，而且十几本课本及课外读物，再加上作业本、笔墨文具等，重量也不小，对孩子们始终是一个负担。如果一部电子书能囊括小学、中学乃至大学全部所学及练习内容，那肯定是教育史上的一次革命。"南宁市五一路小学黄老师说。"不过这首先要解决版权问题。而且在技术上，目前也无法让电子书做到像普通课本那样，可以让学生根据课堂上老师的讲授，随笔将感受和体会记录在课本上。"

"太贵了，最便宜的也要 1000 多元。再说还那么娇贵，孩子淘气得很，一不小心就摔坏或者弄破了，用不起啊。"这是一位孩子家长的感叹。

"技术问题不难解决，现在大多数电子书产品都已经支持手写，要做到同步记录并保存备份并不是一件难事。"罗剑从技术角度分析道,"相信随着生产技术的不断改进,以及生产成本的不断降低,厂商很快会对相关产品进行重新定位。可以肯定的是,无论性质如何改变,作为电子书,只有融合更多功能、更加易用,才会受到普通消费者的欢迎。电子书'革'普通书籍的'命',为时不会很久。"

第五节 MP4、MP5 的阅读功能

一般来说,MP3、MP4、MP5,都被称为播放器,而不是阅读器。播放器通常是指能播放以数字信号形式存储的视频或音频文件的软件,也指具有播放视频或音频文件功能的电子器件产品。除少数波形文件外,大多数播放器携带解码器以还原经过压缩的多媒体文件,播放器还要内置一整套转换频率以及缓冲的算法。只是这类播放器中,几乎都支持阅读电子书的功能,一般电子书的存储格式为 TXT,也有可以阅读 PDF 格式的产品。

一、作为播放器的 MP4、MP5

1. MP4

MP4 是在 2002 年由法国爱可视公司发布的,2003 年的 9 月出现了第一款能摄像的 MP4。现在的 MP4 已经融入了数码相机、数码 DV、移动硬盘、MP3 和手机等多种数码产品,成为多功能型的数码产品。

MP4 有两种概念:一是指继 MP3 之后的音乐格式,从技术层面讲,MP4 使用 MPEG-2AAC 技术,也就是简称为 A2B 或 AAC 的技术;二是指支持 MPEG-4 这种视频格式的便携式播放器。它是一个能够播放 MPEG-4 文件的设备,它可以叫做 PVP (Personal Video Player,个人视频播放器),也可以叫做 PMP (Portable Media Player,便携式媒体播放器)。现在对 MP4 播放器的功能没有具体界定,虽然不少厂商都将它定义为多媒体影音播放器,但它除了看电影的基本功能外还支持音乐播放、浏览图片,部分产品甚至还可以上网。它们可以通过 USB 或 1394 端口传输文件,很方便地将视频文件下载到设

备中进行播放，而且自带 LCD 屏幕，以满足随时播放视频的需要。

目前，主流的 MP4 主要有硬盘式 MP4 和闪存式 MP4。硬盘式 MP4 简单而言就是以硬盘作为存储媒介的随身看，一般它还同时集成了其他很多功能，如数码相机、摄像机、录音笔、数码伴侣等。硬盘式 MP4 是现阶段发展的主流，产品数量也占绝对的优势。闪存式 MP4 则以闪存来作为存储媒介的随身看，一般都支持内接闪存卡扩充，比如 SD 卡。闪存式 MP4 相对硬盘式 MP4 小巧轻便得多，价格也较便宜。

MP4 播放器的主要优点有：能够直接播放高品质视频、音频，也可以浏览图片以及作为移动硬盘、数字银行使用；有些产品还具备一些新颖和实用的功能，比如支持视频录制，可以将来自 DVD、电视等设备的信号以 MPEG-4 格式保存在硬盘中；从个人使用的角度来看，MP4 播放器的最大优势在于体积小巧，携带方便，能够随时、随身播放视频。

MP4 的发展趋势主要有：移动看高质量电视，拥有 DMB（数字多媒体广播）的 MP4 便可以收看到无线电视，各种新闻、电视剧、球赛等都可以在第一时间里观看。它能够直接播放高品质视频、音频，也可以浏览图片以及作为移动硬盘、数字银行使用；有的产品还具备一些十分新颖、实用的功能，例如爱可视 AV420 能够录制视频，它可以将来自 DVD、电视等设备的信号以 MPEG-4 格式保存在硬盘中；中基超威力即将推出的 MP4 播放器支持 PIM 管理以及无线网络功能，可以在无线环境普及后发挥出更多作用。而且现在的 MP4 播放器，大多数都带有视频转制等专业的视频功能，并具备非常齐全的视频输入/输出端口，因此携带的视频文件能够在很多场合中播放，尽管这对一些仅在旅行途中使用播放器的用户没有更多的实际意义，但对于一些经常做视频演示的用户则十分有用，因为 MP4 播放器能够方便地接驳投影机以及电视等输出设备。

言简意赅的表达便是，拥有了 CMMB、T-MMB 和 DAB 技术，MP4 便可以收看到无线电视，人们也将会在任何时候只要手上有一部 MP4 就相当于有了一台电视机，各种新闻、电视剧、球赛等都可以在第一时间里观看。目前移动数字电视在日本和韩国比较普及，我国正在推广普及移动数字电视信号，到时候全国各地都可以用 MP4 看电视。新技术总在不断地发展，几年前 MP3 随身听凭借着体积小巧和使用方便等优点，替代了磁带、CD 等产品，迅速占领便携音乐播放器的市场。如今，结合了视频等播放的新一代个人数码娱乐终端MP4成为主流。

2. MP5

MP5播放器就是采用了软硬协同多媒体处理技术，能够用相对较低的功耗、技术难度和费用，使产品具有很高的协同性和扩展性，还第一个将ARM11平台应用于手持多媒体终端，其主频最高可达1GHz，能够播放更多的视频格式，比如avi、asf、dat等，以及网络资源最丰富的RM、RMVB。这给消费者以及行业的发展带来了实在的好处，也使得行业发展的瓶颈得到了解决。

从功能上看，音乐方面，MP5语音压缩技术在目前的消费性产品中占有很重要的地位，从网络电话到玩具等都可实现其应用，而且能根据不同的应用范围发展出不同的技术。在视频方面，MP5播放器的出现，从很大的方面解决了MP4遇到的问题。为解决片源限制与硬件产品支持格式的矛盾，MP5播放器产品正式浮出水面。MP5是随身数码娱乐领域一个全新的概念，它能够支持更多的视频，特别是网络视频资源。在DRM数字版权保护方面，能够进行同步传输，对于版权保护的正版事业是一个大的福音，迎合了国内、国际正版事业的大潮。

目前网络视频资源十分丰富，其中以real公司推出的RM和RMVB占据了80%以上的视频资源，RMVB格式采用动态码率编码，根据画面动态情况调整码率。画面动态越大，编码的码率越高。与其他格式相比，在同等文件大小的情况下，能更加清晰流畅地表现动态画面，因此在网络视频下载中，是最常被采用的一种视频压缩格式，因此，对RMVB格式的良好支持，是便携式多媒体播放器解决片源问题最直接有效的一种方式。

二、作为电子阅读器的MP4、MP5

电子书阅读器成为了2010年最热门、最受关注的产品。在面对手机、手持电子阅读器市场竞争激烈的情况下，MP4、MP5从自身发展角度出发，也在逐步挤入电子图书阅读器市场，欲分电脑、手机、PDA等传统设备一杯羹。

MP3/MP4经过多年发展，市场已趋向饱和，2007年MP3市场全国销量还有850万台，而2008年骤然减少至450万台，2009年更是大幅度下滑，上游戏厂商珠海炬力2009年连续3个季度的亏损也从侧面证明了市场的严峻。业内人士指出，MP4并未能承接起MP3的辉煌，反而是手机等其他移动终端在不断侵吞MP3厂商的市场。面对危机，电子书这一新兴产品的出现给了他们新的希望，有消息称，国内近一半以上的MP3厂商都开始了电子书产品的准备工作，电子书市场也迎来了一轮严酷的市场斗争。

图 5-14　作为电子书阅读器的 MP4

1. MP4、MP5 作为阅读器的优势

不少顾客购买 MP4 不为别的，就是当电子书用，MP4 的电子书能力可见一斑。虽然电子书阅读器凭借健康护眼、环保等特色成为很多喜欢阅读的读者的最佳选择，并逐渐成为目前最时尚的阅读方式，但由于价格还普遍较高，在很多时尚消费者眼中，性价比才是选择的第一因素，因此，电子书阅读器并未普及开来。正是因为这种因素，在市场供给关系诉求的前提下，一些低端电子阅读产品还能占据市场上的一席之地。

厂商为了保护自己的内容不被窃取，各自都有一套格式及加密技术，例如方正的 CEB、书生的 SEP、超星的 PDG 等。用户买了一家的产品，下载不了其他家厂商提供的电子内容。格式不统一阻碍了电子书产业的发展。而作为简单的电子书阅读器，MP4、MP5 支持 TXT、PDF 格式的电子书，只要在网上下载电子书，转换格式，就可以在 MP4、MP5 上阅读，简单快捷。与电子书最新的产品相比，MP4、MP5 在阅读电子书上的优势比较明显：价格上，如果仅仅从阅读电子书的角度来说，MP4 的性价比高。在阅读电子书上，习惯免费的国人，在面对什么都要付费的美国阅读器，相信很多人会因为这个原因对 Kindle、iPad 望而却步。

2. MP4、MP5 作为阅读器的劣势

毕竟不是专门的电子阅读器，能够阅读仅仅是 MP4、MP5 众多功能之一，而且不是主打功能。因此，在设计上，MP4、MP5 有着专门的电子书没有的劣势。

（1）显示上。MP4 采用液晶屏幕，必须依赖背光技术，使对眼睛的刺激感非常强烈，即使再怎么改进也无法改善，或许现在效果还可以接受，也适合在一些恶劣环境下显示，但是就看书而言却非常不适合，尤其是年纪较小的中小学生们，特别容易引发近视，可以说用 MP4 看书就是为了效果而牺牲眼睛健康。电子书却没有这样的问题，显示效果较液晶的"点"更接近传统印刷中"面"的概念，长时间看书也不会很累，特别适合正在长身体的少男少女和长时间看书的网友，也就是说选择电子书的根本是选择健康用眼的生活方式，是电子时代替代液晶屏幕的选择。

（2）屏幕。电子书屏幕比 MP4 大。MP4 一般屏幕为 4.3 英寸或者 5 英寸，用 MP4 看书的用户一定羡慕纸书那宽阔的阅读幅面，现在电子书已经基本具备了这一优势，E-ink 电子书新品大多为 6 英寸屏幕，整体大小基本与传统书籍无异，而体积和重量却远远小于传统书籍，更有部分产品要轻于 MP4，所以宽大的显示屏幕成为电子书胜出 MP4 的又一理由。虽说 MP4 也有 6 英寸乃至 8.9 英寸屏幕的产品，不过这些超大屏 MP4 更是为车载用户准备，不仅屏幕巨大，而且体积也大，非常厚重，而超大的液晶屏幕让 MP4 的续航时间大减，这样的产品显然是为视频专用，在看书方面与电子书相差甚远。电子书现在正在迈向 9.7 英寸大屏的路上，像亚马逊 KindleDX 这样的产品会越来越多，而 8 英寸屏幕也出现在市场上，形成一条由小到大的产品线，满足对屏幕要求不同的消费者，在看书、看扫描 PDF 文档方面彻底领先于 MP4。

第六章　全媒体时代的阅读方式

随着新闻网站、手机报、数字报、数字广播、数字电视、IPTV等新媒体的发展，特别是3G时代的到来，纸质媒体内容向互联网转移，互联网内容向电视转移，传统电视内容又为视频网站提供资源，媒体间的融合、资源的整合重组已是大势所趋。新闻媒体也从以报纸、广播、电视为代表的传统媒体时代跨入了多种媒体共存共融的全媒体时代。

第一节　全媒体时代的概念

一、全媒体的概念

据百度百科的解释，全媒体是指综合运用文、图、声、光、电等各种表现形式，来全方位地、立体地展示传播内容，同时通过文字、声像、网络、通信等传播手段来传输信息的一种新的传播形态。在我国，全媒体实验是从报业（传媒）集团开始的，报业的组织结构和生产结构也因此得以重构，视频报道业务逐步从传统业务结构中独立出来，全媒体记者逐渐成长为一支独立的力量。

"全媒体"的概念显然是针对当时流行的"网络是多媒体"的说法，作为新闻门户网站发展的一个战略目标提出来的，其本意是指新闻网站有能力整合过去、现在、未来一切媒体的传播手段和表现形式，新闻网站应该利用不断发展的互联网技术全面吸收、融合、综合运用各种媒体传播手段强势推送所传播的内容，在网络上数字化地体现一切媒体的表现形式，以尽可能地满足不同媒体受众的全面的阅读需求，与传统媒体争夺用户，从而使新闻网站从相对于报纸、电视等传统媒体的弱势地位转而成为最具影响力的强势媒体。

2008年，"全媒体"开始在新闻传播领域崭露头角。许多媒体从业者纷纷提出"全媒体战略"或"全媒体定位"。报纸、电视、广播、出版、广告等行业的"全媒体"发展呈现出两种方式：一是"扩张式"的全媒体，即注重手段的丰富和扩展，如新兴的"全媒体出版""全媒体广告"；二是"融合式"的全媒体，即在拓展新媒体手段的同时，注重多种媒体手段的有机结合，如已经探索一年多的"全媒体新闻中心""全媒体电视""全媒体广播"。烟台日报传媒集团2008年3月在全国首开先河，整合集团所有媒体记者，组建了"全媒体新闻中心"，开始了从传统报业到"全媒体"的运作方式、生产流程以及各种运营平台的探索。一方面单一的印刷报纸分化成多种产品形态，如手机报纸、数字报纸等；另一方面媒介生产流程进一步细分、专业化。

"全媒体"战略的提出，指明了新闻网站的发展方向，其思想越来越被各地新闻网站所接受，而另一方面传统媒体也纷纷利用网络技术，对传统媒体产业进行改造升级，现在媒体间相互融合、相互渗透的趋势因为新闻网站的不断崛起而变得越来越明显了，未来主流媒体一定是"全媒体"。

全媒体出版是一种内容多种媒介同步出版，通过手机、互联网、数字图书馆、手持阅读器等把内容最大化地利用和传播。根据不同的形式和阅读终端，全媒体出版分为以下几种模式：

（1）手机出版。就是通过手机进行文字、图片、音频、视频内容传播。

（2）互联网出版。在中国，现在电子图书的阅读用户已经超过了7900万，互联网用户已经达到3.38亿，成为全世界最大的互联网市场。调查显示，超过七成的网民都有阅读电子图书的习惯。

（3）手持阅读器。根据世界知名调查机构的预测，到2012年，手持阅读器销售将会超过1800万个。

（4）纸质书。中国第六次国民阅读报告显示，中国每年纸质图书的出版量位居世界第一。

(5) 广播、影视。中国是广播影视大国，2008年中国广播、电视综合人口覆盖率已分别达到95.96%和96.95%，比2007年增长0.56%和0.39%，也是在世界上覆盖率比较高的传播媒介。

二、全媒体时代的报业

1. 我国全媒体报业的发展

数字报未来的发展必然与读者的阅读方式紧密联系在一起，目前的数字报主要是传统报纸的数字化转换与再现。随着读者阅读方式的发展，如电脑、手机、电子阅读器等，数字报对内容提出了不同的要求。多媒体成为读者的新需求，除文字、图片外，未来数字报将更多结合音频、视频、动画等内容，打造成一套多媒体传媒工具，给读者全方位多角度的阅读感受。

总体看来，国内报业在全媒体发展上的步伐仍显缓慢，还缺乏适当的制度建设和技术投入，报纸网站的视频新闻还缺少属于自己的个性化和原创性的新闻产品。相对而言，新华社在视频新闻制作上冲劲十足。2008年12月30日，新华社在运行文字新闻线路和图片新闻线路的同时，开始试运行我国第一条视频新闻专线，并于2009年3月1日正式开通。此前，2009年2月18日，央视网开始积极筹建国家级网络电视台，目标是像新华社一样成为全球视频发稿平台。2009年6月16日，新华社电视入驻开心网，半个月内其"粉丝"便突破20万。与此同时，各类商业网站也纷纷加入视频新闻竞争，新浪加大视频新闻领域投入，优酷网等传统视频网站亦推出视频新闻平台。一时间，各种视频新闻平台开发与建设如火如荼。

全媒体是建立在平面媒体基础上的衍生物，要实现报业经济的长足发展，打造不沉的媒体航母，跨媒体、跨地域、多元化的媒体发展模式，是报业战略发展的必然趋势。借助新媒体壮大自己，以新的媒介产业发展逻辑去打造新的运作体制、运作架构、盈利模式，传统报业才有望突出重围。传统报业应采取多种方式实现与数字媒体的融合。

(1) 通过自己的网站及时发布新闻。全国绝大部分报纸都拥有自己的网站，传统报业要逐步向数字媒体靠拢，24小时全天候即时发布新闻，通过网络互动增强报媒影响力。

(2) 创办网络报纸。报社拥有大批极富经验的记者和编辑，在配备相应的技术手段后,完全可以在网上再创办一份图文并茂的精美"报纸"。它不应该是纸媒的翻版,而是通过视频、音频、图片和文字等多种方式展示新闻的独立媒体。

(3)办好手机报。在这一方面影视界和出版界已先行一步,手机电影、手机电视剧和手机小说都已推出,报业也应积极探索与手机的融合之路。

全媒体报道还需要一支独立的全媒体记者报道队伍,尤其是报道适合移动传输的视频新闻的记者队伍。报业结构的转型也因此要求报纸记者角色的改变。在传统的报业记者队伍中,摄影与文字记者是报业的两大支柱且有严格分工,他们承担报纸新闻采集的主要任务。进入全媒体时代,记者在硬件配备上将有所不同,除笔记本电脑、相机、录音笔等常规采访设备外,还有专门智能手机和摄像机以及海事卫星电话、视频编辑播出和演播室等设备。此外,MSN、QQ也将成为常用的工作工具。在日常采访中,"全媒体表现"要贯穿始终。最基本的现场采访要携带手机、笔记本电脑、数码相机和摄像机,保证新闻现场图片与文字、视频同步传输,确保全媒体、全传播。全媒体要求记者对各种形式的采访"来者不惧",拿起话筒能解说,端起相机能拍照,写起稿件是"快手",扛起摄像机就会抓镜头,请来嘉宾就能进演播室做访谈。简而言之,能写、能拍、能谈是全媒体记者必须具备的技能。专家认为,在未来的竞争当中,单一的记者肯定逐渐被淘汰。在全媒体的背景下,对全媒体记者和编辑的要求与以往是不一样的,必须有新的思维、新的技能。

近几年,国内多家报业集团开始拓展这一领域。2007年,南方都市报摄影部首次设置视频记者岗位,鼓励记者采访音视频新闻;2008年年底,杭州日报报业集团组建了由10人组成的"全媒体记者"队伍;2009年1月,宁波日报报业集团全媒体新闻部正式成立,他们以全媒体数字技术平台为依托,以视频多媒体为主要报道方式,标志着视频记者的专业化进入

图6-1 宁波报业集团

新的发展阶段。我国报业的数字化发展,需要政府、报社数字出版技术提供商及读者的全面参与,只有实现各方共赢,构建和谐健康的产业链,才能使数字报走上可持续发展的道路,从而带动我国报业在新时代取得新的突破并持续向前发展。

下面以河北省石家庄日报社打造全媒体为例。

从2005年起纸质媒体开始遭遇成本增加、广告增长乏力、读者分流等困境,而以网络为代表的新兴媒体却迅速崛起,并以惊人的速度争抢有限的传媒广告市场,传统报业遇到了前所未有的严峻挑战。传统纸质媒介必须是拥有新技术驱动的媒体,必须是与新媒体相互融合、互动共赢的媒体,必须是拥有新技术、新传媒的"掌门人"。基于以上认识,石家庄日报社于2007年4月正式提出"四二一"计划。计划旨在通过两三年的努力,整合报社内部资源并开发利用社会资源,通过搭建网络平台、数据平台、移动平台和商务平台,完成全传媒、全覆盖两项战略任务,最终实现由传统报业向现代传媒集团迈进的目标。

"四二一"计划中的"四",具体就是要搭建四个平台,分别是:数据平台、网络平台、商务平台和移动平台;"二"是指完成两项任务,即全传媒、全覆盖;"一"是指实现一个发展目标,即由传统报社向现代传媒集团迈进。

全传媒复合出版中心以新闻采编制作中心为轴心,把记者采集到的新闻制作成文字、音频、视频、动画、图片等不同形式的新闻产品回收至新闻采编制作中心这个"中央大厨房",经过"中央大厨房"的深加工,既可以生产精练简短以简讯为主的"快餐",供给手机报、出租车移动传媒,又可以生产出可自由选择形式多样的"自助餐",供给各网络,还可以生产出门类齐全综合性强的"大餐",供给传统媒体。以此来适应不同阅读群体的不同口味,实现新闻产品的一次采集、多次开发利用,最终实现新闻传播价值的最大化。

报社积极推进四个平台的建设。

(1) 网络平台。这个平台的主要任务有三个:一是升级改造石家庄新闻网。在巩固现有新闻播报功能的基础上,增加音频、视频新闻数量,加快新闻更新频率,做到即时、滚动、直播;同时,拓宽网页内容,增加生活资讯类信息,最终打造成集新闻和城市资讯为一体的石家庄门户网站。二是借助晚报雄厚的信息和技术资源,依托晚报的公信力和社会影响力打造晚报社区网,在贴近百姓生活、衣食住行、娱乐休闲方面提供"一站式"信息服务,再以BBS(即电子公告板)的形式,为省会网民提供一个将线上生活和线下生活无缝链接的互动社区,即集网络公共会所、私人圈子、个人空间、报网互动等功能为一体的全新的"网上城市"。目前,晚报社区网已有都市生活、休闲娱乐两大板块,还有以饮食、衣饰、汽车、房产、旅游、健康、博客等20多个频道为主的内容体系。这个社区网站投入运行后将成为省会信息的大全网站和省会BBS的热门网站。三是建立提供信息服务的呼叫中心。设立小号热线电话"96399",拓展编辑部热线接听功能,在收集新闻线索、沟通报纸与网站良性互动的同时,提供各类服务电话预订、民生帮办等信息服务,打造石家庄的第二个"110"、"114"。目前"96399"小号已开通。

(2)数据平台。即整合报社新增及历史信息资源,进行数字化处理和分类,建立报社信息数据库。同时积极吸纳社会信息资源,整合各类海量信息,打包入库,并开口于内部局域网、石家庄新闻网和小号热线电话。对内服务于报社职工,对外经深度开发面向社会提供资讯服务。

(3)移动平台。移动平台是一个将新闻信息产品发布于移动载体的平台。该平台设计有以下几项职能:一是利用移动电话通过开发短信、彩信、语音、WAP(即手机上网)等产品,积极拓展手机报业务和短信平台业务,以期覆盖全省。就此报社开发了燕赵手机报,每天上午和下午两次分别播发不同的新闻,重要事件能做到当天播报。运营四年来,手机报已拥有23个栏目和220万体验用户,订阅人群覆盖全省11个地市,已成为河北省规模最大的手机报运营企业。目前正在准备拓展3G手机业务,并考虑择机推出移动阅读器。二是在省会城市主要路口和居民区设立大型电子显示屏,构建城市资讯联播网,即时滚动发布新闻信息、市民服务资讯和广告。就此开发了城市资讯联播网(即LED户外视屏),这是国家新闻出版总署表示支持的新型文化业态项目,现已全面开展业务,其中一期工程5块共计174平方米的户外视屏已安装到位。报社的目标是:让市民"晚上回家看报纸电视,白天出门看城市资讯联播网"。三是开发出租车等移动传媒,利用GPS全球定位系统和LED技术滚动播发新闻、信息和广告。前期重点开发的出租车GPS/LED移动传媒项目,现已基本安装完毕。经过技术改进和研发,新信息在5分钟之内即可发送到全市所有出租车的移动视屏上。报社还将根据市场情况探索开发并推广移动便携式电子报、电子阅报栏等新媒体。

(4) 商务平台。利用报社的无形资产和发行网络,联合石家庄市较大的商家,开展网上购物和物流配送业务,同时建立客户数据库,为报社各项经营提供信息资料支持。

报社确定的两大战略是:第一,全传媒。通过搭建以上四个平台和运营,使报社在拥有传统平面媒体的基础上,实现报纸、网络、手机、城市资讯联播网、出租车移动传媒、便携式电子报、电子阅报栏等立体的全方位的新闻资讯传播,即全传媒,实现新闻信息资源的一次采集多次开发利用,使新闻资讯传播价值最大化。第二,全覆盖。随着全传媒的基本实现,多种传播载体通过不同形式的信息发布和资讯服务,在区域上基本覆盖全省,高密度覆盖省城;在时间上确保7×24小时不间断传播,实现新闻和服务信息发布无缝隙;在受众上既覆盖传统报纸读者,又覆盖新媒体受众,实现最大限度的传播覆盖。

"四二一"计划已逐步实施,尽管目前还处于建设入口产品开发的初级阶段,但已给报社带来一些明显的社会效益和经济效益,展示了一个良好开端,带来了勃勃生机。从"四二一"计划一些子项目传播的内容来看,城市资讯联播网、出租车移动传媒和手机报分别开设了旅游天地、权威发布、今日菜价以及财经新闻、出行指南、健康365等数十个贴近百姓、惠及民生的栏目,得到了市民的广泛称赞。

还有,报社完全依赖报纸广告的状况开始改善,综合实力和抵御市场风险的能力逐步增强。据统计,燕赵手机报自创办以来收费订阅用户达10.2万户,订户数在河北的手机报里是最多的;2010年1—7月,经营收入达84.34万元,利润达50万元。此外,该手机报拥有的图片和声音处理技术以及拟开发的商业彩信均为河北独有;城市资讯联播网边建设边经营,收益日渐增加,广告收入实际到账98.8万元;到2010年7月底,出租车移动传媒虽遇经济危机,但也实现收入近二百万元。

石家庄日报社的全媒体思路,值得学习和借鉴。

2. 国外报业全媒体实践

西方报业为了适应数字报业转型的需要,也在纷纷成立自己的多媒体中心,培养自己的专业视频记者。在西方,视频全媒体记者也被形象地称为"背包记者"(Backpack Journalist),也就是具有文字、摄影、摄像技术的全能记者。他们可以采访新闻,可以做各种新闻业务,所有设备都放在一个大背包里,能够同时承担文字、图片、音频、视频等报道任务,为多种不同媒体提供新闻作品。

目前,美国100%的报纸网站都设有不同模式的视频新闻发布平台。有些报业视频平台具有较高专业水准,其传播模式也不断完善和成熟。虽然报业的不景气迫使大批报社不断裁员,但摄像记者的需求却日趋旺盛。适应形势需要,美国国家报业摄影者协会在2007年成立多媒体训练中心,虽然培训收费高达650~680美元,但报名者还是蜂拥而至,训练中心的规模也不断扩大,以满足对摄像记者培训的需求。

在当今媒介技术飞速发展的时代,视觉传播已成为信息社会最重要的传播方式。有学者认为,对于视觉表达的画面,不管是动态视频还是静态照片,都可以说比文字描述传递得更多一些,更复杂一些,有时更自我一些。因而,只要有条件,人们总是希望借助画面与欣赏画面。互联网时代来临后更是如此,它把人们心中潜伏着的视觉化表达欲望激发出来。因此,以视觉传达为目标的视频新闻的出现,不仅会影响到新闻传播业务的深刻变革,而且必将为报业提供新的盈利模式和市场机遇。

参考西方媒体同行的实践,可以设想:未来的报纸会成为一个立体的多媒体,即记者采访的新闻文字、图片、录像等在第一时间先到达受众,随后在报业网站上发布事件的实时进展情况,然后是报纸上的全面报道,最后是新闻事件的图文视频深度报道和分析。《今日美国》报的做法值得借鉴,其头版最长的文字消息不超过三五百字,有的只有标题和副标题。然后把记者采写、拍摄的更多文字、图像、声音等内容"链接"到网络上,报纸稿件末尾都有指向网络版的链接路径。每个记者可在网上开设新闻博客,把报纸上容不下、发不全的声像、图文全部传到网络版或记者博客上,真正做到报网互相补充、互相联动。这样,报纸稿件可以写短,版数可以减少,成本可以降低,效益可以提高,新闻信息资源可以得到最大化的开发利用,同时还可以适应读者快节奏的阅读需求。

三、全媒体时代的图书杂志

全媒体出版意味着除了依靠纸质出版,同时还可以利用网络以及手机、手持阅读器等各种移动终端，使阅读进一步突破时间与空间的局限，为广大受众提供最便利、最有效的服务。中文在线董事长兼总裁童之磊则将全媒体出版概括为：一种内容，多种媒体，多种渠道，同步出版。童之磊指出，这简单的16个字背后意味着对于传统的冲击。全媒体出版要实现任何人在任何时间、任何地点、以任何方式获得任何内容，而这种通过最密集的信息发布、最有效的全媒体整合营销，将带来信息传播的广泛化与版权价值的最大化。

1. 图书出版

传播速度快、覆盖空间广、开放性强，互动性和参与度高等使得数字媒介完全不同于原来的传统媒介，这也决定了全媒体出版必然要引发一场更为深刻的变革。即使全媒体必将引发传媒界一场铺天盖地的变革，但是全媒体时代的图书出版仍需要依附于传统出版。目前的全媒体出版还处于起步阶段，仍未达到真正意义上的全媒体出版。目前全媒体出版案例的一个共性是其纸质出版相对独立，即使没有全媒体出版，依然可以期待这些书在原来传统出版领域里畅销，全媒体所发挥的作用更多的是一种传播，数字媒介只是一种传播工具和方式，纸质出版和数字出版只是一种内容的平移和传播工具的丰富。

当全国出版界都在议论全媒体出版时代的到来是否影响到纸质图书的销售时，青岛出版集团《孔子》动漫书在全国的热销，则让出版界吃了一颗定心丸。借助全媒体，《孔子》动漫书上市一个多月，就实现零售3000余册、团购6万余册、精装版销售1300套的好成绩。青岛出版集团副总编辑贾庆鹏表示，全媒体时代确实给纸质图书市场带来了不小的冲击，但如果合理运用，全媒体也可成为利器，极大地推动纸质图书的销售。《孔子》图书在项目谈判阶段就以全媒体视角来谋划整个出版工程。为了更好地整合各类媒体资源，青岛出版集团在拿到《孔子》的图书版权之后，在不增加投资的情况下，同时拿到了图书繁体中文版权和第一季DVD光盘版权，并争取到了央视播出动画片时随片播放图书广告等有利条件，授权时间也从5年延长至8年。随着项目推进，集团又先后无偿取得了动画片的网络传播权和移动电视传播权，全媒体运作为《孔子》成功"走出去"和广告招商奠定了基础。

全媒体出版为纸质书销售挖掘了潜在的读者群，这个功效不可小看。酒香也怕巷子深，出版社当然希望自己费尽心血出版的图书能被广而告之，尽可能地扩大读者覆盖面。而全媒体出版就可以做到读者覆盖面的最大化。在全媒体时代，策划营销发行畅销书时，一定要考虑全媒体营销。全媒体营销指的应是产品内容以不同形式和表现方式为主体进行多方位、多角度营销的整体过程和手段，而绝不仅仅是产品内容的争夺或者是技术手段的翻新改造，更不应是靠内容平移来达到足够扩散度的简单操作。这项业务将来可能会成为出版社长期的业务，有可持续发展的潜力。

2. 电子书出版

20世纪90年代，人们可以轻松地把CD歌曲复制到MP3播放器里，但是把纸质书转移到电子媒介中却没那么简单。所以，消费者更倾向于苹果那样的中间商，把硬件阅读器和书店整合到一起。另一方面，成熟的产业链应通过建立多方共赢的合作方式，既吸引拥有版权的内容提供商，又增加对原创作者的吸引力，通过电子书为作者与用户搭建直接交流的平台。

但电子书绝不仅仅在于能看那些下载下来的书，它会引来一个全媒体的时代。这可从亚马逊Kindle电子书阅读器的用户反馈中得到证实。有了Kindle，用户们比以前读了更多的书。电子书和传统的图书并不冲突，如果真的能实现两者的融合，我们将迎来一个全新的全媒体时代。未来理想的电子阅读器将包括持续时间长、提供类似纸张的阅读体验、彩色、翻页时间快、支持视频影像、价格合理等方面。

3. 手机出版

手机出版就是以手机为载体提供各种各样的电子阅读的方式。手机阅读具备天时地利人和，其中最重要的因素是，中国是全球第一大手机用户国家，手机阅读已经成为一种重要的形式。手机有什么特点呢？它便携，每天跟我们相处时间最长的不是我们的亲人，而是我们的手机；它具有互动性、私密性、增值性，其终端用户已经超过7亿，而手机作为媒体终端用户已经超过了1.8亿。手机用户最大的特点就是年轻化，18岁～30岁的年轻人占了主流。

手机在阅读领域的优势主要有以下几点：一是手机可随身携带，用户可随时随地获取信息，打破了时间和空间的制约；二是手机付费方便，可通过话费或其他支付手段实现订阅；三是能够主动传播产品信息，针对目标读者发送图书信息，这是传统出版发行很难做到的事情；四是读者与创作者可以互动，打通了读者和作者之间过去长期存在的鸿沟。

与传统出版相比，手机出版实现了内容直接到用户，节省了传统出版中的印刷、仓储、运输等高能耗、高成本的环节。因此，依托7亿多用户的规模优势，手机出版或将快速撬动出版产业链。

如何利用移动通信技术的发展，利用中国手机用户的规模优势，去解决传统出版行业面临的挑战，去解决数字出版的盗版和盈利问题，去寻求新的增长点和新的增长模式，也成为以中国移动为代表的运营商们正在着力探索的问题。手机阅读在低的编辑成本下，可以开拓新的"蓝海"。手机阅读能比较有效地应对传统出版业和数字出版所面临的挑战，拓展产业发展空间，依托7亿多的手机用户及巨大的空间，助力出版产业升级，手机出版也将在全媒体时代作出自己的贡献，找到自己的制高点。

四、全媒体时代的视频

把各种媒体整合到数字电视上成为可能，数字电视已经迎来了全媒体时代。2009年国务院常务会议审议通过的《文化产业振兴规划》中提到，发展新兴文化业态，采用数字、网络等高新技术，大力推动文化产业升级。在2009年年底，两支媒体"国家队"加入了视频网站的行列。依托中央电视台，在央视网基础上创办的中国网络电视台正式上线；新华社主办的中国新华新闻电视网也举行了开播仪式，并于2010年1月1日正式上星播出。包括中央电视台、新华社和人民日报社在内的8家单位，获得了国家广电总局颁发的首批3G视听牌照。其中，人民日报社已于2009年4月获得国家广电总局手机电视特许经营权。2009年12月，文化中国传播集团与人民日报社旗下人民网签署协议，拟组建一家合资公司在中国内地运营手机电视业务。若合资公司顺利上线，将在新媒体领域形成中央电视台、新华社、人民日报社三大国家级媒体的格局。

中央电视台、新华社进军网络电视领域，正是传统媒体利用数字、网络等新技术，进行资源整合，促进产业升级的应变之策。人民日报社谋划进军3G视频领域，也正是纸媒在面临窘境的情况下，拓展新业务、寻找发展新方向的探索。

我国早期的视频网站成立之初，多以提供技术支持为主，通过用户上传的视频内容创造点击率，获得广告收益。但随着视频技术日益成熟，上述盈利模式遭遇挑战。由于视频内容重复，难以形成特色，导致用户分散、广告价值下降，很多视频网站发展受阻。由此，视频网站认识到，优秀的正版内容才是最终吸引用户和广告商的筹码。此外，一些用户分享的视频资源还容易造成版权纠纷。

互联网电视是一种利用网络平台，集互联网、多媒体、通信等多种技术于一体，向用户提供包括数字电视在内的多种交互式服务的电视终端。用户在家里连接网线就能够通过电视收看高质量的网络视频内容。从2009年3月起，海信、TCL等厂家纷纷开始力推互联网电视。

TCL与迅雷的合作可以使消费者在线观看网站视频资料，并随时升级；长虹斥资1.5亿元打造网络"乐教平台"；创维推出酷开系列，用户可以下载视频资源并在电视机上直接观看；清华同方推出了可以通过电视登录优酷网看视频的系列电视。

虽然众多厂商都宣称与视频网站进行合作，自己的内容拥有完全的版权，但互联网电视正版节目资源匮乏，版权依然是制约其发展的关键因素。2010年1月13日，国务院常务会议决定加快推进电信网、广播电视网和互联网三网融合。这或将为我国IPTV、手机电视、互联网电视等业务的发展提供契机。

华数数字电视传媒集团有限公司总裁曹强先生认为三网融合的实现方式有：第一，业务与应用的融合推进三网融合。以交互数字电视和全媒体（NGB）业务为三网融合的切入点，形成了数字电视网、宽带网络、通信网的融合。第二，平台的融合支撑跨应用的融合。通过"跨数字电视和交互电视、跨数字电视和互联网、跨数字电视和通信网、跨有线和无线"的融合支撑平台，实现了对融合业务的无缝支撑。第三，"终端的融合"实现跨网络的融合。开发了数字电视和交互电视的双模机顶盒终端；支持数字电视、交互电视、音视频通信的三模机顶盒终端；支持移动电视、移动通信的双模移动终端等。总体上以终端融合为切入点，引入互联网和通信网的横向服务模式为过渡，以"全媒体"的形式，实现了电视网、互联网和通信网的融合，形成多层面、渐进式的融合模式。

第二节 全媒体时代的特征

"全媒体"是信息、通信及网络技术条件下各种媒介实现深度融合的结果,是媒介形态大变革中最为崭新的传播形态。"全媒体"是在具备文字、图形、图像、动画、声音和视频等各种媒体表现手段基础之上进行不同媒介形态(纸媒、电视媒体、广播媒体、网络媒体、手机媒体等)之间的融合,产生质变后形成的一种新的传播形态。从传播载体形态上,我们可以简单概括为报纸、杂志、广播、电视、音像、电影、出版、网络、电信、卫星通信等的总和;从传播内容形式上,则涵盖了视、听、形象、触觉等人们接受信息的全部感官;从信息传输渠道上来看,包括了传统的纸质、频率、局域网(如有线电视网、数字电视、IPTV、地铁电视等)、国际互联网和移动互联网、Wi-Fi 等。全媒体是载体形式、内容形式以及技术平台的集大成者。全媒体通过提供多种方式和多种层次的各种传播形态来满足受众的细分需求,使得受众获得更及时、更多角度、更多听觉和视觉满足的媒体体验。从所倚重的各类技术支持平台来看,除传统的纸质、声像外,还有基于互联网络和电讯的 WAP、GSM、CDMA、GPRS、3G、4G 及流媒体技术等。

全媒体并不排斥任何一种单一表现形式的媒体,它视单一形式的媒体为"全媒体"中"全"的重要组成部分,并在整合运用全媒体的同时仍然很看重各种单一媒体的核心价值特性和优势。全媒体的"全"体现在对受众的全面覆盖,它的传播面广泛,互相整合填充人们行为的各个注意力空间。从字面含义来讲,"全媒体"就是全部的媒体,其所指并不是一个个体概念,而是一个集合概念,其特征表现为三个方面。

一、跨媒体

报社、报纸是历史的产物。在技术、终端介质贫乏的年代,报社无可选择地使用了新闻纸作为新闻的传播介质。在新媒体时代,传统报业应该并已经有了更多的选择,既可以保留传统,更能利用新技术创新,创新一个融贯多种传播介质、利用多种手段的发展模式。新技术面前人人平等。互联网、GPRS、CDMA等新技术和新传播渠道，新媒体可以用，传统媒体也可以用。随着新技术、新介质的广泛应用，媒体边界正逐渐消亡，传统的三大媒体以及方兴未艾的第四、第五媒体等划分标准和称谓，可能很快成为历史。如电子报、手机电视，谁能说清它是新媒体还是传统媒体，又有谁能说清它是第几媒体？从现有的实践看，传统报业一般具有较强的内容生产能力，加之相应的人才储备、资金储备，一旦涉足新媒体，往往更有章法也更有气势。从传统报业到全媒体的运作方式、生产流程以及各种运营平台的探索还刚刚起步，还有待时间的进一步检验。但这个过程所揭示出的战略意义不容置疑，传统报业要想扭转目前的被动局面，就必须改变现有的以纸媒为中心的布局，借助新技术、新介质、新渠道，从传统报业独立作战向全媒体整合运营转变，改变生产方式、经营方式、盈利模式，提升集团化和跨媒体背景下的舆论引导水平和市场竞争力，进入到以互联网为中心进行整合传播、整合营销的全媒体时代。

长期以来，我国对电视、广播、报纸等传媒业的管理是分开的，广播、电视归广播、电视局管理，报纸、杂志和出版社等则归新闻出版局管理。目前，我国广播电视等电波媒体和报纸、杂志等印刷媒体在经营上仍不可以互相涉足，各媒体单独经营，经营领域互不涉及，媒体业内各媒体间的分割严重。国外大型媒体集团如时代华纳、新闻集团等，都是涉及广播、电视、电影、报纸、杂志、音乐文化等诸多领域的超大型集团。在日常生活中，人们一般也都是接触不同媒体的组合，媒体受众对媒体组合的选择，使广告主也越来越倾向于利用各种媒体间的互补性，选择媒体组合广告。

我国目前积极推进并组建的报业集团和广播影视集团等，都不是我国媒体业发展的最终目标。单一的广播电视媒体或报纸媒体都无法对抗国外强势媒体集团的竞争，进而影响媒体的规模扩张。2009年7月22日的国务院常务会议也决定积极发展移动多媒体广播电视、网络广播影视、手机广播电视等新兴文化业态，推动文化产业升级。落实鼓励和支持文化产品与服务出口的政策，扩大对外文化贸易。

从2010年起，传统媒体将全面实现数字化管理，诸多媒体高度融合的多维传播时代，即超媒体时代即将到来。传统媒体和新媒体在演进中和谐共存。奥运会之后，有人总结一句话：上班通过电脑看奥运会，下班回家通过电视看，走马路上用手机看。媒体是互补的，在不同场合都可以使用。新媒体已经显示出强大生命力。在北京奥运会期间，分别有46%和43%的人通过电视和网络获知第一块金牌是谁获得。这次奥运会是历史上首次网络全程播放奥运内容。北京奥运会正是一次新媒体大检阅，是跨媒体交互、互动的一次大展示。

这里所说的多媒体融合，涵盖媒体科技融合、媒体所有权合并、媒体战略联合、媒体组织机构融合、新闻采访技能融合等多个层面的含义。美国新闻学会媒介研究中心主任Andrew Nachison清晰地勾勒出这一未来图景：那将是一个"印刷的、音频的、视频的、互动性数字媒体组织之间的战略的、操作的、文化的联盟"。

简单地说，多媒体融合就是将报纸、电视台、电台和网站的采编作业结合起来，资源共享、集中处理，衍生出不同形式的信息产品，然后通过不同平台，传播给受众（读者、观众、听众、网民、手机用户等）。

这种多媒体融合模式，逐渐成为国际传媒业的新潮流。国际传媒业的多媒体融合，主要是在两个层面。一是传媒公司之间通过收购、合并等手段，进行产权、营运、产品整合，形成规模庞大的多媒体集团，从事具有规模效益的多媒体业务。例如美国在线收购了时代华纳，成为巨大的多媒体集团。另一个层面是，同一集团内不同媒体内容的互动和整合，发挥协同效应，使媒体资源用途多样化，一物多用。领风气之先的是美国《芝加哥论坛报》公司，早在1993年，它就开始朝这个方向发展，多数报纸被归入集团公司旗下。跨媒体运营促进了美国报业资源整合，几乎所有媒体集团都在力图整合电视、报刊、网络等资源，改善收入结构、增强竞争实力。互联网的迅速发展，促成了传统媒体和网络媒体的融合。

传媒业越来越集中地呈现两大趋势：集团化管理和跨媒体运营。这种融合，起初是体现在报纸所办的电子版上面，也就是印刷媒体和网络媒体的融合；随着宽带普及、互动功能成熟，电台和电视台也加入媒体融合的行列，即广播媒体与网络媒体的融合。在传播手段方面，计算机、电视、电话和手机逐渐融为一体，将多媒体融合向前推进了一大步。

二、跨地域

全媒体的展现形式，即以融合业务系统和多功能融合终端为支撑，在打通数字电视网、互联网和移动通信网的基础上,为用户提供集文字、图片、超文本、音频、视频、监控等为一体的多种媒体服务,打造权威的、全功能的全新媒体形态,实现娱乐和信息的综合服务及推荐交换。融合、互通、互动,是"全媒体"呈现的三大前提;广播、点播、时移、电子商务和支付、社会信息化支撑、在线舆情调查等是可供展望的丰富的"全媒体"形态。在这个前提下,各类媒体越来越趋向于合作,打造跨越地域局限的全媒体网络。

互联网打破地域的界限,具有极为广泛的传播面。"网上无国界"是互联网这个特点的很好的概括。与互联网连接的主机都是平等的,无论你来自哪个国家,只要你知道 IP 地址或域名,都可以访问任何与互联网相连的计算机,尽管它在地球的另一边。传统媒体地域的局限性很强,如需跨地域传播就需要通过复杂的手段,如电视的卫星转播等,网络媒体这种跨地域性的优势是其他媒体无法比拟的。

以上海文广集团为例,它一直致力于寻求发展,在各个媒体领域实现跨媒体跨地域的合作。2005 年上海文广传媒获得国家广电总局颁发的全国首张 IP 电视集成运营牌照,当年 11 月成立专门运营 IP 电视业务的百视通公司,从试点开始跨地域运营 IP 电视业务。集团在 IP 电视业务领域建立了一套以上海为总平台、外省市为分平台的全程全网 IP 电视播控系统,创建了跨地域设立经营机构直接服务当地用户的全新模式,形成了与有线数字电视差异定位、错位共赢的有力格局。

2009 年 7 月,上海文广新闻传媒集团和江苏省广播电视信息网络股份有限公司共同签署沪苏"下一代广播电视网"(Next-generation Broadcasting,简称"NGB")战略合作协议。根据协议,双方将依托各自资源,第一步共同引进、开发 NGB 网络业务新形态,共同打造超过 100 万小时、国内最大规模、最全业务和最多内容的互动电视服务平台;在此基础上服务全国广电运营商,共同开拓全国 NGB 运营市场。合作中,双方将利用各自优势,在内容、技术、市场、资本四个层面完善 NGB 三网融合业务全形态,创建国内最大的互动电视业务平台,优势互补,寻求跨地域合作走向全国,合作将有可能进一步延展到电视购物、增值业务、融资投资等多元领域。

第六章 全媒体时代的阅读方式 // **381**

图6-2 上海文广新闻传媒集团

报纸的发行范围一般是有地域限制的。美国东部和西部的报纸一般都以地域为区分拥有固定的读者群。我国虽有覆盖全国的《人民日报》，但大部分还是地方性报纸。传统的报纸发行是连接报社和读者的纽带，目的是把报纸新闻内容以文字和图片的方式传递给读者。但在网络时代，报纸出现了二次传播，媒体不但以纸张为载体向读者发送新闻，还可以用互联网，甚至手机网络向读者发送信息，同时定制信息。《纽约时报》的出版商表示要遵从读者的意愿，如果喜欢印刷版就发行印刷版，如果需要网络版就提供网络版。发行人较早就意识到网络是成功的平台，早在上个世纪末，《纽约时报》就实现了在线阅读。数字报业时代要整合发行营销资源，将内容最大化覆盖到读者市场，因此报纸的发行量、网络的点击数等将成为数字报业发行的目标和指标。如今，单一的印刷报纸已经分化成了印刷报纸、手机报纸、数字报纸等多种产品形态，广播电视分化成网络电视、手机电视等更丰富的产品形态。此外，媒体终端的多样化也带来了传播网络的分化，如手机媒体、电子阅读器、网络电视、数字电视等分别依赖不同的传输网络。

三、数字化

数字时代的来临改变了媒介的生态环境。多元化的必然结果是"全媒体"。这已经成为当今媒介发展的显著特征和重要趋势。在和电视媒体以及新兴数字媒体的激烈竞争中，作为平面媒体的报业，要想立于不败之地，就必须顺应"全媒体"发展趋势，逐步完善报业产业链，构建多元化盈利模式，增强核心竞争力，促进报业快速发展。数字时代是多媒体融合共生时代。数字技术解决了内容产品的规模化和标准化问题，并推动内容的融合形成数字内容产业，它将是未来内容产业的主导方式。正如《数字化经济》一书的作者坦普斯克特说："新经济的主导产业就是新型媒体业，它融合了计算机、通信和传统内容产业。在美国，与电脑通信相结合的新型媒体业占了国内生产总值的15%。新产业部门的利润移向内容，因为这里正是价值产生之所在。"

数字报业组织架构给我们带来许多新的思考。传统报业只有走多媒体的融合之路，利用品牌和内容库的优势，以数字化的内容接入不同的传播介质进入社会，使报纸的内容有效覆盖到传统纸质发行未达到的人群，让自己的影响力价值充分体现。数字报业要实现报纸、网络、手机等多介质媒体平台的结合，在内容生产、广告营销、发行方面进行有效的资源整合，要进一步明确数字报业的发展战略、自身资源的整合能力以及所在的市场，拓宽新媒体运营思路，采取自主运营和合作经营的模式，加大对新媒体发展的投入。数字报业的核心竞争力还是内容资源，因此在内容整合生产上要通过大编辑部的理念和运作方式，实现内容资源的整合，一次采集生成多次发布，最终形成不同产品形态，加强新老媒体的互动和融合，创新组织架构。

第三节　全媒体时代的享受

全媒体是建立在平面媒体基础上的衍生物，跨媒体、跨地域、多元化的媒体发展模式，是报业战略发展的必然趋势，也是三网融合的趋势。全媒体时代是报业发展的一种历史选择，而全媒体出版，是近来出现的一种全新出版模式，即图书一方面以传统方式进行纸质图书出版，另一方面通过互联网、手机、手持阅读器等数字形式同步出版。与以往的电子书相比，"全媒体出版"更强调"同时性"，同一内容在同一时间通过各种载体发布，可以在最短的时间内覆盖最多的读者，达到最大的影响力。台网互动已经成为目前广电部门发展新媒体的普遍做法。2008年北京奥运会期间，中国广播网实现了中央电台所有奥运报道广播信号同步网上直播，创新了图文并茂、音视频同步多点互动直播报道新模式，尝试了广播频率、门户网站、有线数字广播电视、手机广播电视、平面媒体五大终端的融合。

一、全媒体带来的视觉盛宴

"全媒体"是"媒介融合"的必然产物。这一概念随着信息技术和通信技术的发展、应用和普及，从以前的"跨媒体""多媒体"逐步衍生而成。全媒体发展主要指传统媒体工作者出于对传统媒介形式衰落走势的主动应对，通过采编、传播流程再造，实现不同媒介间的交融和媒体发布通道的多样性，使得受众获得更及时、更多角度、更多听觉视觉满足的媒体体验。"数字化"颠覆了传统的"时空观"，打破了媒体与受众的界限，实时性、移动性、开放性、互动性越来越成为现代新闻传播的主流和趋势，博客、播客、推特（Twitter）等多元传播的新方式，正在对媒体传播方式构成挑战。2009 年至今，"3G"成了人们津津乐道的话题，而传统媒体在横跨网络电子版、数字化、手机报之时，也在酝酿着一场"3G"立体化的延伸发展。

图 6-3 《非诚勿扰》图书版　　　图 6-4 《非诚勿扰》电影海报

各种媒体对同一内容齐齐上阵，带给观众一个视觉上的盛宴，面对多项选择，受众可以选择自己需要的产品。以《非诚勿扰》的全媒体出版为例，2008

年12月19日,长江文艺出版社和中文在线等机构联合举办新闻发布会,宣布冯小刚首部长篇小说《非诚勿扰》以传统图书、互联网、手持阅读器、手机等四种形式同步出版,加上刚刚上映的《非诚勿扰》贺岁电影,形成五路出击的传播格局。这个出版事件后来被评为"2008年中国出版业十大事件"之一。多种形式的同步出版,让受众可以从容选择自己想要的产品,看书、看电影,在电脑上,或者阅读器上阅读。只有在全媒体时代,才能有这样多的自由选择。

二、全媒体带来的经济收益

今天的出版领域,读者已经被细分化,越来越多的读者倾向于不同的媒体,说明出版已进入全媒体时代。最新数据显示,我国包括在线阅读、手机阅读、手持阅读器阅读等方式的数字图书阅读开始普及,国民通过各类数字媒介阅读的阅读率为24.5%。2009年数字出版总产值达到799.4亿元,已经接近或超过传统的出版。全媒体出版整合营销,也就是利用各种媒体和各种渠道发行阅读产品,覆盖所有的读者,实现最密集的信息发布和最有效的跨媒体交错营销。全媒体出版业务未来可能会成为出版社长期的业务,出版者需要在各个业务板块上加入全媒体运作的因素,出版的全媒体运作模式可成纸质书销售利器。

长江文艺出版社在两年多前卖出了《狼图腾》的英文版权,英文图书在一年的时间里销售了8万册。半年前,亚马逊开始销售英文版电子书,纸质书定价28美元,电子书12美元。仅3个月,电子书的销量就超过了纸质书。在电子书发行上,作家照样拿10%的版税,出版社拿20%的毛利,亚马逊拿10%的毛利。在美国,阅读器价格走低和无线网络的普及使下载和阅读变得更加便捷,再加上信用卡网上支付简单方便,这三个条件使电子书的销售一路走高。

再来说说《非诚勿扰》,原本其销量应在10万~20万册,而在全媒体推广后,带来的直接效益增加了50%~60%,再加上中文在线所付的购买图书版权费,出版社得到了比原来预期多一倍的收益。而这个直接效益,便来自全媒体信息覆盖所唤醒的潜在购书群。作为首个全媒体出版的试水者,《非诚勿扰》成功了,它实现了中文在线、出版社、作者的三方共赢。

图6-5 全媒体出版

三、全媒体报道推进政治民主进程

手机、互联网的兴起,极大改变了中国的政治生态和传播生态。与传统媒体"一对多"的单向传播方式不同,网络媒体实现了媒体与受众、受众与受众之间的多向、交互传播。通过博客、网络论坛、留言板、电子邮件、QQ 和 MSN 等传播工具,公众可以及时地获取信息并表达自己对于这些信息或话题的观点、态度。在这种交互性传播的过程中,中国公众已不仅仅满足于复制他人的信息或评论他人的信息,他们自己积极参与到信息的采集、调查中去,并对一些涉及公共利益的问题进行了监督。例如,在重庆"最牛钉子户"事件中,一些网民通过几天的跟踪拍摄,在论坛发帖介绍拆迁现场情况。山西"黑砖窑"事件发生以后,也有一些网民将自己实地调查的情况发布在网上,表达自己的观察和思考。伴随着传统媒体与新媒体的融合,中国社会将越来越开放、多元。可以把未来的媒体想象成一个很宽的渠道,里面的内容精良,人的需要能得到最大限度的满足。

2010 年召开的"两会",除报纸、杂志、电视、广播,"两会"报道还有新平台、新手段,在 e 时代,网络越来越多地介入到"两会"报道中,为其注入新的活力。"两会"期间,基于网络平台而出现的直播、博客、微博、手机报、手机电视等越来越多的传播手段被更广泛、更熟练地运用到"两会"报道中，用一种更为新鲜的方式网罗了民意、汇聚了民智，构建了一个能够让越来越多热心网友真诚参与的百姓议事厅。

多媒体报道，不仅仅有助于信息的公开，还有利于代表和委员们与民众沟通交流。比如近来微博大热，到微博上随时发布短小精悍的观点和信息已经成为一种时尚，而这种微博热也迅速扩展到了2010年的"两会"上，使"微博问政"成为一种新的时尚。比如，很多代表、委员就将微博这一即时沟通方式带进会场，纷纷利用微博集民情、纳民意、聚民智，通过微博晒提案议案、晒关注话题、与网友沟通交流，使微博成为听取民意的最热媒介和会场内外互动的最大亮点。据不完全统计，"两会"期间有60余位代表、委员在人民网、新浪网开通了自己的实名制微博，社保、反腐倡廉、依法拆迁等微博社区上关注的热点都不可避免地成为本次"两会"的热点话题。应该说，代表、委员通过一条条几十字、上百字的微博将"粉丝"们的嘱托带上了"两会"，使"围脖"越织越彰显出民生本色，它不仅为民意疏通提供了更大的空间，也极大地激发了普通民众参政议政的热情。

"两会"期间，即便网友不会"织围脖"也并不妨碍其"参政议政"，只需通过代表、委员的"两会"博客或者各主流媒体推出的《我有问题问总理》《两会调查》《网民提案》等网上互动栏目依然可以传达自己的观点。通过互联网这一平台的牵线搭桥，草根网民可以表达最直接、最质朴、最真实的民情民意和最原汁原味的群众心声，其意见看法也可能抵达省（区、市）党政"一把手"甚至国家领导人的办公案头，使"参政"不再是一件神秘的事。2010年2月27日，新华网、人民网等各大网站的首页头条显著位置都出现《温家宝总理今天下午3时与网友在线交流》的红色标题。中国互联网的发展，使政治生产、政治运作、政治参与、政治社会化的方式都发生重大变化。政府通过网络向公众传递的政治主张和信息更加公开透明，进行社会动员的方式更便捷、更迅速、更有效，有力推动了民主政治的发展。

手机媒体的介入，拓宽了代表、委员民意收集途径。除了更广泛地运用网络手段，2010年"两会"期间，人民网、新华网等中央主流媒体也纷纷在手机媒体方面进行了更多的探索和尝试，通过手机网、手机报、手机电视等综合互动平台进行全方位播报。应该说，手机作为新媒体在会场内外的广泛运用，更加拉近了代表、委员和人民群众之间的距离,拓宽了代表、委员收集民意的途径。

四、全媒体的未来

在传统媒体与新媒体融合的过程中,未来的媒体发展必将是各种媒介融合向全媒体发展,因此必须确立"全媒体信息服务商"的定位。媒体必须成为一个真正的"信息服务商",而不是"内容提供商"或"产品提供商",成为"信息服务商",就必须为广大消费者提供真实、准确、有效的满足不同消费者需求的信息,还要采取合适的渠道来有效到达。作为信息服务商,主要要为用户进行搜集、采写、编辑、分类、加工和深层次加工信息等工作,这需要以读者和市场为导向对媒体进行精准定位和确定良好的编辑方针,选择合适的传播技术进行传播,并前置经营管理环节,进行有效的经营管理,在这个过程中,还要进行有效的客户关系管理工作。

(一)当前几种主要的全媒体发展模式

1. 全媒体新闻中心模式

烟台日报传媒集团是这种模式的一个代表。该集团将旗下三张主要报纸的采访部门合并在一起,组建了全媒体新闻中心,相当于集团内部的"通讯社"。

2. "报网合一"模式

杭州日报报业集团是这种模式的一个代表。《杭州日报》与杭州日报网共用同一个编辑部,同一批采编人员,同时运行两种媒体形态,创造了"报即是网,网即是报"的模式。编辑部增加了网络采编流程,报纸、网络两套流程并行,每个选题的策划都同时考虑网络、报纸分别如何报道。

图6-6 杭州日报报业集团

3. "台网互动"模式

台网互动已经成为目前广电部门发展新媒体的普遍做法。2008年北京奥运会期间,中国广播网实现了中央电台所有奥运报道广播信号同步网上直播,创新了图文并茂、音视频同步多点互动直播报道新模式,尝试了广播频率、门户网站、有线数字广播电视、手机广播电视、平面媒体五大终端的融合。电视台与互联网的结合更是如虎添翼。以央视网为例,经过10年的运营完成了从"中央电视台的网络版"向"国内主流视频新闻网站"的转型。

4. 移动多媒体广播电视模式

国家广电总局成立了中广卫星移动广播有限公司,负责建设全国移动多媒体广播传输覆盖网络,统一开展业务运营,并在各省和地级市分别设立子公司、分公司。按照计划,到2010年年底CMMB将会在全国形成一个规范的运营机制,全国CMMB的价格、资费、节目体系将会统一起来。

(二)全媒体发展的未来趋势

综合分析我国传媒业的全媒体发展经验,参考国外媒体的先进做法,全媒体发展未来将呈现以下趋势。

1. 互联网将起到越来越重要的作用

互联网与手机、电子书、PSP、MP3、MP4等形成相应的媒体链,电子书籍、杂志、报纸、原创小说的发布将以此为主要的传播渠道。这将极大地激发作者创作热情,提高传播速度,并且相对于视觉媒体有一定的深度。

2. 数字视频新媒体拥有广阔发展前景和空间

传统媒体向新媒体拓展的一个重要方向就是包括网络视频、数字电视、手机电视、户外显示屏在内的各种视频媒体。未来,视频新媒体的发展将催生更多的内容提供方式和信息服务形式变革,带动整个传媒业的全媒体发展进程。

3. 媒介融合由浅入深,从"物理变化"趋向"化学变化"

注重多种传播手段并列应用的全媒体新闻将发展为多种媒体有机结合的融合新闻;各种媒体机构的简单叠加、组合将发展为真正的有利于融合媒介运作的新型机构组织;全媒体记者将与细分专业记者分工合作;媒介机构也将在新的市场格局中寻找自身新的定位和业务模式,构建适应全媒体需要的产品体系和传播平台。

4. 随着全媒体进程的不断发展,在融合的同时,各种媒介形态、终端及

其生产也更加专业、细分

一方面表现在媒介形态的分化。单一的印刷报纸已经分化成了印刷报纸、手机报纸、数字报纸等多种产品形态，广播电视分化成网络电视、手机电视等更丰富的产品形态。此外，媒体终端的多样化也带来了传播网络的分化，如手机媒体、电子阅读器、网络电视、数字电视等分别依赖不同的传输网络。

另一方面是媒介生产流程的专业化细分。在媒介融合时代，由于生产复杂度的提高，更有可能导致产业流程的专业分工和再造，出现信息的包装及平台提供者走向专业化的趋向。现在，在数字报纸、电子杂志、手机媒体领域，专业化的趋向已经显现。

（三）未来的全媒体出版

未来的全媒体出版绝不像现在这样，仅仅是一种内容的平移，而是针对数字媒介的特性，在原有内容资源的基础上为其量身制作出一些新的文体。互联网、手持阅读器、手机阅读平台固然有一些共性，但是同时又有各自的独特性及核心竞争力，同样的内容不可能同时适用于三种媒体，必须要有与其特性相适应的文体。只有当这种新的文体产生之后，完整意义上的全媒体出版时代才会到来。

目前，真正意义上的全媒体出版还没有为广大的读者所了解，对出版业来说认识也有待深化。以数字技术为代表的科学技术的迅猛发展，为文化产品传播提供了一系列新的手段、载体与途径，而其所带来的不仅仅是传播功能的延长和扩大，更是革命性的变化。在这方面，作为中文数字出版的领导者，中文在线在他们的产品里已经有了不同的媒体、载体同时出版、同时营销、同时获取回报的实践，但现在呈现出的技术路线还是零散的，带有很强的传统痕迹，仍处于全媒体整合传播的萌芽阶段。

而作为国内首部全媒体出版作品《非诚勿扰》的操盘手之一，长江文艺出版社副社长黎波对于这一新兴的出版模式感慨良多。"尽管目前网络出版还没有成熟的盈利模式，但是我们应该看到两个方面的重大变化。一方面是技术发展的速度非常快，另一方面，新一代人群的消费习惯逐步形成，网络阅读、手机阅读已经成为14～22岁读者的普遍消费方式。因此，不注重新媒体、不重视未来的终端，肯定要走在后面。"黎波同时提出，传统出版应加快步伐，积极介入到网络出版及全媒体出版之中。

（四）物联网——第三次浪潮

"看病可以远程实现，公文包会提醒主人忘带了什么东西，衣服会告诉洗衣机对颜色和水温的要求。"以物联网为代表的下一代互联网，被誉为信息技术革命的第三次浪潮，前两次浪潮中，中国是跟随者，在第三次浪潮催生之际，中国开始谋划物联网先机。

所谓"物联网"（Internet of Things），指的是将各种信息传感设备，如射频识别技术（RFID）、红外感应器、全球定位系统、激光扫描器等种种装置与互联网结合起来而形成的一个巨大网络。2009年以来，美国总统奥巴马在美国经济新的增长方向上频频提及，目前，"物联网"一词已逐渐成为全世界关注的焦点。2005年，在突尼斯举行的信息社会世界峰会（WSIS）上，国际电信联盟（ITU）发布了《ITU互联网报告》，正式提出了"物联网"的概念。世界上所有的物体从轮胎到牙刷、从房屋到纸巾都可以通过互联网主动进行信息交换。

物联网用途广泛，遍及智能交通、环境保护、政府工作、公共安全、平安家居、智能消防、工业监测、老人护理、个人健康等多个领域。在北京，西门子总部里面所有的灯光都是智能控制的，员工在进入办公室后头顶上的灯自动打开，离开位置后头顶上的光源则自动关闭。如果外面的阳光太过强烈，窗帘则自动拉下，各个光源都是通过自动感应设备连接到电脑上，由电脑进行操控，这样可以最大限度地节电。

这些新技术的应用看似奇幻无比，其实物联网还是在计算机互联网的基础上，利用射频识别及无线数据通信等技术，构造一个覆盖世界上万事万物的网络。在这个网络中，物品能够"开口说话"彼此进行"交流"，且无需人的干预。其实质是利用射频识别技术（RFID）标签中存储着规范而具有互用性的信息，通过无线数据通信网络把它们自动采集到中央信息系统，实现物品的识别，进而通过开放性的计算机网络实现信息交换和共享，实现物品的自动识别和信息的互联与共享。

在物联网的时代，我们购买的每一种食品，都可以通过手机轻易了解到它生产的日期、生产厂家，从而杜绝了假货；今后我们想了解路边一棵树的名称和概况，我们把手机对准它的电子标签即可获得相关信息。物联网可以使物品的供应链具备智能化，使各种物品在生产、流通、消费的各个过程都具备智能化，直至使智能遍及整个生态系统。这不仅可以提高管理的效率，更重要的是大大提高了物品和各种自然资源使用的效率。

正如互联网诞生以来一直伴有网络病毒、垃圾邮件等负面影响一样，射频识别技术在打造全球物联网的同时，也引发了人们对于个人隐私的顾虑。因为每一个标签的存储器都能控制一个单独的识别码，标签能够准确无误地识别和跟踪任何目标的移动，从货架到购物车再到壁橱。全球著名零售集团麦德龙的发言人曾表示，超市将匿名收集客户数、购物时间及路线，但并不获取个人数据，随后又声称"超市外面并无任何读取器，因此电子标签在商店外毫无价值"。虽然，现在技术上已经可以实现在顾客购买产品时消除射频识别标记，但考虑到退换物品的问题，人们不得不在隐私权和消费权之间权衡得失。

可以说，物联网实现了所有网络的融合、资源的共享、应用的互通以及终端的互联，并把所有信息服务综合在一起。这样说起来，物联网应该是一个"梦幻世界"，但实际上，国内运营商已经推出了射频支付、远程抄表、家庭安全监控等应用，已经是物联网的一个初级表现。

第七章 新媒体催生的社会环境

新媒体是传者和受者间一对一、多对一,甚至多个传者与多个受者间形成互动的媒体,数字杂志、数字报纸、数字广播、手机短信、移动电视等都是新媒体的典型代表。这些新兴媒体形态的出现,深刻地改变着我们周围的生活环境,这一章,我们分别从新媒体与社会服务、政治环境、经济增长、文化消费和人们生活方式的关系来展开论述,了解新媒体在现今世界里的重要地位。

第一节 新媒体与社会服务发展

一、移动平台

数字新媒体的飞速发展和推广带给人们一场信息的革命,新媒体的崛起带动了传媒市场和产业结构的调整,已经成为人们日常生活中获知信息、了解社会、娱乐休闲的重要载体。数字新媒体具有无限的潜力,它以数字技术和网络技术为核心,信息利用更加便捷,信息产品的开发也更加深化,信息资源的管理更加有效,信息服务平台更加人性化,而它极强的互动性又可以满足受众个性化的需求,从而形成了信息服务向着多元化和多样性的方向发展。

例如"114"和"12580"两个综合信息服务平台。"114"查号台是中国电信或中国联通重要的服务窗口，为广大客户提供7×24小时不间断的电话号码查询和信息查询服务。"114"有丰富的查询信息，开通了列车时刻及长途客运信息查询、天气预报查询、农历日期查询、特色饭店查询、车牌号归属地查询等，还会进一步开展人工提醒、位置查询、短信报号、随身号簿、企业总机等服务，将自己打造成一个既有号码查询、信息介绍，又有服务导向的综合信息服务平台。对有各种各样服务需求的消费者而言，它提供了一种能及时有效地掌握自己想要信息的途径。

"12580"是由中国移动提供的综合信息服务平台。全国各地都可以拨打"12580"进行机票、酒店等商旅信息的查询和预订以及餐饮、娱乐、交通、旅游、便民等信息的查询服务，查询和预订的结果将会以人工语音和短信息相结合的方式告知。"12580"选择符合资质和具备相当服务品质的酒店，建立了覆盖全国的酒店合作伙伴网络，可根据商旅人士对酒店住宿的需求，为用户提供酒店预订服务。用户可以随时随地通过电话拨打"12580"获得所有服务，并可结合移动手机的定位功能，提供周边商户配套查询推荐。

这两个例子是手机媒体在信息服务方面的扩展，下面再来说说媒体在社会服务上的积极探索与改变。

以《石家庄日报》的改革为例，《石家庄日报》搭建的移动平台是一个将新闻信息产品发布于移动载体的平台。其中有一项业务是开发出租车等移动传媒，利用GPS全球定位系统和LED技术滚动播发新闻、信息和广告。经过技术改进和研发，新信息在5分钟之内即可发送到全市所有出租车的移动视屏上。

有两个典型事例证明GPS/LED的安保能力。2009年8月11日23时45分，两名持刀歹徒劫持一辆出租车，并将司机捆绑塞进后备箱，15分钟后司机成功逃脱并报警。零时28分，由河北赛克文化传播有限公司负责运营的石家庄市出租车GPS/LED监控中心接到"110"指挥中心命令，要求监视跟踪被抢出租车。监控中心迅速利用GPS/LED的全球定位功能，立即向警方提供了出租车的行车路线和当时所在位置。零时30分，10余辆"110"警车根据监控中心即时提供的信息围堵出租车；零时40分，监控中心接到警方命令后对被劫出租车实施断油断电，被劫车辆最终被成功追回。

另一个事例是这样的：2009年7月22日18时，石家庄市公交分局民警到市出租车 GPS/LED 监控中心查询一辆出租车的信息，称一位乘客上午乘车时把具有超过五千万元潜在价值的保密文件遗失在出租车上，乘客没记住车号，也没打印发票，情况紧急。监控中心迅速根据乘客提供的上下车地点及乘车时间，通过轨迹回放，锁定疑似车辆，警方据此迅速出动找到该车，天价保密文件失而复得。

石家庄市出租车移动传媒开通后，5700 多辆出租车上安装的 LED 移动视屏与 GPS 全球卫星定位系统紧密结合，已成功收到出租车报警千余次，其中接转"110"指挥中心出警 15 次，协助公安机关排查可疑车辆 23 次，协助警方破获案件 11 起，定位跟踪追回被抢出租车两辆。新媒体的探索，为老百姓的生活提供了更多的信息服务和保障。

二、互联网平台

2010 年，CNNIC 发布第 25 次互联网发展情况报告，据调查显示，2009 年网络应用使用率排名前三甲的分别是网络音乐（83.5%）、网络新闻（80.1%）、搜索引擎（73.3%）。随后商务交易类应用增幅"异军突起"，商务交易类应用的用户规模增长最快，平均年增幅达到了 68%。其中，网上支付用户年增幅 80.9%，在所有应用中排名第一，旅游预订、网络炒股、网上银行和网络购物用户规模分别增长了 77.9%、67.0%、62.3% 和 45.9%。说明新媒体方便了大家的生活，在人们的生活中影响深远。

1. 旅游预订

旅游预订指的是"飞机＋酒店＋旅游"的模式，旅游者通过在线旅游服务提供商的网站，提交机票和酒店住宿相结合并包含其他附加服务的自由行旅游产品预订订单，然后再通过网上支付或者门店付费。2009 年，随着中国旅游市场回暖，旅游业发展进入正常轨道，网络旅游预订市场也蓬勃发展。商家越来越注重线上营销，纷纷加大网络零售渠道的投入力度。由于在线旅游预订便捷、个性化的服务优势，用户习惯的培养在逐步强化。未来网络旅游预订的形式将进一步丰富，越来越多的传统企业开始建立自己的在线服务平台，例如航空公司、连锁酒店等。

以去哪儿网为例。三年前，"去哪儿"还仅仅是人们日常问候的一个中文词汇，而今，这个词却被赋予了另一层含义，那就是国内知名垂直旅游搜索的品牌名称。它是一家主要为旅游者提供国内外机票、酒店、度假和签证等服务的在线旅行网站。2010年3月1日，艾瑞市场咨询发布的报告显示，去哪儿网已经超越携程网，成为全球最大的中文在线旅行网站。去哪儿网以万元月薪招聘酒店试睡员，通过其文字、视频、照片等方式进行 UGC 分享，并通过搜索技术，将所有供应商的信息全部展现出来，用户可通过价格、服务、品牌等角度搜索并最终预订酒店、机票。网站针对某一特定领域、人群或某一特定需求，以其专注、精准和深入，为用户提供有价值的信息和服务。

新媒体自身的功能在去哪儿网中被发挥了出来，现在，人们出行的时候，越来越多的人习惯于网上预订机票和酒店了。

2. 网上支付

网上支付是电子支付的一种形式。广义地讲，网上支付指的是客户、商家、网络银行（或第三方支付）之间使用安全电子手段，利用电子现金、银行卡、电子支票等支付工具通过互联网传送到银行或相应的处理机构，从而完成支付的整个过程。2009年，网络支付的使用率达到24.5%，用户规模9406万人，年增幅高达80.9%，是用户增长最快的网络应用，越来越多的网民开始使用网上支付。网上支付快速增长的原因，一是网上支付领域的迅速扩大。2009年第三方支付公司与保险、航空等资金流通量大的行业合作力度增强，网上支付在B2B、B2C、C2C领域全面开花。二是网络购物和旅游预订的快速增长有力地拉动了网上支付的增长。2009年网购市场规模比2008年翻番，而网购用户中75%都使用网上支付。

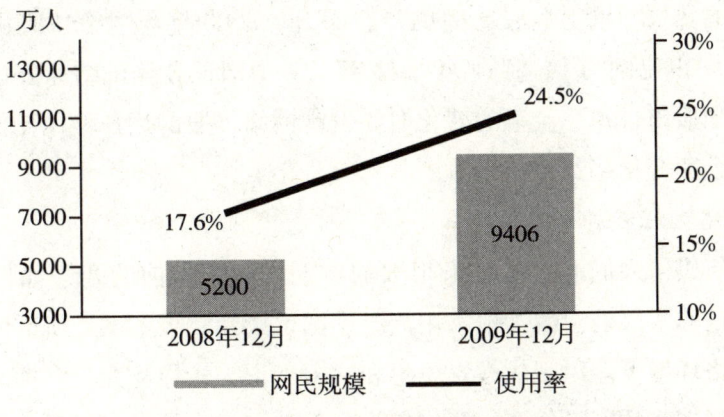

图7-1　2008—2009年网上支付用户对比

2009年中国网络购物市场交易规模达到2500亿，2010年网络购物市场将迎来更大规模的发展。从数据可以看出，中国互联网应用正呈现网络消费快速增长的显著趋势。

3. 网上银行

网上银行（Internetbank or E-bank）又称网络银行、在线银行，是指银行利用Internet技术，通过Internet向客户提供开户、销户、查询、对账、行内转账、跨行转账、信贷、网上证券、投资理财等传统服务项目，使客户可以足不出户就能够安全便捷地管理活期和定期存款、支票、信用卡及个人投资等。可以说，网上银行是在Internet上的虚拟银行柜台。网上银行又被称为"3A银行"，因为它不受时间、空间限制，能够在任何时间（Anytime）、任何地点（Anywhere）、以任何方式（Anyhow）为客户提供金融服务。

网上银行包含两个层面的含义，一个是机构概念，指通过信息网络开办业务的银行；另一个是业务概念，指银行通过信息网络提供的金融服务，包括传统银行业务和因信息技术应用带来的新兴业务。在日常生活和工作中，我们提及网上银行，更多的是指第二层面的概念，即网上银行服务的概念。网上银行业务不仅仅是传统银行产品简单从网上的转移，其他服务方式和内涵发生了一定的变化，而且由于信息技术的应用，又产生了全新的业务品种。

4. 网络炒股

中国网民网上炒股的比例波动与股票指数波动接近。2008年年底是中国大盘指数的谷底，网上炒股比例仅有11.4%；2009年股指回升，带动了网民网络炒股的热情，网上炒股比例也开始回升。2009年，网络炒股用户规模为5678万人，占比例为14.8%，年增幅67%。中国证券登记结算公司在计算近三年来中国股市过户总金额的变化时，发现网络炒股的用户使用比例与中国股市过户总金额变化趋势保持一致。

5. 网络远程教育

网络传媒给人们的生活带来很大的方便，几千年前的孔子如果能用上网络，他一定非常兴奋。因为他不用周游列国也能知晓天下事。所谓网络教育指的是在网络环境下，以现代教育思想和学习理论为指导，充分发挥网络的各种教育功能和丰富的网络教育资源优势，向受教育者和学习者提供一种网络教和学的环境，传递数字化内容，开展以学习者为中心的非面授教育活动。网络教育是远程教育的现代化表现，远程教育是一种同时异地或异时异地进行教育的形式。

互联网中信息（内容）源与用户、用户与用户之间可以进行全方位的、能动式的实时互动，即主动、可控型交流。网络的这一重要特性，使网络教育成为唯一的、真正的在教师与学生、同学与同学之间，实现双向互动、实时全交互的远程教育方式。网络应用于远程教育，其显著特征是任何人在任何时间、任何地点、从任何章节开始、学习任何课程。网络教育便捷、灵活的"五个任何"，在学习模式上最直接体现了学习和主动学习的特点，充分体现了发展中的现代教育和终身教育的基本要求。

计算机网络具有强大的采用文字、声音、图表、视频、动画等多媒体形式表现的信息处理功能，包括制作、存储、自动管理和远程传输。将多媒体信息表现和处理技术运用于网络课程讲解和知识学习各个环节，使网络教学具有信息容量大、资料更新快和多向演示、模拟生动的显著特征，这一点是有限空间、有限时间的其他传统教学方式所无法比拟的。

远程教育以其灵活、安全、方便等优势，突破了传统校园教学所受时间和空间的限制，让任何学生在任何时间、任何地点、任何方式都能够学习任何课程，从而真正做到工作、生活、学习"三不误"，这尤其适合工作、生活节奏较快的在职人员，以及在校大学生进行第二学历的学习。远程教育从诞生至今，得到了国家和全社会的大力支持，在国务院相关会议上，远程教育还被列为政府大力培育的新的消费热点和经济增长点之一。而在2003年"非典"等一些非常时期，学生可以通过网络在家中安全地学习，这就使远程教育的优势更加凸显出来，加深了人们对网络教育的认识。

第二节　新媒体与政治环境构建

对于党和政府而言，数字新媒体既是一种机遇，也是一种挑战。作为革命性的力量，互联网具有建设性、创造性的特点，具有为广大群众，特别是青年所接受的一面，但它也存在易被利用、难控制、具有破坏性与颠覆性的一面。

以网络为平台,借助现代通信手段,各种网络群体不受组织者地域、身份、条件的限制,在社会事件发生时,推波助澜。特别值得关注的是网络媒体容易成为跨境煽动、组织的工具。从国际上看,网络还带动了大规模的社会政治革命,对以前苏联地区的"颜色革命"也起到了推波助澜的作用。菲律宾、吉尔吉斯斯坦等国家就发生过利用手机短信推动街头革命的事实。网络等数字新媒体的发展对维护社会稳定提出了崭新的课题。

随着数字新媒体,特别是网络媒体的迅速发展,网上虚拟社会形态已经形成,并且已经深入到现实社会的各个角落,为亿万群众所接受。据统计,新浪网每天新闻跟帖就有10万条,新浪网、新华网论坛每天帖文也都在10万条左右。形形色色的网络群体日趋活跃。它同现实社会一起,共同作用于我们的社会,成为影响和引导人们的思维方式、行为方式和社会组织形式的重要因素。网络正以不可逆转的方式挑战着党和政府的执政方式与执政理念,挑战着党和政府的意识形态管理工作。各级党和政府部门如何面对"网络政治""网络民主""网络舆论""网络民意",尤其在重大事件发生时有无快速反应和正确解决问题的能力,已成为执政水平的一项指标。

互联网在一定程度上改变了传统的政治生活。对于广大网民来讲,互联网正成为他们实现草根民主、将个人议题演绎为公众议题、将局部关注放大为大众焦点议程的传播平台。

一、推进民主进程

互联网从一开始就具有民主的性质。普通民众,只要具有上网的能力,就有机会对公共事务发表意见,表达诉求。意见和诉求只要具有普遍性,就可能获得广泛的支持,形成舆论,对现实的立法、决策产生影响。互联网的平等性,也保证了所有社会成员广泛参与。2003年12月召开的信息社会世界高峰会议日内瓦阶段会议通过的《原则宣言》指出:"每个人都有自由发表意见和自由言论的权利","任何人都不应被排除在信息社会所带来的福祉之外"。公民可以有士农工商之分,公民权利却没有"含权量"的不同。

1. 网民网上参政议政

民主政治在网络社会中不再是一种现代政体必不可少的缀饰,公民的政治参与将不仅仅限于投票,互联网成为公民政治参与的重要渠道。互联网在提高选举中公众参与政治能力上有显著优势。比如，选举更便宜，建立网站的费用比起传统电视和印刷媒体也要便宜得多；使信息传递不受时空阻碍和政治控制，参与感增强，人们政治参与兴趣提高；极大地增加选民投票率，扩大民主政治的范围，"因为选民坐在家中，通过网络即可轻松投票"。政治学家预测说，美国大选的投票率将会由50%～55%上升到65%～75%，奥巴马竞选时的高投票率就足以证明这一点。民主机制的一个重要特征，就是参与、互动和交流。互联网不仅保障了公民参与，网络世界不乏专家问政，这进一步促进了政府决策的科学性与民主性。

从2005年到2010年，网友博客"两会"建言文章，年均增长率200%以上。网友关心的热点话题主要有两类：国计和民生。一是有关改革发展的重大国计问题，比如应对金融危机的措施、政府机构改革问题、金融体制改革问题、气候变化问题和环境保护等。二是与群众利益、群众生活密切相关的民生问题，比如稳定物价问题、扩大就业问题、住房和社会保障问题、教育和卫生体制改革等。这是中国民主政治发展的新景象。中国网民敲打键盘、轻点鼠标，足不出户便可以通过互联网向"两会"代表、委员建言，向温家宝总理提问，向政府部门反映意见。中国网民成为代表委员身后的"智囊团"，被人们誉为"不在场的人大代表"。在2005年到2009年连续五年的全国"两会"中外记者招待会上，温家宝总理每次发言都主动表达对网民提问的感谢和关注。第一个投身互联网的全国人大代表周洪宇说，"我提交给全国人大的上百件建议和议案中，有相当多来自网友的建议和启发"。这一系列建议包括"关于农村九年义务教育应免费的再建议""关于制定《反就业歧视法》的建议""关于制定《乙肝病毒携带者合法权益保护法》的建议"等。

网上议政作为一种新颖的议政形式，在中国犹如一个刚出襁褓的婴儿，但其对中国政治的影响，对改善政府治理的积极作用，正在引起各界重视。越来越多的中国人开始习惯通过网络了解世界风云变化，传递对国计民生的关注，表达自己的利益诉求。中国的网民不仅数量巨大，其主动关注与希望参与政治生活的兴趣也是世界第一的。点击"强国论坛""发展论坛""复兴论坛""天涯社区"，围绕各种议题、各色事件，网民的热烈讨论尽收眼底。

网络问政弥补了传统政治沟通渠道的不足。《中国青年报》社会调查中心通过民意中国网、中青在线和搜狐网对3318名青年网友实施的专题调查显示，

58.6%的人认可目前网络在青年参政议政方面的作用,其中24.5%的人表示作用"非常大"。67.1%的公众认为互联网的影响越来越大,已经"成为官方了解民生、体察民意的重要途径",61.7%的公众认为政府重视与民众的沟通与交往,政府领导人与网民交流是"民主政治的积极实践"。这表明政府肯定了网络在表达民意方面的积极作用。

2. 领导人上网集纳民意

中国互联网的发展,使政治生产、政治运作、政治参与、政治社会化的方式都发生重大变化。政府通过网络向公众传递的政治主张和信息更加公开透明,进行社会动员的方式更便捷、更迅速、更有效,有力推动了民主政治的发展。越来越多的中国领导干部习惯上网同民众沟通。网上民意未加筛选修饰改造,是原汁原味的,是原生态的群众情绪。

2008年1月11日,奥一网网友发帖,大胆建议广东省委书记汪洋与网友平等对话。2月3日,农历腊月二十七,广东省委书记汪洋、省长黄华华通过奥一网等网站,向广东网友拜年,发出"拍砖""灌水"邀请。网友发帖建言的积极性高涨,其中金心异、老亨、呙中校、平海、郭巍青等人的10条帖子被称为"岭南十拍"。"岭南十拍"引起社会各界的强烈反响。4月17日,汪洋、黄华华与网友现场见面。

江苏宿迁市可能是中国"官员博客"最集中的城市——近百名副处级以上干部开设博客,写作博客几千篇,内容涉及招商引资、工业突破、全民创业、城市建设、高效外向农业、新农村建设等经济社会发展的各个方面,访问量达几百万次。宿迁市市委书记张新实2006年11月就开通了博客。张新实的网龄超过10年,他随身带着移动网卡,每天用电脑记工作日记。宿迁众多"一把手"开了博客,当地群众不仅可以在其中了解最新的政策动态,还可以针对一些具体问题,直接与干部交流沟通。

2008年6月20日9时13分,人民网强国论坛给网友发布预告:"各位网友,告诉大家一个好消息,胡锦涛总书记今天来到人民日报社了。过一会儿,他将通过人民网强国论坛同网友们在线交流。"10时左右,胡锦涛总书记来到人民网,同网友们在线交流。强国网友们在两分钟内上帖超过200条,在线人数在半个小时内超200万。截至当日14时,各大网站跟帖、留言近10万条。胡锦涛总书记说:"虽然我平时的工作比较忙,不可能每天都上网,但我还是抽时间尽量上网。""平时我上网，一是想看一看国内外新闻；二是想从网上了解网民朋友们关心些什么问题、有些什么看法；三是希望从网上了解网民朋友们对党和国家工作有些什么意见和建议。"

图7-2　温家宝总理上网与网民对话

2009年2月28日，中国国家总理温家宝到中国政府网、新华网同网友在线交流。"我一边看网，一边脑子里想起一段话，就是'民之所忧，我之所思；民之所思，我之所行'。群众之所以用这么大的精力来上网写问题、提建议，是要政府解决问题。"温家宝总理的一番表白，进一步证明互联网已从学用、商用、民用走向了前台，影响着上层建筑——现实的政治生活。互联网已经在一定程度上改变了中国传统政治生活，使政治生活更民主、更平等、更自由，带来了更广泛的政治参与。

镜头一：2010年2月4日，中共中央政治局委员、广东省委书记汪洋和广东省长黄华华第三次向网民拜年，真诚希望广大网民朋友"手握鼠标，胸怀天下"，尽情挥洒才华，充分展示睿智，继续对广东发展话题"打好铁"，对广东民生热点问题"织围脖"，对广东工作中的不足"拍大砖"。

虽然这已是第三次接到书记、省长"网拜"，但他们对"网络热词"的娴熟运用，让广大网民惊喜不减。回想起来，正是在2008年初抗击那场罕见雨雪冰冻灾害之后，两位省领导通过省内主要新闻网站发布了《致广东网民朋友的一封信》，邀请大伙"灌水"、"拍砖"。公开信发出后，反响热烈。仅两个多月就收到省内外网民留言5万多条，点击超过千万次。此后，给网民拜年成为汪洋、黄华华每年春节前后的例事。

据广东省信访局网上信访办理处处长王鹤介绍，2009年共受理网上信访事项12938件，占全局信访总量的20%；共交办网上信访事项3139件，其中2305件办结，办结率达到73%，739件的办理情况和结果在网上公开。

网络问政在广东兴起，短短两年，形式已层出不穷。像惠州市委书记黄业斌一样，微博成为越来越多党政领导和职能部门问政的新业态。继佛山警方于2010年2月开通微博后，3月29日，东莞市公安局开设的微博"平安东莞"也悄然问世，并发布了第一条消息："3月16、19日，东莞警方雷霆出击，分别捣毁一'老虎机'制造窝点和一'百家乐'赌博场所，共抓获涉案人员40多人，缴获赃物和赌博工具一批。"试运行短短一周，此微博共发布了8条信息，已有"粉丝"410多人。

网络问政进入微博时代，表明有网络问政主动意愿的领导干部和职能部门，正在不断创新简洁、便利、实用的新形式，加速推进网络问政取得更大时效。但要说目前的网络问政已经取得了成功，还为时尚早。

3. 各国领导人与网络

各国领导都在积极利用网络新媒体和网民沟通交流，也都取得了不错的成绩。比如：

温家宝是Facebook上最受欢迎的政治人物。2008年5月，温家宝总理的名字出现在美国知名社交网站Facebook上，并获得超过1.3万名支持者。在网友以温家宝总理名义注册的Facebook主页上，不仅有他考察汶川地震灾区的视频，还有他穿着棒球服的照片。至今已有近10万人用中英文在网页上留言。该主页上还有"温家宝总理照亮我的生活""我们热爱温家宝"等多个与温家宝总理相关的网站。在Facebook上有数百名政治名人的网页，有人依据网页支持者的人数给政治名人网页做了排名。当时，温总理的网页排在第三位，网页支持者的人数远远超过查韦斯和美国前总统里根。2009年2月28日，温家宝总理与网民在线进行了2小时的交流，网友留下了30万个问题和留言。他的名字再次成为Facebook热点搜索词，成为该网站最受欢迎的政治人物之一。

奥巴马通过互联网向公众传递信息。《纽约时报》把2008年美国大选定义为"Web2.0时代的美国大选"，把奥巴马称为"Web 2.0总统"。奥巴马在竞

第七章　新媒体催生的社会环境 // 403

选过程中，充分利用了网络工具，视频、播客（视频分享）、博客、网页广告等多管齐下，尤其重视搜索引擎、网络视频、博客等网络新营销工具的价值，最大力度地争取到了网民的支持。善于利用网络的奥巴马在胜选后仍然重视网络的作用。在当选总统后不到 24 小时，奥巴马的团队就推出了网站 change.gov。奥巴马开始直接通过互联网向公众传递信息。2008 年 11 月 15 日，美国当选总统奥巴马发表例行广播讲话，呼吁国会议员们尽快通过新经济营救计划，而讲话内容同时也出现在 YouTube、www.change.gov 上。

英国女王成为首个开视频的王室成员。英国女王伊丽莎白二世虽然已是 81 岁高龄，但却一点也不落伍。2007 年 12 月 23 日凌晨，伊丽莎白二世按照惯例发表讲话，除了通过电视直播，还首次通过 YouTube 网站播放视频。伊丽莎白女王 YouTube 王室频道也在 23 日凌晨开通，这是世界上第一个由王室开通的视频分享频道。女王 2008 年的圣诞致辞也出现在 YouTube 上，让世界上更多的人听到女王的圣诞祝福。在王室频道，人们可以看到 1957 年女王首次被电视转播的圣诞致辞视频。在这段黑白视频里，女王很有预见性地指出技术发展对人类生活的影响。她说："今天是一个值得纪念的日子，因为电视技术的发展使你们坐在家里、打开电视就能收看我的圣诞致辞，这足以说明技术进步对我们生活的巨大影响。"

普京网上直面百万网民。2006 年当地时间 7 月 6 日 17 时，俄罗斯总统普京准时出现在克里姆林宫的电视演播室内，第一次通过网络回答老百姓的提问。"网上直播"由俄国最大搜索网站 Yandex 和英国 BBC 合作。截至 6 日中午，至少有 100 万网民登录相关网站，向普京提出了 15 万多个问题。在网站收集的所有问题中，最受关注的前三个依次是："俄是否使用巨型机器人士兵保卫领土、总统对目前风靡俄罗斯的网络游戏持什么态度、普京亲吻男孩肚皮的动机是什么。"2008 年 10 月 31 日，俄罗斯总理普京个人网站（http://premier.gov.ru）问世，内容涉及普京从 2008 年 5 月 7 日出任总理职务后的工作情况。网站拥有大量的音频和视频以及一整套的照片图集，专门的互动地图将使"跟踪"总理的行动变得容易，在互动地图上，直接闪现普京已停留过或即将访问的地方。网民还可以通过网站给普京发电子邮件提问题，并将得到有关人士回答。

二、拓宽舆论监督途径

随着数字新媒体技术的应用与发展,出于狭隘的、不负责任的地方保护主义,想通过区域性地封锁有关涉及民生权利、滥用职权、人为灾难等信息的可能性几乎不复存在,尤其是与公共信息相关的疾病传染、重大事故发生、危机暴发等关乎民生的内容总是可以在网上引起人们的格外关注与议论。数字新媒体技术的应用,尤其是电子政务、政府网站等的建立,促使并加快了政府信息公开和信息透明,以及舆论监督的民主进程,成为信息平权理论的基础性的技术保障。数字新媒体的发展进一步推动掌握着比较多的公共信息资源的政府部门利用各种媒体向社会公众公布相关的公共信息,而受众自由选择和了解公共信息的权利也得到了进一步的提升。

政府官员和民众通过网络良性互动,是提高政府执政能力的一条重要途径。在2009年的多起公共突发事件中出现的舆论进、政府退的尴尬局面,一方面说明网络舆论发挥越来越大的作用,另一方面也说明政府对待网络舆情的态度和方式还不够成熟,未能与网民形成良性互动。在"人人皆媒体"的互联网时代,如何用好网络这把双刃剑考验着各级政府部门。

网络信息轰炸还可以把大量繁杂信息塞满公众头脑,使公众面对复杂的信息无法做出正确的抉择。互联网像过去的革命性传媒(如广播、电视等)一样,是这场外表宁静实质激荡的政治与权力重新分配的始作俑者。网络、宽带、手机等数字新媒体的广泛应用,使信息传播渠道更加多元化,公众接收信息则更加畅通、快捷,从而加速了社会信息平权意识的建立,加强了各级政府及部门对于信息公开制度建设的重视。信息平权是实现政治文明和社会文明的重要内容之一,也是实现人民民主、自由权利的一个重要方面。数字新媒体技术的发展使政府通过网络等数字新媒体实现公共信息最大限度的公开与透明,使更多的公民接触更多政府政务信息成为可能。政府政务信息和公共信息的公开既是政府"以民为本"的重要职责,也是各级政府网站的主要工作任务之一。

2010年3月18日在北京出炉的《2009中国网络舆情指数年度报告》披露,中国网民最关注的八大热点问题依次是:反腐倡廉、房价问题、就业问题、户籍制度、养老保险、食品安全、医疗保险和交通安全问题。通过对2009年网络热点事件透视发现,在国家大事件中,舆论态度以正面评价为主;经济类话题容易成为网络媒体兴奋点;反腐倡廉诉求成为网民主要呼声,网民在一定程度上分享了反腐维权的话语权；论坛、博客上的消息往往能引发轰动性效果，应对网络舆情的不同态度带来的结果也会迥异，顺应民意可缓和舆情，如果回应时欲盖弥彰，则较事件本身更易引爆舆论，而消极回避与回应不当将使刻板印象被强化。

2010年3月，《中国青年报》社会调查中心通过民意中国网、中青在线和搜狐网对3318名青年网友实施的专题调查显示，近年来，多起与政府部门相关的事件经由网络曝光引发了网友广泛关注。本次调查发现，网友关注度最高的三个事件依次是：开胸验肺事件（49.8%）、躲猫猫事件（47.6%）和邓玉娇案（38.0%）。此外，受到网友关注的事件还有：飙车撞人事件（37.8%）、钓鱼执法案（36.1%）、周久耕事件（28.1%）、许霆案（21.7%）、跨省追捕案（20.9%）。而2010年最新发生的网民关注度极大的事件里，广西的"泄题门"和"局长日记门"也吸引了网民的监督。网民对这些事件的关注度，不仅仅表现在数据上，更多的是通过网络言论监督政府部门的执政执法水平和力度，还原事件一个真实完整性，使问题得到妥善解决。

以下两个例子可以说明网络监督的力量。

1. 2009年杭州"'5·7'胡斌飙车撞人事件"

2009年5月7日晚8时多，富家子胡斌开着改装过的三菱跑车，在杭州闹市区撞死了一个风华正茂的优秀青年谭卓。这起原本并不复杂的交通案件在短短几天之内却逐渐演变成国人皆知的公共事件。

图7-3 "5·7"飙车案受害者谭卓

事实上，类似的交通事故在每个城市都时有发生，但在"5·7"飙车案中，"跑车"、"富二代"、"漠视生命"、"高官背景"等词汇又一次拨动了公众敏感的神经。5月8日下午2时，杭州市西湖区交警大队召开事故通报会。警方公布初步调查结果称："肇事车辆是否存在改装"、"死者是否走在斑马线上"不详，车速为"70码"。警方对肇事车时速"70码"的草率认定，又促使事态升级，由此衍生出"警方不公"的质疑。于是，有关权力庇护的传言，在公众中开始扩散开来。警方的上述说法经媒体报道后，立即引发了轩然大波。"70码"的说法，成为民众质疑有关部门公正度的"导火索"，造成了网民对事件背后权钱交易的无尽遐想。

图7-4　飙车案新闻发布会现场

目击者也纷纷通过网络等途径声讨肇事者，杭州当地一个网络论坛就出现了一篇题为《富家子弟把马路当F1赛道，无辜路人被撞起5米高》的帖子，并附有现场照片，引来大批网民留言。网民不仅关注案情通报，也重视分析案件细节。网友们运用各种知识推算出来的速度各不相同，但一致的是，他们无论如何都不能相信谭卓是被70码的速度撞飞。一位网民用视频剪辑软件分析了电视台公布的监控视频，得出结论是车速为每小时118.8公里。"118km/h虽说是个估计与换算值，但从视频上看，这车真的很快。"

在持续了一段时间的问责和质疑之后，胡斌被依法判刑，杭州市政府在这一事件的处理过程中，全程受到了来自网络的网民的监督，不仅仅要判断案情,还要给民众一个合理的解答。在这一过程中,网民实现了监督。

2. 2010年,广西"局长日记门"事件

2010年2月27日15时14分,化名为"含仙子"的网友,在天涯论坛发帖,踢爆韩某在任广西来宾市烟草专卖局局长时,曾与多个女下属、同事有不正当男女关系,同时还有贪污受贿的事实。

到2010年2月28日晚8时,该帖已在人民网、搜狐网等国内知名网站疯狂转发,并引来无数网友的热议,单在天涯论坛,点击率已逼近两万次。2月28日下午,南宁市公安局110工作人员表示,已知晓此事,但此事暂时还不属于警方调查范围,警方目前还没有介入。不过这名工作人员透露,广西区烟草专卖局已就此事发出通告,并表示正在进行调查。3月1日上午10时,"含仙子"再度在天涯论坛发帖。3月8日,工业和信息化部部长李毅中在列席十一届全国人大三次会议时,针对广西烟草局"局长日记"事件表示,他也听说了此事,但要由对其有管理权限的部门去调查,如果属实,一定要严肃处理。3月9日,南宁市检察院立案侦查,并于3月13日报请自治区检察院审查决定批捕。

后初步查明:2002年至2010年2月,犯罪嫌疑人韩峰(男,53岁,正处级,案发前任广西壮族自治区烟草专卖局销售管理处处长)利用先后担任钦州市烟草专卖局局长、来宾市烟草专卖局局长职务之便,在发包办公大楼、办公网络建设等工程中,为承建商提供帮助,多次收受承建商的贿赂款共计48.2万元及价值30万元的商品房一套。

2010年3月14日,鉴于"日记门"当事人韩峰犯有严重违法违纪行为,广西壮族自治区烟草专卖局决定给予韩峰开除党籍和行政开除的处分。这一事件,网民的大讨论大气愤,演变成质疑,使得政府部门要出来表态,答疑解惑,最后局长落马。这一系列监督过程,首先从互联网上扩散开。没有网络这个大舞台,这个日记不会那么轻易传播,民众的监督力量就没有那么大了。互联网积聚网民的民意,使得对于官员的监督得到重视,最后终于查处了问题官员,而且事件还在进一步发展,日记中提及的有真实姓名的80多名官员也将有可能要接受调查。这一事件中,日记先是在互联网上流传,引起广大关注,最后才引起政府部门的注意,达到了监督的目的。

三、构建和谐社会

论坛、博客、微博、播客、QQ、MSN……3.84亿中国网民,以自己独特

的方式改变着中国的政治生态。新媒体成为社会公益事业的中坚力量,公益事件的及时报道,其实是通过有效的诉求,激发起受众的高级情感,如正义、爱国主义、团结等,这样有利于社会和谐观念和良好风尚的形成。近几年,中国网民从最初的懵懂好奇,逐渐发展到纵论时事,自由言说和参政议政的公民意识正逐渐觉醒,完成了历史性蜕变,形成一种积极参与社会事务、促进社会进步的重要力量。目前,中国网民总数已达 3.84 亿,互联网的渗透率和覆盖率与日俱增。2008 年,中国经历了一系列重大事件的考验,重大自然灾害和突发事件接踵而来,大事要事一个接着一个。从拉萨"3·14"暴力事件、奥运火炬境外传递,到抗击低温雨雪冰冻灾害、抗震救灾等重大事件,都有网络公民的深度参与,深刻影响和改变着事件进程。

汶川大地震期间,《手机报》每天早晚为手机用户提供地震信息,随时告诉人们,"关心身边的人"、"献出一份爱"、"感动中国"等,这些信息的传递为和谐社会的建设提供了良好的舆论环境。在地震发生 5 分钟后,QQ 弹出窗口就发出第一条地震消息。据统计,在整个赈灾报道中,腾讯网发出了 4 万条信息,点击率达到 110 亿次,用户参与评论超过 1000 万次;而在地震开始的 5 个小时之后,腾讯公益慈善基金会就在财付通上开设了在线捐助平台,数百万网友捐献了近 2400 万元的善款。在汶川地震发生后的 24 小时内,淘宝支付宝、腾讯财付通、易宝支付分别为李连杰壹基金、北京红十字会开通个人网上捐款平台。截至 5 月 16 日,3 个平台捐款额均突破 1000 万元,每一笔均是网友的个人自发捐款。互联网企业在短时间内做出迅速反应的不在少数,一个企业或者几个企业在很短时间内就能捐款高达千万。网络平台上的 1000 万元却汇集了千千万万网友的点滴爱心。数字背后,爱心和公益在无限传播。

网络商家的义卖页面中,报名义卖的商品,50%~100% 的收入将直接捐给灾区。从天涯到百度,再到腾讯"搜搜搜吧",报平安和传灾情,始终牵动着最多的人。寻找朋友、战友、亲人的信息,都被小心地收集起来。除了寻人和搜寻盲点,网友上传的照片和视频,也是这次震灾信息中一个重要的组成部分。

在通信、交通等基本设施几近中断的情况下,传统媒体已无法第一时间、全方位报道地震的最新灾情。这种情况下,互联网成为人们了解灾情的主要媒介之一。仅新浪播客(视频分享)就推出了两千余条和地震有关的视频,其中很大一部分来自当地"拍客"的各种努力。而央视新闻频道也曾播送一则 QQ 用户用手机拍摄的视频。这段视频拍摄了距离汶川最近的北川沿途情况。而在此前2月份的雪灾、2007年的济南大水中,网友亲历的视频情况就曾出现多次。也正是这样真实的资料,最大限度地让整个社会对灾情有了全面的了解。尽管绝大多数人到不了救灾现场,但可以用适当的方式汇入这抗击灾难的洪流之中。

此外,在一系列重大事件中,广大网民迸发出强烈的爱国热情和巨大的精神力量,利用互联网反击干扰破坏,支持北京奥运会;通过有力证据和事实揭露"藏独"分子和反华势力的造谣诬蔑;通过网络签名、发帖写信等方式,批驳西方部分媒体对我国的不实报道和恶意攻击。网民参政议政已经成为中国政治领域一道崭新亮丽的风景线。人们不得不感叹,互联网真是个好东西:既是民情到达决策层的便捷通道,也是决策层获取民意、民智的搜索引擎。

网络民意是指依托于互联网技术基础,以网络为平台,通过互联网上论坛和社区、博客等手段自由发表评论和意见,聚合某种愿望和诉求,从而形成的一种新兴民意。网络民意是基于互联网技术支撑下的一种新的民意表达方式,所以它具有许多传统民意表达所不具备的优势和特点。建设社会主义和谐社会是我国一个长期发展战略目标。随着互联网的迅速发展而产生的新兴的民意形态——网络民意将在构建社会主义和谐社会中起着非常重要的作用。

四、舆论引导

新媒体在网民参与议政中发挥着重要作用,反过来,政府也可以积极主动利用新媒体来提高执政能力和水平,进而提高执政效果。例如:

2010年2月20日晚,一场大规模群众恐慌在山西蔓延。山西省的晋中、太原、吕梁、长治、晋城、阳泉等地区,到处都是地震将发的议论。2月20日晚至21日凌晨,这些地区有许多人离家,躲避在广场、公园等地,夜不归宿,甚至开车逃往外乡;晋城、大同、朔州、忻州、运城等市也有部分群众向当地地震部门咨询震情。

地震谣传发生后,山西省地震局迅速采取措施:一是开通24小时震情值班电话,在收集地震谣传内容、扩散范围和发展动态的同时,积极进行正面引导,消除群众疑虑。二是迅速向山西省委、省政府和中国地震局值班室上报了谣传事件及相关信息。三是迅速通过省广播电台、电视台、手机短信和互联网络等形式发布山西省地震局通告,明确指出"近日有地震的传言,请大家不要信传。保持正常生活、生产秩序"。四是21日5点30分,地震局局长赵新平赶赴太原市五一广场,现场调查,并进行劝导辟谣。五是针对出现的恶意谣言,在网上进行了辟谣。六是向受地震谣言影响的各市、县地震局下发紧急通知,要求采取得力措施,全面做好地震谣传的平息工作。七是赵新平局长在山西省电视台新闻栏目进行地震预报法规宣传。

图7-5 避震的车拥堵在大路上

图7-6 人们在广场上等着"避震"

2010年2月21日至22日,山西移动、山西联通向手机用户陆续发出2000多万条辟谣短信。辟谣短信的内容为"山西省地震局公告:'近日有地震'的传言，请大家不要信传。保持正常生活、生产秩序。根据《地震预报管理条例》，只有省政府才能发布地震预报，其他任何单位、个人都无权发布"。此前，山西省地震局在当天早上6时7分也在网站发布了这一通告。21日早上6时30分太原电视台就已经在循环播放辟谣通告了。政府通过互联网、电视以及手机短信及时发布了辟谣信息，2000多万条短信击碎了地震谣言，展现了政府利用新媒体参与行政的积极心态。

政府主动利用互联网接受监督的进步，可以从河南法院庭审实现网络同步直播说起。2010年3月10日上午，河南省高级人民法院民二庭开庭审理一起租赁纠纷案件，案件通过中国法院网在互联网上同步直播。据悉，这是河南省法院首例通过网络直播的庭审案件。从此，河南三级法院将陆续实现庭审直播，成为我国第一个规范化、制度化实现庭审网络直播的省份。河南所有的庭审活动，除依法不能公开外，其余要全部公开，不仅要公开司法结果，还要公开司法过程，保证全社会的知情权与监督权。按照计划，在2010年4月中旬以前，河南省法院机关将对依法公开审理、群众广泛关注、宣传教育意义重大的案件庭审过程进行网络直播；各中级法院在6月底之前，实行庭审网络直播；从2011年开始，全省各基层法院也要实行庭审网络直播，这是政府积极利用互联网接受民众监督的一个举措。

人民网舆情监测室公布了"2010年第一季度地方应对网络舆情能力排行榜"。与以往不同，这次排行榜最大的变化是首次推出了"网络问政实践"的典型经验。

江苏常州环保局"批评有奖"的做法是此次的"正面"典型，而贵州安顺警察枪击致死案、山西问题疫苗事件，却因政府应对严重失当、存在重大缺陷，被红色示警。

网络正成为反腐的主流途径，不难看见，今日网络正朝着"监督利器"的目标行走着，当传统媒体无法完全满足社会公众的知情权，无法满足社会公众对公权力的监督需要时，发布渠道相对显得快速通畅的网络，就成为网民的选择。

据此，我们可以描绘出当前社会突发事件的"路线图"：传统媒体对社会失调事件的失语—公众转向网络发布相关事件—网络热议形成网络突发事件—网络突发事件演变成现实突发事件—政府部门紧急处理。

网络反腐，很红也"主流"，对群众而言，对政治民主而言，未尝不是好事；但对传统媒体而言，该如何收复"失地"强壮舆论监督权，是不得不思考的问题；对处于传统媒体与新兴媒体多重环绕下的政府部门而言，尤其需要及时观测、梳理网络传播动态内容，并在现实生活中以"疏"代"堵"，以"有为"代替"防范"。

从传播学的原理来讲，人际传播的小道消息被称为"葡萄藤效应"，作为正常消息传递的主体渠道来说，"葡萄藤"也是必然会伴随存在的，所以就要求我们的政府增强主流媒体渠道传播的力度和公信力。这时，只有及时公布信息才是解决办法，只有主流权威的声音才可以在一定程度上遏制"葡萄藤"带来的负面效果。

2010年2月山西地震传言的传播，就暴露除了一些不足之处，比如灾难性事件的预警机制和出现问题之后的化解机制都不够完善，以至于不能及早地了解并重视传言，不能迅速有效地公开澄清问题，深层问题也表现在领导人缺少勇于担当的精神。

公开信息首先要保证方向的正确，这是我国处理危机公关的大方向。

信息公开是政府有效接受舆情监督，少被动、多主动的有效机制。不要因为事情小，案例少，而掉以轻心。否则，一味策略性应对，而不是接受舆情监督，其结果就是事情越闹越大，最后从个案，一步一步走向公共危机。

常州"批评有奖"应该成为最终公民监督权、表达权，善待网民的又一个范本。"知政失者在草野"，政府的工作不可能完美无缺，可以说，网民们恰恰是监督政府施政的一面"明镜"，"创造条件让人民批评政府、监督政府"的目的也正是把这面镜子擦得更亮。

周斌局长的"闻过则喜"树立了一个好的例子，这一善待网民的举动值得推广。我们期待越来越多的周斌涌现出来，这才会使得包括网民在内的全体公民广泛参与表达的良好机制逐步形成，当"批评有奖"不再成为新闻和个案时，才能真正有一个和谐的网络议政环境。

其实，广大网民并不看重奖赏，而更在乎涉及公众利益的实际问题的解决，期待领导干部在工作中尽责，而不是失责，在出现问题后能够担责，而不是塞责，真正做到执政为民。

第三节 新媒体与经济增长潜力

改革开放30多年来，中国社会经济获得了前所未有的发展。2009年国内生产总值335353亿元，比上年增长8.7%。全年城镇居民家庭人均总收入18858元，其中，城镇居民人均可支配收入17175元，比上年增长8.8%，扣除价格因素，实际增长9.8%。良好的财力为社会的进步提供了有力的保障，成为推动社会发展进步的巨大力量，也成为推动传媒业发展的经济与社会基础。

人们收入的提高使其满足自身信息需求的门槛变得很低，而社会阶层的日益分化又产生了多元的个性化的需求，数字新媒体与传媒业的繁荣也就成了市场的要求。一方面是受众个性化的需求日益明显与强大，另一方面是数字新媒体技术的突飞猛进，既为媒体内容的无限生产提供了可能，又为信息的无限传播提供了条件，使我国的传媒业不仅日益呈现出多姿多彩的绚烂景象，也导致了传媒业与其他行业的进一步整合，从而进一步推动了经济的快速增长。

数字新媒体的发展带来了人气的聚集，中国互联网已拥有规模为世界第一的网民群体。截至2009年底，中国网民规模达到3.84亿人，大大超过美国，跃居世界第一位。网民人数较2008年增长28.9%，在总人口中的比重从22.6%提升到28.9%，互联网普及率在稳步上升。

新媒体产业的涉及面主要分布在六个领域：一是电信增值业，主要是ICP、ISP、IDC、IPTV和SMS；二是传媒业，全球各国都已经将网络媒体纳入新型媒体管理体系，我国政府也不例外；三是出版业，网络媒体及其手机彩信和短信的有关内容已经成为新的出版内容和形式而客观存在；四是娱乐业，尤其是网络和手机的游戏、动漫、音乐、影像的快速发展，带动了网络和手机多媒体产品的消费；五是展示业，网络媒体、数字媒体等和遥感控制技术的整合应用，进一步促进了展示技术的提升与开发，展示方式更丰富更灵活，比如柔性展示技术等，展示效果也更具魅力；六是咨询业，E-教育、E-商贸、E-购物、E-银行、E-旅游等，可谓商机无限、潜力巨大。由此可见，数字新媒体的吸引力越来越强，受众群体迅速扩张，其影响力正在超过传统媒体。数字新媒体除完成传统媒体的功能延伸外，还开启了媒体数据库管理、信息分类整理和加工、超媒体传播平台的应用等。而新媒体产业盈利主要来自互联网市场、移动增值市场及户外媒体市场三大板块。

一、互联网市场

2009年，在金融危机笼罩下，中国互联网市场显示了较好的抵御风险能力，呈现加速发展趋势，同比增速提升至31.99%，总体市场规模达到1834.5亿元。

1. 新媒体广告

2010年1月14日，尼尔森在中国的合资公司CR-Nielsen（ChinaRank合作伙伴）对外发布了2009年度中国互联网广告市场总结快讯。数据显示，2009年，中国互联网广告市场价值为人民币180亿元，比2008年增加36.9%，年度内不重复的广告推广项目数为52228，广告主数为6873，创意数为168020，分别比2008年增加了19.8%、24.9%、29.5%。而DCCI预测，2010年网络广告营收规模（不含搜索引擎广告）将达到136.2亿元，增长速度有所回升，比2009增长10.6%。2010年又是大事件集中的一年，从世界杯到世博会再到亚运会，网络媒体又上演新一轮的转播报道大战，背后的广告营销推广战争也更加值得关注。2009年底的增长回调压力将会进一步释放，2010、2011年网络广告市场将会重新回到高速增长的轨道上来。2009年全年中国互联网搜索引擎服务商营收规模增至70.1亿元人民币，该数字比2008年增长38%。

2009年度互联网广告市场中的领头广告行业依然是汽车类广告，时尚类和娱乐类广告分列第二和第三，紧随其后的分别是计算机及电子产品和快速消费品分类广告。对比2008年市场状况，广告市场价值增幅百分比最大的三个行业分别为零售类、搜索引擎和目录以及旅游住宿类广告，增幅分别为222.7%、159.4%和157.1%。

随着社会的发展，经济的发达，生活水平的提高，带来了大众生活形态与出行方式的重大变化，人们在家时间越来越短，而在家以外的地方，比如办公楼、交通工具、商场等户外的时间越来越长了，造就了户外新机遇。受众媒体接触习惯的改变，给户外媒体市场带来了深刻的影响。户外媒体说到底是一种媒介，其载体形式主要包括电子屏幕、路牌、灯箱、框架、车厢、大型充气模型、霓虹灯等，而其投放位置一般选取人流量较大的商业区、交通场所、住宅区甚至路边等。

2007年户外电子屏广告额为41.8亿元，同比增长91%，2008年达70亿元。目前，新媒体的市场规模已经超过1000亿元，预计2011年整个市场规模会超过3000亿元。新媒体产业已成为我国经济发展的重要支柱。

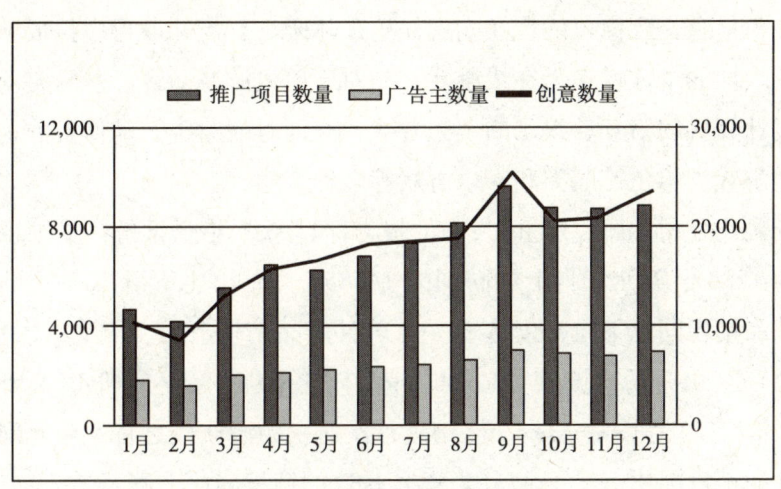

图7-7　2009年互联网广告趋势

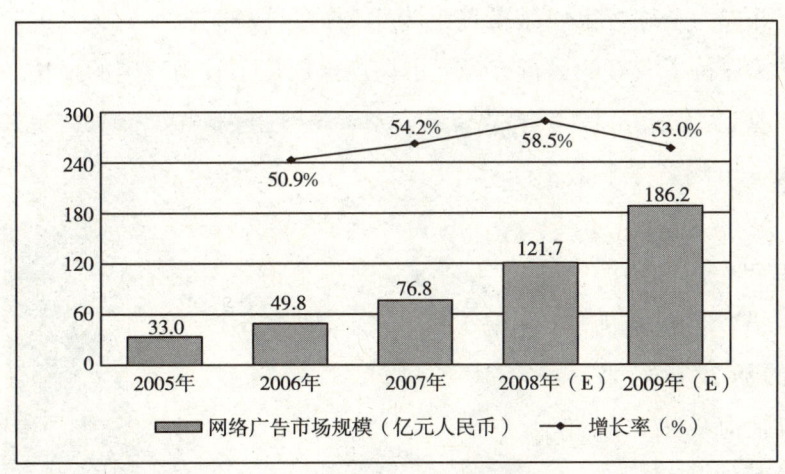

图7-8　中国网络广告市场规模及预测

传统媒体网站虽然享有内容优势，占有大量第一手的咨询资源，但其网站的经营并不理想。从网站内容的综合性来看，传统媒体和综合门户网站具有一定的相似性，不同的是通信服务类、IT产品类和房地产类广告在综合门户网站中占有很重要的位置，而在传统媒体类网站中所占的比例相对不多，而且综合门户网站的广告总收入也远远高于传统媒体类网站。

2. 网络游戏

网络游戏缩写为Online Game，又称"在线游戏"，简称"网游"，是指以互联网为传输媒介，以游戏运营商服务器和用户计算机为处理终端，以游戏客户端软件为信息交互窗口的旨在实现娱乐、休闲、交流和取得虚拟成就的具有相当可持续性的个体性多人在线游戏。相对于单机游戏而言，网络游戏是多名玩家通过计算机网络互动娱乐的视频游戏，有即时战略类、动作游戏、体育游戏、竞速游戏、角色扮演类和音乐游戏等多种类型。

市场调研公司NPD Group发布的报告称，2010年2月份，美国视频游戏销售额为12.6亿美元，与上年同期的14.8亿美元相比下滑15%。其中，游戏硬件产品销售同比下滑幅度达20%，软件产品销售下滑15%。NPD的数据显示，2010年2月份，微软Xbox360销量同比上涨9%，达到42.2万部，这也是自2007年9月以来Xbox360销量首次居视频游戏机之首。与此同时，任天堂Wii的销量同比下滑了47%，索尼PS3的销量同比上涨了31%。

2009年是中国网络游戏产业发展的第十个年头。中国的网络游戏市场迅速发展，并成为全球数字娱乐市场最为重要的组成部分之一。2009年中国网络市场继续保持了较好的运行态势，市场规模保持了较为稳定的增长，产品类型不断丰富，海外出口增速加快，市场竞争较为激烈。

2009年中国网络游戏市场规模（仅包括面向玩家的游戏运营收入，不包括海外出口收入和通过其他盈利模式获得收入）为258亿元人民币，同比增长39.5%。其中国产网络

图7-9 中国网络游戏《天龙八部》

游戏市场规模达到157.8亿元人民币，同比增长41.9%，占总体市场规模的61.2%。文化部正酝酿出台奖励性政策，用以支持国产网络游戏向海外出口。同时起草的文化产业发展扶持金融政策中，有望惠及网游行业的中小企业及创业、研发型公司。

《中国青年报》社会调查中心通过民意中国网发起一项调查（2661人参与）。结果显示，55.2%的人认为当下的国产游戏有一定竞争力，但有53.7%的人觉得，国产网游对中国文化的传播仍"不太充分"。受访者中，80.1%的人玩游戏，其中"经常玩"的人占11.1%，"有时玩"的占33.2%。

你对当下网络游戏是什么印象？调查中人们给出的排序是：暴力（55.0%）、诱惑（54.7%）、杂乱（49.6%）、轻松（44.9%）、智慧（28.8%）、色情（23.1%）。

中国传媒大学动画学院游戏设计系主任费广正指出，严肃游戏将改变以往游戏中的黄色暴力倾向，让游戏成为承载和传播优秀文化的载体，"未来的世界游戏竞争，一定程度上将取决于游戏文化的竞争"。但当下国产游戏的文化竞争力还相对较弱。

不久前，一篇发在天涯论坛"游戏地带"的帖子，引起不少游戏玩家的共鸣——"5000年的文化，为何没有一款'中国风'的好游戏？"

该帖指出，东方神话和西方魔幻，本应是世界文化遗产中并驾齐驱的两驾马车。东方神话还有着武侠这一介于现实与超现实之间的"帮手"，理应凌驾于西方魔幻之上，至少不应像现在这样，大有西方魔幻一统江山之势。

现实情况确实让不少游戏玩家沮丧。如今玩家所玩的主流游戏，大都出自欧美和日韩，如《魔兽世界》《神魔大陆》《天之翼》《龙之谷》等西方魔幻游戏，已占领了中国很大一部分网游市场。

调查中，50.4%的人觉得，时下比较火的网游主要是欧美和日韩的游戏。仅20.8%的人认为是国产游戏。

"我们热切期盼一款流着中国人血液的游戏。"本次调查中，53.7%的人认为，国产网游对中国文化的传播"不太充分"；13.7%的人表示，国产游戏没有传播中国文化。仅17.7%的人认为"比较充分"，3.4%的人觉得"非常充分"。

费广正认为，国产游戏中的"文化"，不能仅仅是个壳——单靠秦砖汉瓦等表面的中国元素和符号来堆砌。"欧美游戏中,大多体现了英雄主义;日韩游戏中,蕴涵了他们青年人的价值观。国产网游,也要植入仁、义、礼、信、智、忠、孝等中国传统价值观和哲学思想。"

"谁先勇敢地站出来,谁就把握先机。"费广正认为,只要游戏商愿意,要做到这些,在技术上并没有什么难度。但是,外国游戏由于起步较早,已经很强势。他们设立的规则在玩家心目中形成了思维定势。一些游戏商担心,如果进行改动,游戏很可能丧失一部分玩家。

目标软件(北京)有限公司研发中心总监高柱表示,就目前来看,内容创新很有难度,"是因为很多游戏公司不愿冒险"。正如一名网游专家所说,不少游戏开发者和运营者就抱着这样的观念:是个网游就能挣钱;网游就是打怪升级加社区。

有了现成的规则和套路,加上"打怪升级的游戏都挣钱"的现实,众多游戏商自然不必冒险成为第一个吃螃蟹的人。一些游戏商为了短期内收回成本,游戏开发周期被一再缩短,有的一年就推出一款,技术含量大打折扣,更别提文化内涵了。

"像《魔兽世界》这样的大制作,国外都是请大剧作家写剧情。而国内呢,有的商家干脆就叫程序员来写。事实上戏剧冲突、文字锤炼,这些东西一般人很难上手。"目标软件(北京)有限公司游戏文案策划杨大鹏说。

3. 网络视频

从艾瑞咨询发布的调查数据看,全球排名前 20 位的互联网公司当中,有超过半数的公司有 50% 的流量是新媒体带来的,例如视频搜索、视频分享、社区交友等业务,其中大部分是基于 Web 2.0 技术的应用范畴。如果对采用 Web 2.0 技术的新媒体业务应用做一个排名分析,博客应该是目前最主流的模式,它的阅读覆盖规模每个月超过 1.1 亿人,人均阅读有效时间超过 120 分钟;其次是社区业务,社区的阅读覆盖人群规模超过 1 亿,每个月的人均阅读时间是 60 分钟;排在第三的是视频分享类新媒体,每个月平均阅读覆盖人数规模超过 8000 万人,人均阅读有效时间在 60 分钟左右。新媒体在视频分享、社区网站等细分市场上实现了对门户的胜利,没有 Web 2.0 技术就不可能有新媒体今天的地位。

作为新媒体经济中的杰出代表,在线视频及社区网站已经成为当前互联网行业中一股不可忽视的新力量，大有冲击门户之势。有人把这种局面视为新媒体向"门户巨人"发出的挑战，这种挑战除需要胆气外，还要有实力做后盾。例如，以"草根社区"为定位的 51.com 拥有会员近 8000 万名，优酷网、"六间房"这些在线视频网站则拥有门户级网站才能实现的流量数值，还有像手机广告、IPTV、电子杂志、客户端软件等其他新媒体模式正在蓬勃发展。在"流量为王"的今天，作为在互联网行业执牛耳地位的门户网站，越来越多地感受到来自这些新生代对手的竞争和挑战。曾经被视为不入流的草根社区、在线视频、客户端软件等新媒体正式踏进互联网主流媒体的行列，互联网行业势必又将掀起一轮"新媒体浪潮"。

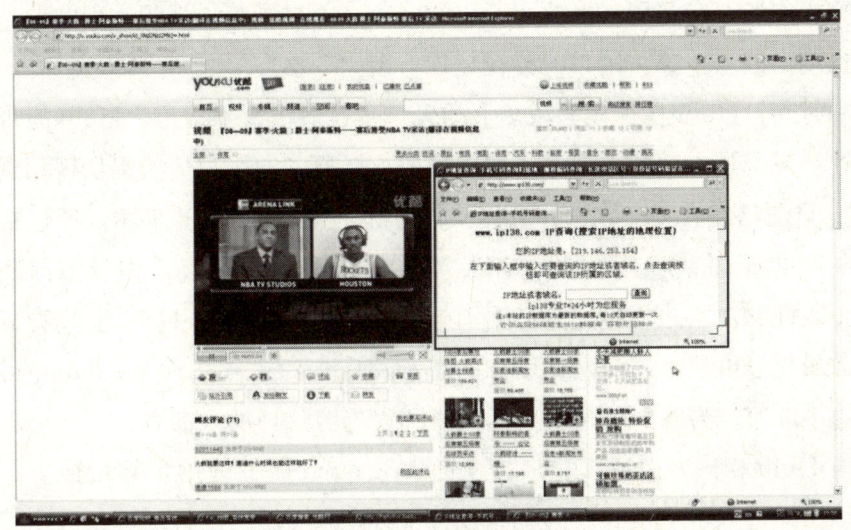

图 7-10 优酷网视频

易观国际（Analysys International）发布的《中国网络视频市场年度综合报告 2009》显示，2008 年国内网络视频市场总体收入规模达到 4.31 亿，季度平均复合增长率高达 21.5%。2009 年第 1 季度中国网络视频市场收入为 9810 万元，同比上升 111%。2009 年中国网络视频领域大事不断，版权影视发展、融资收购、国家网络电视台的推出等都让网络视频领域成为业内关注的焦点。其中以 2009 年 11 月盛大以 4400 万美元的价格换股收购酷 6；2009 年 12 月央视斥资 2 亿元筹备中国网络电视台；2009 年 12 月优酷再次融资，获得 4000 万美元风投；2010 年 1 月百度携手海外风投 7000 万美元进军视频领域这四个大事最为著名，目前，视频行业吸金已逾 5 亿美元。

网络视频已成长为最为普及的互联网应用服务，网络广告营销作为网络视频服务商最重要的营收来源之一在 2009 年也取得重大发展，广告主对基于网络视频平台的营销模式越发认可，使用倾向迅速提升。2009 年中国独立网络视频站点及播放平台广告营收规模为 5.9 亿人民币，较 2008 年增长 73.5％；DCCI 预测，2010 年中国网络视频站点广告营收会继续增长，预计营收规模将达到 9.9 亿人民币，增速达 67.8％。

从美国拿到了 5000 万美元的风险投资，投资方是 Hulu（美国视频网站）的金主普罗维登斯资本——百度推出的视频网站奇艺甫一降生就高调宣布要模仿 Hulu，走"正版＋长视频"之路；无独有偶，2010 年 3 月初，酷 6 网宣布启动酷 6 剧场，专门用来播放有版权的电影、电视剧等长视频；而此前，迅雷看看也发出消息，禁止用户上传视频，告别"分享"。

一时间，Hulu 在视频领域热火朝天。不过业内人士指出，Hulu 能否在中国开花结果仍是未知数。据悉，通过授权点播模式向用户免费提供视频资源的 Hulu，目前已经有 200 家内容合作伙伴，除了 NBC 和新闻集团，还包括华纳兄弟、20 世纪福克斯、索尼及 NBA 等 80 多家内容制作商。内容源保证了视频的正版性和对用户的吸引力。据国外媒体报道，每天在 Hulu 上收看节目的用户数量超过电视台自身网站用户的总和；广告商也随之而来，Hulu 目前拥有超过 100 家广告客户，包括美国银行和麦当劳这样的大品牌。

与 Hulu 相比，以视频分享为主的 YouTube 在美国用户数量最多，但其盈利能力却远低于 Hulu。有数字显示，Hulu 能够发布广告的视频占到了总视频的 90％，而 YouTube 的这一比例仅为 10％。YouTube 的用户数量比 Hulu 庞大，但因版权问题以及内容的不确定性，市场广告份额并不大，且自成立起就持续亏损。

而与拥有 70％内容源支撑的 Hulu 相比，国内没有一家视频网站能够达到这样的高度。据悉，国家级别的中国网络电视台也不过占国内 3％的内容。

4. SNS 网站

尼尔森近期公布的研究报告显示，社交网站已成为全球第四大网络服务媒体，全球有 2/3 的互联网用户参与网络社交。社会性网络服务（Social Networking Service，简称"SNS"）正在蓬勃发展，海外的 Facebook、Myspace，中国的开心网、人人网（原校内网）等，成千上万的人每天都流连其中。根据美国"消费者互联网指数"（Consumer Internet Barometer）的社会化媒体大爆炸（Socia Media Explosion）指出，在2009年的第2季度，有43％的美国互联网用户访问社会性网络服务网站。

DCCI监测数据显示，网络社区受众规模持续高涨，2009年用户规模达2.45亿，月平均花在网络社区和论坛的时间达8.53个小时。其中BBS形式社区如天涯社区近一年用户增长超75％，大型SNS社区如开心网近一年用户增长超300％，校内网用户增长超过100％。网络社区受众强劲的发展势头，庞大的用户基础将奠定社区行业的发展信心。

2009年中国网络社区广告营收规模为7.8亿人民币，较2008年增长18.2％。网络社区广告市场受到宏观经济影响，营收规模增长速度由上年的61.0％，大幅放缓至18.2％。与此同时，网络社区硬文广告之外的特有营销模式被不断开发出来并逐步为广告主代理所认可，如口碑营销、体验营销等，社区营销已经成为广告主整合营销体系中的重要一环，拥有巨大的增长空间。长期来看，网络社区营销发展前景广阔，DCCI预计2010年的网络社区营销市场将快速回暖，增速达47.4％，规模增至11.5亿元。

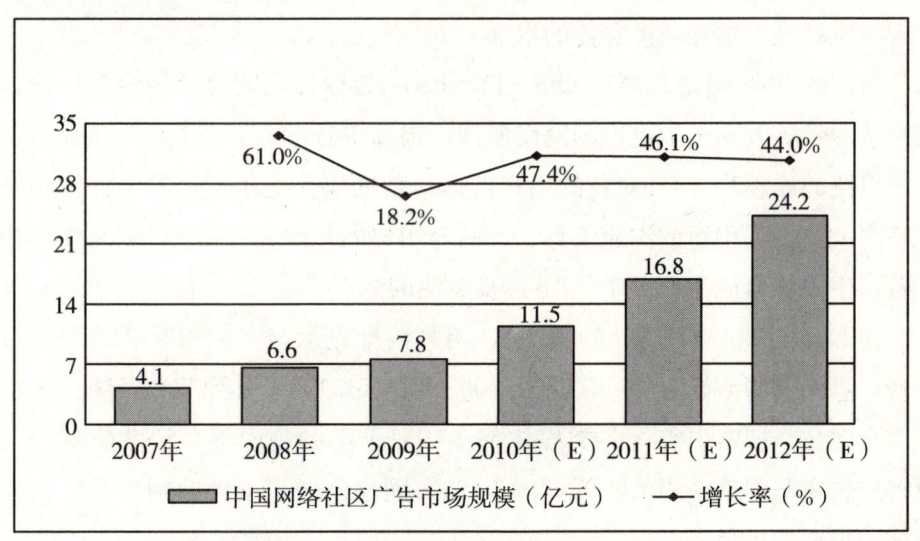

图7-11 中国网络社区广告市场规模

广告主对网络社区媒体价值认可度不断提升，广告主行业逐渐多元化。随着网络社区用户规模的不断增长，社区营销产品的不断成熟，各广告主对网络社区的营销价值的认知、认可也在不断提升。目前网络社区广告主以计算机和通信行业客户居多，其他行业客户对网络社区，甚至对互联网的营销方式也开始增加投入，广告主行业多元化增长的迹象进一步表明广告主对社区媒体价值的认可。

中文 SNS 市场在 2009 年热点颇多，校内网的更名，开心网的火爆，以及微博客的异军突起，种种围绕 SNS 市场的热点营销事件不断。不过，根据 DCCI Netmonitor 的相关数据，以及美国 Compete 公司的流量数据，我们发现，中国最大的 SNS 网站人人网 2009 年 11 月的独立到达受众为 0.5 亿，渗透率仅为 13.5%，而美国的同类网站 Facebook 当月的独立受众为 1.3 亿，渗透率高达 80.2%，即使是作为后起之秀的 Twitter 渗透率也达到了 14.1%，超过人人网的水平。这个数据并非否定我国 SNS 市场的发展程度，因为广义上来讲，中国的最大 SNS——QQ 的活跃账户数如腾讯公司 2009 年 3 月初数据显示，腾讯 QQ 已经拥有 10.57 亿注册账户数、4.48 亿活跃账户数，并有超过 1 亿 QQ 用户同时在线。自 1999 年第一个版本面市至今，QQ 作为中国第一个即时通信软件，一直伴随着中国互联网的发展，QQ 用户成为中国网民规模高速增长的核心部分之一。即使是考虑平均每个人两个 QQ 账户，这个用户规模也超过了国外同类媒体的水准。

目前的 SNS 网站需要以 QQ、Facebook 为标杆，大力开拓海量用户，把用户从白领扩大到范围更广的网民群体，提高自身渗透率（人人网的做法正是这一思路的体现）。而针对新的用户群体，新的媒介应用工具实施的营销方法也呼之欲出，利用新的沟通工具、产品与用户展开沟通；在新的媒体应用中设计营销手段将会成为 SNS 网站下一步关注的焦点。

在 DCCI 2009 年互联网调查中，相关数据显示，在中国互联网用户日常消费信息来源网络媒介中，SNS 从 2008 年的 14.1% 上升到 2009 年的 18.4%。在综合门户、搜索引擎等各类媒体都在相对下降的趋向下，SNS 影响力上升值得广告主与代理公司的重视，因为 SNS 网站已经在国外的网络推广活动中扮演了重要的角色。

根据 ComScore2010 年所做的一份调查显示，在决定购买假日礼物的美国购物者中，已有 28% 的人受到了社交媒体的影响。在该项调查中，7% 的受调查者表示，他们会针对商品查阅厂商在社交网站 Facebook 上建立的粉丝网页；5% 的受调查者则表示，他们会查阅在微型博客 Twitter 上建立的粉丝网页。

报告中称,购物者最容易受到其他消费者所写的产品评论的动摇。ComScore 董事长吉恩·福戈尼（Gian Fulgoni）在声明中表示,在未来十年内,社交媒体对产品销售的影响力会与日俱增。在这种环境中,对零售商而言,拥有社交媒体营销战略就会有意义。

5. 网络动漫

动漫产业,是指以"创意"为核心,以动画、漫画为表现形式,包含动漫图书、报刊、电影、电视、音像制品、舞台剧和基于现代信息传播技术手段的动漫新品种等动漫直接产品的开发、生产、出版、播出、演出和销售,以及与动漫形象有关的服装、玩具、电子游戏等衍生产品的生产和经营的产业。

动漫产业已经作为文化产业的一部分,并且中国的动漫产业正处于上升阶段。以动画、网络游戏、多媒体产品相结合的动漫产业素有"21世纪知识经济核心产业"之称,而中国动漫产业除具备市场发展空间大、衍生产品需求大、产品营销周期长等特点外,还具有强大的消费群体这一发展优势,动漫行业的前景无法不被看好。

随着国内改革开放的进一步深化,经济发展到一定水平,迫切地需要产业升级,改变原有的经济增长方式,于是国家在发展的过程中政策也慢慢倾斜于一些文化和其他新兴产业,在很大程度上也促进了中国国产动漫的发展。其次随着中国市场的进一步对外开放,与国外的交流进一步加强,一些守旧的观念也得到了很大程度的更新,创作者能在很宽松很自由的艺术环境里放开手脚进行创作,尽情地展现自己的丰富情感,表达自己的艺术观念,促进动漫作品的多形式多方面的发展,培育着多群体多层面的动漫消费市场。随着蓝猫等一些经典角色的出现,一些衍生产品开始产生,中国动漫正逐步地由单一的产业体向整个产业链延伸发展,动漫逐步与商业生活接轨,从而整个动漫产业的影子才模糊地显现,并逐渐清晰起来。

ChinaVenture 根据艾瑞市场咨询数据整理显示,2006年中国网络动漫市场规模已突破 0.10 亿元,相比 2005 年市场规模增长 25%。根据数据预测,2010 年中国网络动漫市场规模将突破一亿元,整个市场即将步入爆发期。（注：网络动漫市场规模指网络动漫企业或个人通过运营动漫网站获得的直接与间接收入规模。）

图 7-12 央视动漫

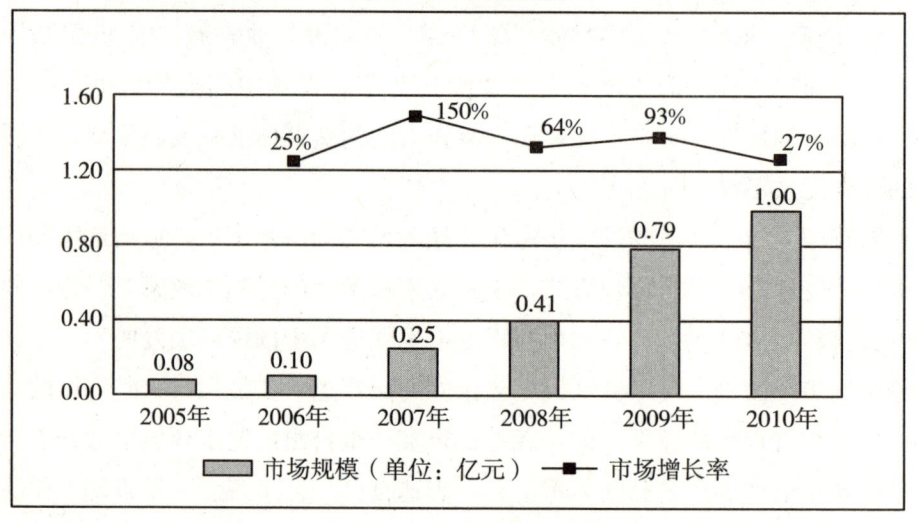

图 7-13 2005—2010 年中国网络动漫市场规模

我国动漫产业近年来发展迅速，2009 年全国共创作动画片 322 部 17 万分钟，比 2008 年增长了 31%。从动漫产品的衍生产品开发市场来看，市场空间更大。据了解，目前我国每年有 600 亿人民币的文具产品销售额，200 亿人民币的玩具销售额，以及 100 亿元人民币的儿童音像制品和儿童出版物等，在某种程度上都有赖于动漫产业的发展和带动，由此中国动漫产业的产值将有望在近几年超越千亿元人民币，达到一定规模。

6. 网络教育增值

随着因特网的发展以及各种网络和信息媒体在人们日常生活中的推广和发展，人类文明踏上了网络时代的征程。以信息技术为载体的网络正以惊人的速度改变着人们的生产、工作、学习和生活方式,同时它也引起教育领域中更深刻的变革,使教育体制与教学模式产生前所未有的重大飞跃,在传统教育体制与现代教育体制的冲撞、对抗之后,"网络教育"在这种夹缝中应运而生。

自 2004 年起,中国网络教育用户规模始终保持稳定增长的趋势,年增长率保持在 20% 左右,中国网络教育市场已经形成一个庞大而稳定的基数。艾瑞咨询估计,2007 年中国网络教育用户规模为 1220 万,同比增长 25.1%,预计 2010 年中国网络教育用户规模将上涨至 2310 万,是 2007 年的两倍。

国内知名大学已纷纷建立网络教育学院,如清华大学、中国人民大学、中国地质大学、复旦大学等。另外国内专业网络集团已具有一定的规模,拥有大量用户的大型网络公司有几十家,如首信中财等取得相当好的经济、社会效益。

二、移动增值市场

截至 2009 年 12 月底,我国手机网民规模达到 2.33 亿,占网民总体的 60.8%,这个巨大的消费群所蕴藏的潜力不容忽视。随着手机上网资费的降低和用户规模化,移动网络、手机终端在中国互联网发展中起着更加重要的作用。继手机短信之后,手机彩信、手机游戏、手机广播、手机上网、收发邮件、手机报纸、甚至手机电视等新业务使得手机的功能在不断地实现自我超越,由通信终端向信息终端的转变使手机无可厚非地成为一种新兴的媒体。手机功能的多样以及我国移动电话的用户数量和普及率都达到了较高的水平,使得我国手机在增值业务上有着巨大的潜力。

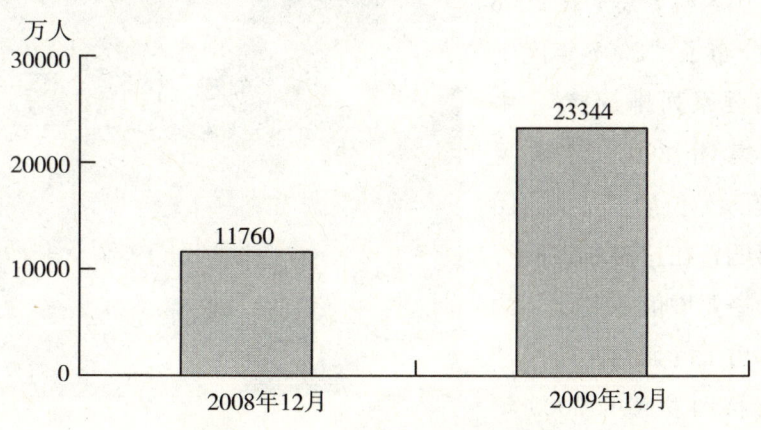

图 7-14 手机上网网民规模对比

2007年，我国移动增值市场规模达733亿元，同比增长23％。2008年我国移动增值市场规模达1251.3亿元，同比增长19.2％，2009年则达到1550.4亿元，同比增长23.9％。移动互联网的快速发展将带动新一轮的产业发展，腾讯、三讯门户和空中网在这一市场中占据领先地位。官方门户的流量在持续下降，非官方门户流量及广告收入则持续增加。

1. 短信

据英国市场调查公司Portio Research最新发布的研究报告显示，2009年手机用户共发送了超过5.5万亿条短信，产生了1506亿美元的市场。同时该公司预计，到2014年，短信数量将翻番，市场将增长到2330亿美元。2009年我国手机短信业务量约为7713亿条。2009年全球手机短信方面的收入达1023亿美元，到2010年底有望超过1090亿美元，届时短信发送量将超过6.6万亿。

据统计，2008年春节期间（年三十至年初六），全国有超过170亿条短信发送，较2007年增11.8％。历史数据显示，2005年春节假期全国手机短信发送量为110亿条，2006年为126亿条，2007年为152亿条，手机用户数快速增长是短信发送量增长的直接原因。2007年，全国手机用户数达到5.47亿户，手机普及率为41.6％。以每条短信0.1元计算，这个收入是非常可观的。国家税务总局在2008年10月公布了"2007年度中国纳税百强系列排行榜"，中国移动集团2007年纳税486.24亿元，位居"企业集团纳税"第四，在这高收入的背后，作为主要增值业务之一的短信也作出了巨大的贡献。

中国移动发布的2009年年报显示，2009年，中国移动

图7-15 《三月风——中国新闻人物杂志》的封面

使用增值业务客户总数达到46338.6万户,年增长率达10.4%;增值业务收入达到人民币1314.34亿元,比2008年增长16.0%;增值业务收入占运营收入的比重达到29.1%,比2008年提高1.6个百分点。在增值业务中,短信等成熟业务在规模已经较大的情况下继续实现增长。2009年,中国移动短信使用量达到6812.25亿条,年增长率达12.2%,日均18.66亿条,短信业务收入达到535.57亿元。

2. 彩信

彩信是继短信之后的另一种移动增值业务,彩信用自身的特点诠释着另一种时尚元素。我国于2002年10月正式推出彩信业务,至2009年,彩信走过的路可以用"坎坷"这个词来形容,经历了起起落落之后,如今的彩信业务已经步入一种相对平稳的状态。

在2002年底,广东现代国际市场研究有限公司对北京、上海、广州三大城市做了关于彩信业务的调查显示,43%的消费者听说过彩信业务,57%的访问者则没有听说过。如果不必更换正在使用的手机就可以发送和接收彩信,37%的用户会考虑使用彩信新业务,而13%的用户还拿不定主意,其他的用户则表示不会考虑使用彩信。除发送彩信需要具备相应条件的手机外,彩信的费用等问题也是制约彩信发展的原因所在。当时中国移动的彩信业务是按条收费的,每条0.90元,是文字短信每条价格的9倍。调查显示,能接受这一价格的消费者仅占24%,而嫌价格较高、有点不能接受或者绝对不能接受的占59%,另有17%的用户则不表明态度。由于各方面的原因,从彩信推出之日到2003年,中国移动的彩信用户仅150万,普及率不足1%,提供彩信服务的SP(SP指移动互联网服务内容应用服务的直接提供者,负责根据用户的要求开发和提供适合手机用户使用的服务)不足100家,全年发送量仅1.5亿条,收入仅2亿元。可以说彩信刚上市的表现给人们带来的失望大于希望。

2004年彩信的市场规模仍然没有达到市场期待,但是经过两年的发展,可以看到彩信的发展速度已明显加快。价格下调是促进彩信发展的重要因素。中国移动将之前每条彩信0.9元的价格降低至0.5元,个别省市甚至将价格降得更低。除此之外,中国移动还下调了部分SP的分成比例,将SP的不均衡通信费从0.3元降低至0.25元,这就大大调动了SP对彩信业务投入的积极性。他们相继开发出了自己的一些品牌,形成了自己的特色,也激发用户的消费热情。来自中国移动方面的数据显示，2004年全年的彩信发送量达到9亿条，总价值6亿多元人民币。这些数字虽然不能和短信相比，但是也让人看到了彩信发展的希望。

终端厂商在2005年推出了种类繁多的高中低档彩信手机，在这些低到几百元高至数千元的手机中，可以使用彩信服务逐渐成为一种最基本的功能。另外，加上中国移动和SP们对于彩信资费标准也已调整了数次，价格一降再降，使得中国移动的彩信用户在当时达到1200多万。有数据显示：2005年前5个月，中国手机用户的彩信使用率达到11.7%，较之以往又有了大幅度增长。在2005年春节7天假期，彩信发送量达到8000万条，这是个喜人的数字。

2006年被喻为中国移动的彩信年，彩信业务在这一年迎来了发展的高潮。数据显示，2006年全球手机彩信市场收入规模为120亿美元。而在我国，中国移动1Q彩信业务收入达到1.9亿元人民币，相当于2005年全年彩信收入的45%左右，2006年中国移动的彩信业务收入预期达到9亿元人民币。而2007年彩信的发展又在2006年的基础上有了新的突破：易观国际曾发布的研究结果显示，2007年第4季度彩信市场整体规模为3.21亿元，同比增长94.46%。当时预计到2007年底全球彩信市场收入规模将达到140亿美元，2010年达到234亿美元。

3. 飞信

2007年6月5日，中国移动正式向社会推出飞信，将飞信定位为"中国移动的综合通信服务"，以电信和通信领域的应用为主。中国移动采取完全免费的使用方式，从飞信PC客户端、飞信手机客户端，可以免费发送短消息，支持电信级别的8人语音通话，资费比现行资费还要低廉。业界普遍认为，飞信将不可避免地与QQ及MSN争夺市场份额。飞信是中国移动打开互联网的一个入口，一方面可将用户牢牢地吸附在自己的网络上，吸引更多潜在用户；另一方面，在培养用户使用习惯的过程中，将更多增值业务服务推广，开辟移动互联网时代依靠广告、提供虚拟个性增值服务等的盈利模式。中国移动2008年上半年业绩显示，飞信用户数已经突破1.1亿，稳居IM市场前三甲。可以说，中国移动强大的号召力和强势合作策略，使其所到之处，移动QQ、移动MSN等纷纷折戟、缴械。

三、电子商务

电子商务就是以电子为手段,以商务为主体,将传统的购物、销售渠道移到互联网上来,打破国家与地区、有形与无形的壁垒,使生产企业达到全球化、网络化、无形化、个性化。近年来,伴随国内互联网建设的迅速发展,网络安全的不断完善以及人们消费观念的改变,国内电子商务进入了一个高速发展的阶段。

调查显示,40.7%的网民在最近一年内进行过网上购物,16.5%的网民经常访问购物网站,电子商务正越来越走向普通大众。电子商务的发展,使快递产业与电子商务平台、网商企业的合作日趋密切,合作范围不断扩大。2009年,全国个人网上购物销售额达到2000亿元,约占社会商品零售额的1.2%。仅淘宝网的日交易规模就达到600万笔,其中75%的交易商品要通过实物递送,由电子商务带动的邮递包裹达到10亿件。我国电子商务事业已经进入高速发展期,目前以每年高于70%的速度持续增长,预计到2010年电子商务交易额将达15万亿元。

2009年,电子商务成为国民经济发展中最大的亮点之一,B2C和C2C网络购物迅猛发展,与2008年开始的金融危机给其他行业带来的影响形成了鲜明的对比。

1. 网络旅游预订

2009年网上旅游预订快速增长,成为旅游市场一大亮点。中国互联网络信息中心(CNNIC)发布的《第25次中国互联网络发展状况统计报告》显示,2009年网上旅游预订用户规模达到3024万人,比2008年增长77.9%。2009年旅游预订用户规模增长1324万人,增幅仅次于网上支付(80.9%),超过网络炒股、网上银行和网络购物的用户增长规模(分别为67.0%、62.3%和45.9%)。由于在线预订的流行和用户规模的扩大,在线旅游企业也表现优异。

在线旅游业发展10多年来,市场环境发生了很多变化,一个是行业增长非常迅猛,无论是从数字统计还是切身感受,在线旅游通过网上或者呼叫中心预订比传统预订增长迅速得多。第二个特点是目前的竞争越来越激烈,集中度也在增强,一些传统的企业不断地在消亡。三是行业的新进入者越来越多,除了从事旅游行业的企业进军在线旅游,有两个行业的企业也加入了竞争,一个是互联网行业进入在线旅游行业的趋势在不断加快,另外一个是拥有客户资源的强大的会员制企业,比如银行和电信。

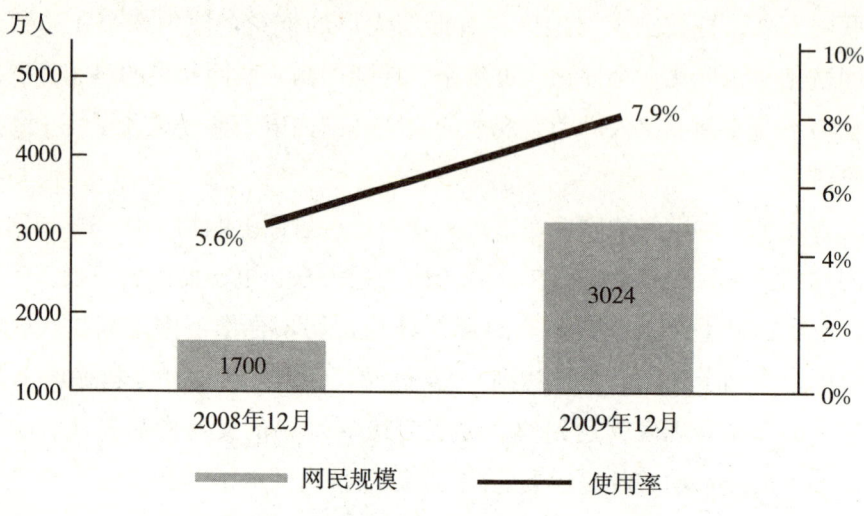

图 7-16 2008-2009 年旅游预订用户对比

艾瑞市场咨询日前发布的报告显示,2010 年中国的在线机票、酒店和打包旅游产品预订收入将同比增长 27%,达到 47.5 亿人民币,这一数字在 2013 年将攀升到 90.1 亿人民币。随着中产阶级休闲旅游的增长、信用卡的普及和互联网的发展,中国的在线旅游市场正快速增长。

2. 网络购物

北京正望咨询有限公司 2010 年 3 月 14 日发布的调查结果显示,2009 年我国网上购物持续高速发展,有 1.3 亿消费者在网上购买了共计 2670 亿元的商品,这相当于每 3.38 个网民中就有 1 人在网购,比 2008 年实现了 90.7% 的增长。网络购物市场规模达到 1034.6 亿元,同比 2008 年上半年高速增长了 94.8%。网络购物交易规模占社会消费品零售总额的比重攀升至 1.98%;同时,网络购物用户规模突破 1 亿,占网民总数比重达 28.2%。

与欧、美、韩等国家和地区超过 2/3 的网民网购率相比,中国网民的购物潜力仍未被完全释放,各大网络购物网站应致力于打造更加简单易行的购物平台,降低网络购物门槛,让每一个会上网的人都会网购。有专家分析认为,一线城市以其良好的资源环境和用户基础已成为网购中心,网购市场的发展逐渐趋于成熟和饱和。二、三线区域在 2009 年成为中国网购市场的主要推动力量,这也保证了网购市场继续保持高速增长的态势。未来几年网络购物市场将持续保持快速的增长趋势，2011年，有望达到5690亿元，以目前的增长势头预计，到2012年，中国网络购物市场将突破1万亿元大关。

金融危机客观上促进了网络购物的发展。从供应端看，很多企业受到冲击，网络作为便捷的营销平台，成为企业摆脱困境的捷径。2009年企业进驻C2C或自建B2C平台的数量增加迅速，增加了网络购物市场的商品供应量。从用户端来看，随着网购观念的普及，网络购物已经渐成网民消费生活的习惯。

目前，日常生活用品在网络购物中的比重日益增高，已经接近30％，越来越多的网民通过网络购买服装、居家日用品、食品保健品、生活用品、IT数码电子产品、母婴用品及家用电器等，预计到2012年，比重会达到50％左右，到2015年，会达到70％左右。

2003年5月10日，开创并牢牢占据着国内C2C市场的易趣并没有意识到这一天将给他们带来多么深远的影响。就在马云正式宣布淘宝网上线运营的那一刻，业内甚至都没有人相信这个从B2B半路出家的网站能有什么作为。

然而，最新数据显示，如今淘宝占据中国C2C市场84.6％的份额，当人们再谈到那个属于易趣的时代，已经如同谈论远古传说一般。

有易趣在先，淘宝始终无法摆脱模仿者的身份。不可否认，创立伊始，淘宝网站的基本架构都是照搬了易趣的C2C模式，粗看起来淘宝唯一的创新就在于免费。然而，免费不过是暂时的让利，当时的淘宝并没有创造出一种更好的盈利模式来填补免费开店产生的成本，所以免费不过是放长线钓大鱼的权宜之计。阿里巴巴创始人马云自己也承认："免费是世界上最昂贵的东西。所以尽量不要免费。等你有了钱以后再考虑免费。"

淘宝已经在这不知不觉的7年中，进入了网民的生活，进而改变了人们的生活。2003年，只有少数敢于先吃螃蟹的人开始尝试网上购物，不少人担心的是"可信吗？""有保障吗？"等等问题。几个月后，支付宝突破性地解决了这些问题，但却还一时无法彻底打消人们心中的顾虑。人总是会相信口碑，就好比开心网的火爆，其实最大的优势就是用户基本上全部都是"朋友找朋友"的模式，带有强烈的主观能动性和信赖感。但是开心网不能接管生活，因为挪车种菜只是生活中少数的娱乐，而且都是一种在虚拟环境中的行为；而淘宝上以柴米油盐酱醋茶为代表的消费便利及后续的出行、充值、代购彩票等，却是真实的生活需要。

目前，中国的网上购物者以受过良好教育的年轻人为主，这预示着未来5至10年，随着这一人群的成长，他们将成为社会消费的主体力量，其消费模式将对社会消费习惯产生深刻影响。而这一人群发端自淘宝，有人把这样一个群体称为"淘一代"。网购成瘾的上班族吴妮说："工作压力太大，网上购物成了我缓解压力和调节心情的方法。甚至经常上着班都会不自觉地上各种网站购物，看到喜欢的东西和喜欢的价格会狂喜一阵。网上商城实在是一个充满诱惑的地方，每个人都可以随心所欲地选择商品，而且商品都比逛街买到的便宜很多。这样能使人内心满足，从而达到减压、降低焦虑情绪的作用。"

统计显示，淘宝店主中，按照收入水平分布，41.04%的人月收入在1000—2000元，20.95%的人月收入在2000—3000元，6000元以上的只有3.42%。"淘宝上创业主要解决的是基本就业，而不是高收入群体。"淘宝网总裁陆兆禧说，"虽然七成淘宝店主月收入在1000—3000元，但这是真正的价值所在。"

有人说淘宝获胜是因为本土化做得比易趣好。同样是中国人，易趣创始人邵亦波在所谓本土化的问题上做得为什么不如马云好呢？本土化实际上只是易趣为自己在中国落败寻找的一个绝佳借口。事实是，各种各样的本土化，最后无不落实到对用户体验的充分重视上，易趣缺乏的，恰恰是淘宝"全心全意为人民服务"的精神，淘宝，胜在模仿基础上的创新。

马云以淘宝刚创业时举例说，多年前公司刚创立时来了雅虎，后来来了谷歌，再后来又来了Facebook，淘宝一样走过来了。"其实，问题就出在你身上。世界永远不缺创新，也永远不缺借口。"

3. 无线电子商务

新技术的应用，无线电子商务也成为新的增长点。随着我国3G业务的发展，手机上网成为刺激互联网用户增长的新亮点。最新数据显示，截至2009年12月底，中国网民人数达到3.84亿，其中手机网民规模一年内增加了1.2亿，达到2.33亿，占到整体网民的60.8%，只使用手机上网的有3070万，占整体网民数量的8%。预计未来该人群的数量还会有大幅增加。此外，无线电子商务的支撑体系——移动电子支付技术也已经得到了市场的检验，网络零售企业需尽早部署无线电子商务业务。业内，淘宝、当当等已经开始进军这一市场，未来，越来越多的企业将从单纯提供手机浏览购物信息发展到提供手机移动订购、支付服务。2008年中国移动电子商务市场营收规模为2400万元。随着3G商用时代到来，阿里巴巴等传统电子商务企业，中国移动、中国电信、中国联通三大运营商及用友移动等新进入者纷纷试水移动商务领域，2009年营收规模达5500万元，同比增长约130%，预计2011年移动电子商务营收规模将达到1.7亿元。

第四节 新媒体与文化消费趋势

文化消费是指用文化产品或服务来满足人们精神需求的一种消费，主要包括教育、文化娱乐、体育健身、旅游观光等方面。在知识经济条件下，文化消费被赋予了新的内涵，文化消费呈现出主流化、高科技化、大众化、全球化的特征。

文化消费的内容十分广泛，不仅包括专门的精神、理论和其他文化产品的消费。也包括文化消费工具和手段的消费；既包括对文化产品的直接消费，比如电影电视节目、电子游戏软件、书籍、杂志的消费，也包括为了消费文化产品而消费各种物质消费品，如电视机、照相机、影碟机、计算机等，此外也需要各种各样的文化设施，如图书馆、展览馆、影剧院等。

内容产业是建立在数字技术和网络基础上的新产业形态，是融合了图书、电视、音像、电子、电影、通信网络等多种媒体形态，从事制造、生产和传播有关信息文化内容的综合产业。内容产业的核心就是内容的大规模生产、大规模流通和大规模交换。每一次信息技术革命都会推动以内容为核心的产业发展。例如，印刷术的发展带来了报纸和书籍，推动了报纸和出版这两种内容产业的发展；电子技术的发展，带来广播和电视，降低了信息传递的成本。从数字出版产业链分析，数字出版产业的主链大致包括以下几个环节和流程：数字内容提供商—内容平台网站运营商—网络通信运营商（基础电信运营商、有线电视公司）—用户。在这个产业链中，内容平台运营商处于产业链中的关键位置,主导整个产业的价值走向。

伴随着互联网络的兴起,我国城市居民的网络文化消费也日益增长,并逐渐成为一个庞大的消费市场。作为传统消费的延伸,已经深深影响了人们的日常行为和消费思维,与此同时,各种由互联网衍生出来的网络娱乐正在充斥着这个广阔的空间。

一、网络文学消费

新媒体的隐秘性、开放性和包容性,尤其带来了充满个性和活力的手机文学的迅速繁荣,为通俗文学的出版带来了新的消费点,也引起了出版界的极大关注。比如,由上海文艺出版社、中国图书进出口上海公司等联合举办的"2005之夏首届手机微型小说大奖赛"在全国范围内举行,而征集的作品要求体现时代性、文学性和可读性相兼,题材不限,以350字为限。由于这些作品很少顾忌,自由想象,没有程式化的八股调,充满着朝气,带来一股清新空气,很容易赢得以平常心互相尊重的广大受众的喜欢,一旦被广大受众认可,这些作品就会以几何级速度进行扩散、转载和传播。

从全社会的层面来看,在国民阅读目的为休闲、为资讯、为娱乐的三个层面中,娱乐性阅读的规模也在不断提升。这是当今图书市场、出版物市场上畅销书走俏的根本原因,也是国民阅读新特点的重要依据。

CNNIC在第25次中国互联网络发展状况调查中增加了网络文学应用的研究。调查结果显示,网络文学用户规模达到1.62亿人,使用率为42.3%。中国网络文学用户规模庞大,这一方面由于网络文学的开放性,使用户能够方便快捷地进行文字阅读,另一方面,网络文学传播的广泛性以及分成的模式又刺激了作家的创作热情,实现了网络文学作者与读者的良性互动。尽管网络文学受版权影响较大,盈利能力较其他互联网行业偏低,但网络文学可以为网络游戏、电影、电视以及动漫等文化产业提供丰富的素材。

2004年至2009年,盛大对于网络文学网站的几次收购表明了网络文学依然存在很大潜在价值。从发展趋势看,未来互联网的开放性会将更多的内容引入到网络文学,而网络文学内容的增多也会为其他产业提供更有力的支持,实现网络文学与其他行业的彼此促进。2009年,互联网小说阅读网站——盛大文学旗下的网站,收入有了很大的提高。2008年7月份,盛大中文网成立,它把晋江原创网、起点网、红袖添香网三个网站收归旗下,全部实行付费阅读模式,一般是一部小说的前半部分免费,后半部分按千字2－3分钱收费,写手与网站五五分成。盛大中文2008年的销售额在亿元左右,2009年的收入,比2008年翻了好几番。

已经出版了8本小说的网络作家姬流觞经常逛论坛,并且会把自己的一部分作品发在网络论坛里。与专业文学网站不同的是,在论坛上发帖很少涉及物质回报,作者的创作动机也更纯粹。姬流觞表示,论坛里对自己表示关注的人一般都是有相近爱好的人,网友的评论有夸奖的也有批评的,还有些网友会告诉你亲身经历,这样就能很容易找到共鸣。姬流觞说:"论坛就像一个家一样,网络写手不仅能从中获得鼓励,也有望找到出版的机会。"

网络是一个开放的平台,读者已经习惯了在网络上寻求阅读资源,而出版商也对网络上的资源保持着灵敏的"嗅觉"。

据北京悦读纪文化有限责任公司总经理侯开介绍,悦读纪公司的选题策划、资料汇总以及出版物的推广营销都依赖于网络。"现在网络上的资源非常多,论坛热帖经过网友的评论、淘汰,有价值的东西通过群众的眼睛去发现,可以说已经完成了自我筛选。"在侯开看来,在传统的选稿过程中,一个人的判断往往带有主观性,由于自我认识的问题,可能会把好的资源拒之门外,而网络热帖则通过网友的评价尽可能地避免了这样的失误。

万榕书业总经理路金波也表示,网络热帖是被市场检验过的内容。"网络是作者跟读者距离最近、交流最直接的地方,一本书是否有成为畅销书的潜质,很快就能够通过读者的反应判断出来。因此,现在出版商到网上寻找出版资源,再正常不过。"路金波说。

北京读客图书有限公司的刘按号称"神奇出版人",曾策划出版了《藏地密码》《我们台湾这些年》《全中国最穷小伙子发财日记》等畅销书。他认为出版商于网络淘金的重要原因在于网络的零限制,网络论坛中隐藏着许多优秀的草根作家,随着类似的成功案例越来越多,出版商对于这块领地也越来越有信心。刘按表示,自己就很习惯并且擅长在网络上寻找资源。"我们每天也会收到很多自然来稿,但是一般情况下很难达到出版的要求,而那些有名的传统作家已经被出版社垄断了。因此,网络上的资源对于我来说最方便,论坛热帖也给了我与其他出版机构平等选稿的机会。"

对于论坛热帖的利用，成功的案例绝大部分都出自民营出版机构，与之相比，传统出版社鲜有突破。新疆青少年出版社社长徐江告诉记者，新疆青少年出版社一直对网络资源很关注，也很看好论坛热帖资源，但是在实际操作过程中做得并不成功。那么怎样才能将网络热帖打造成畅销书？

路金波认为："网络需要公众话题，例如金钱、隐私、情感等，在具体的写作过程中还需要'标题党'。现在流行于论坛上的文学作品大部分为玄幻、搞笑、商战、言情或穿越类小说，一些写手为了吸引眼球，不惜走低俗路线。这类低俗作品虽然点击率高，但完全是一堆垃圾。"对于网络上的热帖，路金波表示，他关注点击率但不迷信点击率。"出版商寻找出版素材不再简单地看人气，看写手们'楼'盖得有多高，关键要看内容如何，是不是真正有社会效益和文本价值。"

简单地说，当年明月的《明朝那些事儿》是一本以自己的观点讲述历史，并借用历史事件折射现实问题的故事集成。它的主线完全忠实于《明史》，从核心人物到重要事件，都是有影有形的，和所谓的戏说、大话又不一样。作品之所以能够走红网络，原因在于作者使用了现代读者能够接受的叙事方式，把那些已经既定的历史人物形象"激活"，也就是说，这部作品的创新性不是运用架空、重塑等表现手法，而是实现了叙述方式的转换——把重的历史变为轻的故事，把严肃的考据变为生动的讲述——体现出网络平台新的读写关系。其实通俗历史写作早就流行于港台，柏杨先生所做的努力开一代叙事之先河，但时代的发展不可能裹足不前，《明朝那些事儿》便是这条河流的某种延续。（此书系中国友谊出版公司2006年9月首版）

李可的《杜拉拉升职记》之成功绝非偶然，它切合了职场女性的心理特点，可以算是为职场女性量身定做的成功学，和以往写给男人看的职场小说有很大的区别。上世纪90年代的职场小说，多数是商战题材，以企业老总争斗为主线，不仅心狠手辣，而且挟带官场之威，俨如厚黑学博弈。而跨国外企并不讲这一套，逻辑系统发生转换，现代职场女性开始唱主角，她们显然对厚黑学兴趣不大，也不希望自己给人留下这样的印象。杜拉拉是"职业的一代"，草根出身，外企白领，做着一份不高不低的人事行政经理的工作，拿着一份不高不低的薪水，经历着职场的跌宕起伏。这是上世纪70年代生人的标本式特点，也是第一代跨国外企人的生存境况。（此书系陕西师范大学出版社2007年

9月首版）

二、数字音乐消费

数字音乐是用数字格式存储的，可以通过网络来传输的音乐。中国数字音乐市场正处在发展初期，增长迅速，市场潜力巨大。数字音乐经过三年的飞速发展，已经确立了它在数字娱乐中的重要地位。毫无疑问，新兴并高速增长着的数字音乐市场对产业链条上的任何企业来说都是一个难得的宝藏。对于担负着音乐制造重任的音乐公司而言，数字音乐形式比传统唱片形式能让音乐更快更广地传播到消费者那里。音乐的文化消费在中国的多元化、潮流化倾向并不明显。即便是对欧美主流的Hip-Hop、Jazz等音乐类型，完全了解的消费者也仅28%，而对非主流的emo、indie音乐类型完全不知道的就达到了43%。调查证明，旋律简单、歌词煽情的国内流行音乐仍然占据着主流音乐消费市场。

根据DCCI 2009年中国互联网用户网络应用使用情况统计显示，52.1%的用户选择音乐作为主要的互联网应用，其中"90后""80后"用户占据了非常大的比例，"80后"用户比"70后"高出了10.8%，"90后"用户比"80后"高出了3.5%。互联网音乐用户的逐步年轻化，为想利用音乐进行互联网品牌营销的广告主、代理公司提供了新的思路。随着互联网媒体的碎片化加剧，网络广告的互动性与创意元素的重要性日渐凸出。很多品牌广告主和代理公司开始寻求利用音乐进行互联网营销的新模式，通过对一些音乐视频、音乐节目、大型音乐比赛的植入等与用户进行互动，如诺基亚与优酷合作的网络演唱会就是非常好的案例。需要注意的是，音乐与品牌必须更加深入融合，能够更好地诠释品牌理念的音乐才能更好地宣传品牌。

数字音乐公司Music2.0发布《2008互联网音乐调查报告》，就这一主题对包括音乐网站、网络电台、通信公司在内的10多家音乐服务相关公司进行在线调查问卷，最终结果显示：在中国唱片业进入空前低谷的今天，50%的消费者已经不购买或者极少购买CD，而近70%的调查对象则是每周使用音乐搜索引擎来满足自己的"听觉需求"。在中国，音乐搜索引擎一直占据着在线音乐市场的主导地位，它们已经直接影响了数字音乐甚至整个音乐产业在中国的发展；本次调查显示只有不到2%的在线音乐消费者从来不使用音乐搜索引擎,而近70%的调查对象则是每周都会使用音乐搜索引擎。

在欧美,数字音乐产业的发展经历了一个"传统线下渠道—互联网—无线"的过程。也就是说,互联网上的数字音乐销售模式先于无线音乐出现并更早获得成功。但在中国,无线音乐和互联网音乐基本上是同时起步的,中国的唱片公司在数字音乐领域的成功最早来自无线领域。到目前为止,在无线平台上获得的利润仍然构成了中国数字音乐产业盈利的主体,在线数字音乐领域虽然吸引了众多业内外企业和资本进入,但至今仍处在艰难地探求生存模式的过程中。为什么会出现这样的情况呢?这仍然是与中国的盗版问题紧密联系在一起的。

在美国,iPod+iTunes在线音乐销售模式的成功,是建立在苹果公司对数字音乐版权的有力控制及整个市场的正版消费习惯基础上的。但是在中国,第一,缺乏成熟的数字版权保护技术和控制措施;第二,人们吃惯了网上的免费午餐。在没有解决这两大顽疾的情况下,在线音乐很难获得健康发展的机会。而在无线平台上情况就不一样了。无线下载的一大优点是正版率很高。因为无线网具有相对封闭的特征,无线音乐下载由电信运营商统一控制收费,未经授权的音乐产品按规定不能在其平台上销售,这就使得其发展较少受到盗版的困扰。据统计,目前无线平台上的数字音乐正版率达到了80%以上,而且在多年来的发展中,电信运营商已经成功地培养起了用户的付费习惯,这与盗版横行的在线市场形成了鲜明对比。此外,无线平台还具有支付简单的特点,而在线付费相对复杂,这也是长久以来阻碍在线音乐发展的一个重要因素。

无线音乐业务自2003年在中国开展以来,短时间内市场规模快速扩大,各个门户网站及电信运营商都参与其中。中国数量庞大的手机用户用无数次小额支付的2元钱,让音乐的消费者从之前几百万位购买唱片的核心消费人群,扩展到了数以亿计的购买数字音乐片段的移动人群,大大拓宽了音乐产品的销售面。上海艾瑞市场研究公司2005年的调查报告显示,在中国3.63亿手机用户当中,使用手机下载铃声和彩铃业务的用户数量分别占72.6%和34.8%。市场上最畅销的彩铃一个月的下载量通常都在100万次以上,一首《老鼠爱大米》曾创下单月下载600万次的纪录,一个月1200万元的收入,相当于传统唱片70万张的销量收入。无线音乐的成功运作使唱片公司、网络运营商、硬件生产厂家等看到了数字音乐领域潜藏着的巨大商机。

三、网络视频消费

中国互联网络信息中心（CNNIC）2010年4月7日发布《2009年中国网民网络视频应用研究报告》。报告显示截止到2009年底，我国网络视频用户规模达到2.4亿，其中近4000万用户为只在网上看视频，成为网络视频独占用户。有66.8%的网络视频用户表示，与以往相比观看电视的时间明显减少，其中有23.7%的用户表示现在基本不使用电视收看电视台的节目。56.7%的网络视频用户认同对互联网的依赖要超过电视，其中有26.9%的人对这一描述非常认同。有相当规模的网络视频用户把网络视频当作视频消费的唯一渠道，只观看网络视频的用户达到3936万，占网络视频用户的16.4%，属于网络视频独占群体。

2009年中国网络视频市场收入规模达到8.44亿，同比增长95.4%，季度平均复合增长率高达18.3%。

作为主流的网络娱乐应用，在经历了两年的市场培育和快速发展后，网络视频已成为中国最为普及的网络服务之一，网络广告营销作为网络视频服务商最重要的营收来源之一在2009年也取得重大发展，广告主对基于网络视频平台的营销模式越发认可，使用倾向迅速提升。2009年中国独立网络视频站点及播放平台广告营收规模为5.9亿元人民币，较2008年增长73.5%；DCCI预测，2010年中国网络视频站点广告营收会继续增长，预计营收规模将达到9.9亿人民币，增速达67.8%。

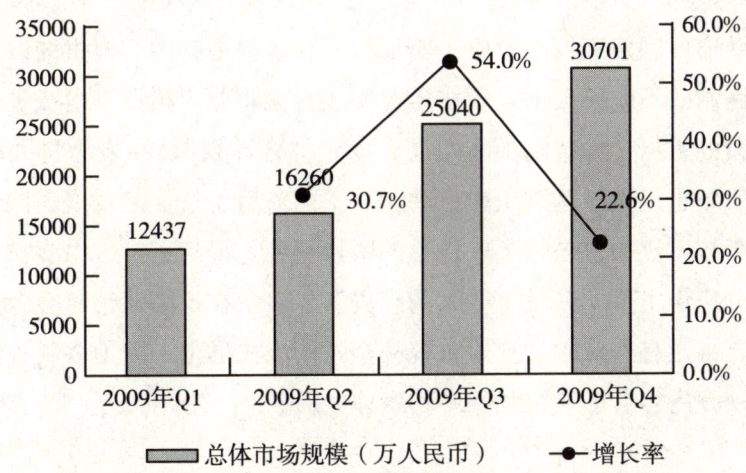

图7-17 2009年中国网络视频市场总体收入规模变化情况

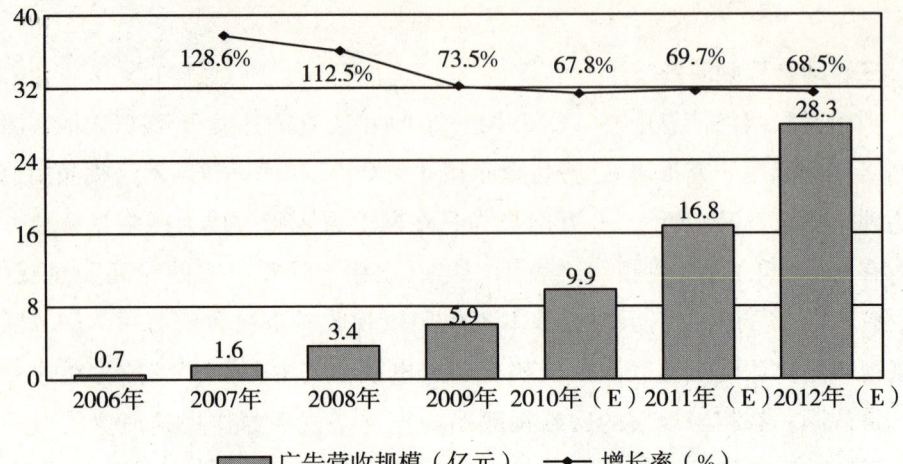

图 7-18 中国独立视频网站及播放平台广告营收规模统计及预测

网络视频将吸引更多广告主。一方面，随着网络视频媒体地位的提升，以及企业越来越注重国内贸易与网络营销推广，视频广告以表现力丰富、成本可控、投放精准的特点将赢得更多的广告主将营销预算由传统电视媒体向网络视频进行一定程度的倾斜。另一方面，视频网站在内容上的规范化、正版化趋势正在逐渐扫清广告主对网络视频投放环境的后顾之忧，赢得了越来越多品牌广告主的青睐，形成新的业务增长点。用户细分将有效提升广告价值。用户规模的扩大，带来了用户群的进一步细分，而网络视频的多样化和个性化，将给广告主在营销推广上更多的想象空间，较之其他推广方式，网络视频广告在到达率、丰富性和精确性上具备着不可替代的优势，将进一步满足用户群体和需求的进一步细分。

随着政府对网络版权的监管不断加大，在版权视频内容提供商以及坚持正版的视频网站的不断推动下，版权影视剧成为视频业内热点，也成了各视频网站内容经营的重点。如优酷不断拓展、深化"合计划"，并表示将大举进入版权市场；PPS 也是积极购进版权影视剧，不想落后于行业的发展。同时，一轮又一轮的版权诉讼案也敲响了广告主的版权警钟，提高了广告主版权营销的意识。大部分广告主，尤其是一些大的广告主，表示在视频营销时会考虑视频的版权问题，甚至有些广告主会要求视频全站的版权形象，因为盗版视频内容以及低质量视频内容会影响视频网站的媒体气质。

四、动漫产业消费

我国的经济在迅速崛起,伴随的是人们生活水平的进一步提高,人们的精神物质生活越加丰富,而且中国是一个人口大国,按照经济学原理消费者在哪里市场就在哪里的说法,那么整个中国动漫消费市场将是全球动漫市场增长的一级市场。我们的消费结构正在逐步改善,精神消费需求越来越大,而动漫产品正是一种精神消费。最近一个动画片的上映表明,我国的动漫产品消费不再像过去一直强调的属于儿童消费市场,其市场已经走向多元化,不局限于哪一阶段,这种趋势已经不可阻挡。

我国目前所上映的动画片中大多数是从国外进口的,说明国产的动画片及其他动漫产品依然有很大的市场开发空间。预测表明,未来中国动漫节目需求量为180万分钟,而国产所占比例很小,除去为MP4、手机、掌上电脑、网络、电视、车载电视等新媒体提供的进口娱乐性动漫节目,无疑要催生一个更加巨大的消费市场。

目前,主要动漫爱好群体75.1%是青少年,中国有4亿青少年,构成了动漫业庞大的消费市场,动漫企业通过新兴的网络媒体能更好地推广动漫产品。不同性别的人群对动漫产品的消费类型不一样,男生买游戏的人数占到了59.6%,而女生购买日用消费品的人数则占到了56.5%。动漫产品已经涉及生活的方方面面,从游戏、服装、文具再到食品,动漫无处不在。据了解,从购买动漫产品上,音像制品以52.7%的比例占了大多数,其次是日用消费品,占了48.6%,再次是游戏,占了43.9%。

图7-19 安徽合肥动漫产业基地

经济全球化的发展使世界经济进一步融合,加快了中国经济对外开放的速度,中国动漫产业也伴随着中国经济的发展,逐步走向成熟的产业化发展之路和现代化之路。展望中国动漫产业,前景十分广阔,市场潜力巨大。产业链的进一步完善和经验管理观念的进一步更新等,都为中国动漫的发展埋下了阔步前进的伏笔,有专家预测,不久的将来,中国动漫市场定当成为全球第一大消费市场。

五、网络游戏消费

网络游戏作为一种新兴的文化生活方式和重要的文化消费方式,受到了广大群众的青睐,其2009年收入规模达到258亿元,远远超过传统的三大娱乐内容产业——电影票房、电视娱乐节目和音像制品发行,是金融危机环境下我国经济发展的增长亮点,与国家扩大内需的目标具有一致性。

2009年英国MMO(大型多人在线游戏)玩家消费约为1.95亿英镑,法国为1.45亿英镑,德国约为1.65亿英镑,美国约为25.5亿英镑。2010年3月9日,Gamesindustry.com和TNS联合调查报告《Today's Gamers MMO Focus Report》公布的信息显示:2009年约有150万英国人在MMO游戏上平均每月花费10英镑,直接在线支付超过90%,另有250万英国人不在MMO上花费任何费用。英国人在MMO游戏上的花费略高于法国和德国,但美国玩家在此方面的花费高达25.5亿英镑,令人惊异。MMO游戏最大的预期市场增长来自新兴的国家,如意大利、西班牙、俄罗斯、土耳其、波兰和瑞典等MMO游戏新兴市场。

艾瑞市场咨询根据DFC北美游戏市场概述中的数据发现,2009年度美国电脑网络游戏消费总额已经突破18亿美元,达18.5亿美元,较2008年增长10.8%,其中大型网络游戏占最大比重,为10.4亿美元,休闲类网络游戏与其他网络游戏分别为5.4亿美元和2.7亿美元。艾瑞市场咨询认为,美国电脑游戏玩家以大型网络游戏为主消费群体的趋势没有改变,例如《魔兽世界》《永恒之塔》等MMORPG(大型多人在线角色扮演游戏)都发展良好,其他网络游戏的消费额正在逐步提高。在增长率方面,美国网络游戏消费市场的增长率放缓,表明市场正在走向稳定,相比2004—2006年,虽然增长放缓,但是电脑网络游戏市场的消费能力没有减少,18.5亿美元的消费力度说明美国电脑游戏玩家在电脑网络游戏方面有很大的消费市场。

2009年中国网络游戏用户规模持续增长，规模达到2.65亿人，较2008年增长41.5%。值得关注的是，网络游戏是所有互联网娱乐领域中唯一使用率上升的服务，网民使用率从2008年的62.8%提升至68.9%。2009年网络游戏用户规模增长主要由两个原因促成：一方面网页游戏在2009年得到了良好的发展，领先网络游戏厂商对于网页游戏领域的涉足以及网页游戏公司的兴起均对用户规模增长起到促进作用；另一方面，SNS游戏（社交类游戏）在2009年迅速崛起，其依靠人际关系基础和操作简便的特性为网民进入网络游戏领域建立了良好的登陆平台。

第五节　新媒体与生活方式变化

随着科技的发展，当今我们的生活里已经离不开媒体，也逃不开媒体的身影。媒体无处不在，我们无时无刻不在接受信息。以网民数量和手机使用数量来看，新媒体在民众的生活里占据着重要的位置。

一、沟通方式的变化

新媒体的发展，使得以短信、即时通信工具、计算机和互联网等新媒体为媒介的异地即时传播得到极大的发展，手机用户不断增加，网民数量越来越大，新媒体在深刻地改变人们的沟通方式。调查数据显示，截至2009年底，我国即时通信用户规模已突破2.77亿，同比增长23.7%，其中手机即时通信用户占总体用户的三分之一，规模达9141万。

当今，中国的网民和手机使用人数不断攀升。人们越来越发现新媒体的方便快捷以及强大的功能，在工作和生活中越来越依赖新媒体的功能拓宽沟通方式。随着互联网的进一步发展、应用的日益多元与普及，即时通信工具已经不再仅仅是一种单纯的通信工具，而是承载了更多的功能与价值。

不仅是沟通的渠道发生了变化，新媒体也改变了我们的表达方式，在青少年朋友的网络交流里，出现了许多的新名词，经常会看见"拍砖""囧""酱紫""蛋白质""槑""走召弓虽"等生僻字、生造字，甚至出现了一种文字叫"火星文"，由符号、繁体字、日文、韩文、冷僻字等非正规化文字符号组合而成。乍看像是乱码或打错的字，用法也不同于汉字那么规范，从字面上根本无法了解。如："你↓到我了！"使用"↓"取代"吓"字。火星文的使用群体多为使用网络频度最高的青少年，他们利用MSN等聊天工具和BBS将火星文传播并迅速流行。青少年的同龄认同心理、游戏心理、标榜自我的个性使得火星文得以流行。但语言专家和家长都认为这种文字表达对青少年影响巨大，不利于中华文化的理解、继承和发扬。

除网络交流新名词外，还有一种情况值得大家注意，就是在新闻媒体报道某一事件时，会有网民及时关注并讨论，在这一过程中，常常出现与新闻主题相关的一些新名字，用以指代该新闻事件，如"最牛钉子户""躲猫猫""欺实马""俯卧撑""犀利哥""凤姐"等。这些新名词都是随着互联网的发展而产生的，作为一种新的表达方式，也在慢慢改变我们的接受方式。作为一种新表达的方式，它传播的不仅是情绪，它本身也是一种新的文化现象。

二、阅读方式的变化

IT大佬比尔·盖茨2003年在访问西班牙皇家学院时曾放出话道：不消灭书本和纸张死不瞑目。他预言随着技术的发展，新的电子媒体会让书籍消亡。但是，在这个技术迅猛发展的时代，任何结论性的断言都应该是慎重的。北京出版集团董事长吴雨初认为纸质阅读与数字阅读"各有其长，部分重合，互不替代，二者共兴"，作为出版人，应该在鼓励各种阅读、鼓励原创作品、保护知识产权、创新商业模式、规范数字出版等几方面做出努力。随着数字阅读的兴起，纸质出版物尤其是报刊会被渐渐取代，但是这种取代并不是消失，而是被边缘化。纸书上留下的是人类文化的垄断性和精神贵族的遗风，数字阅读则使阅读更加平民化，体现了文化的平等与共享。只要书写的内容不变，书里传递出的人文思想和精神气质不变，文字写在甲骨上、竹简上、羊皮纸上或者宣纸上，都是一样的。

据《第七次全国国民阅读调查》结果显示，数字化阅读方式稳步增长。2009年，我国18周岁～70周岁国民中接触过数字化阅读方式的占24.6%，比2008年的24.5%增长了0.1个百分点。其中网络在线阅读和手机阅读是两大主要数字化阅读方式,分别有16.7%的国民通过网络在线阅读,比2008年的15.7%增加了1个百分点;14.9%的国民接触过手机阅读,比2008年的12.7%增长了2.2个百分点。

中国出版科学研究所应用理论研究室主任徐升国认为,在数字化时代,阅读正在发生一场革命,阅读本身正在发生变化,并呈现出新的特征:首先,搜索成为重要的阅读方式和出版模式。其次,出版的商业模式也在不断改变。出版业以前是一个生产商,是第二产业,未来当出版和阅读越来越交互化以后,出版就变成了服务业,编辑可能被称之为"服务员"。

随着网上内容丰富性和互动性的加强,互联网正在改变全世界一代青年人的阅读方式、交流方式乃至整个生活方式。从媒体形式来说,除了纸质媒体阅读,各种新的媒体阅读形式将进一步扩大,阅读一定是向多元化和多样化发展。当前阅读出现了新趋势,数字化、多元化和个性化是其三大特点。互联网的广泛应用和电子技术的飞速发展,使知识生产总量猛增,各类信息传播量的增大,社会生活节奏的加快,使人们的阅读内容呈现多样化特点。于是网络出版、电子出版应运而生,"博客""播客""印客"等出版新形式层出不穷。这些新的出版产品催生了新的阅读方式,也给人们的阅读需求个性化、多样化提供技术支撑。英国有一份调查表明,25岁以下人群中,超过30%阅读电子书。

据对2009年中国手机阅读市场及其相关厂商的跟踪研究,易观国际分析认为,2010年,中国手机阅读市场将进入市场盘整期,但仍然保持良好的增长速度。盘整期的中国手机阅读市场的发展将呈现如下特征:用户对手机应用认知的不断提升。手机阅读作为用户认知度较高的重点应用之一,用户数量呈不断攀升的态势。预计2010年,中国手机阅读市场活跃用户数将至1.99亿。

手机阅读市场收入规模将不断攀升。预计2010年,中国手机阅读市场营收将达到5.9亿元,甚至更多,年增长率将达到13.4%。互联网和手机媒体的普及,在很大程度上改变了传统的新闻信息获得渠道,新媒体的异军突起打破了以往报纸、图书、广播、电视、杂志五大媒体的市场垄断地位,多元化的阅读方式正在形成。

未来的阅读方式除传统意义上的"读书"外,人们还可以从CD、DVD、VCD、CD-ROM、广播、电视、互联网、手机及各类阅读器琳琅满目的图像、音频、视频传播中通过"读图""听书""网上阅读""互动交流"等来获取。

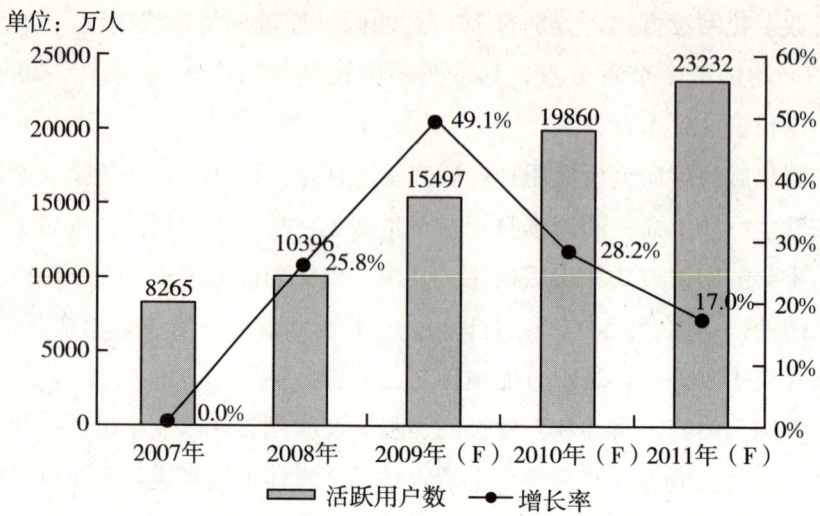

图 7-20　2007—2011 年中国手机阅读市场活跃用户发展趋势

三、生活方式的变化

徐小姐是同事眼中的"淘宝达人",她的"淘宝"清单中,从家用电器、家居用品,到自己和家人的衣服鞋帽、美容护肤品应有尽有。前不久,徐小姐一家三口要去香港游玩,除了在网上预订机票和酒店外,通过网购,她在出行前就拿到了香港迪斯尼乐园和海洋公园的门票,以及在香港的地铁和公交上都能使用的"八达通"储值卡,省去了现场排队购票的烦恼。每天网上"淘宝"、收发包裹已成为她生活的重要组成部分,在她的带动下,不少同事也热衷于网上购物。

经过调查发现,相当多的市民像徐小姐一样享受着数字化消费生活。他们的衣食用品全部网购,连端午节的粽子、过春节的年货都在网上"淘宝"。据《互联网发展信息与动态》披露,到 2010 年 5 月 31 日,我国互联网普及率达 31.2%。我国网络购物人群已经超过 1 亿,占网民总数的四分之一。2009 年,中国有 8% 的消费者在网上购物,中国电子商务交易总额达到 370 亿美元,预计将在 3 年内超过 1000 亿美元。

在数字化生存的大背景下,连传统的阅读都在发生改变。从 2009 年的情况看,我国 18 周岁以上成年人数字出版物阅读率为 24.6%。网络在线阅读和手机阅读是两大主要数字化阅读方式,分别有 16.7% 的人通过网络在线阅读,

14.9%的人接触过手机阅读,另有1.3%的人使用其他手持阅读器。从数据上看,虽然2009年电子阅读器风头正劲,但电子阅读器使用率仅为1.3%,增幅却高达30%。但从占比看,还是网络在线阅读和手机阅读两者占据大头。

从手机阅读看,手机报是最主要的手机阅读方式。在有手机阅读行为的人群中,有近六成(58.7%)的人读过手机报;另外,有近半数(47.6%)的人使用手机QQ、飞信;有手机阅读行为的人中,三成左右通过手机阅读小说或进行网页浏览;两成左右利用手机听音乐或玩游戏。手机影视作为一种较为新型的影视播放模式,目前的使用者比例还不太高,约为4.9%。

此外,还有数字化的电话卡、邮箱卡、读书卡、数字宽频、教育等预付费产品以及数字化机票、数字化保险、数字彩票、数字化旅游服务。越来越多的人通过网络平台进行"数字消费",享受"数字时代"的生活乐趣。甚至连吉利集团也与阿里巴巴签署协议,通过阿里巴巴的网络平台销售新款轿车,汽车这种"超级大件"也可在家中"数字消费"了!

四、社会关系的变化

互联网从诞生之初就承担了通信交流的职能,这一职能在互联网的几十年的发展过程中产生了很多的表现形式。

1. 博客

随着网络时代的发展,以虚拟ID构建的虚拟社会正在被更多的人所接受。THE SECOND LIFE 所倡导的新的生活方式也被更多人接纳。未来,每个人都会有两个身份。一个是真实社会的身份,另外一个就是虚拟社会的身份。在未来高新技术发展和普及的前提下,网络中虚拟社会的行动,比如买书、订阅、购物、付账、缴税、买保险等可以很便捷地和真实社会搭建起平台。当虚拟和现实搭建起这样的平台,个人的品牌意识建立就显得很重要了。这是一个个人品牌逐渐凸显的时代,它让你的个人价值最大化。随着互联网的发展,博客作者已经不再是普通的网民,已成为知识的创造者和文明科技的传播者,而不应是糟粕的散布者。作为构建设个人品牌的标志之一就是博客。

尽管不少人认为博客开始盛极而衰,但从市场研究公司 Universal McCann 最新数据来看,博客仍然在飞速发展。2008年4月,Universal McCann 共调查了1.7万名有代表性的用户,调查发现博客仍然在增长,有45%的被调查者创建了自己的博客,这一比例比 2007 年 6 月高出了 14 个百分点。多个亚洲国家和地区在博客普及率方面处于领先。例如,70%以上的中国大陆、中国台湾和韩国用户都创建了博客,而这在美国仅为 26.4%,英国为 25.3%,加拿大为 22.5%。被调查者大多给予博客积极的评价,认为它可以帮助用户表达自己,帮助企业与客户交流,以及用作与朋友社交的工具。在接受调查的博客中,有 63%创建了只用于讨论日常生活的个人博客。博客还经常谈论热门话题,包括时事、音乐、计算机技术、电影电视以及旅游等。随着宽带的迅速普及,越来越多的博客开始使用多媒体。例如,有 60.6%的博客曾经上传图片,28.8%的博客曾经上传视频,24.3%的博客曾经上传音乐到自己的网站。

博客是一种相当纯粹的自媒体。强调自我的博客天生就是自媒体的最佳载体,是最能代表自媒体时代的典型形式。有专家预测,若干年后,世界上 50%的新闻将来自个人博客。博客是一种新兴的、个人化的、通过互联网来实现传播目的的自媒体,基本含义是"网络日志",后来又延伸出如"一种表达个人思想和网络链接,内容按时间顺序排列,并且内容不断更新的个人出版方式"。博客代表着新的生活方式和新的工作方式,更代表着新的学习方式——通过博客让自己学到很多,让别人学到更多。博客代表着"新闻媒体 3.0 版":旧媒体(old media)→新媒体(new media)→自媒体(we media)。

数字新媒体使传统的大众传播状态发生了并且还在发生着深刻的变化。如今,一个人通过发送手机短信、撰写博客日志、发起网络群聊,就可以在"任何时候、任何地点、对任何人"进行大众传播,既经济又便捷,突破了传统主流媒体的话语权壁垒。这些随时进行的信息,甚至成为传统媒体的重要信息或信息来源,人际传播的性质得到凸显和强化。所以美国《连线》杂志对新媒体定义为"所有人对所有人的传播"。几乎各种文化类型、思想意识、价值观念、生活准则、道德规范都可在数字新媒体上占据一席之地。数字新媒体为人们提供了"人人都可以放大自己的声音"的可能性,由此形成的社会影响力也日益巨大。

博客与传统日记的本质区别是:后者是重在个人的"我—我交流",是封闭的和私密的,而前者与此恰恰相反,是开放的和互动的,是"个人参与社会组织和人际沟通的网络协同",将个人置于有秩序和分类别的社会关系网络平台之上，因此它具有社会沟通与交友功能。博客是一种"自媒体"形式，它既具有个人表达的自由性，又兼具媒体传播的扩散性，因此博客走出了传统日记的自我小天地，投身到了社会大熔炉之中，同时也由阴暗封闭走向了阳光开放，走向了与大众的交流与互动。

如李亚鹏自 2006 年女儿出生后，针对公众对女儿兔唇的关心，于 2006 年 8 月在博客上发表了一系列信息向全社会披露女儿兔唇事件，回应大家的关心，并积极筹建慈善基金会，这充分显示出博客的沟通与交流功能。再如号称"博客大姐大"、"博客女王"的"老徐博客"，成了徐静蕾与外界交流的平台，扩大了徐静蕾的交流半径和空间，如果没有博客这个交流平台，徐静蕾无论如何也无法实现与近 9000 万博友的单向或多向互动，这主要源于博客这个带有私人性质的公共交流平台的特有功能，也源于徐静蕾与众不同的交流内容与交流方式。依靠互联网，通过"老徐博客"、"鲜花村网站"和"《开啦》电子杂志"这循序渐进的"三级跳"，徐静蕾成功地向近 9000 万中国人展示了自己作为演员和导演的影视事业，作为女人和名人的心路历程，这不仅使她博得了冲天的人气，而且还赢得了经济利益，促进了事业的快速发展。徐静蕾博客的成功，彰显了她平易的人格魅力，也印证了博客平台的延展性和开放性以及博客在人际交往与交流中的巨大作用。

博客通过文字、图片、声音、视频、无线等，尽情展示自我、分享感受、参与交流，美好你我生活。博客是 Web 2.0 时代的代表，它的出现改变了对传统互联网的概念。传统的互联网受众接受的是网络编辑单方面筛选编辑发布的信息，而博客则建立起了一个真正的发布、阅读、评论三维空间立体化的互动平台，为所有人构建起了一个平等新型的话语平台。博客是站在自己视角上，对生活和人生的感悟。

2. 微博

自 2009 年起，微博客受到了人们的极大关注，其简单快捷的操作方式、随时随地发布信息的互动形式，成为互联网的一个亮点。全球语言监测机构 (Global Language Monitor) 公布的数据显示，微博客"Twitter"成为 2009 年最热门的英语单词。Twitter 也重新燃起了国内微博客的激情，一大批新的微博客网站诞生，而新浪微博则将中国网民带进了"围脖时代"。微博客已经成为当下最热门的互联网服务，彰显着互联网新的篇章——微博客时代的到来。未来3年，将诞生下一个3亿网民，生活化、娱乐化、即时化三大需求驱动力量将重构互联网格局，微博客的兴起初步呈现出了即时网络的发展趋势，微博客将引领即时网络的发展。

微博客创造了独特的信息传播机制：内容简短；发布渠道多样化、便捷化、同步化；信息推送机制以及便捷的转发功能实现了信息生产与信息传播的零时间；单向跟随的不对称的人际关系，形成了其独特的广播式信息流动模式；而@功能、转发功能又同样为用户创造了一种开放、互动的社交关系。

微博客创造了新的新闻形式，开创了一个短新闻写作的时代。例如2009年9月4日，谷歌大中华区原总裁李开复离职的时候，第一个"权威报道"并非来自传统媒体渠道，而是来自李开复新浪微博客。当天上午11点17分，李开复在自己的新浪微博上面简单地更新了几个字"再见，谷歌"。数分钟后，他接着辟谣称自己不会加入Idealab，并发布自己将在下周公布所创办公司的具体信息。很快，这些信息迅速遍及各大博客和新闻网站。

李开复的"再见，谷歌"短短四个汉字产生了巨大新闻效应。对受众来说，对即时信息的需要先于对深度报道的需求，因此对新闻的连续性和滚动性需求更高。由于无法容纳太多的新闻描述词，反而让每个人都能更容易在这短短的信息中找到更多的新闻信号，提要式的新闻更加精练，又不失新闻价值。言简意赅的特性使人们不需要花费大量的时间就能够在简短的文字之中判断信息是否有价值，判断这是否是自己想要的信息。微博与传统媒体相辅相成，促进媒介融合。传统媒体与微博客的媒介融合亦是大势所趋，势不可挡，传统媒体已在寻求与之融合的发展之道。

3. 播客

"播客"这一概念来自苹果电脑的iPod与广播（broadcast）的合成词，其指的是一种在互联网上发布文件并允许用户订阅feed以自动接收新文件的方法，或用此方法来制作的电台节目。2004年9月，美国苹果公司发布iPodder，这一事件被看做播客（Podcast）出现的标志。

博客是把自己的思想通过文字和图片的方式在互联网上广为传播，而播客则是通过制作音频甚至视频节目的方式。从某种意义上来说，播客就是一个以互联网为载体的个人电台和电视台，但就目前而言，播客主要还是以音频为主。2005年6月28日，苹果公司iTunes4.9的推出掀起了一场播客的高潮，一些播客网站甚至因为访问量过大而暂时瘫痪。

iTunes4.9 是一款优秀的播客客户端软件，或者叫做播客浏览器。通过它，你可以在互联网上浏览、查找、试听并订阅播客节目。同主流媒体音频所不同的是，播客节目不是实时收听的，而是独立的可以下载并复制的媒体文件，因而你可以自行选择收听的时间与方式。正如苹果公司所宣传的那样，播客是"自由度极高的广播"，人人可以制作，随时可以收听，这就是播客。

播客与其他音频内容传送的区别在于其订阅模式，它使用 RSS 2.0 文件格式传送信息。该技术允许个人进行创建与发布，这种新的传播方式使得人人可以说出他们想说的话。订阅播客节目可以使用相应的播客软件。这种软件可以定期检查并下载新内容，并与用户的便携式音乐播放器同步内容。播客并不强求使用 iPod 或 iTunes，任何数字音频播放器或拥有适当软件的电脑都可以播放播客节目。相同的技术亦可用来传送视频文件，在 2005 年，已经有一些播客软件可以像播放音频一样播放视频了。

4. SNS 网站

人与人之间的交往方式在新的信息时代有了新的平台，以 Facebook、Myspace、人人网（校内网）、开心网等为代表的虚拟社交网络使传统的建立在 BBS 基础之上的虚拟社区概念得以延伸。这就使本来以话题为中心的相对封闭的虚拟社区成为以各种不同形式的联系为纽带的更加开放的网络。人们在这些虚拟的网络社区中交新朋友聚旧朋友，寻找群体归属感和身份认同，自我表达和个性呈现，指点江山激扬文字，或者只是最简单的种菜偷菜、放松心情。

随着数字技术和网络技术的发展与应用，网络社会活动得到了充分的扩展，网络已经成为人们社会活动的新型空间，形成的数字网络社区已经对现实社会人们的生活与工作产生了重大的影响，并继续改变着人们的现实生活方式。数字网络社区是传统社区概念的拓展，是一种社会实存，同现实社会一起，共同作用于我们的社会，成为影响和引导人们的思维方式、行为方式和社会组织形式的重要因素。

数字网络社区可以根据网络人际沟通的实时性，分为同步和异步两大类。同步数字网络社区，如网络联机游戏、即时通信、即时聊天室等；异步数字网络社区，如 BBS、新闻组等。群组是在 BBS 的基础上，伴随着 Web 2.0 用户参与概念的普及而发展出的网络新应用，群组的创建、加入、管理都由用户自主。随着交互式传播技术与互联网的发展，人们利用计算机和网络进行沟通或维系关系的情况越来越普遍，通过计算机和网络进行沟通的方式越来越多元化，而且在内容、操作接口和功能等各方面也越来越丰富。即时通信和即时聊天室近几年兴起后逐渐普及，借助于文字进行互动，同时又有表情符号、昵称、照片等丰富的功能可帮助沟通，使得即时的人际互动变得越来越多样化，也越来越受到人们的欢迎，成为网络人际交互的主流。

第八章 新媒体带来的社会问题

以新一代数字技术、网络技术、信息技术为基础的新媒体的出现，正以锐不可当之势，风卷残云般侵蚀着传统媒体的市场，一次次修改传媒业版图的同时，也在缔造一个个商业神话。在欣喜的同时，我们时刻不要忘记，新媒体从本质上说虽为技术的产物，但它带来的变革已远远超出了技术的范畴，涉及传媒业的生产方式、服务方式、盈利方式、管理方式、体制机制等各个层面。新媒体在给我们带来方便和便利的同时，也滋生了一些犯罪问题。2009年，中国开展了一场声势浩大的打击网络、手机出版犯罪活动，在取得重大效果的同时我们也看到了新媒体给社会带来的新问题。

第一节 版权纠纷

一、新媒体时代版权纠纷的新内容

在传统出版社进入网络出版后，首先可能要面对的就是各种版权问题。版权的保护对象是作品。作品本身无形，为了传播，必须固定、存储，目前阶段，按作品的固定（存储）形式来分类：一是纸质形式，如图书、期刊、报纸上的作品；二是模拟形式，将作品通过电磁转换以模拟信号的形式存储在磁带、胶片等载体上，这种方式主要适用于音乐作品、电影作品；三是数字形式，将作品进行数字化编码以后以数字形式（0和1）存储于硬盘、光盘、优盘等载体上,也可以称为电子形式,适合于文字、音乐、电影等各种作品。

据美国出版商协会网站报道,由美国出版商协会与六家版权行业协会组成的国际知识产权联盟,日前向美国贸易部提交了一份全球知识产权年度报告。该报告详细列举了一些国家的知识产权保护情况和市场准入问题。这份年度报告重点指出了39个国家和地区的版权保护和执法问题,并建议其中35个国家和地区应被列入美国贸易部的观察名单。报告称,全球盗版仍是版权行业一个久治不愈的顽疾,继续威胁着美国乃至全球的经济发展,各国版权行业和政府应积极采取措施应对这一挑战。

在报告中,国际知识产权联盟指出,随着互联网应用的普及与网民的增加,网络侵权变得愈加严重,并且威胁到全球出版商的生存环境。在泰国,出版业也面临着严重的盗版问题。目前,国际知识产权联盟正与泰国当局合作来寻找解决途径。此外,国际知识产权联盟还建议美国贸易部将加拿大、印度、墨西哥、菲律宾、俄罗斯等10个国家列入优先观察名单,因为这10个国家是美国出版商的重点出口国,关系到出版商的重大利益。作为国际知识产权联盟成员之一,美国出版商协会在报告中指出,在过去一年中,美国出版商遭受了来自海外市场的严重经济损失,其中包括不断增加的网络盗版、大规模的影印、非法印刷、未经授权的翻译等。

在文化创意产业发达的美国,传媒和娱乐产业每年带来的收入多达1万亿美元,占美国GDP的7%左右。创意产业在美国又叫版权产业,其实质被看做创造版权财富,就是要依靠人类的知识力量、创造力,依靠国家的知识产权保护制度,使其变成巨大的社会财富。与此相差悬殊的是,国内一些人的版权保护意识非常淡薄。国内多家音响唱片企业的负责人多次表示,盗版的猖獗已经使中国音像唱片产业的发展举步维艰。全国"扫黄打非"工作领导小组副组长、新闻出版总署署长、国家版权局局长柳斌杰表示:"保护知识产权与发展文化产业之间已经形成了生死攸关的关系,没有知识产权就不可能发展文化产业。"

电子书现在法国大概只占有0.1%的市场份额,非常低,从目前来看,电子书的发展还不会影响到法国出版业现有的商业模式。在法国还没有关于电子书销售的准确数据,但是我们可以从iPhone和iPod在法国的销售情况来大致了解电子书的下载和需求概况。

法国公众通过iPhone和iPod下载的电子书主要是以下几种类型:第一类

是宗教类图书，主要是《圣经》和《古兰经》，这些书因为比较厚，很早前就被电子化后放到手机里。第二类是连环画，连环画在法国一直都是最畅销的图书种类之一，连环画在iPhone上保持着较高的下载销售，大概有三万多种连环画可供下载。第三类是爱情和浪漫故事，包括小说、漫画和一些诗歌。第四类是经典著作。需要指出的是，中国的《孙子兵法》这本书在法国的电子书畅销榜上排名第七。第五类是实用性图书，比如法语字典、法语教程，以及旅行指南和菜谱等。

现在法国关于电子书的讨论主要集中于以下话题：

第一个最热门的话题就是知识产权的保护。

第二个话题是关于价格问题。法国法律规定图书要统一按定价销售，不得任意打折。这个法律会被电子书的出现所改变吗？权威人士的回答是不。还有电子书增值税的问题，法国电子书的增值税要远远超过纸本图书，电子书的增值税是19.6%，而纸本图书的增值税是5.5%。

第三个热点话题就是电子书零售平台的问题，现在传统书店销售的电子书非常少，大家都认为应该在书店和数字图书存储商之间搭建公共平台，问题是谁来管理这个平台。

（一）信息网络传播权问题

根据《信息网络传播权保护条例》，所谓信息网络传播权，是指以有线或者无线方式向公众提供作品、表演或者录音录像制品，使公众可以在其个人选定的时间和地点获得作品、表演或者录音录像制品的权利。

众所周知，网络出版中首先要面对的是信息网络传播权问题，如果不能很好地解决该问题，则后续的网络出版根本无法开展。"信息网络传播权"针对的是"交互式"传播行为，在互联网利好的大背景下，数字图书纷纷上马，数字图书制作商埋头掘金。有的直接拿纸书扫描制作，有的则直接从出版社拿图书的电子文本制作。在这个过程中，制作商似乎都对版权问题注意不够。

在网络环境下，著作权人与信息网络服务提供商的矛盾冲突、利益博弈，则是一个全球性且将长期存在的问题。既不能过分保护著作权人而限制了信息传播技术的发展，也不能怠于保护著作权人而使著作权人失去了创作动力最终损害社会公共利益。从我国著作权保护的总体状况来看，著作权侵权赔偿额比较低，某种意义上，对侵权人的威慑力不足。

自网络出版物问世以来，数字化阅读方式的案例性，就一直成为传统出版界版权管理和保护的一块心病，如何解决好数字版权保护（DRM）问题，确保出版社的出版资源不流失，是传统出版社不得不首先面对的难题。网络环境中的版权侵权有一个特点，就是直接的侵权者为数众多，权利人难以追究所有侵权者的责任。

在网络环境下，对于信息传播权利的过分限制将更加凸显社会平等的价值取向与知识鸿沟不断扩大的现实之间的矛盾。对于信息网络传播权的侵权认定而言，传播范围、传播行为的方式、传播者的主观过错其实都是需要被考虑的。在信息网络环境下，法律既赋予了作者信息网络传播的专属权利，又给予相关权利人相同的权利，并延伸至权利自力救济的技术措施和权利管理电子信息。这都大大地加强了对于权利人权利的全方位的积极性保护。

随着互联网技术的发展，数字图书产业逐渐成长、壮大，国内涌现出许多知名的数字图书制作商（或称运营商、提供商，下同），数字图书用户也迅速扩大，几乎所有的高校图书馆和大多数公共图书馆都成为数字图书的用户。然而，在数字图书的发展过程中，存在一个致命的问题：版权。因为没有取得著作权人的授权，侵犯了著作权人包括信息网络传播权和获得报酬权在内的著作权，数字图书制作商不断被推上被告席，数字图书用户也因通过网络传播未经授权的数字图书而屡次成为被告。

国内知名的中国数字图书馆有限责任公司、北京超星信息技术有限公司（以下简称"超星公司"）、北京书生公司和北京方正阿帕比技术有限公司，近年来都遇到了著作权纠纷。据不完全统计，自2002年至今，北京书生公司和超星公司在北京一地即分别遭到了14起和19起著作权诉讼。北京大学法学院教授陈兴良早在2002年就起诉中国数字图书馆有限责任公司，首次向数字图书馆发出了维权行动，并获得胜诉。2004年，中国社会科学院法学研究所郑成思等7位研究员诉书生公司侵犯著作权的案件，更是轰动一时。

在已审结的这些数字图书侵权案件中，除原告和被告自行和解而结案的外，法院无一例外地判决被告承担侵权责任，赔偿原告的经济损失。而在文物出版社诉北京超星公司一案中，文物出版社与被告庭外达成和解，约定被告向文物出版社赔付30万元，原告以此为由提出撤诉。在北京市海淀区人民法院作出的民事裁定书中，将这一内容写了进去。

如果不彻底解决版权问题，随着著作权人维权意识的不断增强和法律环境的逐渐完善，数字图书的前景不容乐观。

（二）侵权盗版的问题

在当前的网络出版环境中，还存在着许多网络出版单位不重视著作权保护、侵权盗版的现象，出版社如何在现有条件下，打击盗版、保护版权，是传统出版社进入网络出版后，还要一直面对的难题。

1. 互联网影视节目盗版猖獗

尽管中国视频网站在2005年就已经兴起，但对影视节目的盗播却一直是行业内部默认的"潜规则"。一直坚信"偷不能成为商业模式"的激动网董事长兼CEO吕文生，早在3年前就提出视频网站要坚持正版，却没有引起多少人的重视。网络视频提供的便捷、免费的收视渠道曾一度使盗版光盘行业受到冲击，但这种"以毒攻毒"的表象并不意味着版权保护形势的好转。搜狐公司董事局主席兼首席执行官张朝阳尖锐地指出，目前国内视频网站的影视节目中，95%的内容处于无版权状态。在文化部通报的2009年上半年全国文化市场重大案件中，网络侵权、非法影视下载等新兴领域的案件显著增多。

2008年，我国电影票房等综合收入突破82亿元，比上年增长30%。而在邻国日本，每年3G市场下载影视节目创造的经济效益就超过上百亿美元，比我国目前电影市场收益多得多。资金匮乏是制约影视产业发展的重要因素，但张朝阳认为，目前中国影视产业的经济收益与市场规模并不相符，版权保护的欠缺正是其症结所在。"盗版已经成为中国影视产业最大的毒瘤！"

中国电影著作权协会理事长朱永德从电影行业角度列举出一组数据：《非诚勿扰》和《建国大业》影院票房收入分别约为3.2亿元和4.1亿元，观影人次分别为329万和1305万；据不完全统计，上述两部电影在网络上的观影次数，仅搜狐、电影天堂等部分大型网站的观影总量就分别达到了4417万次和1800万次，但权利人在网络发放许可或转让信息网络传播权的收入仅100多万元。而影片《叶问2》遭遇网上盗播后，当日票房下降到1100万元，随后一路下滑，权利人向电驴网站发出通知移除该电影后，网上还可搜索到100多个相关链接。

电影行业已经成了全球性的产业，但是它却遭到了盗版的负面影响。美国电影协会（MPA）的成员公司，每年由于盗版活动损失的金额达61亿美元。

尤其是在亚洲地区，遭受的损失就达到了23亿美元。在中国本土的电影行业，也是受到了盗版的影响。日本、韩国、菲律宾等国家也是如此。

11件和712件，这两个数字分别是2007年和2009年北京市海淀区人民法院受理的视频网站被诉侵权的案件数量，3年增长60多倍，占到法院全年受理案件数量的近四成，反映了近年来国内视频网站版权之争愈演愈烈之势。

网络著作权案件已成北京市法院著作权纠纷案件审判，甚至知识产权案件审判的重要内容，侵权纠纷多集中在视频网站传播影视作品中。

视频网站播放新片—被诉侵权—赔偿—再次播映—再次被诉—再次赔偿，这已经成了每一部影视作品被视频网站播映后逃不出的怪圈，当事人的抗辩理由甚至已经模式化了。审理此类案件时，相当多的问题很难从现有法律法规和司法解释中直接找到答案，不少基本问题目前还存在很大争议，对审判提出很大挑战。

2009年9月15日，搜狐网联合激动网等视频网站，宣布成立"中国网络视频反盗版联盟"，要对优酷网、土豆网等"严重盗版"的网站提起诉讼，两天后，优酷网向海淀法院提起诉讼，反诉搜狐对优酷版权的长期剽窃及对优酷网商誉的严重侵害。

优酷网诉称，搜狐网IT频道在2009年9月15日刊发了一篇名为《亿元索赔磨炼中国最大视频盗版网站》的文章，称优酷网所有内容均为盗版，是中国最大的视频盗版网站，其"利用技术手段伪造大量用户，并通过服务器大批量上传盗版视频内容，并雇佣工作人员上传盗版视频以充实网站内容"，并举细节说，"在优酷网，有众多上传了海量影视剧内容的ID，其中上传视频内容最多的ID，上传的影视剧多达3.5万部集，这需要该'用户'不间断上传5年，而优酷网成立至今，只有两年"。

这一背景下，优酷网因其成为盗版视频的重灾区，被作为负面形象加以批评，显然属于公众对于时事和社会现象的合理批评。

此类案件审理中通常的争议焦点有两个：一是作为被告方的视频网站进行的抗辩，将有侵权嫌疑的视频归咎为网友上传，认为自己提供的只是搜索引擎和链接，并不提供实际视频内容；二是认为索赔数额过多。

将侵权责任推给网友，利用的是网络传播中的"避风港原则"。"避风港原则"最早出现在美国《数字千年版权法案》中。它由两部分构成，即"通知＋

移除",由于网络中介服务商没有能力进行事先内容审查,一般事先对侵权信息的存在不知情,但是被告知侵权后,则有删除的义务;而如果侵权内容既不在网络服务提供商的服务器上存储,又没有被告知哪些内容应该删除,则网络服务提供商不承担侵权责任。我国从2006年7月1日起实施的《信息网络传播权保护条例》中,作出了类似规定。

"'避风港原则'并不能使上述无限制的视频上传行为合法","赔偿数额高了还是低了,也许只有著作权人和视频网站经营者最心知肚明,法院居中裁判,又是局外人,只能在当事人提供的既有的事实情况下,依法作出相应的判断,艰难地在两者之间维持平衡:既要合理保护又不能过度保护"。

依据我国《著作权法》规定:"侵犯著作权或者与著作权有关的权利的,侵权人应当按照权利人的实际损失给予赔偿;实际损失难以计算的,可以按照侵权人的违法所得给予赔偿。权利人的实际损失或者侵权人的违法所得不能确定的,由人民法院根据侵权行为的情节,判决给予50万元以下的赔偿。"在这一通用的法定赔偿条款下,同一影视作品被侵权,不同的法院不同的法官可能作出数额相距甚远的两种赔偿标准。

在2001年修改的《著作权法》中,赔偿上限仍然是50万元,近几年已经有学者对于这一数额提出异议。2001年修订《著作权法》的时候,没有人能够预料到信息网络技术会有今天这样迅猛的发展势头,特别是视频网站,法律的发展怎样能够紧跟互联网的发展?50万元"封顶"是否合适,的确值得商榷。2010年4月16日,中国电影著作权协会在北京成立。中国音像著作权集体管理协会自2008年5月成立以来,在音乐作品维权方面取得了一些成就,但与此同时,音著协的运作模式也遭到了质疑:实际权利人是否拿到版权使用费?版权管理费是否合理?收费标准是否构成价格垄断等?

2. 无线音乐告别黄金时代

"无线音乐2006年实现了83亿元的收入,但近年用户的彩铃换铃率出现了明显下降""盗版、服务类型单一、商务模式存在缺陷等都成为制约无线音乐发展的瓶颈问题",由于有着明确有效的收费模式并可以有效地规避大规模盗版问题,以彩铃为代表的无线音乐一度被认为可以拯救传统唱片业。无线音乐出现之前,由于受到互联网免费下载的巨大冲击,传统唱片的盈利模式完全被破坏,一批小型唱片公司倒闭或改行,坚持下来的也大多数挣扎在生死线上。

2004年至2005年可以说是无线音乐的黄金时代,市场活跃,收入也相当可观,但随之而来的是大量资本涌入这个市场,随后市场开始混乱并逐渐下跌。"无线音乐作为一个新的音乐发行渠道对唱片业来说当然是一件好事,但就目前现状来看,其实际价值并不像之前想象的那样大。受制于盗版以及目前无线音乐运营和分配模式的一些缺陷等,公司对无线音乐不敢有太高奢望。"

"尽管无线音乐仍然是主要盈利点,但近一两年无线音乐确实出现了平缓下滑的趋势。"日益严重的盗版成为无线音乐发展受阻的重要原因之一。尽管移动运营商多次展开SP整治行动,但很难收到长期效果。"今天的移动运营商有一种非常矛盾的心理,就是既想做裁判又想做运动员。"移动运营商应与版权拥有方直接对账,规避原有模式中账目不清、结款周期长、数据不透明等问题,同时降低成本,统一价格,实现规范化管理。

中国拥有7.2亿手机用户,居全球首位,无线音乐下载拥有巨大的市场潜力。中国联通副总裁李刚预测,中国数字音乐2010年有望达到127亿元的市场规模。2007年6月29日,中国联通名为"炫曲"的音乐整曲下载业务已投入试运行。据中国联通介绍,联通已经与包括华纳音乐、索尼BMG等23家唱片公司建立合作关系,获得超过8万首歌曲的授权,首批上线的音乐曲目将会从中精选1.6万首供用户下载。

3. 电子书版权纠纷

2010年6月30日,中华书局诉汉王科技股份有限公司侵犯中华书局版点校本"二十四史"及《清史稿》著作权案在北京市海淀区人民法院首次开庭。

原告中华书局在起诉书中称:1959年到1978年,原告从全国范围内调集百余位文史专家,在原告的主持下,投入巨大成本并克服种种困难,对从《史记》到《明史》的24种纪传体正史(即"二十四史")以及《清史稿》进行全面系统的整理,并陆续付诸出版。2005年8月9日,北京市高级人民法院作出了(2005)高民终字第442号民事判决书,该判决书确认原告享有点校本"二十四史"和《清史稿》的著作权。

为此,中华书局在起诉书中认为,被告汉王科技未经许可,擅自在其制作发行的作品中收录原告享有著作权的作品的行为侵犯了原告对作品享有的署名权、复制权、发行权、获取报酬权等权利。被告应当承担停止侵害、赔礼道歉、赔偿损失等民事责任。诉讼请求法院判令被告立即停止制作发行含有原告点校本"二十四史"及《清史稿》内容的《汉王电子书D20国学版》，判令被告在《中国新闻出版报》上就涉案侵权行为刊登向原告赔礼道歉的声明，判令被告赔偿原告经济损失总计400余万元。

经查，原告提出争议的作品是电子书（国学版）中预装的国学公司出版发行的《国学备要》，《国学备要》中收入了280种国学作品，其中包括"二十四史"及《清史稿》。这些内容是汉王科技与国学公司于2008年签订版权授权协议约定，国学公司将《国学备要》授权汉王科技预装到电子书产品中。同时，根据协议约定，按照每台机器每套作品支付50元的价格，汉王科技向国学公司支付了版权使用费40余万元。该负责人还说，若法院最终判定需承担连带赔偿责任，汉王科技有权向授权方国学公司追偿。

中华书局的表示是："愿意通过和解的方式解决纠纷，并且希望今后在作品的全媒体出版方面，双方可以继续合作。"汉王科技的表示是："汉王的内容必须依靠出版社，汉王希望和出版社能够有良好的合作而不是矛盾。"

4. 互联网音乐版权维权难

2009年中国移动在彩铃方面的收入就接近200亿元。当然，很多音乐网站的收益也相当可观，如百度的MP3也有近17亿元的营业额。

2009年10月曾经统计过，现在中国音乐、音像产业一年的总产值不过4亿元。而相对我们的邻国日本，它每年的音乐产业产值差不多达到6000亿日元（折合人民币440亿元左右）。

全中国的四大音乐网站加起来并连带所有的上千个小型音乐网站，总收入不到1亿元。据艾瑞公司统计，其中80%以上的收入来自广告，也就是说这些音乐网站并不是靠单次下载计费来收费的。

面对此种市场，更适合著作权集体管理组织替权利人来维权，因为，权利人不可能到上千家网站去一一收费。

音著协副总干事刘平介绍说，著作权集体管理在国际上已有百年历史，可以说是与文化产业和版权保护同步发展起来的。目前各国版权保护日益加强，音乐版权授权费用已渐渐演变成各大唱片公司的主要盈利点。他说，像英国的PPL，就是世界最强大的集体管理组织之一，它每年替权利人收到的集体管理费用高达60亿英镑。此外，德国音著协一年可以收到10亿欧元版权使用费，日本音著协每年收益达 11 亿美元，韩国相关协会达到 7000 万美元，中国台湾地区 2009 年的版权收益达 2.5 亿新台币，而它们的音乐场所的使用数量远远不及中国内地。所以我国《著作权法》所规定的赋予著作权人的权利和现实中的兑现状态存在较大差距。

刘平举例说他在 2003 年代理了第一起唱片公司对卡拉 OK 侵权使用者进行的维权诉讼。他说：" 我当时代表原告，在全国打了 200 多起诉讼案件，这些诉讼均取得了各地法院高度一致的认定。记得第一起案件法院判被告赔偿原告 1 首 1 万元（共 3 首歌曲）。但自从这 200 多起案件判决以后，法院判决的赔偿金额却逐渐降低，乃至降到最后判决侵权者赔偿受害权利人 500 元 1 首。即使这样，我国各级法院通过相当多的民事判例还是给了我国著作权集体管理组织必要的支持。但是由于这个行业的高度专一性，以及音乐使用行业的具体情况，很多侵权者对于长期从事大规模侵权行为一直是有恃无恐的。"

"即便在目前我国《著作权法》赔偿数额尚未修订之前，各级法院也应依据 2009 年最高人民法院印发的《关于当前经济形势下知识产权审判服务大局若干问题的意见》第 16 条规定，要增强损害赔偿额的补偿、惩罚和威慑效果，降低维权成本。"

二、新媒体条件下的版权保护

互联网所特有的全球性、无限复制性、实时性和交互性以及网络技术发展的高速性，使互联网的著作权保护面临许多新的挑战。这主要集中体现在：首先，数字技术与网络技术的高速发展使版权保护的难度增大。随着互联网技术的普及，互联网用户激增，以及网络带宽的增加和传输质量的提高，使人们复制、传播和使用他人作品变得更加容易和便捷。其次，互联网侵权行为难以被确认，侵权证据难以搜集和获取，这在客观上增加了互联网著作权保护的难度。再次，网络环境中，版权直接侵权者为数众多的特点使得权利人很难追究所有侵权者的责任，一定程度上助长了侵权者的侥幸心理。

1. 法律的努力

数字技术和网络技术下的版权保护，对版权制度提出了新一轮的挑战。为了应对这一挑战，世界知识产权组织于 1996 年 12 月缔结了《世界知识产权组织版权条约》和《世界知识产权组织表演与录音制品条约》。这两个条约不仅规定了在网络环境中,作者就其作品、表演者就其表演、录音制品制作者就其录音制品所享有的权利,而且规定了与上述权利相关的技术措施和权利管理信息的保护。

2009年9月15日,法国国民议会通过了新的互联网知识产权保护法,即打击网络非法下载行为的新法案版本 HADOPI-2(以下简称"HADOPI 法案")。

建立一整套灵活反应机制。这是 HADOPI 法案的核心所在。为了简化程序、提高执行效率,对经常下载/上传盗版共享文件用户的行为,从程序上避免了法院裁决上出现排队、拥挤的状况,授权法官可以及时判定。对侵权者互联网的切断与否,可由一个法官宣布的一条简单命令来决定并施行。

一般情况下,因法庭认为 IP 地址也是个人信息的一部分,个人信息通常是受法律保护的,互联网服务商一般不予提供 IP 地址,仅在特殊情况下向警方或法庭提供。新法案实施后,互联网服务商有义务向 HADOPI 提供 IP 地址,并使 HADOPI 知道准确的个人信息情况。

Web1.0 的主要特点在于用户通过浏览器获取信息。Web2.0 则更注重用户的交互作用,用户既是网站内容的浏览者,也是网站内容的制造者。所谓网站内容的制造者是说互联网上的每一个用户不再仅仅是互联网的读者,同时也成为互联网的作者;不再仅仅是在互联网上冲浪,同时也成为波浪制造者;在模式上由单纯的"读"向"写"以及"共同建设"发展;由被动地接收互联网信息向主动创造互联网信息发展,从而更加人性化。

从新法案中可以看出,法国政府对 Web2.0 环境下的版权管理更为严格。例如:YouTube 上的电影短片,如果上传者没有披露身份,权利人可找 YouTube 要求将盗版作品删除,或追究 YouTube 的侵权责任,在此种情况下,可将 YouTube 视为制作商,只要有侵权作品在该平台上出现的话,就可以认为 YouTube 在侵权。YouTube 当然认为自身仅是技术服务者,只提供落户的地方,欧盟电子商务指令规定,只有在某种特定情况下,明知存在侵犯版权又不撤销的,提供落户者才有责任,提供落户服务者不知情的无责任。法国的法律规定,收到违法通知后应立即撤销,否则要承担责任。此时 YouTube 可能有两种情况,一种是内容制作者,另一种是提供平台者,自身侵权要承担责任、知情要承担责任,明知侵权不撤销平台也要承担责任。

近年来，中国政府不断地加大网络建设和管理的力度，加强网络环境下知识产权保护工作，在推进网络环境下的版权保护方面取得了明显的成效。

第一，网络环境下的版权保护法律法规体系初步建立。2001年以来，中国对于著作权法体系进行了全面修订，进一步完善了著作权的法律内容，增加了著作权人和表演者、录音制品制作者的信息网络传播权，并规定对"技术措施"和"权利管理信息"予以保护，从立法层面上解决了网络环境下著作权的保护问题。

2004年12月，最高人民法院、最高人民检察院颁布实施的有关"侵犯知识产权刑事犯罪"的司法解释中，将"在线盗版"行为明确定性为侵犯著作权的犯罪行为。2006年7月，国务院颁布的《信息网络传播权保护条例》正式实施，对信息网络传播权的权利内容、权利限制、网络服务提供商的责任等问题做了具体的规定，进一步完善了网络环境下的版权保护法律体系。

第二，两个互联网国际条约在中国已正式生效。2007年6月9日，《世界知识产权组织版权条约》和《世界知识产权组织表演和录音制品的条约》正式在中国生效。加入两个新条约有利于知识产权保护的国际合作，加大打击盗版的力度，对推动我国互联网产业的健康发展、完善网络环境下的法律制度，有着十分重要的积极意义，也充分体现了中国政府履行国际义务、信守国际承诺的负责任态度，表明了保护知识产权的鲜明的立场和坚定决心。

随着国家对网络文化产业扶持的力度和版权保护力度的不断加强，民族网络影视产业、网络出版产业、网络娱乐产业的自主创新能力不断地提高，形成了一批拥有自主知识产权的网络文化的产品。如中国原创民族网络游戏，国内市场占有率连续两年超过引进的国外游戏，而且，远销40多个国家和地区，成为国内网络游戏市场的主导力量。

政府已经为网络广播、非免费下载以及背景音乐颁发了许可证，并为多频道网络电台、网络电视和悦铃颁发了专有许可证。在电视广播业务方面，地面电视、卫星电视和有线电视开通的同时，必将引起视频点播和单向广播预告等方面许可证制度的更新。

在中国，自2009年下半年起，视频网站行业发起了一场反盗版运动。酷6网联手搜狐网，两家网站各出资500万美元建立了国内首个国际影视版权联合采购基金，用于购买国外正版影视内容。2010年1月20日，中国版权协会互联网版权工作委员会正式成立,绝大多数视频企业签署了《中国互联网行业版权自律宣言》,承诺删除盗版,保护正版影视作品。

2. 技术的努力

在全球网络环境下应对互联网侵权盗版行为,在完善著作权法律的同时,不能忽视互联网技术的重要作用。技术和法律是推动互联网发展的两种重要力量。技术是人类价值追求的成果,更新速度非常快;而法律则是社会利益协调的结果,通常相对滞后。因此,立法相对滞后于社会发展,这是必须面对的现实。21世纪的全球信息化和互联网发展将在很长一段时间内处在这种不协调的状态下。尽管如此,技术与法律仍然是应对互联网侵权盗版行为的两种可以信赖的力量。

新技术在应对互联网侵权盗版行为中发挥着重要作用。如日本作者作曲家和出版者协会使用了一种名为"J-MUSE"的搜索引擎,其利用先进的搜索技术能自动巡逻、搜索并确定音乐文件所在位置,锁定非法下载音乐行为所在网站,如今该技术已在实践中取得很好的效果。韩国文化观光部于2005年4月成立了"版权保护中心",建立了一套系统化和常规化的应对在线和离线著作权侵权行为的版权保护系统,通过有效运转版权适时监控系统,既便于版权执法机关及时掌握互联网上侵权盗版的情况,也便于社会公众将有关侵权盗版情况反馈给版权执法机关,极大提高了执法的效率。这些国家在网络著作权保护方面所取得的先进经验值得国内权利人和组织学习借鉴。

有效的版权保护是促进互联网产业健康发展的重要保障。互联网等信息网络的产生和发展带来了人类社会生产方式、生活方式的深刻变革。网络技术的广泛应用,促进了人类精神文化活动向互联网的延伸,极大地改变了文化、生产、传播和消费的方式。互联网成为重要的文化创作、生产的平台,文化产品传播的平台和文化消费的平台。

网络环境下有效地消除盗版似乎不太可能,这表明除开展各种各样的打击盗版活动外,我们还应该建立起预防性机制,应该通过学校和其他机构对年轻人进行教育,同时学校教育也可以对家长和老师开展。在这个领域,意大利作者和出版者协会在意大利的几千个学校开展过教育活动,帮助学生们了解意大利的发展动态,还帮助他们了解非法下载音乐和传播音乐所带来的危害。

第二节 新的犯罪形式

网络犯罪,是指行为人运用计算机技术,借助于网络对其系统或信息进行攻击、破坏或利用网络进行其他犯罪的总称。既包括行为人运用其编程、加密、解码技术或工具在网络上实施的犯罪,也包括行为人利用软件指令、网络系统或产品加密等技术及法律规定上的漏洞在网络内外交互实施的犯罪,还包括行为人借助于其居于网络服务提供者特定地位或其他方法在网络系统实施的犯罪。简言之,网络犯罪是针对和利用网络进行的犯罪,网络犯罪的本质特征是危害网络及其信息的安全与秩序。新媒体在方便人们生活、刺激经济增长的同时,也因为自己的特性带来新的犯罪形式,其中通过手机、互联网犯罪的形式最为明显。

一、传播虚假信息

随着新媒体不断发展,互联网上出现形形色色的网络诈骗,有骗子通过各大交友网站、论坛,以结交朋友、寻找伴侣的名义进行网络诈骗,给诚心交友的网民带来财产和情感上的双重损失;也有股票指导诈骗,主要针对初入股市的炒股人群,骗子利用炒股者赚钱心切的心理,以交钱推荐股票为幌子诈骗钱财。而随着网络购物的流行,借助网络购物诈骗的案例也越来越多,骗子主要是利用购物者急于拿到货物的心情,分若干次让受害者往指定的账户打钱,结果是让受害者财物两空。虚假网上银行诈骗主要是骗子伪造某知名网站页面,通过让人们输入银行卡号密码、支付宝账号密码等手段,骗取人们卡上或者支付宝等网络购物媒介中的资金。

1. 虚假广告

根据中国广告协会公布的资料,2009 年中国网络广告营销市场(含搜索)总规模为 193.3 亿元,同比增长 13.8 个百分点,如此海量的网络广告不乏藏污纳垢者。从网上店铺到视频网站和网络论坛,各种虚假广告不一而足:有所谓典藏版低价劳力士手表、几百元的 LV 包,也有号称功效卓著的壮阳保健用品等，这些虚假广告的发布平台不乏一些知名网站。各种虚假弹出文字广告也屡禁不止，例如"免费Q币"、"非主流5、6位号QQ"等宣传口号，引诱网民点击以骗取各种费用；夸大宣称疗效的"祖传秘方，彻底治愈肝炎"等虚假广告更是层出不穷，屡打不绝。

2010年国家工商总局等12个国家部委联合出台了《2010年虚假违法广告专项整治工作实施意见》，医疗、药品、保健食品广告，以及非法涉性、低俗不良广告等被确定为2010年整治的重点，尤其对网上非法性药品广告、性病治疗广告和低俗不良广告等将进行严厉查处。

北京李女士近日非常愤怒，自己上小学的女儿邮箱中，居然出现了一批性病治疗的广告，而且发送广告邮件的邮箱经常变化，怎么拦截也拦不住，只要一点击就会链接到一些所谓的健康资讯类网站，上面密布着令人脸红心跳的成人用品、性药品介绍，还会不时弹出让人尴尬的图片和视频。李女士告诫女儿不得观看这类邮件，她对目前网络上非法、庸俗、虚假网站非常不满，"这些网站的内容不就是以前贴在电线杆上，被称为'牛皮癣'的小广告吗？想不到这些'牛皮癣'在互联网上又重新开始泛滥。"

上海市民张先生看到北京某通信科技公司的网站信息，打出"坐在家中，日进万金，不看肯定后悔"的广告语，号称该公司向全国各地诚招代理商，低价销售移动、联通充值卡，且根据级别不同，充值卡的折扣从1.2折到2折不等。张先生在某知名搜索引擎上搜索看到该公司排名显示在搜索顶端，"信誉度"应该非常不错，于是在网上购买了2折的万元面值的电信充值卡，但最后却发现不能使用，而所谓的能证明信誉度的排名其实是花钱买来的。

2. 短信诈骗

股票明天飙升，今天就会有人告诉你。最近，一些投资者频频遇到这样的"好事"。在每个交易日收盘后不久，他们就会收到咨询公司发来的短信，短信上写着"明日XX股票飙升，若想提前知道，请打XX电话"。或许你不会相信，但这些股票的确会在第二天涨停；但如果你信了，很不幸，只要你买进该股票，你一定会被牢牢套住。这个组织起源于江苏，下线可能遍布全国各地，形成了一条类似于传销组织的"食物链"。即私募建仓后发布消息，荐股公司发布短信骗取会员费，股民上当受骗赔钱。

荐股短信上看起来十分灵验的股票，实际基本都是小盘、低价股，不法机构正是利用老客户资金推高股价，形成账面盈利假象蒙蔽老客户，同时诱骗新投资者入瓮。近期各地监管部门加大打击力度，取缔一批非法证券咨询机构，但部分被取缔的非法证券咨询机构又开始以手机短信"借尸还魂"，企图靠推荐股票、收取会员费大肆敛财。

3. 网络消费诈骗

美国联邦调查局发布《2009年度网络犯罪报告》说，网络诈骗2009年令美国民众损失将近5.6亿美元，比上一年翻一番。接到的举报中，最常见的骗术是借联邦调查局之名行骗。联邦调查局与美国白领犯罪中心、私人反欺诈组织"网络犯罪举报中心"合作，报告显示，举报中心2009年收到33.6万余件网络犯罪举报，较2008年增加逾20%；网络诈骗案涉及金额由2008年的2.65亿美元增至5.597亿美元。个案涉及金额少到不足30美元，多到超过10万美元。报告说，损失最大的受害者群体年龄在40岁至49岁之间，人均损失700美元，其次是30岁至39岁群体，人均损失600美元。

在国内，网络诈骗最普通的诈骗方式是"中奖"。玩家在玩游戏时，电脑屏幕上突然会弹出一个窗口，显示"您已成为本游戏的幸运玩家"，或"网站举行抽奖，恭喜您中奖"，并附有联系电话号码。事主电话联系后，奖品通常是"几万元人民币"或"价值万元的笔记本电脑"，对方提供一个银行账号，以中奖需要缴纳税费、保证金、邮寄费、手续费等多个名目，让事主汇钱。此外，骗子还经常向游戏玩家兜售虚拟货币或游戏道具等虚拟用品，玩家汇钱后，骗子就消失了。骗子也常常利用"网络购物"进行诈骗，并通过更换网络号码、银行账号、电话号码或使用铁通、网通的"一号通"虚拟捆绑电话，给警方破案造成难度。网络诈骗金额通常仅数百元，事主嫌麻烦往往不报案，而且一些案件不够警方立案标准，骗子很容易逃避打击。

二、传播非法和违禁信息

从互联网和手机便捷的信息传播功能、遍布全国的发射设备和庞大的受众数量来看，新媒体的传播功能强大。但由于新媒体的隐秘性和高科技特性，往往难于打击新媒体犯罪。不少网络运营商、接入服务商、域名注册服务商为色情网站提供接入服务，使网民可以很方便地接触到色情图片、色情小说、色情电影；有人开设手机网站传播淫秽色情信息大肆敛财；有人在网络日志中提供色情信息资源链接,也有通过手机、互联网发布非法违禁信息等。

据国务院新闻办网络局负责人介绍,截至2010年2月10日,中国已关闭淫秽色情和低俗网站1.6万多个。中国移动、中国电信等企业关闭未备案网站13.6万余个。中国互联网络信息中心和全国55家域名注册服务机构共清查域名总量1350多万个,暂停1.2万个涉黄域名。

(一)手机、互联网涉黄

1. 手机涉黄

在媒体大量披露手机网络色情现象之前,许多家长很少通过手机上网,所以并不真正了解在手机网络上色情淫秽内容泛滥情况已经非常严重。2010年3月12日,全国"扫黄打非"办公室宣布,全国开展打击手机网站传播淫秽色情信息专项行动以来,各地有关部门依法关闭包括手机淫秽色情网站在内的违法违规网站14万多个。全国"扫黄打非"办组织工信部、公安部、文化部、新闻出版总署等相关部门组成督导检查组,分别对北京、上海、天津、陕西、福建、江苏、广东等11个省(市)开展专项行动情况进行检查。各地在开展专项行动中广泛动员、积极行动,取得明显成效。随着专项行动的深入开展,一大批手机淫秽色情网站浮出水面,公安机关落地查人,查办一批典型的手机网站传播淫秽色情信息案件。这些网站的查处也震惊了民众。

2010年3月,上海普陀区法院判决了沪上首例利用手机网站传播淫秽信息案,盛某等7人受到严厉的刑事处罚,首犯被判处有期徒刑11年6个月,并处罚金10万元。盛某雇用杨某等6人开设了6个手机色情网站,他们通过提供色情、淫秽的图片等提高网站的点击率,从而增加广告来源,在收取广告费后,7人按约定比例分成。盛某等7人都是"80后",其中年龄最小的刘某才21岁。刘某在网站上传播了淫秽小说41篇,点击率达到了11万余次。根据相关司法解释,传播淫秽电子信息,实际被点击数达到1万次以上的,就构成传播淫秽物品牟利罪。经查明,涉案网站上共有淫秽色情图片20万余张,淫秽色情小说6000多部。

2. 网络色情

近来,国内网上淫秽色情活动出现了一些新情况、新特点,一是境内淫秽色情活动向境外大批转移,内外勾结现象严重。二是网上淫秽色情活动向网下转移,活动方式更加隐蔽。三是广告联盟、第三方支付平台以及不法互联网接入服务商、域名注册服务商的内部管理仍存在很多漏洞,容易造成淫秽色情活动伺机扩散传播。四是违法犯罪分子高学历、低龄化现象严重。

中国互联网违法和不良信息举报中心相关人士称,2009年以来,中心接到各类举报信息近46万件次,其中淫秽色情类举报约占举报总量的55%。关于淫秽色情类的举报信息中,约85%为境外中文淫秽色情网站或论坛,主要是来自美国。此类网站或论坛大多免费向网民提供淫秽色情图片、视频、文字等内容的浏览及BT文件的下载,还有部分是提供卖淫信息,情节恶劣。据了解,注册一个".com"的域名非常容易,有的成本还不到1美元,维护一个网站也不需要太大成本。美国老牌的淫秽网站,可以有很多域名,很多IP地址,因此在中心收到的举报中,重复率非常高。

2009年以来,全国公安机关进一步加大了对网络淫秽色情的打击整治力度,先后清除网络淫秽色情信息171万条,关闭淫秽色情网站、栏目9200个,破获网络淫秽色情刑事案件3854起,抓获犯罪嫌疑人3821名,并连续打掉了几个设在境外的大型淫秽网站联盟,抓获其在境内维护人员500多名。

江苏等地警方成功破获境外"性吧sex8"网站传播淫秽物品牟利案。2009年12月,江苏省徐州市公安局网警支队在工作中发现,本市有人参与管理境外"性吧sex8"中文淫秽色情网站。1月14日,公安部统一部署,全国23个省(区、市)50多个抓捕小组300余名民警陆续开展了抓捕行动,相继抓获国内总版主李某等违法犯罪嫌疑人81名。

2009年12月15日,北京公安机关接网民举报,反映一"网易"博客内容中存在淫秽色情内容。办案人员进一步扩线侦查后发现,该博客内容多次引用其他博客的内容,其中3个名为"xiaozhangzuo的博客"、"sexyw的博客"和"caoyuemei12345的博客"内容中存在大量淫秽色情内容,民警迅速利用技术手段对上述博客进行远程取证,经鉴定,均达到刑事立案标准。根据对三个涉案博客登录情况分析,锁定犯罪嫌疑人位置,北京市公安局网安处迅速与海淀分局、丰台分局和朝阳分局相关部门成立专案组展开抓捕行动。

2009年11月16日,烟台市芝罘区网监民警发现有人在本市"烟台论坛"发帖召集网民加入QQ群"烟台色友群"。经连续10余天艰苦工作,专案组民警掌握了该QQ群淫秽色情电子证据。专案组成员根据线索,于12月2日至12月8日,先后赴蓬莱、福山、青岛等地将QQ群管理员于某、吕某、张某等 25 人抓获。

2009 年 12 月 6 日，辽宁省沈阳市公安局网警支队工作人员发现，有人利用互联网在名为"沈阳夜生活"的 QQ 群中发布组织、介绍妇女卖淫活动的信息。经过几周连续工作，侦查人员通过网络技术优势和传统侦查方法相结合的方式最终确定了 QQ 群群主以及卖淫小姐的居住地点，从 2009 年 12 月 28 日开始，各警种紧密配合，一举捣毁了利用"沈阳夜生活"QQ 群进行网上招嫖、组织妇女卖淫的犯罪团伙。

手机上的黄色资源在彩屏手机普及的时候就已经开始显露了。

究其原因，一方面是有关部门对手机内容的监管制度还存在一定欠缺，管起来无法重拳出击究其根本；而另一方面是运营商守着自己的"房东"定位寸步不前。打个比喻说，就像是我提供的平台就是出租一间店铺，你是卖荤还是卖素我不过问，卖的钱我代收后扣掉房租就 OK。对于消费者也就是手机用户而言，要防止黄毒的侵害也十分被动，既没有什么软件可以自动屏蔽黄毒的主动骚扰，在黄毒骚扰之后也没有投诉途径和有效的反击方式，只能洁身自好以求自保。

2009 年 11 月 16 日，全国"扫黄打非"办公室针对一些手机网站制作、传播淫秽色情信息活动不断蔓延的情况，下发了《关于严厉打击手机网站制作、传播淫秽色情信息活动的紧急通知》，要求就手机网站制作、传播淫秽色情等有害信息活动进行专项治理。而从 2009 年 12 月到 2010 年 5 月底，中央外宣办、全国"扫黄打非"办、工业和信息化部、公安部、新闻出版总署等九部门在全国范围内联合开展深入整治互联网和手机媒体淫秽色情及低俗信息专项行动。

一系列的行动，对深受黄毒之苦的普通民众来说，可以说是天降福音。

第一，手机网站制作传播黄毒会受到严厉惩治。这种惩治并不是你可以打一枪换一个地方、关一家网站再开一家那么简单，会追究到人，从制毒源头上打蛇七寸。第二，移动等运营商也会发挥很关键的作用。如果从事不良勾当，你得制止或者联合政府部门整治，任何权利都是有对应的义务的。第三，也就是最后的防线——手机用户。当某家长发现自己的孩子被黄毒侵害时，去投诉或者反映情况也再不会像个皮球一样被踢来踢去。如果是手机网站上传过来的，你就去扫黄办举报；如果是在小店铺里充值时店主收费给拷进去的，那更可以联系公安部门抓获不法分子。

特别是2009年以来，公安机关连续牵头组织开展了"09亮剑"打击整治网络淫秽色情专项行动、9部委打击整治网络淫秽色情专项行动，有力打击了网络淫秽色情违法犯罪活动，有效遏制了网上淫秽色情信息传播泛滥的势头。截至目前，公安机关共删除网上淫秽色情信息150余万条，关闭淫秽色情违法网站、栏目9000多个；立案侦查网络淫秽色情违法犯罪案件4186起，破获违法犯罪案件3259起，抓获违法犯罪嫌疑人5394人，查破刑事案件数量约为2008年全年的4倍。

下一步，公安机关将在几个方面加大工作力度。

第一项工作是严厉打击网络淫秽色情违法犯罪。各地公安机关将在工作中突出打击重点，坚持不懈地破大案、捣网络、追源头，集中查处一批网络和手机违法犯罪案件，依法严惩一批违法犯罪分子，力争尽快取得重大战果。要突出重点对象，重点打击境内人员在境外开办的淫秽色情网站、手机淫秽色情网站和利用"点对点"网络传播淫秽色情的违法犯罪活动，坚决切断网络和手机淫秽色情的传播渠道。

第二项工作是加大对违法违规互联网单位的处罚力度。各地公安机关网安部门将从网络淫秽色情信息传播的关键环节入手，加强信息监控、巡查工作力度，督促互联网服务单位落实技术防范措施，切断网络淫秽色情利益链。一是将加大对本地淫秽色情网站的发现和处置工作，对群众举报和巡查发现的淫秽色情网站将坚决关闭。二是重点加强对接入服务、互联网数据中心、虚拟空间租赁服务单位的管理，对违法有害信息问题突出的单位将依法查处。三是加强对已破获的一些典型案件和存在利益关系的不法运营商、服务商的曝光力度，震慑犯罪。

第三项工作是加强同有关部门和单位之间的协调配合，共同营造良好的网络管理秩序。公安机关将积极会同有关部门，建立健全网络违法行为通报和协同处置机制，对查处的违法网站，及时通报通信管理部门将其列入"黑名单"；对发现的低俗不良信息，及时通报外宣、广电、出版等部门进行处置。对发现的运营商、接入服务商、网络广告商、第三方支付企业在经营管理中的违法违规行为，积极会同工商、通信、银监等部门进行整治。同时，公安机关将坚持立足当前、着眼长远，紧密结合开展打击整治行动，深入研究网络和手机淫秽色情违法犯罪活动的规律特点，积极配合有关部门和单位，研究提出标本兼治、综合治理的对策措施，建立健全打击防范网络和手机淫秽色情的长效工作机制。

相对而言，发现、关闭一批涉黄手机网站不算太难，难的是打掉躲在境外生产黄色信息的黑窝点，堵住色情淫秽信息进入传播网络的渠道，斩断靠贩黄传黄牟利的利益链。眼下，境外网站在境内传播淫秽色情信息的形势还没有根本遏制，涉黄网站隐藏深、发现难、处置难的问题仍比较突出。当前和今后一段时间的工作重点，仍应集中在强化提供手机运营服务的运营商的监管职责方面，保证其从技术上对手机传播的信息内容实施有效监管。此外，相关部门的职责分工要进一步明确，有关法律法规的约束力、针对性、操作性也要加强，避免出现紧一时、松一时，风头一过，"新茬"又起的现象。

（二）传播非法违禁信息

在给众多网民提供便利的同时，互联网的虚拟性与扁平性也使得网络成为各种虚假信息的"高效"传播渠道，助长不法行为滋生，对社会的和谐与稳定带来威胁。新疆"7·5"事件之前，"三股势力"就是通过互联网发布一些虚假信息、违法信息，境内外不法分子通过QQ群、短信等通信工具大肆散布一些煽动性很强、破坏民族团结、挑起民族对立的信息，煽动民族仇恨，进而指挥不法分子上街闹事。

近年来中国因网上发帖造谣、诽谤而受到公安机关查处的案件也时有发生。2008年汶川地震后，河北、辽宁、安徽等11个省市的公安机关，查处了17名涉嫌借地震在网上造谣的犯罪嫌疑人。2009年10月21日，河北容城县公安局在北京将涉嫌发帖编造容城"艾滋女"事件的嫌疑人杨某抓获，并以涉嫌诽谤罪将其刑事拘留。2010年1月，新疆昌吉回族自治州公安局查处2起网上恶意散播恐怖信息案件。

十一届全国人大代表郭国庆在接受采访时表示，通过网络、手机等手段传播虚假、"有色"信息，混淆视听，会引发社会秩序的混乱，影响人们的正常生活。从维护社会稳定和人的根本利益出发，国家对网络的适当管理是合法的、合理的、必要的。

2010年2月20日晚至21日凌晨，由于"地震谣言"，导致晋中、太原、吕梁、长治、阳泉等地部分群众走出家门，躲避地震。"大地震"的信息在传播过程中不断进行信息内容及形态的变种,各种添油加醋、道听途说的地震预报信息以难以想象的速度迅速传播,在短短几小时内传遍了山西多个地区,恐慌逐渐蔓延,引发了山西省内尤其是山区群众大规模外出避震的举动。这一切,都源于一个谣言。事后,网友对造谣者深恶痛绝。事件发生后,经公安部门调查确认了造谣者身份,并对5名地震谣言造谣者身份予以公布,依法对5名违法行为人作出行政拘留等处理。

三、传播病毒

对互联网用户账号密码被盗现象,不少用户认为是电信接入商的管理疏漏。然而,经调查发现目前用户上网账号密码被盗,多数是由于间谍木马盗取网民账号所致。因此,不仅电信接入商需要努力避免管理漏洞,用户自身也应加强对网络间谍的防范。

网络警察提示网民警惕网络病毒四大传播渠道:

一是热点事件。

二是网络漏洞。

三是网页/脚本。

四是文件。

从最早的打电话、发短信,到现在的音乐播放、手机上网、手机银行,手机的功能日益强大,"智能手机"也应运而生。

所谓"智能手机",是指可以像电脑一样随意安装和卸载应用软件的手机。所以,智能手机必须要基本的"移动操作系统",还要有在这个系统上运行的应用软件——E-mail软件,播放器软件,浏览器软件,即时通信软件……从理论上讲,一部智能手机其实就是一台便携式掌上电脑。然而问题也就出在这里,因为出现在电脑中的各类安全问题同样会出现在智能手机中。

2009年年底,一个名为"短信炸弹"的手机病毒在俄罗斯爆发。该病毒通过手机上网以及短信方式进行传播,中毒手机会自动发送扣费代码短信,每发送一条便自动扣除用户资费6美元。

而类似的案例也已经在国内出现——2010年2月9日,网秦全球手机安全中心截获一款名为"彩信骷髅"的手机病毒。在短短一个月时间里,该病毒感染了国内超过10万部智能手机,影响到上千万手机用户。网秦公司CEO林宇告诉记者,就在"彩信骷髅"出现仅月余之后,其强力变种"短信海盗"也兴风作浪,窃取用户隐私短信并以彩信形式向外狂发,造成用户名誉资费的双重损失。据不完全统计,此病毒已经感染数万用户,甚至可能有用户已中招却未能发觉。

除了恶意扣费,手机病毒的危害还体现在泄露用户隐私以及银行信息泄露等方面。

几年前,一款名为"X卧底"的软件在南方某省悄然流行。该软件安装之后在手机中不显示图标,但具备"通话监听"、"短信监控"、"周围环境监听"等功能。

林宇认为,在个人信息安全方面,钓鱼网站是另一个巨大隐患。据介绍,有手机用户在安装某手机来电管理软件后收到一条疑似诈骗短信:"尊敬的客户,××银行提醒您:您的账号今天有5次密码输入错误,为避免您的资金受损,请速登录http://cmbchjna.com进行账号保护。"用户点击进入非法网站后,看到的是几乎毫无破绽的假银行网站,但当其输入账号及密码之后,这些重要信息却被病毒截获并发送到固定号码。

林宇不无担忧地表示,手机安全问题目前虽然还没有大规模爆发,但这只是因为智能手机的普及程度仍然不够高,"这只是一个时间问题"。

一方面,手机制造技术突飞猛进,手机功能越来越强大;另一方面,个人信息安全、财产安全却又可能面临巨大挑战。林宇认为,手机的便携性是其与生俱来的巨大优势,手机中的信息既包括通信录中的人际网络,也包括手机银行、炒股账户等私密信息。而对普通手机用户来说,对手机病毒的鉴别力可谓微乎其微。

让人略感意外的是,虽然西方发达国家手机普及率高,但由于固定电话和互联网极为发达,使得移动互联网的发展受到一定抑制,所以反倒是在国内的发展势头更加迅猛。

据统计,2009年网民为"安全"花费153亿元。2009年,我国有超九成网民碰到过网络钓鱼网站,遭遇网络安全事件的网民中,77.5%是在网络下载或浏览时遭遇病毒或木马攻击。77.3%的网民反映付出大量时间,平均每人需花约10个小时处理事故。

网络安全事件还给21.2%的网民带来了直接经济损失,包括网络游戏、即时通信等账号被盗造成的虚拟财产损失，网银密码、账号被盗造成的财产损失，以及因网络系统、操作系统瘫痪，数据、文件等丢失或损坏，对其找回或修复产生的费用等。

在实际产生费用的人群中，费用在100元及以下的占比51.2%，按国内3.84亿网民计算，人均处理网络安全事故费用约为39.9元。

第三节　道德伦理与法律界限模糊

互联网是一把双刃剑，第一，互联网具有隐蔽性，谁也不知道谁在哪里发信息。第二，互联网传播信息的真伪，它的识别难度非常大，你不知道这条信息是真的还是假的。第三，在网上它的商业性和盈利性这方面的趋势越来越大，我们很难辨别出来它是带有商业目的还是带有什么目的，它的传播商业性比较浓厚。第四，开放性。人人都可以上网，人人都可以说，这个带来了很多的问题，如网络谣言、诽谤。互联网技术的飞速发展与网络用户数量的快速增长为网络侵权行为，尤其是对个人隐私权的侵犯创造了有利条件，网络侵权行为频频发生。

一、侵犯隐私权

网络隐私权，是指公民在网络中（包括局域网、广域网、互联网）享有的个人信息、网上个人活动依法受到保护，不被他人非法侵犯、知悉、搜集、复制、公开、传播和利用的一种人格权。它是隐私权在网络空间中的表现形式，伴随着因特网的普及而产生，也随着网络技术的发展而呈现出涉及广、传播快、保护难的特点。

具体而言，网络隐私权主要包括以下几个方面：一是网络用户在申请网上开户、个人主页、免费邮箱以及其他服务时，网络服务商要求用户登记的姓名、性别、年龄、婚姻状况、家庭住址、身份证号码、工作单位、住宅电话及手机号码等身份识别信息。二是个人的财产状况和信用资料，包括个人收入、信用卡、电子消费卡、上网卡、上网账号及密码、网上交易账号及密码、网上炒股账号及密码、QQ号及密码、网络游戏账号及密码等。三是个人的电子邮箱地址。四是个人上网浏览的IP地址、上网活动踪迹及活动内容等信息。

我们生活中常见的个人的侵权表现为：个人未经授权在网络上宣扬、公开、传播或转让他人或自己和他人之间的隐私；未经授权截取、复制他人正在传递的电子信息；未经授权打开他人的电子邮箱或进入私人网上信息领域收集、窃取他人信息资料。于是，充斥着我们的眼球的是"艳照门"、"兽兽门"、山寨"艳照门"、海师大"偷拍门"、"网络暴力第一案"……

以"网络暴力第一案"为例。事件的女主人公姜岩，毕业于北京某名牌大学，是北京一家外企的职员。王菲，比姜岩小三岁，2002年两人相识，交往四年后，2006年姜岩与王菲登记结婚。

2007年10月21日，王菲告诉姜岩，自己喜欢上了一个女孩。2007年12月27日，姜岩写下了自己的最后一篇博客："不说再见/向我的朋友们/向这个华丽又肮脏的世界。/在夜深人静的时候，/安静的，孤独的等待。"在写完这篇博客后，姜岩吞下了300片安定，在被亲人发现送到医院救治后，她又从自家24楼的阳台纵身跳下死亡。2008年1月10日，天涯网上刊出《大家好，我是姜岩的姐姐》一帖，引发众多关注和回帖。姜岩和王菲的情变自此曝光。

2008年1月11日，姜岩的大学同学张乐奕，注册了网站"北飞的候鸟"，其本人、姜岩的亲属朋友等先后在该网站发表纪念姜岩的文章。2008年1月14日，大旗网制作了标题为《从24楼跳下自杀的MM最后的BLOG日记》的专题网页，其中使用了当事人真实姓名、照片等。随着网络上的一系列曝光，王菲遭到网友的人肉搜索，网友甚至以谩骂来表达对王菲及家人的谴责。个别网友到王菲家进行骚扰，在墙壁上刷写"逼死贤妻""血债血偿"等标语。

2008年3月18日，王菲以侵犯名誉权为由，将"北飞的候鸟""大旗网""天涯在线"三家网站起诉至法院，该案被媒体冠为"人肉搜索第一案"或"网络暴力第一案"。2008年12月18日，北京市朝阳区人民法院对此案一审宣判，法庭认定，披露行为对王菲的影响已经从网络发展到现实生活中，不仅严重干扰了王菲的正常生活，而且使王菲的社会评价明显降低，应当承担相应的侵权民事责任。具体方式包括停止侵害、将网站中的侵权信息删除、赔礼道歉及赔偿相应损失。"北飞的候鸟"和"大旗网"被判侵权，天涯在线不构成侵权，王菲获赔精神抚慰金8000元。北京市第二中级人民法院终审宣判，这起被称为网络暴力第一案的名誉侵权案终于尘埃落定。

在这个案子当中,网友对王菲的批评和谴责应在法律允许的范围内进行,不应披露、宣扬其隐私,否则构成侵权。张乐奕在姜岩自杀后设立"北飞的候鸟"网站,将王菲的私人信息在网站中向社会公众披露,扩大了王菲私人信息向不特定社会公众传播的范围,对相关网民对王菲发起"人肉搜索"、谩骂王菲、骚扰王菲及其父母正常生活的不当行为,有相当的推动和促进作用。人们以正义与道德的名义盲目披露他人的隐私,却恰恰触犯了法律。

二、网络暴力

新媒体的强大功能,使其在每个网民的手中就是一把利剑。网民在虚拟的空间里肆意发言,造谣、诽谤、无中生有传播假信息,或者进行人肉搜索,这些行为,影响了当事人的正常社会生活,模糊了伦理道德和社会法律的界限,游走在正义与侵犯隐私权的边缘,一不小心就演变成了网络暴力,触犯法律。

网络暴力是指网民在网络上的暴力行为,是社会暴力在网络上的延伸。网民对未经证实或已经证实的网络事件,在网上发表具有攻击性、煽动性和侮辱性的失实言论,造成当事人名誉损害;在网上公开当事人现实生活中的个人隐私,侵犯其隐私权;对当事人及其亲友的正常生活进行行动和言论侵扰,致使其人身权利受损等。

网络暴力根源很多:一是网民的匿名性,网络上缺乏制度和道德约束;二是一些网民的素质原因;三是社会的不公;四是法治与精神文明建设滞后等。每个人都可能成为网络暴力受害者,网络暴力的肆无忌惮,正在以其独有的方式破坏着公共规则、触犯着道德底线。在互联网的世界中,人们在宣泄自己的情感时,往往忽视了道德与法律的界限,于是出现了集体暴力的局面。

网络对话的间接性和隐秘性既使网络言论更加自由,也让网民对自己言论承担的风险责任降低到最小限度。在互联网中,任何人、任何组织都可以随意将其意见、建议或者各种信息广布于上。因此一些虚假信息、侵犯他人隐私甚至违反道德和法纪的信息就有可能被一些道德败坏和不法之徒传播到互联网上,当这种信息肆虐,随之而产生的"网络民意"就是一种非理性的民意,进而会产生严重的负面影响。另外,互联网会成为一些网民的情绪宣泄地,大量非理性的网络"暴力言语"也会使其他网民深受其害。

网络中的暴力行为也不少见，以人肉搜索行为为例。互联网专家指出，一般来说，"人肉搜索"的起因是一起事件，在雅虎、百度等传统搜索引擎上无法找到明确的答案，于是动员社会更多的群体参与搜索，提供信息的一种机制。这些事件可以是犯罪行为，如撞人后逃逸，或者是不违反法律，但为主流道德观所憎恶的行为，如丈夫婚外恋导致妻子自杀。

"人肉搜索"的对象几乎没有限制，物、事甚至人都可以成为搜索的"猎物"，但最具争议的还是对人的搜索。由于缺少信息立法，网络把关人缺失，来自五湖四海、成千上万个人通过不同途径从不同角度对同一个人进行搜索挖掘，很快就能掌握这个人的所有信息。"网络侦探"们在寻找事实真相的同时，往往也"人肉"出了当事人的照片、地址、电话、身份证号码等更多个人隐私。由于互联网覆盖面广，"人肉搜索"的效率和成功率要比传统搜索方式高很多，热衷于此的网民往往通过"人肉搜索"成群结队公开评论，甚至通过各种方式入侵当事人的现实生活，已带有"网络暴力"倾向，使得人肉搜索常常游走于伦理道德与法律的边缘。

例如"很黄很暴力"事件。"很黄很暴力"事件是2008年初国内最受关注的网络事件。仅仅因为在接受央视采访时说了一句"很黄很暴力"，北京一名13岁的中学生成为"人肉搜索"的受害者之一，她的个人信息在极短的时间内被全部曝光，网上还出现了大量"恶搞"其个人形象的视频片段……尚未成年的孩子在遭遇了"人肉搜索"的无妄之灾后，身心严重受伤。

2010年刚刚开始，在中国的网络上发生了一件被称做"犀利哥"的事件：一个贫困潦倒且患有精神病的乞丐，缘自一张照片被网络媒体传播炒作成一个众人皆知的火热传奇，被PS后的照片也成了时尚前沿的代表，甚至登上了时尚杂志的封面。网络媒体及无数人士的关注使得一个乞丐从茫茫人海中脱颖而出跃升为一个明星样的人物，在短时间的热潮之后又回到了茫茫的人海中。

从《广东省计算机信息系统安全保护条例》——禁止"擅自向第三方公开他人电子邮箱地址和其他个人信息资料"，到《徐州市计算机信息系统安全保护条例》——不得擅自公开他人信息资料，违者将被处以最高5000元的罚款，再到如今浙江省的《浙江省信息化促进条例（草案）》，无不对"人肉搜索"如临大敌。

现代法治社会，官员作为行使公共权力者，与普通公民所享有的隐私权是截然不同的，官员只能享有最低程度的隐私权，而行使公共权力和涉及公共利益的事情不能算是"隐私"。近年来，"人肉搜索"在监督官员违法乱纪方面居功至伟，比如周久耕事件、内蒙古阿荣旗检察院检察长刘丽洁向企业借用"豪车"事件，不加区别地禁止"人肉搜索"，那就是在禁止公民监督和批评政府的权利，与"创造条件让人民批评、监督政府"背道而驰。

随着时代的发展，人们越来越多地依靠网络获取大量的信息，网络营销也成为一种主要的营销手段。然而，随之而来的是，借此生财的"网络推手"也大量出现，成为网络时代的"新兴产业"。他们能为企业提供品牌炒作、产品营销、口碑维护、危机公关等服务，也能按客户指令进行密集发帖，诋毁、诽谤竞争对手，使其无法正常运营。

这些网络营销公司宣称，只需花两三万元，就可以在一夜之间让竞争对手的负面消息铺天盖地布满整个网络。有些厂商为了打击竞争对手，便雇用这些"网络推手"，专门搜集或制造竞争对手的负面消息，在网上海量发布，进行"造势"，从而左右消费者的选择。如2009年3月和8月，新东方两次遭遇网络密集发帖的攻击；2008年5月，万科遭遇"松山湖会议纪要"发帖者的攻击。媒体报道将这样的发帖公司或者营销公司称为"网络黑社会"。

目前，在网络上针对企业发帖等方式的恶意竞争，已层出不穷。由于网络的传播速度非常快，企业即使打赢了官司，负面信息和恶意诋毁却早已散布到网络的各个角落，对品牌造成极大伤害，赢了官司却输了市场、丧失了消费者信心。可见，"网络黑社会"具有极大的杀伤力。

"网络黑社会"要不要打击？网民争论激烈。有人提出，应慎用法律惩处，以防被监督者借此打压民意，报复网民。但也有人认为，在经济外衣的包装下，"民意"实际上被操纵和控制了，这样的"网络暴力"应受到惩处。

网络的发展确实极大地提高了人们交流的便利性，也为人们舆论监督提供了一种非常有效的手段，在很多案例中也显示了网络舆论监督的力量，但要分清楚网络暴力和舆论监督之间的界限。普通网民转帖是出于批评、监督的目的，即使稍夸大一点，只要在正常范围之内，也是可以接受的。

治理网络暴力需要从两个层面努力，一是建立一种良好的网络文化，对网络暴力形成道德约束；二是建立适合中国国情的网络法规，像《治安管理处罚法》一样形成明确的处罚，而不是现在"要么不管，要么就上升到刑法"。

三、网络道德缺失

"张悟本事件"发生后,在记者采访公众过程中,当问到"为什么会相信张悟本的言论"时,很多受众的第一反应是:"因为电视台播了,更因为不止一个媒体在说他好。"由此不难看出媒体公信力在受众心中的地位。但我们的媒体又是怎样回报受众的呢?出于追踪热点等考虑,众多媒体纷纷采访张悟本,在媒体的放大作用下,张悟本火了,而此时,媒体的后院也似乎着起了"火"。

为何很多媒体会同一时间对张悟本进行热捧?其中,媒体的从众心理不免在其中作祟。曾不止一次听到媒体记者说所在单位又布置任务了,理由很简单,就是因为其他媒体都刊发了我们也必须刊发。不要忘记有一句话:谎话重复多了也就成为"真理"了,更何况其中起到助推作用的是媒体呢。

收视率并不是评判节目好坏的唯一标准,观众的满意度和社会的认可度也必须考虑其中。一位受访的观众告诉记者,某台推出的一档养生节目《平衡养生说》就曾介绍了一个治疗高血压的方子,并提示观众可拨打屏幕下方的电话咨询。观众拨打电话咨询时话务员层层引诱,询问了很多重复问题,最后该观众发现被扣除了100元话费。无良商家正是利用观众对电视台的信任,以养生节目为诱饵,骗取了观众不少费用。长此以往,电视台赚到的是广告费,透支的则是信誉。对于有关湖南电视台《百科全说》因张悟本事件而停播的消息,温州日报报业集团温州网副总编辑叶存政则认为,这个节目总体是健康的,"罪"不至死,但这个节目硬伤也很多,如果是以张悟本事件作为契机对其内容进行整改从而吸取教训,也应该说是一件好事。但如果一些媒体仍然不顾科学唯利是图,那么,倒了张悟本,还会有更多的"悟本"再次出现。事实上,新闻媒体不仅要反映社会各界的情绪,而且要用正确的价值观引导人们注意什么、防范什么、追求什么、倡导什么。

另一个不正当商业竞争,挑战互联网企业道德底线的例子则是360与腾讯"掐架",引发亿万网民强烈不满。

据分析人士称,360、QQ与中国的互联网发展,关系都非同一般。对于政府相关的主管部门而言,两家企业都至关重要,一个接管了所有电脑的安全,可以制衡国外安全领域的后门;一个掌控着全中国的IM信息。然而,

2010年11月3日,以致QQ用户的一封信为端,360与腾讯之间的对决全面升级,继发布《致广大QQ用户的一封信》后,腾讯公布与360和解的条件,然而该举措却遭到了网友的一致抵制,他们声称将卸载"企鹅",反抗霸权主义。

2010年11月3日晚上,QQ突然弹出窗口,很多网友在浏览完内容之后便傻了眼。原来,这是继前段时间与奇虎公司展开对决以来,腾讯所作出的终极杀招,其团队在网站和QQ上刊发了《致广大QQ用户的一封信》,声称装360电脑将停用QQ,并说这是一个艰难的决定。

在信的原文中,腾讯称这样做有三点理由:一、保障您的QQ账户安全;二、对没有道德底线的行为说不;三、抵制违法行为。在信的结尾还说"我们本可以选择技术对抗,但考虑再三,我们还是决定不能让您的电脑桌面成为'战场',而把选择软件的权利交给您。"然而这样蛮横的态度却招致了网友们的反感,更引发了网上的一片声讨。

在刊登出《致广大QQ用户的一封信》之后,便是双方之间对抗的全面升级。首先在QQ软件弹出窗口,提示用户删除安全软件,但很快周鸿祎在微博提示可用webqq,然而不到半小时webqq也被关停,同时在webqq网页上也跳转到公开信页面。这使得很多网友的QQ无法正常使用。之后扣扣保镖因某种原因下线,QQ又通过新浪科技提出三项苛刻的和解条件。

"蛮横的态度,霸权主义"是无数网友对QQ的印象。他们纷纷在微博、论坛等地方留言,声讨马化腾,并称如果不对用户道歉,将卸载QQ,以捍卫自己的权利。在许多网站的民意调查中,呈现一边倒的支持360,而腾讯则落得个不好的口碑。在表示愤怒的网友中,除了大部分普通网民外,更有一部分IT和互联网圈内人士,他们也一致表示这样做非常不理智,是打着保护权益的口号劫持用户的权利。

截至2010年11月4日,腾讯与360的这场"战争"已经历时一个月之久,被行业人士称为"互联网二战"。这一场"第二次世界大战",不仅搅动了全部的互联网用户,还裹进了众多互联网企业,拉开了一场"帝企鹅"与"奇虎"两大阵营的战争。

腾讯与360其实并无太多恩怨,一个做IM,一个做安全产品,一直相安无事。

但 2010 年春节前后，腾讯选择在二、三线和更低级别的城市强行推广 QQ 医生安全软件，QQ 医生迅速占据国内一亿台左右电脑，市场份额近 40%。强行推广之下，360 很快就意识到 QQ 医生的威胁，据称，一些休假中的 360 员工被紧急召回来应对来自腾讯的威胁。

同时，2010 年以来，周鸿祎多次在不同场合表达了对腾讯商业帝国的钦佩之意，以及对马化腾个人的赞赏。甚至 2010 年 6 月腾讯强行升级 QQ 安全管家产品，深入触及 360 的地盘之后，周鸿祎在 9 月份的中国互联网大会上，仍然赞扬腾讯。不过，这一"示好"之意，后来被业内知情人士称为有"麻痹对手"之嫌。因为半个月后，周鸿祎大刀阔斧地杀来，战争爆发。这场战争的导火索，起因还是中秋节假期。假期期间，众多 QQ 用户发现 QQ 软件附带的"QQ 软件管理"和"QQ 医生"自动升级为"QQ 电脑管家"，而安装过程中并未出现任何提示信息。腾讯这一举动，直奔 360 后院而来。腾讯产品众多，已经不下 200 种，IM、游戏、输入法等等，不断向外扩张，如今在安全领域强势出击。但 360 却只有安全领域这一方天地，虽然 360 以免费安全产品迅速扩大用户装机量，迅速成为腾讯之后的第二大客户端产品，但 360 倚重的就是这一方安全领地。于是，周鸿祎悍然出手。从 9 月 27 日 "360 安全卫士"推出 "360 隐私保护器"开始，到 10 月 29 日推出"扣扣保镖"，处处打到腾讯痛处，如同业界人士所言，周鸿祎"早有准备"。

这场企鹅对奇虎的战争，给网民带来了不少困扰，但也带来了不少欢乐，有关大战的恶搞视频、动画层出不穷。但如同网友一针见血所指："这是一场大流氓对小流氓的争斗。"大流氓，所指腾讯，腾讯从 IM 向外扩张，早是尽人皆知。"走自己的路，让别人无路可走"，腾讯以 6 亿 IM 用户为底，在输入法，腾讯与搜狗为敌，在游戏领域，更是早就让联众等公司无法生存。在《时代周报》记者的采访中，来自腾讯的知情人士表示："腾讯除了对核心产品领域非常注重外，对一些无关重要的领域采取的只是防御性策略，以防止对手攻破。"但是，在安全领域，腾讯采取的不是防御性策略，而是攻击性策略。因为 360 迅速做大，已经成了第二大客户端，直接威逼腾讯的第一大客户端地位。如果 360 继续发展下去，并以数以亿计的客户端为底推出 IM 产品，那腾讯将何以为继？岂不是端了腾讯的命脉？马化腾一定想到了这一点。马化腾不会让这个可能成为现实。可以说，2010 年春节之前的腾讯采取的是防御性策略,但这之后,尤其是在中秋节假期,腾讯开始了攻击性策略。据《时代周报》记者了解,事实上,360以及周鸿祎早有准备,只待时机成熟,才会出手。短短一个月内,360相继推出"隐私保护器"和"扣扣保镖",这已并非"见招拆招"了。不可否认的是,战争爆发的时机,却是腾讯自己挑起来的。这是一场蓄谋已久的战争,这是一场桌面大战和"右下角的战争",同样,这也是一场弹窗之争。QQ还是360?数亿网民骑虎难下。

时间回到2010年10月29日,这一天,360推出了"扣扣保镖"。这一产品的推出,惊动业界。因为"扣扣保镖"直接屏蔽QQ的插件、弹窗和广告,目标直指腾讯的核心利益。当天,马化腾从香港紧急赶回深圳总部,以图应对之策。据知情人士确认,马化腾在办公室里摔了杯子,"这是他创业以来,遇到的最危险的挑战。"一向深不可测的冷静大佬,不冷静了。而在两天前,10月27日下午,腾讯、金山、百度、傲游、可牛等公司联合发布《反对360不正当竞争及加强行业自律的联合声明》,坚决反对360不正当竞争行径,呼吁加强互联网行业自律,为互联网健康发展创造良好环境。战火瞬间升温。据来自360公司内部人士称,当他走进周鸿祎的办公室,发现周鸿祎正在用他那套昂贵的音响在听"zen breakfirst"——著名的禅乐,大战在即,周鸿祎却如此冷静。与金山的微博大战,周鸿祎跳到前台,让业界看到了那个一如既往的愤怒斗士周鸿祎,然而这一次,与腾讯之战,周鸿祎却少有的冷静,"老周反而冷静,大战期间,他不熬夜,不看细节,像公司声明这种级别的,他也不理。但马化腾这次看声明了,我能证实的是对'扣扣保镖'的声明,马化腾看了。"来自360内部的知情人士如此说道,马、周二人其实远不如弹窗之影响力。腾讯有6亿用户,360有2亿多用户,弹窗大战引发的效应其实更猛。在这场战役中,一共使用了三次弹窗。两次来自腾讯,第一次是因为网络隐私,腾讯借助QQ弹窗,向全国用户公告。虽没有指名道姓,但也等于指明了腾讯与360之争。第二次就是10月27日,用弹窗向用户公告腾讯、金山、百度、傲游、可牛等公司联合发布的声明,公然反对360。"马化腾没有想到,连续两次QQ全国弹窗,12亿接收人次,这个广告效果,让没用360的网民也好奇下载了。连我妈都打电话来问我。"一位业内人士说。不止腾讯给360"做广告",360也借助弹窗回敬腾讯。360安全卫士也用弹窗对腾讯反击:"360隐私保护器曝光QQ涉嫌偷窥用户隐私后,腾讯用QQ全网弹窗报复360。最新证据显示,

QQ长期以'超级黑名单'方式，偷偷扫描用户硬盘，从而获取巨额利益。腾讯对利益的追逐不止于此，据媒体报道，腾讯CEO马化腾身家近300亿元，却仍在领取经济适用房补贴。"这一弹，揪出了马化腾的"隐私"，互联网大佬领房补，这是网民乃至公众所痛恨的。当今的网络时代，互联网战争也是一场公关战，360成功转移了视线。

事实上，两家企业的弹窗战更为触目惊心。弹来弹去，绑架了用户。用户成为商战牺牲品，互联网大战给数亿网民生活带来极大不便，以至于网民称这种不顾用户感受与利益的不义之战双方为大流氓和小流氓。

第四节 新媒体与青少年犯罪问题

2009年5月17日，在以"保障儿童网上安全"为主题的"世界电信与信息社会日"到来之际，中央综治委预防青少年违法犯罪工作领导小组办公室与中国青少年研究中心联合发布了《青少年网络伤害问题研究》报告。报告显示，我国近半数青少年接触过黄色网站，青少年上网时长是全国平均水平的2.3倍，近七成青少年靠网络"减压"或"发泄情感"，半数以上青少年因上网导致身体不适，青少年网络违法犯罪呈增长趋势并已成为严重的社会问题。调查认为，由于网络伤害，当前我国青少年的生存与发展面临着现实或潜在的危险，必须引起各方面的高度重视。

当前我国青少年网络违法犯罪有增长趋势。据公安机关公开发布的数据统计，1999年我国立案侦查的青少年网络犯罪案件为400余起，2000年增至2700余起，2001年为4500起，2002年为6600起。这表明，青少年网络违法犯罪已成为严重的社会问题。青少年网络违法犯罪主要有四种类型：传播色情、暴力、恐怖等网络违法信息；利用网络侵犯他人隐私权、名誉权、财产权等权利；非法破坏或者非法侵入计算机信息系统的网络违法犯罪行为；基于网络的诱因实施盗窃、诈骗、抢劫、敲诈勒索、故意伤害、强奸、拐卖妇女等违法犯罪行为。

一、新媒体与青少年的日常生活

低龄网民占比在上升，10岁以下网民群体增至1.1%。2009年，"校校通"工程实施接近尾声，大部分初级学校都建立起较为完善的网络教育课程。2009年手机网民的年龄依然呈偏态分布，在10～29岁年龄段的分布最为集中，占到了整体手机网民的73.2%。与整体网民相比，手机上网更多地吸引了年轻群体，尤其是青少年群体。

中国青少年网络协会、中国传媒大学调查统计研究所联合发布的《小学生互联网使用行为调研报告》中指出：大城市中八成小学生9岁开始接触网络，上网最爱玩游戏，九成孩子玩过网络游戏。全国共有3.84亿网民，其中小学生有1亿多人。在过去一年时间里，10岁以下的网民所占比例从0.4%增长到0.9%。"看动漫""看电影""下载音乐""玩网络游戏"等娱乐追求是小学生上网的主要目的，九成孩子玩过网络游戏，有"超过四成"表示"学习"是上网的目的之一。

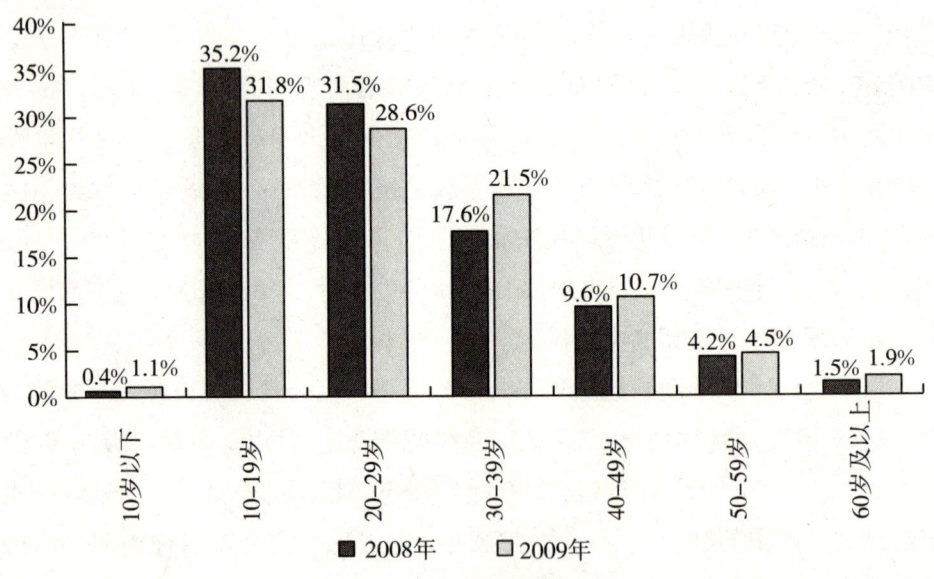

图8-1 网民年龄结构对比

近日公布的《中日韩美四国高中生学习意识与状况比较研究报告》却显示，只有39.3%中国学生家里有可自由使用的电脑，远远少于其他三国，日本、韩国和美国分别为74.6%、91.0%和90.7%。中国学生在学习过程中，很少使用电脑，仅10.1%的学生上网收集查询有关学习的信息，8.5%使用电脑或游戏机的学习软件学习，1.8%利用网上讲座学习。中国学生遇到学习困难或疑问时，上网查资料的学生有28.4%，远少于美国（61.2%）。

近年来，新媒体对青少年健康成长的负面影响日益突出。我国共有青少年网民1.67亿人，占网民总体的55.9%，其中未成年网民占55.6%。

CNNIC《第25次中国互联网发展状况统计报告》（以下简称《报告》）显示：截至2009年12月，中国青少年网民为1.95亿，互联网普及率已经达到54.5%，远高于整体网民28.9%的平均水平，2009年中国新增青少年网民2800万。

在新增青少年网民中，青少年手机网民贡献了很大份额。CNNIC调查显示，2009年青少年手机网民达1.44亿，同比增长73.5%。青少年网民使用手机上网的比例为74%，超过同期全国网民60.8%的水平，而青少年网民使用台式机上网的比例降至69.7%。手机超过台式机首次成为中国青少年第一位的上网工具。

值得注意的是，与城镇相比，农村青少年网民使用手机上网的比例略高，达到74.5%；与东部地区相比，西部地区青少年网民手机上网比例也较高，达到75.3%。CNNIC分析认为，经济相对落后的地区手机上网比例反而高于领先地区，是由于手机上网为电脑设备匮乏地区的青少年提供了另一条接触网络的渠道，较低的网络使用门槛吸引了更多网络接入薄弱地区的青少年群体。

CNNIC《报告》显示：排名前三的青少年网民娱乐应用分别是网络音乐（88.1%）、网络游戏（77.2%）和网络视频（67%），使用率均高于整体网民。值得关注的是，未成年网民（18周岁以下）网络应用娱乐化特点更为突出，以网络游戏为例，未成年网民的使用率达到81.5%，不仅高于整体网民，也高于青少年网民77.2%的平均水平。

在青少年网民中，有9.72%的人有网瘾，也就是1600多万青少年有网瘾；大约87%的网瘾青少年是对网络游戏成瘾。农村青少年网民在网吧上网比例达65.4%，农村未成年网民在网吧上网比例高达61.6%。青少年的健康上网问题摆在我们大家面前。

反思我国学生鲜用电脑和网络学习，就要看看我国学生利用电脑和网络在做什么？答案很明了：男生玩游戏，女生聊大天。电脑和网络更多地扮演的是娱乐角色，不仅如此，对手机等新媒体的应用，中国学生也是以娱乐为主。而这种将电子媒体应用于娱乐的趋势在10年前就已形成，据中国青少年研究中心 10 年前的一项调查显示,中国孩子在学习时选择纸质媒介,在消遣娱乐的时候选择电子媒介。

  这一方面是因为对电脑和网络学习功能开发的明显不足,学校教育对电脑和网络应用不足,也都影响着我国学生。笔者曾因加拿大一家出版社出版的英语拼音书浏览了这家出版社的网站,发现这个并不是以网络为主营的网站上,竟有许多设计非常到位、适合孩子学习英语拼音的网页。而类似的东西,即便在我国专门做教育的网站上也难以找到。

  另一方面是电脑和网络的娱乐化对一些青少年造成的伤害,导致现在的家长谈"网"色变,限制孩子使用或是远离电脑和网络正在成为一种趋势。当然,对青少年一些行为进行某种程度的限制和控制是有必要的,但这种对网络的妖魔化,却也在某种程度上制约了中国孩子的发展。

  我们处在一个媒介不断推陈出新的时代,新媒体的迅速普及必将带来生活和学习方式的重大转变,如何让我们的青少年适应这些重大转变,提升他们应用新媒体的能力,使其成为学习和成长的助手,必须引起教育领域、技术领域、商业领域甚至社会文化的反思。

  在互联网上获取信息更加容易,互联网的搜索引擎功能非常强大。通过搜索引擎可以很方便、很快捷地获取我们需要的信息,很多青少年也在使用搜索引擎,从这个角度来讲,网上的有害信息对青少年产生的不良影响比以前更大了。互联网组织性更加强了,比如即时聊天、群组、社交网络等,它强调在线联系、网友之间互动,它可以令爱好相同的人能够很快聚集在一起。有时候青少年广泛使用的时候会有一些负面的影响,比如有的人会因为交友不慎会产生一些负面影响。有的犯罪分子利用网络很容易串联成一个团伙,所以在青少年犯罪当中团伙犯罪比较突出也是这个原因。

二、新媒体对于青少年犯罪的影响

  网络成瘾一般是指无法上网时体验到的强烈渴求感,从而产生烦躁和不安的情绪,以致出现相应的生理和行为反应的现象。青少年由于具有强烈的好奇心和较低的自我约束力,网络使用的控制力较低,因此容易患上网瘾,这一直是家庭、学校和社会各界关注的问题。目前我国大型网络游戏玩家中未满 18 周岁的青少年玩家占整体玩家的 17%,达到 1178.3 万人,一些青少年沉迷于网络游戏,影响了学业和健康,有的甚至走上了违法犯罪的道路,社会反响非常强烈。

1. 网络游戏的影响

网络游戏,简称网游,2000年前后从日本、韩国传入中国,几年之内,悄然蔓延。这一新生事物成就了众多网络公司和游戏公司,这些公司开发出一款网络游戏之后,首先会进行内部测试或公开测试,免费让玩家下载客户端,注册账号,表面上是要得到玩家的反馈意见,例如游戏中存在的程序错误或者是玩家的心得等,但实际上是为了吸引更多的玩家,推广游戏。当已注册用户达到一定数量后,它们会立刻将免费改为付费,最主流的方法就是销售点卡(类似于手机充值卡,将卡上的用户名与密码输入游戏的官方网页,以获得游戏时间、游戏币或其他有偿服务)。玩家如果不购买点卡的话,自然不能够继续游戏。

网络游戏对青少年的影响是不可忽视的社会问题。我国22岁以下的网络游戏用户占到了总体的52.5%。网络游戏在中小学生的网络应用中排名第三位,玩网络游戏是中小学生上网的重要内容,网络游戏成瘾或沉溺的问题愈来愈严重,影响着青少年的健康成长。另外,不良网吧缺乏有效监管,更让这个问题雪上加霜。

玩网络游戏首先损害了中小学生的身心健康。中国青少年研究中心青少年法律研究所助理研究员陈晨说:"过度沉溺于游戏会造成视力下降、失眠、肌肉酸痛、大脑发育受损、激素水平失衡、免疫能力降低、紧张性头疼、焦虑、颈椎病、干眼病等肉体伤害。如果在网吧,伤害会更严重,因为玩游戏时精神高度集中,会血流加速、心跳加快,体力、精力消耗很大,再加上网吧人口密度大,空气混浊,烟味、食物味、汗臭味、味味俱全;机器声、打闹声、脏话声,声声刺耳,严重影响着他们的身心健康。"

青少年网瘾问题中,网络游戏上瘾的危害尤其严重。

首先,网络游戏的虚拟性使青少年现实角色模糊。网络游戏具有较强的置入感,游戏中的房屋建筑,山水树木均模拟现实世界制作,尤其是游戏中的人物除NPC(非玩家控制的角色)外都是真人玩家,人与人之间的交流、配合完全等同于现实世界,青少年社会经历少,对现实世界没有强烈的感知,一旦进入游戏世界,容易沉迷其中,久而久之更会分不清虚拟与现实,从而产生自我角色模糊的情况。

图 8-2 网游魔兽世界

其次，容易导致青少年的集体狂欢和集体上瘾。"游戏成瘾"是网络游戏对青少年成长最大的弊端。其主要表现为过分依赖网络而失去对现实生活的兴趣，有时候到了"没有游戏就天崩地裂，人没法活"的地步。

第三，玩暴力游戏的未成年人比其他未成年人更具有暴力倾向。网络游戏大多以"攻击、战斗、竞争"为主要成分，火爆刺激的内容容易使他们模糊道德认知，淡化游戏虚拟与现实生活的差异，误认为这种通过伤害他人而达到目的的方式是合理的，产生欺诈、偷盗甚至对他人施暴等行为。目前，因为玩网络游戏而引发的道德失范、行为越轨甚至违法犯罪的问题正逐渐增多。

第四，沉湎网络游戏造成青少年多种生理疾病的发生甚至猝死。长期爱好网络游戏的玩家的"职业病"有假性近视、腱鞘炎（鼠标手）、颈椎病、骨质增生、神经衰弱、失眠、胃溃疡和胃萎缩等。一般的游戏玩家也易陷入轻度焦虑、上火和口腔溃疡等生理病症。在医院接收的青少年患者中，由于沉湎网络游戏而引发各种生理疾病就诊的比例不断上升，一些常见于中老年人的病症也出现在沉湎网络游戏的青少年身上。

在网络游戏市场中，以血腥暴力内容为主题的游戏越来越多，在形式上也极为多样。中国IT消费市场"3·15"年度调查结果显示，有30.71%的投票者认为网络游戏不适合青少年玩，有22.79%的投票者认为血腥暴力内容是网络游戏中较为严重的问题，居问题排行榜榜首。

2. 网络色情的影响

调查显示48.28%的青少年接触过黄色网站；43.39%的青少年收到过含有暴力、色情、恐吓、教唆、引诱等内容的电子邮件或电子贺卡；14.49%的青少年因为相信了网上的虚假信息造成了财物或身心的伤害。色情信息和暴力信息是青少年遭受网络伤害的两大因素。根据北京市海淀区法院的统计，抢劫罪的数量在1999年后上升为未成年人犯罪之首，性犯罪的案例近年来也有所增加，而其中八成左右都与网络有关。

一些网络游戏内含有色情淫秽内容，另外一些游戏则以"黑帮"为主题，而进行低俗宣传，宣扬暴力、色情淫秽、赌博的游戏屡禁不止。网络游戏行业的低俗之风主要存在于市场推广环节，一些游戏运营商、推广公司为了追求推广短期流量效果，往往以打色情淫秽擦边球的广告来诱骗用户点击，而且这些含有低俗内容的游戏广告给行业带来了极坏的影响。

2009年12月，央视《焦点访谈》栏目中报道了一名16岁的少年犯，由于其长期与色情网游接触，导致最终走上了犯罪的道路。据了解，这名少年自小学六年级开始接触色情网络游戏，为了满足每月的上网花销，他连续三次在夜间对年轻女性实施抢劫，尤为恶劣的是在抢劫后，他还继续胁迫妇女进行猥亵。当被法官问到为什么去抢劫和强行猥亵妇女时，这名男孩告诉法官，他全部是从网络游戏中学到的。

该案件曝光后，互联网专家借此引发的震动，向青少年上网提出一些基本原则，比如：不要随意公开个人信息；应该上符合自己年龄层次的网站；网络聊天时最好采用语音而不是视频聊天；不要轻易约见网友，如果要见，必须安排在人多的公共场合，同时要告知父母；最后，做家长的也应该经常与孩子交流，了解孩子最喜欢上的网站和最喜欢玩的网游，以防患于未然。

关于互联网对青少年犯罪问题的影响，这个问题的讨论由来已久。由于这个原因，在2010年的两会上甚至还有代表发表"取消网吧"的提案。但是，这个提议只治标不治本，也不能逆转新时代的发展潮流。如何面对新媒体给青少年带来的影响，需要多方面齐心协力。

第九章 新媒体创造的未来世界

　　目前，新媒体的发展已被世人所关注，各大运营商以及众多企业纷纷将目光投向新媒体产业。这是一个信息爆炸的时代，你所看到的任何东西都可以成为媒体，这是一个考验想象力的时代，只要你有足够的创意，就可以把任何现有的媒体，赋予新的形式和新的生命，这就是新媒体创造的未来世界——"内容为王"时代很可能将随着"三网融合"的最终达成而到来。

　　在科技蓬勃发展的今天，国家间和国内交流日趋频繁，全球相互依赖性增强，更便捷的交通和电信的进步缩短了世界的距离，利用信息通信技术进行的交流将更为迅速和广泛。从全球范围看，信息化已经成为时代发展的主流，世界各国纷纷把发展信息技术作为社会和经济发展的重大战略目标。随着互联网的快速发展，以数字技术为基础的新媒体影响力不断增强，在它迅速发展的同时，也越来越多地影响着我们的生活。

　　在我国，2004年在海南举行的付费频道和网络营销对话是数字新媒体产业年会的前身，接下来的四届数字新媒体产业年会分别顺利召开。

第九章　新媒体创造的未来世界　// 493

图9-1　2005年首届数字广电新媒体年会

图9-2　2006年第二届数字新媒体产业年会

图9-3　2007年第三届数字新媒体产业年会

图9-4 2008年第四届数字新媒体产业年会

数字新媒体产业年会是在广电总局领导和相关部门的支持下，是全国广电行业唯一集有线网络运营商、无线电视运营商、付费频道节目制作商和技术设备厂商于同一平台的年度产业链盛会。数字新媒体产业年会的定位是：发布行业权威资讯，播报行业发展分析和预测，引导产业方向；搭建覆盖全行业的高端交流合作平台，从而推动产业发展。

新媒体产业年会吸引了众多业界翘楚的目光，也显示了我国对新媒体产业的重视。新媒体产业未来之路走向何方，也成为人们关注的焦点。

科技进步是推动人类社会发展的根本动力。以传承优秀文化、先进文化，传播科学理论为己任的出版业，在历史上每一次质的飞跃都是先进科学技术应用的直接结果。

党的十六大以来，新闻出版业大力实施科技兴业战略，传统出版产业升级换代步伐加快，以数字出版为标志的新的出版业态异军突起，极大地推动了新的文化传播体系的形成。进入"十一五"时期以来，传统新闻出版业向现代新闻出版业的转型加速，数字出版等新型出版业态进入高速发展期。数字化技术在传统出版产业的运用与发展中，带来了出版业生产方式、运营模式、管理方式等革命性的变化，加速了传统出版业的升级，为新时期新闻出版业的发展拓展了前所未有的新空间，已成为产业中新的重要增长点。

科技的进步带来了新闻出版业生产力、生产方式前所未有的深刻变革，未来世界出版强国一定是科技出版强国、数字出版强国。当前,我国新闻出版业正面临着改革发展难得的机遇期,用高新技术加快对传统新闻出版业的升级和改造,加快产业结构的战略性调整步伐,重构市场格局和出版体系,激发出版内容创造的活力,带动出版业生产力的解放,实现新闻出版产业的跨越式发展、科学发展,正当其时。中国数字博览会的召开就充分说明了以上这些构想实现的可能性极大。

图9-5 2005年首届中国数字出版博览会

图9-6 2007年第二届中国数字出版博览会

图 9-7　2009 年第三届中国数字出版博览会

从以上图片中，我们可以看到我国已经召开了四届中国数字新媒体产业年会和三届中国数字出版博览会，这两个会议都与"数字"二字有关，说明了我国新媒体的数字化发展迅速。因为新媒体既拥有人际媒体和大众媒体的优点——完全个性化的信息可以同时送达几乎无数的人，每个参与者，不论是出版者、传播者，还是消费者，对内容拥有对等的和相互的控制，又免除了人际媒体和大众媒体的缺点——当传播者想向每个接受者个性化地交流独特的信息时，不再受一次只能针对一人的限制，当传播者想向大众同时交流时，不再不能针对每个接受者提供个性化内容。新媒体完全依赖于技术，不是人类先天自然拥有的技能。所以没有数字化等技术，新媒体完全不可能。

第一节　新媒体的发展条件

在数字技术的迅速带领下，加之有党和国家的高度重视、整治低俗健康发展的有效行动、体制改革政策扶植、新媒体全面创新等，新媒体将会被推至又好又快的发展阶段。

一、新媒体发展的战略已经基本确立

新媒体业的快速发展已经引起了中国政府对新媒体文化的高度重视,这也为数字出版产业的发展带来了机遇。中共中央政治局2007年1月23日下午就世界网络技术发展和中国网络文化建设与管理问题进行集体学习。胡锦涛总书记在主持学习时发表讲话,就加强网络文化建设和管理提出五项要求。2007年6月1日中共中央办公厅、国务院办公厅在《关于加强网络文化建设和管理的意见》中指出:随着互联网等信息网络的日益普及,我国网络文化快速发展,对人们精神文化生活的影响不断加大。要加强网络文化建设和管理,形成文明的网络环境,维护网络文化信息安全,促进中国特色网络文化健康发展。胡锦涛总书记还在2008年6月20日做客人民网强国论坛,与网友进行面对面在线交流,并就新媒体问题指出:"互联网已成为思想文化信息的集散地和社会舆论的放大器,我们要充分认识以互联网为代表的新兴媒体的社会影响力,高度重视互联网的建设、运用、管理,努力使互联网成为传播社会主义先进文化的前沿阵地、提供公共文化服务的有效平台、促进人们精神生活健康发展的广阔空间。"

新闻出版总署还提出了"数字报业"战略,并将其列入《全国报纸出版业"十一五"发展纲要(2006—2010)》(以下简称《纲要》)。《纲要》指出,要积极应对传播技术变革的挑战,重塑报业出版业的行业边界和行业状态,推动多元传播下报纸出版方式和报业经营模式的转型,实现报业核心竞争力与信息网络传播技术的深度融合,牢牢把握数字化、网络化条件下舆论宣传和市场竞争主导权。《纲要》指出了明确方向,大多数报社开始从对数字报业的战略意识阶段,进入到形成统一认识的阶段,数字报业已是不可逆转的必然趋势。

新媒体是我国传统媒体调整和升级的重点领域,国家将加大力度推动各种新型媒体传播领域的产业化进程,加快推进新传媒的研发、创新和服务平台的建设,进而提升行业的整体完善,并探索产业运行的新模式与新机制。目前,新媒体的市场规模已经超过了1000亿,随着新媒体产业和市场的快速发展,整个新传媒产业链将会面临更多的机遇。

二、新媒体发展的技术日趋成熟

计算机成为新媒体传播的中心环节,互联网成为基本载体,光电传导、电子纸也日趋成熟。我国新媒体传播的硬件技术和支持条件已经成熟,特别是在通信领域,技术上不但与国际发展水平相当,甚至有几十项技术能够领先于国外发达国家。使用新媒体的消费者越来越多。在新闻出版总署进行的阅读调查中,阅读传统出版物的人数在以每年 12% 的速度下降,而阅读新媒体的人数则以 30% 的速度在增长,特别是年轻人和知识分子人群表现尤为明显,他们正是我们出版物市场未来消费的最大主力。再比如说,过去人们读书、看报的时间,现在已经大量转移到网络上。这些事实都说明了新媒体已经被读者、观众和听众所接受,人们的阅读、学习习惯已经发生很大的转变。

新媒体的终端已经相当普及,任何媒体传播都没有今天新媒体传播的条件好。中国目前手机用户的数量接近 5 亿,计算机显示器、阅读器有 1.3 亿,市场上流通的电子书有 30 多万种,新媒体的终端设备已经相当普及。而这一切不是政府规划的,而是市场自动形成的。

北京奥运期间新媒体发挥的优势则更加明显,16 天的北京奥运会,上海的 IPTV(Internet Protocol Television,也叫网络电视,是指基于 IP 协议的电视广播服务。该项业务将电视机或个人计算机作为显示终端,通过宽带网络向用户提供数字广播电视、视频服务、信息服务、互动社区、电子商务等宽带业务)预约安装达到每天 3000 户。央视市场研究公司调查的数据显示,通过新媒体收看奥运开幕式的比例达到 23.5%,其中仅手机电视就达到 3.4%。有不少受访者表示,至少采用或接触了 2 种或 2 种以上的直播媒体方式。美国国家广播公司(NBC)称,不少用户通过手机下载北京奥运会的视频,日均近 50 万用户点播收看奥运视频。

三、新媒体发展的内容不断丰富

传统媒体每天传播的信息量不及互联网的四分之一,互联网提供了丰富的内容,带来了精神享受,新媒体的市场已经达到一定的规模,并在逐年扩大,产业规模也越来越大,仅仅手机的产量一年就是 33 亿台。一些通信公司自己或者委托创意公司正逐渐转向新闻媒体内容的生产。例如中国移动凭着自己的渠道优势自办了《新闻早晚报》,甚至少数民营企业都在做手机报。另外,大批城市的创意园区、文化园区,也正在为新媒体提供内容软件。

四、新媒体发展的速度将会越来越快

网络与生俱来的特质,使得新媒体传播相对于传统出版,具有极大的优越

性。以电子书和数字报纸为代表的新媒体传播呈现出快速发展的态势。

第二节 新媒体的社会影响

21世纪的今天,由于新媒体传播的出现,纯粹意义上的传统传播已不复存在,即使是纸质出版物,其出版流程也都不可能完全离开数字技术的应用。

一、新媒体的市场总量将持续增长

无论是国外还是国内,新媒体传播市场的总额在连年增长。随着网民的增加,支付手段的完善,电子书和数字报纸出版市场容量逐年攀升。有专家预测,到2020年,全球范围内数字出版的图书的销售额将超过传统出版的纸质图书;手机电视市场规模在2010年预计将达到59亿元,户外移动电视市场规模预计到2010年将达到100亿元。

(一)资源融合趋势出现明朗表现

融合是包括以电子书、数字报为代表的数字出版在内发展的重要趋势,进而带动服务融合、产业并购等。这种多层次的融合,也会促使复合新闻出版业的发展,从而向现代新闻出版业迅速转变。

据媒体信息与营销技术服务提供商及独立投资银行——美国乔丹-埃德蒙斯顿集团公司的最新报告显示,2010年一季度,全球并购市场共达成234宗并购交易,同比增长约70%;媒体并购市场达成交易198宗,总交易额约45亿美元。

互动媒体继续主导媒体并购市场,多家大型互动媒体营销公司在该季度表现得比较活跃,包括安吉斯媒体集团、美国在线服务公司、苹果公司、康姆斯科集团(ComScore)、电通公司(Dentsu)、脸谱、谷歌公司、曼斯特公司(Monster)和新闻集团。其中三大交易是:苹果公司以2.75亿美元收购移动广告网络奥迪无线公司(Quattro Wireless)、美国在线招聘网站曼斯特公司以2.25亿美元收购雅虎在线招聘网HotJobs以及电通公司以2.2亿美元收购艾比斯资本投资集团(ABS Capital)。

媒体并购交易大幅攀升的推动因素主要源自以下五个方面:一是企业对企

业（B2B）在线媒体并购项目增长 11 倍，二是企业对消费者（B2C）在线媒体并购项目增长 79%，三是 B2B 媒体并购项目增长近 500%，四是媒体营销与互动服务并购项目增长 41%，五是移动媒体与技术项目增长 300%。

2010 年的媒体并购市场有望得到进一步发展，原因如下：

一是买家实力雄厚，资金充足。

二是企业为摆脱困境不断地剥离非核心资产。

三是越来越多的私营企业加入并购市场。近期，许多曾对媒体并购市场持观望态度的私募股权公司、风险投资公司等，也相继加入媒体并购市场。

（二）创建合作共赢的商业模式

构建产业链是新媒体传播产业可持续发展的基础。单独的供应商不能独立完成用户需求的重任，传统新闻出版单位必须加大和其他各种产品、服务提供商的合作，并学会在合作中实现自身价值。

二、新媒体的传播移动化趋势明晰

随着手机上网资费降低和用户规模化，移动终端的加入，使得电子书、数字报纸出版、手机报纸等的移动化趋势更加明晰。

新媒体的成长之路与其他媒体一样，要成为能影响社会舆论的主流媒体仍需要走很长的路。全球的金融危机影响让不少人猜测新媒体是不是能够独善其身，全球经济的冬天是不是新媒体的冬天。尽管全球金融危机引发了经济发展的不确定性，但是在金融危机到来的时刻，人们对经济信息的需求将增加，并希望时刻都能得到信息，这对于媒体型新媒体而言是个机遇。例如，公关广告、博客、视频、电子邮件、搜索引擎等，这些互联网应用的良好工具的使用，能够帮助人们在推广销售和服务方面做到进一步降低成本和提高效率。另外，数字新媒体在金融品牌营销中具备天生优势，因此尽管新媒体面临着挑战，但责任也越来越重大。

目前传统的传媒业正经历着前所未有的重大变革，人类社会以加速度的方式发展，新闻出版业也正在以加速度的方式向全面数字化新媒体传播转型。在这种难以置信的高速转型过程中，原有的行业分工正在被打破，全社会正在向着一种高度融合又高度个性化、高度交互化的方向发展，新媒体传播产业将逐渐成为传媒业的支撑。

参考文献

[1] 童晓渝,蔡佶,张磊. 第五媒体原理 [M]. 北京:人民邮电出版社,2006.

[2] 匡文波. 手机媒体概论 [M]. 北京:中国人民大学出版社,2006.

[3] 蒋宏,徐剑. 新媒体导论 [M]. 上海:上海交通大学出版社,2006.

[4] 宫承波. 新媒体概论 [M]. 北京:中国广播电视出版社,2007.

[5] 郭庆光. 传播学教程 [M]. 北京:中国人民大学出版社,1999.

[6] 张国良. 传播学原理 [M]. 上海:复旦大学出版社,1995.

[7] 张国良. 新闻媒介与社会 [M]. 上海:上海人民出版社,2001.

[8] 刘建明. 当代新闻学原理 [M]. 北京:清华大学出版社,2003.

[9] 李培林. 读图时代的媒体与受众 [M]. 北京:新华出版社,2005.

[10] 崔保国. 2007—2008 中国传媒产业发展报告 [M]. 北京:社会科学文献出版社,2008.

[11] 郝振省. 2007—2008 中国数字出版产业年度报告 [M]. 北京中国书籍出版社,2008.

[12] 新闻出版总署传媒发展研究所. 中国数字报业 [J]. 2006 (1) —2008 (12). 北京:新闻出版总署传媒发展研究所,2006—2008.

[13] 郭庆光. 传播学教程 [M]. 北京:中国人民大学出版社,2004.

[14] 马克思恩格斯全集:中文版,第 41 卷. 北京:人民出版社,1982:44.

[15] 景东,苏宝华. 新媒体定义新论 [J]. 新闻界,2008 (3):57-59.

[16] 胡创. 公交车载电视广告明年规模将达 15 亿元 [N]. 中国新闻出版报,2007-11-12 (3).

[17] 梁思思. 上海公交车车载电视信息传播浅析 [J]. 广西大学学报:哲学

社会科学版，2007，(10)：5-6.

[18] 谷阿力. 公交车载电视新兴媒体崭露头角 [N]. 中国市场经济报, 2001-10-15 (7).

[19] 曹金旺. 借用攻玉之石谋划手机电视 [J]. 东南传播, 2008 (1).

[20] 汪卫国. 手机电视 [J]. 数据通信, 2008 (1).

[21] 陈羽, 张治中. 手机电视：电信产业新宠 [J]. 广东通信技术, 2008 (6).

[22] 刘丽丽. 手机电视奥运只是顺风车 [N]. 计算机世界, 2008-9-1 (23).

[23] 周颖, 陈前斌. 手机电视标准分析与比较 [J]. 数字通信世界, 2008 (8).

[24] 何汇, 吴先锋. 手机电视面临的机遇、挑战及对策 [J]. 重庆邮电大学学报：社会科学版, 2008, 20 (1).

[25] 王新伟. 手机电视运营模式探讨 [J]. 江苏通信, 2008 (4).

[26] 蒋金华. 对手机短信——拇指经济的反思 [J]. 消费导刊, 2008 (9).

[27] 康静芳. 短信传播的类型与功能 [J]. 网络传播, 2007, 6（上半月）.

[28] 解雯. 短信传播：异军突起的媒介力量 [J]. 湖南大众传媒职业技术学院学报, 2006, 6 (2).

[29] 雷圆媛. 手机短信传播特点及其社会影响初探 [J]. 中共南宁市委党校学报, 2006 (6)：54-57.

[30] 曾铮. 手机上网业务发展现状分析 [J]. 当代通信, 2006 (15).

[31] 田文璐. 手机上网：互联网时代的王道 [J]. 中国电信, 2008, 12.

[32] 晓羽. 手机上网规模能否超越电脑上网 [N]. 光明日报, 2008-5-11 (6).

[33] 高钢, 中国新闻媒体开展网络传播的基本特征 [J]. 新闻战线, 2000 (6).

[34] 闵大洪. 数字传媒概要 [M]. 上海：复旦大学出版社, 2003.

[35] 王宏. 数字媒体解析 [M]. 重庆：西南师范大学出版社, 2006.

[36] 李显栋. 数字报——传统报业应对网络媒体冲击的利器 [J]. 新疆新闻出版, 2006 (5).

[37] 郝振省. 2004—2005 中国出版业发展 [M]. 北京：中国书籍出版社, 2005.

[38] 郝振省. 中外互联网及手机出版法律制度研究 [M]. 北京：中国书籍出版社, 2008.

[39] 新闻出版总署对外交流与合作司.北京国际出版论坛演讲录（2004年卷·2005年卷）[M].济南：山东友谊出版社，2006.

[40] 胡锦涛.在党的十六届三中全会上的讲话[N].人民日报，2003-10-14（1）.

[41] 胡锦涛代表第十六届中央委员会在中国共产党第十七次全国代表大会上所作的报告[N].人民日报，2007-10-16（1）.

[42] 崔保国.2004—2005年：中国传媒产业发展报告[M].北京：社会科学文献出版社，2005.

[43] 崔保国.2006年：中国传媒产业发展报告[M].北京：社会科学文献出版社，2006.

[44] 崔保国.2007年：中国传媒产业发展报告[M].北京：社会科学文献出版社，2007.

[45] 江蓝生，谢绳武.文化蓝皮书：2008中国文化产业发展报告[M].北京：社会科学文献出版社，2008.

[46] 罗以澄，张金海，单波.中国媒体发展研究报告（2003～2004年卷）[M].武汉：武汉大学出版社，2005.

[47] 罗以澄，张金海，单波.中国媒体发展研究报告（2005年卷）[M].武汉：武汉大学出版社，2006.

[48] 郝振省.中国出版蓝皮书：2007—2008中国出版业发展报告[M].北京：中国书籍出版社，2008.

[49] 李希光.全球传媒报告（Ⅰ）[M].上海：复旦大学出版社，2005.

[50] 黄升民.中国数字新媒体发展战略研究[M].北京：中国广播电视出版社，2008.

[51] 廖祥忠.何为新媒体？[J].现代传播，2008（5）.

[52] 范蓉.国家政策支持数字电视呈多元发展趋势[N].中国电子报，2008-12-12.

[53] 罗姆.默多克的新世纪：一个媒体帝国的数字化改造[M].李慧斌，译.北京：中信出版社，2005.

[54] 王菲.媒介大融合：数字新媒体时代下的媒介融合论[M].广州：南方日报出版社，2007.

[55] 孙铁麟．中国数字电视发展战略与非线性预测研究［D］．天津：天津大学研究生院，2006．

[56] 方德葵，王明臣，姜秀华，等．数字电视与高清晰度电视［M］．北京：中国广播电视出版社，2005．

[57] 全球数字电视产业发展历程［J］．卫星电视与宽带多媒体，2007（14）．

[58] 徐孟侠．交互式电视［J］．通信学报，1994（6）．

[59] 叶秀峰．我家电视我作主——交互电视改变传统收视习惯［J］．科学时代，2004（15）．

[60] 宋文玉．交互电视的现状及发展趋势［J］．广播电视信息，2002（6）．

[61] 黄升民，周艳，王薇．发展·冲突·创新（上）——解析中国广电数字新媒体的发展演变［J］．现代传播，2008（5）．

[62] 李思屈．数字娱乐产业［M］．成都：四川大学出版社，2006．

[63] 肖勇．赢在新媒体——谁动了传统媒体的奶酪［M］．北京：东方出版社，2007．

[64] 邵华冬，杜国清．中国户外媒体发展趋势研究报告［M］．北京：社会科学文献出版社，2008．

[65] 户外媒体的"前世今生"［J］．成功营销，2008（4）．

[66] Louise Au．新媒体·新机遇·新挑战［J］．广告人，2008（9）．

[67] 周志伟．传统媒体与新媒体在融合中创新［J］．广告人，2007（1）．

[68] 高畅红．新媒体发展现状与趋势浅议［J］．东北财经大学学报，2008（5）．

[69] 黄炜．构建中国广播电视新媒体政策体系研究［D］．北京：中国传媒大学，2007．

[70] 杜国清，邵华冬．中国户外媒体发展趋势研究报告户外营销实战手册［M］．北京：社会科学文献出版社，2008．

[71] 孙强，温宇俊，张鹏洲．关于新媒体产业发展的一些思考［J］．中国传媒科技，2008（9）．

[72] 徐轩．五大元素组合有效公交车身广告［J］．广告大观：综合版，2005（5）．

[73] 杜劲松，池顾良．选择车身广告的理由［J］．中国广告，2004（2）．

[74] 李志恒．实力主张［M］．北京：当代中国出版社，2007．

[75] 杨锐．从分众传媒的整合策略看新媒体的"后圈地时代"［J］．广告人，

2008（2）．

[76] 李斌．分众传媒高成长的背后［J］．新财经，2008（03）．

[77] 王玉梅．数字出版产品必须有互动［N］．中国新闻出版报，2009－10－20（03）．

[78] 王勤．数字出版的十大发展趋势［J］．出版参考，2007（07）下．

[79] 王坤宁．5万余卷中文善本古籍将被数字化［N］．中国新闻出版报，2009－10－23（03）．

[80] 李淼，孙南，韩晓禹．在数字化浪潮中再造出版产业［N］．中国新闻出版报，2009－9－24（07）．

[81] 刘明清．传统出版抢占数字蓝海正当时［N］．中国新闻出版报，2009－08－25（03）．

[82] 陈生明．技术催生产业革命——数字出版发展纪略［N］．中国新闻出版报，2007－07－09（10）．

[83] 李淼．当出版迈入数字之门——第二期国际数字和网络出版高级研讨班综述［N］．中国新闻出版报，2009－09－10（07）．

[84] 刘燕．我国数字出版行业驶上快车道 整体营业规模达530亿元［N］．科技日报，2009－06－12（11）．

[85] 綦伟．当数字之手触摸传统出版［N］．中国新闻出版报，2009－07－09（15）．

[86] 《首届全国网民阅读与购买出版物状况调查》课题组．首届全国网民阅读购买出版物状况调查报告［EB/OL］．［2008－12－10］．http://www.chuban.cc/yw/200812/t20081210_41690.html．

[87] 胡北．数字出版：出版社还等什么［EB/OL］．［2010－03－05］．http://blog.sina.com.cn/s/blog_58d9014f0100hb7b.html

[88] 程晓龙．数字出版发展势头超过传统出版［N］．中国新闻出版报，2009－08－13（03）．

[89] 韦金良．我国数字出版的现状及思考［N］．中国新闻出版报，2010－01－20（04）．

[90] 马春茂，李淼．亚马逊布局数字出版平台中国同行静悄悄［N］．中国新闻出版报，2009－02－18（05）．

[91] 张立. 2005—2006 中国数字出版产业报告 [M]. 北京：中国书籍出版社，2007.

[92] 杨海鹏. 融合与再造：数字时代的报业生存之道 [N]. 中国新闻出版报，2009-10-23（06）.

[93] 郭玉志. 传统出版社掘金数字出版产业 [N]. 中国企业报，2010-02-04.

[94] 陈兴昌，沈海牧. 传统出版应对数字出版：抓住内容掌控运营 [EB/OL].[2010-03-02]. http://news.xinhuanet.com/newmedia/2010-03/02/content_13081850.htm.

[95] 吴娜. 2009：数字出版加速发展 [N]. 光明日报，2010-02-28（04）.

[96] 2008 年度中国电子图书发展趋势报告（2009.4）[EB/OL]. [2009-04-20]. http://news.du8.com/viewnews_88667_page_4.html.

[97] 韦英平. 传统出版社如何探索数字出版 [J]. 出版参考，2009（33）.

[98] 今年中国电子书销量将占全球市场 20% [EB/OL]. [2010-03-25]. http://culture.gxnews.com.cn/staticpages/20100325/newgx4bab0ded_2813643_1.shtml.

[99] 陈少华. 2009 年我国数字出版产业四大关键词 [EB/OL]. [2009-12-17]. http://news.xinmin.cn/rollnews/2009/12/17/3100305.html.

[100] 丁为民，郝振省：数字出版不是传统出版的敌人 [EB/OL]. [2008-05-10]. http://www.szlib.gov.cn/newsshow.jsp?itemid=200.

[101] 孙寿山. 我国数字出版产业现状 [EB/OL]. [2009-07-21]. http://book.cyol.com/content/2009-07-21/content_2765047.htm.

[102] 图书馆客户看万方数据：资源有优势服务好 [EB/OL]. [2009-09-29]. http://tech.sina.com.cn/it/2009-09-09/22493424462.shtml.

[103] 中文在线千万元采集计划重磅推出 [EB/OL]. [2009-09-03]. http://book.hexun.com/2009-09-03/120946245.html.

[104] 龙源期刊网数博会发布全民阅读平台 [EB/OL]. [2009-07-08]. http://tech.sina.com.cn/i/2009-07-08/18393246449.shtml.

[105] 刘隽刚，刘柠利. 三巨头雄霸中国数字出版 [N]. 时代信报，2005-07-05.

[106] 数字期刊出版三巨头：万方数据、清华同方、重庆维普 [EB/OL].

http://blog.sina.com.cn/s/blog_48dcd6f901000774.html.

[107] 朱珊. 2018年电子书销售收入将超纸质书 [N]. 中国新闻出版报, 2009-10-13 (03).

[108] 朱珊. 电子书阅读器或成消费类电子市场中流砥柱 [N]. 中国新闻出版报, 2009-10-26 (03).

[109] 张磊. 当好数字出版产业服务生 [N]. 中国新闻出版报, 2009-11-02 (03).

[110] 程久龙. 电子书内容资源平台化竞逐引来四方角力 [N]. 21世纪经济报, 2010-03-20.

[111] 方正副总裁：电子阅读器定义在看书太狭隘 [N]. 中国高新技术产业导报, 2010-03-29 (C8).

[112] 宋奇慧. 2007中国动漫产业发展报告 [EB/OL]. http://www.ccm.gov.cn/show_zt.php?aid=4584&tid=398.

[113] 廖庆升. 在线旅游市场增长迅速垂直搜索前景乐观 [N]. 通信信息报, 2010-03-18.

[114] 田陶怀. 中国动漫产业现状探析 [EB/OL]. [2009-05-09]. http://www.sino-manager.com/200959_4903.html.

[115] 李淼. 全媒体出版："热"推动与"冷"思考 [N]. 中国新闻出版报, 2009-07-09 (14).

[116] 罗鑫. 什么是"全媒体" [J]. 中国记者, 2010 (3).

[117] 曹强. 数字电视迎来全媒体时代 [EB/OL]. [2009-04-28]. http://tv.cn/20090428/103407.shtml.

[118] 新华社新闻研究所全媒体发展课题组. 全媒体发展趋势与对策分析. 刘光牛, 南隽, 刘滢, 执笔. 中国记者, 2009 (12).

[119] 李君娜. 上海文广传媒跨地域拓展 [N]. 解放日报, 2009-07-53 (05).

[120] 上海文广牵手江苏有线跨地域合作NGB [EB/OL]. [2009-07-30]. http://tech.sina.com.cn/t/2009-07-30/02293307603.shtml.

[121] 冷冶夫. 网络媒体对电视媒体的冲击 [EB/OL]. [2004-04-13]. http://www.people.com.cn/GB/14677/22100/32915/32917/2444815.

html.

[122] 张君昌. 广播跨地域经营现状与出路[J]. 中国广播影视，2007（9）上.

[123] 罗以澄，张春朗. 区域性广电传媒如何"跨区域"发展[J]. 今传媒，2009（11）.

[124] 全媒体时代——电子书市场的困局. [2010-01-02]. http：//search. zol. com. cn/search/article_view. php? did=1638719.

[125] 肖旋. 思考——全媒体时代[EB/OL]. [2009-07-12]. http：//blog. sina. com. cn/s/blog_4a99ba980100f2k3. html.

[126] 从两会报道看媒体融合[EB/OL]. [2010-03-25]. http：//www. ziyouzhuangao. com/2010/0325/708. html.

[127] 包冉. 从全业务到全媒体——电信、互联网与广电的竞合之路[EB/OL]. http：//www. wowa. cn/Reporter/Article/77874. html

[128] 聂朝霞. 对接全媒体时代——报业经济发展战略思考[J]. 新闻天地，2010（04）下半月.

[129] 赵志峰. 全业务与全媒体运营. [EB/OL]. [2009-09-09]. http：//info. broadcast. hc360. com/2009/09/091020134253. shtml.

[130] 晋雅芬. 媒介融合背景下报业转型的是与非[N]. 中国新闻出版报，2009-12-29（05）.

[131] 媒体"立体传媒"的大戏[N]. 泉州晚报，2010-04-01（15）.

[132] 全媒体时代：同步改变阅与读[N]. 新华日报，2009-08-21.

[133] 李磊，方春俊，朱成菊，等. 拥抱全媒体时代[EB/OL]. [2010-03-27]. http：//www. hf365. com/html/01/01/20100327/322450. htm.

[134] 龙真. 2008：数字广告异军突起[J]. 互联网天地，2008（12）.

[135] 2009年中国网络社区调研数据发布——站长篇（一）[EB/OL]. [2009-09-24]. http：//news. xinhuanet. com/newmedia/2009-09/24/content_12106501. htm.

[136] 书聿. 2010年社交媒体6大趋势：社交性将减弱[EB/OL]. [2009-11-04]. http：//tech. sina. com. cn/i/2009-11-04/13563563929. shtml.

[137] CNZZ：2009年SNS行业年终盘点[EB/OL]. [2010-12-17]. http：//tech. sina. com. cn/i/2010-12-17/16204997942. shtml.

[138] 中国数字广告开支飞速增长明年将达52亿美元 [EB/OL]. [2008-10-24]. http://it.sohu.com/20081024/n260225198.shtml.

[139] "3·15"IT年度报告:细数不良网游七宗罪 [N]. 中国消费者报, 2010-03-17(C4).

[140] 网游给青少年带来的伤害最大 [N]. 光明日报, 2009-05-19(05).

[141] 盗版成影视产业最大毒瘤 新媒体:让我欣喜让我忧. 人民日报, 2009-09-04.

[142] 张敏娴, 徐亢美. 沪首例手机网站传播淫秽信息案宣判 [EB/OL]. [2010-03-31]. http://news.china.com.cn/txt/2010-03/31/content_19721731.htm.

[143] 美国网络诈骗案飙升国民损失56亿 [N]. 广州日报, 2010-03-17(A10).

[144] 青少年玩网络游戏成瘾怎么办? [EB/OL]. [2010-04-12]. http://games.sina.com.cn/n/2010-04-12/1441390450.shtml.

[145] 山西地震造谣嫌犯身份查明5人被行政拘留 [EB/OL]. [2010-02-05]. http://shehui.daqi.com/article/2826128_1.html.

[146] 邓曦涛. 网络虚假广告的罪与罚消费者受骗难维权 [EB/OL]. [2010-03-24]. http://www.ccn.com.cn/news/yaowen/2010/0324/304105.html.

[147] 沈媛. 新疆严打利用信息网络实施危害社会稳定行为 [EB/OL]. [2009-09-25]. http://bt.xinhuanet.com/2009-09/25/content_17812731.htm.

[148] 莫非, 饶玲, 胡佳艳, 等. "新媒体与预防青少年违法犯罪"主题论坛 [EB/OL]. [2010-03-27]. http://www.gd.chinanews.com/2010/2010-03-27/2/40706.shtml.

[149] 形形色色的网络诈骗 [N]. 中国青年报, 2009-08-26.

[150] 《2007~2008中国数字出版产业年度报告》课题组. 2007~2008中国数字出版产业年度报告 [N]. 中国新闻出版报, 2008-10-20(04).

[151] 2009—2010年中国互联网数据发布 [EB/OL]. http://www.dcci.com.cn/list/2009allyear/2.htm.

[152] 曹飞. 2009年第1季度中国即时通信市场累计注册账户数达16.1亿

[EB/OL]. [2009-06-29]. http://research.cnnic.cn/html/1246259146d989.html.

[153] 2009年中国传媒广告业的发展情况 [EB/OL]. [2009-12-28]. http://www.chinacir.com.cn/ywzx/20091228102859.shtml.

[154] 中国互联网信息中心.2009年中国即时通信用户调研报告 [EB/OL]. [2009-12-21]. http://research.cnnic.cn/html/1261360847d1684_1.html.

[155] 中国互联网信息中心.2009年中国数字出版产业发展与政策概况 [EB/OL]. [2010-02-17]. http://hi.baidu.com/wwplover/blog/item/a76dc49562421540d1135e0f.html.

[156] 中国互联网信息中心.2009年中国网络购物市场研究报告 [EB/OL]. [2009-12-03]. http://research.cnnic.cn/html/1259815780d1624.html.

[157] 中国互联网信息中心.2009年中国移动互联网与3G用户调查报告 [EB/OL]. [2009-10-27]. http://www.cnnic.cn/html/Dir/2009/10/27/5706.htm.

[158] 中国互联网信息中心.2009中国网民社交网络应用研究报告 [EB/OL]. [2009-11-12]. http://research.cnnic.cn/html/1257998660d1530.html.

[159] 2010年中国传媒行业发展趋势 [EB/OL]. [2009-12-25]. http://www.chinacir.com.cn/ywzx/20091225112013.shtml.

[160] 易观国际.2010年中国手机阅读活跃用户数将达2亿 [EB/OL]. [2009-12-01]. http://www.enfodesk.com/SMinisite/index/articledetail/type_id/1/info_id/4167.html.

[161] 如果Facebook立国将是第三大人口国 [EB/OL]. [2010-03-22]. http://pcedu.pconline.com.cn/softnews/yejie/1003/2071374.html.

[162] 胡欣.北京奥运会将开创新媒体时代 [EB/OL]. [2008-07-18]. http://www.cnii.com.cn/20080623/ca481793.htm.

[163] 周晶璐.近三成美国人从社交网站看新闻 [N].东方早报,2010-03-02(A18).

[164] 手机多媒体化是大势所趋 [N]. 文汇报, 2009-08-14.

[165] 曾国屏. 赛博空间的哲学探索 [M]. 北京: 清华大学出版社, 2002.

[166] 童晓渝, 蔡佶, 张磊. 第五媒体原理 [M]. 北京: 人民邮电出版社, 2006.

[167] 郭学文. 手机报——值得重视的新媒体 [J]. 青年记者, 2003 (6).

[168] 熊澄宇. 新媒体与移动通信 [J]. 广告大观, 媒介版. 2006 (5).

[169] 项国雄. 新媒体与人际传播 [J]. 传媒观察, 2006 (4).

[170] 刘峻. 新媒体之我见 [J]. 广告大观: 媒介版, 2006 (5).

[171] 李玲. 无线传媒或改变媒体格局 [N]. 通信信息报, 2008-4-17.

[172] 马歇尔·麦克卢汉. 理解媒介 [M]. 何道宽, 译. 北京: 商务印书馆, 2000.

[173] 杨树弘. 传统报刊媒体的困境与数字化生存路径 [J]. 新闻导刊, 2006 (6).

[174] 李思屈. 数字娱乐产业 [M]. 成都: 四川大学出版社, 2006.

[175] 王虎, 严三九. 中国手机电视产业发展若干问题探析 [J]. 新闻记者, 2006 (7).

[176] 刘冰. 第五媒体与电视的融合之路——浅论手机电视的发展 [J]. 当代电视, 2006 (5).

[177] 吴颖. 手机电视 [J]. IT经理世界, 2006 (8).

[178] 董年初, 范洁. 手机电视——媒体产业新机遇 [J]. 中国记者, 2006 (4).

[179] 舒文琼. SK电讯: 韩国手机电视市场的探路者 [J]. 通信世界, 2006 (25).

[180] 范洁, 董年初. 手机电视的发展现状与思考 [J]. 广播与电视技术, 2006 (3).

[181] 许明. 关于发展手机电视市场的建议 [J]. 杭州科技, 2006 (3).

[182] 张晋. 手机电视: 想说爱你不容易 [J]. 信息网络, 2005 (7).

[183] 沈永言, 吕廷杰. 透视手机电视 [J]. 广播电视信息, 2006 (8).

[184] 张文扬. 手机电视: 在3G前夜畅想 [J]. 中国经贸, 2006 (3).

后 记

  作为当前传播学最热门的研究领域，新媒体研究已经走过了30多个春秋。尽管有学者称新媒体研究目前仍处于孩提时代，但其学术地位和影响已举世瞩目，并成为推动传播学发展的一股强劲动力。15年前，这股新媒体研究的热潮一进入中国，便以席卷之势刮向中国新闻传播学界，并在经过发生期和发展期的第一个十年之后，进入当前的繁荣期，直至2009年中国网络传播学会的成立，标志着中国新媒体研究的一个高潮。新媒体是指20世纪后期在世界科学技术发生巨大进步的背景下，在社会信息传播领域出现的建立在数字技术基础上的能使传播信息大大扩展、传播速度大大加快、传播方式大大丰富的、与传统媒体迥然相异的新型媒体。就其外延而言，新媒体主要包括光纤电缆通信网、都市型双向传播有线电视网、图文电视、电子计算机通信网、大型电脑数据库通信系统、通信卫星和卫星直播电视系统、高清晰度电视、互联网、手机短信和多媒体信息的互动平台、多媒体技术以及利用数字技术播放的广播网等等。随着越来越多的中国传播学者投身新媒体研究，中国网络传播学会也于2008年11月应运而生，并于2009年11月举行第一届会员大会，标志着国内新媒体传播研究力量的整合。发端于2004年的"中国网络传播学年会"与"新媒体与新思维论坛"（新新论坛）为中国网络传播学会的创立奠定了基础。2007年，两个会议合并召开，并决定从2008年起，将合并后的会议改称为"中国新媒体传播学年会"，成为中国网络传播学会的官方年会。这一中国新媒体研究的专业学会标志着新媒体研究已经成为中国传播学研究的一个重要分支，使中国新媒体研究者有了比较正式的群体归属和身份认同。

  与传统媒体相比，这些新兴媒体最大的特性在于其传播方式的多样性。一是多媒体传播。网络信息可以综合运用文字、图片、声音、图像、动画等多种手段，集各传统媒体之长，使信息内容得到淋漓尽致的体现，是地地道道的多媒体。二是个性化传播。传统媒体是一般意义上的大众传播，报纸不可能为某个人单独出版，电台和电视台也不可能播送只供个人收听、收看的节目。网络、手机媒体却把主动权交还给用户，你想看什么就可以"点播"或订阅什么，所有的信息都是根据你的需求而传播的，从这个意义上说网络媒体的大众传播又是个性化的大众传播。三是渗透式传播。随着列车电视、楼宇电视、手机电视等移动媒体纷纷浮出水面，固定地点、固定时间"收看"已经逐渐形成。新兴媒体渗透式的信息传播，使我们的私人空间和公共空间，从来没有像今天这样无时无刻不被信息包围着。

据不完全统计，目前被当做新媒体内容和被用作新媒体概念的新东西不下二三十种：门户网站、电子邮箱、数字电视、直播卫星电视、移动电视、IPTV、网络电视（Web TV）、列车电视、飞机电视、公交车载移动电视、出租车载卫星电视、移动多媒体（手机短信、手机彩信、手机游戏、手机电视、手机电台、手机报纸）、虚拟社区、博客（blog）、播客、搜索引擎、简易聚合（RSS）、网上即时通信群组、对话链（Chatwords）……其中既有传统媒体的升级形式，也有新媒体形式；既有新开发的媒介品种，也有新开发的媒介渠道，或者新媒介硬件、新媒介软件，或者新的媒体经营模式……

新媒体这一概念的提出可以追溯到近40年前。1967年，美国哥伦比亚广播电视网（CBS）技术研究所所长，同时也是NTSC电视制式的发明者高尔德马克（Goldmark），发表了一份关于开发电子录像（Electronic Video Recording，EVR）商品的计划，他在计划书中把电子录像称为"新媒体"——"新媒体"一词由此而来。

把新媒体一词推上国家技术层面的是美国传播政策总统特别委员会主席E. 罗斯托（E. Rostow）。1969年，罗斯托在向尼克松总统提交的报告书中，多处使用"新媒体"一词。由此，"新媒体"一词开始在美国社会上流行，并且这个趋势在不久以后扩展到了全世界。

而"新媒体"一词真正被广泛使用则是近些年。随着数字信息技术的发展运用不断涌现新的媒介形态的情况下，人们需要用一个概念统称这些新兴的媒体。同时，由于新媒介带来新的传播生态环境的革命性的变化，传播学也需要用一个具有分水岭意义的概念，以演进传播学说的发展。所以"新媒体"成为这个概念的代名词。联合国教科文组织对新媒体的定义是："新媒体就是网络媒体。"

新媒体及其产业的发展超越了整个人类的想象力。20世纪90年代至今，新媒体产业从小到大，由弱而强，呈现出蓬勃发展的态势。2007年底至今的全球金融危机给刚性的传统产业，如钢铁业、制造业、建筑业、能源业等带来严重打击和深刻影响。而以新媒体产业为代表的软性产业和文化产业却在"危"中寻"机"，迎来了调整产业结构、完善产业布局、形成产业模式的最好时机，新媒体产业正在塑造全球传媒产业和文化产业的崭新形象。我们相信，经过此次全球金融危机的洗礼，新媒体产业发展会日臻成熟。

2005年，笔者在广西新闻记者资格培训班和广西大学新闻传播学院开始讲授"新媒体传播"课程，至今已经六个年头，其间曾在广西大学、广西民族大学、广西师范大学和广西师范学院指导硕士研究生主攻《新媒体的发展现状和未来趋势》科研课题。曾撰写论文《新媒体传播业的崛起与前景分析》（发表于2007年11月26日《中国新闻出版报》），获中国出版工作者协会评选的"第二届全国优秀论文奖"；《网络传播环境下的版权保护》（发表于2008年6月10日《中国新闻出版报》）获中国出版工作者协会评选的"第三届全国优秀论文奖"；还撰写了《数字时代改变了世界》（发表于2007年12月18日《贵港日报》）、《新闻传播的读图时代》（发表于《新闻潮》2005年第12期）、《大众媒体与公众科学素养》（发表于《新闻潮》2005年第4期）、《广西动漫游戏出版产业现状及发展建议》（发表于2009年7月28日《广西日报》）。六年来，先后参加过三届中国数字出版博览会、三届中国数字出版年会、两届以互联网环境为主题的国际出版论坛和世界期刊大会，先后参观了法兰克福国际图书博览会、北京国际图书博览会、伦敦国际图书博览会、开普敦国际图书博览会和里约热内卢国际图书博览会上数字出版的展馆，率团参加了北京文化创意产业博览会、深圳文化产业博览会和安徽动漫产业博览会。

2002年5月，笔者在芬兰首都赫尔辛基，对现代通信最大的制造商诺基亚进行了考察，从中掌握了世界电子通信传播业在硬件和软件方面的发展趋势。2002年10月，作为访问学者，笔者到韩国三星集团作了为期三周的考察和学习，认真和深入地学习了三星电子集团的发展历史和技术创新。2005年12月，作为访问学者在美国加州考察了华盛顿州的微软公司和华盛顿大学，在旧金山的硅谷考察了英特尔公司、惠普总部、苹果公司、雅虎总部和斯坦福大学。

从20世纪90年代起,分别与北大方正、清华同方的科学家和高级工程师开展关于数字出版和网络出版方面的学术交流和讨论。其间笔者先后访问过中文在线、金山公司、汉王总部、联想总部、爱国者总部、新浪总部、盛大网络和谷歌中国公司。还考察过北京文化创意产业基地、上海张江数字出版基地、上海网络传媒公司集团内著名的工厂传播产业公司。

2008年5月在第二届中国数字出版年会发表《数字出版与未来》、《IRex电子阅读器的趋势》演讲,2009年8月在第三届数字出版年会上发表了《政府在数字出版中的地位与作用》演讲。2010年7月北京国际版权论坛上发表《新媒体的现状分析与发展趋势》演讲,2010年8月在北京国际出版论坛上发表《数字出版时代的出版新概念》演讲。2010年6月在华南理工大学新闻传播学院发表《数字媒体时代的传播新概念》演讲,2010年9月在北京大学新闻传播学院发表《新媒体时代的出版新概念》演讲,2010年11月在华中科技大学新闻传播学院发表《数字时代的传播新概念》,2010年12月在南京大学信息管理学院发表《数字媒体时代的传播新趋势》等演讲,引起师生的共鸣和关注。

从前沿理论研究到现代传媒的国际互联网和IT产业基地考察,从网络出版行政管理工作到大学课堂,从在全国论坛上发表演讲到发表见著论文,丰富了自己对新媒体现状的认识和深化了对未来发展趋势的推断,从而完成了从实践—感性—理性—实践的反复认识,推动了自己坚持多年来的研究成果,决定要撰写一本新媒体方面的论述的思考。6年来,无论是参加国际图书博览会,还是实地考察,或是参加国际媒体或出版论坛,每到一处都认真聆听学者的报告。从专业的报刊、图书和网站上收集新媒体研究和发展的最新资料,拍摄最新的和激动人心的图片,为撰写这部名为《新媒体浪潮》的图书提供发展历史理论支撑、前沿动态、未来趋势和各国政策。

2005年后开始构思《新媒体浪潮》一书的写作提纲和整体框架,根据新媒体发展的最新动态,几易其稿,力求准确和完美。6年来,每当夜幕降临,笔者全神贯注置身于书房,查询资料,伏案写作。年复一年、日复一日地工作至深夜2时,终于完成了这部总结性、独见性和创新性的著作。在此期间,政务繁忙，杂事很多，本职工作——新闻出版体制改革工作和新闻出版管理工作不能放松，通过改革与管理，加深了对新媒体的研究和认识，学习到很多新的知识和掌握动态。

从 2006 年开始，笔者作为硕士研究生导师和兼职教授，分别在北京大学、南京大学、华中科技大学、华南理工大学、中共中央党校、广西大学、广西民族大学、广西师范学院等高等院校讲授有关新媒体的课程，还指导了几位硕士研究生，笔者把此课题放在教学中，与学生们一起进行阶段性的研究和探讨。其中广西大学 2006 级传播学硕士研究生陈丽、覃华芳，2007 级传播学硕士研究生江澄，2008 级传播学硕士研究生蓝飞燕；广西民族大学 2009 级传播学硕士研究生李洁；北京大学新闻传播学院 2010 级硕士研究生谢宁分别参加了资料收集、整理录入、资料收集的校对工作，本书的部分章节由蓝飞燕、李洁和谢宁进行整理、归纳和协助统稿，为此书的出版做出了贡献。广西教育出版社原社长、广西出版传媒集团副总裁李小勇，总编辑石立民高度重视此书的出版，编辑室主任高春、青兆娟审读全书稿后，提出修改意见。美术编辑刘相文绘制了精美的封面和完成图书装帧设计。在编写过程中，得到国内外著名专家周国富、周劲、童之磊、梁钢、汤潮、郝振省、张立、刘迎建、谢寿光等教授和专家的指导，曾提出了宝贵的修改意见，在此一并表示感谢！

在此特别感谢新闻出版总署的领导和数字出版司的领导，北大方正、清华同方、中文在线、中国知网、上海张江高科、金山公司和汉王等中国著名数字出版企业的专家，感谢笔者的老师和同事们的帮助和指导。是领导、同事、同学、学生和朋友的共同的爱护、提携和帮助，使笔者获得前进的动力和力量的源泉，《新媒体浪潮》得以问世。

当前，信息传输技术革命正在如火如荼地迅猛发展，以互联网和新兴终端阅读器为代表的新媒体顺势而强，新媒体的崛起不仅对传统媒体的存在提出了空前未有的严峻挑战。经典的传播学的基础现在已经发生了很大的变化，网络和新兴终端阅读器发展所带来的新情况、新问题需要我们做出新的概括和解释，如何运用传播学理论回答今日网络世界，这正是我们今天面临的最大课题，同时也是我们应当把握的最大学术和创新机遇。新媒体对国际政治、经济、社会、文化等各领域的辐射日益加强，对人们思想、工作、生活等各方面的影响日益深入。探讨当今世界媒体发展趋势，认清和把握全球化与网络化的新形势，通过研究新媒体对传播学界的再认识和新观察，以此推动传播学在中国的不断发展，具有重要的意义。传播学研究者要切实承担社会责任；要深入研究海内外的传播信息和新媒体发展的趋势；推动具有中国特色、中国品格、中国气派的新媒体环境下的传播学。

黄　健
二〇一一年二月十四日
于广西南宁